Contemporánea

André Malraux (París, 1901 - Créteil, 1976) fue un escritor, intelectual, hombre de acción y político francés que buscó dar respuesta en su vida y su obra a las grandes cuestiones del siglo XX. De formación autodidacta, en 1921 publicó su primera obra narrativa, *Lunas de papel*, muy influida por el surrealismo. Tras viajar extensamente por Asia, denunció las injusticias del colonialismo en novelas como *Los conquistadores* (1928), *La Vía Real* (1930) y *La condición humana* (1933), quizá la más famosa. En los años treinta apoyó el comunismo y escribió una de las primeras ficciones contra el nazismo, *El tiempo del desprecio* (1935). Su siguiente novela, *La esperanza* (1937), reflejó su experiencia en las Brigadas Internaciones durante la guerra civil española. En 1939 abandonó el Partido Comunista y, en parte por ello, guardó distancia de la Resistencia durante los primeros años de la Segunda Guerra Mundial, para terminar uniéndose en 1944. Acabó capturado por la Gestapo, pero fue liberado al poco tiempo. Tras la victoria aliada y la llegada de Charles de Gaulle al poder, se convirtió en ministro de Información y luego de Cultura. Su extensa obra se completa con grandes ensayos sobre arte como *Las voces del silencio* (1951) y *El museo imaginario* (tres volúmenes publicados de 1952 a 1955). En 1967 apareció la autobiografía *Antimemorias* y, en 1976, su continuación, *La soga y los ratones*, dos volúmenes reunidos bajo el título El espejo del limbo en los que repasa su tumultuosa vida y las fuentes de su imaginación torrencial.

André Malraux

Antimemorias

El espejo del limbo I

Prólogo y cronología de
Ignacio Echevarría

Traducción de
María Teresa Gallego Urrutia
y Amaya García Gallego

DEBOLS!LLO

Papel certificado por el Forest Stewardship Council®

Penguin
Random House
Grupo Editorial

Título original: *Le Miroir des Limbes. Antimémoires*

Primera edición con esta encuadernación: noviembre de 2024

© 1972, Éditions Gallimard, Paris
© 2022, Penguin Random House Grupo Editorial, S. A. U.
Travessera de Gràcia, 47-49. 08021 Barcelona
© 2022, María Teresa Gallego Urrutia y Amaya García Gallego, por la traducción
© 2022, Ignacio Echevarría, por el prólogo
Diseño de la cubierta: Penguin random House Grupo Editorial / Sergi Bautista
Imagen de la cubierta: © Harlingue / Getty Images
Fotografía del autor: © Fred Stein / Bridgeman Images / ACI

Printed in Spain – Impreso en España

ISBN: 978-84-663-8130-7
Depósito legal: B-21.129-2024

Compuesto en M. I. maqueta S. L.

Impreso en Arteos Digital, S. L.

P 3 8 1 3 0 7

Prólogo

Es este un libro extraordinario, verdaderamente extraordinario. Y asombroso también. Lo es, entre otras razones, por su atrevimiento, por la osadía con que está escrito. Osadía que es característica del signo aventurero que en buena medida marcó la vida entera, y no sólo la escritura, de Malraux, y que se hace patente tanto en la ambición de los temas tratados como en la manera tan insólita de abordarlos.

Basta leer las primeras páginas de estas *Antimemorias* para encontrarse, con mucha más frecuencia de lo habitual, con frases sensacionales, retadoras, excitantes. Frases como «las personas mayores no existen», o como «estamos viviendo en la primera civilización capaz de conquistar la tierra entera, pero incapaz de inventar sus templos o sus tumbas».

Ya el título mismo de este libro supone una cierta provocación. ¿*Antimemorias*? ¿Qué demonios significa eso? ¿Y por qué?

También a este respecto el libro arroja, ya desde sus primeras páginas, un puñado de enunciados sensacionales, que siembran pistas desconcertantes sobre sus propósitos.

«A casi todos los escritores que conozco les agrada su infancia, pero yo aborrezco la mía».

«No me interesa gran cosa mi propia persona».

«Viví hasta los treinta años entre hombres que padecían la obsesión de la sinceridad, porque pensaban que era lo contrario de la mentira».

«Nos hemos complacido en confundir, recurriendo a la filosofía del inconsciente, lo que el hombre oculta, que a menudo no consiste sino en pobres miserias, y lo que de sí ignora»...

Palabras que, varias décadas después de haber sido escritas, resuenan tanto o más polémicamente aún que en su momento, pues entretanto ni la obsesión de la sinceridad ni eso que cabe entender como «cultura del secreto» (que tanto irritaba a Malraux) han dejado de prosperar, y sin cesar proliferan las confesiones de todo tipo.

Las *Antimemorias* oponen a toda esta industria del yo un contramodelo muy a tener en cuenta, con más motivo en cuanto se adelanta en muchos años a no pocas de las modalidades y estrategias de la llamada «autoficción», convertida de un tiempo a esta parte en una de las más conspicuas tendencias de la narrativa contemporánea.

Considerado desde este punto de vista, *Antimemorias* es un libro precursor, que interviene con pleno derecho y total vigencia en los debates sobre las literaturas del yo, que sin duda se cuentan entre los más intensos de la teoría literaria contemporánea. Ya mucho antes de escribirlas, en su libro *La tentación de Occidente*, de 1926, Malraux había dejado dichas unas palabras que irrumpen en esos debates como un elefante en una cacharrería: «Nos resistimos a cobrar conciencia de nosotros mismos en cuanto individuos... dado que la suprema belleza de una civilización consiste en una atenta incultura del yo».

Se ha discurrido mucho sobre el «yo» que sale a escena en las *Antimemorias*. Es evidente que no se trata del «yo» que suele encontrarse en las confesiones, acerca de las cuales manifiesta Malraux, al frente de su libro, importantes reservas. Es un «yo» privado de interioridad, cuyas circunstancias personales —educación sentimental, amoríos, familia, zozobras— brillan por su ausencia («los momentos más intensos de mi vida no van conmigo», afirma). Un «yo» que se identifica con el personaje público de Malraux, convertido él mismo en su propia figura, volcado enteramente al exterior, pues anda a la búsqueda no de sí mismo sino, como dice, de respuestas al fundamental enigma de la vida, que «se nos plantea a todos y a cada uno de la misma forma».

«Tengo siempre la impresión de que escribo para hombres que me han de leer más adelante», declara Malraux sin arrogancia. Y en efecto parece llegado el momento de hacerlo, de leer a Malraux con la máxima atención y con el máximo provecho. Pues, contempladas con la perspectiva que proporciona el más de medio siglo transcurrido desde su publicación, las *Antimemorias* se nos ofrecen como uno de los grandes libros del siglo XX. Y más que eso: como un libro susceptible de irradiar su embrujo y su influencia en este siglo XXI, algunas de cuyas claves acertó a vislumbrar.

Como ocurre con la mayor parte de la notable pléyade de escritores franceses a la que perteneció, la posteridad de Malraux sigue padeciendo el largo purgatorio a que lo relegó la poderosa resaca que sucedió a su fama extraordinaria. En el plano literario, sus años de mayor gloria corresponden a las décadas de los treinta y los cuarenta, en las que alcanzó una enorme reputación como novelista. Ya terminada la Segunda Guerra Mundial, su inquebrantable compromiso con el general De Gaulle, de quien llegó a convertirse en una especie de valido, lo apartaron por muchos años de la literatura de ficción, hasta el extremo de darse por supuesto que su trayectoria en este terreno había concluido. La doble faceta de Malraux como estudioso del arte y como orador parecía haber eclipsado del todo la del narrador. Tanto mayor fueron el impacto y la sorpresa que en 1967 produjeron las *Antimemorias*. En este libro portentoso venían a refundirse de manera inesperada y eficacísima todas las potencias del escritor, que para componerlo trenzaba en una misma secuencia la ficción y el testimonio personal, el ensayo y el reportaje histórico, el retrato y la conversación, la especulación filosófica y la crónica viajera. Todo ello servido en un estilo acrobático, lleno de atrevimiento y de lirismo, lastrado sin duda por cierta tendencia al exceso, por una a veces risible ampulosidad, pero siempre enormemente sugestivo.

El hombre que a la edad de sesenta y cuatro años emprendió la redacción de las *Antimemorias* era un hombre sumergido en una honda crisis personal. Su vida familiar estaba deshecha: en 1961 sus hijos Pierre-Gauthier y Vincent habían fallecido en un accidente de automóvil; hacía ya varios años que había roto toda relación con Florence, su hija mayor, a consecuencia de haber firmado ésta el Manifiesto de los 121, que promovía la insumisión de los contingentes militares franceses destinados a Argelia; su relación con Madeleine, su tercera mujer, sufría un serio deterioro. Malraux arrastraba desde hacía varios meses una depresión que estimulaba su adicción al tabaco y al alcohol, y que intensificaba los múltiples tics nerviosos que alteraban su rostro. En estas circunstancias, su entorno más directo, con el general De Gaulle a la cabeza, lo persuadió de realizar un largo viaje de descanso.

La tarde del 22 de junio, en Marsella, Malraux embarcó en el paquebote Cambodge rumbo a Hong Kong. Lo hizo en compañía de Albert Beuret, director adjunto de su gabinete, pues conviene no olvidar que Malraux seguía siendo ministro de Estado vitalicio del Gobierno de De Gaulle, a cuya derecha se sentaba en los consejos de ministros. En calidad de alto dignatario fue recepcionado en los diferentes puertos en que el barco hizo parada. Instalado en un lujoso camarote de primera clase, dotado de un pequeño balcón sobre el mar, se dispuso a aprovechar la travesía para recapitular y escribir, distrayéndose con los numerosos conciertos de música clásica que se celebraban a bordo.

Durante la escala en Port-Said, Malraux opta por ir a El Cairo y contemplar, una vez más, las grandes pirámides, que había visitado por vez primera más de tres décadas atrás. Se produce entonces una especie de epifanía que lo conecta con el pasado, con algunas de las intensas vivencias en que germinaron las ideas que habían orientado su trayectoria vital. Este fenómeno se repetirá a lo largo de su recorrido, a tal punto que el viaje emprendido no tardará en convertirse en un viaje en el tiempo, y no sólo en el espacio.

Será en el mismo El Cairo, a comienzos del mes de julio, donde Malraux conciba el proyecto de escribir las *Antimemorias*, cuya redacción lo absorberá con apasionamiento creciente. Cada escala del viaje —Aden, Karachi, Bombay, Colombo— despierta en él nuevas asociaciones, nuevos recuerdos, y da lugar a la reconstrucción de escenas y episodios del pasado que a menudo se entrelazan, en un constante movimiento de avance y retroceso.

A la entrada del puerto de Singapur, el Cambodge sufre un accidente: colisiona peligrosamente con un petrolero holandés, viéndose obligado a recalar en el mismo puerto durante un mes, mientras se reparan las averías sufridas. Sin esperar a que se cumpla este plazo, Malraux y Beuret se trasladan en avión a Hong Kong, destino final de su viaje, y desde allí vuelan a Cantón y a Pekín, pues entretanto Malraux ha recibido de De Gaulle la petición de que se entreviste con Mao Zedong, al objeto de reforzar el acercamiento entre los dos países que en enero de 1964 había supuesto el reconocimiento, por parte de Francia, de la República Popular China.

Desde Pekín, el regreso a Europa lo hará Malraux en avión, con paradas en la India y en Teherán. El 18 de agosto se halla de nuevo en París e informa en el Consejo de Ministros de su viaje, que el encuentro con Mao ha convertido en misión.

El viaje en su totalidad duró, como se ve, menos de dos meses, pero la larga inmersión de Malraux en su propio pasado había de prolongarse durante mucho más tiempo, de hecho ya no iba a cesar hasta su muerte.

Si bien el relato de las *Antimemorias* no respeta ni la cronología ni el recorrido real del viaje, éste actúa como eje narrativo del libro y adquiere un importante peso alegórico: el viaje a Oriente es también un viaje a las fuentes de la sabiduría más ancestral, al reverso del Occidente moderno, allí donde aún se siente el latido de las viejas religiones. De ahí que, a la travesía por Oriente Medio, la India y China, Malraux se sienta llamado a añadir un capítulo final dedicado a Japón, que había visitado por última vez unos pocos años antes, en 1960.

La memoria del narrador funciona, como ya se ha dicho, asociativamente, razón por la que, al frente de los sucesivos capítulos del libro, se suelen apuntar fechas que saltan hacia delante y hacia atrás («el hombre no se construye cronológicamente», advertía Malraux en una entrevista), como saltan de un lugar a otro los escenarios indicados. Al aparente desorden subyace, sin embargo, una muy estudiada estructura circular, concéntrica, sostenida y potenciada por una tupida red de motivos recurrentes, contrapuntísticos, que cohesiona casi subliminalmente, con técnica musical, el relato.

Las *Antimemorias* abundan en largas tiradas enumerativas que ensartan, una tras otra, imágenes que el autor conserva vivas en el recuerdo, algunas de las cuales se retoman varias veces a lo largo del discurso. Son imágenes casi siempre de gran plasticidad, que se proyectan en el texto como diapositivas en que desfila la riqueza y la maravilla del mundo. Nunca o casi nunca aparece el propio Malraux en ellas. Él es sólo la cámara que las ha registrado. Se trata de a veces largas parrafadas en las que —como en el famoso libro de Georges Perec, de 1978— suelen yuxtaponerse varios «Me acuerdo...».

«Me acuerdo del acuario de Singapur... Me acuerdo de la niebla de Flandes... Me acuerdo de El Cairo... Me acuerdo de las honras fúnebres de Nehru...».

He aquí una de las claves para leer convenientemente las *Antimemorias*: el autor no va detrás de sí mismo, como ya se ha dicho, sino de todo cuanto, en su propia existencia, ha contribuido a iluminar —y a comprender— el mundo en el que ha vivido.

Malraux fue lo que se entiende por «un hombre de acción». Las *Antimemorias* apenas documentan una pequeña parte de las múltiples actividades y facetas que desplegó a lo largo de su vida y que, ya fuera durante su juventud aventurera, ya más adelante, en su espectacular desempeño como ministro encargado de Asuntos Culturales, lo movieron a visitar casi todos los países del planeta, empapándose de su arte, de su religión y de su cultura, así como a conocer a una abrumadora cantidad de personalidades de todo tipo, entre las que se cuentan muchas de las más destacadas del siglo, ya sea en el campo de la política, del pensamiento, de las artes o de las ciencias (de Trotsky a Le Corbusier, de Picasso a Kennedy, de Einstein a Indira Gandhi o a Yasunari Kawabata).

Cuando se publicaron las *Antimemorias*, la sorpresa y admiración que causó el libro fueron proporcionales a la decepción que muchos experimentaron ante lo que —pese a la advertencia implícita en el título— les parecía poco menos que un fraude. En la reseña que hiciera de la primera y puntualísima traducción al español, Mario Vargas Llosa escribía: «La decepción del lector no resulta de lo que el libro dice, sino de lo que calla: el material desechado o postergado se adivina mucho más rico y decisivo que el que ha servido para elaborar estas seiscientas páginas de soberbia retórica».

Por esas fechas, sin embargo, Malraux vivía todavía, y su figura tenía un aura casi legendaria. Medio siglo después, la poderosa luz que su personalidad irradiaba ha rebajado mucho su intensidad. Sobre Malraux no han cesado de volcarse, a menudo con fundamento, toda clase de sombras. Con ocasión del centenario de su nacimiento, en 2001, Gallimard publicó una monumental biografía de Olivier Todd que venía a resultar, en muchos aspectos, demoledora. La imagen que se desprende de ella es la de un embaucador, un mitómano, un megalomaníaco incorregible, un mentiroso compulsivo. Y entretanto, al socaire de las modas, no ha cesado de disminuir —injustamente, sin duda— el crédito de Malraux como escritor, en particular como novelista.

Tanto más imperioso se hace insistir en la naturaleza híbrida de las *Antimemorias*, en su genial anticipación de muchas de las tendencias narrativas hoy en boga y en su manifiesto desdén hacia lo que algunos entienden por «verdad» de los hechos y sobre uno mismo.

Quien busque rigor histórico y biográfico en las *Antimemorias* malentiende por completo la poética del libro. Además de documentar paralelismos, fuentes y trasvases de todo tipo, las notas de la última edición crítica de la Pléiade (1999) abundan en desmentidos, correcciones y enmiendas a lo que escribe Malraux, que a menudo equivoca datos y fechas, que cita de memoria y que adapta los hechos a su antojo. Sus detractores ven en ello una prueba más de su tendencia a la impostura, pero él mismo declaraba que «la mistificación es eminentemente creadora», y adelantó con mucha anterioridad, en un pasaje de *La condición humana* (1933), la clave que explica su modo de proceder: «No era ni verdadero ni falso, sino vivido».

La narrativa contemporánea no ha dejado de problematizar las fronteras entre realidad y ficción, y es precisamente en un territorio indefinido entre la novela, el reportaje documental, el diálogo filosófico, el testimonio autobiográfico y el ensayo el que las *Antimemorias* exploran y colonizan pioneramente, con técnicas que entretanto se han hecho familiares al lector gracias a autores como V.S. Naipaul, Emmanuel Carrère, J.M. Coetzee o Roberto Calasso, por mencionar a cuatro autores de muy distinta cuerda, algunos de cuyos libros se caracterizan por la indeterminación —la transversalidad, más bien— genérica.

Desde el presente de la escritura, el narrador de las *Antimemorias* se sumerge una y otra vez en su experiencia («son las experiencias las que sitúan al hombre... Se puede reconstruir una vida a través de sus experiencias», le decía Malraux a Emmanuel d'Astier en una entrevista). Ahora bien, en no pocas ocasiones esa experiencia ha sido previamente elaborada en los libros ya publicados por el autor, de ahí que éstos se integren en el proceso rememorativo como una pieza más de la reconstrucción de la experiencia. A este respecto, las *Antimemorias* conforman una especie de suma y palimpsesto de la obra entera de Malraux, quien se sirve tanto de sus propios ensayos como de sus novelas —sobre todo de estas últimas— para enderezar su personalísimo recuento.

En la primera edición del libro, cuatro de sus cinco partes llevaban por título los de otras tantas novelas de Malraux: *Los nogales de Altenburg* (1943), *La tentación de Occidente*

(1926), *La Vía Real* (1930) y *La condición humana* (1933). Pero el texto incluye además pasajes de otras novelas, de no pocos de los incontables discursos pronunciados por Malraux como ministro y embajador cultural, así como muchas ideas ensayadas antes en sus numerosos e importantes escritos sobre arte. En algunos casos, como en el arranque de la primera parte del libro, o en el segundo capítulo de la parte tercera, reescribe, a veces literalmente, un texto previo. El autor devuelve así a la presunta autobiografía el material de experiencia transformado antes en ficción. Este tráfico entre ficción y autobiografía será constante a lo largo de las *Antimemorias*, en las que Malraux hace comparecer hechos y personajes ficticios en régimen de igualdad respecto a los reales, en un continuo en el que el lector no avisado no tiene modo de distinguir entre unos y otros.

La larga conversación del narrador con el barón de Clappique, en la parte IV del libro, o, en la V, con el padre de su amigo Takyo Matusi, en Tokio, son enteramente inventadas. El barón de Clappique es un personaje de *La condición humana*, en tanto no consta la existencia de ningún Takyo Matusi, presunto traductor de Malraux al japonés. Lo que no obsta para que ambas conversaciones adquieran, dentro de las *Antimemorias*, una entidad y un peso comparables a los de las sostenidas con De Gaulle, en la parte II, o con Nehru en la parte III.

Pero ni siquiera de las conversaciones supuestamente reales cabe pensar que se desarrollaran tal y como Malraux las reconstruye. Es obvio que al hacerlo se permite toda clase de licencias. La que mantiene con Mao Zedong, en la parte final del libro, va mucho más allá, tanto en extensión como en complejidad, de la que realmente sostuvieron (y de la que se conservan las transcripciones). Y es del todo improbable que tuviera lugar la larga y profunda conversación en Singapur con Jacques Méry (seudónimo de Bernard Bourotte), que hay que dar por completamente imaginaria, por mucho que en su composición intervinieran los retazos de viejos recuerdos (pues fue en los años veinte cuando Malraux hizo amistad con Méry).

Malraux no era periodista; no llevaba grabadora ni tomaba notas. Las conversaciones que ocupan buena parte de las *Antimemorias* escenifican, de entrada, su admiración por los grandes hombres de la historia con los que tuvo relación y a los que admiró («una de las mejores cualidades del hombre, puesto que no es un animal, es la capacidad de admiración... Pero no voy a hacerle perder el tiempo explicándole mi relación con los hombres de la historia. Digamos sin más que, para mí, esos hombres, igual que los grandes artistas, igual que, en otro orden de cosas, los aventureros de antaño, son hombres del antidestino», le dice el narrador al barón de Clappique). Pero también escenifican el diálogo constante que el autor/narrador mantiene consigo mismo, y que escenifica conforme a una tradición literaria que, remontándose a Platón, se desentiende de toda exigencia de literalidad.

En otras ocasiones, las licencias que se permite llegan al extremo de hacer pasar como vividas por él experiencias que no tuvo realmente, como, en la parte III del libro, el largo episodio en que el carro de combate que el narrador pilota cae en una fosa trampa. Malraux no participó en esa ofensiva con tanques de las Ardenas, descrita ya en *Los nogales de Altenburg* y que se nutre de una experiencia vivida por su padre en 1918, durante la Primera Guerra Mundial. ¿Cabe poner algo así a cuenta solamente de una obsesión por la impostura, de una megalomanía más o menos narcisista?

En un apunte del año 1980, Elias Canetti, autor de una celebrada autobiografía, escribe: «En la historia de mi vida no se trata en absoluto de mí. Pero ¿quién lo creerá?». En relación con sus *Antimemorias*, Malraux bien podría haber dicho una frase semejante. Ahora bien, si no se trata de él, si no se trata tampoco de su propia vida, o al menos no exactamente, ¿de qué se trata entonces?

«Aquí sólo espero encontrarme con el arte y con la muerte», escribe Malraux al poco de emprender la escritura de las *Antimemorias*. Poco antes, al comienzo mismo del libro, ha dejado dicho que lo que se propone en él es «reflexionar acerca de la vida», más concretamente «acerca de la vida enfrentada a la muerte». Algo que sólo sirve, añade, «para ahondar más en las preguntas».

«El hombre que aquí podréis encontrar es el que coincide con las preguntas que la muerte hace al sentido del mundo», escribe Malraux. Son preguntas que él mismo se atreve a repetir con ademán solemne y tono altisonante que fácilmente pueden resultar embarazosos (¿no éramos adolescentes cuando nosotros mismos nos hacíamos esas mismas preguntas?). Y sin embargo son preguntas de las que sólo desde hace muy poco Occidente se viene desentendiendo. Es para buscar las respuestas que Malraux emprende en su escritura su viaje al Extremo Oriente, que es a su vez, como ya se ha dicho, un peregrinaje espiritual.

La muy temprana fascinación de Malraux por Oriente lo convirtió, siendo aún muy joven, en un destacado mediador de las relaciones entre éste y Occidente, en torno a las cuales formula ideas y lanza hipótesis que conservan hoy todo su poder de seducción. La principal vía de exploración de dichas relaciones es para Malraux su conocimiento directo del arte oriental, del que no tardó en convertirse en experto, hasta el extremo de que sus estudios en este campo siguen siendo referenciales. Como ministro encargado de Asuntos Culturales promovió importantes alianzas con países como la India, China y Japón que se tradujeron en espectaculares exposiciones que por primera vez revelaron a Europa, con mirada comprensiva y abarcadora, los tesoros artísticos de esos países. Algo parecido haría con otras culturas de Latinoamérica y África, con las que se ocupó de establecer lazos fructíferos, cuya huella puede seguirse hasta la actualidad.

Las relaciones entre el arte y la muerte —en las que se proyectan las de Oriente y Occidente— son el hilo rojo que recorre la aventura espiritual que proponen las *Antimemorias*. Malraux se sirve, para sondearlas, de un concepto central en su pensamiento: el de metamorfosis, en el que reconoce la única forma de trascendencia a la que puede aspirar la humanidad. Pues «cabe dentro de lo posible que la aventura humana no pueda perdurar sino mediante una implacable metamorfosis» del mismo orden de la que a nuestros ojos profanos convierte los viejos ídolos en estatuas.

Pero al enfatizar estos términos se corre el riesgo de eclipsar lo que, a la vez que todo esto, las *Antimemorias* son en primer plano: un *travelling* del siglo XX, un cautivador atlas histórico, político, geográfico y cultural que brinda una personal panorámica sobre unas décadas trepidantes, panorámica que comprende a la vez una vertiginosa *mise en abyme* de la andadura entera de la humanidad.

La guerra civil española, la Segunda Guerra Mundial y el Holocausto, la Ocupación alemana y la Resistencia francesa, la Liberación, De Gaulle y las IV y V repúblicas, la Revolución china, la independencia de la India, los procesos de descolonización en Latinoamérica, África y Asia, la guerra de Argelia, la de Vietnam... La principal dificultad que en la actualidad entraña la lectura de las *Antimemorias* tiene que ver con la familiaridad, llena de sobreentendidos, con que Malraux discurre sobre estos y otros muchos acontecimientos, dando por supuesto que el lector comparte referencias que para muchos quedan ya remotas. Se trata, sin embargo, de una dificultad que obvia la dimensión «novelesca» del libro, su condición de «obra de arte» cuidadosamente diseñada para poder ser leída fuera de su propio tiempo, metamorfoseada en un inclasificable objeto narrativo en el que la memoria de un hombre se revela capaz de establecer apasionantes conexiones de orden antropológico, artístico, religioso, filosófico y espiritual que trascienden ampliamente su propia vida.

No es por casualidad que, cerrando el círculo abierto en la primera línea del relato, en la que evoca su fuga de un campo de prisioneros nazi durante la Ocupación, las *Antimemorias* hilvanen ese episodio con la decidida intervención de Malraux como ministro para salvar de su destrucción las pinturas prehistóricas de las cuevas de Lascaux. Más de veinte mil años median entre el momento en que esas pinturas se realizaron y el de la visita que Malraux hace a las cuevas. Una medida de tiempo a la que él es capaz de asomarse paradójicamente persuadido de que, como dice, «el hombre es un azar y, en esencia, el mundo está hecho de olvido».

Nota sobre el texto

Como ha quedado dicho, Malraux comenzó a escribir la primera versión de las *Antimemorias* durante su viaje al Extremo Oriente del verano de 1965 y la concluyó en la primavera de 1967. El libro se publicó ese mismo año, pero conocería, en vida del autor, dos ediciones más, una en 1972 y otra en 1976, las dos revisadas en profundidad. La copia dactilografiada que sirvió de base para la primera edición presenta una gran cantidad de correcciones a mano, así como múltiples supresiones y añadidos. Del examen de los originales se desprende que Malraux emprendió la escritura de las *Antimemorias* sin un plan de antemano. Su primer impulso fue el de servirse del itinerario de su viaje para hilvanar en él toda suerte de recuerdos. Posteriormente, reescribió una y otra vez el texto, ajustando y reordenando sus diferentes pasajes conforme a la estructura circular que poco a poco fue vislumbrando como la más idónea para contener su diversidad y su naturaleza más bien centrífuga. En su momento, los editores franceses renunciaron a establecer una cronología plausible para los diferentes estratos conservados del texto definitivo. Lo que sí pudo establecerse es una estimación bastante aproximada de los fragmentos tomados de otros libros previos del autor, ya sea literalmente, ya más o menos reelaborados. Así, de las 605 páginas de la edición original, 65 procedían de textos ya publicados, pertenecientes en su mayor parte a *Los nogales de Altenburg*, pero también, en muy menor proporción, a *El tiempo del desprecio* y a *La esperanza*. Otras 90 páginas correspondían al manuscrito de una novela inacabada e inédita de Malraux: *El reino del Maligno*. Estas páginas fueron drásticamente reducidas en las ediciones de 1972 y de 1976, en las que, por otro lado, junto a otros cambios importantes, se suprimieron los títulos que en la primera edición había puesto Malraux a cuatro de las cinco partes del libro y que, como ya se ha indicado, se correspondían con los títulos de otras tantas novelas suyas: *Los nogales de Altenburg*, *La tentación de Occidente*, *La Vía Real* y *La condición humana*.

La tercera edición de las *Antimemorias* en vida del autor se publicó bajo el título general de *El espejo del limbo*, que amparaba tanto las *Antimemorias* propiamente dichas como *La soga y los ratones*, título que a su vez reunía cuatro libros —*La hoguera de las encinas* (1971), *La cabeza de obsidiana* (1974), *Lázaro* (1974) y *Huéspedes de paso* (1975)— publicados posteriormente a aquéllas pero escritos como prolongación de las mismas. Ya en 1967, la primera edición de las *Antimemorias* se presentaba antecedida del siguiente aviso: «Este libro constituye la primera parte de las *Antimemorias*, que comprenderán probablemente cuatro tomos, que serán publicados íntegramente tras la muerte del autor». Con ello quedaba manifiesta la intención, por parte de Malraux, de embarcarse en un proyecto autobiográfico de amplio calado, que como tantos otros suyos quedó finalmente incumplido. El título general de este proyecto, reducido entretanto a sólo dos tomos, cambió varias veces antes de que Malraux optara definitivamente por el de *El espejo del limbo*, que como libro vio por primera vez la luz en abril de 1976, en la colección Folio, y por segunda vez en octubre de ese mismo año, ya en la Bibliothèque de la Pléiade.

El texto de las *Antimemorias* que se da aquí se corresponde con el publicado por la Bibliothèque de la Pléiade en el marco de las *Obras completas* de André Malraux en seis tomos que impulsó en 1989 y concluyó en 2010. Las *Antimemorias* se hallan incluidas en el tomo III, aparecido en 1996, al cuidado de Marius-François Guyard, con la colaboración de Jean-Claude Larrat. Tanto el prólogo como las noticias, las notas y las variantes de esta edición crítica corren a cargo del mismo Guyard. El texto fijado por él con todo rigor se basa en el de la edición de la Pléiade de 1976.

Las *Antimemorias* fueron rápidamente traducidas al castellano por Enrique Pezzoni y publicadas en la editorial Sudamericana de Buenos Aires en 1968. Esta misma traducción conoció numerosas reimpresiones, si bien no consta que incorporaran los cambios introducidos por Malraux en su texto en 1972 y 1976. En 1992, Círculo de Lectores publicó en España esta misma traducción de Pezzoni «revisada y aumentada por Margarita de Cangas» y con prólogo de Horacio Vázquez Rial. No se tiene noticia de ninguna otra posterior.

La traducción que aquí se ofrece, a cuenta de María Teresa Gallego Urrutia y Amaya García Gallego, fue realizada en el marco de un proyecto de *Obras completas* de André Malraux en español emprendido por Mario Muchnik en los años noventa, en la huella de la nueva edición de la Pléiade, con el asesoramiento de Jorge Semprún. La traducción de todos los libros de Malraux iba a ser realizada por un equipo de traductores dirigido y coordinado por Esther Benítez. A este equipo pertenecían María Teresa Gallego Urrutia y Amaya García Gallego, que por entonces tradujeron *El espejo del limbo* completo.

El proyecto de Muchnik se vio frustrado y se trasladó a Círculo de Lectores, que, vistas las dificultades de desarrollarlo enteramente, optó por redimensionarlo, optando por la publicación de unas *Obras escogidas* de Malraux entre las que figuraba, íntegro, *El espejo del limbo.* Corrían los primeros años 2000 y este nuevo proyecto a su vez se atascó, permaneciendo inédita la traducción que aquí se da, la primera que cuenta con todas las garantías de servir íntegra la versión hasta ahora «definitiva» de la obra.

Esta edición se acompaña de una cronología de la vida de André Malraux, recogida al final del volumen, que indica aquellos capítulos de las *Antimemorias* que discurren sobre los hechos o episodios registrados. Las llamadas de las notas del propio Malraux se indican mediante asteriscos. Las de las traductoras, destinadas a esclarecer alusiones que pueden resultar poco evidentes al lector, mediante números.

A la traductora, luchadora y amiga Esther Benítez,
que nos encomendó que abriéramos con la traducción
de El espejo del limbo *aquel proyecto*
de las obras completas de André Malraux
y no pudo verla editada.
In memoriam *con nuestro cariño*

María Teresa Gallego Urrutia
y Amaya García Gallego

ANTIMEMORIAS

El elefante es el animal más sabio, el único que no ha olvidado sus vidas anteriores. Y por eso se queda quieto mucho rato, y medita al recordarlas.

Texto búdico

1965, frente a las costas de Creta

En 1940 me evadí en compañía del futuro capellán de los maquis del Vercors. Volvimos a coincidir poco tiempo después en el pueblo donde era párroco, en el departamento de Drôme; se dedicaba allí a abastecer a manos llenas a los judíos de certificados de bautismo con variopintas fechas, siempre y cuando se bautizaran, eso sí: «Bautiza, que algo queda...». Nunca había estado en París. Había acabado sus estudios en el seminario de Lyon. Entre los aromas de la noche aldeana, manteníamos una de esas interminables conversaciones propias de los que acaban de volver a encontrarse.

—¿Cuántos años lleva usted confesando?

—Unos quince...

—¿Y qué le ha enseñado la confesión acerca de los hombres?

—Mire, con la confesión no aprendemos nada, porque, mientras estamos en el confesionario, no somos los mismos. Anda la Gracia de por medio. Y sin embargo... Para empezar, las personas son mucho menos felices de lo que suele pensarse... Y además... —Alzó los brazos de leñador hacia el cielo cuajado de estrellas—. Y además la cuestión está en que *las personas mayores no existen...*

Murió combatiendo en la meseta de Les Glières.

Reflexionar acerca de la vida —acerca de la vida enfrentada a la muerte— solo sirve, sin duda, para ahondar más en las preguntas. No me refiero al hecho de que alguien puede matarnos, pues ello no le supone problema alguno a cualquiera que tenga la trivial suerte de ser valiente, sino a la muerte, que va aflorando en todos esos acontecimientos que pueden más que el hombre, en la vejez, y también en la metamorfosis de la tierra (tanto el milenario letargo de la tierra cuanto su metamorfosis evocan la muerte, incluso cuando esta metamorfosis es obra de la mano del hombre), y, más que a cualquier otra cosa, me refiero a la conciencia de lo irremediable, a que nunca sabremos el sentido de todo esto. Y cuando me hago semejante pregunta, ¿cómo van a parecerme importantes las cosas que solo me importan a mí? A casi todos los escritores que conozco les agrada su infancia, pero yo aborrezco la mía. Aprendí a crearme a mí mismo, poco y de mala manera, en el supuesto de que crearse a uno mismo sea hacerse a esta posada sin caminos a la que llamamos vida. A veces supe hacer lo que había que hacer, pero el interés de la acción, salvo cuando esta pertenece a la historia, está en lo que hacemos, no en lo que decimos. No me interesa gran cosa mi propia persona. La amistad, que desempeñó un papel de importancia en mi vida, no fue pareja con la curiosidad. Y estoy de acuerdo con el capellán de Les Glières, con la diferencia de que, si a él le gustaba la idea de que no hubiese personas mayores, era porque los niños se salvan...

¿Por qué recuerdo todo esto?

Porque, al vivir en el incierto ámbito de la mente y de la ficción, que es donde moran los artistas, y también en el del combate y en el de la historia, y porque, al haber conocido a los veinte años esa Asia cuya agonía podía aún explicar el sentido de Occidente, he pasado más de una vez por esos momentos, a veces sin pretensiones y a veces deslumbradores, en los que el fundamental enigma de la vida se nos plantea a todos y a cada uno de la misma forma en que se les plantea a casi todas las mujeres cuando miran el rostro de un niño, a casi todos los hombres cuando miran el rostro de un muerto. En todas las formas que adopta lo que nos atrae, en todo cuanto he visto plantar cara a la humillación, e incluso en ti, dulce dicha, cuya presencia en la tierra no acabamos de concebir, en todo ello veo a veces la vida, semejante a los dioses de las extinguidas religiones, como si de la partitura de una música desconocida se tratara.

Aunque en mi juventud conocí un Oriente que se asemejaba a un anciano árabe que, cabalgando en su asno, cruzase el invencible letargo del islam, los doscientos mil habitantes de El Cairo son ahora cuatro millones, en Bagdad hay motoras en vez de las nasas de juncos y betún de los pescadores babilónicos, y las puertas de azulejos de Teherán se han quedado aisladas en pleno centro de la ciudad, como nuestra puerta de Saint-Denis. Hace mucho que en Estados Unidos crecen ciudades como hongos, pero esas ciudades no borraron otra civilización ni simbolizan la metamorfosis del hombre.

Todos sabemos que nunca había cambiado tanto el mundo en un solo siglo (salvo a manos de la destrucción). Yo he visto cómo los gorriones esperaban en la plaza del Palais-Royal el regreso de los caballos que tiraban de los ómnibus, y también cómo regresaba del espacio el tímido y enternecedor comandante Glenn; he visto la ciudad tártara de Moscú y el afilado rascacielos de la universidad; he visto cuanto de la antigua Norteamérica evocaba, en la estación de Pensilvania, un tren pequeño y reluciente, con chimenea en forma de tulipa, y también cuanto del país nuevo concita el rascacielos de la Panamerican. ¿Cuánto tiempo llevamos ya sin que una religión grande conmueva los cimientos del mundo? Estamos viviendo en la primera civilización capaz de conquistar la tierra entera, pero incapaz de inventar sus templos o sus tumbas.

Antaño, ir a Asia era adentrarse lentamente en una conjunción de espacio y tiempo. Tras el islam, la India; tras la India, China; tras el Oriente, el Extremo Oriente. Los barcos de Simbad arrinconados en el crepúsculo de un puerto de la India; y, pasado Singapur, a la entrada del mar de China, los primeros juncos, como centinelas.

Por prescripción facultativa, reanudo este lento entrañamiento y contemplo el cataclismo que ha trastornado mi vida ensangrentada e inútil, como trastornó Asia antes de que yo volviese a ver, allende el océano, Tokio, adonde envié la *Venus de Milo*; Kioto, irreconocible; Nara, casi intacta pese a su incendiado templo, antes de que yo las recuperase, hace un tiempo, tras un día entero de avión; e igual que trastornó China, que no he vuelto a ver. «Hasta la línea del horizonte, el océano de charol, pintado de laca, sin estelas...». Miro el mar y recuerdo la primera frase de mi primera novela y el tablón de despachos del barco, donde, hace cuarenta años, pincharon el que anunciaba el reingreso de Asia en la historia: «Declarada en Cantón la huelga general».

¿Qué respuesta les da, pues, mi existencia a esos crepusculares dioses que van cayendo y a esas amanecientes ciudades que se van alzando; a ese estruendo de acontecimientos que golpea el paquebote como si se tratase del eterno ruido del mar; a tantas esperanzas vanas y a tantos amigos que me arrebató la muerte? Ha llegado el tiempo en que mis contemporáneos están empezando a referir sus anécdotas.

En 1934, en la calle de Le Vieux-Colombier, Paul Valéry me hablaba, de pasada, de Gide.

—¿Por qué pone usted por las nubes la *Conversación con un alemán* si tan poco le importa la obra de este autor? —le pregunté.

—¿De qué me habla?

Se lo recordé.

—¡Ah, sí! ¡Debe de ser porque utiliza muy bien el imperfecto de subjuntivo...!

Y luego, con la relativa seriedad que unía a su jerga patricia:

—No me disgusta Gide, pero ¿cómo puede un hombre someter sus opiniones al criterio de unos muchachos...? ¡Y, además, a mí lo que me interesa es la lucidez, no la sinceridad! ¡Y, en último término, me trae sin cuidado!

Así era como remataba con frecuencia esas ideas que, siguiendo la receta de Wilde, le parecían «para charlar».

Pero eso a lo que Gide llamaba juventud no siempre se limitaba a los muchachos, lo mismo que la cristiandad, en su sentido más amplio, no se limitó siempre a los fieles. El demonio gusta de las colectividades, y más aún de las asambleas; y también de la grandeza. Viví hasta los treinta años entre hombres que padecían la obsesión de la sinceridad, porque pensaban que era lo contrario de la mentira, y también (se trataba de escritores) porque, desde Rousseau, es un hito entre los temas literarios. Añadamos a ello la agresiva justificación, el «hipócrita lector, mi prójimo, mi hermano...». Pues no se trata de conocer en mayor o menor medida al hombre. De lo que se trata siempre es de revelar un secreto, de *confesarse*. La confesión cristiana proporcionaba el perdón, conducía al camino de la penitencia. El talento no proporciona el perdón, pero posee la misma y honda eficacia. Si *La confesión de Stavroguin* hubiera sido, en realidad, la de Dostoievski, el turbio acontecimiento se habría metamorfoseado en tragedia, y Dostoievski en Stavroguin, en héroe de ficción, metamorfosis que la palabra «*héroe*» resume a las mil maravillas. No hay necesidad alguna de modificar los hechos: si el culpable se salva no es porque nos imponga una mentira, sino porque el ámbito del arte no es el de la vida. La ufana vergüenza de Rousseau no borra la lastimosa vergüenza de Jean-Jacques, pero le promete la inmortalidad. Esa metamorfosis, una de las más hondas que puede crear el hombre, es la que nos permite dominar el destino en vez de soportarlo.

Siento admiración por esas confesiones que llamamos memorias, pero solo me seducen a medias. Aunque no es menos cierto que, cuando un individuo se analiza a sí mismo, no solo influye en los demás si es un gran artista, sino que desarrolla una actividad intelectual que me interesaba mucho en los tiempos de la referida charla con Valéry, y que consiste en reducir a su mínima expresión la parte de comedia que esa actividad entraña. Dicho análisis se convierte entonces en una conquista personal de ese novelesco mundo en que todos nos hallamos sumergidos, aunque no nos pertenezca de forma exclusiva; nos enfurece que alguien pueda ponerlo en entredicho, y de esa indignación se nutren los personajes que aportó

Labiche al teatro cómico, herederos de los de Molière y del intrépido y airado orador de Victor Hugo que le cantaba al rey las cuarenta, personaje este que ha desempeñado un papel tan constante como vano en la política de las naciones mediterráneas. Pero luchar contra lo cómico es como luchar contra las flaquezas, mientras que lo que, al parecer, pretende la obsesión por la sinceridad es sacar a la luz algo secreto.

Todos sabemos qué lugar ocupa el individuo en las memorias cuando estas pasan a ser confesiones; no pueden considerarse tales las de san Agustín, que concluyen como un tratado de metafísica. A nadie se le ocurriría decir que las *Memorias* de Saint-Simon son confesiones: cuando habla de sí mismo, es a nuestra admiración a lo que aspira. Tras haber buscado al hombre en los hechos grandiosos de los grandes hombres, empieza a estar de moda buscarlo en las acciones secretas de los individuos (tanto más cuanto que los hechos grandiosos fueron las más de las veces violentos, y las crónicas de sucesos han convertido la violencia en algo cotidiano). Las memorias del siglo XX pueden dividirse en dos apartados. Son, por una parte, testimonios de determinados acontecimientos: nos narran a veces, como en las *Memorias de guerra* del general De Gaulle o en *Los siete pilares de la sabiduría*, la consumación de un empeño de gran trascendencia. Por otra, se trata de introspecciones concebidas como un estudio del hombre, y Gide es su último representante ilustre. Pero *Ulises* y *En busca del tiempo perdido* adoptaron la forma de una novela. La introspección, que es también confesión, ha cambiado de categoría porque las confesiones del memorialista más provocativo resultan pueriles incluso a quienes ponen en entredicho sus conclusiones cuando se las compara con los monstruos que saca a la luz la exploración psicoanalítica. La neurosis cobra más piezas en esas cacerías de secretos, y de mayor enjundia. *La con-*

fesión de Stavroguin nos sorprende menos que *El hombre de las ratas* de Freud, y, si aún conserva algún valor, no es sino el de ser una genial obra literaria.

Nadie piensa ya que la única finalidad de los autorretratos, e incluso de los retratos, empezando por las efigies de los escultores egipcios y acabando por los lienzos cubistas, fuese la fiel reproducción de los modelos; pero sí persiste esa opinión en lo referido a los retratos literarios. Serían estos, en consecuencia, tanto mejores cuanto más parecidos; y lograrían tanto mayor parecido cuanto menos convencionales fueran. Tal es la definición que dan los realismos, que casi siempre han nacido para oponerse a las idealizaciones. Pero, si la idealización griega y renacentista fue una de las artes mayores de Europa, la idealización literaria, su supuesta pareja, en nada coincide con la de Leonardo o Miguel Ángel, a no ser en los personajes de las tragedias. No obstante, el san Luis de Joinville o los retratos de Bossuet, por mucho carácter ejemplar que pretendieran poner en ellos sus autores, no tienen sin duda nada que envidiar a los personajes del *Diario* de los Goncourt. ¿La verdad por encima de todo? Dudo que *Napoleón*, ese mal panfleto de Michelet, sea más fidedigno que la *Juana de Arco* del mismo autor, que es un admirable panegírico. Sabemos cuánto gustaba Stendhal de los «pequeños y auténticos acontecimientos». ¿Por qué no valorar los grandes acontecimientos? Dejar constancia del Napoleón de Austerlitz es tan válido como referir que solía untarle la cara de mermelada al rey de Roma. Y es posible que no fuera precisamente la adúltera Josefina la causa directa de la victoria de Marengo. Mostrar los grandes acontecimientos, apartarlos luego por desprecio de lo convencional, no querer ya saber, después, sino de los pequeños acontecimientos... Es hecho admitido que la verdad de un hombre reside ante todo en lo que oculta. Me han atribuido la frase de uno de mis personajes: «El hombre consiste en sus hechos». No consiste solo en eso, por supuesto. Y el personaje estaba respondiendo a otro que acababa de decirle: «¿Qué es un hombre? Un mezquino puñado de secretos». Las habladurías suelen proporcionarnos, a bajo costo, los perfiles de irracionalidad que apetecemos, y nos hemos complacido en confundir, recurriendo a la filosofía del inconsciente, lo que el hombre oculta, que a menudo no consiste sino en pobres miserias, y lo que de sí ignora. Pero Joinville no tenía la pretensión de conocer a fondo a san Luis, ni tampoco de conocerse a sí mismo, dicho sea de paso. Bossuet sí conocía a fondo al príncipe de Condé, de quien posiblemente era confesor; pero, cuando hablaba en presencia de la muerte, poca importancia concedía a lo que a la sazón solían llamarse flaquezas. Y lo mismo le sucedía a Gorki cuando hablaba de Tolstói.

Gorki sentía, en su juventud, la necesidad de seguir a hurtadillas a determinadas personas para convertirlas luego en personajes (y otro tanto le sucedía a Balzac). Y así fue como siguió en una ocasión a Tolstói por el bosque de Yásnaia Poliana. «El Viejo se para en un claro, delante de una roca plana donde había un lagarto que lo miraba. "Te late el corazón —dice Tolstói—. Luce un sol hermoso. Eres feliz". Calla; y luego añade, muy serio: "Yo no"».

Acabábamos de cortar un arbolillo. Era esta una curiosa costumbre que, en casa de Gorki, venía tras los almuerzos. Se recortaba su silueta, tocada con el gorro tártaro, sobre el dilatado telón de fondo del Mar Negro. Y seguía recordando al anciano «genio de la tierra rusa», allá en sus bosques, hablándoles a los animales, como un Orfeo octogenario.

La sensación de habernos convertido en extraños al mundo, o la de haber regresado al mundo, de la que en este libro hablaré más de una vez, es la mayoría de las veces el aparente fruto de un diálogo con la muerte. No fue experiencia desdeñable haber padecido un simulacro de ejecución. Pero le debo *sobre todo* dicha sensación al singular efecto, físico a veces, que ejerce en mí la mágica conciencia de los siglos. Y mis escritos sobre arte tornan aún más insidiosa esa conciencia, pues en todo Museo Imaginario coexisten la muerte de las civilizaciones y la resurrección de sus obras. Tengo siempre la impresión de que escribo para hombres que me han de leer más adelante. No porque confíe en las excelencias del libro, no porque me obsesionen la muerte o la historia en su dimensión de destino inteligible de la humanidad, sino porque tengo la violenta conciencia de una deriva tan arbitraria e implacable como la de las nubes. ¿Por qué tomo nota sobre todo de mis conversaciones con jefes de Estado, y no de otras cualesquiera? Porque ninguna conversación con un amigo hindú, ni aunque se tratase de uno de los sabios supremos del hinduismo, me proporcionaría la misma constancia temporal que Nehru cuando me dice: «Gandhi opinaba que...». Si mezclo a esos hombres con templos y tumbas, es porque en todos ellos se manifiestan de idéntica manera «las cosas que pasan». Cuando escuchaba al general De Gaulle, durante cualquier almuerzo irrelevante en su residencia privada del Elíseo, pensaba: hoy, en los años sesenta... En las recepciones oficiales pensaba en las de Versalles, en las del Kremlin, en las de la Viena de los últimos años de los Habsburgo. En el modesto despacho de Lenin, donde los diccionarios hacen de pedestal al pequeño pitecántropo de bronce que le había regalado un estadounidense partidario de las teorías de Darwin, no pensaba yo en la prehistoria, sino en las mañanas en las que Lenin entraba por aquella puerta, en el día aquel en que, abajo, en el patio, se había puesto a bailar en la nieve y a decirle a voces a Trotski, estupefacto: «¡Hoy ya hemos aguantado un día más que la Comuna de París!». Hoy...

Cuando me enfrento con la sacudida de Francia y con el humilde pitecántropo, lo que me fascinan son los siglos, el estremecido y cambiante reflejo del sol en las aguas del río... Ante el del guantero de Bona, cuando regresaba de mi primer paseo hacia la muerte, y en Gramat, yendo en camilla hacia un simulacro de fusilamiento, y, al ver cómo se desliza mi gato con furtivo paso, cuántas veces no habré pensado lo mismo que en la India: en 1938, o en 1944, o en 1968, *antes* de Cristo...

La «sinceridad» no siempre ha versado sobre sí misma. En todas las grandes religiones el hombre era un ser *dado*; las memorias proliferan cuando la confesión se aleja. Chateaubriand dialoga con la muerte, con Dios quizá, pero no con Cristo, desde luego. Cuando el hombre se convierte en tema de búsqueda y no de revelación —pues todo profeta que revele a Dios revela simultáneamente a un hombre—, toma fuerza la tentación de sacarle a un hombre concreto todo el partido posible: cuanto más abulten las memorias o el diario, mejor se lo podrá conocer. Pero no llega el hombre al fondo del hombre; no halla su imagen en los extensos conocimientos que ha adquirido, sino que halla una imagen de sí mismo en las preguntas que formula. El hombre que aquí podréis encontrar es el que coincide con las preguntas que la muerte hace al sentido del mundo.

Nunca me resultan tan acuciantes las preguntas a que me mueve ese sentido como cuando compruebo las transformaciones de Egipto o de la India, cuando las contrapongo a las ciudades destruidas. He visto las ciudades alemanas cubiertas de banderas blancas (las sábanas tendidas en las ventanas) o totalmente deshechas por las bombas; he visto El Cairo, con sus mezquitas, su alcazaba, su ciudad de los muertos y sus pirámides en el horizonte, pasar de doscientos mil habitantes a cuatro millones; he visto Nuremberg tan derruida que no se podía dar con la plaza mayor. Las preguntas de la guerra son necias; las de la paz, misteriosas. Y es posible que, en el ámbito del destino, valga más el hombre por cómo ahonda en sus preguntas que por cómo responde a ellas.

Las novelas que he escrito, la guerra, los museos reales o imaginarios, la cultura, quizá la historia me han permitido recobrar un enigma básico al ritmo del azaroso discurrir de la memoria, que —quizá por azar o quizá no— no resucita la existencia en el mismo orden en que ha transcurrido. Van mostrándose unas cuantas nebulosas, a la luz de un sol invisible, y parecen ir preparando una constelación desconocida. Algunas de ellas son fruto de la imaginación, pero muchas son recuerdos de un pasado que se me brinda en un destello o que tengo que buscar con paciencia: los momentos más intensos de mi vida no van conmigo; tan pronto me obsesionan como se me escapan. No tiene importancia. Cuando nos enfrentamos con lo desconocido, algunos de nuestros sueños tienen tanto significado como nuestros recuerdos. Vuelvo pues en estas páginas a algunas escenas que antaño convertí en ficción. Hilos enredados suelen unirlas al recuerdo; pero acontece a veces, y ello resulta mucho más turbador, que también tienen que ver con el futuro. La que viene a continuación la he tomado de *Los nogales del Altenburg*, primera parte de una novela de la que la Gestapo destruyó tantas páginas que ya no soy capaz de volver a escribirla. La novela se titulaba *La lucha con el ángel*. ¿No es acaso a esa lucha a la que estoy entregado? El suicidio que en ella aparece es el suicidio de mi padre, el abuelo es mi abuelo, sin duda después de que el folclore familiar lo hubiera transfigurado. Era armador y le di sus rasgos más característicos al abuelo del protagonista de *La Vía Real*, y sobre todo su muerte de vikingo de la Antigüedad. Aunque se enorgulleciera más de su patente de maestro tonelero que de sus barcos, la mayoría de los cuales se habían perdido ya en la mar, tenía gran empeño en atenerse a los ritos de su juventud y se abrió la cabeza con un hacha de dos filos cuando, fiel a la tradición, estaba dando el último toque simbólico al mascarón de proa del único barco que le quedaba. Convertí en alsaciano a este flamenco de Dunkerque porque el primer ataque alemán con gases ocurrió junto al Vístula, y necesitaba, por tanto, un personaje que estuviese alistado en 1914 en el ejército alemán. Los cobertizos por los que cruzan los payasos de circo, entre los almacenados troncos de los grandes pinos, son los cobertizos donde estaban puestas a secar las velas; hay un bosque en vez del mar. Yo no sabía nada de Alsacia. Había sido húsar durante cinco o seis semanas en Estrasburgo, en el cuartel amarillo de Napoleón III, y mis bosques nacieron del vago recuerdo de los del monasterio de Santa Otilia y de los que rodean Haut-Koenigsbourg; les di a los personajes el apellido de Berger porque puede ser un apellido francés o alemán, según cómo se pronuncie. Pero también me llamé yo así durante dos años: fue el seudónimo que me dieron unos amigos de la Resistencia, y con él me quedé. Los alsacianos me pusieron al frente de la brigada Alsacia-Lorena, participé en los combates de Dannemarie pocos días después de que mi segunda mujer muriese en una clínica de la avenida de Alsace-Lorraine de Brive. Mi tercera mujer vivía en la calle de Alsace-Lorraine de Toulouse. Lo dejaremos estar, porque muchas calles se llaman así en Francia. Pero fue en Riquewihr, cerca de Colmar, donde volví a casarme.

No voy a contar algo tan sabido como que Victor Hugo escribió *Marion Delorme* antes de conocer a Juliette Drouet. Lo más probable es que la vida de Juliette Drouet lo atrajera más a él que a un vulgar protector de actrices por los mismos motivos que lo habían llevado a escribir _Marion Delorme_. ¿Será cierto, como afirma T. E. Lawrence, que lo que explica tantas creaciones premonitorias es el hecho de que el virus del sueño influye también en las acciones de los que «sueñan despiertos»? ¿Y qué sucede cuando no hay acción alguna, sino solo los proféticos versos, que subrayaba Claudel con una sensación de angustia, en los que Baudelaire y Verlaine anuncian su tragedia? «Va zarpando mi alma hacia horribles naufragios».

Me viene a la memoria Péguy, cuya sepultura visité con el general De Gaulle en los campos del Marne: «Felices los que han muerto en una guerra justa». Y también Diderot, que escribió al regresar de Rusia que ya no le quedaban «más que diez años de vida en la faltriquera», y acertó con un mes de diferencia. Y el padre Teilhard de Chardin, quien en marzo de 1945 respondió a la pregunta: ¿Cuándo preferiría morirse usted? «En domingo de Pascua»; y murió el domingo de Pascua de 1955. Y me viene también a la memoria Albert Camus, que escribió diez años antes del accidente que le costó la vida: «El vuelo de las aves parece siempre sin rumbo cuando es de día; pero, al caer la tarde, es como si supiesen siempre adónde van. Vuelan hacia algo. Quizá de la misma forma, en el atardecer de la vida...».

¿Tiene atardecer la vida?

Fue la brigada Alsacia-Lorena la que liberó Santa Otilia, y el coronel Berger quien recuperó el retablo de Grünewald en un sótano de Haut-Koenigsbourg... Escribo estas líneas a bordo de un barco que se llama Le Cambodge; el dolor de muelas que aqueja al personaje de _El tiempo del desprecio_ mientras se evade tiene mucho en común con el daño que me hacían unos zapatos que me estaban pequeños cuando, siete años después, me tocó a mí el turno de evadirme. Escribí mucho acerca de la tortura en unos tiempos en que nadie se ocupaba de ese tema; y la tortura me rondó de muy cerca. Hemingway anticipó una y otra vez su destino —pasando por mil impotencias, por mil suicidios— al trazar esa línea que va del joven enamorado de una mujer mayor que él al hombre enamorado de una mujer más joven, para desembocar en el coronel de sesenta años amante de una muchacha. ¿Y Chamfort? ¿Y Maupassant? ¿Y Balzac? Nietzsche escribió la última línea de *La gaya ciencia*: «Aquí empieza la tragedia», pocos meses antes de toparse con Lou Salomé, y con Zaratustra.

Coincidí un día con Lou Salomé. Era por aquel entonces una anciana vestida de cualquier manera. Acababa de contestarle a la mujer de Daniel Halévy, que le había preguntado:

—¿Té u oporto?

—¡No he venido aquí para esas bobadas!

Nos quedamos a solas en un ángulo apartado del salón y le hablé de su libro sobre Nietzsche, y luego de Nietzsche. Me respondió, clavando en el vacío sus bellísimos ojos y echando hacia delante una mandíbula de dentista estadounidense: «Lo que me gustaría sería acordarme de si lo besé o no en aquel sendero, ya sabe cuál le digo, el que domina el lago de Como».

Lo que me interesa de un hombre de a pie es la condición humana; de un gran hombre me interesa qué tipo de grandeza posee y cómo la ha conseguido; de un santo, a qué categoría pertenece su santidad. Y también unos cuantos rasgos que dan fe no tanto de una forma de ser individual cuanto de determinado tipo de relación con el mundo. Nietzsche dijo: «Dos hombres hay que me han enseñado algo de psicología: Stendhal y Dostoievski». ¡Demos por bueno a Dostoievski! Esa forma de humillarse, grandiosa heredera de la de Rousseau, tenía forzosamente, al irrumpir como lo hizo, que trastornar al mayor irracionalista de su siglo. (¡Y Nietzsche sería mucho más fiel a sí mismo si a la pardilla de su hermana no se le hubiera ocurrido llamar *La voluntad de poder* al último libro del autor de *El viajero y su sombra*!) Pero ¿Stendhal? ¿En qué consiste su psicología, aparte de en una inteligencia translúcida y cortante como el cristal de roca?

Cuando Gide tenía setenta años, quienes escribían sobre él decían que era el escritor francés más importante. ¿Y qué nos comunican del propio individuo sus obras íntimas, incluyendo el diario? Se dio en aquella época una turbia relación entre psicología y literatura. Gide me contó en una ocasión la visita que le había hecho un Bernard Lazare muy resuelto a comprometerse de lleno en ese airado combate en que iba a convertirse el asunto Dreyfus: «Me dejó aterrado: era un hombre que ponía algo por encima de la literatura». El purgatorio de Gide tiene mucho que ver con la circunstancia de que para él no existía la historia. Y la historia no pidió a mis hermanos (ni a tantos otros) que la tuvieran en cuenta, ni les preguntó cómo la veían ellos. Y les cerró los ojos.

Los gnósticos creían que los ángeles preguntaban a todos los muertos: «¿De dónde vienes?». Quien lea este libro encontrará en él cuanto ha sobrevivido. A condición, en algunos casos, ya lo he dicho, de que lo busque. Los dioses no descansan de la tragedia si no es en la comedia; el vínculo entre la *Ilíada* y la *Odisea*, entre *Macbeth* y *El sueño de una noche de verano*, es el que existe entre lo trágico y un mundo de magia y leyenda. Nuestra mente se inventa sus gatos con botas y sus carrozas que se transforman al amanecer en calabazas porque las apariencias no satisfacen nunca del todo ni al creyente ni al ateo. Llamo a este libro *Antimemorias* porque responde a una pregunta que no formulan las memorias y no responde a las que sí suelen formular. Y también porque hay en ellas, unido con frecuencia al elemento trágico, una presencia irrefutable y escurridiza como la del gato que pasa entre las sombras: la de lo estrambótico, cuyo nombre he resucitado sin saberlo.

Estaba el psicoanalista Jung realizando una investigación entre los indios de Nuevo México. Le preguntaron qué animal protegía a su clan, y él respondió que en Suiza no existían ni clanes ni tótems. Acabada la charla, los indios salieron de la estancia bajando por una escala como bajamos nosotros por unas escaleras: de espaldas a los peldaños. Jung bajó como nosotros: de cara a la escala. Al llegar abajo, el jefe indio señaló, sin despegar los labios, el oso de Berna que llevaba el visitante bordado en el chaquetón: el oso es el único animal que baja de cara al tronco, de cara a la escala.

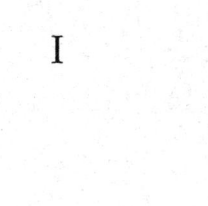

I

1

Hacía menos de una semana que mi padre había regresado de Constantinopla. Muy temprano, sonó la campanilla de la puerta. En la penumbra de la habitación, cuyas cortinas estaban aún corridas, oyó los pasos de la criada que acudía a abrir; la oyó detenerse y repetir con voz desconsolada, sin que la persona que había llamado hubiese pronunciado una palabra: «¡Mi pobre Jeanne, mi pobre Jeanne!».

Jeanne era la sirvienta de mi abuelo.

Unos instantes de silencio: las dos mujeres se besaron; mi padre oía alejarse, en la madrugada, el ruido de las ruedas de un coche de punto y ya sabía qué estaba pasando. Jeanne abrió la puerta despacio, como si a partir de aquel momento fueran a atemorizarla todas las habitaciones.

—¿Ha muerto o no? —preguntó mi padre.

—Lo han llevado al hospital, señor...

Sé por mi padre que el enterrador de Reichbach, metido hasta la cintura en la fosa, alzaba la cabeza, entre el aroma de la sonrosada arenisca recalentada por el sol, para atender a uno de mis tíos, que le decía: «¡Venga, Franz, date prisa, que es de la familia!».

Teníamos en el pueblo alrededor de veinte primos, y el sepulturero se parecía de forma llamativa a mi difunto abuelo.

«He tenido que oír muchas tonterías sobre el suicidio —solía decir mi padre—. Pero, cuando un hombre se ha matado resueltamente, nunca he visto que le tuvieran sino respeto. El saber si el suicidio es o no un acto valeroso solo se plantea al hablar con los que no se han suicidado».

La mayoría de mis tíos y de mis tíos abuelos llevaban años sin verse. Lo que los había distanciado no había sido tanto la vida cuanto el enfrentamiento entre los que aceptaban la soberanía alemana y los que no la admitían, aunque dicho enfrentamiento no hubiese llegado nunca a la ruptura. Algunos de ellos vivían ahora en Francia. El punto de reunión era la casa de mi tío Mathias, que ayudaba a mi abuelo a dirigir la fábrica. El único que faltaba era mi tío abuelo Walter. ¿Sería cierto que había ido a pasar unos meses al extranjero? Llevaba quince años reñido con su hermano Dietrich, mi abuelo, pero, aunque decían que era duro y cabezota, sus tradiciones no le permitían guardar rencor a los muertos. No obstante, no había venido, y aquella ausencia reforzaba el prestigio teñido de animosidad de que siempre había gozado, de que aún gozaba; mi abuelo hablaba de él con mayor encono —y también con mayor insistencia— que de sus demás hermanos, y sin embargo lo había nombrado albacea testamentario (el otro albacea era mi padre).

Mi padre no conocía a Walter. Era este incapaz de contemporizar con ningún miembro de la familia que no le mostrase la sumisión que se le debe al anciano de la tribu, y la familia no lo aborrecía, sino que sentía por él ese respeto que inspira la pasión por la autoridad cuando se ejerce sin flaquezas durante cuarenta años. No había tenido hijos, se había llevado a vivir con él a uno de mis primos y le había tomado un cariño ferviente, austero y severísimo. Cuando el niño contaba apenas doce años, le escribía cada mañana notitas repletas de consejos que más parecían órdenes y exigía que le respondiese antes de salir para el colegio. A los veinte años, mi primo se fue, tras una discusión en la que algo tuvo que ver una jovencita. El tío Walter hizo caso omiso de la desesperación de su mujer y nunca respondió a sus cartas. Había soñado con que fuera su heredero; mi primo se hizo contramaestre. Walter no lo mencionaba nunca, y sus hermanos opinaban que demostraba, con aquella pena de la que todos estaban al tanto, humanidad suficiente para que pudiese admirarlos el hecho de que a Walter no se le viese nunca ni un asomo de humanidad en ninguna otra circunstancia.

Cierto es que todos estaban dispuestos a decir, cuando su hermano se ponía demasiado intratable: «¡Lo pasmoso es que no tenga peor genio, con una enfermedad como la suya!». En todas las fotos aparece de pie y con un gabán largo que tapa las muletas: era paralítico de ambas piernas.

En el almuerzo posterior al entierro, los *foies gras* de Alsacia vinieron tras los cangrejos y las truchas; y tras el licor de frambuesa sirvieron el vino de *traminer*; poco faltó, con todo ello, para que la reunión acabase en kermés. Por muchos milenios que pasen, el hombre no aprende a ver morir. El olor de abeto y resina que entraba por las estivales ventanas, los numerosísimos objetos de bruñida madera, todo unía en un común pasado de recuerdos y secretos aquellas infancias que habían crecido en el negocio maderero de la familia. Y, como un solo hombre, se referían a mi abuelo con la afectuosa deferencia que la muerte les permitía prodigar sin reservas al burgrave burgués y levantisco, cuyo inexplicable suicidio era como el digno y misterioso remate de su vida.

Era ya mi abuelo de edad avanzada cuando la Iglesia decidió otorgar bulas que dispensasen de las penitencias cuaresmales mediante el pago de un justo estipendio. Le expuso sus airadas protestas al párroco, al que, por ser el alcalde de Reichbach, tenía bajo su protección (alcalde inamovible, pues, en esa región que pueblan por completo los vestigios del «Bosque sagrado» de la Edad Media, los burgos siguen poseyendo enormes fincas comunales. Reichbach contaba con cuatro mil hectáreas, que proporcionaban al municipio la mayor parte de sus ingresos, y nadie discutía las virtudes profesionales de mi abuelo).

—Pero, señor alcalde, ¿acaso no debe un humilde sacerdote acatar las decisiones de Roma?

—¡Pues iré a Roma!

Hizo a pie la peregrinación. Como presidía diferentes obras pías, el pontífice le concedió audiencia. Lo condujeron, junto con otros veinte fieles más o menos, a una sala del Vaticano. Mi abuelo no era tímido, pero el papa era el papa, y él era cristiano. Todos se arrodillaron, el Santo Padre pasó por allí, le besaron el zapato y luego los despidieron.

Mi abuelo volvió a cruzar el Tíber presa de una santa ira. Y tan ofuscado iba que casi ni vio, al pasar, los sacrílegos pobladores de las fuentes, la indiferente sombra de las calles sin aceras, las antiguas columnas y las confiterías de terciopelo granate. Hizo las maletas de cualquier manera y se volvió en el primer rápido.

Cuando regresó, sus amigos protestantes pensaron que ya estaba maduro para convertirse.

«¡A mi edad ya no se cambia de religión!».

Se apartó de la Iglesia, pero no de Cristo. Desde entonces asistió a misa todos los domingos sin entrar en el templo, de pie entre las ortigas, en uno de los entrantes que formaba el encuentro del crucero y la nave, pendiente del débil y agudo repiqueteo de la campanilla que anunciaba la Elevación. Se fue quedando sordo y, por temor a no oírla, acabó por pasarse veinte minutos de rodillas entre las ortigas del verano o el barro del invierno. Sus enemigos decían que no estaba en sus cabales, pero no resulta fácil desacreditar las perseverancias inflexibles, y a la mayoría de sus vecinos no les parecía un estrafalario, sino un hombre justo aquel personaje de corta barba blanca y levita que año tras año se seguía arrodillando en el barro, bajo el paraguas, en el mismo sitio, a la misma hora y por los mismos motivos. En Alsacia la fe conmueve; y por aquel entonces tenía la comarca serias razones para valorar la fidelidad.

Precisó, sin embargo, de toda la autoridad y todo el éxito con el que llevaba el negocio (la locura suele atribuirse de mejor grado a los vencidos) para imponer en el pueblo las consecuencias de su aventura romana. Al agotarse el periodo de arrendamiento del local en que la comunidad judía tenía la sinagoga, el dueño se negó a renovar dicho arrendamiento, y nadie brindó otro local en alquiler. Mi abuelo propuso al concejo que arrendasen alguno de los edificios comunales y se topó con una tajante oposición.

«¡Señores, háganse cargo de que esto es una injusticia!».

Silencio rotundo, tozudez alsaciana que en nada desmerecía de la suya. Era casi antisemita, pero esa misma noche convocó al rabino y puso gratis a su disposición una de las alas de aquella casa de vigas vistas, tras cuya enorme puerta de hierro forjado, de tiempos de Luis XVI, retumbaban los troncos, la misma en la que mis tíos estaban concluyendo ahora el ágape.

Otro tanto sucedió con un circo al que el concejo negó el permiso de instalarse en los terrenos de Reichbach: mi abuelo le dio acogida en los almacenes de madera de detrás de la casa.

Y mis tíos, ante las copas de acanalado pie llenas de licor de frambuesa, caían en fraternal delirio al recordar la ilustre noche en la que, tras haber abierto Mathias la majestuosa puerta de goznes clandestinamente aceitados, habían acudido todos juntos a soltar a los animales y se habían ido de paseo, uno montado en el burro sabio; otro, en el caballo amaestrado; otro, en el camello. Mi padre iba subido en el elefante. Los animales se habían refugiado en el bosque, haciendo caso omiso de las voces de sus nuevos dueños. Hubo que echar mano de todo el pueblo para que el alcalde pudiese recuperar a sus hijos, que se ganaron incontables multas...

En vista de lo cual, cuando pasó el siguiente circo, le brindó idéntica hospitalidad, tras haber encerrado a sus hijos.

En la amplísima casa, en donde dormía al arrullo de las cigarras de las serrerías, en las clausuradas estancias del verano, todo un revoltijo de la Compañía de las Indias, uno de los circos se dejó olvidado un guacamayo verde. Mi abuelo, con cierta ironía quizá, le enseñó a decir cuatro palabras: «Haz lo que debes». Si castigaba a uno de los niños, era como si Casimir —el loro— se lo oliera. En cuanto pasaba la criatura cerca de su percha, el guacamayo decía entre aleteos: «¡Haz lo que debesss! ¡Haz lo que debesss!». Y el niño lo miraba de reojo y se iba corriendo a buscar perejil para envenenarlo. El pájaro, que había acabado por cogerle gusto, se lo comía, por lo que estaba cada vez más gordo.

¿Cuántos atardeceres de verano se había ido adormeciendo aquel patio, en el decreciente ruido de las sierras y el aroma de la madera recalentada, mientras pasaban por él furtivamente judíos de piel dorada, como los de Rembrandt, payasos que iban a atar a los osos, un canguro que huía entre las monumentales pilas de troncos? Desde que trajeron el cadáver de mi abuelo, el guacamayo, que aún vivía y no estaba ya atado a la percha, revoloteaba pesadamente por las oscuras habitaciones y chillaba, en aquella soledad, como si fuese el alma del muerto: «Haz lo que debesss...».

Mi abuelo estaba en lo cierto: el ausente, su hermano Walter, era desde luego el heredero de su imperioso rigor. Mis tíos, industriales y comerciantes, respetaban en él al ilustre profesor. (Quizá el único que les inspiraba una consideración igual, por aquel entonces, era mi padre). Tras una muy respetable trayectoria de historiador, que habría sido deslumbradora si no hubiese sido alsaciano, había fundado esos «coloquios del Altenburg», en los que nunca se había requerido la presencia de ninguno de los que estaban celebrando en Reichbach el fúnebre banquete y a los que estos atribuían un gran prestigio social. Había resultado ser un organizador empecinado, y hábil sin duda alguna, y había conseguido los fondos necesarios para comprar, a pocos kilómetros de Santa Otilia, el histórico priorato del Altenburg. Reunía allí cada año a unos cuantos de sus eminentes colegas, unos quince intelectuales de varios países, y a sus antiguos alumnos más brillantes. De aquellos coloquios habían salido textos de Max Weber, de Stefan George, de Sorel, de Durkheim, de Freud. Además —y, desde el punto de vista de mi padre, no carecía esta circunstancia ni de interés ni de prestigio—, Walter había sido antaño amigo de Nietzsche.

Entre el recuerdo de Nietzsche y las anécdotas de los comensales, el personaje resultaba peculiar: después del incidente de Agadir, se había atrevido a organizar un coloquio cuyo título era: «Las patrias al servicio de la inteligencia», pero todos sus hermanos (y en mayor medida aún todos sus sobri-

nos) recordaban que, siendo aún muy niño —corría la déca-
da de 1850 a 1860, y Alsacia era todavía francesa—, le había
contestado a un curioso que le preguntaba «qué iba a ser de
mayor»:

—Me gustaría trabajar en la Academia Francesa.

—¿Y qué pintarías tú allí?

—Pues allí estarían el señor Victor Hugo, el señor de La-
martine, el señor Cuvier, el señor Balzac...

—¿Y tú?

—Yo estaría en la presidencia.

—¿Y qué demonios harías tú en la presidencia?

—¿Yo? Pues les diría: «¡Ya pueden ponerse a repetirlo
todo!».

Mi padre aseguraba que el Altenburg era el fruto de aquel
sueño que, por desdicha, nunca se había hecho realidad.

A la semana siguiente recibió una carta de Walter, que acababa de regresar al Altenburg para dirigir un coloquio y le pedía que acudiera.

La biblioteca del Altenburg era una maravilla. En el centro, un
pilar sostenía las elevadísimas bóvedas medievales en cuya penumbra se perdían las estanterías llenas de libros, pues no había en la sala más luz que la de unas lámparas para los lectores.
La noche llegaba por una amplia vidriera. Aquí y allá, alguna
talla gótica, fotos de Tolstói y Nietzsche, una vitrina que encerraba las cartas que este había escrito al tío Walter, un retrato de Montaigne, las mascarillas de Pascal y Beethoven (como
si fueran de la familia, pensó mi padre). En un hondo entran-
te lo esperaba su tío, sentado tras una mesa de cocina, volun-
tariamente aislado, en lo alto de una tarima con una escalera de
un peldaño desde la que podía dominar al interlocutor. Así era

como Felipe II desdeñaba, desde una celda altaneramente pobre, el bajel de El Escorial.

Al bajarse del tren, mi padre había visto en el andén a Walter. No lo conocía, pero sabía que llevaba muletas. Su tío lo miraba acercarse, muy tieso entre dos discípulos, con aquella peculiar inmovilidad con la que engalanaba su invalidez. Del delgado macferlán a lo Byron, que le llegaba hasta las rodillas, asomaban un cuello duro muy alzado y una estrecha corbata negra. En la nariz, deforme como la de Miguel Ángel —un Miguel Ángel en las postrimerías de una prolongada trayectoria universitaria—, descansaban unas gafas con montura de oro... Tras una bienvenida muy cortés, vino lo de «aquí nos levantamos a las ocho».

Echaron a andar, con gran asombro de mi padre. Los discípulos iban detrás. Los solemnes trazos de los abetos, bajo el cielo por el que empujaba el viento de un inclemente verano las deshilachadas y sombrías nubes, los cascos de los caballos y el sordo chirrido del coche que los seguía se plegaban al compás del silencioso avance de las muletas con contera de caucho. Al fin, con belleza austera y recia, se alzó ante ellos, a cuatrocientos metros, el priorato, hacia el que convergían las oscuras líneas del valle. Walter Berger se apoyó en la muleta izquierda y extendió el brazo derecho: «Ahí lo tienes». Luego, con modestia: «Un pajar, un simple pajar. También Tiziano vendía madera».

«Un pajar...», repitió desdeñando toda respuesta. Y al fin subieron al coche.

Walter miraba los retratos, casi a oscuras, y las filas de libros sumidas en las sombras como si esperara que aquel claustro de la mente otorgara a mi padre un estado de gracia. La lámpara le iluminaba la cara desde abajo y acentuaba su parecido con un esbozo. Se había quitado las gafas, y la luz baja, al perfilarle las zonas salientes del rostro, mostraba el de su difunto hermano. Aquel hombre era al que había elegido mi abuelo como albacea, tras quince años de ruptura, y, si había comprado las revistas que hablaban de las investigaciones de mi padre en Oriente, había sido para enviárselas a él.

—Yo quería a Dietrich —dijo Walter, como si estuviese haciéndole un honor, pero no sin emoción.

Tenía en la voz, y también en la mirada, cierta dosis de ausencia, como si temiera que sus palabras lo pudieran comprometer o como si lo que iba a decir lo apartase de sus meditaciones. No obstante, hacía preguntas:

—¿Es cierto que tenía a punto un veneno por si el veronal... no le hacía efecto?

—El revólver estaba encima de la almohada, con el seguro quitado.

Tantos años de pie, todas las semanas, a la misma hora, en el mismo sitio, fuera de la iglesia...

Walter estuvo a punto de decir algo, calló, se decidió por fin:

—¿Está usted en condiciones de aclararme (y me limito a decir: aclararme) los motivos que pudieron... llevar a Dietrich a este... accidente?

—No. E incluso debería contestarle: muy al contrario. Dos días antes de su muerte cenamos juntos y hablamos, por casualidad, de Napoleón. Me preguntó, con cierta ironía: «Si pudieras escoger una vida, ¿cuál escogerías». «¿Y usted?». Estuvo un rato pensativo y de repente dijo muy serio: «Pues la verdad es que, *pase lo que pase*, si tuviese que volver a vivir otra vida, no querría ninguna que no fuese la de Dietrich Berger».

—No querría ninguna que no fuese la de Dietrich Berger... —repitió Walter a media voz—. Es posible que el hombre, aunque se note separado ya de la vida, sienta aún un hondo apego por sí mismo.

Llegaron desde el exterior, con el lluvioso atardecer, necios cacareos de gallina. Walter alargó una mano hacia mi padre con ademán interrogativo.

—¿Y no tiene usted motivos para suponer que, durante el siguiente día, algún... acontecimiento...?

—El suicidio estaba implícito en ese «pase lo que pase».

—Y, sin embargo, ¿no intuyó usted nada? (Me limito a decir: intuyó...).

—Yo estaba convencido de que los que hablan de suicidio no se matan.

«El hombre a quien más alegría y orgullo le han proporcionado en el mundo mis pocos logros», pensaba mi padre con amargura.

Walter susurró, con el tono que se usa para los recuerdos, y la luz baja acentuaba la inmovilidad de su boca:

—Y, no obstante, a veces reconocemos la muerte, cuando ya la hemos visto golpear varias veces...

—Nunca había visto morir a un hombre que me importase.

—Pero ese Oriente... con tanta violencia y tanta agitación...

—Vengo del centro de Asia. La vida de los musulmanes es un azar en el destino del universo. No se suicidan. He visto morir a muchos, pero a los que he visto morir no eran amigos míos.

Fuera, el golpeteo de la lluvia en las hojas lisas de los boneteros parecía acribillar un papel; a intervalos regulares se oía una gota más grande y pesada que se desprendía de un canalón.

—Cuando era niño —dijo Walter a media voz—, tenía mucho miedo a la muerte. Cada año que me ha ido acercando a ella, me ha ido acercando también a la indiferencia por ella... Creo que fue Joubert quien dijo: «El crepúsculo de la vida trae consigo su propia lámpara».

Mi padre estaba seguro de que Walter mentía. Notaba cómo le afloraba la angustia. Este preguntó:

—¿Por qué quiso Dietrich un entierro religioso? Es extraño (me limito a decir: extraño) y se compagina mal con el suicidio... Sabía que la Iglesia no acepta las honras fúnebres religiosas para los que se suicidan salvo en la medida en que admite que eran... irresponsables...

Parecía sentir envidia de la forma tan resuelta en que había muerto su hermano, y al tiempo parecía también orgulloso de él.

—No puede decirse que fuera precisamente un hombre irresponsable —comentó mi padre—. Y, bien pensado, lo que ponía en tela de juicio era la Iglesia, no los sacramentos.

Titubeó y añadió luego:

—Creo que debió de resultarle muy doloroso. Ya sabe que el testamento estaba lacrado. La frase: «Es mi voluntad formal que se me entierre en el seno de la religión» estaba escrita en una hoja aparte que había en la mesilla, junto a la estricnina. Pero al principio había escrito: «Es mi voluntad formal que no se me entierre en el seno de la religión». Tachó el «no» *a posteriori*, lo tachó varias veces... Es probable que no tuviese ya fuerza suficiente para romper el papel y escribir otro.

—¿Miedo?

—O el fin de la rebelión: la humildad.

—¿Quién podrá saberlo nunca, por otra parte? En esencia, el hombre es lo que oculta... —Walter se encogió de hombros y movió las manos como los niños cuando hacen flanes de arena—. Un mezquino puñado de secretos...

—¡El hombre es sus hechos! —repuso mi padre.

Lo irritaba por naturaleza lo que él llamaba la psicología del secreto, el robo del tirón, como él decía. En el supuesto de que el suicidio de mi abuelo tuviera una «causa», esa causa, incluso aunque consistiera en el más trivial o el más lamentable de los secretos, era menos significativa que el veneno o el revólver, que la decisión de *escoger* la muerte, una muerte que se asemejaba a su vida.

—Resulta quizá demasiado fácil aprovecharse de la sombra en que se envuelven los secretos para creer que todos los hombres son iguales.

—Sí, usted es un hombre de acción, como creo que suele decirse...

—No le debo a la acción el haber comprendido que, en esencia, como usted dice, el hombre está más allá de sus secretos.

—Sí... ya sé que ha ejercido usted la docencia. En una civilización como la nuestra, la enseñanza y el sacerdocio, ponerse al servicio de la inteligencia y de ese ser al que llamamos Dios son las últimas actividades nobles del hombre.

Desde que había estado en la habitación del muerto, a mi padre no se le iba de la cabeza la cama, que los celadores que acababan de llevarse el cuerpo habían revuelto y que Jeanne, medrosa, había hecho por encima; estaba hundida en el centro, como si hubiese alguien acostado en ella. La luz seguía encendida. Parecía que nadie —ni siquiera él— se atreviera a expulsar a la muerte descorriendo las cortinas. Por la rendija de la puerta del armario se veía un arbolito de cumpleaños, con muchas velas diminutas... En la mesilla de noche había un cenicero con tres colillas: mi abuelo había fumado o antes de tomarse el veronal, o antes de quedarse dormido. Una hormiga andaba presurosa por el borde del cenicero. Siguió en línea recta y pasó por encima del revólver, que alguien había dejado allí. El único ruido que le llegaba a mi padre, a excepción de la bocina de un automóvil a lo lejos y del golpeteo del caballo de un coche de punto en la calle, era el indiferente tic-tac del despertador de viaje, que aún no se había parado. El orden de las comunidades de insectos, que ocupan el peldaño inferior al de la misteriosa libertad humana, abarcaba la tierra entera, mecánico y vivo como aquel chasquido. La muerte estaba allí, en la luz de las bombillas, tan inquietante cuando se intuye la claridad diurna tras las cortinas, en la imperceptible huella de los que se llevan los cadáveres. De la orilla de los vivos llegaban el reiterado sonido de la bocina, los pasos del caballo que se alejaba, el piar de los pájaros matutinos, algunas voces humanas; eran sonidos ahogados, ajenos. A esa misma hora se encaminaban hacia Kabul o hacia Samarcanda las caravanas de asnos, un ruido de cascos, una palpitación en la monotonía musulmana...

La aventura humana, la tierra. Y todo ello habría podido ser de otra forma, y también el destino ya concluso de su padre... Notaba cómo lo invadía poco a poco un sentimiento desconocido, igual que se había apoderado de él, de noche, en los lugares cumbre de Asia, la presencia de lo sagrado, mientras a su alrededor volaban en silencio con afelpadas alas las pequeñas lechuzas del desierto... Era la misma sensación de angustiosa libertad, aunque más honda, que la de aquel atardecer de Marsella, mientras, envuelto en un tenue aroma de cigarrillos y ajenjo, contemplaba las fluidas siluetas que pasaban, cuando Europa le había parecido tan ajena, cuando la había contemplado como si, liberado del tiempo, presenciase el calmoso transcurrir de una hora de algún pasado remoto, con todo su insólito cortejo. De la misma forma estaba sintiendo ahora que la vida entera se tornaba insólita, y de repente se notaba libre de ella, misteriosamente ajeno a la tierra, que lo sorprendía como lo había sorprendido aquella calle en que los hombres de la recuperada raza se movían sin esfuerzo por la hierba verde...

Se había decidido a correr las cortinas. Tras las volutas clásicas de la ancha puerta de hierro, las hojas tenían el intenso verde de principios de verano. Algo más abajo comenzaban las frondas oscuras, hasta llegar a las filas de abetos casi negros. Contemplaba la infinita multiplicidad de aquel vulgar paisaje, atendía al prolongado cuchicheo del despertar de Reichbach, de la misma manera que, cuando era niño, miraba las estrellas, cada vez más pequeñas, que se hallaban detrás de las constelaciones, hasta que le dolían los ojos. Y de la simple presencia de los transeúntes, que apresuraban el paso bajo el sol de la mañana, semejantes y diferentes entre sí como las hojas, parecía fluir un secreto que no procedía únicamente de la muerte, aún emboscada a sus espaldas, un secreto que pertenecía infinitamente más a la vida que a la muerte, un secreto que no habría sido menos doloroso aunque el hombre hubiera sido inmortal.

—Yo también he tenido a veces esa... impresión —dijo Walter—. Y a veces creo que volveré a tenerla cuando sea viejo...

Mi padre miraba a aquel hombre de setenta y cinco años que decía: «Cuando sea viejo...». Walter lo miró a los ojos y alzó la mano:

—Me han contado que hace tiempo habló usted, en una de sus clases, de mi amigo Friedrich Nietzsche a esos... turcos. Estaba yo en Turín (por pura casualidad) cuando me enteré de que acababa de volverse loco en esa misma ciudad. Yo no lo había visto aún; acababa de llegar. Avisaron a Overbeck, que, al llegar de Basilea, se me plantó en casa, si se me permite la expresión. Debía llevarse urgentemente al desdichado y no tenía dinero ni para los billetes. ¡Como siempre! Usted sabe... cómo era Nietzsche. —Walter señaló el retrato a sus espaldas—. Pero en las fotos no se le aprecia la mirada, que era de una dulzura femenina, pese a aquellos bigotes de... ogro. Y esa mirada ya la había perdido...

Seguía sin mover la cabeza y hablando con voz contenida, como si no se dirigiese a mi padre sino a los libros y las fotos de hombres famosos entre las sombras, como si ningún interlocutor hubiese sido totalmente digno de comprenderlo; o más bien como si los interlocutores que pudiesen comprender lo que iba a decir fueran todos de tiempos pasados, como si nadie hoy en día hubiera accedido a comprenderlo, como si lo único que lo impulsase a hablar fuese la cortesía, el cansancio y el sentido del deber. Había en su forma de comportarse la misma altanera modestia que en la pequeña mesa de trabajo puesta en alto.

—Cuando Overbeck, que estaba muy trastornado, exclamó: «¡Friedrich!», el desventurado lo besó, y acto seguido preguntó con voz distraída: «¿Ha oído usted hablar de Friedrich Nietzsche?». Overbeck lo señaló torpemente con el dedo. «¿Quién? ¿Yo? No, yo no soy listo...».

Walter seguía con la mano en alto, remedando a Overbeck. A mi padre le gustaba Nietzsche más que cualquier otro escritor, no por lo que decía sino por la inteligencia incomparablemente generosa que en él hallaba. Se sentía incómodo escuchando aquel relato.

—Luego Friedrich mencionó los homenajes que le estaban preparando. ¡Una pena...! Nos lo llevamos. Afortunadamente habíamos localizado a un amigo de Overbeck, un... dentista que tenía experiencia con locos... Yo no podía disponer de mucho dinero, así que tuvimos que sacar billetes de tercera... El viaje de Turín a Basilea era largo. El tren iba casi lleno de gente humilde, de obreros italianos. Los dueños de la casa en que se alojaba Friedrich no nos habían ocultado que le daban ataques de furia. Acabamos por encontrar tres asientos. Me quedé de pie en el pasillo; Overbeck se sentó a la derecha de Friedrich, y el dentista a su izquierda. A su lado iba una campesina. Se parecía a Overbeck, tenía la misma cara de vieja... Llevaba una cesta de la que asomaba continuamente la cabeza de una gallina; y la mujer la empujaba hacia dentro. Era para sacar de quicio a cualquiera. ¡Y digo bien para sacar de quicio! ¡Lo que debía de ser aquello para un... enfermo! Yo me temía cualquier incidente lamentable.

»El tren entró en el túnel del San Gotardo, que estaba recién acabado. Se tardaba entonces en recorrerlo treinta y cinco minutos (¡treinta y cinco minutos!), y los vagones de tercera no tenían luz. A pesar del ruido de chatarra del tren, yo continuaba oyendo los picotazos de la gallina en el mimbre de la cesta. Y seguía a la espera. ¿Qué íbamos a hacer si a Friedrich le daba un ataque en medio de semejante oscuridad?

El rostro seguía inmóvil en aquella luz de candilejas; solo los labios finos se movían tenuemente. Pero, por debajo de esa voz, que acompañaban las gotas al caer del tejado, bullían todas las revanchas que ocultan algunas compasiones.

—Y de repente (ya sabe usted... que muchos textos de Friedrich no se habían publicado aún) se alzó una voz en la oscuridad, dominando el atronador ruido de las ruedas. Friedrich estaba cantando, cantando con voz fluida, aunque tartamudeaba al hablar, un poema que nosotros no conocíamos; se trataba de su último poema: «Venecia». Me gusta muy poco la música de Friedrich. Es muy mediocre. Pero aquel canto era... ¡Dios mío, era sublime!

»Calló mucho antes de que saliésemos del túnel. Cuando volvió la luz, todo estaba como antes. Como antes... Todo resultaba tan... fortuito. Y Friedrich, mucho más inquietante que un cadáver. Aquello era la vida (me limito a decir: la vida...). Estaba sucediendo un... acontecimiento muy singular: el canto tenía tanta fuerza como la vida. Acababa de darme cuenta de algo. De algo trascendental. En esa cárcel de la que habla Pascal, los hombres han conseguido extraer de sí mismos una respuesta mediante la cual la inmortalidad anega (si se me permite la expresión) a quienes se la merecen. Y en ese vagón...

Hizo, por primera vez, un ademán más amplio, no con la mano sino con el puño, como si fuese a borrar un encerado.

—Y en ese vagón, ¿sabe usted?, y a veces en ocasiones posteriores (me limito a decir: a veces...) me ha parecido que el hombre podía anular el cielo estrellado en la misma proporción en que el cielo estrellado anula nuestros humildes destinos...

Había dejado de mirar a mi padre, y a este lo turbaba aquella súbita elocuencia, aparentemente distraída, tanto más cuanto que no era habitual en la familia. Pero ya había recuperado Walter el desdeñoso tono que parecía dirigirse, más allá de mi padre, a algún interlocutor invisible:

—Los amantes que tienen cuanto apetecen contraponen el amor a la muerte. Yo nunca he sentido un amor así. Pero sé que hay obras de arte que resisten al vértigo que nos invade al contemplar a nuestros muertos, el cielo cuajado de estrellas, la historia... Aquí tengo algunas. No, esas tallas góticas no. ¿Conoce usted... la cabeza de muchacho del museo de la Acrópolis? Es la primera escultura que representó un rostro humano, un rostro humano sin más; libre de monstruos... libre de la muerte... de los dioses. Ese día también el hombre creó al hombre con barro... Es esa foto de ahí, detrás de usted. A veces me he quedado contemplándola después de haber estado mirando mucho rato por un microscopio... El misterio de la materia no la afecta.

Llegaba desde el exterior el ínfimo y amplio rechinar de la lluvia, cada vez más fina, en las hojas, como el ruido de un papel quemado cuando se alisa. Seguía sonando el goterón cayendo en un charco a intervalos regulares. La voz de Walter se iba retrayendo cada vez más:

—El misterio mayor no es que nos arrojen al azar entre la profusión de la materia y la de los astros, sino que, encerrados en esa cárcel, extraigamos de nosotros mismos imágenes con fuerza suficiente para desmentir nuestra nada. Y no solo imágenes... también... en fin, ya sabe...

Por algún tragaluz entraban juntos el perfume de los hongos de los árboles, que chorreaban en la noche cálida aún, y el zumbido del silencio del bosque, y se mezclaban con el polvoriento aroma de las encuadernaciones sumidas en la oscuridad de la biblioteca. Y a mi padre se le mezclaban en el pensamiento el canto de Nietzsche por encima del estruendo de las ruedas, el anciano de Reichbach, esperando la muerte en el cuarto de corridas cortinas, el almuerzo posterior al entierro y el metálico golpear de las asas del féretro mientras lo llevaban a hombros...

¡Cuánto más poder tenía contra el cielo que contra el dolor aquel privilegio del que hablaba Walter! Quizá hubiese podido más que el rostro de un hombre muerto si aquel rostro no hubiera sido un rostro amado... Para Walter, el hombre no era sino el «mezquino puñado de secretos», cuyo único cometido era nutrir aquellas obras que rodeaban su rostro inmóvil y se iban difuminando en la oscuridad del fondo. Para mi padre, todas las estrellas del cielo eran prisioneras de aquel sentimiento que había llevado a un ser, a quien, al final de una vida dolorosa, no le quedaba ya sino el deseo de la muer-

te, a pronunciar estas palabras: «Si tuviera que escoger otra
vida, escogería la mía».

Los dedos de Walter tamborileaban en el libro en el que
apoyaba las manos. Mi padre volvía a ver aquel rostro en el
que el suicidio no había dejado más señales que una lacerante
sinceridad, la desaparición de las arrugas, la angustiosa juventud de la muerte... Y tenía enfrente otro rostro que se le parecía mucho, los marcados planos de sombra, los ojos de quieto
cristal y, sobre la mesa, a plena luz, las vibrantes manos de
Walter, semejantes a las suyas, aunque más robustas, las manos
de leñador de los Berger de Reichbach, de marcados tendones
bajo el abundante y canoso vello.

A medias por quedar bien y a medias por curiosidad, mi padre
retrasó hasta última hora de la tarde la partida para poder asistir, después de comer, al coloquio. Por la mañana, uno de sus
primos, un factótum de Walter, ingrávido aunque obeso, que
iba dando tumbos por los corredores del priorato, con corbata de pajarita, como un regocijado globo, satisfizo la curiosidad de mi padre en lo tocante a las relaciones que con Nietzsche había mantenido el tío de ambos.

«Me parece que el papel que desempeñaba Walter, quizá
no del todo para Nietzsche, pero sí en su ambiente, era el del
pelma útil: con bastante dinero, con capacidad para interceder
en la concesión de un empleo, de una pensión... Es tacaño y
generoso a la vez (les pasa a muchos)...

»Se vanagloria de haber llevado a Nietzsche a Basilea, pero
en un caso así se echa mano hasta del portero... Y en cuanto a
las cartas que Nietzsche le escribió, que son el orgullo de su
biblioteca y que no te enseñará en la vida, has de saber, querido primo, que son rapapolvos».

Cuando hubo comenzado el coloquio, mi padre se percató de que se le había olvidado hasta qué punto los intelectuales son una raza. Y lo son porque para sus opiniones piden adhesiones, y no conflictos, y porque se remiten a las bibliotecas más que a la experiencia; pero las bibliotecas, a fin de cuentas, son más nobles y menos charlatanas que la vida... A mi padre se le iban quedando, con mayor o menor nitidez, algunos retazos destacados del debate —el tema del coloquio, que iba a durar seis días, era el paso de las civilizaciones y la perdurabilidad del hombre—, tan vano como todos los debates ideológicos, y cuyo interés residía en varios monólogos sucesivos. Un señor bajito y de barba hirsuta, perdido entre sus blancos mechones de pelo como la pata de un gato en un ovillo de lana, había dicho: «Fíjense bien en que, de las tres novelas fundamentales de la reconquista del mundo, una la escribió un exesclavo, Cervantes; otra, un expresidiario, Dostoievski; la tercera, un excondenado a la picota, Daniel Defoe». Pero la intervención del profesor Möllberg lo interesó de verdad.

Pese a su título, el profesor Möllberg llevaba mucho apartado de la enseñanza de la etnología. Había regresado recientemente de una investigación en África, durante la cual había viajado desde el sureste germano-africano hasta el territorio de los garamantes, que estaba sometido a los turcos. Mi padre había tenido la oportunidad de facilitarle el trabajo, pero nunca había coincidido con él. Los bultos de la cabeza, los ojos achinados y las orejas puntiagudas le prestaban gran parecido con un vampiro del romanticismo alemán que saliese, con diferente atavío, del reino de las leyendas. La recensión de algunos de sus trabajos referidos a las sociedades protohistóricas había despertado un apasionado interés:

«Por encima de los sacerdotes, que eran quienes gobernaban, se hallaba el rey. Su poder iba aumentando según crecía la luna. Al principio era casi inexistente. Empezaba a ser mayor cuando estaba el astro en cuarto creciente; el rey podía ya otorgar pequeños cargos... Cuando, por fin, llegaba la luna llena, se convertía en un soberano auténtico, señor de la vida y de la muerte. En esos días le pintaban o le doraban el cuerpo (y debía de tener el aspecto de los reyes precolombinos) y se adornaba con las joyas reales. Recostado en un elevado lecho, recibía las abluciones sagradas y los sacerdotes lo bendecían. Ejercía de juez, mandaba distribuir víveres al pueblo, alzaba hacia los astros las solemnes preces del reino. ¡Todo perfecto!

»Cuando empezaba a menguar la luna, se encerraba en palacio. Al llegar la luna nueva, nadie podía dirigirle ya la palabra. En todo el reino estaba prohibido pronunciar su nombre. ¡Lo suprimían! No podía salir a la luz del día. Tenía que ocultarse en las sombras, ni siquiera la reina se le podía acercar, y perdía sus regias prerrogativas. Ya no daba órdenes. Ya no recibía regalos, ni los podía hacer. De su condición de rey no le quedaba sino aquella sacra reclusión. Y para todos sus súbditos, las cosechas, las bodas y los partos dependían de esos acontecimientos.

»A los niños que venían al mundo durante la luna nueva los mataban al nacer».

Alzaba un dedo flaco y tan puntiagudo como sus orejas.

«La ceremonia nupcial del rey y la reina —¡siempre hermana suya, siempre!— se celebraba en lo más alto de una torre. Los movimientos de los astros daban la pauta para las relaciones sexuales entre el rey y sus demás mujeres. Y, de la misma forma que la vida del rey iba ligada a la luna, la de la reina legítima lo estaba a Venus, ¡al planeta Venus, por supuesto!

»¡Y ahora fíjense bien! Cuando Venus, la estrella vespertina, se convertía en el lucero del alba, todos los astrólogos se ponían en guardia. Si tal fenómeno coincidía con un eclipse de luna, conducían a la reina y al rey a una cueva de las montañas.

»Y los estrangulaban.

»Ellos sabían lo que iba a pasar, como un médico enfermo de cáncer sabe cómo concluirá su enfermedad: dependían del cielo como nosotros de nuestros virus. Casi todos los dignatarios morían con ellos. Morían de la muerte del rey, como nosotros de una embolia.

»El cadáver del rey recibía los más exquisitos cuidados, hasta que este resucitaba con el cuarto creciente, encarnado en un nuevo rey.

»Y vuelta a empezar.

»Así sucedían las cosas».

En aquella sala atestada de libros hasta las bóvedas, era como si África pensase en voz alta.

«Y todo esto aflora en la época histórica: ya saben que, en la plaza mayor de Babilonia, al comenzar el año estrangulaban, entre solemnes ceremonias, a un representante del rey. Y mientras, al rey auténtico, al Todopoderoso, lo desnudaban, humillaban y azotaban en un apartado rincón del palacio...

»A nadie se le pasaba por las mientes que el rey pudiera asimilarse a un dios o a un héroe cualquiera. Era rey, igual que es reina la reina de las termitas. Esa civilización se desarrolla con absoluta fatalidad. No inmolan al rey en honor de un Dios lunar: el rey es a un tiempo él y la luna, igual que los hombres pantera del Sudán son a un tiempo ellos y panteras, casi con la misma naturalidad con que los niños son ellos y D'Artagnan.

»Nos hallamos en un ámbito cósmico, en el ámbito anterior a las religiones. Es posible que todavía no exista la idea de una creación del mundo. Las muertes acontecen dentro de la eternidad. Aún no han nacido los dioses».

Y, tras analizar las «principales estructuras mentales» cuya sucesión constituía, en su opinión, la historia de la humanidad, dijo para concluir:

«Ya se trate del vínculo que existe entre el cosmos y aquella sociedad o del que existe entre Dios y las civilizaciones, toda estructura mental considera que hay una evidencia concreta, absoluta e inatacable, que dirige la vida y sin la cual el hombre no podría ni pensar ni actuar. (¡Y dicha evidencia no tiene por qué garantizarle al hombre una vida mejor, sino que, por supuesto, puede perfectamente ser un factor determinante de su destrucción!). Es al hombre lo que la pecera al pez que nada en ella. No procede de la mente. No tiene relación alguna con la búsqueda de la verdad. Ella es quien se apodera del hombre y lo hace suyo, y él nunca llega a hacerla suya por completo. Pero entra dentro de lo posible que las estructuras mentales desaparezcan sin remisión igual que los plesiosauros; cabe dentro de lo posible que las antiguas civilizaciones no hayan valido más que para ir sucediéndose y arrojar al hombre al tonel de las Danaides; cabe dentro de lo posible que la aventura humana no pueda perdurar sino mediante una implacable metamorfosis. Y, en tal caso, poco importa que los hombres se transmitan por espacio de unos cuantos siglos sus ideas y sus técnicas, pues el hombre es un azar y, en esencia, el mundo está hecho de olvido».

Se encogió de hombros y repitió, como un eco:

«De olvido...

»El hombre sustancial es un sueño de intelectuales, que solo tiene en cuenta a los campesinos. ¡Prueben a soñar con un obrero sustancial! ¿Pretenden que el mundo del campesino no esté hecho de olvido? Los que no han aprendido nada nada pueden olvidar. Yo sé cómo es un campesino sabio: ¡no es, desde luego, el hombre sustancial! No existe un hombre sustancial al que se le puedan añadir opiniones y creencias, en función de las diferentes épocas: o existe un hombre que piensa y cree o no existe nada. ¡Fíjense!».

Y señalaba, en la pared principal, de la que sin duda colgaba antaño un crucifijo, un mascarón de proa primorosamente encerado, un atlante con el estilo descuidado y torpe de las tallas marineras; debajo, había dos santos góticos de la misma madera oscura.

«Ya saben ustedes que esas dos imágenes góticas y el mascarón de proa son de la misma madera. Pero, bajo esas formas, no hay un nogal sustancial sino maderos.

»Fuera del ámbito del pensamiento podemos encontrarnos con un perro, o con un tigre, o con un león si lo prefieren: y todos son animales. Poca cosa tienen en común los hombres, excepto que duermen, siempre y cuando no sueñen, y que mueren. Qué importancia tiene que prevalezca la nada si el encarnizado empeño de los mejores no puede ir más allá de lo perecedero...».

—Al menos ese encarnizado empeño es duradero, mi querido profesor —había dicho Walter—. En el hombre, en el hombre que piensa, hay siempre algo eterno... algo que llamaré su lado divino: me estoy refiriendo a la capacidad que tiene para poner el mundo en entredicho...

—¡También Sísifo es eterno!

Tras el debate alguien preguntó a Möllberg, en el ancho corredor, cuándo iba a aparecer su manuscrito en letras de molde.

«Nunca. En resumidas cuentas, se trataba de un enfrentamiento con África. ¡Perfecto! Se me han quedado las cuartillas colgadas de las ramas bajas de árboles de las más diversas especies, entre Zanzíbar y el Sáhara. Quiere la tradición que el vencedor se engalane con los despojos del vencido».

Mi padre se fue a campo traviesa. Se extendía la campiña tras el priorato, entre dos bosques; la salpicaban las estrelladas flores de la achicoria silvestre, del mismo azul que el cielo del atardecer, un cielo tan transparente, en aquellos momentos, como el de las altas cumbres, en el que flotaban efímeras nubes. Cuanto crecía en la tierra descansaba en medio de una luminosa calma, envuelto en el dorado polvillo del iniciado crepúsculo; las hojas relucían aún en la atmósfera que estremecían las últimas y frescas corrientes de aire que se alzaban de la hierba y las zarzas. Mi padre pensaba, absorto, que en Kabul o en Koniac solo se habría hablado de Dios... ¡Cuántas veces había soñado, en Afganistán, con las cosas que más le urgía recuperar! ¡El olor del humo de los trenes, el del asfalto al sol, el de los cafés a la caída de la tarde y el cielo gris por encima de las chimeneas y las bañeras! Al volver de las alturas del Pamir, donde los camellos perdidos lanzan su llamada allende las nubes, al regresar de las arenas del sur, en las que grillos más grandes que cangrejos de río yerguen entre las zarzas, al paso de las caravanas, las antenas que rematan sus cascos de caballero, llegaba a alguna ciudad color de osario. En el vano de la puerta de barro erizada de vigas soñaban jinetes harapientos estirando las piernas hasta alcanzar los estribos; al pie de las viviendas, escondidas como mujeres, relucían, entre la arena de las calles sin ventanas, alguna calavera de caballo y las micáceas espinas del pescado. Fuera, ni una hoja; dentro, ni un mueble: las paredes, el cielo y Dios. Tras llevar meses recorriendo el centro de Asia al incansable trote de caballos afganos, soñaba con vallas cubiertas de abigarrados carteles, o con inagotables museos con las paredes cubiertas de cuadros hasta el techo, como las tiendas de los comerciantes de pinturas

de los lienzos holandeses. Pero al volver a ver Marsella en una
neblina azul, semejante a la que subía del Rin aquella tarde,
había descubierto que Europa era escaparates de comercios...

Algunos seguían siéndole familiares: farmacias, «bronces
artísticos», carnicerías, mantequerías, fruterías y verdulerías
(pero ¡qué roja era la carne, qué pequeños y qué pálidos los
melocotones!). Otros lo dejaban sorprendido por unos instantes: los del pedicuro, el relojero, el ortopédico; los de flores; los de fajas; el de una peluquería, con un letrero que nunca había visto: «rizos para moños»; el de coronas mortuorias...
Las mujeres se miraban al pasar en un espejo grande. Ahora
tenía mi padre tiempo para contemplarlas, y lo sorprendían su
contoneo y el impudor de aquellos vestidos ceñidos que veía
por vez primera en Europa y que no existían en los países islámicos. Recordaba los susurrantes vuelos de las faldas de campana y se encontraba con odaliscas que lucían tocas o sombreros
de gran tamaño y cuyos tobillos trabados caminaban a pasitos
cortos, como si fuesen chinas de mutilados pies, abriéndose
paso entre los botines, ¡cuántos botines!, que asomaban de los
pantalones de cuadritos, entre los *canotiers* y los panamás...
Ninguna musulmana llevaba sombrero. Tan familiarizadas
parecían aquellas mujeres con sus atuendos de carnaval que
todos y cada uno de los rostros entrevistos mostraban esa inconsciente seguridad que vemos en el rostro de los locos. No
obstante, la ausencia del velo musulmán y las caras al descubierto otorgaban a Europa una dolorosa pureza. No era la
desnudez lo más característico de aquellos rostros, sino el trabajo, la preocupación, la risa, la vida. Desvelados.

¿Era acaso porque en seis años la moda había cambiado la
forma de vestir, o era por aquella sorda prisa que discurría
bajo la indolencia del atardecer? En presencia de la raza, tan
conocida antaño, que embarullaba el crepúsculo del Puerto

Viejo con sus bastones, sus maniquíes bigotudos, sus tangos y, en lontananza, sus barcos de guerra, le daba la impresión no solo de estar otra vez en Europa, sino también de estar otra vez dentro del tiempo. Náufrago en alguna orilla de anonadamiento o de eternidad, los veía fluir, a tanta distancia de aquel flujo como de los que había visto transitar, con sus olvidadas angustias y sus perdidos relatos, por las calles de las primeras dinastías de Bactra y Babilonia, por los oasis que dominaban las Torres del Silencio. Las amas de casa pasaban presurosas con la red de la compra al brazo, hendiendo la música y el aroma a pan caliente; un droguero cerraba la tienda de postigos arlequinados, en los que se demoraba un último rayo de sol; la sirena de un paquebote parecía llamar a un dependiente tocado con un casquete, que se había echado a la espalda un maniquí para meterlo en una oscura y estrecha tienda; aquello era la tierra a finales del segundo milenio de la era cristiana...

El sol se ponía sobre Alsacia, refulgiendo en los rojos frutos de los manzanos. ¡Cuántos interrogantes se habían debatido, con pasión idéntica, bajo las bóvedas de aquel priorato! ¡Vano es el pensamiento, huerto de inagotable sabiduría que alumbra siempre la misma angustia como si de un mismo sol se tratara! Pensamiento de remotos tiempos, de África o de Asia, pensamiento de aquel día de verano, entre lluvia y sol, tan accidental, tan insólito, a semejanza de la raza blanca en el atardecer de Marsella, a semejanza de la raza de los hombres al otro lado de la ventana de la habitación del muerto, perturbador y trivial misterio de la vida en la desasosegada luz del alba...

Había llegado a los altos árboles: abetos donde ya moraba la noche y que conservaban una gota de agua, transparente

aún, en el extremo de cada aguja; tilos rumorosos de gorriones. Los más hermosos eran dos nogales: se acordó de las tallas de la biblioteca.

Fluía de sus moles la plenitud de los árboles seculares;
pero ese esfuerzo que proyectaba, fuera de los enormes troncos, las retorcidas ramas y las hojas oscuras, aquel apogeo de
la madera, tan vetusta y densa que parecía hundirse en el suelo, que no surgir de él, evocaba a un tiempo, de forma irresistible, una voluntad y una inacabable metamorfosis. Las colinas bajaban hacia el Rin, entre ambos árboles, que enmarcaban
la catedral de Estrasburgo, allá lejos, en el gozoso crepúsculo,
igual que tantos troncos enmarcan otras catedrales en las campiñas de Occidente. Y aquella torre que alzaba su amputada
oración, y toda la paciencia y el trabajo del hombre que des-
plegaban hasta el río sus oleadas de vides, no eran sino un vespertino decorado en torno al secular empuje de la madera viva,
de los dos surtidores copiosos, llenos de nudos, que extraían
las fuerzas de la tierra para desplegarlas, convertidas en frondas. El sol, muy bajo, les alargaba las sombras hasta el otro extremo del valle, como si fueran dos anchos rayos. Mi padre
pensaba en los dos santos y en el atlante; la tortuosa madera
de aquellos nogales no soportaba el peso del mundo, sino que
pujaba una vida eterna que se plasmaba en las charoladas hojas, recortadas sobre el telón de fondo del cielo, en las nueces
casi maduras, en toda aquella solemne mole que cobijaba en su
dilatado anillo los brotes jóvenes y las nueces secas del invierno. «Las civilizaciones o el animal, como las imágenes o los
maderos...». A medio camino entre las tallas y los maderos estaban los árboles, desdibujados al igual que la vida. Y el atlante, y los rostros de los santos, que atormentaba un gótico fervor, se diluían aquí, igual que la mente, igual que cuanto mi
padre acababa de oír; todo lo sepultaba la sombra de aquella

indulgente estatua que esculpían en homenaje a sí mismas las fuerzas de la tierra, y que el sol, al filo de las colinas, dilataba, planeando sobre la angustia de los hombres, hasta alcanzar el horizonte.

Europa llevaba cuarenta años sin guerra.

2

Aquí solo espero encontrarme con el arte y con la muerte.

No es frecuente que unas memorias nos permitan presenciar el encuentro entre el autor y las ideas que habían de adueñarse de su existencia o guiarla. Nos cuenta Gide cómo descubrió que era pederasta, pero es su biógrafo quien intenta explicarnos cómo descubrió que era un artista. Ahora bien, recuerdo el encuentro con determinadas ideas que se hallan en mí —y lo mismo les sucede a la mayoría de los intelectuales— con la misma agudeza que si se hubiese tratado de un encuentro con seres humanos. Empleo de forma deliberada la palabra «encuentro» porque el pensamiento se va elaborando a posteriori. No obstante, presentimos en el acto que esas ideas van a ser fecundas, que son lo que antes se llamaban inspiraciones. Y me encontré en Egipto con las que durante años dictaron su ley a mi pensamiento en cuestiones de arte.

La primera me vino de la Esfinge. Aún no la habían desenterrado del todo. No estaba ya tan hundida en la arena como en 1934, pero todavía hablaba la solemne lengua de las ruinas que se están convirtiendo en monumentos arqueológicos. Fue en 1955 cuando, hallándome ante ella, escribí:

«Tiene los rasgos tan deteriorados que lindan con lo informe, y ello le presta el mismo temple de las piedras del diablo y
las montañas sagradas; los caídos paños de la toca le enmarcan,
como las alas de un casco bárbaro, el rostro ancho y desgas-
tado, que la llegada de la noche difumina aún más. Es la hora
en que las más antiguas de entre las formas encauzadas prestan nueva vida al paraje donde hablaban los dioses, destierran
la informe inmensidad y disponen el orden de las constelaciones, que parece que no asomaran de la oscuridad sino para
gravitar a su alrededor.

»¿Qué tienen pues en común esa comunión que infunde la
penumbra medieval a las naves de las catedrales y el sello que
acuña la inmensidad de los monumentos egipcios? ¿Qué tienen en común todas las formas que pudieron conseguir esa
porción de lo inaprensible que les correspondía? En todas
ellas, aunque en diferente grado, lo real no es sino una apariencia. Y existe algo más, que no es apariencia y no siempre se llama Dios. Toman su fuerza y su empaque de la adaptación entre la eterna deriva del hombre y aquello que ora dispone de él
y ora no lo tiene en cuenta: la toca de quebrados ángulos de
la esfinge armoniza con las pirámides, pero esas gigantescas
formas se elevan de consuno desde la exigua cámara funeraria
que cobijan, desde el cuerpo embalsamado que tenían el cometido de vincular a la eternidad».

Entonces fue cuando conseguí separar dos lenguas que llevaba oyendo juntas desde hacía treinta años. La de la apariencia, la de muchedumbres que es probable que se asemejasen a
las que yo había visto en El Cairo: la lengua de lo efímero. Y la
de la Verdad, la lengua de lo eterno y de lo sacro. No cabe
duda de que Egipto dio con lo desconocido que en el hombre
existe, como dan con ello los campesinos hindúes, pero su
eternidad no la simboliza un rival de Shiva que reanuda

su danza cósmica en las constelaciones, hollando el aplastado cuerpo del enemigo postrero; su símbolo es la Esfinge, una quimera cuya irrealidad acrecientan aún más esas mutilaciones que la convierten en una gigantesca calavera. Pero estaba yo descubriendo que lo mismo podía decirse de las catedrales, de las grutas de la India y de China; y que el arte no depende de lo efímero de los pueblos, de sus casas ni de sus muebles, sino de la Verdad que, por turnos, han ido creando. No depende del sepulcro, depende de la eternidad. Todo arte sacro se opone a la muerte porque no sirve para ornar la civilización a la que pertenece, sino que la explicita en función de su valor supremo. No oía yo, a la sazón, en la palabra «sacro» ningún fúnebre eco. La Victoria griega me parecía una esfinge de la mañana. Solo perduran los realismos de ultramundo, y yo estaba descubriendo que, si lo tomamos en conjunto, incluso el arte moderno es un animal fabuloso. Pasé diez años descubriéndolo...

En aquella época la Esfinge se hallaba a un nivel muy superior al de la aldea y el pequeño templo. Aún hundía las patas en la arena, y tenía por ello alma de montaña esculpida. Pero las ruinas, las auténticas ruinas que vinculaban los templos desmoronados a las abandonadas prisiones de Piranesi, de cuyos patíbulos cuelgan aún gigantescos faroles, se van transformado poco a poco en parajes arqueológicos. Nunca volveremos a ver la Esfinge enterrada ni a soldados, los de Bonaparte o los de Nelson, encaramados en sus orejas. Ni aquella Atenas que «no era ya por desdicha más que una aldea albanesa». Dentro de poco no veremos ya las esfinges enterradas hasta el cuello en el desierto nubio, ni esas que el viento cargado de arena ha carcomido hasta tal punto que sus cabezas se asemejan a los tocones de los olivos más vetustos...

En la Gran Pirámide, ya es posible penetrar en la cámara mortuoria del faraón.

Contaban que Hitler la había tomado como modelo para la estancia a la que se retiraba, en Nuremberg, antes de pronunciar un discurso en el estadio. Los pilares del monumento nazi se parecen, efectivamente, a los del Templo de Granito, que desenterraron antes que la Esfinge. Pero el camino que conduce a la tumba del faraón no tiene nada en común con el que jalonaban los geométricos pilares de Nuremberg. Con lo primero que nos topamos es con el embrollado laberinto que fueron despejando los saqueadores de tumbas. Saqueadores modernos, saqueadores islámicos al servicio de los califas locos, y ante todo saqueadores de la Antigüedad que buscaban a trompicones el oro de la muerte a la luz de antorchas chisporroteantes... Seguían un camino de intersticios entre las piedras pegadas, semejante a los corredores prehistóricos; llega un momento en que no nos extrañaría vislumbrar en la roca los difuminados bisontes de Font-de-Gaume, y entonces es cuando aparece la abrupta galería faraónica, por la que no se puede caminar erguido y que se interna, cuesta arriba, en la oscuridad. En el Alto Egipto se han hallado, al final de galerías más estrechas que estas, los esqueletos de los saqueadores de tesoros que no pudieron regresar, atrapados entre las paredes erizadas de menudos cocodrilos momificados, apilados en hileras como si fuesen botellas...

Nunca ha dejado el destino de revolver, con sus ciegos manoteos, las piezas de dominó de los sarcófagos regios. Ni en Tebas ni aquí. En tiempos de la dinastía XXII los sacerdotes volvieron a vender las momias de los grandes reyes tebanos y los agruparon en unas cuantas tumbas. A finales del siglo XIX se descubrieron «treinta y tres reyes, reinas, príncipes y profetas principales de Amón, y diez personajes de menor importancia». Un barco fue Nilo arriba cargado de faraones; a su paso, mujeres desmelenadas lanzaban alaridos como si de honras fúnebres se tratara. Durante el traslado, colocaron muchos cuerpos en sarcófagos que no les pertenecían. Y entre las tapas de sarcófago que aparecieron estaba la de Ramsés...

El año pasado fui a pasar revista al reino de las olvidadas sombras de Versalles. La Pequeña Venecia, donde vivían los gondoleros del Gran Canal; lo que queda de las casas de fieras, con sus animales de piedra, y del laberinto, con sus quimeras de plomo; y el diminuto teatro de Trianon, donde María Antonieta interpretó *El barbero de Sevilla* para sus amigos (acto seguido, Beaumarchais fue devuelto a la Bastilla). Los almacenes de decorados de ese teatro tan pequeño son muy amplios. Daba la impresión de que desde tiempos de la Revolución no habían vuelto a abrirlos. Una niña, cuyas trenzas semejaban dos cuernecillos, nos trajo una llave enorme. Los obreros consiguieron abrir las hojas de la puerta. Entre ataques de tos, una densa nube de polvo invadió el patio donde las mujeres de los brigadas de nuestro ejército cultivan geranios en los alféizares de las ventanas; y la lanza de un carruaje, de la que colgaban las telarañas como colgaban las velas en las galeras de la muerte, cayó sobre los adoquines y esparció entre los pavipollos una muchedumbre de amorcillos negros con alas de plata.

«¡Llevan cincuenta años buscándola en los Inválidos! —exclamó el conservador—. ¡Es la carroza fúnebre de Napoleón!».

Una vez limpia, ya solo guardaba parecido con aquel coche fúnebre que precedía Berlioz, con el viento de invierno revolviéndole la melena, en pos de los treinta y seis caballos con gualdrapas negras... Y en ese corredor que va cuesta arriba en la oscuridad, tan cerca de las Pirámides de Bonaparte, evoco el día en que Napoleón abrió las primeras sacas postales que llegaron a Santa Elena, y, en vez de los ansiados periódicos, encontró fajos de cartas de amor que le enviaban mujeres que le proponían compartir su existencia...

Ya hemos llegado a la cámara funeraria, cuya majestad reside en las proporciones, en la genial rigurosidad de la arquitectura —los sillares parecen tallados con una hoja de afeitar, como sucede también en los monumentos mexicanos— y en la maléfica categoría de recinto clausurado. Llevamos mucho rato subiendo y el aire está enrarecido, como en los refugios atómicos. Pero las salas de los refugios se hallan al fondo de cavernas, cuyos incontables pilares elevan las ojivas preadánicas hasta que se pierden en las tinieblas, en tanto que los faros de un insólito automóvil se reflejan en las manoplas blancas de un soldado inmóvil. Aquí, la pirámide que nos encierra presta la magnificencia de su geometría asfixiante a la pureza de la cámara funeraria y a la de la muerte. Hace ya mucho que destruyeron o robaron el sarcófago; la ruinosa cubeta armoniza mejor con los incorruptibles muros de lo que lo haría el propio sarcófago si aún estuviera ahí. Y nos acordamos de un cuento de la India en el que un príncipe, tras morir su amada, manda construir para ella la tumba más bella del mundo. Tras muchos años de obras, queda acabado el monumento y llevan el féretro, que rompe la armonía de la cámara funeraria. «¡Llevaos eso!», dice el príncipe. Basta con la tumba: es la tumba de la Muerte. Nuestras cuevas, con sus sílex tallados y sus propulsores, nos recuerdan que el hombre inventó las herramientas; pero Egipto nos recuerda que allí se inventaron las tumbas.

A la estancia de Hitler se bajaba por una escalera de caracol, de mármol negro si mal no recuerdo. Cerca de las murallas, aún en pie, que rodeaban la arrasada Nuremberg, donde nuestros carros de combate ni siquiera conseguían localizar las plazas públicas, nos recibieron unos esqueletos asomados a un balcón: pertenecían al Museo de Historia Natural, cuyas vitrinas había destrozado un obús. El estadio no estaba derruido. Seguían en buen estado los salientes laterales en los que ardían antorchas mientras hablaba Hitler, la tribuna, e incluso el monumental corredor que se parece al Templo de Granito. Retorcidos fragmentos del águila de bronce del frontón salpicaban el suelo que antaño devastaran los demonios y los dioses alemanes, como si el Tercer Reich se hubiera extinguido al tiempo que los altos haces de los focos que barrían el cielo negro a la hora de encender las luces. Silencio de la tarde, silencio de las ciudades destruidas cuyos cadáveres están ya bajo tierra. Comenzamos a bajar por la escalera de caracol con el vago temor de que estuviese minada. Pronto no necesitamos las linternas, ya que desde las profundidades subía un resplandor rojizo. Un apagado coro nos llegaba como si fuera la voz de aquel incendio mínimo. Parecía que las entrañas de la ciudad encantada, la ciudad de los Caballeros del Apocalipsis y de los recuerdos hitlerianos, quisieran conservar un eco de la gran devastación, del ardiente rastro de fuego que había asolado Europa hasta Stalingrado y que ahora consumía Berlín: depósitos de gasolina como piras de dioses hindúes, con negros penachos de diez kilómetros; casas de labor en cuya nieve, entre la honda oscuridad, se reflejaba el incendio; bombas de fósforo cayendo sobre las ciudades. Seguíamos bajando hacia el quieto resplandor, de carácter tan sagrado como el de esas hogueras que he visto en la soledad de las montañas de

Persia, donde se alzaban antaño las aras de los magos. Nos parecía que estábamos bajando no al despacho más o menos mitológico del dictador, sino a un santuario de ese fuego que durante años lo había ido siguiendo, de la misma forma que la paciente pira esperaba a Hércules. Lo esperaba cantando no con la crepitante voz de las llamas, sino con el zumbido que acompaña la incandescencia de un horno de panadero. Y aquel canto nos empapaba como una lejana bendición. Ese espanto del que ya sabíamos más que de sobra (nos había tocado ir abriendo los campos de exterminio) lo habíamos dejado en el estadio, junto a las ciudades transformadas en montones de pedruscos y los destrozados restos de la gran águila de bronce. Aquí, un crepúsculo sin hombres cantaba en las entrañas de la tierra su inexplicable canción de cuna por la muerte de Alemania.

Seguíamos bajando. Más allá de los últimos peldaños, que cubrían lo que parecían ser los restos de un gran espejo rojo —un montón de latas de sardinas abiertas a la luz de lámparas con pantallas pequeñas de un rojo carmesí (¿las de Hitler?)—, una muchedumbre de soldados negros que habían llegado con la primera unidad estadounidense improvisaba una danza ritual, al tiempo que cantaba a boca cerrada un maravilloso espiritual. Canción de las plantaciones al caer la tarde, melopea desesperada que se le había ocurrido hacía mucho a un esclavo del sur, mientras oía las palas de los remeros, y que aún seguíamos oyendo, perdida en la distancia, cuando llegamos a los pilares geométricos copiados del Templo de Granito...

Aquí está el Templo de Granito, o, mejor dicho, el sempiterno Egipto. Lo cruza el destino de Hitler como un rayo enloquecido. *Erwache, Deutschland!*, himnos de los jóvenes soldados hitlerianos por nuestras carreteras, en el mes de junio, entre las dalias y el polvo... Aquella amante inglesa de Hitler, a quien le preguntaban: «¿Cómo fuiste capaz de acostarte con ese gorila?», y respondía: «¡Déjame en paz, so idiota! Es el amante con el que más me he divertido. ¡Nunca me lo había pasado tan bien como jugando al escondite en Berchtesgaden!». El león de piedra que trajo Leclerc y que nadie sabía dónde meter. Debe de estar guardado de cualquier manera en algún almacén del Louvre. La anécdota que contaba el embajador de Alemania: en uno de los días más funestos, Goebbels fue a pronunciar un discurso ante los generales que partían para el frente ruso y les recordó el milagro de Brandeburgo: Federico, a punto de suicidarse, se entera de que ha muerto la zarina. «¿Dónde está la zarina?», pregunta uno de los generales. Goebbels regresa al ministerio, en cuya escalinata lo espera la guardia con antorchas encendidas: «¿Qué sucede?». — «Ha muerto el presidente Roosevelt». Y el expsiquiatra de Hitler, el mismo que afirmaba, como sin darle importancia, que había descubierto la clave de la crueldad mientras lo estaban torturando, que nos decía a Groethuysen, a Gide y a mí, *antes* de la guerra: «Lo tienen obsesionado los Hohenzollern. Me ha dicho: "Entraré en guerra. La perderé. Pero no iré a serrar madera a Doorn"». Los últimos días del rival del último emperador: el búnker estaba cerca del Tiergarten; el día en que murió, fue el guardián del zoo quien le llevó los víveres que habían arrojado en paracaídas... La cruz gamada flotando sobre Varsovia, sobre París, sobre la Acrópolis. Las ciudades alemanas con la blanca bandera de las sábanas tendidas en todas las ventanas, a lo largo de cientos de kilómetros... Algunos años cuyo deslumbrante fulgor atraviesa la rojiza luz de Nuremberg, la indiferente oscuridad de las pirámides... El imperio.

Cuando me encuentro de nuevo ante el Nilo y la arena, al salir del corredor de los saqueadores de tumbas, la memoria vuelve a mostrarme, bajo los esqueletos colgados de los balcones, sola y dando tumbos entre los escombros de la desierta Nuremberg, a una ciclista gruesa y sonriente con el manillar lleno de lilas...

En El Cairo los framboyanes están en flor. Casi había olvidado ese color, que evoca los «países cálidos», igual que el olor del opio evoca China. Y también se me había olvidado que nunca estuve en esos países en esta estación. Acacias color de rosa, cascadas de buganvillas y las tres flores carmesíes de un granado en un patio de tonos ocres, como en Isfahán...

Aquí está el museo. Hace treinta años tenía delante una de esas áridas plazas que Inglaterra, aunque tan experta en céspedes, había impuesto en el islam. El aletargado polvo entonaba con las sombras que fueron acudiendo por turno, una noche, para ofrecerme, sin mucho empeño, fotos obscenas, como entonaba también con el antiguo Shepheard's Hotel, adonde regresé, antes de seguir viaje al alba, en aquella ocasión en que Corniglion y yo íbamos en busca de las ruinas de Saba. En un universo de felpa y polvo, los colosos de Akenatón destacaban con insólita fuerza sobre el rojo pompeyano de las paredes, ajenos a un pueblo sonámbulo con bajás juerguistas y una Ciudad de los Muertos.

Volví hace diez años. Allí estaban el museo polvoriento y la árida plaza. Hoy se llama plaza de la Liberación. La nueva ciudad de El Cairo yergue con vehemencia a mi alrededor sus romos rascacielos y su gigantesco hotel Hilton, que encara su particular Egipto con el lento girar de los dos gavilanes de Horus. Al fondo de la plaza, donde brincan alegres surtidores, la misma presencia espiritual sigue colmando esas salas que resultarían provincianas si no halláramos en ellas, todas juntas, unas cuantas obras magnas de la humanidad, una presencia espiritual y un toque más inquietante. Cuando se inauguró el museo, allá por 1900, los periodistas vieron cómo de repente los oficiales de fez y levita salían corriendo, dejando a medias los discursos: la momia de Ramsés, trágico hechicero con cabeza de guacamayo y un mechón blanco al viento, bajaba despacio el brazo y los señalaba...

Un rayo de sol había caído sobre la momia y, al dilatarle la articulación, le había aflojado el brazo que antaño sostenía el cetro.

¿Cuántos museos habré visto, olvidados entre raídas felpas? Desde los de las colonias inglesas, en los que las aves disecadas contemplan los quietos corros de las Danzas de la Muerte, hasta las colecciones bretonas en las que se amontonan las maquetas de barcos que los capitanes presentaban a los armadores para que les diesen el visto bueno; algunas así me legó mi abuelo. Aquel reducido museo galo, cuyo nombre no recuerdo, rodeado de flores de espino albar tan sencillas como si fueran celtas, que parecían brotar de una tierra abonada con las cuarenta mil manos que cortó César. Y los pobladores etruscos del museo de Volterra, todos esos fantasmas que parecen estar esperando, apiñados en floridas terracitas, un juicio final al que al juez se le ha olvidado acudir (y de fondo, como entre bastidores, las voces del mercado). Y las quintas sicilianas donde no cabe duda de que los jorobados tocados con sombreros de tres picos bajan de las paredes para reunirse con las aves nocturnas. Y esos samuráis con traje de ceremonia a quienes solo vemos de espaldas en el palacio de Kioto, pero cuyos

maniquíes se estremecen imperceptiblemente ante el deliberado crujir del piso de tarima, cuya misión era poner sobre
aviso a la guardia del emperador... Y el museo del traje de Teherán, cuyas figuras de cera van emergiendo de la oscuridad,
en cadavéricas posturas, a medida que el dueño de la tienda de
té de al lado abre una a una las ventanas cerradas desde siempre, como si la Persia de Gobineau hubiera seguido con sus
conciliábulos entre esas sombras en las que niños de cera de altos tocados tejen tapices que nunca concluirán. Y el patio de
la Moneda, el museo viejo de México que construyeron los virreyes, donde los dioses aztecas que ha rechazado el museo
nuevo están castigados de cara a la pared, bajo los arcos, en
una fila que da la vuelta al jardín asilvestrado. Y en la propia
ciudad de El Cairo, la casa de la Cretense, con sus sofás en los
miradores de celosías, y en el centro de un inenarrable salón,
legado de Mehmet Alí, una jaula en forma de mezquita que
encierra un ave del paraíso tan pelada como un pollo de bui-
tre; el guardián le daba cuerda y el ave cantaba...

Me gustan los museos estrambóticos porque juegan con la
eternidad. Y ninguno lo ha sido nunca tanto como nuestro antiguo Trocadero, donde para ver los iconos abisinios había que
ponerse en cuclillas y encender el mechero: nuestro Trocadero, o, mejor dicho, sus almacenes. Creo recordar que ya existía el acuario de más abajo; y las esculturas parecían flotar por
la penumbra del desván como peces melancólicos. Las piezas
de mayor importancia (y sobre todo las jemeres y las preco-
lombinas: estoy hablando de una época anterior a la expedición Dakar-Yibuti) las había salvado un excéntrico entusiasta
de los fetiches que, por lo que decían, había escrito con tan
primorosa redondilla debajo de las obras maestras mexicanas
«Arte bretón», que nadie se había atrevido (¿quizá por presiones de los diputados de Bretaña?) a expulsarlas de aquel sota-

banco. Los maniquíes que habían lucido antaño imaginarios atuendos de salvajes y mandarines andaban por los rincones: en una cabeza, desplegaba su esplendor un tocado de plumas de las islas de Hawái; una mano de madera se aferraba a un cetro de jade. Y, en alambres tendidos de punta a punta de aquel desván, absurda imitación del de un palacio gaditano, sujetos con pinzas de la ropa que parecían golondrinas en los cables del telégrafo, polvorientos despojos de plumas turquesa y coral pendían como el cadáver del Pájaro de los Cuentos; debajo, una única etiqueta enmarcada en papel de oro rezaba: «Diadema de Moctezuma».

El museo de El Cairo es hermano de esos lugares poblados de fantasmas. Ha habido que arrimar unos sarcófagos a otros para hacer sitio a las áureas pertenencias de Tutankamón. Las etiquetas se han puesto amarillas. Han colocado las obras maestras en fila, como figuras de un bazar. Y aquí vienen los parientes de los jorobados con sombreros de tres picos, de los esqueletos de azúcar mexicanos, de la diadema de Moctezuma: los encartonados de color rosa, todas las empalagosas obras fruto de la descomposición del Egipto helenístico, amontonadas manga por hombro en las desiertas salas, mezcladas con los retratos del Fayum y las cabezas de Antinópolis, adheridas aún al sudario. ¡Ay, soldados del islam, que cavabais acequias para los rosales silvestres de Saladino; soldados de Napoleón, que cavabais en las dunas para buscar faraones y desenterrabais esos Horus disfrazados de Arlequín, esas grandes figuras de cartón de hipnotizados ojos! Una princesa con cara de loca pierde por la arena las escamas encarnadas de su atuendo de lancero bengalí para que el reguero llegue hasta los rosales tártaros...

Los turistas pasan a la sala de Tutankamón tras mirar de pasada los cocodrilos despatarrados encima de los armarios.

El museo, en cuya sala central se halla el dorado mobiliario fúnebre, ordenado y deprimente, no es ya sino el guardamuebles de las casas reales.

En el auténtico sepulcro, en Tebas, el ejemplar Anubis negro, símbolo del rey en el momento de salir de la muerte para penetrar en la noche eterna, custodiaba aquel revoltijo de muebles, aquellos sarcófagos de oro metidos unos dentro de otros. En los frescos de fondo amarillo, de factura casi popular, pintados deprisa y corriendo (nadie había previsto que pudiese morir el joven faraón), junto a otros frescos donde vemos hileras de monos del Sol, notamos un sabor que bien poco tiene que ver con el boato funerario. Pretende la tradición que los arqueólogos que descubrieron esta tumba murieron de forma misteriosa o violenta; crecieron y se multiplicaron, en cambio, los animales que entraron junto con los hombres: en los frescos amarillos, los eternos compañeros del faraón se han quedado sin pies, pues se los ha borrado el paso de las ratas. Esa copa de alabastro, que en el museo parece casi vulgar, la encontraron a la entrada del corredor, orientada hacia el valle de los Reyes: «Quiera la suerte que puedas pasar la eternidad bebiendo y mirando hacia Tebas, ciudad por ti elegida». Y he aquí los acianos secos que nos informaron de que Tutankamón había muerto en marzo o en abril, y la caja de juguetes de cuando era niño...

Alimentos para los muertos, etiquetas escritas con el mismo primor con que se prepararon las ofrendas. Aquí, las aves, las cebollas y las uvas de piedra; allá, las minutas de festines sin comensales (en el arte egipcio las únicas representaciones de banquetes pertenecen a la época de Amarna), que incluyen pichones y codornices. Trasciende de ellas una gastronomía meticulosa y japonesa y, en mayor grado aún, la mano invisible que brindaba por vez postrera los dones de la tierra. En este polvo anonadado está presente el ademán previsor y refrenado con que las madres colocaban los juguetes en los sepulcros infantiles. He aquí el pan triangular de los muertos, y todas esas semillas de las que cuentan que germinan cuando se las planta, y esas «flores momificadas» que nada diferencia ya de sus pardas hojas. ¿Por qué emocionan tanto estos aplastados ramilletes? Quizá porque las flores brindan doquier a los muertos la perfección de lo efímero, mientras que aquí las aprestaron para la eternidad.

He aquí un collar para perro, de cuero rosa; y los «escarabeos de corazón», que colocaban sobre el pecho del difunto para instar a su corazón a que no formulase cargos contra él ante los divinos Jueces; y el escarabeo que conmemora escrupulosamente la ocasión en que Amenofis III exterminó ciento dos leones. He aquí la cuchara de afeites que adorna un chacal de oro con un pescado en las fauces; y el almohadón de pluma de una princesa niña; y la figurilla azul que llevaban las mujeres al cuello, y cuya inscripción reza: «Levántate y hazle una ligazón al que miran mis ojos para que se convierta en mi amante». Lleva una fecha: «1965, Imperio XII». Desde hace ya muchos años la simetría de los tiempos me desata la imaginación. ¿Qué pasaba en 1965 antes de Jesucristo? He aquí las castañuelas y los dameros, la tortuga de madera que sirve de acerico a agujones con cabeza de gato; he aquí unas momias de ibis, de monos, de cocodrilos de cinco metros de largo y de peces *aha* que podrían ser obra de Jarry; y la momia de la gacela «que perteneció a una princesa de la dinastía XXI». Y las etiquetas, obra de una poética pluma que hace la competencia a la del excéntrico del Museo del Trocadero: «Botellas de madera halladas en el escondrijo de un embalsamador — Espléndida herramienta con forma de horquilla — Objetos de uso desconocido — El más antiguo esqueleto de una yegua, dinastía XVIII — Sarcófago de un hermano de Ramsés II, aunque los huesos hallados en su interior eran de un hombre jorobado — Cajita de Su Majestad (¿de qué Majestad?) cuando era niña — Rizo de la reina Tyi: único resto de esta gran reina». Algo más allá, los sarcófagos con cerrojos que el muerto debía correr o descorrer, decorados con pinturas concebidas para sus viajes o su descanso; los espejos en los que se contemplaban los muertos; y en una vulgar vitrina, el clavo de oro con el que cerraban los sarcófagos de los reyes.

Tiene Egipto la afición oriental al oro, pero los pobladores del museo son de tonos ocres, o de piedra y turquesa sobre un telón de fondo del color de la arena del desierto, como las ciudades persas...

He aquí, ahora, las aves con cabeza humana, que representan a las almas. El señor Möllberg, el de las orejas puntiagudas, decía que Egipto había inventado el alma. Lo que no cabe duda que inventó es la serenidad. Pues la sensación que aquí me embarga nada tiene que ver con la muerte. Ni siquiera con ese contagio de la serenidad fúnebre que experimenté hace tiempo en Tebas. La palabra «muerte» suena como un batintín y me resulta molesta. Solo los supervivientes de una religión pueden transmitir su alma, y el islam ha suprimido las religiones del antiguo Oriente. Nada sé del antiguo Egipto, con esa misma y radical ignorancia que tiene del amor, por mucho que haya leído, un hombre que nunca haya amado; con esa misma y radical ignorancia que todos tenemos de la muerte. Lo único que de él conozco son estas imágenes que voy viendo al pasar... Europa las convirtió en un tropel de cadáveres porque los acompañantes de Bonaparte comparaban, de forma instintiva, a los escultores de Menfis con Miguel Ángel, Canova o Praxíteles, mientras que yo los comparo con sus émulos de las grutas sagradas y sobre todo con nuestros escultores románicos. ¿Hasta qué punto resulta cadavérica esa rigidez, que parecía exclusiva del *Libro de los muertos*, comparada con esas estatuas nuestras integradas en el fuste de la columna? Si los *escribas sentados* que veo al pasar pretendieran copiar la vida, serían sin duda cadáveres. Hasta los tiempos de Cézanne no *vimos* esa escultura, que llevábamos estudiando desde hacía un siglo. Baudelaire hablaba todavía del candor egipcio. Incluso esculpidas en las laderas de las montañas y enfundadas en ropajes que las ciñen como vendas, las reinas de Egipto tienen, si las comparamos con las Reinas y las Vírgenes de Chartres, combados perfiles de ánfora.

No existe el barroco egipcio, sino la descomposición del estilo egipcio. Ajeno casi por completo a cualquier aspecto de la historia, dura tres milenios y abarca en una misma fosforescencia las formas que reúne en el ámbito de una misma eternidad. La rigidez es un lenguaje. No cabe duda de que se trata de una escultura mágica y no estética, ni de que el cometido de sus imágenes es garantizar la supervivencia de los cuerpos perecederos. Pero no porque se les parezcan, sino, antes bien, porque en esos dobles que se les asemejan hay algo que no se les parece. Si la misión de esas esculturas es garantizar la supervivencia, la misión de *su estilo* es apartarlas de la apariencia mortal para que los muertos puedan llegar al más allá.

No consigo dar con las estatuas helenísticas que representaban «con realismo» a dioses y monstruos. ¿Dónde han metido la arpía «exquisitamente femenina»? ¿Y el Anubis de cuya túnica asoma una cabeza de chacal de bondadosa expresión? Egipto inventó a Anubis porque *no podía existir* en el mundo de los vivos, en el que el arte alejandrino intentó introducirlo en vano. Y el resultado fue un personaje de fiesta de máscaras. Aquí está, debajo de la escalera...

Y, si ese personaje entablara conversación con las reinas de los imperios antiguos, conversarían como lo hacen entre sí los títeres; pero la escena en la que el dios con cabeza de gavilán conduce hacia los demás dioses a Nefertari, la mujer de Ramsés, es una de las cumbres del arte, porque esa corona faraónica sobre una cabeza de gavilán no puede concebirse más que en el estilo egipcio, igual que el Don Juan de Mozart es inseparable de la música, y las Victorias griegas, del arte de la escultura. Lleva a la reina de la mano, aunque no llega a rozarla, hacia un más allá que solo consiste hoy en día en ese estilo que los une. La reina deja de ser la mujer de Ramsés para convertirse, en mayor medida, en la del dios, que le otorga la majestad de las sombras. Esta creación espiritualiza a la reina de la misma forma que el genio toscano idealiza a Venus. Y dicha estilización no es un factor único: solo en esta obra posee la reina un empaque que la vincula con la *Victoria de Samotracia*, con *La Gioconda*, con los rostros gigantescos de las grutas de la India, con la invocación de la música occidental: con todo lo que, en el mundo del arte, el arte solo no es capaz de explicar. No recuerdo demasiado bien la tumba, que se abría a ras del suelo a la entrada del Valle de las Reinas. Aquel día los gorriones piaban en el Ramesseum como pían en nuestros tilos en los atardeceres de verano, y yo pensaba en ese zumbido de abeja de los muertos que mencionan los textos funerarios. Algunas aves habían construido sus nidos en las alas de los halcones sagrados de los bajorrelieves. En Tebas, el sol iluminaba a la diosa del Silencio y sacaba de la oscuridad de su hipogeo a la diosa del Eterno Retorno, asemejándola a una vacilante llama gris. Por encima de los colosos de Memnón, admirablemente amorfos, giraba un vuelo migratorio de gavilanes. He olvidado cómo era la tumba, pero no la reina, que aparecía una y otra vez, en una pared tras otra, recorriendo su fúnebre itinerario con la misma majestad divina, hasta llegar a la escena en la que, sentada a solas ante un tablero de ajedrez, apostaba su destino de muerta y se lo jugaba contra el anonadamiento; el vacío, símbolo de un dios invisible, era su contrincante...

Y aquí tenemos, por cierto, en unas cajas de cristal, lo que queda de unos seres humanos. Infinitamente menos significativos que sus imágenes, pese a los ojos de esmalte de estas... La momia de Ramsés no volverá a perturbar las inauguraciones. Creo que había cumplido los noventa y seis. A su lado, yace una joven princesa que conmueve más que las otras porque las inyecciones de cera han preservado la forma de sus mejillas; se llamaba Dulzura.

Me embarga una sensación tan intensa como la que sentí ante la Esfinge al escuchar por vez primera la voz de la apariencia y la de lo sacro. Son las momias las que me proporcionan la conciencia del hondo vínculo que me une a las estatuas. Casi todas esas figurillas en las que se plasma la vida, barqueros egipcios de madera, tanagras, bailarinas chinas de terracota, son figuras funerarias; pero no les dieron apariencia de esqueletos. En este lugar (¿y en qué otro?) han cruzado los siglos, casi codo con codo, los dioses hijos de los hombres y los emperadores hijos de los dioses. ¿Qué se hizo del auténtico Ramsés? ¿Qué se hizo de todos los faraones cuyos sarcófagos no han aparecido? Hace mucho que lo sabemos: un cuerpo más o menos exánime, una fama más o menos deteriorada. Pero también nos parece saber desde hace unos cuantos siglos que la obra de arte «sobrevive a la ciudad» y que es posible que podamos oponer su inmortalidad a la miserable supervivencia de los dioses embalsamadores. Ahora bien, lo que me salta a la vista en este museo *condenado* es la precaria supervivencia artística y sus complejas característi- cas. Durante mil años al menos, el mundo entero ignoró tan- to el arte de Ramsés como su nombre. Los recordó lue- go, a título de curiosidad, lo mismo que las artes llamadas caldeas y cuanto tenía que ver con la Biblia. Más adelante, la curiosidad se convirtió en ciencia o en historia. Y al fin, lo que había sido un doble, y luego un objeto, fue una estatua y volvió a *estar vivo* en nuestra civilización, quizá en las que vengan detrás de ella, y en ninguna otra. El islam egipcio no resucitó Egipto pasando por el Corán, sino pasando por el Louvre, el British Museum y el museo de El Cairo. Y este úl- timo museo ha dejado ya de garantizar esa supervivencia. El día de mañana los colosos de Akenatón se hallarán en un museo moderno, y sin duda en el Museo Imaginario, donde no serán ya exactamente los mismos que hoy vemos, de la misma forma que los que vemos hoy no son los que veían los artistas en los tiempos en que prevalecía el arte griego. El mun- do del arte no es el de la inmortalidad, sino el de la metamor- fosis. Hoy en día la metamorfosis es la propia vida de la obra de arte.

En la librería que está al fondo del vestíbulo que une las dos alas del museo hay todo tipo de libros sobre México y fotos de gran tamaño de los monumentos precolombinos. Las pirámides mexicanas parecen estar aquí como en su casa; y más aún las perspectivas geométricas de Monte Albán, los templos pequeños y angulosos de la plaza de la Luna, toda esa arquitectura «moderna», sin flores de loto ni acanala- das estrías, que establece un nexo entre los templos de los guerreros del Yucatán, el templo privado de Gizeh y el po- dio de Nuremberg, entre la austera arquitectura que acogía a los muertos mexicanos y la que acogía a los muertos egipcios. Pero, cuando esos muertos aparecen, desaparece la unidad. He aquí las fotos de la Fiesta de los Muertos mexicana, el inagotable pintoresquismo de los esqueletos. ¿Cuántos pueblos han vivido en íntima relación con los muertos, aunando la honda noche de la muerte y un humor macabro y tierno? En esta ciudad de El Cairo, donde los panes funerarios son triangulares, desatan la imaginación las fotos de esos panes funerarios con forma de calavera... Como también la desatan, en esta tierra de chacales momificados, esos perros mexicanos que acuden al cementerio; como la desata la muerte en este Egipto donde parece como si la inmortalidad extraviase al hombre por el camino...

En México nos encontramos con las posadas de los muertos, con músicos frenéticos que tocan huesos a modo de instrumentos, y con esa sirena de paja, largo cuerpo de arabescos y calavera menuda, que me quisieron regalar una vez, hace tiempo, y que parecía el esqueleto del sueño. Nada más ajeno al antiguo Egipto, cuyo arte es funerario pero no fúnebre. No hay en él ni cadáveres ni yacentes. Lo que me traían a la mente la voz de los supremos Dobles y el parloteo del familiar pueblo de los muertos, que en aquellos momentos me rodeaban, no era ese México en que los niños que nacen muertos se convierten en colibríes, ese México de la Comida de los Muertos más larga del mundo, sino el mundo indio de Guatemala, quizá porque en él la muerte no tiene más forma que la de una lengua de fuego, quizá porque allí juguetea entre las flores.

Flores de Sicilia, flores árabes en las rocas y las casas de ladrillo; flores sin hojas, anaranjadas buganvillas prietas como la hiedra, altos árboles color malva, dalias rojas como el cristal de Bohemia, que los conquistadores confundieron con flores de pita. Yo había visto iglesias amarillas al final de calles multicolores, capillas prerrománicas, un cortejo fúnebre enlutado que sollozaba de la primera a la cuarta fila y reía en las de detrás, y, en camiones convertidos en piadosas carrozas, preciosas niñas indias quietas bajo letreros: «Virgen» o «Fortituda». El cortejo iba en pos de un pasmado subido de mala manera a un burro y con una careta de la muerte, como si el cadáver de Don Quijote hubiese guiado a las santas del Paraíso entre los volcanes. Cada vez bajaban del bosque más indios de abigarrados atuendos. Mis acompañantes hablaban de ellos.

—Le dije a la bordadora: «¿Por qué no está tan bien bordado como los demás el último animalito?», y me contestó: «Siempre hay que dejar uno mal para que no se molesten los dioses. Los únicos perfectos son ellos».

Un lago se extendía a los pies de un ídolo maya, en cuyo pedestal estaba subido un perro de carne y hueso que enderezó las orejas al pasar nosotros.

—Cuando vino la gente del norte, Quetzalcóatl señaló a sus guerreros y dijo: «Venceré con este ejército». Y nuestro jefe maya respondió señalando a un recién nacido: «Yo venceré con este niño».

—Nuestro jefe envió a los quetzales, que son tan hermosos como las aves de los sueños —respondió sonriendo el conservador del museo—. La gente del norte los mató; y los nuestros se fueron, diciendo que no podían vivir en unas tierras donde mataban a las aves.

—Los indios —dijo muy serio el conservador adjunto— son nuestros hermanos pequeños...

Mis tres acompañantes eran mestizos. Estábamos llegando a Antigua, un decorado para virreyes, con su capitanía general, su antigua universidad, su fuente con ninfas de lava negra en la plaza Real, cuyos gigantescos árboles velaban a los durmientes. Habría podido ser una ciudad de México o del Perú de no ser por los rodrigones que sujetaban las flores en los patios habitados, por las desplomadas flores de los patios abandonados, y ante todo por la impronta de cataclismo fruto del terremoto. Recordaba yo desde aquí que mi avión había llegado entre un mar de nubes que horadaban los volcanes. Me acordaba de Noto, en Sicilia, derruida a la altura de los segundos pisos, y tan amarilla en lo alto de las empinadas escaleras, dominando los almendros en flor. Pero en Noto ya no quedaban escombros, mientras que los cascotes de los colosales arcos cubren los atrios de Antigua, al pie del volcán santurrón y quizá apagado. Los indios recorrían con paso corto todas aquellas calles en las que el viento arrastraba el polvo y sacudía las buganvillas; aluviones de claveles y brazadas de iris se amontonaban encima de los armadillos resecos del mercado. En una estancia como una catacumba, santuario de aquel mercado, habían dejado solo a un niño pequeño que iba dando tumbos entre las cortas velas colocadas en las baldosas; y la carraca del vendedor de helados sonaba como la campanilla de los muertos.

Tras la fachada intacta de la catedral se hallaba la nave, despanzurrada como la de las iglesias españolas de la Guerra Civil, pero repleta de las ruinas cosmogónicas de los terremotos. En el centro, la escalera de una cripta. Y en la cripta, poco más alta que yo, velas que parecían hincadas en el suelo, un crucifijo invisible y un único indio que rezaba sin soltar la mano de un niño de tan corta edad como el que había visto deambular entre las candelas del santuario del mercado. Apenas si conseguía vislumbrar el crucifijo, pero salpicaban las paredes unas manos blancas, como las de los cazadores magdalenienses sobre los bisontes de las cavernas. La cripta estaba tan llena de la oración del indio inmóvil y prosternado como del fulgor de las velas.

Volví a presenciar ese mismo rezo mágico en el corazón del territorio indio, en Chichicastenango, el «lugar de ortigas». Dos iglesias de azúcar relumbraban contra el luminoso azul del cielo, en la parte más alta de unas empinadas escalinatas. Entre ambas, un mercado multicolor por el que cruzaban personas vestidas de negro que iban acompañando a otra que llevaba el Santísimo: los sombreros cilíndricos asomaban entre la barahúnda de cabezas indígenas y se encaminaban hacia las escaleras de pirámides, en las que, en torno a un invisible santo encerrado en una hornacina pequeña tapada con enormes plumas, bailaban hombres toro y danzantes de varias cofradías. Se oía una marimba en el vecino claustro, y la explosión de los petardos subía más alta que las vaharadas de humo de copal que brotaban de los incensarios como humaredas de incendio. Todo aquel carnaval del más allá recorría las altas escalinatas como antaño las de los templos mayas.

La elevada bóveda de la amplia iglesia y los Cristos con melenas de pelo natural, ojos esmaltados y túnicas de terciopelo se perdían en la sombra. Solo en Antigua había visto esas velas cortas colocadas en el suelo. No me hallaba ya ante una iluminación de catacumba, sino ante un enjambre de luces, como el que se estremece a nuestros pies al aterrizar en la oscuridad de las ciudades nocturnas. Se movían todas aquellas llamas a impulsos del viento que entraba por la puerta abierta, cargado de humo de copal. Me acordé de los firmamentos de luciérnagas en las tierras pantanosas del Anam, de las chozas de Cuba que se alumbran con una bolsa de gasa llena de abejas de fosforescentes abdómenes. Desde el pórtico hasta el altar, tres arriates de velas cubrían las losas de la nave, entre los indios arrodillados. Lo que nunca había visto, ni siquiera en el Perú, era que las luces se fundieran tan íntimamente con los que las rodeaban, ni tampoco aquel latido que sumía en la oscuridad a la muchedumbre de fieles cuando se inclinaban las llamas. Las velas del primer arriate, hincadas entre las mazorcas de maíz, parecían arder al ritmo de una letanía; las del tercero acompañaban la cantinela de un hechizo, entre los pétalos de rosa que los fieles lanzaban hacia el altar. Pero los indios no decían palabras que supieran de memoria: estaban conversando. La mágica presencia de una tierna y profunda locura sacra nacía de la soledad de cada una de aquellas charlas con lo desconocido y del hecho de que aquellos indios sin aldea eran una muchedumbre.

—Muy interesante... —dijo una voz, no lejos de mí.

El padre superior, iluminado desde abajo, tieso, con la sotana abrochada hasta el cuello, español como los cuadros.

—Muy conmovedor... —repuse.

Me miró atentamente. Detrás de él, doblaban la espalda unas treinta indias, y las cabezas de sus bebés les asomaban de entre los hombros como cabezas de diablillos. Permanecían en silencio.

—Vienen a bautizarse —siguió diciendo el superior.

—¿Bautiza usted en grupo?

—La mayoría no son cristianas... En esta tierra la superstición sigue muy afincada...

—No me escandaliza esa superstición, padre. Es quizá la misma que colmaba la Edad Media...

El murmullo nos llegaba por la cintura, y ello me obligaba a alzar la voz para que el sacerdote me oyese.

—¿No rezan para pedir algo?

—Los que rezan ante las mazorcas de maíz piden al Señor que bendiga sus cosechas. Pero luego encienden otra vela. Son las que tiene usted alrededor. No piden nada. La llama es el muerto al que más han querido. Y le hablan...

Por eso había aquel ferviente zumbido, tan diferente del murmullo de la letanía. Era un diálogo con los muertos.

—Me ha costado mucho que los dejaran en paz... ¿Qué es la oración? Una conversación, ¿no es así? ¿Y qué es lo que hacen? Les digo siempre que, cuando acaben de hablar a sus muertos, tienen que acordarse de hablar con el Señor, por aquello de la misericordia... Creo que me hacen caso.

—Me han dicho que están aumentando las vocaciones.

—No... Tengo a mi cargo a ocho mil indios. No es solo cuestión de vocación... Todas estas cosas afectan a nuestros sacerdotes, incluso a los más puros. Hay que enviarlos de vuelta a España, encontrar a otros que los sustituyan. Desde hace siglos... Los indios dicen algo muy interesante cuando no entendemos bien lo de sus conversaciones con los muertos; dicen: el cura no es católico...

Yo me acordaba de los tiempos de las catacumbas de Asia, donde ardían aún las luces de Caldea y Fenicia. «... descendió a los infiernos, al tercer día resucitó de entre los muertos...». Y volvía a oír: «Les digo siempre que, cuando acaben de hablar a sus muertos, tienen que acordarse de hablar con el Señor». El cuchicheante rumor decía que para ellos (¿solo para ellos?) el Señor estaba mucho más cerca de los muertos que de los vivos...

—Yo llegué en un día como este —dijo el sacerdote—: se bautizaba mucha gente, muchos indios... El nuncio venía conmigo. Quizá sabía que no iba a ser empresa fácil. Le dije: «Pero ¿qué pinto yo aquí? ¿Qué pinto yo aquí, monseñor?». Y me respondió con dulzura: «Cierre los ojos, tápese los oídos... y poco a poco lo irá entendiendo».

Las mujeres se habían vuelto a reunir cerca del pórtico sin dejar su carga de niños. Ninguno de ellos lloraba. Ni un grito interrumpía el sacro tumulto de la escalinata maya —gritos, flautas y cantos indios, los mismos que oyeron sin duda los españoles de Alvarado antes de la última batalla—, ni el sordo rumor de los muertos que bendecían las profundidades de la invisible nave.

—¿El nuncio pensaba que Dios se iba a hacer cargo de la tarea, pero no él solo? —pregunté.

—Como siempre...

A él también iban a mandarlo pronto de vuelta a España. Se separó de mí en lo alto de la escalinata, ante la cortina de humo de copal que deshilachaba el frenesí de la plaza. Me aconsejó que «fuera a mirar de cerca el ídolo»: trescientos metros más arriba encontré, rodeada de piedras y bajo la custodia de un indio borracho, una figura de lava, más o menos maya, sobre la que llovían las agujas de los pinos. La nube de copal cubría la aldea, las iglesias de azúcar y la mancha de un campo de dalias tan relumbrante como los añicos de un cristal rojo.

Oigo las bocinas de los conductores impacientes que circulan por delante del museo de El Cairo. En algún rincón de una comarca de plumas y ponchos, cerca de Oaxaca, donde la selva ha enterrado los esqueletos de los conquistadores vestidos con sus negras armaduras, o por el norte de los Andes, donde yacen en la nieve los esqueletos de las vírgenes del Sol, con un loro blanco en el hombro, se arrodillan hombres menudos y hablan a media voz con la llama de las velas; y en un transistor suenan bailes españoles de faralaes en un mercado indio desierto.

Oigo el murmullo de los indios que rezan perdidos en la fúnebre oscuridad que rodea las luces. Se apagarán; pero su ti-

tilar eternamente renovado durará más que los ojos que las miran... Cadáveres en postura fetal dentro de cántaros, esqueletos músicos y una sirena con la calavera al aire revolotean en torno a los invulnerables muertos de Egipto.

En la librería del museo también pueden verse mi discurso en pro de la conservación de los monumentos de Nubia y fotos de gran tamaño de las obras en curso. Recuerdo las rocas chatas y negras de Asuán, que se reflejaban en un Nilo del color de la laguna Estigia. No debían de haber cambiado mucho desde los tiempos en que Flaubert era joven y le contagió la sífilis una muchacha cuyo nombre, Kutchek Hanem, lo había deslumbrado tanto como el de la reina de Saba. Creo que quiere decir: la Damisela. Acariciaba un cordero manchado de alheña amarilla que llevaba un bozal de terciopelo negro... He aquí fotos de las obras de la gran presa —diecisiete veces más alta que la pirámide de Keops—, de la que nacerá un lago de quinientos kilómetros que anegaría Egipto entero si una bomba atómica destruyese la presa. La grúa amarilla de Abu Simbel lleva por los aires un bajorrelieve con prisioneros, como si se lo ofrendara al dios Sol. Y aquí están también las gigantescas sierras rojas y las partes del templo troceado que van transportando a la montaña bíblica que domina las orillas del Nilo; allí encendían los nubios sus hogueras frente a los colosos y las mimosas silvestres. ¡Qué extraño resulta volver a leer en este lugar el discurso que pronuncié en 1960 sobre el telón de fondo de los combates de Argelia!

«La civilización más importante del mundo reivindica el arte mundial como su indivisible legado. Occidente, en los años en que pensaba que su patrimonio comenzaba en Atenas, observaba despreocupadamente cómo se desmoronaba la Acrópolis [...]

»En las lentas aguas del Nilo se han reflejado las desamparadas procesiones de la Biblia, el ejército de Cambises y el de Alejandro, los jinetes de Bizancio y los de Alá, los soldados de Napoleón. Cuando sopla sobre el río el viento cargado de arena, se confunden sin duda en su indiferente y vetusta memoria la relumbrante polvareda de las victorias de Ramsés y el melancólico polvo que borró las huellas de los ejércitos vencidos. Y, al calmarse la tormenta y caer la arena, el Nilo vuelve a contemplar esas montañas talladas y esos colosos, cuyo quieto reflejo acompaña desde hace tanto tiempo su rumor de eternidad. Fíjate, viejo río en cuyas crecidas se basaron los astrólogos para fijar la fecha más remota de la historia, en los hombres que van a apartar esos colosos de tus aguas fecundas y devastadoras: han venido del mundo entero. Cuando caiga la noche, en ti seguirán reflejándose las constelaciones bajo las que celebraba Isis los ritos funerarios, la estrella que contemplaba Ramsés. Pero el más humilde de los obreros que van a salvar las efigies de Ramsés y de Isis puede decirte lo que siempre has sabido, aunque lo oigas por primera vez: "Hay una única acción sobre la que no prevalecen ni la indiferencia de las constelaciones ni el eterno murmullo de los ríos: la acción mediante la cual el hombre arranca algo a la muerte"».

Pensaba yo aquí en los dioses convertidos en estatuas, en la diosa del Eterno Retorno, que apenas podemos vislumbrar entre las sombras de su hipogeo de Karnak, en la Esfinge. No es cuando pierden su regio poder cuando mueren los dioses, sino cuando dejan de pertenecer al mundo que evocaban y que nunca más podrá nadie comprender. Poco importaba saber si los había engendrado el otro Egipto o si este había nacido de ellos, pues fuera de él no eran ya sino peces fuera del agua, personajes de cuento, imágenes. ¿Qué importancia podían tener nuestras sucesivas interpretaciones de Horus o de Osiris? Los dioses pierden su razón de ser cuando la pierde el Olimpo. Anubis el embalsamador no tiene ya razón de ser si no la tiene el mundo de los muertos. Todos y cada uno de los dioses pertenecían al intangible mundo de la Verdad que adoraban los hombres. Las plegarias de Egipto devolvieron la vida a Osiris; y nosotros hemos recurrido a la forma y a la leyenda para hacerlo retornar, hemos recurrido a mil sistemas, pero no a la oración. Y por eso no ha vuelto a nacer ni en el ámbito de la Verdad ni en el de lo desconocido, sino en la clara luz de las salas del mundo del arte, que ha tomado el relevo de esa nave de faraones que, con su carga de siglos, encalló en un mundo de bajás. La metamorfosis de los Dobles de las civilizaciones iba bajando por las melancólicas escaleras del museo de El Cairo, entre pelucas de sacerdotes y pieles de pantera cuajadas de estrellas de oro, cruzando un cementerio de dioses.

Dentro de unos años, todas y cada una de las obras de primera importancia se hallarán, aisladas y bien iluminadas, en las blancas salas del nuevo museo de El Cairo. Y quedará así rematada la metamorfosis que ha recorrido el camino que va desde el otro mundo hasta el mundo de las formas. Allá arriba, al lado de la alcazaba, un edificio de cristal o un palacio de emir acogerá las obras maestras que hoy duermen entre victorianas felpas. Rivalizará con los floridos museos de Rabat y de Damasco. Por las amplias cristaleras, las ilustres figuras, desde Keops hasta la reina Nefertiti, contemplarán la Ciudad de los Muertos, como si el islam llevase siglos construyendo su más amplia necrópolis en honor de las tumbas de los faraones. Sobre las calcinadas pieles de pantera lucirá, en una elaborada penumbra, el apagado brillo de las grandes estrellas de oro, y es posible que entonces me acuerde de Hitler y de su adivino; en los bajorrelieves surcará las aguas la barca de la eternidad sobre los frondosos papiros. Se recortarán en la lejanía las pirámides pese a la neblina de arena estremecida de calor que flotará sobre el Nilo como en tiempos de los adoradores del Sol.

Cerca de la ciudad de México, en la plaza de la Luna, donde los pequeños templos cumplirán con su olvidado cometido a los pies de la otra pirámide, las velas de polvo que desarbola el viento se deshilacharán en remolinos como los del incienso en las empinadas escalinatas de las iglesias indias. Las aguas del canal, a cuya orilla había plantado Moctezuma el jardín en el que los conquistadores hallaron tanta «copia de hermosas flores, animales singulares y enanos melancólicos», harán cabecear las falsas góndolas sin turistas al paso de la barca cargada de violetas de una vendedora azteca. Una expedición arqueológica se abrirá paso entre los cadáveres de los monos que exterminó la fiebre amarilla. Los «hermanos pequeños» hablarán en voz baja a sus muertos convertidos en llamas; y los muertos abandonados de Egipto observarán cómo los Dobles de las civilizaciones bajan por las escaleras del museo nuevo, en cuyos peldaños quizá se mezclen las aves disecadas y las momias de los ibis. En pos de ellos bajará el dios de la suprema metamorfosis, la que ha convertido en museo el imperio de la muerte. Si todavía vivo, volveré al museo de felpa y polvo. Al alba los arrieros no entrarán ya en El Cairo con sus asnos cargados de brazadas de rosas y de pequeños racimos de flores húmedas aún de rocío. Bajo la dilatada extensión de cielo donde vuelan las dos rapaces planearán otros gavilanes de Horus. Y en Tebas el antiguo murmullo fúnebre se confundirá con el súbito batir de alas de las aves que pueblan el Ramesseum.

1934, Saba - 1965, Adén

¿Cómo se me metió en la cabeza, hace treinta años, localizar la capital de la reina de Saba?

Las aventuras geográficas poseían por aquel entonces una fascinación que ya han perdido. Su época gloriosa, de la que tantas novelas han dejado constancia, fue la *Belle Époque*: llevaba a la sazón Europa un siglo sin padecer grandes guerras. El siglo XVIII y la primera parte del XIX se interesaron por las aventuras históricas de Clive y de Dupleix, así como por los primeros exploradores, pero no sintieron sino una curiosidad intrigada o festiva por quienes habían decidido recorrer caminos más ignotos. Gobineau, encargado de negocios en Teherán, recibió a una mujer europea que había ido a pie de Constantinopla a Bujará y regresaba de Samarcanda, y no le llamó la atención que esta le hablara sobre todo de las medidas que había tomado para no perder la virginidad. A estos hombres y mujeres se los consideraba locos pintorescos hasta que los transfiguraron el romanticismo y el hábito que fueron adquiriendo los europeos de familiarizarse con los «confines», las tierras allende las montañas; y la aventura suprema fue entonces penetrar en un mundo prohibido. En consecuencia, las ciudades santas de Arabia y sus emiratos independientes, a cuyo aislamiento contribuía Inglaterra, la convirtieron en una comarca prestigiosa. El paquebote en que viajamos se dirige a Adén, desde donde salió Rimbaud rumbo a Abisinia, y viene de Yidda, desde donde tomó T. E. Lawrence el camino del desierto árabe...

¿Qué prestaba, qué presta aún a Saba su poético poder? ¿La reina Balkis, acaso? Pocas mujeres consiguieron figurar en las páginas de la Biblia; hasta ellas llega la reina desde lo desconocido, con su elefante tocado con plumas de avestruz y sus jinetes verdes que cabalgan en caballos píos, con su guardia de enanos, sus flotas de maderas azules, sus cofres cubiertos de pieles de dragón, sus pulseras de ébano (¡y sus áureos raudales de joyas!), sus misterios, su leve cojera y su risa, que ha atravesado los siglos. Y su reino pertenece a las civilizaciones perdidas. Las ruinas de Marib, la antigua Saba, se hallan en Hadramaut, al sur del desierto, al este de Adén. Ningún europeo había podido llegar hasta ellas desde mediados del pasado siglo; ninguna expedición arqueológica había podido estudiarlas; solo daban fe de su emplazamiento algunos relatos. Pero bastaba esa información, si se preparaba el viaje con esmero, para poder localizarlas desde un avión y fotografiarlas aunque al aparato no le fuese posible aterrizar. Inglaterra no veía con buenos ojos que se sobrevolasen sus territorios. Era menester despegar de Yibuti. Yo disponía de un avión de un solo motor que me había prestado Paul-Louis Weiller con confiada generosidad, y de combustible para diez horas de vuelo, contando con los depósitos de reserva (Marib estaba a casi cinco horas de Yibuti y había que localizarla; pero resultaría fácil regresar, pues la costa africana servía de punto de referencia). Yo no era piloto. A Mermoz y a Saint-Exupéry los había tentado esta aventura, pero la Compañía General Aeropostal no los había apoyado. Asesinaron a Seetzen y a Burchardt [*sic*] cuando intentaban llegar a Marib por tierra. Era muy posible que disparasen sobre nosotros, y los depósitos de reserva estaban situados debajo de las alas; pero era casi imposible que los fusiles que tenían los árabes pudiesen hacer blanco en un avión. A Corniglion le sedujo el viaje, y él no dependía de ninguna Compañía General Aeropostal. Mermoz y Saint-Exupéry murieron al caer al mar, y yo asistí, en los Inválidos y en representación del general De Gaulle, a las honras fúnebres de Corniglion...

¿Qué fue lo que le sedujo? Quizá la amistad, quizá esos mismos aspectos por los que a la Compañía General Aeropostal no le parecía «seria» la expedición, quizá su toque novelesco.

Esta tierra es tierra de leyendas desde hace más de dos mil años. Así la consideraron Roma, la Biblia y el Corán; así la consideran los narradores de cuentos etíopes y persas. Pude escuchar a los últimos que quedaban, en los tiempos en que las caravanas cruzaban aún por la plaza mayor de Isfahán (en pos del burrillo que las guiaba, con su collar de cuentas azules, entre un tintineo de esquilas; y cada viajero llevaba consigo el amuleto más eficaz: una cola de zorro o el zapato de un niño cristiano); pude oírlos narrar cómo se perdió el ejército romano de Elio Galo cuando andaba en busca de la costa tras su fracaso ante Saba: «¡Un desierto muy malo!», decían los narradores. Creían que las legiones se habían perdido porque les echaron una maldición los magos de Saba, que leían en los astros; y es cierto que anduvieron errantes durante meses por aquellas soledades, pues los extraviaron los guías del ministro de Nabatea y pasaron a menos de cien kilómetros de esa costa que habría supuesto su salvación. Solo encontraron el mar interior de quietas aguas y orillas cubiertas de conchas azuladas.

De la misma forma que Jerjes decidió azotar el mar Egeo, el general de estas legiones decidió que, ya que no había podido adueñarse de la ciudad, se adueñaría del mar. El dios Sol lo privó de la razón y él soñó con entrar en el Capitolio al frente de un ejército cargado con esas conchas que le parecían el alma de aquel mar que ningún romano había visto nunca. Sonaron las bocinas, y los cárabos romanos obedecieron su toque y se adentraron en las tibias aguas; todos los soldados se agacharon, con el sol brillándoles en las corazas, llenaron los cascos de conchas y, sin salirse de la fila, llevando en la mano esos cascos llenos de múrices o de caracolas rumorosas, emprendieron el camino de Roma, y de una mortal insolación.

Durante dos siglos los viajeros árabes hablaron de un ejército de corazas con la arena al pecho, como antes habían tenido el agua; esqueletos cuyas manos alzaban hacia el sol cascos repletos de conchas. Nunca llegaron al mar, pero, a cambio, en cada ocaso el sol regalaba a aquellos muertos el desierto entero y proyectaba hasta el horizonte de la llanura de arena sus sombras legionarias y las de unas cuantas manos abiertas, planeando sobre los caídos cascos, abiertas y con los dedos alargándose hasta el infinito por la arena, como dedos de avaro...

Esta comarca desempeña un papel primordial en las fantasías populares persas, quizá porque los yemeníes de las montañas son chiitas. Y los narradores de cuentos de Isfahán (ya no quedan narradores en la plaza de Isfahán...) referían la muerte de Salomón, de la que nada dice la Biblia.

Hacía años que Salomón había abandonado Jerusalén. Sus demonios, los siervos del sello cuya última letra no pueden leer sino los muertos, habían cruzado con él el desierto. Y, en un valle de Saba, el rey que había escrito el más hermoso poema fruto de la desesperación contemplaba, con la barbilla en las manos cruzadas, y estas apoyadas en el alto báculo de caminante, a los demonios que llevaban ya tantos años construyendo el palacio de la reina. Nunca hacía el menor gesto; solo señalaba con el dedo índice el todopoderoso sello. Su sombra, al igual que la de los soldados medio enterrados en la arena, se alargaba cada atardecer hasta los confines del desierto, y los demonios de la arena seguían trabajando, envidiosos de sus hermanos libres, que aullaban a través del desierto con la voz de las tormentas de arena.

Llegó un insecto buscando madera. Vio el regio báculo, esperó un poco, tomó confianza, comenzó a horadarlo. El bastón y el rey se desplomaron, convertidos en polvo: el Señor del silencio había querido morir de pie para que los demonios que lo servían quedaran por siempre sometidos a la reina. Libres al fin, se abalanzaron hacia la ciudad. Ya estaba en ruinas, y la reina había muerto hacía trescientos años. Buscaron su sepulcro hasta dar con la célebre inscripción: «Deposité sobre rosas su corazón encantado y prendí a la poma de los perfumes un rizo de sus cabellos. / El que la amaba oprime este rizo contra el corazón y se embriaga de tristeza con su aroma».

Y huyeron al desierto tras haber hallado a la reina de las piernas desiguales sepultada en un féretro de cristal que custodiaba, inmóvil y tachonada, una serpiente inmortal.

Esas legendarias tierras atraen a los estrambóticos. En la época en que andaba yo intentando documentarme acerca de Marib, Charcot, mi casual padrino de la Sociedad Geográfica (donde se hallaba, donde se halla aún hoy sin duda, la auténtica mascarilla mortuoria de Napoleón), me habló de los informes de Arnaud, el primer europeo que llegó a Marib.

Había sido oficial de farmacia del regimiento egipcio que fue a Yidda, allí se estableció como abacero en 1841 y oyó hablar a los indígenas de la legendaria ciudad de Marib. Fue a Sana con la expedición turca y llegó hasta Marib disfrazado. Encontró allí cincuenta y siete inscripciones, que estampó con un cepillo del calzado, y un asno hermafrodita.

Tirando del ronzal del asno, volvió a tomar el camino de la rojiza costa; llevaba bien ocultos los estampados, pues los árabes los habrían tomado por pistas de tesoros ocultos. No lo dejaban en paz los trágicos ensueños que se apoderan de cuantos han querido acercarse a esas ruinas. Se hacía pasar por mercader de velas (la cera abunda en esas montañas). Tuvo que proteger su mercancía de la voracidad de los beduinos, que pensaban que se trataba de un producto comestible; aquella pacotilla no le permitió ganarse la vida, y fue a parar, junto con los estampados secretos, a los fardos redondos y bien cerrados de una caravana. Para sobrevivir se hizo titiritero y, de aldea en aldea, enseñando a los indígenas el asno hermafrodita, que se había convertido en su tabla de salvación, se fue acercando sin desmayo a la costa desde la que podría escapar... Así fue como llegó a Hodeida, donde volvió a establecerse como abacero a la espera de poder regresar a Yidda. La enemistad de un derviche, que intuyó que era un infiel, hostigó contra él al pueblo y tuvo que volver a huir en una barca, con sus inscripciones y su asno, mientras sus enemigos prendían en la noche, en señal de festivo regocijo, las modestas luces de las velas que le habían robado...

Contrajo una enfermedad en los ojos, y cuando llegó a Yidda, donde era cónsul Fresnel, se había quedado ciego. Le entregó las inscripciones, y este las tradujo, las envió al *Journal Asiatique* y pidió a Arnaud, que se alojaba en su casa, que reconstruyera para él los planos del dique de Marib y de los templos enterrados en la arena. La mano ciega no consiguió trazar sobre el papel más que informes mariposas. Tomó entonces Arnaud a Fresnel por el hombro para que lo guiase hasta la playa de Yidda, y allí, echado en la arena húmeda, de bruces ante su lazarillo, que no acababa de entender qué se proponía, volvió a construir el dique con titubeantes manos, trazó la planta ovalada del templo del Sol, excavó con el índice agujeros redondos para representar las basas rotas de las columnas. Los árabes contemplaban los castillos de arena que hacía aquel hombre al que por fin respetaban porque creían que se había vuelto loco, y Fresnel copió a toda prisa en su libreta las formas arquitectónicas que no tardaría en borrar el mar, como si, por un inevitable sino, todo cuanto se refiriera a Saba tuviera que regresar a la eternidad.

Arnaud estuvo ciego diez meses. Volvió a Francia, le regaló el asno a la casa de fieras del Museo de Ciencias Naturales de París y recibió el encargo de organizar una expedición por África y el Yemen. Tras mil y una aventuras, volvió a París en 1849 con sus colecciones. Los estertores de la revolución de 1848 habían vaciado de tal modo las arcas del Estado que este no pudo adquirir nada; una fatalidad bíblica y frívola acosó a Arnaud hasta que acabó sus días en Argelia, pobre y desalentado. El asno murió de hambre en la casa de fieras, y el cementerio de las cajas de libros de viejo de los muelles sepultó, entre opúsculos políticos, los últimos objetos procedentes de Saba. El *Journal Asiatique* había publicado el cadáver de todos aquellos sueños: las inscripciones y ese informe —que tanto respetan los expertos— en el que leí: «Al salir de Marib, visité las ruinas de la antigua Saba, que solo se componen, en términos generales, de montículos de tierra».

Me habría gustado conocer a Arnaud, con su barba de zuavo, su seriedad, sus velas, su despreocupado heroísmo, su sencillo y enternecedor carácter aventurero. Es posible que, sin saberlo, lo que quise buscar en Saba fuera su fantasma. O el de su asno, por el que también habría sentido afecto, y que probablemente murió entre el oso blanco y el pingüino, y sin duda recibió en premio ese paraíso que Alá tiene prometido a los asnos, pero que no debió de comprender, ni poco ni mucho, por qué lo tenían preso allí y no le daban de comer...

Mientras probábamos por última vez los motores en el campo de aviación de Yibuti, Corniglion y yo nos repetíamos: «... que solo se componen, en términos generales, de montículos de tierra». Los pilotos militares nos deseaban buena suerte, inquietos pero entusiasmados, y nosotros mirábamos las nubes y el cielo con alma de astrólogo caldeo y desconfianza de pastor. Despegamos de madrugada, sin que nos siguiera ninguna sombra por el suelo. A nuestras espaldas, las invisibles olas del golfo de Tadjoura, que hendían sin duda risueños delfines, rompían en los arrecifes de coral. Aquella alargada e inconsistente medusa, de tonos pardos y dorados, que se estiraba por el infinito de la neblina y del cielo, era Arabia, una mezquita blanca y desperdigados fragmentos de palacios. Siendo adolescente, había buscado en el anuario *Bottin de l'étranger* las ciudades fantásticas y me vuelve el olor a serrín de un café en el que leía: «Moka, espléndidos palacios en ruinas». Aquí habían buscado refugio los bajeles de Saba, y los bajeles fenicios que llevaban a la reina «los diminutos rosales de Siria cuajados de rosas...».

Tras haber pasado por desasosiegos de pastores, éramos ahora navegantes de la Antigüedad. Hace treinta años, en cuanto los aviones se separaban del suelo, se convertían en escarabajos grandes y ciegos. Las emisoras de las líneas aéreas

europeas proporcionaban seguridad, pero en aquellas comarcas no había emisoras, y nuestro avión no llevaba radio. Para
saber dónde estábamos contábamos pues con la brújula y con
la velocidad.

Ahora, en vez de los estandartes islámicos de las nubes
dispersas, había aparecido una niebla sin fin que se mezclaba
con la arena pulverizada por la que nos adentrábamos; el viento nos llegaba de costado y podía apartarnos cien kilómetros
de nuestra ruta sin que la brújula lo acusase. Como la aguja sigue marcando el norte, es imposible saber si el avión anda
como un cangrejo o avanza en línea recta. El aparato que me-
día la deriva lo hacía por referencia al suelo, que no veíamos ya
sino cuando se abría un poco la niebla. En cuanto a la velocidad, el velocímetro de los aviones de turismo la mide con relación al viento. Nuestro contador marcaba en aquellos momentos 190. ¿Cuál era nuestra velocidad real con aquel viento
perpendicular? ¿160, como al principio? ¿210? Por fin apareció una forma geométrica en la cima de una cumbre parecida a
tantas otras. ¿Una ilusión más? No, se trataba de un fuerte. En
el Yemen, solo la ciudad de Sana se alza a los pies de un fuerte.
A menos de un kilómetro vimos de pronto, en una falla del terreno, el valle de Sana, cultivado hasta en sus más recónditos
rincones; en el centro, entre sus inclinados muros, la ciudad; y
muy cerca, Rauda, desmantelada, como la desechada piel de
una serpiente; Sana, redonda, toda de piedra, cesta árida y soberbia de cristales blancos y granates, acurrucada entre sus
montañas de verticales laderas.

Lo que teníamos que hacer ahora era seguir aguas arriba el
valle del Jarid hasta llegar al de las Tumbas, desde el que esperábamos divisar las ruinas. La niebla se desvanecía. Los mapas
indicaban que el Jarid rebasaba todos los demás ríos y llegaba
muy cerca de ellas. Pero no veíamos ningún *uadi*, y al fin nos

dimos cuenta de que si aquellos ríos se representaban con una línea de puntos era porque corrían bajo tierra: no existía ningún río Jarid. Habíamos despegado con reservas de gasolina para diez horas de vuelo, llevábamos volando cinco y nos habíamos quedado sin ningún punto de referencia en tierra. Pero no tardamos en dejar atrás por completo la niebla, de la que habíamos ido saliendo a medida que avanzábamos. ¡Estábamos sobre el río Jarid! Era un río subterráneo, pero, en aquella comarca casi estéril, la línea de la vegetación, verde oscuro, iba siguiendo la del agua, que los árboles dibujaban en el suelo.

Más allá del Jarid comenzaba el gran desierto del sur, el del reino de Saba. Aún no se trataba de un desierto de alargadas y mullidas dunas, como el norte del Sáhara. Era a veces rocoso y a veces liso, descarnado siempre; el esqueleto amarillo y blanco de la tierra, rebosante de sombras y sin duda colmado de espejismos. Ni valle ni tumbas. Rechazaba toda forma concreta como si le hubiese ya declarado la guerra a la mirada humana, intrusa en su soledad planetaria. Parecía como si hubiesen cincelado en el suelo el lecho de incontables ríos, secos desde las eras geológicas; se ramificaban como árboles sin hojas o como venas, hasta alcanzar el horizonte por donde corrían los torbellinos. El viento arrastraba la arena formando achaparrados remolinos. Cada una de aquellas cinceladas ramas terminaba en un estremecido velo de fuego. Ardía por entero aquel bosque del desierto, aquel reino prohibido, en lo más hondo del cual reinaba sin duda un escorpión sagrado en cuyas placas se reflejaban, por turno, el vengativo sol y las constelaciones del cielo babilónico... La mente, no obstante, se iba haciendo poco a poco al espectáculo. La mirada también: ¿qué era aquel desplomado montón de colosales cantos rodados que teníamos ante nosotros, allá a la derecha?

A medida que perdíamos altura veíamos mejor el suelo. En tanto, dentro del ladeado avión peleábamos con el tomavistas; parecíamos camareros nerviosos peleando con sus bandejas. No estábamos ya sobre el desierto, sino sobre un oasis abandonado con huellas de cultivos; las ruinas no lindaban con el desierto más que a la derecha. ¿Eran templos aquellos recintos ovalados y macizos que cubrían el suelo con sus escombros claros? ¿Cómo aterrizar? A un lado, dunas en las que el avión capotaría; al otro, suelo volcánico cuyas rocas asomaban entre la arena. Cerca de las ruinas, muros desmoronados por doquier. Seguíamos bajando y haciendo fotos. La muralla en forma de herradura miraba al vacío; era probable que la ciudad fuera de adobe, como Nínive, y hubiera regresado al desierto. Volvimos hacia el bloque principal: una torre ovalada, más murallas, edificaciones cúbicas. Por encima de las oscuras manchas de las dispersas tiendas de los nómadas crepitaron minúsculas llamas. Debían de estar disparando contra nosotros. Allende las murallas se divisaban derruidos edificios colmados del misterio de las cosas cuyo cometido ignoramos: ¿qué era aquella «H» dibujada de plano en lo alto de la torre que se erguía entre las ruinas? ¿Los restos de un observatorio? ¿La terraza de un jardín colgante? Al norte del Yemen quedaban aún muchos de estos jardines de Semíramis, que se habían convertido en humildes huertos, pero en los que abundaba la hierba de los sueños, el cáñamo del Viejo de la Montaña... ¡Qué lástima que no pudiéramos aterrizar! Seguimos volando en línea recta, al tiempo que recuperábamos altura, y sobrevolamos otras ruinas de poca extensión y escaso interés; y luego pusimos rumbo a la ciudad. Como si los dioses de Saba se hubieran despertado con retraso y comenzaran a extender sus informes manos, la niebla y las nubes empezaban a cubrir de nuevo aquel naufragio, encallado en estas tierras como un bajel babilónico cargado de estatuas rotas.

Ahora ya solo se trataba de regresar a tiempo (y a la vuelta llevábamos viento de cola); quedarse sin gasolina sobre el mar es algo que no perdona. Por la corteza del desierto se extendía poco a poco un curvado puñal de obsidiana compuesto de rocas volcánicas, corvo y de cegadoras facetas negras. Era el valle de las Tumbas, que antes no habíamos visto, el valle de los aditas donde dice la leyenda que están enterrados los reyes de Saba; sus sepulcros de pizarra lanzaban destellos cuadrados, como las ventanas de las ciudades al ponerse el sol.

Dicen que bajo esas pizarras hay tesoros enterrados. Bajo el sol de los trópicos volví a ver, tiempo después, ese sorprendente fulgor de los minerales negros. Los beduinos no han descubierto la entrada de las tumbas. (¡Deberían ir a Egipto, a que les dieran lecciones!). Pero tanto para ellos como para nosotros este valle de Tántalo permanece bajo una inquebrantable custodia y no ha facilitado ni sus inscripciones ni los nombres de sus próceres muertos, que rodean los cuerpos de los soldados poetas preislámicos.

«¡Cuántas veces he dejado tendido en la arena al esposo de una mujer hermosa y le he abierto las venas del cuello con una herida comparable a un labio abierto!

»Allí lo he dejado para alimento de las fieras; y estas lo desgarran y devoran sus hermosas manos y sus soberbios brazos.

»¡Y bajo la lluvia de las flechas, como bandadas de langostas cayendo sobre los húmedos prados, relumbraban las cotas de malla igual que los ojos de las ranas en un estanque que alborota el viento!».

Puesto que los arqueólogos aún tardarán mucho en llegar y en lanzar paletadas de misterios hacia ese sol que venció a las legiones romanas, para nosotros este sepulcro algo más grande, a la derecha, es el de la reina...

¿Será que no se despierta en vano a los dioses de Saba? El mismo día en que los periódicos publicaban nuestras fotos de las ruinas, el ejército de Ibn Saúd marchaba contra el Yemen.

Conseguimos regresar a Yibuti a tiempo; la brújula resultaba rudimentaria para localizar un emplazamiento arqueológico, pero no para volver al golfo de Tadjoura.

Tuve, al regreso, una experiencia milenaria referida a algo más vulgar pero más trascendente que el episodio de Saba: entré en contacto por vez primera con el universo de la *Ilíada* y del Ramayana.

Aunque las previsiones meteorológicas no eran nada halagüeñas, habíamos despegado de Tripolitania rumbo a Argel. El tiempo había ido empeorando de forma cada vez más inquietante mientras sobrevolábamos Túnez. Nos metimos en las nubes y, tras un largo trecho sin nada destacable, aparecieron, contra el cielo cada vez más negro, crestas verticales aún cubiertas de nieve en un lugar en que el mapa no indicaba sino discretísimas colinas. Era el Aurés.

El avión se había desviado al menos cien kilómetros. Avanzábamos hacia una gigantesca nube que nos estaba esperando; no era una nube alta, sosegada y quieta, sino compacta, viva y asesina. Tendía los extremos hacia el aparato como si se fuese combando poco a poco en el centro, y lo hacía con un movimiento tan lento y desmesurado que lo que se nos venía encima no tenía el cariz de un enfrentamiento con un animal, sino el de una fatalidad. La perspectiva de los desflecados bordes, amarillentos y color hollín, se internaba, como una perspectiva de cabos entre la neblina del mar, en una extensión gris, sin límites ni fronteras, que nos separaba de la tierra: la oscura estopa de la nube acababa de deslizarse bajo el avión y me arrojaba hacia el territorio del cielo, que también cerraba y borraba la misma masa plomiza. Me dio la impresión de que acababa de librarme de la fuerza de gravedad y me hallaba suspendido en cualquier lugar de un mundo cualquiera, aferrado a la nube en un primitivo combate, mientras que, en tanto, a mis pies la tierra proseguía su camino, que nunca volvería a cruzarse con el mío. En la oscuridad que había invadido la carlinga, la tozuda levitación de aquel aparato pequeño, enfrentado a nubes que de pronto no obedecían sino a sus propias leyes, parecía irreal y sumida en las primitivas voces del huracán. Pese al cabeceo del avión, que a cada ráfaga parecía que se estrellaba contra un suelo de tarima, no habría estado yo pendiente más que de aquel motor ciego que me arrastraba hacia delante si de repente no hubiera invadido el aparato aquel ruido de fritura.

«¿Una nube de granizo?», dije a voces.

No pude oír la respuesta de Corniglion. La chapa del avión retumbaba como las sonajas de una pandereta dominando el tamborileo del granizo en las ventanillas de la carlinga: el pedrisco empezaba ya a colarse por los intersticios del capó y a azotarnos el rostro y los ojos. Entre dos parpadeos, lo veía chorrear por los cristales y rebotar en las ranuras de acero. Si se rompía una ventanilla, no sería posible seguir tripulando el aparato. Sujeté con todas mis fuerzas el marco del cristal de la ventanilla y lo mantuve en su sitio con la mano derecha. Teníamos que volar hacia el sur, y el compás empezaba a marcar el este. «¡A la izquierda!», chillé. En vano. «¡A la izquierda!». Apenas si conseguía oír mi propia voz; me la cubría el restallante voleo del granizo, que me sacudía, me arrastraba, me anegaba y hacía brincar el avión como si le dieran de latigazos. Señalé hacia la izquierda con el brazo libre. Vi cómo Corniglion empujaba la palanca para un viraje de 90°. Nos faltó tiempo para consultar la brújula. El avión seguía volando hacia la derecha: los mandos no respondían. El aparato se estremeció de cabo a rabo y, tras una ruda sacudida, se quedó de pronto imperiosamente quieto. El granizo y la niebla negra, inalterable; y en el centro aquella brújula, nuestro único vínculo con lo que había sido la tierra. Giraba despacio hacia la derecha y, tras una ráfaga más violenta, empezó a virar, a virar, y dio una vuelta completa. Luego otra. Y otra más. El avión giraba sobre sí mismo en el centro del huracán como si tirase de una noria.

No obstante, parecía conservar la estabilidad: el motor seguía empeñado en sacarnos del huracán. Pero aquel limbo que giraba y giraba podía más que las sensaciones de todo mi cuerpo: en él residía la vida del aparato, como reside la vida del paralítico en la movilidad de la mirada. Su susurro me transmitía la vida desmedida y fabulosa que nos zarandeaba de la misma forma que doblega los árboles; y aquel redondel tan pequeño era el fiel reflejo de los furores cósmicos. El avión seguía girando. Corniglion aferraba la palanca con manos crispadas, con exacerbada atención. Pero tenía una cara diferente, de ojos más pequeños y labios más abultados, el rostro de la infancia; y no era la primera vez que veía yo cómo el peligro superponía a un rostro de hombre la máscara del niño que había sido. De golpe tiró de la palanca hacia sí; el avión se encabritó y el limbo del compás se enganchó en el cristal. Una fuerza nos empujaba por debajo, como una gran ola a un cachalote. No se había alterado la regular respiración del motor, pero a mí se me hundía el estómago en el asiento. ¿Subíamos o rizábamos el rizo? Recuperé el aliento entre otros dos latigazos de pedrisco. Me di cuenta de que estaba temblando; no me temblaban las manos (que seguían sujetando la ventanilla), sino el hombro izquierdo. Aún no había acabado de preguntarme si el avión habría recuperado la posición horizontal cuando ya estaba Corniglion empujando la palanca hacia delante y cerrando el gas.

Yo sabía qué maniobra iba a intentar: hay que dejarse caer, aprovechar el peso de la caída para salir de la tormenta e intentar enderezar el avión ya cerca del suelo. Altímetro: 1.850. Pero ya sabía lo que se puede esperar de la exactitud de los altímetros. Ahora 1.600; la aguja bailaba, como antes el limbo de la brújula. Si la niebla llegaba al suelo o si seguíamos sobre las montañas, nos estrellaríamos. Había dejado de temblarme el hombro, pues el avión no era ya un elemento pasivo en el combate. Ahora tenía todos los sentidos en tensión, una tensión sexual, para ser exactos. Bajábamos en picado, a plomo, con la respiración cortada, horadando las ráfagas como si fueran lonas, entre esa inacabable niebla de fin del mundo a la que el desgarrado ruido del granizo prestaba una salvaje vida.

1.000

950

920

900

870

850. Notaba que se me salían de las órbitas los ojos, esos ojos frenéticos que temían la presencia de la montaña y que se hallaban, no obstante, en las lindes del entusiasmo.

600

550

4... ¡La llanura! No horizontal y casi encima de nosotros, como la esperaba, sino lejana y oblicua. Me desconcertó lo irreal de aquel horizonte a 45° (el avión caía en vertical), pero ya lo había reconocido con todo el cuerpo, y Corniglion intentaba enderezar el aparato. La tierra estaba muy abajo, más allá de aquel mar de infames nubes, de copos de polvo y de jirones deshilachados, que tan pronto se cerraba sobre nuestras cabezas como se volvía a abrir; a cien metros por debajo del avión, surgió de entre sus últimos jirones un paisaje de grafito, las negras aristas de colinas duras en torno a un lago macilento, cuyos tentáculos se ramificaban por el valle y que reflejaba con geológica calma el cielo bajo y lívido.

El agonizante aparato se iba arrastrando por debajo de la tormenta, a cincuenta metros de las cumbres; sobrevoló luego unas vides marchitas y el lago, que rizaban las breves olas que levantaba un viento rasante. Separé por fin la mano de la ventanilla y me acordé de que tenía una línea de la vida muy larga. En aquella tierra en la que las luces, cada vez más abundantes, parecían fluir de la invernal bruma que se fundía con la oscuridad, las carreteras, los ríos, los canales como cicatrices parecían ahora intrincadas rayas de una mano gigantesca, que se iban desdibujando poco a poco. Había oído decir que a los muertos se les borran las rayas de la mano y, como si hubiese querido ver una vez más aquella postrera manifestación de vida, me había quedado mucho rato mirando la palma de la mano de mi madre muerta. Aunque tenía poco más de cincuenta años, y el rostro y el dorso de las manos conservaban la juventud, la palma era casi la de una anciana, con aquellas rayas finas y profundas que se cruzaban una y otra vez. Se me confundía esa mano con todas las líneas de la tierra que la niebla y la oscuridad iban diluyendo. Subía desde el suelo, aún lívido, el sosiego de la vida hacia el agotado avión que el chorrear de la lluvia perseguía como si fuera un eco del granizo y del huracán que habíamos dejado atrás; la tierra recuperada, los campos y las vides, las casas, los árboles y sus dormidos pájaros parecían sumidos en una inmensa paz.

Así fue como conocí por vez primera la experiencia de un «regreso a la tierra», que desempeñó en mi vida un papel determinante y que he intentado transmitir a los demás en varias ocasiones. La utilicé directamente en *Tiempo de desprecio*. Y es comparable a lo que siente todo hombre que regresa a su civilización tras haberse vinculado a otra; es la experiencia del protagonista de *Los nogales del Altenburg* cuando vuelve de Afganistán, la de T. E. Lawrence (Lawrence decía, no obstante, que no había vuelto nunca a sentirse inglés); pero, aunque el *pasmo* parezca el mismo, nos parece la muerte más extraña que lo extranjero. Sobre todo cuando tiene que ver con los elementos. Más adelante luché en la aviación y sé lo que significa no poder disparar contra el adversario (durante tres segundos...) porque es el primer enemigo al que le asoma la barba por la máscara, y esa barba convierte el combate en asesinato. Pero las fuerzas cósmicas remueven en nosotros todo el pasado de la humanidad. En esta ocasión, fue en Bona donde recuperé la tierra. A unos franceses del sur les faltó tiempo para aplaudir nuestra «hazaña»: nos confundían con otros. A la orilla de la carretera había una puerta sin tapia, como en las películas de Charlot, y un cartel con letras grandes, de los tiempos del segundo imperio: «Ruinas de Hipona». Ya en la ciudad, pasé ante la enorme mano de color rojo que por aquel entonces era el emblema de las tiendas de guantes. En la tierra había muchísimas manos, y a lo mejor habrían podido vivir solas, actuar solas, prescindiendo de los hombres. No conseguía reconocer aquellos comercios, el escaparate de aquella peletería en el que un perrito blanco andaba enredando entre las pieles muertas. Se sentaba y luego se daba otro garbeo: un ser vivo, de pelo largo y movimientos torpes, y que no era un hombre. Un animal. Había olvidado que existían los animales. Aquel perro paseaba tan tranquilo frente a la muerte, cuyo retumbante rugido llevaba yo aún en mí: me estaba costando mucho salir de aquella borrachera de anonadamiento.

Seguía habiendo gente. Habían seguido con sus vidas mientras yo bajaba al reino ciego. Algunos se alegraban de estar juntos, les bastaban las amistades a medias y las efusiones a medias; y otros seguramente intentaban, en unos casos con paciencia y en otros con vehemencia, conseguir que su interlocutor les hiciese algo más de caso; había muchos pies cansados a ras del suelo y, bajo las mesas, algunas manos con los dedos entrelazados. La vida. En el teatro de la tierra comenzaba la inmensa dulzura del inicio de la noche; entre el perfume de su ocioso deambular, las mujeres rondaban los escaparates.

¿No me será dado regresar en una hora semejante a esta, y ver cómo fluye el manantial de la vida humana de la misma forma que se cubren de vaho y gotas las copas heladas, cuando me hayan matado de verdad?

Ahí está Adén. Desde lejos sigue siendo la roca de Rimbaud, y nunca acabaremos de saber si pertenece al universo de Dante o al de Gustave Doré. Pero ahora posee el empaque insólito que han adquirido, en estos tiempos de submarinos atómicos, las imperiales rocas de la exreina de los mares. Los altavoces de a bordo comunican: «Dada la situación que se vive en Adén, los pasajeros que deseen bajar a tierra lo hacen bajo su entera responsabilidad». Los ingleses quieren convertir Adén en capital de una federación de sultanatos del sur de Arabia, a la que piensan conceder la independencia en 1968. Los árabes que se oponen a los sultanes quieren expulsar inmediatamente a los ingleses con el apoyo de los egipcios, que les dan formación militar en el Yemen.

La motora del consulado de Francia nos espera.

Ha nacido una nueva ciudad, como por todo Oriente: bordean las carreteras asfaltadas de esta tierra que fue parte del imperio británico casas sudamericanas pintadas con colores de la India: verde nilo, salmón, azul ceniza. En el centro de la ciudad, un parque singular en medio del árido paisaje que no pueden aliviar los tonos de sorbete de las casas. Están en flor los framboyanes y las adelfas (un letrero prohíbe llevarse las hojas). En el centro del parque se alza el pequeño museo.

Es el museo tradicional de las colonias inglesas, un pulcro batiburrillo donde las aves disecadas clavan sus redondos ojos en una colección de cristales, algunos atuendos locales, semillas y restos arqueológicos. Estos últimos vale más mirarlos a cuatro patas, como en nuestro antiguo museo del Trocadero. Han colocado las piedras, en cuyas caras planas hay bajorrelieves esculpidos, como si fueran libros, de forma tal que solo se les ve el canto. Pero a la altura de las rodillas hay múltiples figuras de alabastro. Se trata de la colección más importante de esculturas de Saba, mejor que la de Constantinopla, mejor que la de Filadelfia.

Los beduinos las traen una a una; un rico mercader árabe reunió una nutrida colección y se la legó al museo. Pues Saba, o Marib, poco importa el nombre, sigue en manos de los disidentes. Han resistido a los emires, a los yemeníes, a los egipcios y, cosa más difícil, a los petroleros, cuya expedición, bastante reciente, fue un fracaso. ¿Y a los ingleses? Estos sabían sin duda a qué atenerse, aunque no fuera más que por las informaciones de sus agentes indígenas. Pero en estos territorios no era la arqueología la preocupación más acuciante de los servicios secretos. Quizá llegue el día en que una expedición científica de un Adén independiente aclare el «enigma de Saba», irónicamente invulnerable en estas salas donde moran los fantasmas del oficial de farmacia Arnaud y su asno...

«Y los hombres de Dabar pusieron sus edificaciones bajo la protección de los dioses, amos, reyes y pobladores de Saba. ¡Que se extinga la raza de quien los mutile, de quien descomponga o aparte de estos lugares una escultura o un ídolo!».

Si yo fuera lagarto, me gustaría esta inscripción. Pero me gustan las que se refieren a dioses desconcertantes: el dios luna Sin, de género masculino, aunque femenino en las demás mitologías; Dat Badan, la diosa sol; y Uzza, dios Venus masculino, al que tantas inscripciones mencionan, pero que sigue siendo un desconocido. En este humilde museo donde animosas florecillas brotan al amor de los ciclópeos aljibes, empotrados en infernales gargantas, que se atribuyen a la reina Balkis, turba la imaginación la sexualidad de ese pueblo que dio a Venus forma de hombre, vio en el sol el signo femenino de la fecundidad, y en la Luna, un padre clemente y pacificador. ¿Nació del desierto esta bendición de la noche? Pero los demás pueblos, en la misma época, consideraban que la luna era un dios cruel. ¿Qué sexualidad, turbia o casta, orientó en sentido opuesto a las demás creencias las de esta desaparecida raza cuyas leyendas, que ningún acontecimiento histórico confirma, cuentan que siempre gobernaron reinas?

Había en Constantinopla, al margen de la colección del museo, toda una serie de esas inestimables falsificaciones que, lejos de imitar las obras auténticas, inventan un arte nuevo. En este lugar, las estatuillas que han hallado los beduinos son auténticas. Estatuillas de formas arquitectónicas, como algunas estatuas sumerias y mexicanas, en las que el personaje al que representan es a la vez adorador, dios y templo; y reyes muy posteriores, más o menos «parecidos», quizá de influencia parta. En la segunda sala han colocado un bigotudo rey ante un fondo de terciopelo negro cuyo drapeado evidencia mejor voluntad que maña. ¿Cuántos siglos separarán esas rudas ar-

quitecturas de estos rostros cuyos rasgos vinculan de forma
más o menos inconcreta a Roma, Partia o Palmira, y cuya «de-
licada factura» alaban candorosas etiquetas? ¿Qué más da? Se
trata de los últimos mensajeros de la reina, cuyos perfumes llenaron la Biblia, y de los que solo queda una carcajada que recorre las desiertos parajes: «¡Ríe, ríe, apuesto ermitaño!».

¿Acaso profanaron su cripta los saqueadores de sepulcros
y vendieron su momia, de la que ya no queda sino un ojo de
hueso y lapislázuli que se le cayó, como sucedió con el ojo
de esa esposa de faraón que está en el museo de El Cairo, que
apareció en los peldaños de una tumba, entre las momias de
caimanes y los gatos de enormes orejas? ¿Hallaremos alguna
vez la delgada estampación que le pusieron sobre el rostro y
veremos los torpes hoyos que ahondaron en el metal unos dedos pulgares para conservar la huella de sus párpados aún ti-
bios? ¿O algún trapecio de oro de burdas incisiones como el
que, en el antiguo museo de Atenas, acompañaba una etiqueta polvorienta y usurpada: «Máscara de Agamenón»?

No cuenta con ninguna aclaración específica una moneda
de oro de cien francos con la efigie de Napoleón que se halla
entre las curiosidades. Me acuerdo de su mascarilla mortuoria
de la Sociedad Geográfica, en la penumbra, detrás de Charcot,
que me estaba hablando de Arnaud. Y fue precisamente Arnaud quien dejó unas notas en las que decía que, cuando él llegó a Marib, ya había pasado por allí otro hombre blanco: los
árabes recordaban la tez clara y la singular visita. Lo tomaron
por Madhi, el profeta esperado; pasó la velada en la tienda del
jeque y dio a quienes estaban con este once monedas de oro de
gran tamaño. Tras la oración del crepúsculo, le trajeron una
carta, aunque no conocía a nadie. La leyó: «Mi hermano ha
muerto», dijo; se puso de pie y se fue. Al día siguiente aparecieron encima de los gigantescos pies rotos de la única estatua

que había en las ruinas once «fantasmas de monedas de oro»; y pronto se supo que una tribu vecina había asesinado al viajero desconocido.

Arnaud pidió que le enseñaran una de las monedas: era de cien francos, de oro, con la efigie de Napoleón. Las otras diez seguían circulando por el bazar de Marib, aunque cambiaban con frecuencia de manos; el jeque había prohibido llevar a Sana el oro de aquel viajero que parecía poseer la sabiduría de Salomón. Arnaud solicitó que le enseñasen también lo que decían ser el fantasma de una moneda, y le trajeron una oblea de lacre. Ahora bien, en Arabia no se conocían las obleas de lacre; tenía que haberlas llevado hasta allí el visitante. ¿Por qué había inventado los fantasmas tras haber repartido las monedas?

Que la aún inviolada Saba quede ahora consagrada a la memoria de aquel aventurero cuya presencia duró breves momentos y que el asesinato hizo desaparecer acto seguido, para que, allí donde estén sus huesos —pues tiene que ser uno de esos aventureros sin tumba, que solo por el azar sintió fascinación y que al azar retornó—, se entretenga, como se entretienen los muertos que fueron toda su vida valientes y frívolos, en las terrazas sin flores, los observatorios convertidos en polvo, los almacenes de perfumes y las ruinas que parecen estremecerse de soledad bajo la silenciosa mancha de las aves; y para que ambos tengamos entre nuestras manos de sombra uno de los últimos misterios, que nos servirá de vínculo fraterno en el inacabable tedio de la muerte.

Un guardián muy atento me enseña, desde una ventana, los aljibes que se atribuyen a Balkis. Me habla del rey Akram, que huyó con todo su pueblo tras haber presenciado una noche cómo una rata hacía tambalearse con sus diminutas patas un bloque de piedra del dique de Marib, que veinte guerreros no habrían podido mover, de ese dique cuya destrucción iba a entregar a la arena las riquezas y la existencia del reino de Saba...

Ciudad prohibida o ciudad abierta, ciudad de las ruinas o de los adobes que han vuelto al barro, como los de Nínive, nunca más volveré a ver Marib. Estas son sus estatuas, sus inscripciones, sus flores quizá. El árbol de la mirra que se alza delante del museo se confunde con la palmera de zinc que era, cuando despegó nuestro avión, el único árbol de Yibuti —que ahora es una ciudad—, con sus rebaños de cabras y sus pastores, negros contra el blanco telón de fondo de las salinas, en la punta de cuyas lanzas se enredaba un último rayo de sol. He aquí al Negus, luciendo el regio *guebi*. Está sentado en un sofá de las Galeries Lafayette; detrás de él se hallan sus dignatarios, ataviados con túnicas. Mientras el intérprete llama a Corniglion-Molinier señor de La Molinière, porque al Negus de triste sonrisa le han entregado dos días antes unos cuantos *junker*, entra por las ventanas el rugido de los leones de Judea. Desde hace siglos sus jaulas flanquean la avenida principal del palacio de los Negus, que aseguran que descienden de las legendarias reinas de Saba... He aquí el desierto, la niebla color de arena, del mismo color que las ruinas; Salomón muerto, al que rodean sus demonios, que sienten envidia de los caprichosos torbellinos; y da una gran voz la reina que toca el arpa bajo las constelaciones con nombres de insectos... Poesía de los sueños difuntos. Pues hay sueños que se han convertido en polvo: el del buen salvaje, por ejemplo; los paraísos invencibles como la justicia o seculares como la libertad; la edad de oro; y un universo de apasionados sueños cuyas cenizas se transforman en poesía; de la misma forma que las de los dioses se convierten en mitología: la caballería, las mil y una noches... Todos esos universos menores se confunden: las ruinas de Marib con las del estadio de Nuremberg y los dos diques de piedra donde ardían las antorchas que rodeaban a Hitler cuando, en la oscuridad de la noche, invocaba a Alemania; y con las altas llamas de los antiguos altares de los magos, en las montañas de Persia; y con la cámara funeraria de Keops, en la pirámide; y con la muerte emboscada allá arriba, en sus estepas de astros, que me mostró las finas redes de la tierra de los vivos como si fueran las rayas de la mano de mi madre muerta. Contemplo con afectuosa ironía el gastado sueño por el que, bien pensado, me jugué la vida; mora aún en este modesto museo, de la misma forma que se hallaba oculta, antaño, bajo los rosales silvestres del jardín de una casa parroquial de Damasco, la losa de ónice bajo la que descansa la gloria de Saladino. Pasa por delante de la puerta la sombra de un gavilán con las alas abiertas, como si se tratase de una protección silenciosa y lejana.

El guardián quiere que admiremos unas mariposas. ¿Han venido desde Saba para dejarse pinchar en corchos? Me gusta imaginarme a Balkis haciéndole a Salomón una oriental reverencia con una mariposa posada en la nariz. Me acuerdo de la anciana reina de Casamance, ante su árbol sagrado, bajo los sedosos copos de miraguano, bajo este mismo sol. Son las doce del mediodía. Tenemos que irnos. El museo seguirá durmiendo al pie de los gigantescos aljibes, a la sombra de sus frondosos árboles sin aromas y sin simios.

En la ciudad acaba de estallar un rosario de granadas. Sirenas. Unos alaridos, que recuerdan los que lanzan los árabes cuando corren la pólvora, se pierden entre este silencio tan antiguo. Atascos y ambulancias en la zona en que han lanzado las granadas. La calle por la que nos metemos para no caer en la aglomeración está tapiada. Tiramos por otra. En las casas, aparatos de radio con el volumen al máximo transmiten las desaforadas voces con que la emisora de radio de El Cairo dice que

los ingleses torturan a quienes combaten por la independencia. Llegamos a la avenida del barrio residencial británico. Se
llama la Maallah, pero suelen llamarla el kilómetro del crimen.
En una emisora inglesa hablan del Yemen.

Hace cuatro años, el imán del Yemen, reciente aliado de la
República Árabe Unida, utilizó, para romper con Siria, un largo poema en contra de Nasser...

«¡Ríe, ríe, apuesto ermitaño!».

II

1

En 1923 tenía yo la esperanza de que Ceilán fuera para mí como un norte de África aún más deslumbrador. Los vendedores de alhajas habían tomado al abordaje el paquebote, con alaridos de piratas y femeninos cestillos, de los que sacaban sus estrellados zafiros con la solemnidad de los guardianes que custodian las joyas del templo. Al bajar a tierra, vi casas con el muro que miraba al monzón cubierto de verdín, amplios jardines casi sin flores, palmas que chorreaban tras la lluvia; y luego, al caer la tarde, el barrio de los brahmanes, la India vista de soslayo en una plaza estrecha donde había ancianos altos, semejantes a los de Homero, al pie de una torre cuajada de efigies azules; y llegada la noche, las esculpidas proas de algunos barcos árabes bajo la antiquísima luz de las antorchas que se columpiaban como lámparas colgadas: los olvidados bajeles de Simbad.

No conocí el sur de la India hasta mucho después. En 1929, si exceptuamos Benarés, solo vi la India musulmana. Había llegado a Afganistán (al Afganistán de *Los nogales del Altenburg*) pasando por Taskent, ya sovietizada, y por Ter-

mez, donde un Oriente de ensueño parecía haber dejado abandonados ante el campo de aviación ruso, sentados a lo moro
en la estrecha faja de sombra de los espinosos árboles, a cara-
vaneros de Samarcanda o de Bujará, tocados con turbantes
como calabazas y vestidos con túnicas de flores. El alargado
aeródromo se perdía en el horizonte del alba, y el calor era ya
asesino. El piloto se había metido en el pozo, huyendo de él;
volvió a salir, sin más prenda que los bigotes, y echó a correr
para subirse a los columpios con un amigo no menos desnudo, que era también amigo mío (¡Borís Pilniak!, ¡qué gracia!,
etc.). Los columpios hacían las veces de viento y había que estar en plena forma para cruzar el Pamir: ya se habían matado
unos diez pilotos, seguramente por no haberse podido co-
lumpiar.

En Kabul, ciudad casi prohibida aún, podían entrar con
total libertad los indios, que la habían convertido en un suburbio de chapa ondulada de Lahore o de Peshawar. Me preguntaba si Lhasa sería igual de fea. Pero ya en Gazni, acurrucada
entre las murallas de arcilla, empezaban las estepas de espliego, cuyo delicado azul armonizaba tan bien al alba con el azul
del cielo sobre las estribaciones del Pamir... Lo que recuerdo del
Afganistán de 1929 es la guerra civil, el usurpador escaldado
(¡pobre Habib Allah, con su pinta de ministro de Agricultura!) y aquellos inmensos campos azules; en las paredes enjal-
begadas de los bazares, cientos de babuchas de puntas enros-
cadas y negras como comas y cientos de instrumentos de
música, dignos de Aladino, que nunca he oído tocar. Solo los
despojos de un islam reducido a esqueleto mantenían erguido
en medio de sus ruinas a aquel pueblo sonámbulo, entre las
desnudas montañas y el solemne temblor del cielo blanco.

Yo había llegado de Moscú en avión, pero me interné en la
India por carretera. ¿Cómo se llamaba aquella aldea de barro

en la que me alojé en un espléndido caravasar que tenía una alberca bellísima llena de un agua repugnante? Solo consigo recordar la oscura noche del Asia central; la amalgama que formaban el ruido de los cascos de los caballos y el de los camiones de los afridi, que bajaban las empinadas montañas, como en tiempos de Kipling, hasta alguna ciudad afgana o india; y la caravana de un arqueólogo que acababa de descubrir varios cientos de estatuas de estuco greco-búdicas. Este me refirió los astutos sistemas de los solteros a la hora de plancharse la ropa: el rocío desarruga las chaquetas. Pero antes de cruzar el paso de Khaybar había sacado de los fardos sus hallazgos, que traía desde Hadda a lomo de camello, para trocar los protectores capullos de espliego por embalajes europeos y quizá también por el gusto de contemplar las estatuas. Al alba, ese mismo rocío pudo más que el estuco, que había permanecido al amparo de la arena mil seiscientos años, y convirtió los bodhisattvas de griegas meditaciones en montoncitos de yeso que los camellos, perplejos, miraban al pasar como si se tratase de almas incineradas. Luego vino el paso y las pistas asfaltadas del imperio británico, de serenidad comparable a la de las calzadas del imperio romano. T. E. Lawrence pasó varios meses en uno de esos fuertes.

La carretera de Khaybar era a la sazón uno de los símbolos de la fuerza de voluntad inglesa. «Y esto lo he hecho para demostrar de lo que es capaz un inglés», escribió Scott mientras agonizaba en el polo Sur. Los que «hicieron» aquella épica carretera no se dejaron la vida en el empeño, pero sí dejaron escrito el nombre de Inglaterra en el Pamir. Aquí lucharon los ingleses con los afridi y los kafir, quienes arrojaban en los desfiladeros bloques enteros de Himalaya sobre las columnas de soldados; aquí fue donde el único suboficial que se había salvado del exterminio respondió a la pregunta: «¿Qué ha sido de la columna?» con frase digna de un espartano, y de un humorista: «La columna soy yo». Me acuerdo de vosotros, amigos ingleses muertos en la batalla de Londres, me acuerdo de la voz de Churchill en la noche... En 1929 Inglaterra parecía invulnerable, y yo no me acordaba nunca de su existencia.

Peshawar era sin lugar a dudas la capital de las provincias fronterizas: en medio del rugoso islam de las montañas se alzaba la exuberante arquitectura mogol que, cuando no está en ruinas, es un cruce de poema épico y pastel de bodas. Luego vino Lahore, la tumba de Yahangir con su primer patio de mármol, para maharajás, y su segundo patio de arcilla, donde esperaban en quietas filas los buitres que habían acudido desde una torre del silencio...

¿Fue cerca de Lahore o en Cachemira, cerca de Shalimar, donde vi por vez primera ruinas vegetales? Pasados los jardines históricos, los pabellones de mármol negro y los nidos de garza, se extendía un huerto, gigantesco y vulgar, sobre el bronce rojo de los campos de amarantos. Y de pronto discurría entre los manzanos un camino de un kilómetro de largo: allí había habido, en tiempo de los mogoles, una avenida imperial, y los árboles no habían vuelto a crecer en aquel terreno, antaño apisonado. No se veía ruina alguna, pero aquellas extintas avenidas evocaban una invulnerable concordancia entre la tierra y la muerte, un Versalles del que no quedaba más constancia que el vacío. Aquel fantasma de parque se empareja de forma confusa en mis recuerdos con el observatorio de Jaipur, el lugar más onírico de cuantos he llegado a ver, que no asocié a la astrología, pues este gigantesco juego de construcciones donde ya no moran los genios parece una «obra» moderna, tiene que ver con la maqueta de un palacio para una película de Méliès, y no con el universo elemental pero invencible de las pirámides; ni tampoco lo asocié a la astronomía, porque para nosotros los instrumentos de los astrónomos no son de piedra. Pero esos tramos de peldaños erguidos hacia los astros evocaban la imagen de un firmamento inaprensible, de la misma forma que el vacío de Shalimar evocaba el desaparecido parque. Y aquellas largas rampas triangulares miraban hacia la ciudad más irreal de la India musulmana, cuya irrealidad procedía no del Palacio de los Vientos, un órgano de sonrosada piedra tan ajeno para las mentes occidentales como una catedral para las orientales, ni tampoco de aquella calle que era, de punta a punta, un frente de fachadas de lona pintada como los decorados de las mil y una noches de nuestras verbenas, tras las que se ocultaban casas corrientes, sino del hecho de que de repente una multitud de monos melancólicos, que parecían los auténticos vecinos de aquella ciudad sin hombres, cruzase despacio la calle. Eran las doce del mediodía, y también la sombra estaba a punto de cambiar de acera... Una avenida llevaba a Amber, que carece de agua desde hace doscientos años. Los templos, los palacios de mármol rojo, las casas sin techo en cuyos corredores crecían matorrales de flores silvestres, todo estaba retornando a la nada envuelto en una profusa vida vegetal, un bullir de mascarones por los que las palmas pasaban su plumero; también había monos sentados en los alféizares de las ventanas, y los pavos reales se posaban con torpe vuelo, en medio del silencio. Más ciudades muertas, más fortificaciones de tonos rojos y, en las carreteras, animales muy flacos y muy mansos; y luego el Taj Mahal, cuyos altos cipreses vivían aún, y también todas sus ardillas de cola corta con dos rayas en el lomo... Y al cabo, Benarés, con los hoteles cerrados en aquella época del año: y su *rest-house*, donde unas ancianas pasaban la noche moviendo el abano, como antes de la rebelión de los cipayos; y sus callejuelas encajonadas entre altas tapias de piedra gris; su templo de esculturas eróticas en las que el erotismo es un rito más; su templo de Hanuman poblado de monos, inexplicablemente atareados en torno a un ara de sacrificio de la que aún chorreaba la sangre, que se apartaban, medrosos, de las ofrendas de nardos. Todo ello envuelto en una neblina de estribaciones tibetanas, cuyas pegajosas nubes se demoraban en torno a las llamas que ardían ante los ídolos. Recuerdo el mundo al que conducían aquellos terraplenes irreales y escalonados como un mundo de muros cubiertos de líquenes, semejantes a los de las ruinas abandonadas en la selva, al pie de los cuales ardían perennes lucecitas, un mundo por el que cruzaban animales sagrados entre la niebla; en los vanos de las puertas bajas siempre había brahmanes de sudorosos torsos cubiertos de collares de amancayos; y sangre; y lingas; y brumas; y sombra. Abajo, el Ganges, que cubrían las nubes del monzón, con sus inextinguibles hogueras entre la niebla, y un asceta que bailaba y reía a carcajadas gritándole «¡Bravo!» a la quimera del mundo.

Tales eran mis recuerdos cuando, a finales de 1958, el general De Gaulle, que aún era por entonces presidente del Consejo, decidió reanudar unas relaciones que llevaban veinte años deteriorándose con varios países de Asia, entre ellos la India.

Databa ya de hacía mucho el afecto que me une al general De Gaulle, aunque el tradicional relato de nuestro primer encuentro sea una pura invención: es imposible que el general se refiriera a mí en Alsacia con la frase con la que Napoleón se refirió a Goethe, pues al general De Gaulle nunca le presentaron en Alsacia al coronel Berger. La primera vez que me recibió fue en el Ministerio del Ejército, tras el discurso que pronuncié en el Congreso del Movimiento de Liberación Nacional.

En 1944, los comunistas estaban decididos a adueñarse de todas las organizaciones de la Resistencia. En el referido Movimiento se agrupaban las que ellos no controlaban. El plan era muy sencillo. Al menos la tercera parte de los miembros del comité directivo estaban afiliados en secreto al partido. Exigían que la unidad de la Resistencia pasase por la fusión con el Frente Nacional, que dirigían los comunistas con amplia mayoría. De esta forma, el comité directivo de la Resistencia unificada pasaría a sus manos, cosa que empezaba a resultarles necesaria. El general De Gaulle tenía consideraciones con ellos porque estaba decidido a echar mano de todo cuanto pudiera contribuir a la recuperación de Francia: no hubo huelga alguna desde la Liberación hasta que él se retiró. Y los comunistas tenían consideraciones con él porque contaban con que el tiempo y el mercado negro le fuesen restando gloria. Habían tenido mucho empeño en armar «contra el enemigo interior» a las milicias patrióticas, que sus adversarios llamaban, con benevolente abreviatura, las milpat, las *mille-pattes*.[1] El general pretendía amalgamar, en contra de la Wehrmacht, a todas las unidades combatientes y al ejército regular: ya se recurriera al ejército, ya a la policía, solo al Estado competía la defensa de la nación. Fue el único en oponerse a que se armaran las milicias, y las milicias no se armaron. Los comunistas estaban deseando que tuviera que habérselas lo antes posible con una Resistencia interior unida. Y todos éramos conscientes de que la partida se estaba dirimiendo en un ámbito mucho más recóndito que el meramente político.

El Movimiento de Liberación Nacional me pidió que formase parte del comité directivo. En enero de 1945 asistí, pues,

---

1. En francés, la abreviación de «milicias patrióticas» suena igual que *mille-pattes*, «ciempiés», lo que le da un retintín burlón. *(N. de las T.)*

al congreso. Los dirigentes de las organizaciones y los combatientes principales eran anticapitalistas porque no les importaba el dinero, odiaban Vichy y despreciaban a los compo-
nentes de la III República. Resultaba significativo el diálogo
que mantenían Camus y Herriot. *Combat*, que a la sazón dirigía Pascal Pia, había dicho: «Queremos dirigentes que dejen
de movernos a risa». Los editoriales de *Combat* no llevaban
firma; al primer ataque, Camus respondió: «Este periódico lo
redacta un equipo que se responsabiliza de sus editoriales; dicho lo cual, ese artículo en concreto era mío». En vista de ello,
Herriot escribió un artículo que tituló: «Respuesta al miembro del equipo», y todos pensamos que Francia quería que la
representasen hombres ante los que no tuviera que encogerse
de hombros. ¡Cuántos habrían visto con alegría a un Herriot
cualquiera en el lugar del general De Gaulle! No era el caso de
los resistentes. Pese a Vichy, no habían faltado reaccionarios
ni en los campos de concentración ni en los ataúdes; pero toda
la Resistencia organizada se sentía de izquierdas. Si había en
ella enemigos del capitalismo hostiles al comunismo, era sobre
todo por hostilidad al estalinismo. Preferían con mucho un
capitalismo más o menos socializado a una policía de Estado
que se convirtiera en el cuarto poder o, llegado el caso, en el
primero. Se trataba también de hostilidad a mentiras que podían ser eficaces en los países incomunicados, pero que resultaban inoperantes en Europa occidental: la Resistencia comunista de 1939, el llamamiento comunista de 1940, la tregua de
París, obra de los gaullistas para salvar a los alemanes, los setenta y cinco mil fusilados, cuando nunca hubo más de veinticinco mil, etc. Nadie había olvidado la docilidad del Partido
Comunista ante el pacto germano-soviético, y muchos pensaban que sería aún más dócil, llegado el caso, ante el Ejército
Rojo. En 1939 los partidos políticos tenían pocos afiliados en

Francia; la mayoría de los resistentes no militaban en ninguno. Eran patriotas liberales, y tal fue el motivo de que la Resistencia no diese con una forma política propia. A aquellos hombres el estalinismo les parecía todo lo contrario de las ideas por las que habían combatido. Los oradores con los que iba yo a enfrentarme durante el congreso negaban casi todos su pertenencia al partido, aunque allí los vimos al año siguiente. Seis meses antes yo había celebrado un almuerzo clandestino, en la taberna de provincias de un simpatizante cómplice, con cuatro delegados no comunistas, cuyos movimientos iban a constituir poco después las Fuerzas Francesas del Interior. Nos pusimos de acuerdo, sin mayores problemas, en lo que había que hacer, y luego hablamos de la futura autonomía de la Resistencia. A continuación nos separamos. El delegado de París y yo echamos a andar juntos bajo la lluvia de una provinciana rue de la Gare. Habíamos participado juntos en algunos combates. Me dijo sin mirarme: «He leído sus libros. Debe saber que, a escala nacional, en los movimientos de la Resistencia hay muchísimos infiltrados del Partido Comunista... (me puso la mano en el hombro, me miró y se detuvo) al que pertenezco desde hace diecisiete años».

Siguió andando. Me acuerdo de la lluvia mansa en los tejados de pizarra y de aquella mano en mi hombro... Y también del amplio salón de la Mutualité, donde pronunciamos tantos discursos en la época del Comité Mundial Antifascista, y donde en esta ocasión iba a dirigirme a los combatientes de la Resistencia; pero ya se había reanudado el juego político. Una de aquellas mujeres había liberado a su marido metralleta en mano; uno de aquellos muchachos había pertenecido a un grupo franco que había atacado un furgón de la Gestapo delante del Palacio de Justicia; otro se había evadido dos veces, pero no como me evadí yo, sino de una celda. Y parecía que aquellos delegados de la noche no fuesen ya, llegada el alba, sino los emisarios de un sueño...

Aunque la mayoría de los miembros del congreso eran supervivientes, sus hazañas no los libraban del sentimiento de inferioridad que siente el girondino frente al montañés, el liberal ante el extremista, el menchevique ante el primero que se presenta diciendo que es bolchevique. Mientras los simpatizantes del Partido Comunista volvían por sus fueros al sumarse a un partido que ya estaba empezando a hablar de De Gaulle como si fuera Kerenski, los no comunistas no sabían a qué carta jugar, porque no comprendían que en aquellos meses un movimiento nacido de la Resistencia solo podía ser gaullista si no quería ser comunista, ya que el general era el único que deseaba sinceramente oponer al Estado comunista un Estado y una Francia independientes. Aquellos hombres apenas si lo conocían; y él no había hecho nada para conquistarlos, ni siquiera para conocerlos; contaba con más prestigio que popularidad y pensaba que quizá estaban ya en manos de los comunistas. Mi discurso se dirigía a todos los resistentes, y todos sabían que al día siguiente regresaba al frente.

La Resistencia había consistido en una movilización de la energía francesa; tenía que volver a serlo si no quería convertirse en una vulgar asociación de excombatientes. Habíamos sido una Francia cubierta de harapos; no eran las acciones de nuestras redes las que nos proporcionaban una razón de ser, sino nuestra condición de *testigos*. El 13 de diciembre se habían nacionalizado las hulleras de los departamentos de Nord y Pas-de-Calais; el 16 de enero, la Renault. No eran estas medidas de derechas. Todos sabíamos que la medida decisiva iba a ser nacionalizar el crédito; si el Gobierno la adoptaba, había que dejarlo gobernar de una vez y decantarnos por tareas nacionales y no electorales. Se hablaba de los obstáculos con que iba a tropezar el regreso de los prisioneros. El Movimiento debía volver a activar todas sus secciones, desde el Rin hasta París, y ponerlas a disposición de estos. El Frente Nacional podía unirse a nosotros, si así lo deseaba, para la *acción común*. Y luego ya veríamos. «Comienza una nueva Resistencia...».

Tras diez o quince discursos y las «fraternales» visitas de las delegaciones comunistas o simpatizantes, se desechó la fusión por 250 votos contra 119. El Partido Comunista no iba a poder disponer de la Resistencia en contra del general De Gaulle. Pero yo, mientras regresaba al frente cruzando la Champagne cubierta de nieve, iba pensando en mis camaradas comunistas de España; en la epopeya de la edificación soviética, pese a la GPU; en el Ejército Rojo; en los labriegos comunistas de Corrèze, siempre dispuestos a acogernos, sin importarles la milicia, en nombre de ese partido que hoy parecía no creer ya en más victorias que las del camuflaje. Iba pensando en aquella mano en mi hombro, en la rue de la Gare, cuyos tejados relucían bajo la lluvia.

2

1945-1965

Tenía que venir a veces a París, pues muchas cuestiones dependían aún del Ministerio del Ejército. Allí coincidía con Corniglion, que ahora era general y miembro de la Orden de los Compañeros de la Liberación. Estaba a punto tomar el mando de la aviación en el ataque al baluarte de Royan, uno de los últimos asentamientos alemanes en Francia. Entretanto estaba escribiendo un libro de humor con el doctor Lichvitz, a quien yo había conocido en la I DFL,[2] y que era en esos momentos el médico del general De Gaulle. Con inagotable jovialidad, le leía capítulos de dicho libro a Gaston Palewski (aquel embajador nato se había marchado a Abisinia, a la conquista de Gondar, como consecuencia de algún conflicto en Londres, antes de ocupar el cargo de director del gabinete del general), al capitán Guy y a algunos otros. Así fue como entré en contacto con el célebre «círculo».

2. *1re Division Française Libre* (1.ª División de Infantería de la Francia libre), principal unidad de las Fuerzas Francesas Libres, fuerzas armadas de voluntarios que se constituyeron en 1940, como se indica en el texto. *(N. de las T.)*

Pocos días después del congreso del Movimiento de Liberación Nacional, tocamos el tema de las elecciones; era este un tema recurrente. Yo no sentía deseo alguno de ser diputado. Pero tenía una idea fija: generalizar el uso de los medios audiovisuales para transformar la enseñanza. Por entonces solo pensábamos en recurrir al cine y a la radio; la televisión no era sino un presentimiento. La idea consistía en retransmitir las enseñanzas de profesores escogidos por sus virtudes pedagógicas, tanto si se trataba de aprender a leer como de iniciarse en la historia de Francia. Y el cometido del maestro de escuela no sería ya el de enseñar, sino el de ayudar a los niños a aprender.

—Lo que usted quiere, en resumidas cuentas, es grabar las clases de Alain para que se puedan oír en todos los institutos —me dijo Palewski.

—Y sustituir la clase sobre el Garona por una película sobre el Garona.

—¡Excelente idea! Pero me temo que aún no conoce usted el Ministerio de Instrucción Pública...

Hablamos también de Indochina. Yo llevaba diciendo, escribiendo, proclamando, desde 1933, que los imperios coloniales no sobrevivirían a una guerra europea. No tenía fe alguna en Bao-Dai y menos aún en los colonos. Estaba al tanto del servilismo con que se apiñaban los intermediarios en torno a los colonizadores, tanto en la Cochinchina como en las demás colonias. Pero, mucho antes de que llegase el ejército japonés, había visto nacer las organizaciones paramilitares de las montañas del Anam.

—¿Y qué es lo que propone usted? —me preguntaron.

—Nada, si lo que están ustedes pensando es en cómo conservar Indochina, porque no la podremos conservar. Lo único que podemos salvaguardar es algo parecido a un imperio cultural, cierto control sobre los valores culturales. Pero habría que abominar de una «presencia económica» que permite que el principal periódico de Saigón tenga la desfachatez de mencionar a diario en los titulares de la portada la «defensa de los *intereses* franceses en Indochina». Y tendríamos que llevar a cabo nosotros mismos esa revolución, que es inevitable y legítima. Antes que nada, habría que anular los préstamos con que los usureros, chinos en su mayoría, tienen agobiada a la clase campesina de un pueblo campesino. Y luego repartir la tierra y ayudar a los revolucionarios anamitas, que lo necesitan mucho. Ni los militares, ni los misioneros, ni los docentes están vinculados a los colonos. No quedarían muchos franceses en aquellas tierras, pero quizá se quedaría Francia...

»Me horroriza el colonialismo de la piastra. Me horrorizan nuestros pequeños burgueses de Indochina, que dicen: "¡Aquí nos libramos de nuestra mentalidad de esclavos!", como si fueran supervivientes de Austerlitz o incluso de Lang Son. Es cierto que Asia necesita de los expertos europeos, pero no lo es que estos tengan que ser sus amos. Basta con que los remunere. Tengo serias dudas de que los imperios puedan durar mucho tras la victoria de dos potencias que afirman ser antiimperialistas.

—No he aceptado el cargo de primer ministro de Su Majestad para liquidar el Imperio británico —dijo Corniglion citando a Churchill.

—Pero ya ha dejado de ser primer ministro. Y ya saben lo que opina de la India el Partido Laborista.

—Sea como fuere —dijo Palewski—, es imposible que dé usted ese giro a la situación con la administración que tenemos.

—En Francia hay aún posibilidades de organizar una administración liberal. Y voy a decirle más. Para que Indochina fuese un país amigo, tendríamos que ayudar a Ho Chi Minh. Resultaría difícil, pero no más de lo que le resultó a Inglaterra ayudar a Nehru.

—No somos tan pesimistas como usted...

Y así fue como llegamos al tema de la propaganda. El ministro de Información era Jacques Soustelle, pero deseaba cambiar de ministerio.

—Poco han cambiado los sistemas de información desde el imperio —dije—. A mí me parece que existe uno mucho más fidedigno: las encuestas de opinión.

—¿No las realizan en Interior?

—Interior «se informa». Pero no dispone de ese muestreo sin el cual no es posible exactitud alguna...

Solo algunos expertos conocían a la sazón en Francia los sistemas de Gallup. Hice un rápido resumen.

—¿Y usted cree que son eficaces?

—Siempre y cuando se recurra únicamente a informadores a quienes no les interese la política, creo que es posible conocer las consecuencias del voto femenino o el resultado de ese referéndum que están ustedes preparando... Con las encuestas de opinión pasa como con la medicina: es menos rigurosa de lo que pretende ser, pero más que cualquier otro sistema que pretenda hacer lo que ella hace...

»Y además hay que informar al país; es decir, hacer propaganda. Ahora bien, los límites de la publicidad estadounidense son muy cortos; y, en cuanto a la propaganda totalitaria, la creo inseparable del partido único. Me extrañaría mucho que el general De Gaulle estuviera dispuesto a crear un partido de este tipo. No aceptará ni el Estado al servicio del partido, ni el partido como brazo principal del Estado. Es partidario del ejército, no de las milicias; del cuerpo de policía nacional, no de la policía del partido...

»El primer objetivo de la propaganda que hagan ustedes debería ser explicar lo que acabo de decir, porque, por muy sorprendente que resulte, nadie está al tanto de ello. Pero creo que es posible movilizar las energías si a los mitos se les oponen no otros mitos, sino hechos. La fuerza del general reside en lo que ha hecho y en lo que está haciendo. ¿Qué fuerzas se hallan enfrentadas en realidad? Ustedes y los partidos, en la medida en que la Resistencia los ha desinfectado. Los radicales tienen los días contados.

—¿Y el MRP?[3]

—Tiene buenas bazas; el país lo considera el partido del general. Si sus únicos adversarios de envergadura son los comunistas, no se lo deben a Marx, sino a Lenin. Cada uno de los ministros de ustedes debería decirle al país: Esta es mi tarea prioritaria. Es obligación mía rendir cuentas de ella a los ciudadanos, y no volveré a mencionarla hasta que la haya cumplido. ¿O no?

—Quizá sea esa una de las claves del fascismo...

—En fin de cuentas —repuso Corniglion citando con tono irónico a Napoleón—, «la guerra es arte sencilla y de carácter eminentemente práctico».

Yo vivía entonces en Boulogne, en la espaciosa casa de estilo holandés en la que tiempo después estuvieron a punto de dejar ciega a la niña Delphine Renard los explosivos de la OAS,[4] que en realidad iban dirigidos contra mí. Debían de

---

3. *Mouvement Républicain Populaire* (Movimiento Republicano Popular), partido político centrista activo durante la Cuarta República. *(N. de las T.)*
  4. *Organisation de l'Armée Secrète* (Organización del Ejército Secreto), organización francesa terrorista de extrema derecha nacida en 1961. *(N. de las T.)*

ser más de las nueve, pues la tarde de verano iba ya tornándose noche por encima de un refugio fortificado que habían construido los alemanes en un rincón del jardín. Sonó el teléfono.

—Tengo un recado importante para usted —me dijo uno de mis interlocutores habituales—. ¿Puedo ir a verlo dentro de una hora o dos?

—Me parece muy bien.

—Me pasaré a eso de las once.

A las once se detuvo ante la casa el automóvil militar de la persona que me había llamado por teléfono. Fui a abrir. Estábamos solos. No pasó del umbral del amplio estudio, mal iluminado aún.

—El general De Gaulle me ha encargado que le pregunte, en nombre de Francia, si quiere usted ayudarlo.

La frase era peculiar. No obstante, en Londres, uno de los primeros discursos que el general había dirigido a los oficiales había sido, más o menos: «Caballeros, ya saben ustedes dónde está su deber». Era el mismo tono que el del mensaje que ahora me estaban dando.

—Eso ni se pregunta —respondí.

—Mañana le diré la hora.

Me dio un apretón de manos. El automóvil, que ya había dado la vuelta, rodeó el reducido fortín y se alejó hacia el Sena.

Yo estaba asombrado, aunque no mucho. Tengo tendencia a pensar que puedo ser útil... Pero, tras mi primera evasión, en noviembre de 1940, había escrito al general De Gaulle, en la creencia de que a las FFL[5] no les debían de sobrar aviadores. No recibí respuesta alguna. Como se rumoreaba que el gene-

5. Fuerzas Francesas Libres. Véase la nota 2. *(N. de las T.)*

ral había prescindido de Pierre Cot, supuse que, al haber estado yo en la guerra de España, no le parecía oportuna mi colaboración. No me quedó ningún resabio amargo, porque tiempo después, antes de la creación de la brigada Alsacia-Lorena, nuestros maquis contaron siempre con la ayuda del general Koenig, y por tanto con la del general De Gaulle. Me citaron en el Ministerio del Ejército. En la antesala coincidí con un cordial visitante con un sentido común exquisito y civil, cosa que me intrigó, pues, aunque iba de paisano, intuí que se trataba de un militar. No tardaron en venir a buscarlo: era el general Juin.

El despacho que había pertenecido al conde Daru, de estilo imperio majestuoso, era ahora de Palewski. Del otro lado de la monumental escalinata, había que pasar por un despacho, que hacía las veces de sala de espera y donde estaban los ayudantes de campo, para llegar al despacho del general De Gaulle.

«Las cosas no andan muy bien que digamos», me dijo uno de los oficiales, que era amigo mío.

Había en aquel despacho una solemnidad y un silencio que me evocaron las estancias en que esperaban los jefes romanos. Al mismo tiempo que el reloj daba la hora, sonó el teléfono interior. Me hicieron pasar a una habitación a la que los mapas del Estado Mayor, de gran tamaño, prestaban un ambiente de trabajo. El general me indicó con un ademán que me sentase a la derecha de la mesa de despacho.

Yo tenía un recuerdo bastante preciso de su rostro: hacia 1943 Ravanel, que era por entonces jefe de los grupos francos, me enseñó una foto suya que habían tirado en paracaídas. En aquella foto solo se le veían la cabeza y los hombros; ni siquiera sabíamos que el general De Gaulle era de elevada estatura. Pensé entonces en el asombro de los delegados del Tercer Estado al ver por vez primera a Luis XVI. Hasta 1943 no supimos qué cara tenía el hombre en cuyo nombre estábamos luchando.

Ahora no lo estaba descubriendo, sino que estaba descubriendo en qué se diferenciaba de las fotos. La boca real era algo más pequeña, el bigote, más negro. Y, aunque el cine sea vehículo de muchas expresiones, solo una vez lo fue de aquella mirada concentrada e insistente: muchos años después, durante una charla con Michel Droit, miró de frente al tomavistas y fue como si clavara los ojos en todos y cada uno de los espectadores.

—Empiece por el pasado —me dijo.

Curioso comienzo.

—No hay mucho que contar —respondí—. Estoy comprometido en un combate en pro, digamos, de la justicia social. Quizá sería más exacto decir: un combate que dé a los hombres la oportunidad que se merecen... Presidí el Comité Mundial Antifascista junto con Romain Rolland y fui con Gide a llevarle a Hitler (que no nos recibió) la protesta contra el proceso de Dimitrov y de los otros supuestos incendiarios del Reichstag. Luego empezó la guerra de España, y fui a luchar a España. No en las Brigadas Internacionales, que aún no existían; pero dimos tiempo suficiente para que pudieran crearse: el Partido Comunista estaba en pleno periodo de reflexión... Luego vino la guerra, la de verdad. Y al fin llegó la derrota y, como otros muchos, me casé con Francia. Cuando regresé a París, Albert Camus me preguntó: «¿Será posible que tengamos que escoger algún día entre Rusia y Estados Unidos?». Para mí, el dilema no se plantea entre Rusia y Estados Unidos, sino entre Rusia y Francia. Cuando una Francia débil se enfrenta con una Rusia poderosa, ya no opino en absoluto lo mismo que opinaba cuando una Francia poderosa se hallaba frente a una Unión Soviética débil. Una Rusia débil desea frentes populares, una Rusia fuerte quiere democracias populares...

»Yo estaba presente cuando Stalin dijo: "Cuando empezó la revolución, esperábamos que nos salvase la revolución europea; y ahora la revolución europea está esperando al Ejército Rojo". No creo en una revolución francesa que llegue de manos del Ejército Rojo y se sostenga gracias a la GPU, y tampoco en una vuelta a 1938.

»Opino que, en el ámbito de la historia, el primer hecho de capital importancia de los últimos veinte años es la primacía de la nación. Que no es lo mismo que el antiguo nacionalismo: peculiaridad, no superioridad. Marx, Victor Hugo y Michelet (Michelet fue quien escribió: "¡Francia es una persona!") creían en los Estados Unidos de Europa. En este terreno el profeta no fue Marx, sino Nietzsche, que escribió: "El siglo XX será el siglo de las guerras nacionales". ¿Oyó usted en Moscú «La Internacional», mi general?

—Ni mencionarla: les había salido rana.

—Yo estaba allí cuando empezaron a tocar el himno ruso en los actos oficiales. Desde hacía varias semanas aparecían en *Pravda*, por vez primera, las palabras «nuestra patria soviética». Todo el mundo comprendió el mensaje. Y yo comprendí que todo estaba evolucionando como si el comunismo fuera el medio que al fin había descubierto Rusia para asegurarse un glorioso lugar en el mundo, como una ortodoxia o un paneslavismo que hubiera tenido éxito...

Me miraba atentamente, sin mostrar ni acuerdo ni desacuerdo.

—Porque, incluso aunque prescindiéramos de Lenin, de Trotski y de Stalin, lo cual sería difícil, el comunismo seguiría siendo lo que hoy en día recoge mejor el hecho revolucionario, que recogió antaño la Revolución francesa.

—¿Qué entiende usted por el hecho revolucionario?

—La forma provisional de pedir justicia, desde los alzamientos campesinos de la Edad Media hasta las revoluciones. En nuestro siglo se trata de justicia social, lo que sin duda tiene que ver con la debilitación de las grandes religiones; los estadounidenses son creyentes, pero la civilización estadounidense no tiene mentalidad religiosa.

»El Frente Nacional simpatiza con los comunistas, y acabará por hacerse comunista; mis camaradas simpatizan con un movimiento laborista, y entretanto están a la espera de un laborismo que no existe, y no saben si les vendrá de ellos mismos, del Partido Socialista o de usted.

—¿Qué quieren *hacer*?

—Lo mismo que en 1848, lo mismo que en 1871: representar una obra heroica que se llama Revolución. Y para los puros, para los que no han proliferado como hongos después de que llegara el ejército, es una pretensión noble. Parodiando... a Clausewitz, creo, podría decir que piensan que la política es la prosecución de la guerra con otros medios. Desgraciadamente no es cierto. Para mí (y para usted, me parece, e incluso para los comunistas) la política supone en primer lugar la creación de un Estado, y luego su actuación. Sin Estado, toda política es un futurible y se convierte, en mayor o menor grado, en una ética. Y eso no parecían sospecharlo los organizadores de la Resistencia. Si ya no estamos hablando de Revolución, ¿de qué estamos hablando? Los políticos, pasados o futuros, hablan de afiliarse a los partidos existentes o de fundar un partido nuevo. La Resistencia procomunista irá a parar al Partido Comunista o a un comunismo postizo. La otra no sabemos dónde irá a parar, pues, como ya le he dicho al señor Palewski, los partidos necesitan desinfectarse. Hubo radicales en el maquis, pero no existen maquis radicales. Un partido tiene metas. La Resistencia tenía una: colaborar en la liberación de Francia. Los resistentes fueron en general patriotas liberales. El liberalismo no es una realidad política, es un sentimiento; y un sentimiento que puede darse en diferentes partidos, pero que no basta para fundar uno. Durante el congreso del Movimiento de Liberación Nacional descubrí que tal era en estos momentos el drama de la Resistencia.

»Sus miembros no son enemigos del comunismo. Es la doctrina económica que prefiere el cincuenta por ciento de ellos. De quienes están en contra es de los comunistas; o quizá, para ser exactos, de los elementos rusos que hay en el comunismo francés. No creen que esa energía, que admiran en el PC ruso, sea inseparable de las delaciones, las argucias y las expulsiones (por no hablar de los procesos) que le reprochan. El sueño secreto de muchos franceses, y de la mayor parte de los intelectuales de Francia, es una guillotina sin guillotinados. Lo que los fascina del comunismo es la energía al servicio de la justicia social; lo que los distancia de los comunistas son los medios a los que recurre esa energía. Liberalismo, pero no muerte. En Francia los partidos no tenían muchos militantes, y lo que yo viví en provincias y vi en los noticiarios cinematográficos durante la Liberación fue un ambiente de Frente Popular victorioso. Pero el Frente Popular ni ha llevado a cabo su revolución ni ha fundado su partido único (tampoco lo han hecho sus adversarios). Lo que llamé, hablando de España, la «ilusión lírica» no desemboca en una auténtica agrupación política. A los radicales y a los comunistas les sucede lo mismo, por motivos opuestos: cuando se alistan en un Frente Popular, es con la esperanza de acabar con él.

—¿Usted cree?

El tono era posiblemente irónico.

—Creo que no solo el liberalismo, sino también los métodos parlamentarios están en peligro en todos los países donde los partidos coexisten con un partido comunista fuerte. En el gobierno parlamentario existen unas reglas de juego, como queda muy claro en el funcionamiento del más eficaz de todos ellos: el Gobierno británico. Los comunistas utilizan esas reglas para sus propios fines, pero no las respetan. Y basta con que uno de los jugadores no siga las reglas para que el juego cambie de condición. Si el Partido Socialista, si el Partido Radical, etc. son partidos, entonces los comunistas son otra cosa...

»Además, la derecha tradicional se vinculó con Vichy, por lo que tendremos una izquierda polarizada por la escalada comunista y careceremos de una derecha reconocida. No obstante, no es solo la Resistencia la que no cree en la vuelta del parlamentarismo de antaño; tampoco Francia cree en ella, porque presiente que va a acontecer la más violenta metamorfosis que haya vivido Occidente desde la caída del Imperio romano. Y no le apetece enfrentarse a ella si es el señor Herriot el que lleva las riendas. Y, además, establece una relación entre los últimos tiempos de la III República y la derrota. Y, sin embargo, la III República no se defendió mal del todo durante la guerra de 1914...

El general alzó el dedo índice, con un gesto que quería decir: ¡no siga por ahí!

—No fue la República la que ganó la guerra de 1914, sino Francia. En el momento en que se declaró la guerra, en cuanto tuvieron lugar los sucesos del Marne, a partir de Clemenceau, las rivalidades y los partidos entraron en un compás de espera...

—¿Clemenceau no equivale a la Francia republicana?

—Yo he vuelto a instaurar la República. Pero ella tiene que ser capaz de llevar a cabo la reconstrucción de Francia. Reconozco que el hecho nacional difiere mucho de los nacionalismos. Los comunistas también lo saben, aunque lo interpretan a su manera. Por eso tenían tanto empeño en las milicias. Se dan cuenta de que un Estado que ha dejado de garantizar la seguridad de la nación es un Estado condenado. Ni los dos imperios franceses, ni el Imperio ruso, ni el Imperio alemán sobrevivieron a la derrota. En eso residen los fundamentos de la legitimidad del Estado. Tenía usted razón cuando decía que Rusia pudo rehacer su ejército gracias al comunismo...

—Y recuperar su alma.

Me di cuenta de que lo había cortado, pues a veces dejaba las frases en el aire y se quedaba callado un buen rato, pero no interrumpía el razonamiento.

—... y Asia no recuperará su alma, como usted dice, salvo si recupera sus naciones. Es posible que la monarquía francesa muriera en Rossbach... Pero siga, se lo ruego.

—Churchill escribió que Clemenceau le había parecido uno de los hombres de la Revolución...

Guiñó un poco los ojos, con una expresión de irónica confidencia que le he visto en muchas ocasiones al hablar de la historia.

—Los hombres de la Revolución hablaron mucho y bien. Y no en vano. Fueron los creadores de la nación movilizada contra ejércitos mercenarios. Todo se vino abajo cuando las demás naciones entraron también en el juego... Pero eso fue contra Napoleón.

—¿Cree usted que Mirabeau habría salvado la monarquía?

—Murió a tiempo. Creo que habría decepcionado mucho a sus partidarios; y a sí mismo...

Comparado con la galería de guillotinados de romano talante, aquel individualista dispuesto a traicionar a la Revolución por los ojos de la reina y por los dineros del rey, que tuvo una muerte lenta y digna tras haberlo dejado solo las dos mujeres galantes que compartían su lecho, parecía un aventurero de categoría. Le faltaba la misteriosa consagración que la patria o el pueblo otorgó a los demás, sin excepción, hasta el 9 de Termidor. Yo había leído lo que había escrito el general De Gaulle acerca de Hoche, y quizá si este se acordó de él fue porque Hoche también murió envenenado.

—Hoche es un personaje admirable. Le encargaran lo que le encargasen, siempre estaba a la altura de su cometido... Y no olvidemos lo que consiguió en Vendée: fue capaz de convencer a la gente de que se sentase en torno a una mesa, de que hablase antes de empezar a matarse... Pero cuando lo envenenaron, andaba por malos derroteros...

Lo miré con expresión interrogativa. Sonrió irónicamente.

—... la dictadura...

—Cuando salía de los calabozos de la Conciergerie —dije—, tuvo que dejar paso, por el corredor, a otro preso que llegaba en ese momento: era Saint-Just.

—¡Bah! Siempre se encuentran los mismos...

Saint-Just en el corredor, Josefina en la alcoba, pensé. El general alzó el índice, como había hecho minutos antes.

—No se engañe: Francia ya no desea la revolución. Ya ha pasado el momento.

Me llamó la atención la neutralidad de su tono, como si hubiera hablado del Imperio romano. Nuestros intelectuales vivían apasionadamente una mitología política, y en el campo de batalla aún se enfrentaban los ejércitos del comunismo y del fascismo. Por vez primera me di cuenta de qué poca importancia concedía el general a los valores supremos de tantos hombres, muchos de los cuales no eran adversarios suyos. Hacía tiempo había respondido, como sin darle mayor importancia, al ministro de Abastos, que le estaba exponiendo la situación del mercado negro, que obsesionaba a París: «A ver si es posible que los franceses se decidan ya a pensar en otra cosa que en arenques ahumados». La frase no podía compararse con la de los bollos de María Antonieta. Había dicho «Ya ha pasado el momento» con el acento de un místico hablando de las pasiones. Pero los místicos apenas si creen en la historia...

—El lema de la primera página de *Combat* sigue siendo: de la Resistencia a la Revolución —dije.

—¿Qué tirada tiene *Combat*?

»Ya he anunciado que este año se nacionalizarán todas las fuentes de energía y de crédito. No en beneficio de la izquierda; en beneficio de Francia. La derecha no tiene prisa ninguna en sostener al Estado, y la izquierda tiene demasiada.

»Me ha interesado lo que me contó el señor Palewski de la charla que tuvo usted con él acerca de la propaganda. ¿En qué punto están los intelectuales? No en cuestiones de propaganda, sino... en general.

—A unos la Resistencia los ha conducido al romanticismo histórico; y deberían estar encantados de la vida esta temporada. A otros los ha llevado, o han ido ellos solos, al romanticismo revolucionario, que consiste en confundir la acción política y el teatro. No me refiero a los que están dispuestos a luchar por crear soviets, no me refiero a los actores, sino a los espectadores. Desde el siglo XVIII tenemos en Francia una escuela de «almas sensibles» en la que, por cierto, las mujeres han desempeñado y siguen desempeñando un papel importante.

—Pero no como enfermeras.

—La literatura rebosa de almas sensibles cuyos buenos salvajes son los proletarios. Pero cuesta entender cómo Diderot pudo pensar que Catalina II era el retrato de la Libertad...

—Voltaire escribía epigramas acerca de la batalla de Rossbach... Una lástima.

—Los intelectuales serios están en una posición difícil. La política francesa ha recurrido con frecuencia a los escritores, desde Voltaire hasta Victor Hugo. Desempeñaron un importante papel en el asunto Dreyfus. Creyeron que iban a recuperar ese papel durante el Frente Popular. Pero lo que este hacía era utilizarlos en lugar de apoyarse en ellos. Por parte de los comunistas, esta utilización la organizó con gran habilidad Willy Münzenberg, que ya ha fallecido. Pero ¿qué han hecho desde 1936 esos intelectuales a quienes no se les ha caído la palabra «acción» de la boca, cosa que no le sucedía a Montesquieu? Redactar peticiones.

»Y luego están los filósofos profesionales. Para ellos, Lenin o Stalin no son sino los discípulos de Marx. Me recuerdan a un rabino de Isfahán que me preguntaba hace tiempo: "Dígame, usted que ha estado en Rusia, ¿es verdad que los comunistas tienen también un *libro*?". Esos buscan la teoría tras la fachada de la acción. Una teoría de un tipo muy particular: Marx pero no Richelieu. Opinan que "Richelieu carecía de política". Le dije al señor Palewski que en la actualidad "no lo comprenden a usted". No son excesivamente conscientes de la contradicción en la que viven porque nunca la ponen a prueba actuando. Pero la sienten, con mayor o menor claridad, como hemos podido ver en el congreso del Movimiento de Liberación Nacional. Y además la auténtica Resistencia se ha quedado sin las dos terceras partes de su gente...

—Ya sé —dijo con tristeza—, ya sé...

Me dio la impresión de que iba a añadir: «Ya sé que también usted ha perdido a su gente». Pero dejó la frase sin acabar y se puso de pie.

—¿Qué es lo que más le ha llamado la atención al regresar a París?

—La mentira.

El ayudante de campo había entreabierto la puerta, y el general me acompañó hasta ella.

—Le doy las gracias —me dijo.

Bajé por la monumental escalinata, pensativo, sin diferenciar los ujieres de las armaduras, y eché a andar por la calle. ¿Qué me había sorprendido en él? Los noticiarios cinematográficos me habían familiarizado con su apariencia e incluso con el ritmo de sus palabras, semejante al de sus discursos. Pero en el cine hablaba; y yo acababa de mantener una conversación con un hombre que hacía preguntas, y su fuerza tomaba ante todo la forma de sus silencios.

No había sido un interrogatorio. El general gusta de la cortesía del intelecto. Lo que había visto en él era una *distancia* interior que nunca he vuelto a encontrar más que en Mao Zedong. Iba aún de uniforme. Pero cuando los generales De Lattre y Leclerc nos parecían distantes, no se debía a sus personas, sino a sus estrellas. Con frecuencia me preguntaba yo, en presencia de algún militar: ¿cómo sería si fuera un civil? De Lattre habría podido ser embajador, a veces cardenal. Si el general De Gaulle hubiera sido un civil, habría seguido siendo el general De Gaulle.

Sus silencios eran preguntas. Me habría recordado a Gide si en los silencios de Gide no hubiera habido una curiosidad china. «Mi general —le preguntó en Argel con su más escogida voz de educado inquisidor—, ¿me permite que le haga una pregunta? ¿Cuándo tomó usted la decisión de *desobedecer*?». El general respondió con un vago gesto de la mano y debió de acordarse de la famosa frase inglesa referida al almirante Jellicoe: «Tiene todas las virtudes de Nelson menos la de desobedecer». Gide me habló de su «ceremoniosa nobleza» de anfitrión. Durante un almuerzo, también es cierto. No era esa ceremoniosidad la que se había quedado grabada en mí, sino el singular distanciamiento que mostraba; singular porque no lo establecía únicamente entre su interlocutor y él, sino también entre lo que decía y lo que era. Ya me había topado otras veces con aquella intensa presencia que no se expresa con palabras. No en militares, ni en políticos, ni en artistas, sino en personalidades de elevada religiosidad cuyas palabras, afablemente vulgares, no parecen guardar relación alguna con su vida interior. Por eso me acordé de los místicos cuando el general mencionó la revolución.

Establecía con el interlocutor un intenso contacto que este no podía explicarse luego, fuera de su presencia. Un contacto que se debía antes que nada al hecho de que imponía una sensación de personalidad absoluta, la sensación opuesta a esa que nos hace decir: no se juzga a un hombre por una charla. Lo que me había dicho tenía el peso que confiere la responsabilidad histórica a las afirmaciones muy sencillas. (El mismo peso de la respuesta de Stalin a la pregunta de Hearst, en 1933: «¿Cómo va a haber guerra entre Alemania y la Unión Soviética si no tienen fronteras comunes?». «Basta con buscarlas»). Aunque se mostraba cortés, al interlocutor siempre le parecía que le estaba pidiendo cuentas. No habíamos tocado el tema de la modernización de la enseñanza, ni tam-

poco habíamos especificado en qué campo podía yo serle útil,
llegado el caso. Había visto a un general que gustaba de las
ideas y las saludaba de forma imperceptible cuando oía alguna; al hombre ante el que todos éramos responsables porque
él era el responsable de los destinos de Francia; a un personaje obsesionado, en fin, por aquel destino que *tenía que descubrir y reafirmar*, que le llenaba por completo el pensamiento.
Si hubiera sido hombre de Iglesia, lo habrían obsesionado la
persona, el sacerdocio, la trascendencia. La trascendencia tal
y como la concibieron los fundadores de las órdenes militares. Antes de cruzar, alcé la vista distraídamente. Calle de
Saint-Dominique.

Yo estaba intentando poner en claro una impresión
compleja: el general era el digno equivalente de su mito,
pero *¿en qué?* Valéry lo era porque hablaba con la misma rigurosidad y agudeza que Teste, con el aditamento de la jerga y la imaginación. A Einstein lo hacía digno de Einstein
una sencillez de franciscano desmelenado que, dicho sea de
paso, no posee franciscano alguno. Los grandes pintores no
guardan parecido entre sí más que cuando hablan de pintura. Al único personaje al que el general De Gaulle me recordaba en aquellos momentos, no por semejanza sino por
oposición, de la misma forma que Ingres recuerda a Dela-
croix, era a Trotski.

Unos días después me nombró consejero técnico de su gabinete. Fue entonces cuando comenzó el plan de modernización de la instrucción pública, y Stoetzel recibió el primer millón que le permitió organizar encuestas de opinión serias. Los
dioses nos fueron propicios: la última encuesta sobre el referéndum constitucional (que entonces no se divulgaban) acertó en un 9,97 por ciento. Entre abril y agosto habían fallecido
Roosevelt, Mussolini y Hitler; Churchill había dejado el car-

go, Alemania había capitulado; la bomba atómica había explotado en Hiroshima. El 21 de octubre las elecciones enviaron al Parlamento a trescientos dos diputados comunistas y socialistas. El general, elegido por unanimidad jefe de Gobierno, formó gabinete y me asignó el puesto de ministro de Información. Instructiva tarea: lo que había que hacer esencialmente era impedir que cada partido se quedase con toda la manta para él solo. Thorez respetaba las reglas del juego: poner el Partido Comunista a disposición de la reconstrucción de Francia. Pero al tiempo el partido se iba infiltrando cada vez más. Los informes de Marcel Paul mentían con descaro. Y en aquel Gobierno tripartito los informes falsos de los comunistas empezaban a dar pie a informes falsos de los socialistas y del MRP. Al finalizar las reuniones del Consejo, el general seguía intentando convencer a este ministro, o a aquel otro. Pero su arbitraje, que a él le parecía esencial para la actuación del Estado, no podía convertirse en un permanente arbitraje entre ficciones, y yo no creía que estuviese dispuesto a seguir soportando por mucho tiempo aquel conglomerado de imposturas. Parecía estar descubriendo algo que sabía desde siempre, pero que la guerra, la Resistencia y quizá su íntimo conocimiento de la democracia inglesa le habían hecho olvidar hasta cierto punto: que nuestra democracia es un combate de partidos, y que en ese combate a Francia le corresponde un papel secundario. Lo desconcertó la respuesta de Herriot, y la de Léon Blum a continuación, que le contestaron, cuando les propuso que entrasen en el Gobierno como ministros de Estado, para colaborar en la empresa de levantar el país, que preferían dedicarse exclusivamente a sus respectivos partidos. Tanto más cuanto que sabía, al menos en lo que a Léon Blum se refería, que no aspiraba a ser el hombre más importante de su partido.

Si el general recibió con amargura los ataques de Herriot, fue ante todo porque se dio cuenta de que iban a rea-
nudarse las maniobras parlamentarias. ¿Pensó que a Francia
no le quedaría más remedio que volver a llamarlo a no mucho tardar? Todos lo pensábamos. Unos días antes de retirarse, nos invitó a Léon Blum y a mí a su casa de campo de
Neuilly. Después de cenar, estábamos los tres sentados en
torno a una mesa pequeña cuando le dijo a Léon Blum, entre serio e irónico:

—¡Venga! ¡Convénzalo usted!

Hablábamos de la confianza que se podía tener en que los
comunistas colaborasen con el Gobierno.

—¿Cómo pretende usted —dije— que los auténticos comunistas no nos tomen por un gobierno Kerenski o por un
gobierno Pilsudski? Se trata solo de saber quién abrirá el fuego: esto no es ya un Estado, sino un duelo a la americana.
Acuérdese del Frente Popular...

—Pero el Frente Popular aguantó.

Léon Blum volvió hacia nosotros su rostro alargado de finos rasgos y, uniendo las palmas de ambas manos, repitió firmemente con voz frágil y algo desengañada, que contrastaba
con la voz profunda del general:

—Aguantó...

—Sí —repuso el general con amargura.

Era evidente que estaba pensando: bueno, ¿y qué? Léon
Blum, pese a su valentía moral, que era mucha, opinaba que la
política implicaba conciliación. Los acuerdos de Matignon habían sido una auténtica hazaña. No habían supuesto esa conciliación superficial, inherente a la coordinación de varios hechos, que el general domina bastante bien, sino una
conciliación en profundidad, algo así como una conversión
del adversario. (Los hombres suelen poseer gran sensibilidad

ante las artes para las que están muy dotados). Creo que Léon Blum valoraba tanto la conciliación como el general De Gaulle la inflexibilidad.

—Aguantó —dije— porque la Unión Soviética era débil. Hoy en día, con el Ejército Rojo y Stalin...

—Es posible que a Estados Unidos no le gustase demasiado ver a los rusos en París...

—¿Movería un dedo Estados Unidos si los rusos se llamasen Partido Comunista francés y no hubiera mediado un golpe de Estado...? Pero lo que yo quería decir es lo siguiente: en su época revolucionaria, el Frente Popular llevó a cabo auténticas reformas y...

—Por ejemplo —dijo Léon Blum con una sonrisa—, intentó conseguir el rearme francés...

—Es cierto. Pero, en cuanto acabó esa etapa revolucionaria, volvimos al Parlamento tradicional. Que es a lo que quiere llegar este Gobierno tripartito; lo único que se lo impide es la actuación del general De Gaulle. Ahora bien, cuando se declaró la guerra, ¿qué había sido de ese esfuerzo militar de ustedes? Los gobiernos habían querido conciliar a los partidarios de Hitler y a sus adversarios, a los partidarios de los carros blindados y a sus adversarios. Y tuvieron que subir medio soldado a medio tanque para que luchara en un combate a medias.

—Ya sabe usted —respondió Léon Blum acentuando aún más la sonrisa— que no considero que el parlamentarismo sea el mejor gobierno democrático posible...

Lo sabía, en efecto, y no cabía duda de que sus escritos sobre este tema tenían mucho que ver con el acercamiento entre el general De Gaulle y él.

—En el fondo —añadió—, usted opina que los pactos son cosa de la política del siglo XIX... Es posible... Quizá la vida misma sea un pacto... Solo que... Stalin no subió medios soldados a medios tanques, pero metió a muchas personas en ataúdes... Cuando estaba en el Gobierno, solía preguntarme si los pactos no eran el precio que había que pagar por la libertad...

—El principal problema de la Liberación es sin duda conseguir conciliar la autoridad real del Estado con las libertades reales de los ciudadanos. Es fácil decirlo; hacerlo no lo es tanto...

—Los anglosajones lo han llevado adelante, hasta cierto punto.

—Pero el Partido Comunista no tiene peso ni en Inglaterra ni en Estados Unidos...

La señora De Gaulle llegó con el café. Fui con ella. El general no había abierto la boca. Algo después los dos hombres se hallaban en uno de los extremos del salón, bajo la perpleja mirada de las dos mujeres. El general sabía, por los artículos de *Le Populaire*, que cuanto acababa de decir de pasada su interlocutor se basaba en la creencia —en la creencia, no en la idea— de que no podía haber Francia sin democracia, ni democracia política sin democracia social, ni democracia social sin democracia internacional. Para Léon Blum, el socialismo era la forma suprema de democracia, y por eso podía conciliar las llamadas de este al colectivismo y el gran amor que personalmente tenía a las libertades individuales. Poseía una confianza en el hombre tan honda como la fe comunista, y la justificaba, por cierto, glosando a Spinoza: «Sitúo toda acción cuya causa seamos nosotros mismos, en tanto concebimos lo humano, en el ámbito de lo religioso». Era como si pusiera su madurez al servicio de su juventud. Solo lo incontrolable conseguía confundirlo... También él era un hombre con una vocación, y más que nunca en aquella época en que aún lo tenía marcado la cárcel. Pero su vocación lo llevaba hacia los hombres que conocía, y la del general, hacia los que no conocía. Aquel no creía sino en la labor de equipo; este, en la labor de los estados mayores. Pese a la complaciente hospitalidad que lo caracterizaba, el general parecía emboscado tras una benevolente coraza. ¿Hacía mella en él lo absurdo del proceso de Riom? A buen seguro que sí la hacían las reformas que su interlocutor había impuesto, las cosas que había *hecho*; o la lucidez de alguno de los análisis de ese mismo interlocutor, que su fe socialista guiaba pero no descarriaba. Creo que los intercambios dialécticos de ambos se basaban en la mutua conciencia que tenían de la valía del otro, en su común necesidad de concebir la política como una herramienta de la historia. Pero la suerte estaba echada. Unos días antes de las elecciones el general sugirió a Léon Blum que fuese su sucesor si se veía en la obligación de retirarse.

—No puedo hacer tal cosa —repuso este—; no tengo salud para ello. Y además no quiero hacerlo porque hay demasiadas personas que me odian.

El general sabía que los franceses habían aceptado la derrota. Sabía que habían aceptado a Pétain. Y creo que, en medio del entusiasmo de la Liberación, sabía que era la coartada de millones de hombres. Francia veía en la Resistencia más lo que habría querido ser que lo que había sido. No obstante, era con Francia, independientemente de que se le diese el nombre de república, pueblo o nación, con quien dialogaba en realidad el general. «Un hombre de Estado está siempre solo, en una orilla; y el mundo entero, en la otra», dijo Napoleón. El general De Gaulle seguramente habría pensado: «Solo con Francia». Los grandes hombres solitarios suelen mantener una honda relación con la muchedumbre de vivos y muertos por la que combaten. Pero ¿le perdonaría la nación el hecho de deberle tanto si no le proporcionaba la coartada completa yéndose (aunque no fuera más que por el procedimiento de convertirse en un dirigente político «como los demás»)? De la misma forma que Inglaterra había abandonado a Churchill y Francia había permitido que el Congreso abandonase a Clemenceau. Sin embargo, descartado ya el partido único, un retorno por encima de los partidos solo era posible en nombre de la nación. En aquel primer referéndum se hallaba ya el embrión de la elección del presidente de la República por sufragio universal, ese ascenso del pueblo a la categoría de árbitro supremo entre el presidente y la Asamblea que con tanta vehemencia rechazaba Léon Blum. Es posible que la retirada del general fuera, entre otras cosas, un referéndum secreto.

Al acabar los consejos de ministros, yo me quedaba con él, como disponía la costumbre, para redactar el comunicado. Un día, mientras bajábamos por la escalera de mármol de imitación del palacio de Matignon, me dijo:

—¿Qué piensa usted hacer ahora en el Ministerio de Información?

—No hay tal ministerio, mi general. Dentro de seis semanas ya no existirá.

—Yo ya me habré ido.

Y fue entonces, sin ningún motivo aparente, cuando intuí que el general De Gaulle *nunca* me había mandado llamar. Años más tarde tuve confirmación de ello. Fuimos los protagonistas de una curiosa intriga, que sin duda él debió de presentir antes que yo. Creo que, al tiempo que me transmitían su supuesto interés en verme, le transmitieron a él el mío, no menos supuesto.* Y ello explicaría lo peculiar de nuestra primera conversación...

* Y en lo tocante a la aviación de las Fuerzas Francesas Libres, he recibido veinte años después —este mismo año— una carta del señor Bénédite, director del Club Internacional del Disco, uno de cuyos párrafos decía: «Hemos coincidido en varias ocasiones en las oficinas del centro, en Marsella, e incluso hemos cenado los dos, en una ocasión, con Victor Serge, que estaba invitado en mi casa por aquel entonces. Le entregó usted en una ocasión a Varian Fry, sabiendo que éste estaba en condiciones de comunicarse con Inglaterra, una carta para el general De Gaulle. Fry le dio a guardar esa carta a mi mujer, que era su secretaria; por desgracia, la detuvo la policía durante las manifestaciones que se desarrollaron en La Canebière, en la zona en que habían asesinado a Alejandro de Yugoslavia y a Barthou. Mi mujer se tragó la carta en el coche celular para que no se la encontrasen encima si la registraban. No estoy enterado de la forma en que consiguió entrar usted por fin en contacto con el general De Gaulle, tras la desafortunada destrucción de su carta, pero me imagino que se presentaría otra oportunidad».

3

1958-1965

Volví a verlo en Marly, en Colombey, en la calle de Solférino, en tiempos del RPF,[6] y luego durante esa época que dimos en llamar «la travesía del desierto». Dicen que siempre supo que volvería al poder. ¿Contó con la seguridad de que iba a volver a tiempo? Antes de Dien Bien Phu, estaba yo con unos amigos en un chalet del cantón de Valais, viendo cómo unos turistas dignos de una comedia de Labiche miraban por un enorme anteojo. Élisabeth de Miribel me preguntó:

—¿Cómo volverá el general?

—Por un complot del ejército de Indochina, que creerá que lo está utilizando y no tardará en arrepentirse.

No fue el ejército de Indochina quien lo trajo; y, cuando mi profecía se cumplió de forma aproximada, yo estaba pasando una temporada en Venecia, muy convencido de que no iba a suceder nada.

---

6. *Rassemblement du Peuple Français* (Reagrupación del Pueblo Francés), partido político fundado por Charles de Gaulle en 1947 y disuelto en 1955. *(N. de las T.)*

«Está pescando con caña en la laguna», decía Bidault, maquiavélico, aludiendo a la frase (¿de Delbecque?) que me habían atribuido: nadie va a orillas del Rubicón a pescar con caña.

No me enteré de la gravedad de los acontecimientos hasta que hube regresado.

En uno de los últimos consejos, el señor Pleven había dicho: «Ya no representamos más que a fantasmas... No nos andemos con rodeos. El ministro de Asuntos Argelinos no puede cruzar el Mediterráneo. El ministro del Ejército se ha quedado sin ejército. El ministro del Interior se ha quedado sin policía».

Muchos exsoldados de Indochina y muchos exparacas habían ingresado en el cuerpo de policía de París, que se había declarado en huelga en el mes de marzo.

Quedaba la posibilidad de organizar milicias. El presidente Pflimlin se oponía. Opinaba que se corría así un peligro de guerra civil mayor que recurriendo al general De Gaulle. A lo que se referían los ministros, por otra parte, era a la constitución de comités de defensa republicanos, no a armar a unas milicias que, a la postre, habrían sido comunistas. Había otra posibilidad: no organizar milicia alguna. «La movilización de las masas —decían los sindicatos— puede hacerse recurriendo a los asalariados, no al sistema parlamentario. Los obreros, que recuerdan que en 1944 se restablecieron las libertades y que con frecuencia tienen familia en Argelia, prefieren a De Gaulle antes que a los coroneles». Cuando los comunistas hablaron de movilización, los militantes acudieron a las respectivas células, pero se fueron yendo durante la mañana; los más perseverantes se quedaron jugando a las cartas. El domingo, treinta y cinco mil automóviles circularon por la autopista del Oeste, tres mil más que el año anterior.

La revolución no estaba mucho más clara en Argel. En París no entendían lo que quería decir la palabra «integración». Soustelle dijo que era lo contrario de la desintegración. Ah, ¿sí? El mito de una Francia única desde Dunkerque hasta Tamanrasset había nacido de una encuesta del servicio psicológico del ejército, que estaba en pleno auge por aquel entonces. Para los militares activistas, para los oficiales de las SAS[7] e incluso para muchos paracas suponía la confraternización. Resulta verosímil que la organizase el servicio psicológico, aunque no fuese más que trasladando a los musulmanes en camiones del ejército; pero no pudo dicho servicio prever la noche del 4 de agosto y fue incapaz de conseguir que se repitiese. El «día del milagro», el 16 de mayo, sorprendió a los mismos que lo habían preparado, y que escribieron: «¡Esta esperanza de hoy solo podemos compararla con la que conocimos en París inmediatamente después de la Liberación!». Sorprendió también a los musulmanes, que se encontraron de pronto abrazando a los *pieds-noirs*,[8] y a los *pieds-noirs*, que se encontraron de pronto abrazando a los musulmanes. Desconcertó a los comunistas, que decidieron no creerse lo que estaba pasando; e incluso al FLN,[9] ya que durante el periodo de confraternización no hubo atentado alguno en Argel. Los capitanes de los paracas declaraban: «Nuestro movimiento va a basarse en diez millones de franceses de Argelia, europeos y

7. *Sections administratives spécialisées* (Divisiones administrativas especializadas), oficina militar creada en 1955 por la administración francesa en Argelia con la misión de prestar asistencia social, educativa y económica. *(N. de las T.)*

8. Nombre a veces despectivo dado a los colonos franceses de Argelia. *(N. de las T.)*

9. *Front de Libération National* (Frente de Liberación Nacional), partido político argelino que apoyaba la lucha armada por la independencia de Argelia. *(N. de las T.)*

musulmanes». Pero tras aquellos exaltantes momentos los musulmanes siguieron en las mismas condiciones. Cuando los comités de salvación pública decidieron que había que subirles el misérrimo jornal a los obreros agrícolas, los colonos los pusieron a trabajar de las cinco a las doce de la mañana y les pagaron media jornada del nuevo salario, con lo que cobraron menos que antes de la subida. El ejército empezó a enfurecerse, pues había esperado del movimiento argelino una revolución francesa tecnificada, un consulado de Saint-Just y Mao Zedong; cabía además suponer que lo único que lo mantenía unido era el ansia de intervención política y el odio hacia un régimen que ni sabía guerrear ni sabía firmar la paz. Los civiles no confiaban en la confraternización. En el seno de sus organizaciones, nacionalistas pero antimetropolitanas, Argelia francesa significaba, llegado el caso, Francia argelina. Los reaccionarios irredentos se declaraban partidarios de la integración desde que daban por supuesto el derecho de voto de los musulmanes, pues los nueve millones de votos de estos tendrían mayor peso que los de un millón de *pieds-noirs*, pero menos que los de los veinte millones de franceses. En Córcega, el teniente de alcalde socialista de Bastia, que estaba en funciones, salió del ayuntamiento, al ocuparlo los paracaidistas, cantando «La Marsellesa». Los paracaidistas salieron tras él cantándola también. Y la muchedumbre que había en la plaza la entonó a coro, sin que nadie tuviera muy claro si la cantaba apoyando al teniente de alcalde, a los paracaidistas o a ambos...

El 1 de junio el enviado de los comités de salvación pública, que pensaba que iba a encontrarse un París en estado de sitio, descubrió pasmado que en la explanada de los Inválidos había un grupo jugando a la petanca. Uno de los periodistas estadounidenses de más renombre me había asegurado que el

general Massu ordenaba torturar porque a él lo habían torturado. No obstante, lo único que quedaba claro en aquel caos
era que un movimiento contradictorio y dispuesto a todo
contaba con aviones y combatientes frente a un Gobierno sin
ejército ni policía. Salan, el delegado de Pflimlin, había vocea-
do: «¡Viva De Gaulle!», y lo que se esperaba del general no era
ya que detuviese a los paracas, sino que evitase la guerra civil,
que estaba a punto de empezar, como la de España y como la
Revolución de octubre, con los cines abiertos y los ociosos de
paseo.

Dos días después de mi regreso el general me citó en el hotel Lapérouse.

A las cinco, quizá porque consideraba nuestra entrevista un
momento de descanso, pidió whisky y té. Estábamos en el salón de la suite que le reservaban cuando venía a París: estilo
Luis XVI y con el sosiego que el general De Gaulle ha impuesto siempre dondequiera que se halle. El servicio de té regresó
hacia el barullo que subía del vestíbulo y llenaba la escalera,
como si de la confusión del país se tratara.

«La cuestión principal —me dijo en esencia— es saber si
los franceses quieren reconstruir Francia o si quieren echarse
a dormir. No pienso reconstruir Francia sin ellos. Y tenemos
que garantizar la continuidad de las instituciones hasta que yo
convoque al pueblo para que elija otras. De momento parece
que no quiere saber nada de los coroneles. Así que lo que
hay que hacer es reconstruir el Estado, estabilizar la moneda
y acabar con el colonialismo».

De nuevo estaba yo escuchando aquel ritmo ternario al
que el general suele recurrir con tanta frecuencia como otros
al dilema.

«Hacer un Estado de verdad supone hacer una Constitución de verdad. Así que el sufragio universal es el origen de todo poder; el poder ejecutivo y el poder legislativo están realmente separados; el Gobierno es responsable de sus actos ante el Parlamento.

»Estabilizar la moneda no va a resultar fácil. Pero será menos difícil de lo que pretenden si el Estado es capaz de garantizar continuidad y firmeza; es decir, si es un Estado.

»El tema colonial... Tengo que decir a todos los que forman el imperio: se acabaron las colonias. Construyamos juntos una comunidad. Decidamos juntos nuestra defensa, nuestra política extranjera y nuestra política económica.

»En todo lo demás les ayudaremos. Está claro que las comarcas pobres querrán asociarse a las ricas; y que a estas les correrá menos prisa hacerlo. Ya veremos. Que formen estados. Si son capaces de ello.

»Y si así lo desean.

»Los que no lo deseen que se vayan. No nos opondremos. Y formaremos la comunidad francesa con los demás».

Estos eran sus propósitos desde el discurso de Brazzaville, en 1942. Pero ahora ya no se trataba de una esperanza. Mientras los ramplones desfiles que iban de la plaza de la Bastilla a la plaza de la Nación parodiaban a un Frente Popular sobre cuyos hombros no pesaba la carga de la expedición de Suez ni la de la guerra de Argelia, y que había traído consigo más justicia social de la que nunca había sido capaz de crear la IV República, Francia iba a decir a todas sus excolonias: «¡Si de verdad queréis la independencia, ahí la tenéis!».

El general no había mencionado Argelia, pero parecía ya dueño de la situación. Ante todo era necesario que el ejército francés fuera el de una Francia que ofrecía su libertad a diecisiete países, no ya el de un imperio colonial. Iría a Argel después de la investidura. El camino de Argel iba a pasar una vez más por Brazzaville.

¿Adónde llevaba aquel camino? Una caricatura puede guardar parecido con el original, pero yo siempre había visto que los adversarios del general —incluso Roosevelt— hacían caricaturas de él que no se le parecían. Ahora sus adversarios lo tomaban por un reaccionario y olvidaban las reformas sociales que le debía Francia, las únicas realmente importantes desde tiempos del Frente Popular. Lo tomaban por un oficial de paracas; el Gobierno que estaba formando no sería muy del agrado de Argel, y tampoco iba el general a convertirse en presidente de los comités de salvación pública, de la misma forma que no se había convertido en presidente de las FFI[10] ni de los FTP.[11] ¿Volvía al poder en una situación de absoluto desorden? No más que en 1944. Sus adversarios pensaban que iba a ejercer el poder atendiendo a sus preferencias con la esperanza de que el final del conflicto argelino trajese consigo la recuperación de Francia. Y yo me preguntaba si lo que estaba esperando en realidad no sería que la recuperación de Francia trajese consigo el final del conflicto argelino. De momento quería llevar personalmente el control; y quizá poner su poder a prueba.

Apenas si tocó el tema de los problemas sociales. Me pareció significativa la forma en que demoraba el tratar de ellos, aunque había estudiado a fondo los referidos a la moneda, al imperio y, antes que nada, al Estado. Iba contra re-

10. *Forces Françaises de l'Intérieur* (Fuerzas Francesas del Interior), nombre usado a partir de 1944 para designar al conjunto de las fuerzas de la resistencia francesa durante la Segunda Guerra Mundial. *(N. de las T.)*

11. *Francs-Tireurs et Partisans* (Francotiradores y Partisanos), nombre del movimiento de la resistencia creado por el Partido Comunista Francés a finales de 1941. *(N. de las T.)*

loj, pero no en aquel terreno. Y quizá no le desagradaba ver cómo los comunistas y los remolinos del bullicio político se iban apartando de lo que él consideraba problemas esenciales, de lo que él pensaba que era la auténtica forma de sentir del país. Unos días después me dijo: «No olvide que no hemos hecho la revolución». Nunca lo he vuelto a ver tan monolítico a este respecto, a no ser en la época de las barricadas de Argel. Volvía del retiro que para todo hombre supone una meditación sobre el pasado, sobre todo cuando sus recuerdos constituyen una epopeya: una semana antes estaba corrigiendo sus *Memorias*. Iba a dejar de lado esa gran soledad que siempre ha ido con él para enzarzarse en negociaciones, pero también para luchar por el destino de Francia, que tantos años llevaba obsesionándolo. Nada había cambiado en su imperturbable diálogo con esa sombra. En aquellos días en los que quienes lo reclamaban con mayor vehemencia decían ser fascistas, en los que quienes lo atacaban con mayor saña decían ser comunistas, en los que Francia parecía abocada a un enfrentamiento entre partidos totalitarios, él solo pensaba en reconstruir el Estado. No obstante, antes de irme, le hablé de la juventud. «Si antes de morirme —me dijo— pudiera volver a ver una juventud francesa, sería...». El tono quería decir quizá: «... tan importante como la Liberación». Pero dejó la frase en el aire, y el ademán también. Tras haberme despedido de él, recordé un día de invierno, en las lindes del bosque de Colombey. Desde la entrada del cementerio donde se halla la tumba de su hija no se divisa ni un solo pueblo en toda la extensión que abarca la vista. Tendió el brazo, como acababa de hacerlo en aquel saloncito, hacia las lúgubres ondulaciones de la meseta de Langres y Argonne: «Antes de las grandes invasiones, aquí vivía gente».

En el automóvil que me llevaba de regreso, iba pensando en nuestro primer encuentro.

Apenas se le notaba ya el bigote, que se le había puesto gris, y dos hondas arrugas le prolongaban ahora la boca hasta alcanzar la barbilla. «¿Se ha fijado usted —me había dicho Balthus— en que de frente se parece al autorretrato de Poussin?». Había acabado por ser cierto. Es posible que la historia traiga consigo la máscara. La del general había adquirido con los años los matices de una aparente benevolencia, pero seguía teñida de gravedad. Parecía como, si en vez de expresar los sentimientos más hondos, se clausurase para mantenerlos a buen recaudo. Podía denotar cortesía y a veces sentido del humor. En tales casos guiñaba algo los ojos, que al tiempo se tornaban chispeantes, y, en vez de la densa mirada habitual, mostraba por un momento la del elefante Babar.

En nuestros días, conocer a un hombre significa ante todo conocer lo que hay en él de irracional, los aspectos que escapan a su control, los que este suprimiría de la imagen que de sí mismo tiene. En ese sentido, no conozco al general De Gaulle. «Conocer a los hombres para influir en ellos». ¡Infelices! Conocer a los hombres no basta; se influye en ellos por la coacción, la confianza o el amor. Pero mi prolongado trato con el general De Gaulle me había familiarizado con algunos de sus procesos mentales y con la relación que mantiene con ese personaje simbólico que él llama De Gaulle en sus *Memorias*, o, para ser exactos, ese personaje cuyas memorias ha escrito y en las que Charles no aparece nunca.

Quizá ese distanciamiento que me había intrigado cuando lo vi por primera vez se debía en parte a un rasgo que

Stendhal observó en Napoleón: «Dirigía la conversación... Y nunca dejaba una pregunta o formulaba una suposición al azar».

Pero no bien el emperador dejaba de desempeñar su papel (y a veces incluso cuando seguía interpretándolo), aparecía el Napoleón colérico o comediante, el marido de Josefina, el amante de las bromas traviesas. Toda la corte conocía esas facetas. Para los colaboradores del general De Gaulle, el hombre privado no era el que hablaba de asuntos privados, sino sencillamente el que no hablaba de asuntos de Estado. No se consentía a sí mismo ni la impulsividad ni la dejadez; toleraba sin desagrado, durante las recepciones o en algunas ocasiones que él escogía, una charla superficial; la seguía de buen grado, pero se trataba de simple cortesía, y la cortesía era un elemento integrante de su personaje público. A Napoleón le tenían pavor sus vecinas de mesa; a las del general, este les parecía distante y «encantador» (encantador equivalía a atento), pues aquel hombre, incluso si les preguntaba por sus hijos, seguía siendo De Gaulle. Y es bastante infrecuente que en las biografías de los hombres que han hecho la historia de nuestro país no aparezca más mujer que la esposa... Todo ello casaba bien con el Gran Maestre de los Templarios que me había recibido hacía años en el Ministerio del Ejército, pues tan gran benevolencia es fruto del sacerdocio, y no al revés. Todos, a excepción sin duda de su familia, veían en él el cortés reflejo de su personaje legendario.

Algún día quedará claro que a los hombres se los puede clasificar tanto por su forma de recordar como por su forma de ser. Varían las profundidades, y las redes, y las presas... Pero el recuerdo más hondo no surge necesariamente en las conversaciones, y aquel hombre, cuya buena memoria era bien conocida y cuyo pasado pertenecía a la historia desde hacía dieciocho años, parecía dialogar en secreto con el futuro, no con ese pasado. Solo lo oí hablar de sí mismo en dos ocasiones, y ambas con motivo de un fallecimiento. Tampoco lo he oído hablar mucho de los demás: algunas palabras referidas a Churchill y a Stalin («Era un déspota asiático y le gustaba serlo»), media línea sobre Roosevelt («un patricio demócrata»). Los retratos que trazaba durante sus charlas eran bustos, y lo mismo sucede en sus *Memorias*. Pensaba en los hombres de la historia en función de sus obras, y es posible que pensara en todos los hombres en función de las obras que los creía capaces de llevar a cabo. Las charlas en las que he participado se desenvolvían, en cuanto dejaba de lado los acontecimientos de actualidad, en el terreno de las ideas o en el de la historia. La vida rompía como un mar revuelto en torno a sus palabras, y solo un acento de amarga experiencia la evocaba. Nunca afloraba el monólogo interior; el ámbito de las referencias, de las comparaciones (¡cuán significativo resulta un ámbito de referencias!) era histórico, con frecuencia literario y de tono irónico, nunca relacionado con la religión. Le atribuían la siguiente frase, durante la audiencia pontificia: «Y ahora, Santidad, ¿le parece que hablemos de Francia?». No obstante, ese carácter tan peculiar que posee el retrato que de Stalin traza en las *Memorias de guerra* procede del recuerdo del dictador diciéndole: «En último término, la única que acaba por triunfar es la muerte...».

Escribió en su momento que ese personaje que aparece en las *Memorias* y no tiene sino apellido nació de las aclamaciones con que lo acogieron al regreso, y que no le parecieron dirigidas a su persona. Pero su libro no es un libro de memorias al estilo de las *Confesiones*, ni al estilo de Saint-Simon. Lo que el autor no incluyó en ellas en lo tocante a sí mismo (a Charles, para empezar) no es menos significativo que lo que decidió contar. La obra, al igual que los *Comentarios* o que la *Anábasis*, en los que César y Jenofonte hablan de sí en tercera persona, es el relato de una acción histórica que refiere el mismo hombre que la llevó a cabo. Su protagonista es el protagonista sin nombre de *El filo de la espada*. A algunos les ha asombrado el carácter profético de este libro, más revelador del futuro de un hombre que del de unos acontecimientos, retrato de un personaje de Plutarco, imaginaria creación de esos mismos valores que incluyeron en la historia el destino del personaje, lo que explica el parecido. No cabe duda de que la mayoría de los protagonistas de la historia, así como la mayoría de los grandes artistas, acaban antes o después por desdoblarse. Napoleón no es Bonaparte; Tiziano no es el conde Tiziano Vecellio; y es muy probable que, cuando Hugo pensaba en aquel al que dio al principio el nombre de Olympio, lo llamase Victor Hugo. Las futuras estatuas mandan ya en aquellos que van a merecerse una estatua, aunque sea a su pesar. A Charles lo fue forjando la vida, y a De Gaulle el destino, de la misma forma que a Victor lo forjó la vida, y a Hugo el genio. Pero la obra, ya sea destino o genio, procede de algo que es anterior a ella y que, al igual que la vida, da con la oportuna coyuntura; la obra maestra da fe de que existe el genio, pero el genio no da fe de que existirá algún día una obra maestra. Lo más seguro es que la mayoría de los seres humanos estén desdoblados, pero solo ellos lo saben. No obstante, el nacimiento de un personaje es más frecuente de lo que parece: es corriente ese desdoblamiento en las grandes figuras de la religión; y resulta patente en las estrellas de la pantalla, que pierden no solo su personalidad, sino también su rostro, que el cine metamorfosea. Y eso que estas efímeras Venus solo se encarnan en los

papeles que les ofrecen. Y no es el papel el que crea el personaje histórico, sino la vocación.

Todas las vocaciones despiertan odios, antimilitaristas o
anticlericales, que no provocan las profesiones. El estafador
no inspira los mismos sentimientos que el oficial cobarde, que
el sacerdote simoniaco o que el juez corrupto, porque los que
visten uniforme se convierten en usurpadores cuando resultan
ser infieles a su vocación. Todos sabemos que el combate tiene que ver con la forma de ser, pero es menos sabido que implica una organización concreta de la forma de actuar, que la
vocación elige junto con el combate.

Y el general De Gaulle, que apenas si era un militar, concebía la acción desde el punto de vista del espíritu militar, en
el mismo sentido en que se puede hablar de espíritu sacerdotal o jurídico. Pero los franceses, atrapados entre la ficción y
la sátira, entre D'Artagnan y Croquebol, habían acabado por
no reconocer siquiera ese espíritu. Pensar que Alejandro, César, Federico II y Napoleón no fueron más que unos matasie-
tes (como decía Anatole France) es cuando menos una frivo-
lidad. A Courteline le debemos que, pese a la batalla de
Verdún, ejército y cuartel hayan sido sinónimos hasta mediado el presente siglo. El oficial de carrera y culto, el profesor
de academia militar es una figura que les resulta mucho más
familiar a los alemanes merced a la tradición de Federico y el
Alto Estado Mayor prusiano; o a los ingleses, merced a sus
generales violinistas y gobernadores de Jerusalén, como Storrs.
De esa compleja herramienta que es el ejército, el francés solo
se ha fijado en la disciplina. Ahora bien, la disciplina no es
algo que pueda darse por hecho: lo primero que tuvo que hacer Bonaparte fue reinstaurarla en el ejército de Italia; y lo
mismo le sucedió a Pétain en Verdún. Y, aunque en Rusia y
en China la vocación militar haya vuelto rápidamente por los

fueros de la vocación nacional, ni la legión extranjera ni los regimientos de mercenarios del siglo en que vivimos son unidades nacionales.

Me parece que el espíritu militar tenía en el general una influencia honda y limitada, debido a que el ejército, cuando ingresó en él, no tenía más meta que el combate; y debido también a que parecía atribuir a dicho espíritu métodos de gobierno superiores a los civiles. Organizar la acción es la tarea primordial del hombre de Estado, y también la de Alejandro o César.

Los métodos más eficaces en este terreno fueron los del ejército y la Iglesia, que copiaron los partidos totalitarios e incluso, aunque en menor grado, las sociedades desarrolladas de carácter capitalista o comunista. Pero Napoleón no encomendó el gobierno de Francia a sus mariscales, sino que creó la administración civil más sólida con que haya contado nunca Francia. El general De Gaulle, tanto en 1958 como en 1944, quería crear un dispositivo que fuera provechoso a Francia en tiempo de paz, de la misma forma que un ejército moderno le hubiera sido provechoso en tiempo de guerra.

La manera de pensar del general había tomado de su formación militar algunos otros rasgos. Y antes que nada una concepción del Gobierno como herramienta de un combate en pro del desarrollo de Francia. Nunca pensó que Francia fuera un cuartel o un ejército, pero sí consideró a los comisarios del Gobierno provisional, y más adelante a los ministros, miembros de un Estado Mayor, y sobre todo consideró tiempo después a su colaborador más directo, ya recibiera el nombre de director del gabinete o el de primer ministro, un general en jefe del Estado Mayor.

Otro rasgo militar: el convencimiento de que la ejecución de una decisión, una vez tomada, no debe demorarse.

Porque la rapidez es parte integrante de la decisión; porque la liebre no volverá a saltar; pero sobre todo porque es imposible separar la decisión histórica del momento en que se ha tomado. Lo que explica aquella conversación con el general Juin:

—Si hubieras esperado —le decía este—, quizá habríamos contado con oportunidades más favorables.

—Sí. Pero Francia no. El futuro es muy largo...

Pues aquella aptitud para adoptar decisiones súbitas no se contradecía con determinadas predicciones que él sabía que solo habían de cumplirse en el futuro: el llamamiento del 18 de junio, la afirmación de que el Ejército Rojo era fuerte cuando estaba derrotado. Más adelante llegaron su apoyo inmediato a Estados Unidos en contra del envío de misiles soviéticos a Cuba; y su oposición a muy largo plazo a este mismo país en lo tocante al sureste de Asia.

Siempre intentó poner el tiempo de su parte, o más bien ponerse de parte del tiempo, en la medida en que el tiempo podía cooperar en el éxito de sus propósitos; y lo hacía no tanto como un militar cuanto como un labriego. Esperaba de la siguiente República que le proporcionase una continuidad de acción que hasta la fecha solo había existido —y de tan mala manera— en el Plan. El espíritu militar cree que el tiempo transcurrido, incluso el que exige la industria de guerra, forma parte de la preparación; el general cree que las palabras sirven para dar órdenes; son una herramienta para la acción. El general De Gaulle disponía la acción con vistas a un «gran propósito» variable, porque había que contar con los límites de lo posible, que también es algo variable. Se proponía llevarlo a cabo con todos los medios a su alcance. Era consciente de la influencia que podía tener en Francia y en el extranjero su personaje simbólico, pero se tomaba

muy a pecho estar en lo cierto y decir a los franceses qué había que *hacer por Francia*. Sus discursos y sus ruedas de
prensa nada tenían de carismático. Su fuerza residía —y sigue residiendo— en la autoridad, no en el contagio. «Nosotros y el enemigo», piensa el jefe militar. «Nosotros y el destino», piensa el dirigente histórico. El general De Gaulle
tenía el espíritu de este y casi todos los procedimientos de
aquel. No cabe duda de que no habría tenido inconveniente
en hacer suya la célebre pregunta del mariscal Foch: «¿De
qué se trata?». Me había sorprendido oír en el consejo de ministros, en el del RPF y en las audiencias cómo resumía las
ideas que acababan de exponerle. No tardé en darme cuenta
de que las pasaba por su propio filtro. En apariencia, enumeraba los encabezamientos de los diferentes capítulos de
la exposición, pero lo que enumeraba era la síntesis de los
puntos que él había dado por buenos; y dictaba instrucciones ateniéndose a las modificaciones que ello había aportado a su propósito inicial. La deliberación quedaba para las
cuestiones de primerísima importancia. Le era totalmente
ajeno el diálogo tradicional en cuestiones de Estado. Escuchaba a su interlocutor sin interrumpirlo. Si era menester, le
pedía luego aclaraciones; y, si procedía, le daba instrucciones. A algunos les decía, tras haber escuchado la exposición,
con tono de confianza pero no de confidencia: «¡Bueno!
Pues voy a decirle lo que me parece a mí». Se trataba de algún asunto de gran trascendencia, o referente a un jefe de
Estado. Y el interlocutor tenía que apañárselas en Washington, en Londres o en Moscú; o al día siguiente en Argelia, o en las instalaciones atómicas.

Creo que de las esperanzas de su decisión del 18 de junio le había quedado un regusto de tragedia. En el hotel, en
torno a aquella reaparición del destino, reinaba un zafarran-

cho de combate. Es posible que hace mucho tiempo Francia le hubiera parecido al general una «princesa de leyenda»; no obstante, yo tenía la convicción de que se sentía menos vinculado a la Francia de Austerlitz que a la agonizante Francia de 1940, a la Francia sonámbula que iba a volver a ver en el Parlamento. En cuanto cruzara la puerta, iba a toparme con la exaltación. Pero, al despedirme de él, me acordé de un proverbio árabe que me había dicho tiempo atrás: «Si te sientas a la puerta de tu tienda, verás pasar el cadáver de tu enemigo».

Las sesiones nocturnas del Parlamento tienen siempre un toque irreal, que le deben a esa luz de acuario, semejante a la de un día de nieve, que la cristalera deja caer sobre el tapiz de *La escuela de Atenas* y sobre la pirámide de las tres tribunas —la del presidente, la del orador y la de los taquígrafos—, cuyos bajorrelieves Imperio parecen gigantescos camafeos. No cabía un alfiler en el hemiciclo granate. Tampoco en las tribunas del público. La víspera Bidault había dicho a los diputados: «Entre el Sena y ustedes ya solo se interpone él. ¡Es el último paraguas contra la langosta!». No había venido el sosiego tras la amenaza, ni tampoco los nervios. ¡Sesiones históricas de la III República, relatos de Barrès, diputados abalanzándose hacia la tribuna, enfrentamientos entre Jaurès y Clemenceau, proclamación de la victoria de 1918...! Aquellos diputados sentados en sus escaños, aquel público apelotonado entre las altas columnas me parecían suspendidos en el tiempo, como si la secular película de la Asamblea Nacional se hubiera detenido en una imagen fija. La «declaración ministerial» de primera hora de la tarde se mezclaba con las enmiendas, con las explicaciones de voto, en la misma luz de acuario, en la misma sensación de irrealidad que venía del hecho de que nadie hablaba con el propósito de convencer a nadie. El general había dicho: «El Estado se deteriora cada vez más deprisa. La unidad francesa se ve amenazada de forma inminente. Argelia está sumida en una tormenta de conflictos y emociones. Córcega sufre un febril contagio. En la metrópolis los movimientos de tendencia opuesta son más fuertes y más activos cada hora que pasa. El ejército acusa los padecimientos de su cometido, tan cruento como digno de elogio, y se escandaliza ante la ausencia de poderes. Nuestra posición internacional retrocede incluso ante nuestros aliados. Esta es la situación del país. Precisamente en esta época en que Francia podría aspirar a tantas oportunidades y consideraciones, la amenaza la desmembración, y quizá una guerra civil». Ya conocíamos los argumentos de los adversarios, y también las líneas maestras del discurso del general. No me embargaba la indiferencia, sino una atención honda y vana, al acecho de lo imprevisible. Jacques Duclos parecía estar de guasa cuando defendía la democracia, pero Mendès France defendía principios que habían sido siempre el norte de su vida. Todos afirmaban que eran el pueblo, el Estado, Francia, y sin embargo todos sabían que el pueblo no saldría en su defensa. Temían que los coroneles llegasen a ser más fuertes que el general De Gaulle (todos sabían, como sabía yo, la consigna: «¡Viva De Gaulle!»; y: «¡Después de Naguib, Nasser!»); pero los coroneles *eran* más fuertes que el Parlamento. Y no era posible llamar fascista con un mínimo de seriedad a un Gobierno en el que tenían una cartera sus expresidentes, Guy Mollet, Pflimlin y Pinay. El fascismo supone un partido, masas, un jefe. Argel no tenía aún partido alguno, y París tenía demasiados. Se quebraban las alas de la historia contra aquella lúgubre cristalera tendida sobre un Parlamento, en el que las últimas sonrisas de la desdeñosa ironía parlamentaria se iban borrando de los rostros, cordiales o desencajados. El extenuado público contemplaba las sardónicas risas de los arúspices. Cuando, al final de su última intervención, el general dijo que, en el caso de que la confianza de la Cámara le permitiese cambiar nuestras instituciones mediante el sufragio universal, «el hombre que les está hablando lo considerará un honor que lo acompañará el resto de su vida», los aplausos señalaron el fin de la representación, y los señores Mitterrand y Pineau hablaron a telón corrido.

Los comunistas dijeron luego que se trataba de «la operación seducción, consecutiva a la operación sedición», olvidando que no es el general De Gaulle el único que sabe mostrarse encantador cuando lleva las de ganar. Concluida la sesión, el teatro (la Cámara de los Comunes es una sala, pero la Asamblea Nacional es un hemiciclo) se fue vaciando en silencio. Al marcharme, pasé ante una pobre mujer en bata y zapatillas que enarbolaba una escoba, y pensé que acaba de cruzarme con lo que en tiempos de Fleurus se había llamado la República.

Era fácil prever cuál iba a ser la reacción de los activistas de Argel ante un Gobierno en el que Guy Mollet era ministro de Estado y al que no pertenecía Jacques Soustelle. Unos cuantos ministros parlamentarios habían colaborado con Guy Mollet y Pierre Pflimlin para mantener un agotador contacto permanente con las asambleas; ambos habían acudido sin afeitar, a eso de las nueve de la mañana, a la última reunión del hotel Lapérouse. Esa noche el general presentó su Gobierno, según dispone la costumbre, al presidente de la República. Las luces del Elíseo eran mortecinas y prestaban al palacio el mismo aspecto irreal que me había llamado la atención en la Cámara. Y mientras el presidente Coty, animado y locuaz, dispensaba un tra to afable a la señorita Sid Cara, algo intimidada en su ministerial papel, un rayo digno de Shakespeare fulminó uno de los altos árboles del parque e hizo surgir de la penumbra por unos segundos al general De Gaulle en medio de sus petrificados ministros.

La estabilización no planteó dificultades, de la misma forma que no se las planteaba la guerra a Napoleón. La Constitución, en cambio, hubo de tratarse en múltiples consejos, que a menudo se reanudaban durante la noche.

—¿Le resulta entretenido? —me preguntó un día el general al salir.

—Pues sí, bastante...

Yo no creía que ni el siglo XX ni Francia pudieran presenciar el nacimiento de una Constitución en un clima de respeto digno de Roma, como la de Estados Unidos. Y pensaba que una Constitución que convertía el referéndum en sistema de gobierno iba a ser una Constitución para el pueblo, y no que el pueblo fuera a ser para la Constitución. Un intercambio de frases entre Guy Mollet y Antoine Pinay, que no tardaba en cargarse de tensión, abría las deliberaciones sobre los artículos «sociales». Todo aquello acabaría por pasar, como la sesión nocturna de la Cámara, tan parecida a su reloj parado; como la brusca aparición de los ministros en la instantánea azulada del rayo. Pero yo seguía con gran interés el juego de aquellas fuerzas antagonistas, tan diferentes de las embriagueces revolucionarias; y también la forma en que el general las iba contrapesando. Eso era lo que me resultaba «entretenido». Y lo que también le resultaba posiblemente entretenido a él, al margen del tesón con que estaba construyendo, con aquellas astillas, el pedestal en el que pretendía volver a colocar a Francia. Desde mi asiento en el Consejo podía ver la rosaleda, cuajada de rosas de junio tan parecidas a las de la derrota. (En 1945 solo había visto lluvia y nieve). El 4 de septiembre, en la plaza de la República, el general expuso la nueva Constitución. Por encima de la muchedumbre alzaban el vuelo globos infantiles de los que colgaban tremolantes banderolas que afirmaban que el fascismo no pasaría. Y pocos días después, el señor Le Troquer, presidente de la Asamblea, aseguró a la delegación vietnamita que el general De Gaulle no conseguiría ni un veinticinco por ciento de los votos del referéndum.

4

Tras el referéndum, los departamentos de ultramar pasarían a pertenecer a la comunidad o se declararían independientes. Los prefectos se mostraban pesimistas. Aimé Césaire, diputado por la Martinica y alcalde de Fort-de-France, no se había decantado aún por ninguna postura. El general De Gaulle, que en esos momentos no podía ausentarse de Francia, me envió en representación suya.

—¿Por qué ir a Guayana —le pregunté—, si el prefecto asegura que está perdida?

—Es el último territorio francés en América... Y además hay que ir porque parte el alma.

Era la primera vez que le oía esas palabras, y no tardé en comprender por qué las había dicho.

Empecé por la isla de Guadalupe. Llegué por la mañana a la prefectura de Pointe-à-Pitre, un edificio de verandas con un pequeño jardín de plataneros en el centro, puertas de vaivén y de media celosía, ventiladores en el techo: el universo del islote

Gorée, de las Costas de Marfil y de Oro de antaño, como si la trata de esclavos hubiera trasladado hasta allí, junto con los negros, las antiguas casas coloniales. Venían conmigo algunos de mis colaboradores, entre ellos Trémaud, inspector general de la administración, al que nombrarían poco después secretario general de los departamentos de ultramar. Era un alto funcionario liberal e inteligente cuya mujer había muerto, siendo él prefecto de Estrasburgo, al abrir un paquete bomba. Nada más llegar, nos presentaron numerosas quejas y peticiones, colocamos ramos de flores ante los monumentos, asistimos a los plenos de los ayuntamientos y recibimos a los opositores del Gobierno. Lo que esperaban de la metrópolis no siempre era sensato, pero, al recorrer los barrios pobres de la ciudad —y la mayoría lo eran—, comprobé que tenían cierto derecho a la insensatez. Los de abajo porfiaban mucho y no hacían casi nada; los de arriba prometían mucho y no hacían nada en absoluto. La persona de más peso con la que hablé fue el líder de los estibadores, un sindicalista seguramente de afiliación comunista. El prefecto, que era desde luego un buen prefecto y sin duda alguna un hombre bueno, solicitaba en vano recursos para poder actuar. No iba a resultar fácil poner orden en todo aquello, pero ya iba siendo hora de hacerlo. En ninguna parte se le han debido de brindar nunca a Francia tantas abnegaciones desaprovechadas. En lo tocante al referéndum, los antillanos querían votar que no para dejar constancia de su descontento, y que sí para seguir siendo franceses. Era algo así como plantearle la independencia al departamento de Lozère.

Al caer la tarde, todos los vecinos se reunieron en la plaza para escuchar los discursos; en las ventanas había mujeres con pañuelos de madrás en la cabeza, y en los árboles, racimos de niños. Detrás del quiosco de música daban vueltas risueños caballitos de madera hechos a serrucho cien años atrás. Lo que solemos llamar política (ningún cargo electo de las Antillas era gaullista) no tenía mayor importancia. Las únicas bazas eran el llamamiento de Francia y la confianza que inspiraba el general. Era la primera vez que hablaba ante una muchedumbre negra, y sentí cómo su trémula quietud se iba acoplando al ritmo del discurso de la misma forma que se acoplan sus bailes a la música.

Nos alojábamos en el antiguo palacio del gobernador, al otro lado de la isla. Cuando arrancó el cortejo (motoristas, prefecto, etc.), era ya de noche. Cruzamos por aldeas ciegas, con negras palmas recortándose en la noche luminosa y cimitarras de luna sobre las curvadas hojas de los plataneros. La radio empezaba en aquellos momentos a retransmitir los discursos. De aldea en aldea se encendían las ventanas, y las puertas, que se abrían a nuestro paso, proyectaban hacia la carretera frases que a veces recibían con aplausos en los bohíos. Ahora eran frases mías, y me sonaban muy raras, porque parecía como si estuviesen llegando al mismo tiempo que nosotros y porque no solemos reconocer la propia voz cuando la oímos por radio: «... el hombre que, durante el nefasto letargo de nuestro país, conservó el honor como si de un sueño invencible se tratara...».

Tiendas, bohíos.

Frases ininteligibles.

Negros en fila india.

Una aldea. Oía párrafos enteros porque en casi todas las casas estaba la radio puesta: «Encarándose con uno de los mayores desastres de nuestra historia, en medio de la noche que seguía lanzando a nuestras carreteras el interminable éxodo de los carros campesinos, que avanzaban sobre el telón de fondo de los incendios, se alzó una voz y proclamó, contra viento y marea...».

La selva, las palmas, el silencio. El olor de las flores en la oscuridad.

Un pueblo. Sombras de blancos ojos movían las manos en el haz de luz de nuestros faros. La policía apartaba camiones que habían cortado la carretera para abrir paso a una casa pequeña colocada en una plataforma de la que tiraban caballos.

«Corría Francia un gran peligro; la unión francesa estaba a punto de romperse en mil pedazos. El general De Gaulle ha ahuyentado definitivamente la guerra civil, ha conseguido que se apruebe la Constitución de la que va a nacer la comunidad francesa, ha hecho renacer la confianza, ha garantizado la estabilidad del Gobierno. En menos de cuatro meses la República ha vuelto a mostrar a Francia un rostro esperanzado; en pocas semanas ha vuelto a mostrarle al mundo un rostro orgulloso...».

La casa tirada por caballos acababa de pasar, y la carretera quedaba expedita.

«Sin renunciar ni a una sola de las libertades fundamentales. Ni siquiera a la libertad de...».

Petit-Bourg, Goyave, Capesterre, Bananier, Trois-Rivières...

Otra vez la selva. Y el grandioso estruendo de invisibles cataratas.

Con las radios pisándonos los talones, cruzamos las últimas aldeas entre vítores. Y llegamos al fin a la que había sido antaño mansión de un gobernador de las islas. Raudales de buganvillas a la luz de los faros; por encima de la chirriante voz nocturna de los grillos se alzaba la más melancólica de las canciones criollas:

Adiós, adiós, collares lindos,
pañuelos, sedas y madrás.
Ay, que se fue mi amor tan dulce.
Ay, que ya nunca volverá...

La escribió un gobernador de tiempos de Luis XV al que abandonó una mulata en cuya boca pone su propio dolor. Preciosas cantantes de ritmos *biguines*, que nos estaban esperando en los amplios corredores, seguían entonando la triste canción: «*Gobernador, muy buenos días...*», y en el comedor, esperándonos, el obispo morado y negro, solo en el centro de la herradura de una mesa blanca de treinta cubiertos. A su espalda, en todas las puertas vidrieras, abiertas de par en par, rielaba la luna en el mar Caribe.

Martinica no resultó menos sorprendente. Para llegar a Saint-Pierre, la antigua capital, hay que cruzar una montaña en la que, tras las lianas amazónicas, viene una zona de abetos; se llega luego a una ciudad que parece haber destruido algún maleficio. No queda tejado alguno; todo está abandonado, pero no hay destrozos. Calles desiertas, sin puertas ni ventanas, llegan hasta las estribaciones de la Montaña Pelada. Ni cenizas ni lava; solo unas escaleras de apolillada piedra que trepan hacia el indiferente cielo. En lo que un día fue la calle mayor, un museo fantasma por el que me hizo de guía un conservador fantasma. Allí sí había lava; y, presos en esa concha, objetos humildes y estrafalarios. Parecía una Pompeya en la que, en vez de una lámpara de la Antigüedad, se exhibiera un molinillo de pimienta y, en vez de una calle romana, un callejón sin salida como los que rodean las fábricas de los suburbios, con su cortejo de chabolas y solares. Aquellos objetos, corroídos como los troncos que el mar arroja a la orilla, parecían los juguetes de los espíritus del volcán; los presidía desde lo alto una rosa de arena, reina de aquella maléfica corte.

Había postales del museo Tascher de La Pagerie. Otra mansión de las islas, y ruinas. Yo había visto a las viejas adivinas hablando al oído a las «pollitas». ¿Fue aquí donde la joven Rose, que aún no se había convertido en Josefina, tendió la mano a la quiromante? Aquellas palabras, «Más que reina...», se perdían en la desolación arrastradas por el viento del océano.

En cada aldea me ofrecían flores, y yo las colocaba ante el busto de la República. A veces no había República, pero sí un Schœlcher de escayola. Aquí el viejo enemigo de la esclavitud era otro símbolo de la libertad...

En Fort-de-France habló Aimé Césaire antes que yo. Me recibió en el ayuntamiento con las siguientes palabras: «Saludo en usted a la gran nación francesa, por la que sentimos un enorme cariño». La plaza era espléndida, inmensa, y estaba abarrotada de gente, como si se tratara de una fiesta importante. Se veían filas de vestidos claros en la paz de la tarde, que caía sobre el mar. Todos se quedaron quietos. Césaire concluyó su presentación: «¡Sea usted el embajador de la esperanza recuperada!».

Empecé leyendo el mensaje de De Gaulle: «Cuando André Malraux os transmita mi saludo, os hablará también del recuerdo que de vosotros conservo y de la soberbia acogida que me brindasteis en 1956. Toda Francia recuerda la gloriosa parte que os corresponde en las victorias de las dos guerras mundiales».

Mi discurso avanzaba como el de Guadalupe. Y se produjo el mismo encuentro, más hondo aún, porque ahora ya sabía de qué hablaba, porque pensaba en las aldeas que nos escuchaban (uno de los organizadores me había dicho: «No olvide que aquí retransmitimos en directo, y que al final es costumbre cantar «La Marsellesa»), y porque la plaza era tan grande que me costaba abarcarla entera en la penumbra del atardecer. Ni un rumor se alzaba desde la multitud, que, al ir elevando yo el tono de voz, se daba cuenta de que el discurso estaba a punto de acabar.

«La metrópolis, que antaño prefirió las Antillas a Canadá, que vio caer a mi lado a los antillanos en la batalla de Estrasburgo, no abandonará a las Antillas. Y creo, como también lo cree el general De Gaulle, que hoy como ayer Martinica quiere seguir siendo tan francesa como yo.

»¡A vosotros os pongo por testigos en este día que ahora concluye, a vosotros, que fuisteis ayer compañeros míos en el combate, y quizá lo seáis para siempre! ¡Supervivientes de la Primera Guerra Mundial, supervivientes del batallón de las Antillas, que peleasteis codo a codo con mis compañeros de Dordogne, sé que vais a decir que sí, como lo habrían dicho los que cayeron en aquella lucha!».

Los proyectores pasaban por encima de la muchedumbre, sumida en la penumbra del anochecer, e iluminaban los altos troncos y las paredes cubiertas de carteles: NO.

«¡Vosotros, que escapasteis de la isla en 1940; vosotros, marinos de nuestras fuerzas navales libres; y vosotros, supervivientes de aquel batallón del Pacífico al que tanto le tocó sufrir cuando ganamos juntos la segunda batalla del Rin, sé que vais a decir que sí, como lo habrían dicho los que cayeron en aquella lucha!

»¡Hombres y mujeres, sé que vais a decir que sí como se lo dijisteis, hace dos años, a ese hombre que piensa que vuestro inolvidable recibimiento supuso para él la compensación de tantos olvidos!».

La noche había caído del todo, y de ella subió ese clamor que celebra las victorias en los estadios.

«Cuando la radio empezó a retransmitir "La Marsellesa" del aniversario de la República, los que la estaban oyendo en los hogares de Francia se pusieron de pie. Nosotros vamos ahora a cantarla juntos. ¡Franceses de Alsacia y de Royan, cuando nos oigáis, poneos de pie en todos esos pueblos en los que murieron los hombres de Martinica! ¡Poneos de pie, ciudadanos de Martinica, en las casas de las llanuras y de los cerros!».

Delante del podio había unas treinta filas de sillas, y me di cuenta de que todos los oyentes acababan de levantarse. Los que ya estaban de pie empezaron a cantar una «Marsellesa» lenta, como aquella «Internacional» que había oído antaño en Moscú mientras llegaba poco a poco desde San Basilio un creciente hervidero de banderas de terciopelo granate. Pero «La Internacional» cantada despacio se convierte en una melopea, mientras que el refrenado impulso de aquella «Marsellesa» parecía vibrar: «*Entendez-vous, dans nos cam-pa-gnes...*». Hasta que brotó con fuerza: «*Aux armes, citoyens!*».

Era el alarido de la libertad negra, el de los combatientes de Toussaint Louverture y de la eterna sublevación campesina, trenzado de forma inseparable con la esperanza revolucionaria, con la fraternidad física. Había vivido algo semejante una única vez, hacía casi quince años, en una cárcel. Césaire y yo bajamos del estrado hacia la muchedumbre nocturna; solo divisábamos sus ondulaciones, pues aún nos cegaban los proyectores, que cruzaban sus haces de luz por encima del podio, de los árboles y de los NO. La primera estrofa reanudaba su solemne avance: «*Allons enfants de la patrie...*». Nadie se iba, todo el mundo marcaba el ritmo del canto guerrero con un golpeteo lento de los pies, que lo acompañaba como un sordo tam-tam y lo hincaba en la tierra como se hincan en el río las canciones de los remeros. «*L'étenda-ard sanglant est levé!*».

Nunca había oído un coro de veinte mil voces, ni aquel golpeteo de pisadas que parecía dar testimonio de la tierra: los bailes europeos resbalan por el suelo, no lo golpean como martillos. Césaire y yo avanzábamos juntos por la avenida que cruzaba la plaza, que se iba vaciando despacio, pues parte de la muchedumbre intentaba cruzarla en diagonal para salirnos al encuentro, mientras que la otra parte nos seguía. En aquella «Marsellesa», en la que corrientes de voces giraban como remolinos, se ponían de manifiesto los encuentros que iban mezclando a la gente, entre la oscuridad de la noche, por debajo de los proyectores. Cuando al fin llegamos a la calle que bordea la plaza y entramos en la luz de los faroles, predominó durante unos segundos sobre el canto un ininterrumpido grito de «Viva De Gaulle, viva Césaire, viva De Gol, viva Ce-ser», que fue rodando como una ola desde la invisible inmensidad del mar hasta el centro de la ciudad. En las ventanas se apiñaban las cabezas tocadas con el pañuelo de madrás; caminaba ante nosotros, de espaldas, un tumulto que acompañaba con palmadas las voces entre las que nos íbamos internando y las que íbamos dejando atrás, perdidas en el rítmico clamor de la multitud. «Están celebrando un *videh* por todo lo alto», me dijo Césaire. El *videh* es la fiesta que conmemora la muerte del carnaval, durante la cual se quema su efigie: la isla en pleno baila entonces en corro alrededor de personajes disfrazados de diablos. A lo mejor... Cuanto me rodeaba era la fiesta milenaria en la que la humanidad se libera de sí misma; la ceremonia de los hombres león, que había visto muy de pasada en África; los hombres pintados del Chad, que consiguen que entren en trance diez mil espectadores en la plaza sin límites de Fort-Lamy. Césaire, que repartía amistosos saludos al pasar, sabía que nosotros habíamos desencadenado ese frenesí, pero que no éramos sus protagonistas, pues iba dirigido a un ser sobrenatural, que era al general De Gaulle lo que la República es a su presidente: un intercesor entre la vida humana y el mundo desconocido, entre la miseria presente y la dicha futura, y sobre todo entre la soledad y la fraternidad. Yo había presenciado ya en Europa suficientes manifestaciones de frenesí como para que no me extrañara verlas en otros lugares, pero nunca me había topado en Europa con esa transición de la exaltación política a una embriaguez tan sobrenatural como aquella, a un ritmo tan delirante como aquel, que me había parecido en la plaza un testimonio de la tierra. Era una danza, pero no como el esparcimiento europeo ni como el ballet ritual asiático; era una posesión. «¡Viva Ceser! ¡Viva De Gol!». Nos costó llegar a la prefectura. Y, mientras circulaban las copas de champán entre rendibúes a la europea, el clamor ternario de la esperanza parecía colmar la isla para sorpresa de los navegantes que pasaban cerca de la costa, como la voz de los antiguos dioses.

Parecía, pues, que todo iba a ir bien en Guayana. El avión fue de escala en escala por la costa del Caribe y pasó luego sobre la selva que se interna tierra adentro hasta el Amazonas. Sobrevoló la Isla del Diablo y dio vueltas por encima del aeródromo. Yo había leído hacía tiempo reportajes sobre Cayena y el presidio, que ya no existe. Esperaba encontrarme con un infierno de polvo completamente abandonado, pero lo que veía eran casas coloniales recién construidas, mucho menos humildes que los bohíos de Martinica, y una extensa avenida color arena. Delante de la terminal, de paredes de madera, me esperaban unas niñas con trajes típicos y ramos de flores tan prietos como los de la India, también salpicados de gotitas. Detrás de ellas, bellezas locales en una carroza floral, en la que algo parecido a un asa podía querer representar tanto un arco de triunfo como una cesta.

El prefecto me recibió en un lujoso Cadillac. Hasta el momento los funcionarios (como en París los ministros) solo disponían de Citroën. Hablamos de la organización del discurso que iba yo a pronunciar unas horas después. O, mejor dicho, yo hablaba de la organización, de los micrófonos, del servicio de orden, de la situación política, y él me respondía hablándome de recepciones. Era posible que durante el discurso se manifestaran «unos cuantos alborotadores». Lo mejor sería no darse por enterados. Acto seguido pensaba dar una gran fiesta. Toda la colonia estaba invitada a la prefectura. «Me gustaría mucho, señor ministro, que consintiera usted en recibir en primer lugar a las jerarquías eclesiásticas. He dispuesto un pequeño cóctel en un salón aparte. Es una pena que el obispo no haya regresado aún de Francia; y el pastor principal, que, por cierto, forma parte de mi administración, ha ido en viaje oficial a Saint-Laurent-du-Maroni; aunque no es tan importante, por supuesto. Al menos contaremos con la presencia de varios sacerdotes y del venerable De la Loge. Y además he invitado al rabino». Tenía serios problemas con el bufet. Yo, pasmado pero un tanto distraído, observaba entre los campos tirados a cordel las bonitas casas coloniales, que me habría gustado encontrar en las Antillas, y las ruinosas chozas. Un quiosco de música y una República de la *Belle Époque*; un rótulo: ABACERÍA. SE COMPRA ORO. Y calles perpendiculares llenas de jazz y de borrachos. Cruzamos la plaza de Félix-Éboué, donde se alza el único monumento de Cayena digno de tal nombre; allí iban a pronunciarse los discursos. Los jesuitas plantaron en ella palmeras que tienen doscientos años y se cuentan entre las más hermosas del mundo. No es en realidad una plaza, pues apenas si se divisan las fachadas de las casas que le prestan inconcretas fronteras, sino una gigantesca columnata de palmeras

reales, en una comarca donde el viento inclina los desmelenados cocoteros. Los chales y los pañuelos de madrás, en tonos pastel, parecidos a los de Martinica, empezaban ya su ballet crepuscular.

La prefectura, que parecía un convento al que hubiesen
cambiado las puertas para poner otras de vaivén y media celosía, estaba en otra plaza. Los líderes de la oposición habían solicitado verme. Les mandé recado de que los recibiría antes del
discurso, en cuanto llegasen a la prefectura, lo que causó una
amarga contrariedad al prefecto; debía de haberle estropeado
otro cóctel, esta vez sin clero.

En el trayecto desde el aeródromo mis colaboradores habían recogido información suficiente para poder decirme que
solo contaba uno de los líderes de la oposición. Se trataba de
un mestizo, Catayée, que pensaba presentarse a las próximas
elecciones y era un orador histérico y elocuente, y miembro
de la Orden de los Compañeros de la Liberación.

No contaba ni con verme a solas ni con que abriese la conversación con el «Mi muy querido compañero» de rigor. La
prefectura era para él la residencia del enemigo, y el prefecto,
la encarnación del Mal. Pero no parecía ingenuo; más bien alguien dispuesto a atacar o a salir huyendo, un profeta acorra-
lado, como se dan tantos en los comienzos de las revoluciones,
parecido a Lumumba, pero aún no sabía nadie quién era Lumumba.

—Ha abierto usted una clínica para madres solteras, ¿no?

—¡Todas son madres solteras! Yo admito a las que más lo
necesitan.

—¿Era usted médico?

—No; enfermo. Pero ya verá cómo consiguen cerrarme el
hospital.

—No lo creo.

—Dirán que mis médicos no son tan médicos como deberían ser... Se inventarán abortos... Y a veces no tendrán ni que inventárselos... Aquí... ¡ya se puede usted imaginar!

—¡No creo que le cierren el hospital!

—¡No los conoce usted!

—Ya los conoceré. Pero no le cerrarán el hospital.

—¿Usted cree que el gran Charles está enterado de lo que pasa por estas tierras?

—Al menos va a enterarse de lo que usted me cuente. Precisamente por eso le escucho.

Me miró, se puso de pie y comenzó a andar con las manos a la espalda.

—Pedí verlo porque pensaba que no me iba a recibir. Pero desde hace un rato me pregunto si no conocerá usted la administración tanto como yo. No a fondo, por supuesto...

—¡Cámbiela!

—¿Con qué?

—He oído que quiere usted presentarse a las próximas elecciones legislativas. En un país como este, un diputado puede hacer muchas cosas.

—¿Y es usted quien me dice que me presente?

—Puede usted pensar que existe una nación guayanesa y que tiene que seguir adelante ella sola. En ese caso hay que votar que no; y creo que, en cuanto lleve sola algún tiempo, caerá en una tremenda miseria. Pero no se preocupe, que no se quedará sola, siempre salen aficionados. Y también puede usted pensar que Guayana es tan francesa como las Antillas, y que Francia la ayudará a desarrollarse. En ese caso hay que votar que sí y actuar desde dentro. Césaire no es adicto al Gobierno...

Lo que lo perturbaban no eran mis argumentos, sino los sentimientos que despertaban en él.

—Pero ¿se imagina que mis pancartas digan algo así como FRANCIA SÍ, PREFECTO NO?

—No sé cómo es su prefecto, pero coincidiría con lo que piensa el cuarenta por ciento de los franceses... Y tendría más sentido común que ABAJO FRANCIA. FIRMADO: UN COMPAÑERO DE LA LIBERACIÓN.

—¿Por qué?

—Porque la primera pancarta diría lo que usted piensa en realidad, y la segunda, no.

El introductor se había asomado ya dos o tres veces por la rendija de la puerta. Catayée me tendió la mano.

—Tengo que pensármelo. Pero la verdad es que es la primera vez que me hablan como si estuviéramos en Francia.

Se fue. En su vocabulario no aparecían ni internacionales ni proletariados. Fuera cual fuese su etiqueta, era un hermano más o menos lejano de los revolucionarios de la Comuna. Trémaud acudió para anunciarme, con rapidez y discreción, que la cosa tenía muy mal cariz. Luego recibí a unos cuantos comparsas. Y fuimos a la plaza de Félix-Éboué.

Habían montado las tribunas en el centro de la zona sur. Como entramos por un lateral, tardamos unos minutos en llegar hasta ellas. Muchachas tocadas con el pañuelo de madrás y ataviadas con vestidos de vivos colores nos sonreían al pasar. Pero, mientras que en las Antillas me habían lanzado por el camino algún que otro «¡Viva De Gaulle!», aquí solo me topé con el silencio. Y había algo onírico en aquellas motos y aquel automóvil tan largo que avanzaba sin hacer ruido entre una muchedumbre multicolor que se volvía a cerrar en la oscuridad.

Las tribunas —gradas donde se sentaban los personajes importantes— rodeaban la del orador, que era una garita. Detrás había focos de cara al público, que lo iluminaban en un radio de cincuenta metros; más allá ya no se lo podía divisar, como había sucedido momentos antes, al ir saliendo del haz de nuestros faros. (Supongo que a nosotros debían de iluminarnos focos orientados en sentido contrario). En la tribuna alguien me presentó, en medio de un distraído murmullo. Me fijé en que aquí y allá se veían pequeños carteles que decían «Viva Francia», que enarbolaban las niñas disfrazadas que me habían llevado flores al aeródromo. Aquel ambiente de círculo parroquial casaba mal con la muchedumbre desasosegada y tensa.

Llegué a la garita.

Mis argumentos eran los mismos que en las Antillas. Cuando acabé el primer párrafo, aplaudieron grupos pequeños, perdidos entre el tremendo silencio. Pensé que se trataba de grupos organizados. A algunos los ocultaba la oscuridad, pero otros estaban en la zona iluminada. Tras el segundo párrafo los aplausos fueron más numerosos, aunque seguían perdidos en una inmensidad que ya no estaba en silencio, sino que charlaba. Los altavoces no funcionaban, salvo unos cuantos bajo los que intentaban agruparse varios cientos de personas, perdidas entre diez mil. Empecé a hablar a gritos, pero muy despacio, como hacía en los tiempos en que no había micrófonos, pero me hallaba a mayor altura que la muchedumbre, y no hay discurso que pueda oírse más allá de un radio de trescientos metros. Entonces, a plena luz, empezaron a ascender por encima de las cabezas, por encima de los sí, unos letreros donde ponía NO; muy despacio se desplegaron dos pancartas de veinte metros de largo, con un palo en cada extremo: ABAJO —la muchedumbre se iba apartando, asustada— EL FASCISMO.

Y luego: ABAJO DE GAULLE. Y luego: ABAJO FRANCIA.

Aún me quedaban fuerzas para vociferar: «¡Si lo que queréis es la independencia, votadla el día 28! ¿Quién os había dado ese derecho antes que De Gaulle?».

Las personas a quienes les llegaba mi voz aplaudieron. Y la muchedumbre se apartó de los que llevaban los palos de las pancartas. Más atrás empezaba el jaleo. Gritos a lo lejos, hacia la derecha: unos manifestantes intentaban rodear al servicio de orden para atacar las tribunas. Luego oí gritos muy cercanos y se hizo el vacío alrededor de mi garita. Me silbó en el oído izquierdo un proyectil brillante, chocó con fuerza contra el tabique del fondo y cayó a mis pies. Lo recogí y lo alcé por encima de mi cabeza mientras proseguía el discurso. Se trataba de un arma que nunca he vuelto a ver: una tabla de cuarenta centímetros con un clavo enorme con la punta hacia arriba. Me tiraron otras cuantas. Si quienes las arrojaban se hubieran acercado más, les habría sido fácil acertarme. Mientras seguía pronunciando el discurso, observaba con atención el servicio de orden: entre los que tiraban las tablas y yo se interponían las niñas que me habían dado los ramos de flores, y a la derecha, unos boy-scouts. Estos se iban acercando, y los seguía, gesticulando, una turbamulta negra que vacilaba como si temiera la luz. Los que llevaban las pancartas no avanzaban. Los lanzadores de clavos tampoco. Debían de ser pocos. Se me acercó uno de mis colaboradores:

—¡El prefecto le aconseja que se retire!

—¡Hasta ahí podíamos llegar!

Cayeron a mi alrededor algunos clavos. Nadie podía oírme en aquella algarabía que había sucedido al silencio. Pero la muchedumbre ya no estaba escuchando, sino mirando.

—Catayée tiene un micrófono potente —dijo mi colaborador— y pregunta que si quiere que se lo traiga.

—No...

El micrófono no habría cambiado las cosas. Todo el sistema de altavoces era un desastre. No cabía duda de que aquella marea de asaltantes, que avanzaba y retrocedía en la frontera

de la luz y estaba a punto de romper como una ola, la formaban en parte hombres de Catayée: no le había dado tiempo a
anular las consignas. Y yo no tenía intención alguna de poner-
me bajo su protección. La gesticulante masa invadía cada vez
más la zona de luz, mientras que los ABAJO FRANCIA seguían
sin moverse, como los indiferentes anuncios de los estadios,
que presiden las competiciones desde lo alto. Aquella masa no
era la del combate político, no la formaban militantes codo
con codo, sino borrachos asesinos. Recordé la primera novela que había leído: *Georges*, de Alejandro Dumas. Los esclavos de la Isla de Francia se sublevan y están a punto de atacar
a las tropas del rey; pero los plantadores les lanzan, rodándo-
los por una calle en cuesta, toneles de arac, y todo se resuelve
en francachelas y matanzas. Ahora, en vez de eslóganes, se
oían gritos desaforados. Se estaba preparando un *videh* como
el de Martinica, pero el muerto no iba a ser el carnaval. Un negro cogió por la cintura a una de las niñas que seguía enarbolando valientemente su letrero, VIVA FRANCIA, y la mandó de
un volteo a la zona de sombra. Luego hizo lo mismo con otras
tres. Entonces fue cuando entró en la zona de luz, titubeante
y cegado, un cortejo de desencajados rostros. Lo abrían cuatro hombres que llevaban (en una manta, seguramente) a un
herido ensangrentado, con las piernas y los brazos colgando;
los seguían, con los galvánicos ademanes de una rabiosa borrachera, que lo era también de sangre, unos cien energúme-
nos armados con tablas con clavos. Venían hacia mí, que seguía con el discurso, y luego dieron un quiebro hacia la
tribuna, que estaba repleta de mujeres. Parecía que quisieran
presentar aquel cuerpo palpitante como si se tratase de una
Pietà; pero de repente aquel desvío lateral comenzó a retroceder. Los que llevaban el cuerpo lo dejaron caer. Una compañía de infantería de marina, a la que había ido a dar órdenes

Trémaud, estaba llegando a paso ligero y tomando posiciones delante de la tribuna, con los mosquetones apuntando al suelo.

Se hizo un sobrenatural silencio en medio del bullicio de las charlas de quienes, desde el nivel de la plaza, no veían nada de cuanto estaba sucediendo. Delante de la tribuna, los infantes de marina, quietos ahora, apostados cada dos metros (yo sabía que Trémaud no los mandaría disparar sin previo aviso); todas las mujeres puestas de pie; un gran trecho de plaza vacío, y en él el herido, abandonado, al que estremecía un indeciso palpitar; y los cien exaltados en marcha atrás, paso a paso, como un animal obligado a retroceder hacia la espesura, con los brazos caídos, hasta alcanzar la frontera de la sombra, donde la muchedumbre se abrió para dejarlos pasar. No se habían movido del sitio ni los letreros de VIVA FRANCIA, con la excepción de los de las cuatro niñas, ni las pancartas con ABAJO DE GAULLE. Todo parecía entrar en la eternidad, como el cortejo retrocedía en la oscuridad de la noche.

Cuando hube acabado el discurso, volví a subir a la tribuna para gritar con voz afónica que a la mañana siguiente iría a rendir homenaje al monumento a los muertos por la patria y que hablaría desde el ayuntamiento. (Los que me oyeran ya se lo dirían a los demás). El lúgubre sonido de la sirena de la ambulancia acompañaba mis palabras. Los enfermeros se dirigían hacia el herido con una camilla. Ya habían llegado todos los infantes de marina y protegían las tribunas. Iban bajando los letreros y enrollándose las pancartas. La muchedumbre se esfumaba poco a poco. Los fustes de las palmeras reales se erguían hacia el cielo tachonado de estrellas como las columnas de Baalbek.

En la prefectura nos esperaban los religiosos de poco rango. ¡Qué lástima que estuvieran fuera los demás! Otra vez será, señor prefecto. Los allí presentes me parecieron muy buenas personas. Pero me parecía complicado charlar a la vez con misioneros y con un venerable, así que no hablé con ellos; pero dije a Trémaud:

—Llévese a todos nuestros colaboradores menos a uno, y empiece a investigar ahora mismo.

—Ya he convocado al jefe de la policía. Hay unos cuantos heridos. Y la cosa no termina aquí.

No obstante, no entraba ruido alguno por las ventanas abiertas. El prefecto me explicaba cuestiones de protocolo que yo no entendía en absoluto. Cayena es bastante más pequeña que Nueva York, de modo que no debería haberle supuesto tanto problema presentarme a los invitados con los que le parecía oportuno que charlase un momento. Pero no fue así. Sentaron a mi mujer en un gran sillón, el prefecto y yo nos quedamos de pie a su lado, y un ujier con collar empezó a anunciar con exquisita elegancia: «El capitán Durand y señora. El señor concejal Dupont y señora».

—¿De dónde ha sacado usted a ese buen hombre?

—Huy, señor ministro, pues de la cárcel, por supuesto. Es un confinado. Un delincuente pasional sin mayor trascendencia...

Una hora después me enteré de que había degollado a su mujer. Pero, como decía el prefecto: ¡qué clase! Y el desfile proseguía: «El señor Masson, secretario del tribunal, y señora. ¡El señor diputado!».

Leve matiz. ¿Homenaje al cargo o a la soltería? Yo sentía que no fuera a venir monseñor por la curiosidad de saber cómo lo habría anunciado...

«¡El señor presidente del IFAT!».

¿Qué era eso? Por el tono, un presidente de poca monta.

«¡El señor secretario general del BAFOG! ¡El señor sub-prefecto de Saint-Laurent-du-Maroni!».

Glorioso cargo; y anunciado como tal. Aquel «delincuente pasional sin mayor trascendencia» me gustaba cada vez más.
Tanta clase debía de venirle del hábito no de obedecer, sino de
mandar. ¿Un expríncipe ruso que se dedicaba a degollar en sus
ratos libres? Ni que hubiera sido yo novelista... ¿Y si pidiera al
prefecto que invitase a comer al día siguiente a una decena de
confinados? Me habían dicho que uno de ellos era una eminen-
cia en mariposas... Y de repente comprendí al fin lo que el sillón me había impedido comprender antes, ya que, por descontado, la mujer del presidente de la República no se sienta
mientras le presentan a sus invitados: estábamos remedando las
recepciones del Elíseo... Entre los gritos, que se habían reanudado, los heridos y el «delincuente pasional sin mayor trascendencia», a quien estaba yo pensando en enviarle las obras de
Proust, aquí, en esta Guayana, perdida ya sin duda alguna.

La sociedad elegante de Cayena tiene sus límites. Al fin
pasamos al salón. Un bufet frío, personas a quienes les preguntaba por Guayana y me contestaban explicándome lo que
debería hacer el general De Gaulle. Y por cierto, ¿había visto
el general manatíes en alguna ocasión? ¿Creía que podían ser
las sirenas de la Antigüedad? Un joyero de la calle mayor vendía pepitas con las que «hacer colgantes muy bonitos». Aún
entraban algunos clamores por las ventanas abiertas, pero no
oí ninguna detonación. El colaborador que se había quedado
conmigo vino a decirme:

—Ha habido bastantes enfrentamientos, y Trémaud cree
que habría que tomar medidas esta misma noche.

—Venga usted con él a mi habitación.

Estreché unas cuantas manos, me despedí del prefecto y
me reuní con mis colaboradores en mi habitación.

—Menos mal que la policía funciona —me dijo Trémaud—. Creo que tendremos que proteger al jefe de los cuer-

pos de seguridad, que está dispuesto a ayudarnos. Esto parece el pueblo de Clochemerle y a la vez una película de gángsteres. Por un lado, el prefecto, que es un radical de los que ya no quedan en Francia...

—¡Es que los exportamos!

—Según él, el noventa por ciento de la población votará en contra de nosotros, y por lo tanto lo que estamos haciendo es provocarla. Sin embargo, tiene su candidato para las próximas elecciones. Se lleva mal con el diputado, que es más o menos gaullista, y a matar con Catayée, que algunos dicen que está loco, pero que ahí está. Así que el prefecto no había preparado ningún dispositivo de seguridad. ¿Será porque había asegurado a París que Guayana estaba perdida? ¿O para demostrar que el diputado no pinta nada? ¿O para que se tomen medidas contra Catayée? ¡A lo mejor lo que pasa es que es un imbécil! Los boy-scouts, las niñas... todo muy a tono con el recibimiento en la terminal del aeródromo. Había alquilado el coche estadounidense para la ocasión.

—«¡Dígaselo con flores!».

—Los otros pensaban que nadie les iba a hacer frente. Los infantes de marina no estaban previstos en el programa. Actuaron como un solo hombre: se pusieron rabiosos cuando vieron cómo agarraban a las niñas. Pero tuve que ir yo a buscarlos, porque las autoridades locales no movían un dedo. Los de las pancartas eran gente de Catayée, que ahora está conmigo a partir un piñón.

»No estaba enterado de que no funcionaría la instalación de altavoces. El prefecto habría debido probarla por la mañana y adoptar las medidas necesarias. Y Catayée ha querido dejar claro que el prefecto es un inútil. Se va a pensar lo de votar en contra de Francia. No termina de gustarle la idea.

—También yo lo creo.

—Con una instalación normal, primero lo habrían abucheado a usted un rato, y al final le habrían cantado entusiasmados «La Marsellesa». Y aquí es donde las cosas se complican.

»Los de las pancartas eran gente de Catayée y algunos comunistas más o menos convencidos, etc. Pero no tenían nada que ver con los que tiraban los clavos.

—¿Conocía usted ese arma?

—Nunca la había visto. Pero iban en serio. Ahora bien, resulta que antes del discurso llevaron barriles de ron a varias zonas de la plaza donde había manifestantes famosos por su violencia. Los espicharon y se fueron.

—¿Quiénes?

—No lo sé. Ni lo sabré mañana. Pero no es la política lo único que anda en juego, aunque haya habido bastantes heridos. La policía me dice que los comunistas mandaron gente desde la Guayana británica, y que los ingleses hicieron la vista gorda. He detenido a algunos, con toda la legalidad del mundo, porque habían entrado clandestinamente; y ha sido fácil, porque estaban completamente borrachos. Ni son comunistas, como tampoco lo es Catayée, ni los ingleses tienen nada que ver con el asunto. Son contrabandistas muy conocidos. Así que aquí es donde se mezcla el pueblo de Clochemerle con rivalidades de gángsteres que seguramente tienen relación con rivalidades políticas. Y, en lo tocante al juego sucio, me limitaré a decirle que los pasquines antifranceses se imprimieron en la imprenta de la prefectura; la primera niña a la que lanzaron por los aires (había otros esperando para cogerla al vuelo) es la hija del director del instituto, y el culpable es uno de los maestros.

—¿Está seguro de que los pasquines se imprimieron en la imprenta de la prefectura?

—Totalmente.

—Puedo nombrar a un sustituto provisional que releve al prefecto, ¿verdad?

—Él mismo lo está esperando. Es usted el representante del Gobierno.

—Cuando salga de aquí, vaya a decirle que queda suspendido hasta nueva orden del ministro del Interior. Yo llegaré a París pasado mañana por la mañana. Sustitúyalo esta misma noche. ¿A cuántos «agitadores» quiere detener?

—Ya están todos detenidos, menos uno o dos.

—¡Muy bien! Que los suelten cuanto antes, salvo a los cretinos peligrosos como el maestro. Basta con que la gente se dé cuenta de que se han acabado las bromas. Y, en lo que a la borrachera se refiere, nos interesan más los que trajeron los barriles que los que se los bebieron. ¿Cuál es el estado de ánimo en la ciudad?

—Están furiosos con todo el mundo. Fueron a oírlo a usted y no les dejaron.

—¡No creía yo ser tan conocido en Cayena!

—Pues sí que lo es, porque la inscripción del monumento al gobernador Éboué la redactó usted.

—Las buenas obras siempre obtienen su recompensa. En fin, no quiero volver a saber nada del prefecto hasta el referéndum. Que se vaya de vacaciones. ¿Quién puede hacerse cargo de sus funciones hasta que llegue el sustituto? Usted lo controlará durante el tiempo necesario, por supuesto. ¿Qué tal el secretario general de la prefectura?

—Bien. Es el hijo de André Philip.

—Pues adelante. Pero habrá que preguntarle qué le parece, porque se va a jugar el pellejo. Vendrá conmigo al monumento a los muertos por la patria y al ayuntamiento.

—Si no, ya haré yo de prefecto.

—Gracias. Pero ya sabe usted que es preferible una autoridad local.

»Pueden suceder dos cosas: o que la noche haya calmado los ánimos, y en tal caso nadie intentará a la luz del día lo que intentaron de noche, con lo cual el revuelo se irá calmando si ponemos los medios, de esas cosas sabe usted más que yo... O el asunto va en serio —aunque no me lo parece—, y en lo que dura "La Marsellesa" ante el monumento a los muertos no hay protección posible. Buena suerte con la investigación, si siguen ustedes con ella, o buenas noches.

Volvieron al trabajo. La ventana estaba abierta, y una mosquitera cúbica rodeaba la cama. Aún circulaba una muchedumbre prieta, silenciosa, como si los negros fuesen mudos. Las voces, cada vez más escasas y lejanas, se disolvían en un frenético jazz. Allende las casas, las palmeras reales, cuyas copas habían guarecido a misioneros y a presidiarios, se erguían en la noche más descabellada de mi vida. Veinte kilómetros más allá empezaba la selva-elemento, viva como las montañas y el océano, con sus loros cabeza abajo y sus ríos de peces carnívoros, extendiéndose hasta el pie de las altas mesetas. El presidente Kubitschek me había dicho en Brasilia: «Y entonces trazamos las dos carreteras largas cruzando la selva, y a veces nos encontrábamos con nidos de hombres que no habían cambiado desde la edad de piedra». Y mucho más cerca, el Maroni y aquella hermosa plaza de Félix-Éboué, que había sido antes la plaza de los Palmistes, donde las migalas mataban de una picadura a los confinados cuando se quedaban dormidos.

Estaba esperando a que me entrara el sueño. Alguien había dejado un álbum en la mesilla. Empezaba con la verja de entrada al presidio. Había imaginado barrotes como los de la Bastilla, pero me encontraba con arabescos dignos de la casa

de un notario, con un farol en lo alto y un chorreo de buganvillas. Venía luego la iglesia abandonada, donde crecían malas
hierbas y zarzas bajo los frescos, obra de los reclusos, en los
que los apóstoles llevaban uniforme de presidiario. Los muros
de las celdas, entre cuyas pintadas corrían los insectos: grilletes y agujeros para pasar las correas con que sujetaban los
cuerpos. El «ferrocarril» de la selva, del que tiraban hombres.
Algunas tumbas (de guardianes), tan chocantes en aquel infierno dado de baja. Y, en el centro de aquella lujuria de espinas, una plaza diminuta de tierra apisonada en la que no crecían plantas, pero rodeada de buganvillas moradas como las de
la verja de la entrada. Era el emplazamiento de la guillotina.

Desde el cercano garaje de la prefectura se alzó la melopea
de una flauta india: el otro mundo. El presidio ya no existía, ni
tampoco la furia de aquel motín a medias que me seguía recordando una tabla, con las puntas de los clavos hacia arriba, que
había encima de la mesa. Lo que quedaba era la sobrenatural
melopea, el silencioso paseo nocturno por la plaza y los últimos invitados que salían de aquella recepción de cuento de
Hoffmann; el elegante degollador los acompañaba hasta la
puerta...

La mañana empezó bien. En Cayena, lo que hace al prefecto
es el uniforme. Y resultaba que el secretario general le sacaba
veinte centímetros de estatura al prefecto, y no había más uniforme disponible que el del susodicho prefecto. La gorra de
plato con galones dorados parecía una seta pequeña en su cabeza. Podía llevarla en la mano. Pero no podía llevar en la
mano los pantalones, que solo le llegaron hasta los zapatos
tras ponerse unos tirantes con unas alargaderas muy curiosas.
Y aún quedaba la guerrera, tan necesaria por aquello de los ga-

lones. Podía llevar el cuello abierto, alegando la elevada temperatura; pero le seguían faltando diez centímetros largos de manga. Todo él recordaba más al marinero del pompón de las películas de dibujos que a un funcionario de alto rango. Charlot prefecto. El secretario general se tomaba la película con buen humor. Nos dirigimos al monumento. Ni rastro del automóvil de lujo.

Nada más pisar la calle, me di cuenta de hasta qué punto había estado vinculada la aventura de la víspera a la oscuridad de la noche. La gente nos miraba pasar con simpatía; eran ciudadanos de clase media, no lanzadores de clavos. El monumento a los muertos por la patria está en una plaza estrecha; solo habrían podido disparar contra mí desde una distancia de diez metros, es decir, a la vista de todos. La muchedumbre, por otra parte, era prudente y no muy densa. Durante el toque de difuntos, una sombra a la que le estaban cortas las mangas se alargaba por el suelo, ante la estatua, junto a la mía...

Una vez acabada la ceremonia, fuimos a la alcaldía. La muchedumbre llenaba la calle, donde habían instalado altavoces. El concejo en pleno me había preparado un vino de honor. El alcalde pronunció un entusiasta discurso que acabó con el grito de: «¡Viva Francia!». Contesté desde el balcón (esta vez se me oía muy bien) ateniéndome a las tradiciones de 1848. Volví a tocar los mismos temas que la víspera, que eran en parte los de Martinica; los aplausos me interrumpían de vez en cuando, como si la población diurna quisiera quitar autoridad a la manifestación nocturna. Sin alzar el tono de voz referí mi conversación con el general De Gaulle: «Me dijo, para que os lo repitiera: "Hay que ir a Guayana porque Francia tiene que ayudar a Guayana". Y a mí me dijo: "Hay que ir porque parte el alma"». Una melancólica aprobación llenó la calle, como las aclamaciones en Martinica. El alcalde bajó conmigo y fuimos del brazo hacia la prefectura. Detrás venían el nuevo prefecto y Catayée. A nuestras espaldas se formaba el *videh*, como en Fort-de-France. Miles de hombres y unas cuantas mujeres, enlazados, bailaban larguísimas e improvisadas farándulas. Al llegar, un clamor de síes rompió durante unos minutos contra la prefectura, donde el secretario general pudo ponerse al fin su ropa.

Nos acompañó de paisano al aeródromo. Ni jovencitas ni carroza de flores con arco de triunfo incluido, ni siquiera con cesta de asa. «Adiós, adiós, collares lindos, pañuelos, sedas y madrás...». Unos cuantos cocoteros, aves de mal agüero y los remolinos de polvo que daban la vuelta a aquel aeródromo donde sorprendía que aterrizaran y despegaran aviones...

En la escala de Martinica nos esperaban los amigos a quienes les habían llegado noticias de la noche anterior, pero no de esa misma mañana; estaban preocupados. No había motivo: el ochenta por ciento de Guayana y las Antillas votó sí, Catayée salió elegido diputado, y al secretario general lo nombraron prefecto. No me había dado tiempo a ir a la tienda del vendedor de pepitas de oro, ni siquiera de pasar por la calle donde estaba. ¿Sería el abacero cuyo rótulo había visto?

5

1958-1965

Tras tan pintorescas aventuras, el general De Gaulle me encomendó que fuese a visitar a varios jefes de Estado asiáticos, cuyas relaciones con Francia no eran ya sino puramente nominales; la lista la encabezaba Nehru.

Yo estaba al tanto de la situación en la India porque acababa de recibir a Jayaprakash Narayan, el dirigente socialista de Bombay. Y el hombre que mejor conocía la India en toda Francia, mi amigo el escritor Raja Rao, acababa de pasar por París. Nuestro embajador era menos pesimista que los prefectos de las Antillas.

Me estaba esperando en el aeródromo, a las dos de la madrugada, junto con la secretaria de Estado para Asuntos Exteriores, cuyo sari blanco alumbraban los faros de los automóviles. Se llamaba Lakshmi. Nos parece normal que una secretaria de Estado occidental se llame María, como la Virgen, pero las diosas de las demás religiones nos desatan más la imaginación. Al conde Ostrorog, descendiente de los conquistadores mogoles e hijo secreto de Pierre Loti, por lo que se rumoreaba en la sede del Ministerio de Asuntos Exteriores, podía aplicársele a la perfección (y no es cosa de la que puedan vanagloriarse muchos) la palabra «embajador» en el sentido que le dan los poetas de la India. Los dedos, delicadamente nudosos, que moldeaban una India afectuosa y cómplice, alzaban hasta el rostro de pirata distinguido una cámara imaginaria. Aquel descendiente de los amos de las estepas, hidalgo, cardenal romano y ejemplarmente francés, era el embajador de un Mediterráneo milenario en una India muy reciente; cosa que daba que pensar cuando se sabía lo que es la India. En una de las cenas del Capitolio —así se llamaba por aquella época el antiguo palacio de los virreyes, actual sede del Gobierno—, durante el discurso de un primer ministro muy adusto, las manos de Ostrorog parecían acariciar la célebre bota italiana como si se tratara de la pierna de una bailarina...

Llegamos al Capitolio (la India era mi anfitriona), y solo pude ver su mole oscura en la noche, los corredores, un retrato de gran tamaño de Gandhi en taparrabos y, en mi suite, al jefe de protocolo rodeado de sirvientes de los tiempos de los virreyes: uno para cada puerta que hubiera que abrir. Cuando hubimos despedido a esos personajes de Alí Babá, nos pusimos a organizar mi visita. El ministro de Cultura me recibiría a las ocho.

Cuando me desperté, ya me habían traído los periódicos. ¡Empezaba la semana afroasiática...! Los ministros me recibieron como de costumbre: con prudencia y cortesía. Esperaban mi entrevista con Nehru.

Al fin había conseguido ver el Capitolio y veía Nueva Delhi. No los recordaba en absoluto; en 1929 la India me interesaba más que Inglaterra. Pero la ausencia de Inglaterra le había dado alma a aquel edificio, que antes carecía de ella. Habían atribuido a Gandhi y a Clemenceau la frase: «¡Van a ser unas ruinas preciosas!». No eran ruinas, ni tampoco un palacio conquistado, como el Kremlin. Nueva Delhi no es una ciudad, es una «capital administrativa», pero por sus colosales perspectivas de arenisca roja, con los guardias sijs presentado armas en total soledad, se llegaba a oficinas y despachos que no conducían al Parlamento, sino al desaparecido imperio.

Palacios, ministerios, propileos. Todo el Imperio británico lleva la impronta de la grandiosidad inglesa, incluido el toque que da al Támesis el gótico victoriano. Aquí, lo mismo que en el paso de Khaybar, la grandiosidad era romana, el sueño de César en Alejandría, una poderosa mole que se acomoda al amplio escenario helenístico con el que se mezcla otro sueño, el de un enlace angloindio, rival del enlace indomusulmán. Es evidente que el Capitolio rivalizó con la Mezquita Mayor de Delhi, una de las más grandes del islam; y con Fatehpur Sikri, con los Fuertes Rojos, con toda esa arquitectura mogol que fue la Norteamérica de Persia. El islam seguía presente. ¿E Inglaterra? ¿Más de lo que parecía a primera vista? Pero no era su presencia lo que daba vida a aquellas avenidas imperiales de arenisca roja por las que me dirigía al Parlamento, sino la determinación con que las había abandonado. En este país, que tantos sepulcros famosos ha construido, la única obra que puede rivalizar con las de los sucesores de Alejandro ha llegado a convertirse en admirable, pese a su mediocre arquitectura, desde que es el sepulcro del imperio.

Iba a entrevistarme con Nehru en su despacho del Parlamento. Y ello suponía pasar de la majestuosidad del Capitolio a pasillos de prefectura y a salas de espera para visitantes de pretensiones modestas. Pero, como en el Capitolio, adornaban las paredes numerosos retratos de Gandhi.

La presencia de Gandhi la mantenían a la sazón en la India entera sus obras, su ejemplo y sus retratos. En Europa no lo consideraban ya sino un liberador de manos inmaculadas. Un hombre en olor de santidad, con todas las anécdotas pintorescas que van unidas a tantos otros santos: una tozuda hermana tornera de amplia y desdentada sonrisa, vistiendo un humilde tejido popular como quien viste el uniforme de la libertad. Aunque la India empezaba ya a ver en él el último avatar de Vishnu, extensos fragmentos de su biografía seguían siendo hechos muy concretos: la predicación de 1920, bajo una frondosa higuera; luego, la muchedumbre a orillas del Sabarmati; la matanza de Amritsar; la mano izquierda de alzados dedos en los que la muchedumbre veía los deberes de la India; la insólita pira a la que arrojaron sus ropas europeas, sus cuellos y tirantes, quienes no pensaban vestir en adelante más que el *khadi*, y en lo alto de la cual ardían sombreros, precursora de la pira funeraria ante la que habían de recitar los presentes el Bhagavad Gita. Y la desobediencia civil, y la no cooperación, que comenzó el mismo día de la muerte de Tilak. Y ante todo la Marcha de la Sal.

El 2 de marzo de 1930 Gandhi comunicó al virrey que faltaban nueve días para el comienzo de la desobediencia civil. El día 12 se encaminó hacia el mar llevando en pos de sí setenta discípulos. Los campesinos ponían colgaduras, cubrían con ramas verdes los caminos, se arrodillaban al paso de los peregrinos. Trescientos jefes de aldeas renunciaron a sus cargos. En presencia de sus setenta seguidores, que ya se habían convertido en varios miles, Gandhi recogió la sal que depositaban las olas, infringiendo así la ley de la gabela. Los calores tropicales convierten la sal en elemento indispensable para los hombres y los animales de labranza; pero todos sabían que Gandhi estaba enfermo y llevaba seis años sin probar la sal. Con un solo gesto acababa de emocionar a la India entera.

Los pescadores recogieron sal a lo largo de toda la costa; los campesinos se sumaron a ellos, y la policía empezó a detener en masa. Los resistentes consentían en que los detuvieran, pero no entregaban la sal. En Bombay sesenta mil personas se reunieron ante la Casa del Congreso; en la terraza separaban la arena de la sal. La sal que había recogido Gandhi se vendió a mil seiscientas rupias. Cuando condenaron a Nehru a seis meses de cárcel, la India respondió a los encarcelamientos con los *hartals*. En Patna la muchedumbre se tendió en el suelo a los pies de la caballería del Gobierno, y esta se detuvo. En Karachi cincuenta mil indios se reunieron para contemplar a los que recogían sal, y la policía no pudo detenerlos. Aun así, no tardó en haber cien mil personas en la cárcel. La noche del 4 al 5 de mayo detuvieron a Gandhi en una aldea donde se hallaba con sus discípulos.

En Dharasena, al norte de Bombay, los indios marcharon hacia la fábrica de sal del Gobierno, que custodiaban cuatrocientos policías. Según se acercaban a la fábrica, los iban dejando fuera de combate; otros tomaban sus puestos en silencio y caían a su vez. Los camilleros se llevaban los cuerpos ensangrentados. La fábrica siguió funcionando, hubo que abrir un hospital de emergencia y toda la India tomó conciencia de la servidumbre en que vivía. ¡No tardó Churchill en referirse a «aquel faquir rebelde, medio desnudo en el palacio del virrey»! Ahora el virrey ya no estaba, y la leyenda de Gandhi, que en Occidente se había convertido en la de una noble pasividad, seguía siendo aquí la leyenda de una lucha que tenía que ver incluso con el sentido de las palabras. Cuando Gandhi anunció que dejaría de comer si no se reconocían derechos a los intocables, no estaba hablando de «ayunar», sino de dejarse morir de hambre. El suplicio al que recurrió para oponerse al tabú más fuerte de la India no era menos irracional que el propio tabú, y los hindúes permanecieron pendientes de él como de una lenta crucifixión. Aunque el noventa y cinco por ciento no tenía radio, todos y cada uno de los individuos de aquellas muchedumbres sabían en qué momento empezaba a correr peligro la vida de Gandhi. Y todos y cada uno de ellos sabían que la meta última que este perseguía era la purificación de la India, cuya independencia no era sino la consecuencia más importante. Había sido deseo suyo que en sus predicaciones se incluyesen hasta los más humildes, incluso cuando decía: «El *swaraj* no lo traerá la victoria de unos cuantos hombres, sino la capacidad de todos los hombres para resistirse ante la injusticia». Y todos habían alzado sus plegarias al enterarse de que al fin alguien había acabado por asesinar a Gandhi, que del chal le había caído un casquillo, y que una bala roja oscura sobre sus cenizas ya blancas había sido la consumación de todo. No obstante, Gandhi estaba presente en aquel Parlamento, como también lo estaba en el Capitolio. Vinoba Bhave acababa de conseguir, sin más arma que sus predicaciones, dos millones de hectáreas (no de las tierras mejores, por supuesto...) para los campesinos. En un mundo del que aún no había desaparecido la sombra de Stalin, ni la de Hitler, podíamos ver cómo la India se había liberado de Inglaterra sin una sola víctima inglesa. Pese a la miseria, la palabra «democracia» adquiría allí un sentido cuasi religioso. Bandung había mostrado la autoridad de Nehru, de la que también daba fe el malestar que había despertado su silencio ante los rusos en Budapest. Pero la política de la India no procedía del Congreso o del Parlamento, como tampoco procedía del Reichstag la de la Alemania hitleriana; la política de la India dependía del heredero de aquel hombrecillo vestido con tapa-

rrabos a quien, para ir en busca de la libertad, se le había ocurrido llevarse a millones de indios a buscar sal al océano Índico, oponiéndose a la gabela de los ingleses.

Nos hicieron pasar, a un agregado de la embajada francesa
y a mí, a un despacho pequeño: unos cuantos asientos, ninguna mesa y un cuadro que representaba a Gandhi de tamaño
natural. Era un agregado de embajada muy peculiar, pero ya
se sabe que en la India... Melena gris, bigote gris de caídas
guías. Ademanes exquisitos. Acababa de regresar de un
ashram; ¿del de Menon o del de Aurobindo? Miró el cuadro.

—Está usted viendo a Gandhi por todas partes; y lo va a
seguir viendo. Yo me vine a la India por él. Y ya no queda
nada.

—Salvo la independencia...

—Sí... No... Nehru no es un usurpador, pero es un político. No es pura casualidad que el *mahatma* nunca llegase a ser
ni presidente ni primer ministro. Él representaba un mundo
de otro orden; Nehru lo sabe.

—¡Qué le vamos a hacer! Es el hombre que gobierna la India, no un santo.

—Es cierto. Pero hay que comprender una cosa; tiene usted que comprenderla. Todo el mundo lo sabe (bueno, todos
los de entonces lo saben), pero nadie lo dice. Y el tiempo va
pasando; y es posible que dentro de veinte años no quede nadie que lo pueda decir: no queda ya nada de todo lo que supuso el gandhismo, de todo aquello por lo que luchamos y cuya
consecuencia fue efectivamente la independencia de la India.

—¿Se refiere usted a la resistencia no violenta?

—Sí... sí...; bueno, no solo a eso. Nació para combatir al
Imperio inglés, pero nadie la aplicó en Pakistán. Las cosas no
se van a quedar ahí en el caso del Pakistán... Y ya verá lo que
sucede en China el día menos pensado.

»Y además la no violencia... Gandhi sabía perfectamente lo que podía dar de sí. Poco antes de que lo matasen, nuestro cónsul general fue a despedirse de él: "Ahora estará ya satisfecho, ¿no es así, *mahatmaji*?". "Está usted en un error. Solo había una cosa interesante: la lucha. Ya se acabó; y también se ha acabado lo que hemos conseguido".

»Ya sé, ya sé: un millón de ciegos, setenta millones de intocables, y todo lo demás; y, sin embargo, este pueblo posee la espiritualidad más elevada del mundo. Su lucha fue la de la espiritualidad, que fue calando por toda la India. Pero por los caminos la gente sigue buscando la unión mística, con la misma naturalidad con que en Estados Unidos se busca el dinero. Las personas se preguntan entre sí por sus plegarias. Cuanto vea usted en esta casa será política, es decir, Europa; todo aquello que ha roto con Gandhi. ¿Por qué fue posible que lo atacaran tanto y que a la vez lo admiraran tanto? Porque su pensamiento no era político. Adoptó formas políticas. Tuvo consecuencias políticas. Pero Gandhi fue el último de los grandes gurús. Acabo de volver de un *ashram* y sé que todo contacto con lo absoluto pasa por la meditación sobre lo no duradero. Está usted en el país de lo que no dura. Ya conoce los apólogos en los que los ascetas ven en las hileras de hormigas hileras de dioses o de milenios... Por todas partes se encuentra usted con el retrato del hombrecito mellado con boca de perro bonachón y piernas como patas de garza. Y cree que sigue estando presente porque Europa cree en la historia, es decir, en la continuidad. Y la India, la India política, vamos, hace como si también creyera en ella. Pero no es cierto. El mundo solo lo forman momentos que van pasando...

Alguien entreabrió la puerta.

—Un día —siguió diciendo, sin darse cuenta, el diplomático de larga melena—, hablaba ante cientos de miles de personas; un micrófono difundía su uniforme voz de barítono. Era en un claro rodeado de altos árboles en flor, amancayos, creo... Y las flores empezaron a caerse de las ramas. ¿Había demasiada gente? ¿Quién sabe?

La anécdota pertenece a las biografías del Buda, a ese vínculo que lo unía a la naturaleza y que apenas existe en el Evangelio; solo lo encontramos en los apócrifos, que inventaron la mula y el buey, y en san Francisco: las aves de los augurios, el vuelo de los arrendajos, que dan media vuelta en el cielo en el preciso momento en que el Buda alcanza el nirvana, las gacelas que atienden cuando predica. Es posible que la respiración de una muchedumbre gigantesca haga caer de las ramas las frágiles flores. La anécdota es verídica, porque se la oí hace tiempo a Raja Rao, que asistió al sermón y la relataba con talento de escritor, transmitiendo el sobrenatural espectáculo de aquellas flores que se iban tendiendo poco a poco, como animales blancos, ante el enviado de los dioses.

—Yo observaba caer aquella nieve y pensaba que ese tiempo ya no volvería; y hoy, pese a todos los retratos y todas las fotos, sé que el tiempo de Gandhi se acabó para siempre. Ya nunca...

La puerta se abrió de par en par. Nos acompañaron hasta otro despacho más amplio, donde había otro retrato de Gandhi. «La prensa» y unos cincuenta fotógrafos esperaban al ujier que tenía que venir a buscarme. Todos retrocedieron de pronto: la otra puerta se abrió para dejar paso no al ujier, sino a Nehru.

Él sabía que la prensa de Delhi le reprochaba que me recibiese. Por razones de peso: Indochina, Argelia. Y también por razones pueriles: muchos periodistas, fieles lectores de semanarios de Londres, daban muestras de gran perspicacia al considerar al general De Gaulle el sucesor de Hitler. Y por último, por otra razón de la que yo no estaba enterado, pero que Nehru sí sabía: la mayoría de aquella prensa estaría siempre en contra de él, hiciera lo que hiciese. Se apartaron los periodistas al entrar él, susurrando su nombre, como contaban que había hecho la multitud cuando llegó ante el asesinado cuerpo de Gandhi. Me abrazó y me dijo (la televisión lo grababa), como si lleváramos un mes sin vernos, aunque no nos habíamos visto desde hacía veinte años: «Me alegro mucho de volver a verlo; la última vez fue después de que lo hirieran en España: usted salía del hospital y yo de la cárcel». Me admiró el talento con que dejaba de momento inerme a aquel rebaño; y me admiró su calidad humana, que dependía de algo más que del talento. Me tomó del brazo y entramos en su despacho.

Solo me acuerdo de la mesa, de madera preciosa, en la que, tras haberse reflejado los focos de la televisión, solo se reflejaban ya la rosa que mediaba entre nosotros —como la que siempre llevaba— y su rostro. Es posible que llegue un tiempo en que a quien lea estas líneas no le resulte ya tan conocido ese rostro como lo es hoy en día: la historia solo habrá conservado de él su aspecto más estereotipado. El labio inferior le abultaba un poco aquel rostro de romano y prestaba a su sonrisa, aparentemente «entregada», ese atractivo que una imperceptible inocencia concede a una figura histórica. Aunque nadie se dejaba engañar por ello; tampoco él. Pero tras la convencional imagen de las fotos estaba aquella sonrisa, que iba unida a una expresión soñadora que parecía requerir unos ojos azules (los tenía pardos) a tono con el cutis casi gris.

Cuando lo conocí, parecía un jefe de maquis, y no era ajeno a ello el gorro de policía que llevaba antes de 1940. Ahora se le notaba una ironía benévola y algo hastiada frente al universo, que le arropaba la firmeza pero no la ocultaba. (Como habían faltado al respeto a su madre cuando esta llevaba comida a unos prisioneros, renunció a toda visita durante los siete meses que permaneció en la cárcel de Dehradun. «Es el valor hecho hombre», decía Gandhi). Parecía como si los años, más que ir envejeciendo su rostro anterior, le hubieran dado —hasta cierto punto— un rostro nuevo, como les sucede a muchos hombres que empiezan por parecerse a su madre y al envejecer se van pareciendo a su padre. Y en la voz, en la forma de comportarse, iba asomando (¿volviendo a asomar?), tras el intelectual patricio, la imagen —sosegada y amable— que sin duda en su juventud se había formado de un *gentleman*.

Leyó la carta del general De Gaulle, que era una carta credencial, la dejó encima de la mesa y me dijo acentuando la sonrisa:

—Así que ahora es usted ministro...

La frase en absoluto quería decir: pertenece usted al Gobierno francés. Con un toque a lo Balzac, y ante todo muy hindú, significaba: conque esta es su última encarnación...

—Mallarmé contaba la siguiente historia —le respondí—: una noche en que estaba escuchando charlar a unos gatos en el canalón del tejado, un gato negro muy inquisitivo le preguntó al suyo, un honrado Micifuz: «Y tú, ¿a qué te dedicas?». «Pues por ahora estoy de gato en casa de Mallarmé».

Nehru asintió sonriendo. Tiempo atrás hacía ademanes bastante amplios, pero ahora los orientaba hacia el cuerpo, con los dedos casi doblados. Y en esos gestos frioleros, que prestaban a su autoridad un encanto que nunca he vuelto a ver en nadie, era donde yo notaba la única diferencia realmente importante entre el Nehru de antes y mi interlocutor. Pues la autoridad es una edad, y suele evolucionar muy poco. Casi enseguida empecé a explicarle cómo veía yo la exposición de arte indio que queríamos organizar en París. Se mostró de acuerdo y me preguntó qué les ofrecíamos a cambio.

Le propuse escultura románica o una exposición histórica sobre la Revolución.

—Para nosotros Francia es la Revolución... —me respondió—. Cuando Vivekananda la descubrió, se pasó un día entero voceando junto con sus amigos «¡Viva la República!». ¿Sabe usted que *Los miserables* es uno de los libros extranjeros más famosos en la India?

Yo ya me había topado otras veces, y me iba a seguir topando, con aquella presencia de Francia. La Rusia soviética aún la conserva. En los países subdesarrollados las máquinas traen consigo obreros cualificados más que un proletariado obrero. Y en todos los lugares donde la revolución no llega de la mano del proletariado, sino del pueblo, la prédica de la Revolución francesa, la exaltación de esa lucha por la justicia que tantos proclamaron, desde Saint-Just hasta Jaurès, pasando por Michelet y sobre todo por Victor Hugo, sigue teniendo un prestigio cuando menos igual al del marxismo. En África y en América Latina la revolución, incluso cuando aplica técnicas rusas, sigue hablando en francés. En las Ramblas de Barcelona había visto apilados, durante la Guerra Civil, muchos ejemplares de *Los miserables* entre Bakunin y los escritos teóricos de Tolstói.

—¿La escultura románica? —repitió—. Aquí a casi nadie le gusta de verdad nuestra propia escultura de las épocas más remotas. Hasta cierto punto, tiene una influencia mágica sobre la gente; y también la tienen los fetiches de las orillas de los caminos... Los miembros del Parlamento sienten gran respeto por el yacimiento de Ellora, pero no van a verlo...

—Las relaciones de los parlamentarios con el arte son siempre bastante complejas. Después de todo, los de aquí conocen por lo menos el Bhagavad Gita.

—De la misma forma que los diputados ingleses conocen la Biblia...

Creaba la India rodeado de un anillo de Saturno de políticos enemigos. Al manifestar mi asombro por la curiosa idea que del Gobierno francés tenía la prensa de Delhi, me contestó con ademán de esperanza y resignación, como si de un irónico *Insha'Allah* se tratase:

—¡Huy, del Gobierno indio también...!

Le insinué que la situación del general De Gaulle no distaba tanto de la suya en ese aspecto. Lo intrigué, pero dudo mucho que consiguiera convencerlo.

El recuerdo —o la presencia— de los partidos totalitarios seguía teniendo tal fuerza que a los franceses Nehru les recordaba más a Stalin que a Roosevelt; y a él, aunque no lo reconociese, el general De Gaulle le recordaba más a Mussolini que a Churchill. No obstante, al ser demasiado inteligente y estar demasiado bien informado para creer que el general era un líder fascista o que «pronto iba a poder más que él el partido del señor Soustelle», seguía con atención los acontecimientos en Francia. No había intervenido ni en Indochina ni en Argelia porque opinaba que la independencia nacional hay que conquistarla sin ayuda extranjera. No se tomaba muy en serio la IV República: el presidente del Consejo lo había recibido, haciendo gala de gran prudencia, en un restaurante del bosque de Boulogne, poniendo como pretexto la primavera. Pero permanecía muy atento al declive de Inglaterra, que había conocido tanto tiempo en su papel de primera potencia mundial, y observaba el declive de Europa, sin olvidar que había visto cómo Alemania y Rusia renacían. Además, no perdía África de vista y le costaba compaginar la creación de la comunidad francesa con la guerra de Argelia. La palabra «Argelia» surgió en la conversación, y al verlo hacer un leve gesto, como si quisiera dar marcha atrás, comprendí que, por el hecho de ser mi anfitrión, se arrepentía de haberla pronunciado. Me limité a decir:

—La paz en Argelia será obra del general De Gaulle.

Me miró perplejo o incrédulo.

Recordé lo que llamábamos por entonces «la paz de los valientes», y también la confraternización, de la que ni siquiera hoy en día consigo saber hasta qué punto fue sincera o constituyó una añagaza. Pero tanto Nehru como yo pensábamos que ni la existencia de la comunidad ni la independencia de las excolonias francesas de África, caso de que fuera esa la etapa posterior a la comunidad, eran compatibles con la prolongación indefinida de la guerra de Argelia.

—¿Qué papel piensa usted que desempeñan en todo esto los comunistas? —me preguntó.

—Importante en París, mínimo en Argel. Pero ¿cree usted que aún existe una política comunista?

Me interrogó con la mirada.

—Lo que quiero decir es que Gran Bretaña ideó, antaño y a su manera, una política planetaria. Cosa que no hizo Estados Unidos, que se ha convertido en el país más poderoso del mundo sin pretenderlo. No fue esto lo que sucedió con Alejandro, ni con César, ni con Tamerlán, ni con Napoleón: de las conquistas nacieron las hegemonías. Es posible que a ello se deba que Estados Unidos sea hábil para la guerra y torpe para la paz.

Yo había visto el monolítico automóvil de Foster Dulles, ministro de Asuntos Exteriores de Estados Unidos, entrar de un bote en el zaguán del palacio de Matignon, y me había parecido un procónsul de Roma pasando bajo el arco de la puerta de una ciudad oriental... Al día siguiente el general me dijo: «O existe Occidente, y entonces habrá una política conjunta frente al resto del mundo, o... Pero no va a existir Occidente». Y Occidente no existió.

—La actual política mundial estadounidense —añadí— consiste en el anticomunismo, y por lo tanto está supeditada a la política rusa. Incluso en su obra magna: el plan Marshall. En cambio, nosotros hemos conocido una política mundial rusa, la que puso al servicio de la Unión Soviética las fuerzas que habían nacido para servir a la Internacional. Pero desde que ha muerto Stalin da la impresión de que esa política se sobrevive a sí misma a trancas y barrancas. Al menos, eso es lo que parece desprenderse de Argelia, e incluso de África; e incluso de Bandung. Hoy en día son sobre todo los intelectuales quienes plantean los problemas políticos desde un punto de vista comunista.

—¿Y en qué punto están a ese respecto?

—En Francia el comunismo es el Partido Comunista, tal y como usted lo conoce para bien y para mal. Muchos intelectuales se sienten dolorosamente desgarrados, más que por el comunismo y el capitalismo, por la justicia social y la nación. Yo, en la Resistencia, me casé con Francia, y no soy el único.

»Me parece que en Estados Unidos las cosas son bastante diferentes. Tras el proceso Hiss, tras el asunto Oppenheimer, mis amigos estadounidenses pensaban que el comunismo era un complot: los comunistas eran agentes secretos de los rusos que combatían a favor del proletariado; pero el proletariado estaba en los sindicatos, que no eran comunistas.

Sonrió de nuevo.

—Cada cual cree en los comunistas de los demás... Pero en la India decimos: todo hombre se encamina hacia Dios a través de sus propios dioses.

¿Una frase ingeniosa acaso? Siguió hablando:

—¿Le sorprende lo que digo? Desde la primera vez que volví de Europa no deja de sorprenderme la sorpresa de ustedes. ¿Qué hace Occidente, en el terreno intelectual, más que ir a Dios a través de sus propios dioses, admirando a la vez a Platón, a Spinoza, a Hegel, a Spencer, por no mencionar a los que admiran a un tiempo a Nietzsche, o a Marx, y a Jesús?

Y volvió al tema del comunismo. No le parecía un asunto de primera importancia, y en esto coincidía con el general De Gaulle.

—Aquí los comunistas andan sobre todo metidos en polémicas —dijo. Y añadió—: Uno de nuestros estados, Kerala, es comunista; y los miembros del comité central, por cierto, son brahmanes...

Yo sabía que no compartía el anticomunismo de Gandhi, que dijo en una ocasión: «Rusia tiene un dictador que sueña con la paz y piensa que va a poder conseguirla cruzando un mar de sangre». Pero también dijo: «A los intelectuales les horrorizan mis teorías y mis procedimientos». De la Revolución rusa Nehru admiraba la guerra de liberación contra el zarismo, que tenía mucho que ver con el colonialismo. Como sabía que no lo amenazaban ni el Partido Comunista indio ni el Ejército Rojo, veía a Rusia como algo muy lejano; al no creer en un conflicto armado entre la Unión Soviética y Estados Unidos, era posible que no le desagradara una guerra fría que proporcionaba a la India la ayuda de los dos grandes adversarios. Desde hacía cuarenta años, la historia del siglo consistía para mí en el avance del comunismo y en el retroceso de Europa ante Estados Unidos. Para él, consistía en la descolonización, y antes que nada en la liberación de Asia. Su socialismo de Estado no estaba vinculado a los sóviets, ni tampoco al capitalismo, «que, a su manera, no deja de ser violento». Occidente, y quizá también Rusia, miraba a la India desde el punto de vista de la guerra fría, hablaban de tercer mundo y de neutralidad. Pero Nehru lo que veía era *su* mundo, que no se definía en función de los otros dos: el mundo de los países que se habían liberado pero seguían siendo subdesarrollados y tenían antes que nada que cambiar de civilización. ¿Occidentalizándose?

—Hasta cierto punto; pero en doscientos años la ciencia y las máquinas han formado una civilización muy diferente de la que conocieron la Revolución francesa y la guerra de la Independencia estadounidense; y dentro de cien años habrán construido una India que no se parecerá gran cosa a la actual, pero quizá tampoco mucho más a Europa...

Para Occidente, la Unión Soviética era el símbolo de una revolución pasada, y algunas veces de una revolución futura. Para Nehru, era ante todo el símbolo de una planificación.

—Nada me ha impresionado tanto, desde el descubrimiento de la no violencia, como la planificación del centro de Asia. Es posible que los europeos no se den cuenta de que hoy en día la industrialización es en Asia un mito tan fuerte como lo fue en su día la independencia...

Si era necesario, habría que recurrir a sistemas rusos y a capitales estadounidenses. Sin hacerse demasiadas ilusiones, pues si bien era cierto que la ayuda extranjera era indispensable para el desarrollo de la India, este solo podía proceder del trabajo de los indios, «a menos que se pretenda que surja un colonialismo de las mentes. Y además no creo que todos y cada uno de los indios sientan especial interés por tener nevera y coche». ¿Para qué iban a querer las neveras? El drama que tenía acogotada a la India era el hambre. ¿Resultaría la planificación comunista más eficaz contra las hambrunas que el liberalismo capitalista?

Me daba cuenta de por qué sus palabras habían soliviantado a lo que nosotros llamamos el tercer mundo. En este terreno, la evidencia hablaba por boca de Nehru, como lo había hecho por boca de Gandhi. Aludió, por otra parte, a la Conferencia de Mesa Redonda, durante la que Gandhi, rodeado de dignatarios tan cubiertos de oro como las ninfas del techo, se acurrucaba con gesto friolero en su manta; «eran los tiempos en que el Aga Kan pretendía pasar por el abogado de la independencia, y los socialistas de salón llamaban a Gandhi, en Londres y en la India, el "superreaccionario"». Comparado con aquel fantasma, Stalin seguía siendo un coloso, pero parecía un intruso. Jrushchov y Bulganin habían visitado el Capitolio como cualquier otro jefe de Estado. La formación inglesa de Nehru no era marxista, y su formación india lo impulsaba a luchar antes contra las castas que contra las clases; antes por los intocables, que morían, pese a la Constitución, en el césped del Capitolio, que por el proletariado.

Pero únicamente sobre la base de un Estado podría resultar duradera una independencia real y conseguiría la India industrializarse. Y Nehru era consciente de cuán frágil era el Estado que él estaba creando. Consideraba que toda revolución era inseparable de una voluntad ética, de una voluntad de justicia; tal voluntad había sido en Occidente atributo de los individuos, y se había basado en la razón y en la igualdad ante la ley, que consideraban valores supremos. Mas no era eso lo que ocurría en la India. El individualismo, e incluso el individuo, desempeñaban allí un papel de poca importancia. La realidad fundamental es la casta. El indio no es un individuo que pertenece casualmente a una casta, en el sentido que le damos al hecho de que un europeo pertenezca a una nación. Es miembro de su casta de la misma forma que un cristiano auténtico recibe el bautismo antes de convertirse en individuo. Ni los seglares, ni tampoco los brahmanes, modificaron antaño de forma profunda la ética hindú; solo lo hicieron los ascetas, porque el asceta permanece ajeno a las castas y se ha consagrado a los dioses. Dejando aparte la renuncia al mundo, la ética fundamental de la India consiste en las obligaciones con la casta, que resulta imposible separar de la religión; es inconcebible una ética laica. Occidente veía en Gandhi al líder político de la India, pero la India veía en él a un Sumo Renunciante fiel a la tradición.

La lucha por la liberación no puso en tela de juicio la forma de ser de la sociedad india. Los comunistas reprochaban al Partido del Congreso que fuese burgués. Pero este nunca se las había dado de proletario. La independencia, su objetivo, era de orden nacional, no social. Había luchado por todos. Pero, alcanzado dicho objetivo, la justicia social se convertía en un problema de primer orden. Ahora bien, la conciencia de casta era más fuerte que la conciencia de clase. El aparato político no constituía una orden, como el Partido Comunista. Los diputados seguían dependiendo en parte de su casta. El parlamentario ideal correspondía a la imagen ideal del Parlamento británico, y solo se daba en el contexto de la herencia inglesa; y el agnóstico Nehru buscaba en vano su equivalencia india. Para crear la India moderna no le quedaba más remedio que apoyarse directamente en su pueblo, incluyendo hasta al indio más humilde en una epopeya (él se limitaba a decir: «una importante empresa»). «La India debe movilizarse, pero esa movilización debe salirle de dentro, no consistir en una orden del Gobierno». Ahora bien, la India milenaria consideraba que la injusticia social formaba parte del orden cósmico, y el orden cósmico era necesariamente justo. Gandhi deseaba firmemente que dejara de haber intocables, pero ¿deseaba con la misma firmeza que desaparecieran las castas? La lucha contra la existencia de los intocables bastó para que lo asesinara no un comunista, sino uno de esos tradicionalistas que tenían en casa la foto del asesino y desempeñaban aún en el ejército un papel que el ministro de la Guerra no se tomaba a la ligera. ¡Viva el orden eterno, con los chatrias en las divisiones blindadas y en las fuerzas aéreas,* con los brahmanes en la administración, y con Nehru muerto, tras haber muerto ya Gandhi!

* La casta de los guerreros.

A esto era a lo que se referían incluso sus adversarios socialistas diciendo que era el segundo drama de la India.

—Está claro que nunca he soñado con un Congreso cuyos diputados fuesen ascetas. Pero, en fin —añadió con melancolía—, ¿en qué se quedan nuestros políticos si los comparamos con los de un partido totalitario o con los de la democracia británica? Así que tengo que darle más fuerza al Estado. Las grandes figuras históricas de nuestros tiempos han estado siempre vinculadas a algún combate, las más de las veces a la toma del poder de un partido vencedor. Incluso Gandhi sigue vinculado a la liberación de la India.

Cuando ese combate era el de la independencia o el de la revolución, cualesquiera que fuesen esa independencia o esa revolución, llevaba en su propio seno la metamorfosis. Trotski me había hablado de Termidor. Pero, en aquel vulgar despacho situado entre la gloria y el hambre, me daba cuenta de que la enigmática fuerza que convertía a los comisarios del pueblo, vestidos de cuero, en mariscales de dorados galones estaba muy por encima de las míseras ventajas de los vencedores y arrastraba consigo a los conquistadores que hallaba en su camino, de la misma forma que el Ganges arrastra los desechos. Lenin había acabado sus días tocado con la gorra con la que lo vemos en las fotos de las embajadas soviéticas, pero había dejado escrito: «No existe ejemplo de revolución que no haya acabado por acrecentar el poder del Estado». Y la gorra de Stalin había sido una gorra de plato de mariscal. Los revolucionarios estudiaron los acontecimientos de Termidor desde el punto de vista de la propia burguesía y los definieron como una «vuelta atrás». Ninguno de los obstáculos con los que se topaba el Gobierno de la India suponía una vuelta atrás que trajese de regreso el poderío inglés. Lo que contrarrestaba la revolución permanente y la era de la igualdad no era el pasado, sino el futuro, esos gérmenes que la independencia y la revolución llevan en sí.

—Para construir el Estado de un país cuya conciencia nacional es ante todo religiosa, y en el que la palabra «Estado», ya se aplique al imperio mogol o a los virreyes británicos, siempre se ha referido a la administración, tengo que conseguir que no desaparezcan esos sentimientos que despertamos en su día... Hace tiempo escribí: nuestra organización, que nació para conseguir la independencia, se está convirtiendo en una organización electoral...

¡Pobres elecciones! Lo que intuía yo tras aquellas palabras amistosas y lúcidas era esa fatalidad con que se habían tropezado Lenin, Mao y Mussolini, y que no consistía solo en el poder del partido: el Estado, único factor que podía garantizar la supervivencia y los destinos de la India; el Estado, que había sido quizá la obsesión de Alejandro, y a buen seguro la de César, Carlomagno y Napoleón...

—No olvide usted —dijo Nehru— que Europa sigue llamando no violencia a lo que nosotros llamamos resistencia no violenta. Antes del islam, ¿cuándo fue la India un Estado? ¡No me irá a decir que en tiempos de los Gupta! ¿Y en qué medida —añadió con melancolía— podría basarse un Estado en la acción no violenta? Pero eso que hemos querido hacer ¿era en realidad un Estado?

Sentía compasión por la India, conocía su mísera pobreza. Pero la quería abocada a un destino único; y quería que se convirtiera en la conciencia del mundo. Y seguramente porque sabía que yo amaba aquella India no había echado en olvido nuestros anteriores encuentros.

—El general De Gaulle —dije— considera que un Estado que antes o después no fundamenta su legitimidad en la *defensa* de la nación está condenado a desaparecer.

—Ya... Si alguien quiere bombardear la India, pues que la bombardee... Se puede destruir a un ejército, a un gobierno, incluso a un régimen, pero no se puede destruir a un pueblo.

¿Quién era ese «alguien»? ¿Los occidentales? No obstante, añadió:

—Cada vez que China vuelve a ser China, también vuelve a ser imperialista.

Había recordado en múltiples discursos que los pueblos de la India no se consideraban superiores a los demás, pero sabían que eran diferentes. La diferencia a la que había consagrado la vida, el supremo valor que la India aportaba al mundo, era la acción no violenta, que convertía su liberación en rival de las revoluciones históricas. Sabía mejor que yo por qué Gandhi había traducido el Bhagavad Gita; sabía mejor que yo por qué él, Nehru, había dicho que el Buda era «el hijo predilecto de la India». Pese a los dramas que había traído consigo la separación del Indostán y de Pakistán, pese a Cachemira, la no violencia conservaba su brillante reputación. Aquí la palabra «democracia» no movía aún a risa. Europa confundía la vehemente ideología heredada de Gandhi con una forma de pasividad, pero Nehru seguía fiel a lo que había escrito hacía tiempo: «Hay quien ha dicho que la acción no violenta era una quimera; en este país ha sido la única forma *real* de acción política. Incluso en política, toda mala acción trae consigo malas consecuencias. Creo que es esta una ley de la naturaleza tan clara como cualquier ley física o química».

Yo recordaba a Ramakrishna: «Dios no puede estar donde haya odio, vergüenza o miedo». Pero también a Gandhi: «Más vale luchar que tener miedo».

De la misma forma en que Stalin había asegurado que estaba construyendo la Unión Soviética con los mismos métodos con que Lenin había hecho la revolución, Nehru se veía en la obligación de fingir que estaba construyendo la India con los mismos métodos con que Gandhi había conquistado la independencia. Todo se basaba, y más que ninguna otra cosa la unidad de aquel Estado federal, en una predicación. Pero esta no consistía tanto en el racionalismo británico, al que Nehru recurría de buen grado, cuanto en la manifestación de los sentimientos más hondos de la India. De ahí su eficacia, que sorprendía a Occidente. Cuando conocí a Nehru en París, hacia 1935, le pregunté: «¿Qué nexo cree usted que existe entre la no violencia y la reencarnación?». Se paró a pensarlo; le quedaba aún, de los tiempos de cárcel, una meditabunda lentitud de la mente, muy distinta de la jovialidad que afloraba ahora tras su sonriente seriedad de jefe de Estado. Sabía perfectamente que la *ahimsa*, la no violencia india, no tenía nada que ver con un sistema que pretendiera conseguir la independencia sin correr el riesgo de una reencarnación dañina; la consideraba un mito poderoso y no una teoría. No había olvidado aquella conversación.

—Cuentan que Tolstói le hizo esa misma pregunta a Gandhi.

—¿Y qué respondió Gandhi? ¿Lo que usted me contestó a mí?

—¿Qué le contesté?

—Pues más o menos que la reencarnación ha sido sin duda alguna el mantillo...

La lucha contra la miseria, sí; pero también, en lo tocante a la vida, la indiferencia; aquel rechazo a tener que escoger entre las naciones comunistas y las naciones capitalistas, a tener que justificar los medios mediante los fines no procedía del liberalismo decimonónico, sino de miles de años de pensamiento hindú. ¿Acaso no había desempeñado Gandhi respecto a Nehru el papel de un gurú? Bandung había proporcionado a la India más autoridad moral que autoridad política.

—¿No se ha fijado usted nunca —me preguntó, medio en broma medio en serio— en esa frase del Bhagavad Gita: «Quien de verdad hace lo que debe conseguirá aquello a lo que aspira»?

Me interesaban muchísimo aquellas palabras, porque la ironía que en ellas había era superficial. Todo jefe de Estado o de Gobierno tiene que contar antes o después con la razón de Estado, y la camufla tras los valores de su interlocutor o tras los valores más tradicionales de su pueblo, que suelen ser los suyos propios... He visto cómo los comunistas rusos echaban mano de valores ortodoxos, cómo los comunistas chinos echaban mano de valores del confucianismo, y apenas les cambiaban el nombre. Y he oído a todo el mundo emplear el vocabulario de la democracia. Pero en esta ocasión la ética era realmente fundamental.

—¿Qué ha sido lo más difícil desde que se proclamó la independencia? —pregunté.

Me respondió sin vacilar, aunque hasta aquel momento había titubeado al hablar de la India.

—Creo que construir un Estado justo con medios justos... —Se quedó un momento callado—. Y quizá también construir un Estado laico en un país de honda religiosidad. Sobre todo si se considera que esta religiosidad no se basa en un libro revelado.

Me hallaba al tiempo ante la India eterna y ante una India que tenía mucho que ver con lo que representan en nuestros recuerdos la Francia de los soldados del año II y los Estados Unidos de Washington: el final de una época ejemplar de la historia. «Hubo un día en que los hombres pudieron vivir siguiendo los dictados de su corazón». La historia desfilaba ante mis ojos y se llevaba consigo lo que nunca había de volver. En aquellos momentos, en el otro extremo del mundo, algunos intelectuales de Occidente metían a la India en sus casillas marxistas o democráticas. Y Nehru intentaba conseguir una de las transformaciones más hondas del universo en aquel país de frágil federalismo, frente a un Pakistán que andaba amasando sus ladrillos, en una capital donde los intocables acampaban en los céspedes ingleses, y por la noche los automóviles daban un rodeo para no atropellar a las esqueléticas vacas sagradas que dormían en el asfalto de las avenidas triunfales. Me imaginaba a Stalin oyendo aquello de: «Construir un Estado justo con medios justos», y a sus sucesores, a los pequeños y a los grandes; y antes a Hitler. Y sobre todo a Mao Zedong, asiático como Nehru, liberador como Nehru, que habría creído que la única realidad era la miseria de los campesinos indios, que es posible suprimir las castas de la misma forma que es posible suprimir al usurero y al terrateniente chinos, que un ejército comunista de diez millones de hombres podía transformar jubilosamente en comunas populares los dominios del príncipe Siddharta y de los últimos maharajás, y que la flota de los dioses de madera navegaría un día aguas abajo por el Ganges junto con las cenizas de Benarés.

—En ciertos aspectos —siguió diciendo Nehru—, ¿cómo saber lo que es más difícil? Para Gandhi, era vencer la dureza de corazón de las personas cultas. Los líderes de la lucha por la independencia eran hombres con vocación… Y ahora la India tiene que luchar contra sí misma. Pero cada año que pasa es algo mejor que el anterior… ¿Por cuánto tiempo?

»No volveré a ver el Kailash…

Es la montaña de los textos sagrados, el Sinaí de la India; se trata también de una de las montañas más hermosas de la cordillera del Himalaya. En su juventud, Nehru estaba prendado del norte de Cachemira y soñaba con recorrerlo. En la cárcel había preparado minuciosamente la expedición: la tierra apisonada de los soportales del patio era tierra de elección para el más hermoso lago del Tíbet y la más hermosa montaña de Cachemira. Luego las cargas del poder lo habían obligado a relegarla al ámbito de los sueños, y había escrito: «Es posible que la India me suponga un peso tal que me haré viejo sin haber podido ir al lago y a la montaña que tanto ansío ver».

Clavaba una distraída mirada en la primera hoja de una publicación infantil que yo había hojeado en el Capitolio, donde traían la prensa junto con el *breakfast*. Había leído en ella una entrevista con Nehru en la que decía: «A veces se me olvida que hace muchísimos años fui un niño». Alzó la vista.

—También usted estuvo preso durante la guerra, ¿verdad? Ya no es posible conocer a nadie que no haya estado en la cárcel...

Él había pasado trece años en prisión. Yo recordaba los párrafos de sus *Memorias* (que, por cierto, había escrito en la cárcel) en los que dejaba constancia de cómo había descubierto el color de las nubes, de su alegría al oír ladrar a un perro por vez primera después de siete meses, de cuánto le gustaban los libros de viajes, y de cómo miraba los glaciares en los atlas cuando apretaba el calor.

—Me acuerdo —le dije— de aquella ardilla que se le subía a las rodillas, pero salía huyendo en cuanto la miraba a los ojos. ¿En Dehradun?

—En Lucknow... También había crías de ardilla que se caían de las ramas. Las madres bajaban a toda prisa, hacían un ovillo con ellas y se las llevaban.

Yo no sabía que se podían hacer ovillos con las ardillas, pero las de la India no tienen la cola empenachada, como las nuestras.

—Gandhi —añadió— decía que no habría podido vivir sin el sentido del humor...

Yo estaba al tanto de que en varias ocasiones Nehru se había marchado de un cortejo oficial, se había esfumado entre la muchedumbre dejando que las autoridades decidiesen qué justificación dar. Su tono de voz descartaba cualquier veleidad de juego: decía lo que quería decir, como hacen los pocos hombres históricos a los que he conocido, y la mayoría de los pintores. Siguió evocando los recuerdos de la cárcel:

—Después de tantos años, ¿sabe usted lo que me recuerda la palabra «cárcel»? Un caserón con todas las ventanas iguales, mientras la lucha prosigue de muros para afuera; al lado de la tapia, una brizna de hierba que asoma de la tierra apisonada y parece sentir un gran asombro... ¿Y a usted?

—Torturados a los que llevan a cuestas por altos soportales donde los de la Gestapo juegan a la pídola...

Y empezamos a hablar de cárceles. Aquellas en las que lo habían encerrado a él (sonrió durante toda esta parte de la conversación) me recordaban los grandes edificios amarillos de De Chirico, que alargan su sombra por calles desiertas. Cárceles inglesas, «administrativas», de las que se podía salir para asistir a la agonía del padre y hasta las que trenes especiales llevaban hasta Gandhi o Nehru a los líderes de la lucha por la independencia, que también estaban presos. Un anonadado vacío, aislado de la vida pero limitado en el tiempo. No torturaban a nadie. Y en aquella geometría de piedra y horas muertas, el paso de un animal, el pausado crecimiento de una rama por encima de un muro... Mis recuerdos lo intrigaban: las cárceles de ambos se parecían porque aislaban de la lucha que proseguía fuera, «y sin embargo, ¡qué diferencia!»... El embajador empezaba a avergonzarse de no haber pasado nunca ni por una mala comisaría, pero no dejaba de alegrarlo el hecho de que el ujier asomase en vano la cabeza por la puerta una y otra vez.

—Mañana —dijo Nehru— sabremos por los periódicos de qué hemos estado hablando...

—Ya sabe usted que los novios católicos se confiesan la víspera de la boda. Mi madre pasó por el confesionario y volvió tras unos minutos. Luego fue a confesarse mi padre. ¡Cinco minutos, diez, quince! ¿Cuántas fechorías podían confesarse en tanto rato? Cuando salieron de la iglesia, mi madre le hizo una tímida pregunta. «No, si no me estaba confesando» dijo mi padre, «es que el confesor había sido capellán de mi escuadrón, y pegamos la hebra».

—Sí, pero los periódicos, incluso si creen que «hemos pegado la hebra», contarán nuestros pecados —respondió Nehru acentuando la sonrisa. Se puso de pie y me dijo—: Hasta la noche.

El embajador ya me había transmitido la invitación a la cena oficial.

Por las cenas del Capitolio circulaban tantos fantasmas del imperio como por Nueva Delhi. En los jardines daba la impresión de que los geométricos paseos de arenisca ponían firmes a las flores de los arriates. Nehru, vestido con el traje gris humo que todo el mundo conoce y tocado con su blanco gorro de policía, daba la bienvenida a un centenar de invitados en un enorme salón, bajo un ingenuo techo de cuento persa. «¿Le apetecería visitar nuestras grutas sagradas? —me preguntó—. Me gustaría saber qué opina de la labor de nuestro servicio arqueológico». ¿Quería acaso darme una satisfacción? Se alejó con pasos cortos y apresurados entre los grupos de abigarrados uniformes, y me acordé del discurso que había pronunciado el día de la independencia ante la muchedumbre que se agolpaba frente al Fuerte Rojo: «Hacía mucho que habíamos fijado una cita con el destino. ¡Ahora ya lo tenemos aquí!».

Recordé nuestra conversación de por la tarde, la brizna de hierba que se asomaba con asombro a la vida de la tierra; los animales casi amaestrados. Tanto para él como para mí, la prisión había supuesto el muro que nos separaba de los acontecimientos; y, para él, tras ese muro se había hallado —durante trece años— el destino de la India. Aquella noche moraba en la vida, incluso en un escenario. Lo rodeaba un respeto como el que rodea no a los líderes parlamentarios, sino a los dictadores, aunque por motivos diferentes. Yo sabía que a veces se había planteado si sería capaz de perseverar en la no violencia si presenciaba cómo la policía golpeaba a su madre; sabía que su padre había dormido una noche echado en un suelo de cemento para saber cómo se duerme en la cárcel; que su mujer, cuando estaba a punto de morir, le había dicho: «No prometas nunca que vas a renunciar a la lucha». Recordaba aquella carta de su padre que lo había ido siguiendo alrededor del mundo y le había llegado cuando este llevaba cinco años muerto. Pero su vida privada lo describía mucho menos que la acción indirecta que había ejercido en el mundo y la acción directa que ejercía en su país. Más aún que el discurso del Fuerte Rojo, recordaba el alegato con que se había defendido en el proceso de Gorakhpur (el 3 de noviembre, el mismo día en que yo me fugué por primera vez): «No es a mí a quien pretendéis juzgar y condenar, sino a los cientos de millones de hombres que forman mi pueblo, y esa es tarea muy ardua incluso para un imperio tan altanero». Y me volvía —aunque más honda— la sensación que había sentido en el Parlamento: Nehru era el gurú de la nación, como lo había sido Gandhi.

Quienes esperan a que empiece una cena del cuerpo diplomático no se sienten demasiado propensos a evocar grandes escenas de la historia. Y la propia India no es aficionada a ellas, porque poseen un factor novelesco que le resulta ajeno. En el mundo del Bhagavad Gita no se puede dar la coronación de Napoleón, ni los cañones del crucero *Aurora* buscando con sus gigantescos dedos el blanco del Palacio de Invierno. La vida de Nehru no se prestaba a llenar las páginas de un álbum. La leyenda parecía vinculada a Gandhi, desde la Marcha de la Sal hasta el asesinato, pero era una leyenda lejana, difuminada en una bruma de pausas y sueños por la inmensidad de la India. Aquí, las muchedumbres hacían acto de presencia no como el gentío de la Revolución de Octubre, sino como las estrellas en la noche india. Yo había visto por todas partes el retrato de Gandhi, Nehru iba de grupo en grupo, pero de todo cuanto habían *hecho* ambos no quedaba sino una epopeya honda y confusa. Quinientos millones de hombres habían vivido bajo una ley extranjera; había bastado una generación para que la acción ética de unos cuantos los liberase, no mediante consecutivas batallas, sino con un cortejo de símbolos que ya se estaban perdiendo en la independencia. No obstante, la conciencia, la firmeza que habían proporcionado esos hombres a aquellas muchedumbres rodeaban a Nehru como un gigantesco cementerio rodea las tumbas de los conquistadores. Por otra parte, las charlas del cuerpo diplomático daban fe de que nada había concluido aún. Al preguntarle a Nehru «qué había sido lo más difícil», me había contestado sin vacilar, como si quisiese evitar otra respuesta, que seguramente era «Pakistán». No porque temiese el ataque paquistaní, como insinuaban los diarios europeos, sino porque la partición suponía un peligro mayor para la no violencia que la propia Inglaterra. Gandhi había afirmado tiempo atrás: «Lucho

contra tres enemigos: los ingleses, los indios y yo». Solo esperaba la victoria definitiva de la purificación de la India. Tanto
tiempo predicando sin cesar, tanto tiempo persiguiendo el asesinato de aldea en aldea; tantas casas hindúes quemadas, tantas
casas musulmanas saqueadas; y los sijs esperando los trenes de
refugiados musulmanes en la estación de Amritsar, con el sable cruzado en las rodillas; y también los musulmanes esperando a los refugiados hindúes en las estaciones de Bengala;
aquel inacabable Sermón de la Montaña predicado a tantos
hombres que habían muerto asesinados, y que había durado
hasta la pira crematoria. Hacía unas horas, antes de mencionar
los «años mejores», Nehru me había dicho: «Ahora la India
tiene que luchar contra sí misma». El heredero del profeta anciano y risueño construía la India dando la espalda a los demonios de la sangre, como se la daba en aquellos momentos a la
roja chimenea. Ya concluida la que Gandhi había llamado
la Danza Macabra de la India, una gran aventura de la humanidad se esforzaba a tientas por fundar una nación de cuatrocientos millones de hombres sobre los cimientos de su fe en la
inevitable victoria del perdón.

De camino a la mesa cruzamos entre dos filas de lanceros
bengalíes. Y en el comedor, donde los enormes retratos de los
virreyes ingleses cubrían aún las paredes, una hilera de sirvientes con dolmán blanco y turbante rojo, uno por comensal, se perdía de vista entre la perspectiva de las lanzas inclinadas. Al bajar en el ascensor desde mi suite, el joven
ascensorista me había pedido que firmase en su libro de autó-
grafos. Saqué con majestuoso ademán la estilográfica de los
grandes escritores y me quedé parado y aturdido al distinguir
unas diez firmas de reyes. ¿Todavía quedaban tantos? Aquel
capítulo de Proust se estaba convirtiendo en un cuento de
Voltaire.

¿En qué ocasión anterior había sentido con la misma fuerza aquella impresión de estar presenciando un espectáculo cuyos comensales iban a desaparecer con las primeras luces del día? Era el mismo ambiente de los gobiernos provisionales, de los caprichos del destino. Nada tenía que ver con las revoluciones aburguesadas incautándose de palacios ilustres; pero tampoco con el Gobierno de la India. Aunque tardase en llegar el alba, al final acabarían por traerla los hombres pintados de ceniza blanca, las hordas de intocables enarbolando antorchas, o el eterno islam, que piensa que «la vergüenza se mete en casa con el arado». Nehru daba una vulgar respuesta al vulgar discurso del ministro de Asuntos Exteriores escandinavo, y yo me preguntaba una y otra vez: ¿en qué ocasión anterior he sentido con la misma fuerza esta sensación de estar presenciando un espectáculo condenado, esta sensación de estar viendo algo por segunda vez? Había sido en el palacio de Beauharnais, convertido en Ministerio de Cooperación, cuyo frontón sostienen las cariátides de Bonaparte. Los líderes supremos del centro de África habían acudido para recibir las banderas de la comunidad y subían de uno en uno los peldaños de la escalinata. El parlamentario tropel se apartaba ante sus atuendos de tinieblas y ante los juglares que entonaban, andando de espaldas, las gloriosas hazañas de su raza...

Acabada la cena, Nehru me condujo por una escalera de caracol, junto con algunos de los principales invitados, a un diminuto teatro subterráneo donde se sucedían diferentes danzas clásicas mientras la orquesta interpretaba «música que debe tocarse por la noche». Cuando todos estuvieron sentados, Nehru se inclinó hacia mí: «Para usted la cárcel fue un accidente; para nosotros fue un fin. Cuando detenían a uno de los nuestros, Gandhi le daba la enhorabuena por telegrama. En aquellos tiempos solía decir: "A menudo hay que buscar la libertad entre los muros de las cárceles; a veces en el cadalso; nunca en los consejos, los tribunales ni las escuelas"».

Al acabar el espectáculo de danza, nos dejó a todos en el Capitolio y regresó a su domicilio.

6

1944-1965

«Hay que buscar la libertad entre los muros de las cárceles», habían dicho Gandhi y Nehru. Mis cárceles no lo habían sido en el sentido propio de la palabra, o lo habían sido por poco tiempo. Hubo el campo de 1940, del que no me costó fugarme, pese a aquellos zapatos que me estaban pequeños: era un prado grande convertido en suburbio de chabolas, con hogueras que al amanecer se volvían color de rosa, carretas en el camino que discurría por la parte de fuera de las alambradas, latas de conserva ensangrentadas, chozas babilónicas construidas con rechonchos pilares, tuberías y ramas, donde los soldados, en postura fetal, como las momias del Perú, escribían cartas que nunca partirían hacia su destino.

Más serio fue lo de 1944. Aquellos de mis camaradas a quienes detuvieron los diversos cuerpos de policía alemana, la Gestapo las más de las veces, se habían encaminado hacia la muerte por los itinerarios ya sabidos; a mí, en cambio, me detuvieron, con el uniforme puesto, los carros de la división Das Reich.

Mis cárceles comienzan en pleno campo. Recobré el conocimiento tendido en una camilla colocada en la hierba, cuyas varas asían unos soldados alemanes. La parte de las piernas estaba empapada de sangre. Me habían hecho un vendaje de urgencia sin quitarme los pantalones. El cuerpo del oficial inglés no se veía por ninguna parte. En el automóvil, los cuerpos inmóviles de mis dos compañeros. Un alemán estaba desenganchando el banderín. Los que llevaban mi camilla echaron a andar hacia Gramat. Me había parecido que la ciudad se hallaba a bastante distancia. Al lado de la camilla caminaba un suboficial.

Yo había ido a solucionar un conflicto entre un maquis Buckmaster y un maquis FTP. A la vuelta —de eso hacía veinte minutos— íbamos medio dormidos; nos acercábamos a Gramat; el banderín del automóvil, con la cruz de Lorena, flameaba en el viento abrasador. Una descarga de fusiles que oímos a medias; la ventanilla trasera hecha pedazos; el automóvil abalanzándose hacia la cuneta tras haber quedado mirando en dirección contraria. El conductor, al morir —de un balazo en la cabeza—, había pisado a fondo el freno. El escolta cae al suelo, y todas las armas se le vienen encima. El oficial inglés salta a la carretera por el lado derecho y se desploma crispando sobre el vientre las dos manos, rojas de sangre. Yo salto por el lado izquierdo y echo a correr, con las piernas entumecidas por tres horas de coche. Oigo con mayor nitidez una ráfaga de ametralladora; el automóvil me protege de la siguiente. Una bala me corta la correa de la polaina derecha, que se abre como una corola y permanece sujeta al pie. No me queda más remedio que pararme para quitármela de un tirón. Me alcanza una bala en la pierna derecha. Casi no me duele. Solo la sangre evidencia que me han dado. Un tremendo esguince en la pierna izquierda.

Los dos individuos que me llevaban como un bulto no parecían mala gente. Ya vendrían otros. Era totalmente absurdo. ¿Cómo podía haber alemanes en Gramat?

Aquí iba a acabar todo, Dios sabría cómo, después de aquel viaje por carretera bajo el radiante cielo de julio que parecía estar entrando en la eternidad, tras habernos cruzado con aquellos campesinos que me miraban pasar apoyando las manos en el mango de la laya, y con aquellas campesinas que se santiguaban a modo de fúnebre saludo. Ya no vería la victoria. ¿Qué sentido tenía la vida? ¿Qué sentido podría tener nunca? Pero me espoleaba una trágica curiosidad por lo que me esperaba.

Ya desde las primeras casas, llenaba la calle una fila de tanques. Los franceses me miraban pasar angustiados; los alemanes, sorprendidos. Los que me llevaban entraron en la oficina de un taller mecánico. Un suboficial hizo unas preguntas al que me acompañaba. Luego:

—Documentación.

Como la tenía en el bolsillo de la guerrera, pude cogerla sin esfuerzo. Le alargué la cartera y le dije:

—Es falsa.

Tradujo mis palabras sin coger la cartera. Ambos suboficiales parecían gallinas delante de un fonógrafo. Los que me llevaban echaron a andar de nuevo. Esta vez entramos en un pajar de reducidas dimensiones. Sacaron las patas plegables de la camilla y la dejaron en el suelo. Los alemanes se fueron. Giró una llave en la cerradura. Delante de la estrecha ventana, un centinela. Intenté sentarme en la camilla. La pierna izquierda apenas me dolía. Me sentía atontado. Debía de haber perdido mucha sangre, que seguía fluyendo pese a los pañuelos que me habían atado a los muslos.

La silueta del centinela presentó armas. La llave volvió a girar. Entró un oficial que se parecía a Buster Keaton.

—¡Qué *tesgrracia parra* su *pobrre* familia! Es *ustet* católico, ¿*verrtat*?

—Sí.

No estaban las cosas para profesiones de agnosticismo.

—Soy el capellán católico. —Miró los ensangrentados pañuelos—. ¡Qué *tesgrracia parra* su *pobrre* familia!

—La Pasión no debió de resultarle muy grata a la familia de Cristo, padre. También es cierto que yo no soy Cristo.

Me miró, más atontado de lo que lo estaba yo. Pero él era tonto de verdad.

—¿Tiene *ustet* hijos?

—Desgraciadamente sí. ¿Me van a juzgar o no?

—No lo sé. Pero, si necesita los consuelos de la religión, puede *mandarrme llamarr*.

Abrió la puerta, negro de arriba abajo contra el telón aún resplandeciente del cielo. Y a modo de despedida:

—No deja de ser una *tesgrracia parra* su *pobrre* familia...

Curioso capellán o curiosa religión. Un cura de pega al menos habría hecho preguntas...

Un suboficial me hizo señas para que saliera. El corral estaba lleno de soldados. Podía dar unos pasos. Me puse de cara a la pared, con las manos apoyadas en la piedra y alzadas sobre la cabeza. Oí una voz de mando: «*Achtung*», y me di media vuelta: estaba frente a un pelotón de fusilamiento.

—¡Armas al hombro!

»¡Presenten armas!

Se presenta armas a quienes se va a fusilar. Me volvió a la cabeza un sueño que había tenido hacía poco: estaba en el camarote de un paquebote que acababa de quedarse sin portilla, y el agua entraba a voleo; me hallaba ante mi vida, acabada sin remedio, que nunca podría ser diferente de lo que había sido, y solté una interminable carcajada (mi hermano Roland murió poco tiempo después en el naufragio del *Cap-Arcona*). Yo había estado varias veces a punto de sufrir una muerte violenta.

—¡Apunten!

Miré las cabezas inclinadas sobre la línea de tiro.

—¡Descansen!

Los soldados se colocaron el fusil bajo el brazo y se fueron, con andares bamboleantes y una risa decepcionada.

Pensándolo bien, ¿por qué no habían disparado *alrededor*? Nadie corría riesgo alguno al estar yo contra la pared. ¿Por qué no me había creído en serio que iba a morir? La muerte me había parecido mucho más amenazadora en la carretera de Gramat. No había notado ni esa sensación, que me es tan familiar, de que van a disparar contra mí, ni la de una inminente separación de la vida. Tiempo atrás había contestado a Saint-Exupéry, al preguntarme este qué opinaba del valor, que me parecía la curiosa y trivial consecuencia de una sensación de invulnerabilidad. Y Saint-Exupéry había asentido, no sin cierta extrañeza. La comedia que acababa de presenciar no había despertado en mí esa sensación. ¿Acaso no había tenido el aura y el ritual de la muerte? ¿Es posible que no creamos en la muerte hasta que vemos caer a un compañero a nuestro lado? Me volví a mi pajar, al que ya me estaba acostumbrando. Me tendí de nuevo en la camilla. Entraron un oficial y dos soldados, que la alzaron en vilo. Salimos. Aquel alférez no era un oficial joven: los cuarenta cumplidos, alto, tieso, pelirrojo, áspero. Sin barba ni bigote. No tardó en caminar delante de la camilla y ya no le vi sino la espalda.

Íbamos a la enfermería. Una enfermera me miró con odio. El mayor y los enfermeros, menos bisoños, me hicieron una esmerada cura. La camilla reanudó su camino. Bajamos a un sótano. Yo sabía para qué usaban los sótanos. «El día va a ser duro», solía decir Damiens. No era eso. Subimos de nuevo; recorrimos cerca de un kilómetro, y Gramat es una ciudad pequeña. Había carros de combate por todos lados. Los vecinos salían huyendo al ver la camilla. Llegamos a una casa de labor algo aislada y entramos en la bodega. Una grada, un rastrillo, horquillas de madera. Yo ya había visto bodegas intemporales como aquella durante la campaña de 1941, pero nunca me había fijado en cuánto se parecían aquellos aperos (y en especial la grada) a instrumentos de tortura. La procesión siguió andando; volvió a pararse en otros dos lugares parecidos. Era como si anduviéramos buscando un decorado de cámara de tormentos. Los soldados debían de estar ya acuartelados, porque no se veía a ninguno. La soledad, una ciudad llena de tanques dormidos, casas llenas de horquillas y de gradas de donde colgar los cadáveres. Los que llevaban la camilla se detuvieron al cabo de cinco minutos.

—*Kommandantur* —dijo el alférez.

Era el Hotel de Francia, que servía de buzón al maquis... Los alemanes acababan de incautarse de la oficina del hotel. La dueña estaba en la caja. Pelo blanco, rasgos regulares, cuello armado con ballenas: la directora de un internado de señoritas. Nos habíamos visto dos veces.

—¿Lo conoce? —preguntó el alemán por si acaso.

—¿Yo? No —repuso ella distraída, sin mirarme casi.

—¿Y usted? —me preguntó a mí.

—Por desgracia, los maquis no suelen alojarse en hoteles.

La oficina daba al exiguo vestíbulo por puertas de media celosía. El alférez se sentó tras la mesa de despacho. Me dejaron en el suelo de baldosas blancas y negras sin sacar las patas de la camilla. Entró un soldado con un bloc en la mano, me miró con más curiosidad que hostilidad, y se instaló a la derecha del oficial. La calle era estrecha y ya habían encendido la luz. El escribano, con aquella frente y aquella barbilla tan salientes, tenía cara de judía blanca; y el interrogador, cabeza de gorrión: nariz respingona, boca pequeña y redonda. Solo tenía de alemán el pelo pelirrojo, cortado a cepillo, que le dejaba al aire las orejas despegadas. Ambos estaban cómodamente sentados.

—¿Documentación?

Me levanté, di un paso y le alargué la cartera. Y luego me volví a echar: estaba a punto de desmayarme. Pero me sentía muy lúcido ahora que ya había comenzado la partida.

—Ya le he dicho a su colega que la documentación es falsa...

El gorrión viejo la examinó atentamente. Carnet de identidad, permiso de conducir y otras menudencias a nombre de Berger. Unos mil francos en billetes. Una foto de mi mujer y de mi hijo. Hizo un montoncito con todo ello y lo dejó al lado de la cartera.

—¿Habla usted alemán?

—No.

—Nombre, apellido y graduación.

—Teniente coronel André Malraux, apodado coronel Berger. Soy el jefe militar de esta zona.

Miró perplejo mi guerrera de oficial, que no llevaba galones. ¿Cómo le iba a contar un cuento? Me habían cogido en un automóvil que llevaba una bandera tricolor con la cruz de Lorena.

—¿Qué organización?

—De Gaulle.

—Tienen... tienen ustedes prisioneros, ¿verdad?

Tenía un acento del norte de Alemania, duro, nada «teutónico». Interrogaba con tono amenazador, pero no agresivo.

—Unos cien en la unidad a cuyo mando directo estoy.

¡Qué extraños juegos urde el destino! Era costumbre, aunque ignoro el porqué, que a los prisioneros de los maquis los juzgasen consejos de guerra. En un maquis FTP había presenciado un juicio de este tipo, con jefes de maquis que se tomaban por magistrados, una requisitoria aceptable, pues el odio siempre es odio, y una parodia de defensa a cargo de una especie de secretario judicial que andaba haciéndose el abogado para desquitarse de diez años de envidia. Era en la fresca sala de la planta baja de un castillo del departamento de Lot; en el exterior, entre el agobiante calor, balidos de cabras y flores amarillas... Para presidir un consejo de guerra era para lo que me había vuelto a poner la víspera el uniforme que ahora llevaba. Ya habíamos dejado en libertad a unos veinte alsacianos, pues había muchos alsacianos entre las tropas que luchaban contra nosotros, y también entre nuestros maquis, de los que iba a salir la brigada Alsacia-Lorena. Uno de nuestros tenientes, maestro en la zona de Colmar, se había ofrecido para defender a los alemanes, y había dicho en francés y luego en alemán: «Ninguno de estos hombres pertenece a las SS ni a la Gestapo. Son soldados, y no se puede fusilar a soldados por el hecho de que los hayan movilizado ni por cumplir órdenes». Había muchos de nuestros hombres al fondo de la sala, y yo notaba la angustia de nuestros alsacianos. Quedó decidido que entregaríamos los prisioneros a la primera unidad aliada con la que nos reuniéramos.

—¿Cómo los tratan?

El escribano, que estaba tomando notas taquigráficas, dejó el lápiz.

—Se distraen jugando al marro y comen lo mismo que nuestros hombres. Para ellos ya se ha acabado la guerra.

El gorrión viejo se estaba preguntando si le tomaba el pelo, pero le parecía que no.

—Esperaban toparse con salvajes harapientos y se encontraron con soldados de uniforme.

—¿Paracaidistas?

—No, los maquis franceses.

—¿Dónde están?

—¿Quiénes? ¿Los prisioneros?

—¡Da lo mismo!

—Es que hay más maquis que prisioneros.

—¿Dónde están?

—Por suerte, no tengo ni idea. Hablemos claro. Estaban en el bosque de Siorac. Mis hombres llevan enterados por lo menos dos horas de que me han cogido. Mi sucesor lleva hora y media al mando, y es un diplomado de estado mayor. A estas horas ya no queda en el campamento ni un soldado nuestro ni un soldado suyo.

Permaneció un rato pensativo.

—¿Cuál es su profesión?

—Profesor y escritor. He dado conferencias en sus universidades. En Marburg, en Leipzig y en Berlín.

Lo de profesor daba impresión de persona seria.

—Es muy probable que sepa usted alemán. Pero no importa.

—Mi primer libro, *Die Eroberer*, lo tradujo Max Claus.

Había quien aseguraba (aunque era falso) que Max Claus se había hecho nazi y que era algo así como subsecretario de estado de Goebbels. Mi interlocutor estaba cada vez más perplejo. Empezó a jugar al gato y al ratón. Pasados diez minutos le dije:

—Mi teniente, creo que estamos perdiendo el tiempo. Normalmente interroga usted a prisioneros que dicen ser inocentes, o lo son en realidad, y tiene que arrancarles una confesión. Yo no tengo nada que confesar: soy su enemigo desde el mismo día del armisticio.

—¡Pero el armisticio lo firmó el general Pétain!

—Sin duda no soy yo. Así que soy un francotirador. Puede mandarme fusilar, tras haber sopesado los pros y los contras. Por lo demás, mi adjunto ha sido oficial de la legión en Marruecos, y yo lo he sido... en otros sitios. No nos dedicamos al maquis de aficionados. No contamos con ningún punto de aterrizaje. No establecemos contactos más que en caminos despejados con cuatro vigías. Las fuerzas alemanas jamás han capturado a uno de mis soldados. Yo estoy aquí porque acaban de hacer ustedes una maniobra muy brillante, y me he puesto como un imbécil a tiro de sus ametralladoras. Pero, al capturarme, han puesto en marcha el dispositivo de alarma; ya habrán evacuado todos los puestos de mando a cien kilómetros a la redonda. Para enterarse de cuántas fuerzas tenemos, y también de cómo tratamos a sus prisioneros, puede usted echar mano de la milicia. Y, si cogiese a alguno de mis soldados, podría mandarlo torturar, pero no le diría nada, porque no sabe nada: toda nuestra organización se basa en el hecho de que ningún ser humano puede saber lo que hará si lo torturan.

—La Wehrmacht no tortura.

—Y además una unidad como la suya, si está junta toda la división, tendrá algo mejor que hacer.

Me preguntó por el emplazamiento de nuestros antiguos puestos de mando, y le fui citando los castillos que habían abandonado los colaboracionistas, o calveros del bosque donde podría encontrar galerías y rastros de hogueras. Ni mencioné los chaparrales, que los alemanes no creían que se pudieran utilizar. En cuanto a la identidad de los jefes de los demás maquis, la Gestapo y la milicia sabían sus nombres de guerra, como yo, y yo ignoraba tanto como ellos sus verdaderos nombres (al menos los de algunos...). Debían de haber dado órdenes al gorrión viejo de que me tratase como a un prisionero de guerra. Pero estaba claro que aquello solo era el principio. Hablamos del maquis. Yo exageré nuestras fuerzas. Aquello se estaba convirtiendo en una tertulia.

Los dos alemanes se fueron. ¿Irían a cenar? Del otro lado de la puerta de media celosía me custodiaba un centinela. Solo podía verlo hasta las rodillas. A ratos charlaba con alguien. Por el exiguo vestíbulo pasaban muchos alemanes. Me habría gustado poder pensar, pero lo único que me había despabilado había sido el interrogatorio. Me caía de agotamiento.

Las nueve de la noche. (Encima de la mesa de despacho había un gran reloj de pared de caja oscura). Llegaron otros dos alemanes con papeles; debía de tratarse de un resumen de mi interrogatorio. Volvieron a hacerme las mismas preguntas, y volví a responder lo mismo. ¿Se trataría de una comprobación? Qué más daba. Los dos alemanes se marcharon.

Tres cuartos de hora después se acercaron unos taconazos. Las hojas de la puerta, que solían empujar con fuerza, se abrieron despacio. Un coronel fue a sentarse detrás de la mesa. No venía con él ningún secretario. Se parecía a los dos de antes. No, no se parecía; era que yo no estaba acostumbrado a mirar a las personas de abajo arriba. Y tenía el pelo blanco.

—¿Cuáles son sus perspectivas? —me preguntó.

—¿Se refiere a nuestras acciones militares o a... la suerte que voy a correr?

—A sus acciones militares.

—Retrasarlos a ustedes, por supuesto.

Asintió con la cabeza, como si me diese la razón o como si quisiera decir: eso suponía.

—¿Por qué destruyen cosas que podemos reparar enseguida?

—Son nuestros planes.

(A veces lo que pasaba era que no podíamos hacer nada mejor).

—¿No combatió usted en la anterior guerra?

—Era demasiado joven. Mi carnet de identidad es falso, pero la fecha de nacimiento es correcta: 1901.

—¿Y en esta ha combatido?

—Sí.

—¿En qué arma?

—En los carros.

(¡Y qué carros! No era cosa de decírselo, pero la víspera me habían dado envidia los suyos). Miraba mi documentación sin gran interés, como si solo quisiera tener las manos ocupadas.

—¿Sus maquis tienen armas anticarros?

—Sí.

La Gestapo no podía ignorar que Londres llevaba más de un mes tirando bazucas en paracaídas. Así que lo sabía, o al menos se lo temía. Ahora bien, en un bosque solo la infantería puede servir de cobertura a los carros. Las divisiones blindadas alemanas disponían de transportes de infantería; pero, si esta se quedaba en los camiones, no protegía los carros de los bazucas, y, si los protegía desde ambos lados de la carretera, los carros solo podían avanzar a paso de hombre. Mi interlocutor no parecía muy sorprendido, ni siquiera muy interesado. Lo que más aparentaba sentir era curiosidad. ¿Habría querido ver a un oficial de esos misteriosos maquis que lo rodeaban? ¿Se trataba de un reencuentro con el ejército francés, con los «cabezotas» de Verdún?

Volvió a hacer un montón pequeño con la documentación, lo puso al lado de la cartera, se levantó y salió de detrás de la mesa. Al pasar delante de mí, cogió la cartera vacía y me la alargó. Nada más tocarla me di cuenta de que ya no estaba vacía. El coronel salió. El centinela de la puerta dio un taconazo. En una de las divisiones de la cartera el alemán había vuelto a meter la foto de mi mujer y de mi hijo.

Nadie vino a ocupar su puesto. ¿Habíamos terminado por aquella noche? La bombilla de la oficina seguía encendida. Pensé que no iba a poder dormir. Estaba equivocado. El sueño se me vino encima, como tiempo atrás, en España, cuando comíamos tras un combate aéreo: no muerto de sueño, sino sueño de muerto.

La madrugada. La luz del día. Empezaron a oírse portazos en los diferentes pisos, y las puertas de media celosía de la planta baja reanudaron su vaivén. Ruidos de agua. El gorrión de pelo a cepillo volvió a presentarse y se sentó detrás de la mesa, sin decir nada. Multitud de botas en la escalera, ruidos de hotel, de dormitorio de cuartel, y ante todo de partida. ¿Por qué será que la lengua alemana parece siempre expresar la ira cuando la hablan a gritos? Las voces se entrecruzaban:

—*¡Señorra!* ¿Tiene mantequilla?

—¡No!

—¿Tiene chocolate?

—¡No!

—*¡Señorra!* ¿Tiene pan?

—Con cupones.

Dejaron de pedir. Seguramente la dueña del hotel no estaba ya en la caja. Pasó un rato. Subían unas botas; las acompañaba un tintineo de platos de aluminio. Luego, de los pisos de arriba llegó un curioso rumor que fue a más según se iba acercando: el de unos niños cuando entran a ver el árbol de Navidad. Se abrieron las hojas de la puerta al impulso de una bandeja en la que había un humeante tazón de café con leche y gruesas rebanadas de pan blanco con mantequilla. Detrás de la bandeja venía la dueña. Llevaba el pelo blanco primorosamente peinado; se había puesto un vestido negro, como si fuera a misa, pero llevaba un delantal blanco porque venía de la cocina. Miró las baldosas ensangrentadas (me habían sangrado las heridas durante la noche), se acercó a mí y se puso de rodillas, primero con una pierna y luego con la otra. A una mujer mayor le cuesta arrodillarse con una bandeja en la mano. Me la puso encima del pecho, se incorporó, fue hacia la puerta, se volvió —a la altura de las rodillas, dos grandes manchas rojas en el delantal blanco— y dijo, con el mismo tono con el que debía de decirlo con frecuencia cuarenta años antes: «¡Y que no me entere yo de que les quitáis la merienda a vuestros hermanos!», añadiéndole un casi imperceptible toque de solemnidad: «Es para el oficial francés herido», y se fue escaleras arriba, entre el ruido de las botas que se apartaban para dejarla pasar.

El gorrión me miraba con el pico abierto. Habría sido ridículo arrebatarle el desayuno a un herido, pero aquello era una provocación.

«Podemos compartirlo», le dije.

Se puso de pie y se fue. Volvió con un vaso. Cogió una rebanada y la puso encima de la mesa. Cogió el tazón para echar la mitad del café con leche en el vaso. Se quemó. Dejó el vaso encima de la mesa, volvió a coger el tazón con el pañuelo y echó el café en el vaso repartiéndolo con cuidado. El tazón volvió. En las baldosas blancas había ahora huellas de suelas grandes y ensangrentadas, que iban hacia la mesa, y otras más pequeñas.

Nos marchamos alrededor de las ocho. La dueña había vuelto.

—Gracias, señora. Estuvo usted muy bien hace un rato. Era usted la viva imagen de Francia.

Dejó de escribir. No se le movió ni un músculo de la cara. Me siguió con la mirada hasta que se cerró la puerta del hotel.

Me llevaron a la enfermería y me cambiaron las vendas. Pensé que podría tenerme en pie, incluso dar unos pasos. Fue inútil. Me metieron en un furgón blindado, quizá la ambulancia. Una puerta trasera de dos hojas, con el cerrojo por fuera. Cuatro literas fijas. Estaba solo. Me eché; por una ventanita con tela metálica de la puerta veía una fila de camiones y el paisaje que íbamos dejando atrás. ¿Atacarían los maquis? No lo creía demasiado probable, pues la comarca era bastante montañosa y no había bosques. Antes de llegar al Garona no existía, que yo supiera, ningún maquis de importancia. La división acorazada debía de estar realizando alguna misión de castigo; más arriba de la carretera, que hacía eses como un río, ardían nuestros pueblos bajo jirones de humo alargados y oblicuos.

Cuando se paraba la columna, me dejaban bajarme.

En Figeac (donde vivía Roger Martin du Gard...) un labriego me trajo un bastón y se fue.

Todos los ojos franceses me decían que estaba condenado.

Yo creía que no; o al menos todavía no. Suponía que iban a interrogarme otra vez, o a juzgarme. Pero algo tenía que pasar.

En Villefranche-de-Rouergue, cuya iglesia casi española reconocí, pues la había utilizado como decorado para algunas tomas de *La esperanza,* se paró la columna para pasar la noche. Me alojaron en el convento. En cuanto me metí en la cama, la superiora me trajo café. No tenía más de cuarenta años y era guapa. Al pasar, sonrió con inaccesible sonrisa al soldado que me custodiaba.

Me había preguntado a veces qué le parecerían los Evangelios a alguien que se estuviera enfrentando a la muerte.

—Madre, ¿me podría prestar el Evangelio según san Juan?

—¡Ya lo creo!

Me trajo una Biblia y se volvió a marchar. Busqué el Evangelio según san Juan, pero el libro se abrió por la señal que debía de haber puesto ella poco antes. Pudieron haberme matado en muchas ocasiones, en Asia, en España, en mi tierra; me parecía ridícula la idea de que habría podido quedarme en casa en vez de estar a punto de comparecer ante un consejo de guerra o de que me ejecutasen en una cuneta. Incluso aquella noche me parecía vulgar el hecho de morir. Lo que me interesaba era la muerte.

Pero no era en presencia de la muerte donde me había encontrado con san Juan. Había sido en Éfeso, y sobre todo en el universo bizantino y eslavo que había venerado su sepulcro tanto como si fuera el de Cristo. Conservaba en la memoria una imagen de Jesús, visto por san Juan, bastante compleja: convincente y cercana, como la de san Francisco de Asís, pero inserta en el limbo de aquel texto en el que san Juan solo se refiere a sí mismo diciendo: «Aquel al que Jesús amaba». Me acordaba de los vendedores de palomas expulsados del Templo y de algunas frases que convertían los Evangelios en una cantinela: «... porque todavía no había llegado su hora», «¿Puede acaso un demonio abrir los ojos de los ciegos?», y del nocturno acento de: «Padre, aparta de mí este cáliz...»; y de las palabras que le dijo a Judas: «Lo que hagas hazlo pronto». Y recordaba la historia de la mujer adúltera, que tantas veces nos refieren como un juicio, aunque Cristo no miró ni a los acusadores ni a la mujer, y dijo: «Aquel de vosotros que esté limpio de pecado...» sin dejar de dibujar en la arena. Y encontré: «Porque tanto amó Dios al mundo que dio a su Hijo único, para que todo el que crea en él no perezca, sino que tenga vida eterna. Porque Dios no ha enviado a su Hijo al mundo para juzgar al mundo, sino para que el mundo se salve por él». Yo no me había tomado en serio la broma del pelotón de Gramat, pero era muy probable que no tardase en verme frente a otro que sí fuera en serio. En la carretera me podrían haber alcanzado las balas en la cabeza, igual que al conductor, en vez de herirme en las piernas. Tenía la fortísima sensación de que cualquier fe disuelve la vida en la eternidad, y yo estaba amputado de la eternidad. Mi vida era una de esas aventuras humanas que Shakespeare justifica dándoles el nombre de sueños, pero que no lo son. Un destino que concluía frente a una docena de fusiles, entre tantos otros destinos tan fugitivos como la tierra. Lo que iba a ser de mí le importaba rabiosamente a una parte de poca monta de mi propia persona; era algo parecido a la voluntad de zafarnos del agua cuando nos estamos ahogando. Pero no era a esas espantadas a las que les preguntaba por el sentido del mundo. La genialidad cristiana consistía en haber proclamado que al más hondo de los misterios se llega por el camino del amor. Un amor que no se limita al sentimiento humano, sino que lo transciende como alma del mundo, y es más poderoso que la muerte y más poderoso que la justicia: «Porque Dios no ha enviado a su Hijo para juzgar al mundo, sino para salvarlo». Ahora que me hallaba solo ante la muerte, recuperaba aquella ayuda milenaria que había arropado tantas desesperaciones, de la misma forma que el Juicio se llevaría por delante tantas sepulturas. «Asístenos, Señor, en esta hora de agonía...». Pero la fe consiste en creer; admiraba el susurro cristiano que había ido cubriendo esa tierra en la que probablemente pronto estaría tendido, pero no creía en él. Combate mejor la desdicha el recuerdo de san Juan de lo que su presencia combate la muerte. ¿En qué texto oriental había leído: «Está tan fuera del alcance del hombre comprender el sentido del mundo como está fuera del alcance de los escorpiones conducir los carros de los reyes, que los aplastan al pasar»? Todo transcurría como si mi valor supremo hubiera sido la Verdad; y, no obstante, ¿qué me importaba aquella noche la Verdad?

Ni mi pasado ni mi biografía tenían importancia alguna. No pensaba en mi infancia. No pensaba en los míos. Pensaba en las campesinas ateas que se habían santiguado al paso de mis heridas, en el bastón que me había traído el amedrentado labriego, en el café caliente del Hotel de Francia y el de la superiora. Solo se me había quedado en la memoria la fraternidad. En el silencio de aquel convento, donde seguramente estaban rezando por mí, que interrumpía el sordo traqueteo de la lejana maniobra de un tanque, lo que adquiría en mí una presencia tan honda como la proximidad de la ejecución era la desesperada caricia con que se les cierra los ojos a los muertos.

En Albi (seguíamos hacia el sur y los pueblos seguían ardiendo) dormí en el sofá de una sala grande; debía de ser el ayuntamiento. El centinela, que no pertenecía a la división de tanques, sino a un regimiento acantonado en la ciudad, vino a sentarse a mi lado y se sacó del bolsillo dos fotos: el mariscal Pétain y —para mayor asombro mío— el general De Gaulle. Le puso el dedo encima a Pétain: «¡Muy bien!». Y, con reprobación, a De Gaulle: «¡Terrorista!». Me miró. Yo esperaba a que siguiera. Alzó un dedo para pedir atención y dijo: «Mañana», y lo bajó para colocarlo en De Gaulle: «¿A lo mejor muy bien?», luego en Pétain: «¿A lo mejor terrorista?»; hizo un ademán que significaba: ¡vaya usted a saber!, se encogió de hombros y reanudó la guardia.

En Revel tuve a mi disposición un jardín diminuto en la planta baja de una casa de campo abandonada. Pude pasear un poco, apoyado en el bastón. Cuando me trajeron la cena (comía lo mismo que los soldados; los oficiales también, por cierto), encontré al lado del plato un cigarrillo y *una* cerilla.

Al día siguiente un oficial y dos soldados vinieron a buscarme. Me senté en la parte de atrás de un automóvil, al lado del oficial. A la salida del pueblo este me vendó los ojos. No me sentía amenazado, y aquella venda me parecía una protección. Cuando me la quitó, estábamos entrando en el parque de un castillo bastante feo. Delante de la escalinata, unos quince automóviles de oficiales: era el consejo de guerra.

El simulacro de ejecución no había resultado convincente; aquel rebaño de coches sí lo era. Aquella birria de castillo —¿el último?— adquiría esa intensidad que posee todo cuanto ha rozado el dedo del destino. Pocos días antes de matarse, mi padre me había dicho que sentía una tremenda curiosidad por la muerte. Yo la sentía no por la muerte, sino por aquel consejo de guerra, quizá porque era precisamente lo que me separaba aún de ella. Las puertas vidriera de la escalinata daban a un vestíbulo, y, pasado este, unos veinte oficiales bailaban, en un salón muy amplio, con «chicas de gris».[12]

No era un consejo de guerra, sino un baile...

Primer piso. Un corredor largo, una puerta de media celosía. El oficial entró, dio un taconazo, hizo el saludo hitleriano y se fue. Me quedé de pie delante de la puerta, que se había vuelto a cerrar. Una habitación grande que iluminaban tres ventanales abiertos, que daban a un parque y a un lago pequeño. Detrás de la mesa de despacho, de estilo Luis XV y relucientes bronces dorados, un general. Cruz de hierro con hojas

---

12. En el original, «*souris grises*» ('ratones grises'), apodo con matiz peyorativo que se daba por su uniforme a las jóvenes alemanas que prestaban servicio en las fuerzas armadas durante la Segunda Guerra Mundial. *(N. de las T.)*

de roble. Le veía mal la cara porque estaba a contraluz; llevaba gafas oscuras y le brillaba la luz en el pelo blanco. Se dirigió hacia una mesa baja rodeada de asientos, se acomodó en uno de ellos y me indicó con un ademán que hiciera otro tanto. Encima de la mesa había una cajita de plata. Me la alargó:

—Gracias. He dejado de fumar.

Encendió un cigarrillo. El repentino resplandor reveló un rostro extraño que volvió luego a perderse en el contraluz.

—Me gustaría saber por qué no reconocen ustedes el armisticio. El mariscal Pétain es un gran soldado, el triunfador de Verdún, como dicen ustedes. Francia ha adquirido un compromiso. Y la guerra no la declaramos nosotros.

—Una nación no adquiere por poderes el compromiso de morir. Permítame una suposición: siendo presidente de la República alemana el mariscal Von Hindenburg, comienza un conflicto mundial. Derrotan a Alemania, como nos han derrotado a nosotros, y el mariscal capitula. El Führer (que, por supuesto, no es canciller) lanza desde Roma un llamamiento a los combatientes alemanes para que no depongan las armas. ¿Con quién está comprometida Alemania? ¿Y usted de parte de quién se pone?

—¿Por qué está De Gaulle en Londres?

—Los jefes de Estado están en Londres, menos uno, que está en Vichy. El general De Gaulle no está al mando de una legión francesa al servicio de los Aliados.

—¿De qué sirve lo que hacen ustedes? Saben muy bien que, cada vez que maten a un soldado, nosotros fusilaremos a tres rehenes.

—Por cada fusilado, se incorporan tres soldados al maquis. Pero creo que no es esa la cuestión. Ya que le interesa saber lo que opino, se lo voy a decir. En el maquis hay de todo...

—Sobre todo hombres que no quieren hacer el servicio de trabajo obligatorio.

—Pues sí, incluso hombres que se niegan a ponerse al servicio de Alemania. Pero sabe muy bien que todo combate implica la existencia de un alma. Y ustedes no comprenden la del nuestro. Piensan que luchamos para vencer.

Alzó la cabeza. Las gafas le tapaban unos ojos en los que debía de haber una mirada atónita.

—Los voluntarios de las Fuerzas Francesas Libres, los de la Resistencia, no son sino un puñado de hombres frente a la Wehrmacht. Y *por eso* existen. Francia sufrió en 1940 una de las más terribles derrotas de su historia. Quienes luchan contra ustedes dan testimonio de su supervivencia. Vencedores, vencidos, fusilados o torturados.

—La Wehrmacht no tortura. Pero creo que lo comprendo. Hasta cierto punto lo compadezco. Ustedes, los gaullistas, son algo así como las SS francesas. Y serán los que peor lo pasen. Si nosotros acabamos perdiendo la guerra, ustedes se encontrarán con un gobierno de judíos y masones al servicio de Inglaterra. Y los comunistas se lo comerán.

—Si ustedes pierden la guerra, creo que no sucederá nada que usted y yo podamos prever. En 1920 todo el mundo creía que la consecuencia decisiva de la guerra de 1914 era la desaparición del poderío militar alemán. Sabemos hoy que su consecuencia decisiva fue la Revolución rusa. En esta ocasión puede ser el fin de Europa como señora del mundo. Durante veinte años, o cincuenta, a Francia le irá mal, y a Alemania también. Y luego otra vez Francia, y otra vez Alemania, y quizá otra guerra...

Se puso de pie. Creí que iba a volver a la mesa. Pero se puso a pasear sin rumbo, mirando la alfombra. Al pasar por delante del ventanal del centro, le dio la luz en la cara. Comprendí entonces qué me había impresionado al iluminarle el rostro la cerilla: bajo las oscuras manchas de las gafas, los pómulos, muy altos, daban a aquella cara un aire de calavera.

—¿Piensa de verdad lo que acaba de decir de Alemania?

—Volveremos a ser sus enemigos. Pero decidan lo que decidan las armas, cualesquiera que sean los regímenes, no sé de muchos intelectuales franceses que estén dispuestos a prescindir de Hölderlin, ni de Nietzsche, ni de Bach, ni siquiera de Wagner...

—¿Conoce usted la Rusia soviética?

—Sí. Alemania es inextirpable de Europa.

—¿Cómo dice?

—Que no se puede extirpar a Alemania ni de Europa ni del mundo.

—Lo intentaremos... Esos bárbaros del este, y esos vendedores de coches y de latas de conserva, que nunca han sabido combatir, e Inglaterra detrás de ese borracho que parece un personaje de Shakespeare...

Me miraba cara a cara. Los cristales ahumados le ocultaban la mirada. Otros generales alemanes estaban preparando el atentado contra Hitler. Yo no lo sabía, pero quizá él sí.

Tocó un timbre.

Los alegres acordes del baile inundaron la habitación y se enrollaron como serpentinas alrededor de la Muerte perpleja, con su uniforme de general alemán. La ventana enmarcaba un lago pequeño, pensado para remar, con sus abandonadas casetas. El oficial que me acompañaba acababa de entrar y me indicó por señas que lo siguiera.

Volví a Revel y a mi macizo de claveles; a mi cigarrillo y mi cerilla. Al día siguiente vino a buscarme otro coche blindado. A mi lado, en el asiento de atrás, un soldado con una ametralladora. Ya no íbamos hacia el sur, sino hacia el este. Tras unas horas de viaje, llegamos a Toulouse. Anochecía. La plaza Wilson, el café Lafayette, donde tantas veces me había sentado durante la guerra de España. Un día, en la plazoleta ajardinada, andaba enredando con el revólver que llevaba en el bolsillo del gabán, con el cañón apuntado al suelo. Se me escapó un tiro. El ruido no llamó la atención a nadie y salí del paso sin más daño que un agujero chamuscado. Silbaba de alegría porque acababa de ver en los escaparates de las librerías *Los Thibault* con la faja del premio Nobel.

Me hicieron entrar en una de las casas de la plaza. El entresuelo. La habitación —un salón burgués— no tenía más ventana que un montante semicircular.

Dentro, una tela metálica. Fuera, las parejas daban vueltas a la plazoleta y se sentaban en las terrazas de los cafés: un atardecer cualquiera, si no hubiera sido por los uniformes alemanes. Mi cuñada (habían capturado a mi hermano hacía más de un mes) vivía en la calle de Alsace-Lorraine, a cien metros de la plaza... Un comandante alemán mandó que me trajeran huevos con jamón y una botella de burdeos. ¿Sería que me consideraban un prisionero de altos vuelos? No podía ser cosa de Vichy, porque no me había interrogado ningún francés. Recordé un consejo: no beberse nunca una botella, porque la Gestapo las usa para dar palizas, y las botellas vacías son las cachiporras que más daño hacen. Yo aún no estaba en esas. La conversación tuvo muy poco de interrogatorio, como había sucedido antes: «El mariscal Pétain firmó el armisticio» y «La Wehrmacht no tortura». Hablamos de Verdún, y el comandante dijo: «Por aquel entonces yo era prisionero de los franceses». El coche blindado nos llevó a un barrio de anchas avenidas, rodeó el gran monumento a los muertos por la patria y se detuvo ante un lujoso palacete. Un vestíbulo sin muebles, con la excepción de una mesa de despacho tras la cual escribían dos suboficiales. El comandante les entregó mi documentación, que habían ido pasándose de mano en mano mis consecutivos carceleros. El suboficial dijo: «Treinta y cuatro». (¿Un número de habitación?). Su compañero y el comandante fueron conmigo, uno a cada lado. Había ascensor, pero subimos por la escalera, que cubría una mullida alfombra sujeta con relucientes varillas de cobre. Me costaba subir, pero los alemanes amoldaban su paso al mío. En el pasillo, guardias militares sin más arma que el revólver enfundado. Segundo piso. Puerta 34. Un guardia abrió la puerta, la volvió a cerrar, y la alfombra del pasillo ahogó los pasos de los tres alemanes que se alejaban.

Era un cuarto de baño grande convertido en dormitorio. En una de las esquinas, una cama con colcha y sábanas blancas. En otra, un armario empotrado. No había timbre para llamar. La puerta no tenía picaporte. La golpeé con el puño. Acudió el guardia, que me miró con muy malos ojos.

—¿El cuarto de baño?

Me acompañó. En un salón, al menos diez urinarios verticales de porcelana, como los de los bares. Volvimos. Empezó a darme gritos. Debía de estar vociferándome que no llamase a la puerta. ¿Pensaría seguir así mucho rato? Lo miré y le dije, también a voces: «¡Quizá me han traído aquí para fusilarme, pero sin duda no para que usted me chille! ¡Basta!».

Se calló, estupefacto como si me hubiese convertido en conejo ante sus mismísimos ojos, y volvió a cerrar la puerta de mi cuarto con amenazador cuidado.

Aquello parecía una casa de salud, pero el guardia acababa de hablarme a berridos. Abrí el armario. En uno de los estantes, algunos trastos rotos, lápices y una regla con una de las puntas cuidadosamente afilada. El guardia no había abierto la puerta con una llave, sino con una manija. Examiné la cerradura. El resbalón estaba encajado, pero la puerta solo estaba cerrada porque le habían quitado el picaporte y el vástago de hierro que este accionaba. Por el agujero cuadrado en el que el guardia había metido la manija veía la luz del pasillo como por el ojo de una cerradura.

La punta de la regla del armario se adaptaba al agujero. Podía hacerse bastante presión para abrir la puerta. La entorné. El guardia estaba algo más allá, en el pasillo, de espaldas. Volví a cerrar sin hacer ruido y metí otra vez la regla en el armario.

No podía correr. Ni andar de puntillas. Pero habría podido quitarme los zapatos. Para evadirse con éxito hay que correr algún riesgo que desconcierte al adversario; este era tan válido como cualquier otro. Pero era raro que la regla estuviese en el armario. ¿La habría afilado el ocupante anterior y lo habrían llamado antes de poder usarla? A los presos no se les permite tener cuchillos. Es posible improvisar hojas de cuchillo (por lo que dicen...), pero aquella regla estaba muy bien afilada. ¿Es que no registraban los armarios? «Muerto en intento de evasión...». ¿Qué cárcel era aquella en que aparentemente se limitaban a inscribir a los presos en un libro de registro?

Supuse que el comandante era el representante de la autoridad a quien me había entregado la división acorazada. Dicha autoridad había considerado que me merecía una pensión de familia un tanto peculiar, pero que nada tenía que ver con la antesala del pelotón de fusilamiento. En la habitación no había ventanas... Si habían decidido no fusilarme —al menos no de momento—, sería seguramente porque pensaban interrogarme en París. Sería cosa de investigar si era posible utilizar la regla; y si los días se parecían a las noches en aquella honorable morada. Empecé a desnudarme. Abrieron la puerta. Al soldado que había acompañado al comandante lo acompañaba esta vez un suboficial. Me volví a vestir. En la planta baja el suboficial se hizo cargo de mis papeles. Otra vez el coche blindado.

Un barrio alejado, una torre, una tapia muy larga; el coche giró a la derecha con un chirrido de frenos y pasó bajo una puerta abovedada. Era una cárcel. La toma de datos de rutina. ¡Solo me quitaron el reloj y me dieron un recibo! Me encerraron en una sala en que había unos veinte prisioneros, a los que habían llevado allí durante el día. Todos desconfiaban de todos, pero reinaba en todo su apogeo la mitomanía informativa. Ya la había visto en plena acción, hacía tiempo, en el campo de Sens: «¡Weygand ha asesinado a Pétain en pleno consejo de ministros!». «¡De eso nada! ¡Mandel ha mandado arrestar a Pétain y a Weygand!». Aquella noche tocaba: «Han roto el frente de Normandía y los paracaidistas han tomado Chartres».

Al día siguiente, a eso de las diez, nos repartieron por las celdas. En vez del pasillo alfombrado, las anchas galerías de una cárcel, y sus puertas con mirillas. Me esperaba un calabozo, pero me hicieron entrar en una habitación: dos ventanas grandes con tela metálica que tapaban, por la parte de fuera, unos cajones que solo dejaban entrar una claridad vertical. Alrededor de diez prisioneros, de paisano, que me miraron entrar sin moverse del jergón, menos uno, un pelirrojo de amplia sonrisa, que me estrechó calurosamente la mano.

—Soy el jefe de sala. Le doy la bienvenida en nombre de los compañeros. Me llamo André.

—Yo también. Gracias.

—¿Cuándo lo cogieron?

—La semana pasada.

Miró mi uniforme sin galones.

—¿Es usted jefe de maquis?

—Sí.

—¡Suerte tiene de que no lo hayan breado!

—Todavía no. A lo mejor es por el uniforme. Y además también nosotros hemos capturado a bastantes prisioneros.

—¡Qué me dice!

Los presos se fueron acercando desde todos los jergones, despacio, como si fuera una obra de teatro.

—¿En qué punto está el desembarco? Aquí no han traído a nadie desde hace tres semanas. También es verdad que tenemos el teléfono. Pero ¡anda y que no cuenta bulos!

—¿Podéis hablar entre vosotros?

—¡Ya lo creo! Vas a ver. Pero hay que esperar a que los *fritzs* hayan traído el rancho.

Aquí llega. Asqueroso dentro de lo normal. El trozo de pan bastaba para poder subsistir.

En la galería ya no se oían ruidos de hojalata. André fue hacia la ventana y dijo con un tono de voz bastante alto, pero sin chillar: «Llamando, llamando, llamando». Silencio generalizado. De la celda vecina contestaron: «Adelante». André se fue a una esquina, se sentó en el suelo y dio tres palmadas en el tabique. Del otro lado llegó un sonido semejante. Los presos se habían puesto de pie entre él y la mirilla. Dijo con el mismo tono de voz.

—¿Qué tal?

Dos de nuestros compañeros, con el oído pegado a la pared, transmitían las respuestas.

—Bien. ¿Y por ahí?

—Bien. Nos han traído a un coronel de De Gaulle. Arrestado el 23 de julio. Dice que habían tomado Caen y Saint-Lô. Y que la aviación aliada lanza paracaidistas en pleno día. Desde entonces no sabe nada más.

—¿Noticias seguras?

—Sí.

(«No te preocupes —me dijo André—, que aquí todo el mundo está seguro de todo»).

—Bien. Lo transmitimos.

La misma operación en la pared de la izquierda. Detrás de mí, la galería; delante, las ventanas. El jergón libre estaba al lado del de André, así que después del «teléfono» pudimos charlar a media voz. Los otros se habían amodorrado. De momento no había más noticias que contar.

—¿Sabes si hay soplones por aquí?

—No hables mucho de ti, y punto.

Comprendí lo que quería decir. No había demasiadas cosas que los soplones pudiesen denunciar; solo improbables preparativos de fuga o baladronadas. Saint-Michel era un lugar de paso. El decano de los presos llevaba allí tres meses. Cada mes salía un convoy hacia Alemania. Y ello le daba un ambiente de estación inquietante, de lotería y de fortaleza, y no de campo de concentración. No nos mandaban hacer nada. Los carceleros eran unos tronchos a quienes, pese a la necesidad que sentían de vociferar, todo les daba lo mismo. No se dedican a intentar «pillarnos», decía André. Estaban enterados de las transmisiones, pues cada celda captaba los bulos de la misma forma que un aparato de radio capta las ondas. Siempre había pasado lo mismo, incluso en Fresnes. Pero nada importaba con tal de que cuadrasen las entregas y no faltasen presos. El único riesgo que corríamos si nos enviaban a Alemania era el de recobrar la libertad bastante más tarde. Pero a las seis oíamos pasar por el pasillo a dos soldados y a un funcionario. Casi siempre abrían una puerta o dos y se llevaban a un prisionero o dos.

Los mandaba a buscar la Gestapo.

Cuando daban las seis en las iglesias, se ahondaba el silencio en toda nuestra galería.

Algunos de aquellos presos habían regresado. Teníamos uno en la celda. Contó el suplicio de la bañera con el humor negro propio de las cárceles.

«Doler, no duele mucho; pero es que no paran, y acaba uno por no enterarse de nada. Y entonces, como te pegan berridos y te arrean, si no estuviera uno muy atento, acabaría contestando. Hay que estar muy atento; a la cuarta vez cuesta mucho. Y la bañera está asquerosa, con vómitos y todo lo demás. ¡Creí que me iban a ahogar como a una rata!».

Soltó una convulsa carcajada y se palmeó los muslos.

—¡Como a una rata!

»Y, hablando de bichos, había allí una zorrita de uniforme que también tenía la mano muy suelta, pero para darle a las teclas de la máquina. ¿Y sabéis lo que se atrevió a decirme la muy guarra en la tercera sesión? "Oiga, ya está bien. ¡No soporto estos numeritos!". ¡A la muy cerda le parecía que estaba exagerando! ¿Qué os parece?

»Si salimos de esta, más le vale no cruzarse conmigo...».

De historias como esta se componía el folclore de Saint-Michel. Antes de que yo llegase, un oficial había recorrido toda la cárcel preguntando a cada cual su nombre; un control, sin duda alguna. Los presos, menos el torturado, que no podía levantarse, estaban de pie. Cuando le tocó el turno, dijo su apellido. El oficial consultó la lista y exclamó: «Te-rro-*rrista*». El preso de al lado, a quien los demás llamaron a partir de entonces «el profesor» (ya se lo habían llevado a Alemania), dio un paso al frente, alzó un dedo índice filológico y dijo muy respetuoso: «No, terrorista no. Tu-rista», y se volvió a su sitio. El oficial siguió con el control, y, cuando ya se iba, lanzó una mirada a su alrededor y voceó con indignado desprecio: «¡Todos *turristas*!».

La puerta se cerró con estrépito, y todo el mundo se desternilló de risa...

Lo que había que procurar era no formar parte del siguiente convoy. A los que habían seleccionado para el último los habían vuelto a mandar a la celda «con sus cosas». Pero los presos no tenían nada que ver con aquella selección. Procuraban pasar inadvertidos, porque podían incluirlos de oficio en la lista. Por eso me había dicho André: no hables mucho de ti. No obstante, menos los pocos individuos detenidos por dedicarse al mercado negro, todos referían en qué circunstancias los habían cogido. Era este el tema principal, vulgar e inagotable, que me permitió enterarme de que el palacete próximo al monumento a los muertos por la patria, donde había pasado yo algunas horas antes de que me condujesen a la cárcel, era el cuartel de la Gestapo en Toulouse. Las bañeras eran para los interrogatorios. Pero no solía haber camas. El guardia de los berridos, que se había quedado tan estupefacto al mandarlo yo al infierno, debía de ser uno de los verdugos. Humor negro, como lo de haberme encontrado con un baile en el castillo. Y me daba también la sensación de haber pasado rozando el destino. Era tanto más intensa cuanto que la esencia de aquella cárcel, desde el aplazamiento del último convoy, consistía en esperar con impotencia el destino: otro convoy o la Gestapo. Pasaban los días, tan amorfos como en todas las cárceles; solo los diferenciaban entre sí de vez en cuando los repartos de paquetes de la Cruz Roja o del mariscal, y todas las tardes, a las seis, las pisadas de la tortura. Hasta que una mañana subió por las paredes un prolongado y sordo retumbo. Todos nos quedamos quietos. Algunos presos pegaron la oreja a la pared, porque los sonidos que vienen del suelo se transmiten mejor por la piedra que por el aire. Pasaron una hora, dos horas. Se reanudaron los juegos a medias, los ensueños, el anonadamiento.

Otro retumbo, más débil que el primero. No eran disparos de artillería. ¿Sería alguna voladura de los maquis? Pero la
explosión de un puente al saltar suena como un bombardeo
aéreo. ¿Un bombardeo aliado al que no hubiese respondido la
defensa antiaérea? No tenía nada que ver con lo que habíamos
oído en 1940: era como si la tierra transmitiese un breve frag-
mento de otras prolongadas batallas, quietas ya en el pasado,
el ronco trueno de Verdún, que ninguno de nosotros había
oído.

Aquel inexplicable retumbo, que nada tenía en común con
nuestras voladuras con dinamita, era el avance aliado, aunque
el segundo trueno hubiera sonado más lejos que el primero.
Ningún grito por la calle. Ningún disparo de fusil. Lo que sucedía estaba sucediendo muy lejos. La vida de la cárcel no había cambiado.

Pero iba a cambiar.

A las dos pasó una ronda que se paró en varias celdas. Se abrió
la puerta de la nuestra. Un alemán de paisano dijo: «Malraux, a las seis».

Era el interrogatorio de la Gestapo.

Me di cuenta de que había estado convencido de que se
habían olvidado de mí.

Intenté sacar a mis compañeros las informaciones más
concretas que tuvieran. La fraternidad que me rodeaba desde
que la puerta había vuelto a cerrarse era la de un velatorio.
Participaban en ella incluso los traficantes del mercado negro.
La mayoría de mis compañeros llamaban Gestapo a la policía
militar que les había pegado. El preso de la bañera sí sabía de
qué iba la cosa. Pero los alemanes lo habían interrogado para
obligarlo a decirles dónde se hallaban los puestos emisores de

su grupo. Lo habían torturado dos veces, con una diferencia de tres días. Cuando detenían a un miembro del grupo, cambiaban de sitio el puesto emisor. Aguantó la primera vez, la segunda dio las señas de un piso que ya estaría vacío.

Lo que yo intentaba —en vano— era tener claro en qué terreno iba a combatir. «No sirve de nada lo que puedan contar los compañeros —dijo André—; nunca es igual...». ¿Un interrogatorio relacionado con el maquis? Llevaba ya preso demasiados días. ¿Un careo? ¿Usarme como cebo? Ya lo teníamos previsto. Los maquis de Montignac disponían de cuevas hasta las que los alemanes no podrían perseguirlos. Habíamos decidido que, si uno de nosotros se acercaba rascándose la nariz, quería decir que detrás venían los alemanes. Los nuestros tenían que dispararle a la cabeza antes de salir huyendo, para que no lo volvieran a torturar. Y yo tenía allí a dos compañeros de España.

Pero era muy verosímil que hubieran mandado mi expediente a la Gestapo. Ahora contaba esta con más información de la que había aparecido en la prensa. Sabía, por lo tanto, que nunca había militado en el Partido Comunista ni había pertenecido a las Brigadas Internacionales; pero sabía también que era uno de los presidentes del Comité Mundial Antifascista y de la Liga contra el Antisemitismo; y que había estado al mando de la aviación extranjera en las filas de la República española en la época en que los partidos comunistas no sabían aún qué postura iban a tomar. Tenía motivos para mandarme fusilar diez veces. ¿Para qué interrogarme? Nadie se enfrenta alegremente a la tortura. Pensaba que había escrito mucho sobre ese tema, y que todo ello parecía ahora una premonición.

Las seis. Los presos se habían acercado a la puerta. Cuando se abrió, estaban a ambos lados de la misma y todos me dieron la mano.

El mismo hombre de paisano de por la mañana. Los dos carceleros. Bajamos. Creía que volvíamos al hotel, pero giramos la calle en sentido contrario. Había soportales alrededor del patio. Los guardias alemanes jugaban a la pídola. Uno de ellos falló el salto, se cayó y me chilló al pasar. Nos detuvimos ante una puerta bastante pequeña, como las de las oficinas de nuestros cuarteles. Antes de que mis carceleros hubiesen llamado, se abrió para dejar paso a dos soldados que llevaban a cuestas a un desventurado de aspecto judío: rostro tumefacto, un hilillo de sangre en la comisura de los labios, breves gestos de los cortos brazos, como si aún quisiera resguardarse.

Entramos en una habitación que parecía un cuerpo de guardia. Estruendo extravagante: un soldado pegaba martillazos en una chapa colgada de una cadena que sujetaba con la mano izquierda. Aquel escándalo era para tapar los alaridos.

Una prisionera desencajada intentaba, con convulsos gestos, meterle una cucharada de té entre los dientes a un prisionero, desvanecido sin duda, cuyo destrozado rostro no tenía ya rasgos. Se le caía el té por todos lados, como si se lo estuviera echando en la boca de cualquier manera, y volvía a intentarlo. Me esposaron con los brazos a la espalda. Entramos en la habitación siguiente. A ambos lados, puertas abiertas por las que se veía a dos hombres con las manos atadas a los tobillos; otros hombres calzados con botas les daban patadas y los golpeaban con una especie de cachiporra que no pude ver bien. Pese al estrépito, me parecía oír el sordo ruido de los golpes en los cuerpos desnudos. Miré al frente, quizá más por vergüenza que por miedo. Un rubito de pelo rizado, sentado detrás de una mesa de despacho, me miraba de arriba abajo con ojos inexpresivos. Suponía que empezaría por preguntarme mis datos personales.

—No se moleste en contarnos majaderías. La Galitzine trabaja ahora para nosotros.

¿De qué me hablaba? El que fuese descaminado podía ser buen síntoma. Lo importante era permanecer lúcido, pese a cuanto me rodeaba, pese al escándalo y a aquella sensación de ser manco.

—¿Ha pasado usted dieciocho meses en la Rusia soviética?

—Hace diez años que no paso más de tres meses seguidos fuera de Francia. Es fácil comprobarlo en el servicio de pasaportes.

—¿Ha pasado usted un año en Alemania?

No le quedaba más remedio que hablar a voces, y a mí también.

—Nunca más de quince días. Ya he dado las fechas y las ciudades de mis conferencias en sus universidades a la policía militar, que me ha interrogado.

Como si le hubiese dado un ataque (un ataque fingido), se puso de pie vociferando:

—¿Así que es usted inocente?

—¿De qué? Desde el principio he dicho, sin que me presionaran, que soy el jefe militar de estos departamentos.

Volvió a sentarse, me tiró el secante de madera a la cara, sin apuntar, no me dio y no volvió a intentarlo. Algo le sorprendía. Observaba mi uniforme sin galones ni condecoraciones y la polaina desparejada.

—¿Ha dicho usted diez años?

—Sí.

—Y tiene treinta y tres.

—Cuarenta y dos.

Había pasado el barbero por la celda la víspera. Una barba descuidada no tiene edad, pero, como me habían afeitado el día anterior, era evidente que tenía más de treinta y tres años.

Tocó un timbre. El soldado que golpeaba la chapa se detuvo. Los gritos se convirtieron en quejumbrosos alaridos y se fueron alejando. ¿Había durado ya bastante la exhibición? No obstante, me sentía más en peligro que ante las ametralladoras de la carretera de Gramat o el supuesto pelotón de fusilamiento. El que me interrogaba había recuperado el tono de voz normal y ya casi no tenía acento.

—¿Dice usted que no es hijo de Fernand Malraux y de Berthe Lamy, ambos fallecidos?

—Sí que lo soy.

—¿De qué murió su padre?

—Se mató.

Hojeaba el expediente.

—¿Fecha?

—En 1930 o 1931. Pero no hay equivocación posible; es el único de la familia que se llama Fernand.

Me miró como si me fuera a decir con tono agresivo: «¡Pues a ver si me explica qué pasa aquí!». Pensé en el gesto que habría podido hacer, separando las manos, y que habría significado: «No sé mucho más que usted». Pero las tenía esposadas a la espalda. Sin embargo, sí me parecía intuir lo que había sucedido.

Quien tenía treinta y tres años era mi hermano Roland. Él sí había pasado un año en Alemania, antes de Hitler, y dieciocho meses en la Unión Soviética. Su amante era la que decía ser la princesa Galitzine. El expediente que había enviado París era el suyo. Tenían a Roland prisionero. Y, si aún no habían dado con mi expediente, era porque siempre se me olvida que no me llamo André. Siempre me han llamado así, pero en el registro civil me llamo Georges. Estaba claro que la división blindada no había enviado todos sus interrogatorios; se había limitado a pedir el expediente de André Malraux, y en el registro civil no habían podido dar con él, puesto que no existía. De entre los expedientes a nombre de Malraux (en la región de Dunkerque tengo cincuenta y dos primos, de los cuales unos treinta llevan mi apellido), habían escogido el más sospechoso. Pero debía de haber alguna otra cosa en aquel expediente, porque no habían empezado pegándome y mi interrogador me hablaba de usted.

—¿Ha afirmado usted que nuestros prisioneros recibían buen trato?

Así pues, los interrogatorios que había enviado la división blindada eran más completos de lo que creía.

—Desde que lo dije, han tenido ustedes tiempo para mandárselo comprobar a los chivatos de la milicia.

—No ha sido necesario. Ya los hemos rescatado.

No me lo creí.

—Es usted Berger, ¿verdad?

—Sí.

—Así que reconoce usted que es culpable.

—Desde el punto de vista de ustedes, es indiscutible.

A mis espaldas, el hombre vestido de paisano tomaba notas. El interrogador seguía hojeando el expediente.

—¡Hay que volver a empezar...!

Luego me miró como mira un perro de muestra a la presa y voceó con acento indignado por semejante sandez:

—¡Me cago en Dios! ¿Por qué coño se ha tenido usted que meter en esto?

Titubeé un segundo.

—Por mis convicciones.

Me contestó como si escupiera:

—¿Sus convicciones? ¡Ahora vamos a verlo!

Se levantó de la mesa y fue a la habitación de al lado. Ocurriese lo que ocurriese a continuación, no cabía duda de que yo, lo mismo que tantos otros antes que yo, acababa de hacer el mayor gesto de valor de toda mi vida.

Pasaron al menos cinco minutos. Todo iba a empezar, o a concluir.

Sonó un timbre.

El paisano fue a reunirse con su colega en la habitación de al lado, regresó casi en el acto, dijo a los guardias que me sacaran de allí y se volvió a marchar.

Volvimos por el mismo camino por el que habíamos venido. Bajo los soportales, los guardias seguían jugando.

Empecé a «ver» la habitación donde me habían interrogado y en la que creía no haberme fijado. En la pared, encima de un fichero, había un anuncio de Pernod Pontarlier, que antes estaba colgado en todos los bares. Correteaban insectos. El hombre atado al que el verdugo de la derecha alzaba del suelo a patadas era rubio y estaba cubierto de sangre. Los rasgos de mi rizoso interrogador —ojos muy juntos, nariz pequeña, boca pequeña— ocupaban un redondel mucho más reducido que el de la cara.

La escalera. La celda. Apretones de manos. Asombro generalizado.

«Hasta la próxima— dije—, se habían equivocado de expediente».

Teléfono mural. Enhorabuenas de las celdas de al lado. Nos transmitieron que habíamos tomado Nantes y Orléans, y que se habían rendido las tropas alemanas de Corrèze. Si era cierto, se habían rendido a mi sustituto, lo que podía explicar muchas cosas... Mis compañeros estaban esperando información acerca de lo que llamaban los bombardeos. Habían oído un trueno menos lejano que los dos primeros. Durante la noche oímos otros tres, quizá gracias al silencio nocturno.

A la mañana siguiente las explosiones estaban tan cerca y eran tan violentas que creímos que estaban bombardeando Toulouse. Pero no se oían aviones. André hizo un agujero en la parte de abajo de uno de los postigos alargados y puestos del revés que tapaban las ventanas: solo vimos un trozo de cielo por el que cruzaban jirones de humo. ¿Cañones de muy largo alcance? ¿Dónde estaría el frente en tal caso? Algunas de las explosiones no eran de obuses. «¡Llamando! ¡Llamando! ¡Los *fritzs* están volando sus chismes!». ¿Qué chismes? Almacenes alemanes o edificios franceses; los volaban siguiendo un plan alemán, no en función de un avance de los aliados, lo que explicaba que las explosiones se oyesen a veces cerca y a veces más alejadas. Escuchar, esperar, suponer, esa es la vida del preso...

Seguramente estaba sucediendo lo que la mayoría de nosotros llevábamos esperando desde que estábamos aquí: habían roto el frente, y las tropas de ocupación del sur de Francia se retiraban hacia París.

Retumbaron todas las puertas, que iban abriendo por turno. Un guardia gritó al pasar: «¡Todos abajo con vuestras cosas!». Y corrió a la siguiente puerta. Eso de «con vuestras cosas» quería decir, en principio, que salíamos para Alemania. Cuando me cogieron, la mayoría de las líneas de largo recorrido estaban cortadas. ¿Nos iban a llevar en camión cruzando entre todos los maquis del Macizo Central? Nos condujeron a la sala grande donde había pasado la primera noche. ¿Habían reunido a todos los presos? Éramos más de quinientos, con nuestros pobres hatos y nuestras mejillas de presidiario. Casi todos sentados en el suelo. La eterna acampada de los vencidos. Los bulos se alejaban y volvían como la prenda en el juego de la zapatilla por detrás. Nos tuvieron esperando tres horas y nos volvieron a conducir a las celdas.

¿Era demasiado tarde para llevarnos a Alemania? Ahora, o nos abandonaban o nos fusilaban. No hacen falta muchas ametralladoras para matar a unos mil hombres.

No hubo rancho. Algunos presos golpearon con rabia las puertas. Los guardias dispararon a voleo en la galería. Silencio.

Toda la noche estuvieron pasando tropas. Una de las carreteras principales bordeaba el muro de la cárcel. Por la mañana tampoco hubo rancho. Pero, a eso de las diez, tras el ruido de los camiones, vino el precipitado traqueteo de los carros. O combatían al norte de Toulouse (pero no oíamos ni cañones ni bombarderos) o los alemanes estaban abandonando la ciudad.

Y de pronto nos quedamos paralizados y nos miramos: en el patio de la cárcel voces de mujeres cantaban a gritos «La Marsellesa». No era el canto solemne de las presas cuando las conducían al campo de exterminio, sino los clamores que debieron de oírse cuando las mujeres de París fueron a Versalles. No cabía duda de que los alemanes se habían ido. ¿Habían dado las mujeres con unas cuantas llaves? Unos hombres corrían por la galería gritando: «¡Salid! ¡Salid!». En la planta baja se prolongó el retumbo de un colosal gong de madera, que se convirtió luego en tam-tam. Ya habíamos comprendido. En cada celda colectiva no había más que un mueble: la mesa. La de las antiguas cárceles, quizá de tiempos del segundo imperio, maciza y pesada. Agarramos todos a un tiempo la nuestra, la enderezamos frente a la puerta, retrocedimos hasta las ventanas. André contó: «¡A la una! ¡A las dos! ¡A las tres!». Un campanazo formidable estremeció la celda. Aunque coordinábamos mal el esfuerzo, la puerta se tensó como la madera de un arco. Cayeron trozos de yeso; André cogió uno y trazó una cruz en la puerta, a nuestra altura: «¡Hay que apuntar aquí!». El ruido de los arietes subía de la planta baja. Retrocedimos hasta las ventanas. «¡A la una, a las dos y a las tres!». La puerta se combó como si fuera a reventar. Retrocedimos. Estábamos muy débiles, pero nos embargaba una exaltación histérica. Los arietes resonaban por doquier y oímos crujidos. Llevábamos semanas viviendo de ruidos y amenazas. Los comunicados a través de las paredes, los pasos de la tortura, aquel caserón de silencio que roían sin cesar sonidos prudentes, igual que los gusanos roen una viga; y nosotros, al acecho. Incluso envueltos en aquella erupción de gritos que ritmaban las profundas sacudidas de los arietes, seguíamos viviendo por los oídos. Toda la cárcel retumbaba. Dominando el tam-tam de la muerte (los alemanes podían volver), recuperaba «La Marsellesa» sus voces proféticas: el día de gloria era aquella liberación; de la tiranía ya sabíamos bastantes cosas; *«entendez-vous dans nos campagnes...»*, es que no oís en nuestros campos los tanques que quizá se iban acercando; y los arietes parecían golpear a la voz de *«Aux armes!»*. En las celdas, se quedaban a medias *Marsellesas* desperdigadas; no hay quien pueda aporrear una puerta mientras canta. Pero cuantos más arietes había, más veloz parecía su latido, que servía de acompañamiento, como una carga de gigantescos tambores subterráneos, a las desaforadas voces que iban pasando. Al quinto golpe, reventó la puerta.

Hubo que desempotrar de ella la mesa. En el pasillo, a la derecha, los presos salían a borbotones de varias celdas por las puertas arrancadas de los goznes o reventadas. A la izquierda, apareció por la escalera, con los puños en alto, respondiendo con el canto a los golpes de fragua de los arietes, la muchedumbre sin edad de las insurrecciones, con un toque de figurín, porque las mujeres, que se mezclaban con los desarrapados presos, iban bien vestidas, o lo habían procurado. En cabeza, un individuo que enarbolaba un manojo de ganzúas y se puso a abrir las puertas que aún no habían echado abajo. Ya solo nos llegaba el canto desde el piso de arriba, pero la libertad golpeaba por todos lados su encarnizado gong. Bajamos a contracorriente y, al llegar al patio, oímos alaridos de dolor y el tremendo estrépito de la puerta de la cárcel al cerrarse con un violento portazo, dominando un ruido de carros y ametralladoras que se alejaba. Volvían alrededor de diez prisioneros, ensangrentados o sujetándose el vientre con las manos antes de desplomarse. Por los pisos altos, una lejana «Marsellesa» y los arietes; aquí abajo, un silencio irreal. Fuera, gritos. Salvo los heridos, que yacían en el suelo, todos los presos, trescientos o cuatrocientos, se habían refugiado en la sala grande.

—¡Que tome el mando Berger! ¡Berger! ¡Berger!

Los que gritaban debían de ser los presos de las celdas próximas a la nuestra; todos querían zafarse de aquella libertad amorfa y actuar juntos: estaban desarmados; del otro lado de la puerta, los carros alemanes. Yo era el único preso que llevaba uniforme, y ello me confería una peculiar autoridad.

—¡Venga! —dijo André—. ¡Date prisa!

Me subí a un cajón.

—¡En fila de a uno! ¡A cubrirse!

Todo el mundo me obedeció.

—¡Que se presenten los médicos!

Cuatro.

—¿Hay enfermeros?

Acudió uno. Había que recurrir a los presos.

—Los diez primeros, que se pongan a las órdenes del médico para atender a los heridos, o a los que puedan caer heridos a partir de ahora.

—¿Qué hago con ellos? —dijo el médico.

—¡Lo que le parezca! ¡Muévase! ¡Los ocho siguientes!

Los tenía al lado, pero seguía dando órdenes a voces. En las cuatro esquinas de las tapias había garitas de vigilancia.

—Dos por garita. Uno se queda en ella, y el otro viene a informar en el acto y se queda de agente de enlace.

André repartió a los hombres por las garitas. Lo mandé a él a una de las que daban a la carretera.

No se oía más ruido que los gritos de los heridos. Si hubiese habido tropas alemanas, ya habrían intentado derribar la puerta; si hubiese habido un solo carro, ya las habría derribado. Al menos durante unos minutos no pasaría nada. Por el fondo del patio llegaban unos prisioneros y se iban otros.

—¡Oficiales y responsables del maquis!

Tres.

—¡Los que conozcan algo Saint-Michel!

Unas semanas antes habían utilizado a presos para las tareas de la cárcel. Se presentaron unos veinte.

—¡Los que sepan dónde estaban las armas!

Dos presos con bigote.

—Seguramente no quedará ninguna, pero id corriendo a comprobarlo. ¡Los que sepan dónde están las escaleras de mano!

Nadie.

—¡Los que sepan dónde están los picos o los martillos!

Cinco. ¡No estaba mal!

—Id a buscarlos.

Hice venir a un preso herido en el brazo y al amigo que le estaba haciendo un torniquete.

—¿Qué ha pasado?

—Salíamos escopetados. Había carros y nos ametrallaron.

—¿Y qué más?

—Los que pudieron se volvieron para adentro.

—¿Y los carros?

—No lo sé...

Más órdenes a grito limpio.

—Que se presenten los heridos.

Vinieron. El segundo de los médicos iba a empezar a intentar atenderlos.

—¿Los carros que no dispararon se quedaron ahí, formados, o se fueron?

Muchos no lo sabían. Cuatro o cinco dijeron que se habían ido. Uno, que se habían quedado. Yo me acordaba del decreciente traqueteo...

Llamé a una de las mujeres, que estaba casi serena.

—¿Cómo conseguisteis entrar?

—Desde que empezaron a irse los *fritzs*, muchas se pusieron a vigilar la cárcel, porque tienen aquí a los maridos. Cuando vieron que se marchaban los soldados de Saint-Michel, algunas se colaron de rondón haciéndose las tontas y con cualquier pretexto. Ni siquiera estaba cerrada la puerta. Ya no quedaba nadie. Nos llamaron y entramos todas.

—Y no había carros, claro.

—Ni uno. Por eso salieron los primeros tan tranquilos.

Volvió uno de los presos con bigote.

—No hemos encontrado armas, pero hemos encontrado granadas.

—¿Cuántas?

—Unas cincuenta.

—Probad una donde podáis. Coged a cuatro compañeros y poned las demás a los dos lados del hueco de la puerta.

Volvió André.

—¡Han liberado París! He hablado desde la garita con un vecino que lo ha visto todo. Le parece que los *fritzs* se han largado de la cárcel y no van a volver. Pero todavía están evacuando Toulouse y estamos en una de las rutas de evacuación. Unos carros que se iban vieron la cárcel al pasar, comprendieron lo que estaba sucediendo, porque estaba muy claro, y dispararon a voleo.

—Manda otros dos enlaces.

El enlace de la otra garita que daba a la carretera se presentó y confirmó las informaciones de André.

Seguí explicando a voces lo que íbamos a intentar, me acerqué a la puerta de la cárcel y mandé que la abrieran. La carretera estaba desierta. Los carros habían aplastado tres cuerpos, dejando un sanguinolento amasijo.

—Hay arena en el patio —dije a uno de los oficiales que me acompañaban—. Que la echen encima de la sangre. No dejéis nada que pueda llamar la atención de los alemanes. Si los ven venir los de la garita, meteos dentro sin prisa, como si os hubieran mandado a una tarea cualquiera.

Enfrente, casas humildes y tiendecillas donde antaño se compraban cestas para los presos. Detrás, pequeños jardines.

De los presos que tenía más cerca, mandé a unos veinte a abrir todas las puertas.

—Y luego os largáis por la parte de atrás, dejando abierto todo lo que podáis.

Cruzaron. Los que estaban echando arena se fueron con ellos. Todos los presos se agrupaban de veinte en veinte. Llegó desde la torre un silbido. No hacía falta: ya habíamos oído los carros. Cerramos la puerta y echamos las grandes trancas.

Podían pasar dos cosas: que los carros hiciesen caso omiso de la cárcel, y entonces, cuando hubieran pasado, los presos irían saliendo por grupos. O que derribaran la puerta. Pero el arco abovedado era demasiado estrecho para que pudieran entrar de lado; así que no les quedaría más remedio que maniobrar y tenían poco margen para dar marcha atrás, incluso aunque echasen abajo una o dos tiendas. Y nosotros dispondríamos de unos minutos. Cuando se metieran bajo la bóveda, podríamos lanzarles granadas, y a nosotros nos protegería el ángulo recto de la tapia. Si conseguían entrar en el patio, nos matarían a todos. Pero no estaba claro que pudieran conseguirlo. Si lográbamos incendiar con granadas el primero, los demás no podrían pasar y no se entretendrían en organizar un asedio. Se reunieron conmigo dos suboficiales de las brigadas anticarros y dos mocetones que sabían manejar granadas. Las granadas de mango que el preso con bigote acababa de colocar a ambos lados del hueco oscuro de la bóveda eran más sencillas de manejar que las nuestras. Solo se oía el traqueteo (bastante leve) del carro que se acercaba. Una vez más, en aquella cárcel la vida consistía en escuchar. El carro no podría maniobrar sin aminorar la velocidad, y no la estaba aminorando. Quizá nos habíamos salvado. Nuestros vigías se habían agachado en las garitas. Unas balas atravesaron la parte de arriba de la puerta, en fila, como hormigas rabiosas. El carro ya había pasado de largo.

Lo mismo sucedió con los dos siguientes. Lanzaban una ráfaga de despedida, como si se tratara de una broma. Pero ya no atacaban, quizá por indiferencia o quizá obedeciendo órdenes. Pasaron otros nueve carros por delante de la cárcel y de todas las casas... El último se llevó el ruido consigo.

Fui corriendo hasta la garita de la izquierda. El carro estaba tomando una curva de la carretera. Las cadenas habían revuelto la arena y la sangre, y ya no había manchas delante de la cárcel. «¡Abrid la puerta!» Los primeros prisioneros se marcharon como si fueran a dar un paseo; pero, con las ansias de libertad, los demás salieron despedidos por el arco de la puerta como trágicos colegiales. Si venían más carros, habría otra matanza.

Pero no vinieron más.

III

1

1958-1965

Antes de ir a las grutas sagradas, había querido ver de nuevo Benarés y visitar los grandes templos del sur. Pero para llegar a la ciudad santa de Shiva tenía que pasar por Sarnath, en cuyo parque de las Gacelas predicó el Buda. A la orilla de aquella carretera, semejante a las calzadas reales de las que dijo Asoka, veintitrés siglos antes: «He mandado plantar estos árboles para que protejan del sol a los hombres y las bestias», volví a ver los templos abandonados, las cabañas de juncos desplomadas bajo el peso de las tejas de madera, y a los campesinos sentados en corro a la sombra de las higueras cargadas de guirnaldas votivas. Camellos que parecían echar de menos el islam pasaban por delante de un santuario de Shiva.

He coincidido muchas veces con el budismo desde 1929, desde Ceilán hasta Japón. Colombo es uno de los lugares más sosegados del mundo. Sus indolentes vecinos pasean sin rumbo fijo bajo el follaje escarlata de los framboyanes y las flores violeta de las buganvillas, entre los arbustos que crecen al pie de las acacias rosa. Recorren al caer la tarde las avenidas de asfalto, por las que transitan escasos automóviles, procesiones de saris cuyos colores son los mismos de los dibujos al pastel de las señoritas inglesas enterradas en los vecinos cementerios. Cerca de la altanera formación de los victorianos monumentos conmemorativos, semejantes a acorazados que sepulta una invasión de orquídeas, toca una melodía un músico cingalés, mientras contempla cómo se va oxidando despacio tras las zarzas lo que fue el Imperio británico...

En Birmania (pero ¿quién recuerda el camino de Mandalay?), vi cómo miles de gladiolos se inclinaban para rendir pleitesía al Buda, como espigas que acamara el viento, mientras oraban las mujeres. En Japón vi el templo de Nara en los tiempos en que cubrían sus muros los frescos más famosos de Asia —Buda de tonos granates, príncipes con tiaras y manos de loto— y los volví a ver más adelante, blancos como ojos de ciego, en torno a sus carbonizados pilares. Y todo ello era también la India.

Al llegar desde Arabia, como en esta ocasión, o desde la India, como hace tiempo, noto, nada más pisar Ceilán, cómo fluye en esta ciudad la dicha. Salta a los ojos la pobreza de los campesinos. Pero de cualquier aglomeración nace esa paz que lleva hasta los templos el saludo de las flores. Aquí quitan el dardo a los escorpiones y no matan a los insectos venenosos. Aquí aman a los animales, y el agua es franciscana. Cualquier otra muchedumbre, si la comparamos con estas, es un gentío al acecho. No obstante, detrás de los *Fioretti* se halla el Sermón de la Montaña, y el Calvario; detrás de estos pueblos, que tan bien sintonizan con las flores, está el Buda de todos los templos, sumido en el éxtasis y con los ojos cerrados; y también los textos sagrados, el doloroso «¡Salirse de la Rueda...!», el inextricable lazo entre la vida y la muerte. La compasión no es el elemento esencial de los sermones búdicos; sin embargo, nunca olvidaré esa mirada de las mujeres que las torna hermanas de las gacelas. Pero lo que se me va metiendo dentro, según cae la noche, no es esa metamorfosis que en los cuentos convierte a las muchachas en animales dichosos y en manantiales, sino esa metamorfosis, mucho más honda, del drama universal en ternura, que pasé rozando en Asís. Noches en las que el príncipe Siddharta descubrió la vejez, la enfermedad, la muerte, fuerza misteriosa que extrae de todo ello esta caricia universal... Sombras tan dulces que ni siquiera precisan sonreír...

«Y entonces, en los confines de Nepal, en Kapilavastu, nació el príncipe Siddharta...». La India de este personaje, que se halla en las fronteras de la historia, y en el que convergen tantos sueños, se plasma para mí en collares de nardos húmedos sobre joyas reales. Pero nunca he visto esas tiaras, ni esos collares; y esos nardos, que huelen como las ciénagas del paraíso, nunca los he visto sino al cuello de los visitantes: son las flores de las guirnaldas de bienvenida. Pero las tiaras de Ajanta y los torsos greco-búdicos me traen siempre a la memoria la poderosa vida de las leyendas. Y en Sarnath todo solicita, antes que cualquier otra cosa, esa frase que es el equivalente de las solemnes frases que figuran en los umbrales de las grandes religiones. «En el principio fue el Verbo», dice san Juan; y los discípulos de Buda: «Triste es toda vida». En Sarnath el príncipe Siddharta es ya Sakyamuni. En el preciso instante en que se sume en la meditación, el Rey de las Cobras, que ha extendido su capucha para protegerlo del sol, le dice: «Sobre tu cabeza gira en el cielo, de derecha a izquierda, un vuelo de arrendajos azules». Es el presagio de la Iluminación. Y entonces interviene el demonio (siempre se mezclan los cuentos con los grandes mitos), con sus floridas flechas y sus legiones diabólicas de piel gris moteada de rojo. «Y a la hora en que apunta el alba y suenan los tambores, cuando anunciaron las estrellas la cuarta vigilia, alcanzó la Iluminación». Y desde entonces, y hasta la hora de la muerte, solo se dedicará ya a predicar la Verdad. «Colocad un lecho entre estos dos árboles, con la cabecera orientada al norte». Los árboles se cuajan de flores, que caen y le cubren el cuerpo.

Y la pira funeraria se enciende sola.

Las breves llamas de esta pira, que han cruzado las edades, eran las que había visto yo en Benarés. Los jardines en cuyos caminos el príncipe hallará la vida, el sueño de las mujeres en los dispersos jergones rellenos de flores de carnosos pétalos, el genio que abre la puerta de la ciudad, «la casa sin camino del asceta sin retorno», los árboles amigos, las aves proféticas, los pavos reales que hacen la rueda a guisa de saludo, el príncipe convertido en asceta, y el caballo «estremecido de sollozos» que regresa solo a palacio, todo ello es la India. La túnica, del mismo tono ocre que la tierra, es la de los criminales cuando se encaminan al suplicio y la que vestían los caballeros rajput cuando se encaminaban a una muerte segura. La Liberación es uno de los hitos del pensamiento hindú, y los sucesivos Budas se irán convirtiendo en encarnaciones del Buda no creado que forma un todo con la suprema Sabiduría.

Pero el parque de las Gacelas no es ya sino una exposición de ruinas muy bien barridas que han entrado en el ámbito de la arqueología, como la Esfinge y todo cuanto del pasado ha puesto a salvo nuestro siglo; más allá se extienden jardines vulgares e insólitos, con céspedes para que los virreyes merienden en la hierba. Unos animales de rojizo pelaje cruzaban a lo lejos. La carretera impedía acercarse a ellos. Nunca veré las gacelas de Sarnath...

Dulzura de los bonzos franciscanos en esa tierra de brahmanes; prietos ramos en los que relucen frescas gotitas bajo el ardiente bochorno del mediodía... Pero ante aquel humilde templo de arquitectura en esperanto, de irrisorios frescos japoneses, el frágil sacerdote que me bendecía en pali era idéntico a los ascetas que bendijeron al príncipe Siddharta.

Era, no obstante, mucho más evidente la presencia del Buda en Benarés, aunque la ciudad estuviera ya consagrada a Shiva cuando él llegó a ella, hace dos mil quinientos años. En 1929 la mezquita de Aurangzeb se quedó sin sus dos minaretes, tan imperiosos como dos amenazadores brazos erguidos sobre la ciudad. Pero el Ganges seguía siendo un Gran Canal tétrico y repleto de fantasmas. Los templos, medio hundidos en las aguas, se acurrucaban algo más entre las barcas, desde las que seguían lanzándose al agua los niños. Los monos aún corrían por las cornisas. Las mujeres de las barcas arrojaban al río calderilla, flores amarillas, flores blancas. Unas vacas miraban por las ventanas de los palacios, desde las que volaban hacia el cielo las cometas. La ciudad seguía siendo del color del cáñamo y del color de la arcilla, pese a la mancha blanca del hospital y los gigantescos anuncios. Bajo abovedadas puertas, las mismas escaleras babilónicas subían hacia los templos, libres ya de las nubes de epopeya: había concluido el monzón.

A aquella hora Benarés era el Ganges. Un gavilán volaba en pos de nuestro barco, entre las llamas siempre renovadas de las piras y la leña apilada para las incineraciones. Entre el latido del río, del color del cáñamo, como la ciudad, una voz silenciosa citaba dentro de mí: «Estas son las aguas sagradas del Ganges, que santifican la boca entreabierta de los muertos». La dilatada plegaria de la India, tan parecida sin duda a aquella con que, en Occidente, despertaron a los fieles los primeros repiques de campana del alba merovingia, ascendía de aquella muchedumbre, que llevaba tantos años saludando al mismo sol con los mismos cánticos, y con las mismas cremaciones en las que se consumía, sin que nadie pareciera darle importancia, eso que Occidente llama la vida.

De la misma forma que desechamos la ropa usada,
así cuanto se cubre con las vestiduras de los cuerpos
desecha los cuerpos usados...

La voz de los fieles que acudían a purificarse habría sido igual de penetrante aunque no hubiera habido ni templos, ni palacios, ni amuletos, ni ciudad, aunque se hubiera alzado en el recodo, cuajado de piras, de un río ancho y lento de África...

En 1914 nos llevaron, a mis compañeros de clase y a mí, a orillas del Marne, unos días después de la batalla. A la hora de comer nos dieron pan y lo tiramos espantados, porque con el viento se había llenado de las cenizas de los muertos, amontonadas a poca distancia. Aquí, un ama de casa se asomaba a la ventana entre el humo de los cadáveres, que la muchedumbre miraba pasar como miraron pasar los primeros habitantes de Benarés el pausado vuelo de las aves migratorias. «Como desechar las ropas...». El hijo mayor encendía la pira del padre, los parientes charlaban y fumaban, los perros flacos pasaban, con el hocico pegado al suelo, ante las hileras de pacientes buitres, ante las piras grandes de los ricos, ante las piras pequeñas de los pobres y de los niños, y ante los ascetas, que abundaban tanto como antaño. Eran tan empinadas que parecía que los muertos bajaban de pie la cuesta que conduce a la muerte. La ciudad santa se plegaba, con desvaída sumisión, al curso de la vida; y este seguía adelante. La muchedumbre que subía despacio desde el río salmodiando los nombres del Dios supremo traía a la mente, mucho más que las cruces de nuestros cementerios, aquellas hileras de hombres que fueron despacio al encuentro de las bombas por el sagrado

Camino de Verdún, por la carretera de Stalingrado. En Europa, esa sumisión al destino es la guerra.

Aquí, de lo que dan testimonio el asceta y la pira es del desapego por la vida. Y por eso se encuentra aquí el Buda en su elemento: «¡Salirse de la Rueda!». Las ciudades rivales de Benarés son ciudades de otra vida, mientras que esta es ciudad de otra muerte. ¿Capital de la transmigración? Pero las transmigraciones van también de alma en alma, no solo de cuerpo en cuerpo. La tradición, rigurosa e ininterrumpida, es ya un concepto muy claro en el *Milindapanha*, donde se recogen las conversaciones del budista Nagasena con el rey Menandro, en un patio cualquiera de Gandhara, adonde las águilas acudían desde el Pamir como las gaviotas vienen del océano, y «donde había abundancia de todo cuanto se come, se mastica, se chupa, se bebe o se saborea».

«Un hombre sube con una antorcha al piso de arriba de su casa y se pone a cenar. La antorcha prende fuego al bálago del tejado, el bálago a la casa, la casa a la aldea. Los aldeanos apresan al hombre: "¿Por qué le has prendido fuego a la aldea?". "Yo no le he prendido fuego a la aldea. Uno es el fuego a cuyo resplandor he cenado. Otro el fuego que ha quemado la aldea.

"El fuego que ha quemado la aldea ha salido del primer fuego"».

No cabe duda de que el que vuelve a nacer no es el mismo que ha muerto, pero viene de él: no puede, pues, decirse que se haya quedado limpio de los pecados anteriores.

Y no cabe duda de que a toda civilización le obsesiona, de forma visible o invisible, lo que piensa de la muerte. La verdad acerca de la muerte, el reino de lo que es imposible comprobar, solo puede obtenerse de una revelación. Pero esta revelación es la relación entre la India y el mundo, en toda su plenitud.

«La llama, siempre la misma, de la tea que va transformándose a medida que se va consumiendo», dice el budismo; y el brahmanismo: «Las aguas siempre diferentes del Ganges, siempre el mismo». Los jainistas ponen azúcar molida en las plazas para alimentar a las hormigas, y la leyenda nos refiere cómo Indra recibió la visita de un niño brahmán (que era Vishnu) que se echó a reír al ver una procesión de hormigas. «¿De qué te ríes, ser misterioso que adoptas la apariencia de un niño?». «Cada una de estas hormigas fue antes un Indra y se precisan veintiocho reinados de Indras para que transcurran un día y una noche de Brahmán». Se trata, por supuesto, de una medida de tiempo sacra, a semejanza de la eternidad cristiana, pero opuesta a la eternidad, igual que la trasmigración se opone a la resurrección. Un ciclo cósmico abarca más de cuatro millones de años; un día de Brahmán, cuatro mil millones, y un ciclo de Brahmán, más de trescientos mil millares de millones; el hinduismo cuenta con un factor multiplicador para cualquier cantidad. Pero ese tiempo al que *prestan vida* el nacimiento, la vida y la muerte de sus ciclos entabla una dialéctica sin fin con la esencia del mundo, que, cuando vuelva a nacer, no será la de ahora, pese al inevitable retorno a su origen eterno. Los ciclos cósmicos nos recuerdan los años luz; pero la medida de nuestras vidas no son los años luz, mientras que la medida de la vida del hindú son los ciclos cósmicos. No es Shiva sino Vishnu, dios de la Vida, quien dice: «Los recursos más excelentes de mi maya son las edades del mundo. Me llamo Muerte del Universo». Los profesores de la universidad sánscrita me dijeron que la historia del asceta Narada, que transcribí hace tiempo, se estudiaba en su universidad (árboles sagrados, salas de estilo gótico inglés, profesores con túnicas amarillas) en el contexto del *Matsya Purana*, pero que también se la contaban a los niños sus amas de cría...

En la soledad del bosque medita Narada, con los ojos clavados en una hojita de luminoso color. La hoja comienza a estremecerse; pronto, entre las exuberantes y quietas frondas que cobijan el sueño de los pavos reales, empieza también a estremecerse de arriba abajo el enorme árbol, como si pasara el monzón: es Vishnu.

—De entre todos tus deseos, escoge uno —dice el zumbido de las hojas en el silencio.

—¿Qué otro deseo podría tener sino el de conocer el secreto de tu maya?

—Sea; pero ve a buscarme agua.

Llamea el árbol en medio del calor.

El asceta llega al primer caserío y llama. Los animales duermen. Le abre una muchacha. «Era su voz como un lazo de oro que le echara al cuello al forastero»; y, aunque forastero, los moradores de la casa lo tratan como si lo conocieran y llevaran mucho tiempo esperando su regreso. Es de los suyos de toda la vida. Ya no se acuerda del agua. Se casará con la muchacha, y todos esperaban que lo hiciera.

Se casa también con la tierra, con el sol agobiante sobre los senderos de tierra por donde pasa una vaca, con el arrozal tibio, con el pozo que cobra vida cuando los hombres se suben a la viga horizontal, con el crepúsculo sobre los tejados de palmas, con la sonrosada llama de las pequeñas hogueras de bosta en la oscuridad de la noche. Se familiariza con el caserío, por el que cruza el siempre transitado camino y donde hay acróbatas, un usurero y un templo pequeño de infantiles dioses. Descubre los animales y las plantas benéficas, la caída de la tarde sobre el cansado cuerpo, la honda calma que sigue a la recolección, las estaciones que regresan como regresa el búfalo de la aguada al acabar el día. Y la sonrisa de los niños flacos; y los años de escasez. Al morir su suegro, se convierte en cabeza de familia.

Una noche del décimo segundo año, la periódica riada ahoga el ganado y se lleva las casas. Sosteniendo a su mujer, guiando a dos de sus hijos, llevando a cuestas al más pequeño, sale huyendo entre el aluvión de barro primigenio. Se le escurre del hombro el niño. Suelta a los otros dos y a su mujer para tomarlo de nuevo en brazos, y el agua se los lleva a todos. Apenas si se ha incorporado, en la oscuridad colmada del viscoso estrépito, cuando se desploma un árbol y lo deja sin sentido. El tumultuoso torrente lo arroja sobre una roca. Cuando recupera a medias el conocimiento está solo entre el cieno por el que van a la deriva cadáveres de árboles cargados de monos...

Llora en el viento que se aleja: «¡Hijos míos, hijos míos...».

«Hijo mío —responde como un eco la voz del viento con repentina solemnidad—, ¿dónde está el agua? Llevo más de media hora esperándola...».

Vishnu lo está aguardando en el bosque de quietas llamas, ante el gran árbol estremecido.

Encontramos también esta leyenda en la cristiandad, donde ha adoptado una forma diferente. En uno de los conventos perdidos en el bosque medieval, pregunta un monje a qué se dedican en el cielo los elegidos. «A nada. Contemplan al Señor». «¿Durante toda la eternidad? Debe de hacérseles muy larga...». El superior no contesta. El monje vuelve a su tarea de desbrozar el bosque. Un pájaro maravilloso se posa encima de su cabeza. No tarda en alzar el vuelo; pero es un vuelo torpe, y va a posarse en otro árbol, a escasa distancia del primero. El monje lo sigue. El pájaro echa a volar de nuevo, y al monje le parece tan bello y misterioso que lo sigue. Continúa la persecución hasta la caída de la tarde. El pájaro desaparece y el monje aprieta el paso para regresar al convento antes de que se haga de noche. Apenas si consigue reconocerlo: los edificios son mucho mayores, los hermanos de más edad han muerto y el superior es ya un anciano. «Si basta con un pájaro para que veinte años te parezcan solo unas horas, ¿qué no será posible en la eternidad de los elegidos?».

Tras la edificante anécdota intuimos el otro mundo, el tiempo de Dios de la eternidad cristiana. Pero el ilusorio espacio de tiempo por el que pasó el monje es un tiempo tan mágico como el pájaro. No interfiere en la vida de los hombres. El monje estuvo bajo el imperio de un encantamiento; el asceta también. Pero el del asceta sí interfiere en la vida, porque la existencia terrestre del asceta es, incluso desde su punto de vista, de naturaleza similar a su existencia de maya. Desde el texto del *Purana* hasta los cuentos de las amas de cría, el retorno a lo «real» forma parte también de un ciclo de la apariencia, y el propio Vishnu no forma parte sino de un ciclo superior... Si la segunda existencia de Narada no posee entidad, no es porque haya sido un sueño, sino porque ha sido tan real como la primera. Cierto es que la maya no se limita al ámbito del tiempo, pero todo cuanto está sometido al paso del tiempo pertenece a la maya.

Maya subterránea, invencible, no tanto origen de ese carnaval de la muerte, de esas sombrillas de paja colgadas de las paredes de los palacios cuanto inspiración de ese hervidero afanosamente centrado en sus piras y sus baños rituales. Pese a poseer la ciudad sagrada mil quinientos templos, no me había quedado el recuerdo de ninguna escultura. Su maya suprema eran los ojos de un asceta que miraba arder un cuerpo en este siglo del declive de Europa —un siglo entre tantos otros, un declive entre tantos otros— y que recitaba el *Rigveda* mientras aquellas efímeras llamas lo guiaban hacia la Verdad suprema:

Sed blandas, llamas, cuando os llevéis en los brazos este
    cuerpo.
Tornadlo perfecto y luminoso y conducidlo a ese lugar
en el que los antepasados no padecen ya ni sinsabores
    ni muerte...

Y aquel día yo veía en la suprema maya lo único que, desde el punto de vista de la India, podía escapar a la muerte: la
Verdad suprema, el Espíritu no creado, el hinduismo.

Las dos expresiones más poderosas de la metamorfosis, que es
el alma de la India creyente, son la agonía y el crepúsculo; y
por eso tiene allí esa fuerza la noche. Regresé cruzando las an-
gostas tinieblas de las callejuelas; me rodeaba un opaco silencio. Las escaleras habían perdido su carácter babilónico. Ya no
podían divisarse los arcos de las puertas y apenas si se distin-
guían los peldaños. Contra el telón de la noche, menos oscura
que las callejuelas, dormían hileras de pájaros. Una voz salmodiaba a lo lejos unos versos del *Gita* que definían la esencia de
lo divino:

Yo soy comienzo y fin de cuanto existe,
y soy la conciencia de cuanto vive;
soy el amor de los que procrean;
y, de los ríos, soy el Ganges.
De cuanto purifica, soy el viento.
Soy el tiempo imperecedero, la belleza y la gloria...

La voz sonó con mayor fuerza:

... Y soy la muerte...

Relumbraban rojos fulgores en los umbrales de los templos, ante los huecos excavados en las paredes para colocar los ídolos, y en las doradas imitaciones de llamas con que se tocaban los ascetas de piedra. Un humilde vendedor de estatuillas de dioses estaba cerrando el tenderete. Eran estas las callejuelas de Kapilavastu cuando el príncipe Siddharta dejó el palacio. Ya no había tropeles de leprosos en aquellos pasadizos, vacíos como pajareras sin aves. Pero las piras seguían ardiendo; las rodeaban unos hombres que empuñaban varas y empujaban con ellas cadáveres con los dedos de los pies abiertos en abanico, y un murmullo como de voces que conversasen en voz baja, que se acompasaba al imperceptible crepitar de las llamas. La escalera cambió de rumbo, pasó bajo el arco de una puerta. A mis pies, un cuerpo que ardía, crepitante, en medio de un corro de hombres inmóviles y silenciosos, convertía sus sombras en los radios de una rueda de la Ley. Seguía oyéndose la voz que salmodiaba:

... Y soy la muerte de todo y el nacimiento de todo,
la palabra y la memoria, la constancia y la misericordia,
y el silencio de las cosas secretas.

Me acordaba del anillo de nueces secas, allá en Alsacia, rodeando un nudoso tronco, semejante a aquel anillo de hombres vivos en torno a un cuerpo que parecía arder a su pesar. «De los ríos, soy el Ganges». Por el agua, que no podía verse en la oscuridad, navegaban algunos reflejos azules y rojos.

Durante cientos de kilómetros no había visto más manifestación artística que aquellos dioses pequeños, de tela y madera pintada, que pueden hallarse, todos revueltos, en las torres de los templos modernos. La policromía de estas torres las relaciona en mayor medida con el bigotudo Rama, patrimonio de millones de hombres, que con esa noción de lo Absoluto que reside en las grutas sagradas. Pero a aquel pulular de dioses lo rodeaban la majestuosidad de los árboles, la docilidad de los animales, la desnudez de los niños, de risa tan melancólica, la circunspección de los ancianos y las panateneas de saris en la rasante luz del amanecer. De punta a punta de esa India que no cree en la vida, lo sagrado es precisamente la vida, con su desesperada nobleza, y no aquel circo divino. Pero se halla este en inexplicable concordancia con el monzón, que lo barre al pasar, y con esos símbolos sexuales que le parecían impúdicos a la Inglaterra victoriana, de los que sabemos que son hermanos de las figuras de las tinieblas, de la misma forma que los petrificados gestos de los dioses del primer templo pequeño que vi en otros tiempos concordaban con el perfume de las hierbas aromáticas que se desprendía del vaho tras la lluvia tropical...

La superstición es más honda que la religión, decía Paul Valéry. El impacto de su ocurrente frase reside en el hecho de que en ella se confunden superstición y magia. La magia estaba presente por doquier, desde luego, como debió de estarlo durante nuestra Edad Media. ¿No la hay acaso en Lourdes o en Fátima? Esa planta trepadora cubría todos los santuarios de la orilla del camino, al igual que la fantástica hiedra de las coloquíntidas cubría sus tejas de madera. Y no cabía duda de que aquellos caballos de arcilla a la vera de los estanques sagrados, con una flor de hibisco entre las orejas, eran los modestos y fieles seguidores de los caballos divinos que se encabritan siguiendo el trazado de las columnas de Madurai. Nehru me había dicho: «Incluso las mujeres analfabetas saben las epopeyas nacionales y se las narran a los niños como si fueran cuentos». El Ramayana de barro daba testimonio de la gigantesca Leyenda Dorada que se extiende por toda la India, y yo estaba enterado de que para dormir a los niños se les cantaban nanas tomadas del Bhagavad Gita: «Niño, tú eres tú cuando duermes y cuando sueñas y cuando estás despierto; mira pasar el mundo». Y me acordaba también de la oración más sencilla, el equivalente del *Ave María* que rezamos nosotros: «Llévame de lo irreal a lo real, de la oscuridad a la luz, de la muerte a la inmortalidad».

El templo de Madurai es mucho mayor que cualquier catedral. Las torres, de azules destellos contra el cielo azul, dominan la ciudad y aparecen al girar las esquinas de las callejuelas; su inmensidad es una presencia como la del mar en las calles de los puertos. Parece como si el fervor campesino hubiera erigido torres de Babel donde proliferan frondas de dioses de la misma forma que erigió las torres de Chartres. Nada más penetrar en esa Angkor bárbara, un brahmán de desnudo torso me había marcado la frente con polvos de color carmín, y la húmeda tibieza había comenzado en un nártex que colmaba una aglomeración de ramos de flores semejante a las de los floristas de nuestros cementerios en el Día de Difuntos. La cúrcuma, para las marcas de las castas; las baratijas piadosas; la albahaca, el sándalo y el alcanfor, que se queman ante los santuarios y cuyo aroma, al consumirse, se confunde con el de las flores; los crisantemos (¡aquí los hay en esta estación del año!); las guirnaldas de amancayo, que yo le había visto al cuello a Jrushchov, y en cuyo perfume recupero siempre la India; y aquella leprosa tan guapa, que me alargaba una de esas guirnaldas con desgarradora sonrisa... Cuando, desde el vano de la puerta, miré hacia atrás, todas las carretas de altas ruedas y techos de palmas secas estaban en fila, en la estremecida luz, con la lanza apuntando al cielo, como en los campamentos de las grandes migraciones.

Madurai era el cielo reflejado en las oscuras pozas de agua de los aljibes rituales cubiertos de espuma verde; tres flores blancas ante una divinidad invisible; una Kali negra envuelta en lienzos más o menos ensangrentados; el olor a podredumbre sobre el que prevalecía el aroma de los nardos; el brillo aceitoso y negro de las galerías que habían bruñido el sudor de los hombres y el paso de las bestias; los paseantes que se recortaban contra deslumbrantes aberturas o se perdían en sombrías profundidades; me estaba percatando de que nuestras catedrales las pueblan cristianos *inmóviles*. Recorría las inacababables galerías de una catedral sin nave, cuyas nueve torres se alzaban por sorpresa, acribilladas de golondrinas, bajo el solemne vuelo de las águilas. Aquella arquitectura trazada con tanto rigor y cuyas plantas habían establecido los geománticos parecían un caos épico: en las torres, en las cavernas de las galerías, las esculturas tenían tan poca importancia como los paseantes. Flexibles monos nos acompañaban y luego se iban. Pasaba yo ante una ensangrentada Durga cuando un gato negro se le bajó del hombro y se internó despacio en las tinieblas, por debajo del encabritado ejército de caballos divinos, como si en él se hubiese encarnado el secreto del universo...

Todo cuanto pertenecía a las tinieblas pertenecía al canto de las tinieblas, mientras que los revueltos dioses de las torres parecían pertenecer a aquel desesperado fervor que iba extendiéndose de aldea en aldea. Bastaba con mirar atentamente la torre y, en su sobrenatural presencia, que refulgía más arriba de los cocoteros quietos, podía divisarse a Krishna con su vaca, a Rama con su mono, a los Pandava con sus elefantes. E incluso a los elefantes sagrados que tienen alas y conversan con las nubes; Indra ante el árbol que concede los deseos; los nagas, que viven bajo el mar, en palacios de luminoso coral; y las princesas serpiente «famosas por su forma de danzar, su inteligencia y su encanto», de las que descienden varias dinastías del sur. En el mundo espiritual de la India, la serpiente desempeña a veces un papel ingenuamente épico, como todo aquello que pertenece al ámbito de lo gigantesco; pero ella es quien conforta al Buda cuando le llega la iluminación, y quien despliega su mortífera capucha para protegerlo. Uno de los textos sagrados con más carga de oscuridad es sin duda aquel que describe al hermanastro de Krishna, cuya alma avanza trazando colosales ondulaciones: «... y las serpientes entonaban sus alabanzas». Tenía razón Nehru al mencionar los cuentos. La musical ensoñación de la leyenda colmaba la poderosa irrealidad de la vida. Krishna y Rama no solo eran más reales que Akbar, sino que eran tan reales como Gandhi en el universo de aquella religión en que existen estatuas de los héroes o de los dioses, pero no de los reyes. De la misma forma, en nuestro universo románico no existen representaciones sino de aquellos que llevan consigo el reflejo de la leyenda divina. Los elefantitos de barro que venden a la entrada del templo son imágenes del solemne Ganesha de Madurai, dios de la sabiduría con cabeza de elefante, con el pie apoyado en su rata; pero la joven vendedora cantaba: «Y cuando Ganesha cabalgaba en su rata / la luna reía entre las nubes». Y, dentro de unos cuantos millones de años, Ganesha seguirá paseando subido en su rata, y volverá a reírse la luna cuando haya vuelto a emerger del océano en la noche sin estrellas. El Vishnu con cabeza de jabalí que lleva en brazos a la diosa de la Tierra le dice, con su melancólica voz eterna, pensando en el inacabable ciclo de los renacimientos: «Cada vez que te llevo de esta forma...».

Únicamente los brahmanes podían entrar en el santuario, en cuya oscuridad brillaba con tenue fulgor la Diosa de ojos de pez, a quien está consagrado el templo —la cubren rubíes a modo de escamas, lleva un abanico de piel de yak, y sus ojos de pez son de brillantes—, mucho más parecida a un ídolo de aldea cubierto de alhajas divinas que a las hondas entrañas de ese sobrenatural bazar.

Salía despacio un cortejo de entre las sombras. Estaba claro que aquellos hombres y mujeres iban disfrazados, y la dignidad que les prestaba el disfraz los volvía torpes. Pero la pareja que abría la marcha tenía el noble porte de los bailarines de las epopeyas, y no cabe duda de que el sari es el atavío más hermoso del mundo. El cortejo se me fue acercando, unidas las manos de largos dedos en ese enternecedor saludo del que tan poco sabe el arte hindú y del que tanto sabe el arte búdico. A mí me precedía una escolta. «Es una boda», me dijo Raja Rao. Me acerqué a los novios; como no hablo ni una palabra de tamil, les deseé buena suerte en sánscrito (un orientalismo tan vulgar como decir: *good luck*). Acto seguido se prosternaron ambos ante mí. Sin saber qué hacer, me disponía a alzar a la mujer cuando me lo impidió mi acompañante indio; nos alejamos, tras un intercambio de buenos deseos, y nos dirigimos al carrusel de dioses que pululaban en la penumbra.

«Lo han tomado por Vishnu —me dijo Raja Rao— y no andan descaminados».

Me lo explicó más tarde. Los padres comprometen a un joven con una muchacha y ahorran durante años para que el día de su boda puedan acudir al Templo Mayor, que ha de traerles suerte. En él se encuentran con el visir de un país remoto, un país que nunca había enviado visir alguno a Madurai: hecho singular. El visir les dirige la palabra: singularísimo. Para desearles buena suerte: los visires no desean buena suerte a los labriegos. En sánscrito (la pareja no sabe sánscrito, pero uno de los brahmanes les dice que..., etc.): totalmente fuera de la realidad. Así que no hay visir que valga. Esos votos de buena suerte los envían los dioses, y los novios se prosternan.

Bien pensado: ¿no sería yo un visir de verdad? Aquel ambiente de irrealidad era contagioso. Y sobre todo porque no procedía de ninguna categoría artística. Aquel frenesí de caballos alados y de dioses poseía una irrealidad festiva. Se pudrían en un rincón los animales fantásticos de papel fabricados para las últimas procesiones. Europa cree que todo cuanto no copie su realidad es la representación de un sueño. Aquellas figuras no copiaban ningún sueño, como tampoco copian a los reyes de Francia las imágenes del pórtico de los Reyes de Chartres. Bajo las torres, cargadas con una inextricable mezcla de escenas de su Pasión y de su Leyenda Dorada, las esculturas llenan a rebosar el templo entero: caballos encabritados, animales y personajes divinos llevan siglos tejiendo, como en las torres, su petrificada y frenética danza. Los fieles eran el mundo según la maya de los hombres; el templo, el mundo según la maya de los dioses. Y yoga quiere decir unión.

Imaginaba unos templos así alzándose sobre Benarés: en ninguno se confunden como en este imágenes de animales, de hombres y de dioses, con su quieta danza. Es la del universo, y el alma del templo es la danza de Shiva. Pero la palabra «danza» nos sugiere una idea contraria al sentido que de ella tienen en la India, donde desconocen el baile. La danza de los dioses consiste en una solemnización del gesto, de la misma forma que la música sagrada es una solemnización de la palabra. En un principio Shiva interpretaba la danza de la victoria sobre sus enemigos, tras haberlos exterminado; pero también interpreta la de la Muerte, esa que ven los hindúes en las llamas de las piras, esa que el dios reanuda en medio de las eternas tinieblas que vendrán tras el fin de cada una de las edades de la humanidad. Ha desaparecido un mundo más, las piras del Ganges tardarán miles de años en volverse a encender y, en la noche cósmica, Shiva alza solemnemente los múltiples brazos para interpretar la danza del retorno al eterno origen. Por mediación de esta imagen intenta el hindú comulgar con el espíritu, que transciende sus consecutivas almas, con lo No Creado, que transciende a los dioses y las edades del mundo:

Porque te complaces, Shiva, en el Lugar de la incineración,
he hecho de mi corazón un lugar de incineración,
para que en él dances tu danza eterna.

Volví al templo caída ya la noche, como en Benarés. No se mostraba aquella muchedumbre más fervorosa que la de por la tarde, pero parecía más sosegada, rendida, como las vacas echadas en el suelo sobre las que zureaban las tórtolas. A la luz de las lámparas, sin aljibes y sin torres, el templo se volvía más fantástico y menos sacro. Ante la imagen de Shiva, la más venerada, un grupo de peregrinos oraba en alta voz:

Aquí estoy, en presencia tuya, para adorarte,
¡oh, Dios mío! A ti que no eres sino yo mismo.

Una vez más —aunque en sentido contrario— esa misma identidad entre lo divino, el hombre y el universo que formulaba la plegaria de la tarde. La de ahora parecía (¿ilusión nocturna?) no ya solemne, sino hipnótica. Pero los brahmanes hicieron alejarse a todos aquellos sonámbulos: era la hora de la unión de Shiva y Parvati. Cubrieron el sordo murmullo los gañidos de largas trompetas medievales; luego, como si la música se fuese remontando cada vez más en el tiempo, la entrecortada percusión de las panderetas, que acompasan los acontecimientos cósmicos, dio paso a la flauta de caña. Los brahmanes condujeron a Shiva en un palanquín negro y plata que ahuyentó a los animales atolondrados y míseros, dispersándolos entre los durmientes. Se detuvo el cortejo ante la imagen de Parvati. Grandes murciélagos volaban en zigzag, chillando como ratas. Al fondo, a la luz de las lamparillas, las hileras de lingas de piedra se perdían en la sombra. La quejumbrosa caña repitió la amorosa nostalgia que modulaba en las murallas de Babilonia, y luego calló. La unión de Shiva y Parvati exigía silencio y estrellas. Sobre las torres negras descendía despacio la noche védica.

No iba a tardar en verla descender sobre Ellora. Era como si fuese peregrino de Shiva: Benarés, Madurai, Ellora e inmediatamente después Elefanta... Igual que en Egipto, igual que en Angkor, habían limpiado las ruinas y habían expulsado de ellas esa vegetación que tan bien entonaba antaño con las divinidades de la Destrucción. Pero en esas grutas se conjugan los efectos de la montaña y los de la cripta. Los templos del Kailash no son edificios; quienes los construyeron excavaron la montaña para extraerlos de su seno. Se hallan inmersos en ella; y puesto que nunca hemos visto trenzarse catedrales en lo hondo de una falla, sin pisos, sin torres, con bóvedas encerradas en nervios que me recordaban la caja torácica de legendarios monstruos, ¿de dónde me venía aquella obsesiva evocación de una catedral? De la infinitud del espacio. Los pisos, hundidos en una falla por la parte que da al Kailash, dominan, por la parte opuesta, la inmensa llanura; aunque las plantas de los templos son obra de geománticos, Ellora conserva en conjunto el misterio de las primitivas cuevas, el geológico azar de un caos que perforan de trecho en trecho hondas aberturas. Las zonas menos iluminadas me hacían acordarme de Lascaux. Al final de una galería, cuya penumbra encaminaba hacia el vacío a toda una jungla de personajes, caía la luz del sol, como una cascada, sobre un combate de monstruos con diademas y dioses con tiaras, cuyos múltiples brazos trababan desplomadas acumulaciones de orfebrería. El recuerdo de los confusos revoltijos de Madurai revelaba hasta qué punto se atienen estas estatuas a determinadas pautas. Es como si las imágenes de las sagradas Aguas, el *Ganges*, el *Yamuna*, fueran obra de los mismos alfareros que modelaron las ánforas de las epopeyas divinas. Los aislados genios voladores son como letras de llamas. Y pese a Shiva, pese a las terribles Madres, esa llama no es la de los cadáveres. Los monstruos y los héroes de Ellora arden en una pira de gladiolos rojos...

Los mejores escultores de esas grutas han pretendido captar lo inaccesible con mayor fortuna que sus antecesores, o con otros medios. «¡Oh, Señor! Tú que adoptas las formas que imaginan tus fieles...». Pero los fieles no inventan las formas de los dioses: las reconocen. La plegaria que parecía imponerse aquí era menos clara y la pronunciaba un escultor: «¡Oh, Señor de todos los dioses! Enséñame *en sueños* cómo ejecutar las obras que llevo en la mente». No es que sea Ellora más onírico que otros templos, pero lo que en él predomina, eso que evoca la plegaria hindú, es el universo inmemorial de los arquetipos y de los símbolos supremos, que perpetúa su vida nocturna, de generación en generación de durmientes, de la misma forma que el espíritu, según la creencia de quienes elevan preces a estos dioses, perpetúa su existencia en ellos. Templos, imágenes, bajorrelieves son parte integrante de la montaña, como si de una afloración de lo divino se tratara. Hinduistas, budistas y jainistas son las evocaciones de un algo invisible que copian tanto menos cuanto que todas sus representaciones sucesivas son legítimas. No podía ser de otro modo ese diálogo que mantiene el inmóvil nirvana con las danzas de los dioses: dicen que la danza de Shiva que estoy contemplando es la de la Esencia en el mismo instante en que la muerte la libera del cuerpo, de la mente y del alma. Y esta danza, incluso si se hallara en un museo, no pertenecería únicamente al ámbito del arte; en este lugar su perfección no es de orden artístico, sino que participa del orden enigmáticamente convincente del mito, de la fiera, de la orquídea. Obra de dioses. En ningún otro lugar había notado con tal fuerza hasta qué punto parte todo arte sacro de la base de que aquellos a quienes se dirige tienen la firme creencia de que existe un secreto en el mundo que el arte transmite, sin llegar a desvelarlo, y del que los hace partícipes. Me hallaba en el jardín nocturno de los grandes sueños de la India.

Caía definitivamente la noche. Una sombra de mortecino tono verde se agolpaba en los barrancos del Kailash. Me acordé de Nehru y de su montaña del Tíbet: «No volveré a ver el Kailash...». En la falla por donde se entra al templo aún persistía la rojiza luz del sol sobre las mimosas silvestres y el densísimo polvo de la llanura, como si se reflejase en el mar. Llegamos a las grutas búdicas, con sus hileras de ascetas «como llamas quietas resguardadas del viento»; luego, a las grutas jainistas de moles romanas. Pero Ellora era Shiva.

Nos dirigíamos al templo del Mahalinga, símbolo de Shiva y uno de los ocho *lingam* sagrados de la India. Ya había anochecido por completo. No había templo, sino una gigantesca terraza a la que se llegaba por unas escaleras del palacio en ruinas. En alguna parte, en medio de aquella oscuridad, estaba el *lingam*. Se alzó el sordo mugir de la caracola ritual y lo siguió un murmullo de himnos y una música lejana. El templo debía de hallarse algo más allá y, lo mismo que en Madurai, era la hora de la unión de Shiva y Parvati. Donde transcurría en realidad la adoración era en el vacío, en aquellas baldosas del Ramayana que veíamos a la luz del farol, en aquel silencio de bosque despoblado de animales.

No obstante, en esa oscuridad colmada de fantasmas de cosmogonías regias y divinas, *nunca* había habido Creación. El mundo es el decorado de la Culpa, de la Redención y del Juicio que revela el cristianismo; desde el punto de vista del brahmanismo, el hombre no es sino un episodio. No se debe ello únicamente a la trasmigración, sino al hecho de que los protagonistas de los ciclos fabulosos que separan los sucesivos retornos de las tinieblas son los dioses y los elementos. La India es consciente de lo infinito como Job de la majestad de Jehová. Y el Kailash, y esta terraza desierta donde hacía tanto que los hombres hablaban de los dioses, y aquellos himnos nocturnos, comulgaban con el Ser cruzando el infinito como si hubiesen rendido culto al Infinito que, al pasar, se topa con el hombre... En el templo de Chidambaram los brahmanes muestran, en el lugar donde debería hallarse el dios del santuario, un espacio circular vacío: «Es Shiva y está danzando». En el centro arde el alcanfor, cuya llama no deja cenizas.

La maya adquiere en Ellora su más hondo acento, porque allí parece anterior a las religiones, de la misma forma que la roca es anterior a las imágenes que, de una en una, han ido sacando de ella los hombres. Y tanto para Gandhi como para los ascetas que recibieron al príncipe Siddharta en el bosque, y para los poetas védicos que firmaban sus himnos con nombres de dioses, el medio excelso de obtener la liberación era el desapego. Lo que obstaculiza la Liberación no es el vano espectáculo de las cosas, sino el apego que por ellas sentimos. En muchas religiones el demonio se encarna en el deseo. Y para el cristianismo, desde el pecado original, el demonio reside en el hombre; en la India, el apego reside en el hombre, como un demonio metafísico, no tanto una concupiscencia cuanto la vida misma, la esclavitud del hombre, que permanece ciego a la esencia que lo transciende y al que esa misma ceguera pone en manos del universo ilusorio. Aunque todos los dioses muriesen, la maya seguiría existiendo, porque el hindú la lleva en sí, de la misma forma que el cristiano lleva en sí el pecado. El agente invencible de la maya no es la acción divina, sino la condición humana.

Habían cesado los himnos. Empezó la música nocturna.

Desde hace siglos existen en la India músicas matutinas y músicas nocturnas, del mismo modo que entre nosotros hay músicas de baile y músicas de funeral. Como en los tiempos de las grandes peregrinaciones y aquellos en los que la jungla cubría el Kailash, el hombre efímero cantaba, a la hora prescrita, a las efímeras estrellas. Se fue acercando una luz. Unos brahmanes acudían con flores de bienvenida portando el alcanfor que se quema en las ofrendas.

A Ellora se llega desde Aurangabad, una ciudad musulmana a los pies del sepulcro de la mujer de Aurangzeb, un áspero Taj Mahal que se alza entre rosales asilvestrados y que me recordaba el museo arqueológico de Autun, donde las estelas celtas y las esculturas romanas crecían en un huerto, entre alcachofas.

A Elefanta se llega desde Bombay.

Nacida en el siglo XIX, Bombay, al igual que Calcuta, no es ni poco ni mucho una ciudad india modernizada, sino una ciudad tan indoinglesa como son indomusulmanas Agra, Lahore o Aurangabad. El Fuerte Rojo, por cuya enorme puerta salía un desconsolado camello; las cúpulas de mármol, tan parecidas a tartas de boda, que rodean bosques repletos de ardillas; los edificios de imitación victoriana —¿inspirados en qué catedrales?— y erizados de desmesurados anuncios de dentistas con sus dibujos de invocaciones sánscritas; los polvorientos cocoteros, en los que crecía una mescolanza de neumáticos usados: todo ello se confundía, nada más penetrar en las grutas sagradas, en un único e irrisorio decorado. Su vínculo con las profundidades de la tierra sugería toda una India subterránea, que hubiera velado en secreto por la India de las aldeas, por los animales y las procesiones de portadoras de ánforas, por los árboles augustos, en tanto que las ciudades quiméricas y teatrales se aprestaban a volver al polvo. Las grutas de Ellora ponen su impronta a la inmensa llanura sarnosa y maldita que se extiende a sus pies, mientras que las de Elefanta parecen ocultarse en su isla, en la que resplandece el golfo con helénico júbilo bajo las gaviotas del mar de Omán. Pero a todas las une su sagrada oscuridad. Nada más entrar en Elefanta, nos olvidamos del deslumbrante océano, y también de las ciudades, y de la India de los ingleses, y de la India de los mogoles, y de la India de Nehru, perecederas ofrendas para la famosísima *Majestad*, la triple y gigantesca cabeza de Shiva.

No dan idea de su tamaño las fotos, ni tampoco el cine. Esas cabezas, que miden entre cinco y seis metros, son más pequeñas que las del Bayon de Angkor; pero resultan colosales en comparación con las imágenes que las rodean; colman la gruta igual que el Pantocrátor colma las catedrales bizantinas de Sicilia. Igual que el Pantocrátor, este Shiva termina en los hombros, pero no es un busto. De ahí le viene su equívoca faceta de cabeza cortada y de aparición divina. Es algo más que «una de las más hermosas esculturas de la India», tómese en el sentido que se tome la palabra «hermosa».

Ya desde la primera ojeada se aprecia en ella una obra maestra escultórica. Una hierática cara, de frente, y dos monumentales perfiles, cuyos planos (sobre todo los de los ojos), prescindiendo del seductor encanto, que reside más en los labrados adornos que en los propios rostros, son dignos de las obras de más altos vuelos.

Y luego Shiva, la caverna, lo sacro. Esta imagen, al igual que las de Moissac, pertenece al ámbito de los grandes símbolos; y lo que en el símbolo se expresa solo en él puede expresarse. Este quieto rostro, ante cuyos cerrados ojos fluye el tiempo como un canto fúnebre, es al Shiva danzante, que inclina su llama solemne en Ellora, lo que este a las Danzas de la muerte del sur, e incluso a las fabulosas imágenes de Madurai.

Finalmente, como sucede en tantas obras que constituyen el tesoro del museo imaginario de la humanidad, se produce una conjunción entre el efecto artístico de la obra, su efecto religioso y un efecto imprevisible. En el *Faraón Zoser* se da porque, al deteriorarse, se ha convertido en una calavera; en la *Victoria de Samotracia*, porque el sino inventó el monstruo perfecto que en vano buscaron los hombres en los ángeles: al ser las alas los brazos de las aves, la Victoria solo es perfecta sin brazos. De una amputación nació el célebre perfil que va del remate del seno a la punta del ala. La perfección (en el anterior sentido) de Shiva exigía la oscuridad sacra, la ausencia de cuerpo, incluso de cuerpo danzante, los dos perfiles, aún medio insertos en la montaña, y el hierático rostro de ojos cerrados, pero antes que nada esa singular creación que hace que el Shiva de Elefanta sea también *el símbolo de la India*.

En una gruta próxima se alzaba la salmodia de los versos del Bhagavad Gita, que tan familiar resulta a todos los hindúes. Los recitaron durante el velatorio de Gandhi, y durante las catorce horas que duró la cremación. Por su secreta armonía con el templo subterráneo, con el Shiva colosal, parecía el canto mismo de ese santuario al que nada debía.

Entonces, de pie en su gran carro, al que iban uncidos
   caballos blancos,
Krishna y Arjuna tocaron sus divinas caracolas.
Y embargó a Arjuna una gran compasión, y dijo
   con desalentadas palabras...

Están frente a frente los dos ejércitos legendarios de la India. El anciano rey contra el que combate Arjuna es ciego. El hombre que conduce su carro posee el poder mágico de saber cuanto sucede en los campos de batalla. Escucha la conversación que entablan, en el seno del ejército enemigo, en el carro de caballos blancos, el príncipe Arjuna y su auriga, Krishna, que va a convertirse en la deidad suprema. El *Gita* recoge las palabras divinas que, por mágicos artificios, le refieren a este Príamo ciego y encerrado en su oscuridad.

Arjuna mira a los que van a morir, y Krishna le recuerda que, si la grandeza del hombre consiste en liberarse del destino, la grandeza del guerrero no consiste en liberarse del valor. He aquí la lucha fratricida de las epopeyas; y a nosotros la melancolía troyana de Arjuna nos parece el desconsolado eco de la voz de Antígona:

Tengo extraños presentimientos, ¡ay, Krishna!
Y nada bueno veo en matar a mis deudos durante la
   batalla...
Ni busco la victoria, ni el poder soberano, ni los goces de
   la tierra...
¿Y para qué el poder, para qué la dicha, para qué la vida?

Responde la salmodia de otra voz, igual que en el poema responde Krishna a Arjuna.

Lloras por aquellos por los que no deberías llorar.
Y pronuncias vanas palabras de sabiduría.
El sabio no llora ni por los vivos ni por los muertos.
Pues jamás no hemos existido, ni yo, ni tú, ni esos reyes;
y ninguno de nosotros dejará ya nunca de existir.

Con esta salmodia comenzaba la Revelación, que mis acompañantes se sabían de memoria, y cuyo ritmo marcaba en la oscuridad el lejano latido del océano y rayaban los gritos de las gaviotas: el canto de la deidad, que transciende los mundos, les da vida y los destruye; y también el canto del espíritu, que va pasando de cuerpo en cuerpo y de alma en alma, y que el poema se limita a llamar *Ello*:

Y nunca dejará ello de existir; nonato, eterno, perpetuo,
    antiguo.
No muere ello cuando matan al cuerpo.
De igual forma que desechamos la ropa usada y nos
    ponemos otra,
así cuanto se cubre con las vestiduras de los cuerpos
    desecha
los cuerpos usados...

La última estrofa la había oído en Benarés. No sonaba aquí como en las incineraciones; y lo que venía a continuación tomaba de esas divinidades sin mirada mayor solemnidad que de las piras:

Los que conocen el día de Brahma, que dura mil edades,
y su noche, que no concluye sino transcurridas mil
    edades,
esos conocen el día y la noche [...]

Y toda la muchedumbre de los seres, que retorna hasta
    el infinito a la existencia,
se esfuma cuando cae la noche, y renace con el día [...]
Y todas las criaturas están en mí
como un gran viento que se mueve sin cesar por
    el espacio [...]
... Yo soy el Ser y el no Ser, la inmortalidad y la muerte.

Uno de mis acompañantes respondió a la lejana salmodia con uno de los versículos más conocidos del poema; y su voz se dilató y pasó entre los enormes pilares. El techo bajo de las grutas la ensordecía y la propagaba al tiempo: «¿Quién podría matar la inmortalidad?».

¿Les resultaba a quienes entonaban la salmodia tan misteriosamente obvia aquella respuesta, que se alzaba desde el silencio, como les habían resultado mis votos de felicidad a la humilde pareja de Madurai? Ahora callaban. Yo había vuelto a leer el *Gita* en Benarés. De su subterránea oscuridad, de todo cuanto debe al brahmanismo pasado, se destacaban confusamente, tan confusamente como las esculturas de estas grutas, una prédica divina del amor, que el brahmanismo desdeña, y ante todo el estoicismo cósmico, al que debe su gloria el poema. En ese inexorable avance de constelación en que consiste el retorno a los orígenes, el hombre se une a Dios cuando descubre la identidad que con él comparte y cumple la Ley, que es el deber de la casta. Es necesario actuar porque los designios divinos tienen que cumplirse: no morirán tus deudos por tu mano —le dice Krishna a Arjuna—, sino por la mía. Y si el hombre es capaz de una comunión tal con Dios que le permita dedicarle sus hechos, como si de sacrificios se tratara, estos quedarán purificados.

Lo sabían los Antiguos, ávidos de liberación.
Y actuaron [...]
No existe para mí, ¡oh, Príncipe!, nada en ninguno
de los tres mundos
que valga la pena conseguir
y que no haya conseguido ya; y no he renunciado
a la acción.
Empareja el goce y la pena, la ganancia y la pérdida,
la victoria
y la derrota, y cíñete las caderas para la batalla.

Para mis acompañantes, aquel ilustre instante era un instante eterno. No obstante, las esculturas que me rodeaban en la penumbra, y el mismísimo *Gita*, no eran tanto vehículo del estoicismo sacro de los últimos versículos cuanto de la comunión en que se había transformado la austeridad metafísica: esa mística que el brahmanismo había descubierto, de la misma forma que la habían descubierto el budismo, el cristianismo y el islam. Incluso si nadie hubiera recitado en otra gruta los versículos de la comunión, la metamorfosis de la fe se habría hallado tan presente como lo está en San Pedro de Roma cuando recordamos allí nuestras catedrales. A la India le obsesiona el agua siempre diferente de los ríos siempre iguales, y las sucesivas almas de su religión desfilaban ante Shiva igual que desfilaban antaño sus ejércitos ante las hogueras de los sacrificios. El Antiguo Testamento de los *Upanisad* se había convertido en el Nuevo Testamento del *Gita*. Y en lo más remoto de los tiempos estaba el himno a Kali:

¡A ti, Madre de las Bendiciones,
a ti, Noche terrible, Noche de mentiras, Noche de muerte,
a ti te saludamos!

Y, muy posterior a Elefanta, la parábola de la plegaria:

—Estériles son mis plegarias —le dijo al Maestro la hija
del discípulo.

—¿Qué es lo que más quieres en el mundo?

—Al hijito de mi hermano.

—No pienses sino en él en tu recogimiento y verás que es
Krishna. Solo el amor cura a los ciegos.

Meditaban las cabezas colosales de la *Majestad* sobre la
eternidad y el tiempo, entrelazados cautivos de lo Sagrado, y era como si meditasen sobre el destino que lleva a las religiones de la veneración al amor, como también lleva a los
hombres del nacimiento a la muerte; pero tras el destino seguía existiendo una invencible permanencia. Si el Bhagavad
Gita sigue presente en tantos lugares sagrados es porque en él
se manifiesta esa permanencia; es la India, como también lo es
la *Majestad*. Gandhi intentó expresarla. El más excelso de los
Renunciantes de los tiempos modernos consideraba que la
suma renuncia era la acción, si se ejercía para ponerse en manos de Dios. «Mi entrega absoluta a mi pueblo es uno de los
aspectos de la disciplina que me impongo para liberar mi
alma. No necesito retirarme a ninguna cueva; llevo mi cueva
conmigo».

Asegurada tienen la muerte todos cuantos nacen,
y asegurado tienen el nacimiento todos cuantos hayan
muerto.

Cae la noche sobre los muertos de la última refriega, tras la batalla de los dieciocho días. Los escasos supervivientes se han retirado al bosque para esperar en él la muerte, como ascetas. Las pacientes rapaces esperan y, al lado de las espadas caídas que reflejan la luna, los monos, parecidos a los que me acompañaban en Madurai, tocan con intrigados dedos los ojos de los muertos.

Fuera, las muchachas pasaban con una flor roja en la mano. Las gaviotas de Omán seguían cruzando el resplandeciente golfo. Regresamos en una motora. Bombay, ese enloquecido bazar que cree ser una ciudad, iba emergiendo poco a poco de las aguas; y nos dirigíamos hacia el gigantesco arco de la Puerta de Oriente. En otra época había velado por los paquebotes ingleses como un templo marino por una flota de guerra. Hoy solo se acercaba a la orilla nuestra motora, que venía de la India eterna. A ras del océano brillaban los reactores atómicos.

Teníamos que volver a Delhi de madrugada. Habían puesto a mi disposición, para pasar la velada, el antiguo bungalow del gobernador, en la punta de la península. Era un lugar melancólico, como todas las viviendas vacías a orillas del golfo. Parecía el jardín aún más vacío pese a la presencia de algunos silenciosos jardineros y recordaba un cementerio de oficiales del ejército de la India. Y el ejército de la India era algo tan remoto como los jinetes de Akbar...

La pasión que sentí hace tiempo por Asia, por las civilizaciones desaparecidas y por la etnografía me la inspiró una sorpresa esencial ante las formas que ha sido capaz de adoptar el hombre, pero también se la debo a la luz que cualquier civilización ajena arroja sobre la propia y a la singularidad, o a las arbitrariedades, que revela en lo tocante a alguno de sus aspectos. Acababa de reanudar el contacto con uno de los encuentros más hondos y complejos de mi juventud. Más hondo y complejo que el que tuve con la América prehispánica, porque Inglaterra no acabó ni con los sacerdotes ni con los guerreros de la India y se siguen construyendo templos a los antiguos dioses. Más hondo y más complejo que el que tuve con el islam y con Japón, porque la India está menos occidentalizada, porque en ella se despliegan con mayor holgura las alas nocturnas del hombre. Más hondo y complejo que el que tuve con África, por su aparato y su continuidad. La India, que tan alejada se halla de nosotros en el sueño y en el tiempo, pertenece al Antiguo Oriente de nuestras almas. Los últimos rajás no son faraones, pero los brahmanes de Benarés recuerdan a los sacerdotes de Isis; los faquires hicieron volar la imaginación de Alejandro; y los pavos reales de los desiertos palacios de Amber me recordaron las muchedumbres caldeas, boquiabiertas ante los embajadores de los reinos indios, «cuyas aves sabían hacer la rueda». Y este país, semejante a un Egipto cuyos habitantes y creencias apenas hubieran cambiado desde tiempos de Ramsés, era muy probablemente la última civilización creyente, y con toda certidumbre el último de los grandes politeísmos. ¿En qué se ha quedado Zeus si lo comparamos con Shiva? El único dios antiguo que habla una lengua digna de la India es el dios sin templos: el Destino.

¿Que sabía yo en realidad de aquella civilización? Conocía sus expresiones artísticas, su pensamiento, su historia. Sabía lo mismo que de las grandes civilizaciones muertas, con la diferencia de que había podido escuchar su música y había conocido a algunos gurús, lo cual no deja de tener su importancia en un país cuyo pensamiento religioso es la expresión de una Verdad que no hay que comprender, sino que vivir: «No creer en nada que no se haya sentido previamente». No era yo tan presuntuoso como para creer que «conocía» —por haberlo rozado al pasar— un pensamiento que había resistido a diecisiete conquistas y dos milenios; intentaba captar los grandiosos susurros con que me obsesionaba.

En todos los seres puede sentir el hombre la presencia del Ser universal, así como puede sentir en el Ser universal la presencia de todos los seres; se le revela entonces la identidad de todas las apariencias, ya se trate del gozo y del sufrimiento, de la vida y la muerte, tanto en lo que a él se refiere como en el seno del Ser; puede ahondar en sí hasta alcanzar la esencia que trasciende sus transmigradas almas y percatarse de la identidad que lo une a la esencia de un mundo de eterno retorno del que puede zafarse merced a su inefable comunión con él. Pero existe en la forma de pensar de la India un elemento fascinante y fascinado que reside en la sensación de que nos permite ir subiendo por una montaña sagrada cuya cima va alejándose sin cesar, e ir avanzando en la oscuridad, a la luz de la antorcha que enarbola. Algunos de nuestros santos y de nuestros filósofos nos han dado a conocer este recorrido; pero únicamente en la India coincide el Ser con la apariencia y la metamorfosis universales, cuando prevalece sobre estas y llega a veces a ser inseparable de ellas «como las dos caras de una misma moneda», para indicar así el camino de un inagotable Absoluto, cuya trascendencia desemboca en el Ser...

Por supuesto que la palabra «Ser» es una torpe forma de nombrar al Brahmán no creado, a la suma deidad, a quien el sabio no consigue alcanzar más que por la vía de las zonas más hondas del alma, y no por los caminos de la mente. Los dioses no son sino medios diferentes para llegar a él, y «todo hombre se encamina hacia Dios a través de sus propios dioses». Tal concepto fue el que intentó destruir el Buda en sus primeras predicaciones, cuando decía que el fin último del éxtasis es ese estado al que da el majestuoso nombre de la paz del abismo.

Giraban las supersticiones en torno a aquel pensamiento supremo, igual que un enjambre de efímeras fascinadas. Les prestaba este vida a todos los templos que yo había ido visitando, y a Benarés. Pero ¡qué poca luz proyectaba sobre el gigantesco pueblo que me rodeaba! Había conocido a hombres de la casta de los brahmanes —pero no eran sacerdotes, sino intelectuales, artistas, diplomáticos— y a sus mujeres, a algunos personajes de peso y a varios políticos, raza aún desconocida a principios del siglo. Ni un solo comerciante, ni un solo campesino. Solo en aquel jardín tan triste de aquella enorme casa de campo, solo frente al país más creyente y sin duda más entrañable del mundo, no recordaba sino muchedumbres desmedidas y mudas como sus mansos animales. Muchedumbres hindúes más que muchedumbres indias: su campiña se asemejaba a la de Francia, pero sus sueños no tenían nada en común con los sueños franceses. Pero con lo que yo las contrastaba (se me imponía ese contraste, mejor dicho) no era con muchedumbres cristianas, sino con las que se agolpan en el metro y ante todo con las que mejor había conocido: las de la guerra. La espiritualidad de la India me recordaba de forma fugitiva al capellán de Les Glières, pero las muchedumbres hindúes, que piensan que en la muerte reside el sentido de la vida, me traían el ávido recuerdo de los hombres de mi tierra, que no hallan sentido a la muerte. Esas sombras que llevaban siglos depositando hibiscos de color escarlata a los pies de un dios negro o de un árbol semejante a la bendición divina, esos hermanos de los campesinos de los que yo solo había podido captar la melancólica sonrisa, la misma que quizá le habían brindado a Semíramis, esos humildes tenderos, hermanos de tantos humildes tenderos: todos ellos me hablaban de los hombres de mi tierra, de esos hombres sin casta que yo había visto enfrentarse a la muerte.

Seguía relumbrando el golfo allende el jardín, hasta el que no llegaba el ruido de las olas; las gaviotas de Omán seguirían cruzándolo hasta que cayera la noche. Entré en el bungalow desierto del último gobernador de Bombay para volver a leer lo que escribí en 1940 sobre mis compañeros que luchaban y morían en vano...

2

1940

Una carretera, siempre igual, orillada de árboles, todos iguales, y las piedras de Flandes, siempre igual de duras bajo las cadenas de nuestros carros. El tedio de los convoyes por las carreteras que cruzan las llanuras. Nuestra última carretera tediosa; luego penetraríamos en el exaltado entusiasmo o en el miedo: nos dirigíamos al frente. Íbamos con la atención a media asta, emboscada tras el atontamiento, el calor, el estruendo de los motores y el traqueteo de las cadenas, que parecían pasarnos por encima de la cabeza tanto o más que por el firme de la carretera. Yo ya sabía qué caras teníamos al salir de los carros tras una etapa larga: rostros flácidos y parpadeantes ojos idos, rostros de cómicos bajo los cascos de lansquenetes...

Hasta el infinito, la noche flamenca. Íbamos dejando atrás nueve meses de cuarteles y acantonamientos: el tiempo preciso para hacerse un hombre.

Nueve meses antes estaba yo en un hotel de la comarca de Quercy. Las criadas no se despegaban ya de la radio. Eran mujeres mayores. Una mañana me crucé con dos de ellas por la escalera: subían hacia sus cuartos con pasitos cortos y apresurados, y por los pacientes rostros les resbalaban las lágrimas. Así fue como me enteré de que el ejército alemán había invadido Polonia.

Por la tarde vi en Beaulieu los avisos de movilización. La iglesia de Beaulieu posee uno de los tímpanos románicos más bellos, el único en el que el escultor ha colocado los brazos de la cruz, como una profética sombra, tras los brazos que Cristo abre al mundo. Acababa de caer sobre el pueblo un chaparrón tropical. Delante de la iglesia hay una imagen de la Virgen; los viñadores, como llevaban haciendo desde hacía quinientos años para festejar la vendimia, habían atado a la mano del Niño uno de los mejores racimos. En la plaza desierta se habían despegado a medias los avisos; las gotas de agua iban resbalando de uva en uva y caían, una tras otra, en un charco, casi sin ruido, en medio del silencio.

Nuestros carros se dirigían hacia las líneas alemanas. En el mío íbamos cuatro. No teníamos nada que hacer, salvo avanzar por aquella carretera nocturna y aproximarnos a la guerra. ¿Era acaso aquella noche cuando nos iba a tocar morir?

Yo había visto ponerse en camino, a principios de septiembre, a miles de hombres anónimos, como mis tres compañeros: cinco millones de hombres se habían incorporado a los cuarteles sin chistar.

En la plaza de Moulins la megafonía había anunciado los primeros combates. Caía la tarde. Dos o tres mil hombres movilizados escuchaban, envarados en los uniformes nuevos, porque eran nuevos, y en los usados, porque estaban sucios. Nadie decía nada. Por todas las carreteras habían acudido los hombres para incorporarse a filas; y las mujeres, con gesto amargo, habían llevado los caballos a la requisa. Con la misma decisión con que se enfrentan los campesinos a las riadas. Íbamos hacia aquel azote.

Así rodaban mis tres compañeros aquella noche hacia los carros y los cañones alemanes, por la tétrica carretera.

Bonneau, el mecánico, debía de estar en el puesto del piloto (en todos aquellos tanques que iban en fila por la carretera nocturna ni un mecánico se había quedado junto al motor. ¡Que les dieran morcilla a las ordenanzas!). Como ninguno de nosotros podía oírlo, debía de estar hablando solo, y el monólogo se perdía entre el traqueteo de las cadenas.

El día que llegó al escuadrón, entre gendarmes, con una chaqueta de cuero y sin afeitar, tenía tal pinta que el capitán lo puso en el acto a las órdenes de un boxeador profesional, quien se hizo cargo de Bonneau con bastante aprensión. Pocas veces he visto que los entusiastas del pugilato sean realmente valientes.

Por lo demás, no hubo pugilato alguno. Solo cierto malestar al principio. Bonneau llegaba luciendo el uniforme del chulo, acostumbrado a que lo despreciasen o lo temiesen, a pretender tanto más que lo temiesen cuanto más lo despreciaban. Pero los soldados no suelen despreciar a nadie. Y cuando Bonneau preguntaba, sacando la mandíbula: «¡Tú! ¿Qué miras?», cualquier despistado le contestaba: «¿Yo? ¡Ni me había dado cuenta de que estabas ahí!».

Aseguraba que había matado a un hombre en una pelea, aunque debía de ser mentira, porque en tal caso lo habrían enviado a un batallón de castigo. Pero no tardaron las oficinas en informar a los dormitorios de que en su cartilla constaban tres condenas por lesiones. Al pueblo le parecen los crímenes mucho menos románticos y novelescos que a la burguesía; en el asesino, como en el lobo, no ve sino determinada especie zoológica. Lo que había que averiguar era si Bonneau pertenecía en realidad a tal especie, si «todo aquello era verdad o cuento chino».

El único que le veía la faceta novelesca y romántica al asunto era él. Historias de cárcel, historias de chulos, afirmaciones de que «quería dejarse crecer la perilla» para que no lo obligaran a afeitarse y poder seguir teniendo una facha de asesino como Dios manda; y el acento barriobajero, y las canciones obreristas de Montéhus durante las faenas de limpieza, que siempre le tocaban a él. Llevaba toda la vida siendo el rigor de las desdichas... Mientras se apelotonaba el escuadrón en pleno en unas escaleras para recoger el calzado, se le oía de repente cantar «Le légionnaire»; y luego empezaba el monólogo: «¡Anda y que no era maja mi chavala! ¡Y lo que yo la quería! Y esos cabrones me la mataron...». Y podía intuirse una historia de hospital, en la que «esos cabrones» eran a un tiempo los médicos y cualquiera que acatase las leyes. Sus desconfiados compañeros de dormitorio se daban codazos, como los colegiales ante el clásico gracioso, pero urdían complicadísimas maniobras para que no se quedara nunca de imaginaria. Se iban familiarizando con el folclore de los cafés cantantes populares: el hombre víctima de una sociedad que lo rechaza por borracho o por lúbrico; el individuo más rebelde de los batallones de castigo; el forajido que lucha solo contra todo el cuerpo de policía en un Fort-Chabrol cualquiera; el Bonnot (y es muy probable que nuestro Bonneau tuviera siempre presente la similitud de ambos apellidos) que dispara contra el prefecto atravesándose el propio brazo; pero ante todo el chulo heroico y tierno, cabrito pero legal, fiel a los amigos y asesino por amor, que, tras evadirse de presidio, concluye su saturnal existencia entre las fauces de los caima-

nes del Maroni. Ya que en el infierno de Bonneau, donde daba
igual que los condenados fuesen héroes de epopeya o míseros
sinvergüenzas, solo existía un círculo, y era un círculo de víctimas.

El día en que trajo un pinzón herido y dijo que lo iba a
criar, creció el temor: para mis compañeros todo asesino era
ante todo un loco.

Cuanto más riguroso era el toque de queda, más ingenio-
sos eran los escondrijos de los dormitorios. Los suboficiales
se llevaban las bombillas, pero, llegado el momento, otras salían de las almohadas. Una noche, como no funcionaban dos
enchufes, Bonneau dijo que «él sabía de electricidad»; anduvo
bregando en secreto con los cuadros eléctricos del edificio y se
dio tan buena maña que a la noche siguiente no funcionaba ya
ningún enchufe ni en su dormitorio ni en otros cuatro. En medio de la oscuridad refunfuñaban las voces: «Pero ¿por qué se
mete ese gilipollas en lo que no sabe?». «¡Será cretino el tipo
ese!». «Yo, que soy electricista, no me habría atrevido a tocar
nada por mi cuenta... y va él ¡y mira!». Por el portazo del primer dormitorio, todos se dieron cuenta de que era Bonneau
quien acababa de entrar: se hizo el silencio. Empezó acto seguido un altercado sordo, y luego una voz, que no era la del
cabo boxeador, dijo con gran claridad, tranquila y seca: «Mira,
Bonneau, ya empezamos a estar de ti hasta los huevos. A mí
los tipos duros me la sudan. Y, si encima me joden la bombilla, se va a poner muy fea la cosa. Si no te gusta lo que te estoy
diciendo, fíjate en mi cara (apareció un rostro en el rayo de luz
de una linterna). ¡Así no te costará localizarme mañana, si te
apetece!».

Era la primera vez que oía yo hablar a Pradé.

Y Bonneau venga a explicar, en la oscuridad, que si «él no había tenido la culpa, que si la corriente... que si los plomos...». Yo pensaba que todos iban a decir que se había achantado, pero la impresión general fue que «tampoco se había rajado tanto; que era legal y que sabía callarse cuando no tenía razón». Así que no estaría tan loco. El escuadrón estaba dispuesto a adoptarlo, pero el dormitorio seguía a oscuras.

Un piloto de carro y exconductor de autobús empezó a cantar la nana «Le P'tit Quinquin». Había en el dormitorio muchos soldados de Flandes, pero no eran los recuerdos los que prestaban aquella fuerza a la melopea, sino lo despacio que la cantaba. La convertía en un canto fúnebre, y, de la misma forma que recobraba así el ritmo de las endechas, también el cantante recobraba el timbre nasal de voz con que solían cantarse, como si hubiera bastado la voz de un pobre hombre, en medio de aquella oscuridad, para que un canto de pobres recuperase su primitivo sentido. Y los soldados iban pidiendo las siguientes estrofas, de la misma forma que pedían en la cantina un vaso tras otro, resueltos a emborracharse en aquella guerra que parecía una cárcel.

El que cantaba se cansó de aquella tonada de poca monta y empezó el aria de *Tosca*. Tras los últimos y destemplados gorgoritos, vino un silencio cohibido; el piloto rezongó rabioso: «¡Bueno, bueno! Si no ha sido del gusto de los señores...», se volvió a la cama, y a la tristeza de la primera canción se sumó el embarazo de una comunión esfumada. Ya nadie se acordaba de Bonneau. Cada cual se hundió en su particular amargura. ¿Quién fue el primero en sacar de la cartera la foto de su mujer para mirarla a la luz clandestina de una linterna? Pasados cinco minutos se habían formado grupos pequeños, y las fotos pasaban de mano en mano. Cuatro o cinco gorros cuarteleros alrededor de una luz sorda; aquellas imágenes, obra de aficionados, resbalaban de los torpes dedos y caían en la paja, entre regañinas. A cada cual, por cierto, le importaba un ardite la mujer de los demás, y no la miraba sino para poder enseñar a la suya. Y no obstante, en aquella confidencial claridad, surgían las mujeres como si fueran secretos, y su forma de vestir proporcionaba más pistas acerca de la forma de vida de los maridos de las que hubieran ofrecido las fotos de estos vestidos de paisano. La mujer de Pradé era un ama de casa más tiesa que un palo, con raya en medio y el pelo pegado; Bonneau era el único que llevaba cuatro fotos, de cuatro mujeres a cuál más puta. Y el pequeño Léonard con nariz de remolacha —el radiotelegrafista de nuestro carro— no acababa de decidirse y se hacía de rogar, pero acabó por sacar una tarjeta postal: una guapísima joven con un deslumbrante traje de plumas. Al pie había unas líneas manuscritas. Y los compañeros, metiendo las cabezas, muy juntas, entre la foto y la nariz de Léonard, que, al darle la luz desde abajo, adquiría un aspecto fantástico, leían a trompicones, arrimando la linterna: «Para Louis, mi pocholito», y la firma de una gloria del *music-hall*.

Léonard había sido bombero en el Casino de París. Día tras día veía salir del escenario, con inagotable admiración, a la estrella, que arrebolaban los aplausos; pero nunca le había dirigido la palabra. Tenía una cara que podía resultar conmovedora, pese a aquella tremenda napia: una mirada tierna de perro de aguas y ese algo lastimero que puede verse en un rostro cuya expresión nada sabe de orgullos. ¿Enterneció a la bailarina tan devota admiración? ¿Tuvo un capricho? Una noche en que había tenido mucho éxito, «tanto que, según subíamos la escalera, seguíamos oyendo los bravos», se lo llevó al camerino y se acostó con él. «Y lo más fuerte es que cuando estábamos... pues eso... acostados, vamos, pues va y se fija en mi uniforme, que estaba encima de una silla, y va y me dice toda mosqueada: "Oye, tú no serás de la policía, ¿verdad?". "Qué va. Soy bombero... ". "Ah, bueno, porque si no...". Qué fuerte, ¿eh? Me veía todas las noches y no sabía cómo era el uniforme de los bomberos... Que somos como soldados... ¡Que sabemos lo que es el fuego...! También es verdad que entonces yo era más joven...».

Todos tenían algún sueño: Marlene Dietrich, o Mistinguett, o la duquesa de Windsor; pero no pasaba de ser un sueño. Y no les parecía que aquel compañero —el más pánfilo del dormitorio—, a quien le habían concedido las hadas su deseo, hubiera tenido un golpe de suerte, así, sin más, sino que aquello estaba ya escrito. El chiquillo de pelo rizado y nariz encarnada era para ellos la prueba de que el amor tenía su dosis de misterio; lo que, sin ellos saberlo, les resultaba fascinante del capricho de la artista era el filtro de Isolda.

—Oye, ¿y qué pasó después? —preguntó el coro.

Y temblaban los dedos al volver a tocar la foto.

—Los demás días no volvió a decirme nada; así que ya me di cuenta de que...

No parecía rencoroso, ni siquiera resignado; para él era lo más lógico. Y todos opinaban lo mismo. La carga hereditaria de mis compañeros no les permitía tratar de tú a tú a la felicidad.

Por supuesto que, después de la foto de Léonard, las de mayor éxito fueron las cuatro fotos de Bonneau. No cabía duda de que se estaba integrando en el escuadrón. Y poco a poco, a fuerza de verlo agacharse durante las marchas para recoger una cuchilla de zapatero y metérsela en la cartuchera al tiempo que comenzaba otra perorata: «¡Estos chismes no son de fiar!», que siempre acababa con el inevitable: «Igual le saco partido un día de estos. ¡Nunca se sabe!», se habían ido dando cuenta de que, aunque se las diera de feroz, tenía alma de trapero. Y todo el mundo sabe qué es un trapero. Luego, con el tiempo, había sacado a la luz otra faceta: la de un hombre respetuoso con el clero: «Mi vieja no me enseñó mucho, pero lo que sí me enseñó es que a esa gente hay que respetarla. A ver, ¿por qué les quitó el Estado lo que era suyo? ¡Eso es un robo, digo yo! Una mala jugada de los Rothschild, de los banqueros y de toda esa gentuza. ¡Siempre robando a los pobres!». Y también enseñaba muy orgulloso la medalla de ocupación del Ruhr; y sentía adoración por el capitán de Mortemart, «que estuve con él en los húsares, en Estrasburgo, y no era como los pedorros de aquí, que bien sabía mandar y era bien capaz de quedarse en mangas de camisa, sin más galones ni más nada, y decirle a un tipo: "¡Vamos fuera si eres hombre!"». Y estaba dispuesto, si llegaba a cabo, a convertirse en el prototipo del soldado modelo, buen corazón y mala cabeza, aunque sin renunciar a la rebeldía. Afiliado a los sindicatos patronales y respetuoso de la respetabilidad. «¡Venga, Bonneau! —le dijo el teniente—, ¡que no es usted tan mala persona como quiere hacernos creer!». «Pero ¡si yo no soy mala persona, mi teniente! Son los demás los que me han hecho serlo». Hacía un puchero con los gruesos labios, arqueaba las negras cejas y parecía entonces que tras la careta de «terrible matón» aparecía de repente un alma irremediablemente infantil.

No guardaba rencor a Pradé por el rapapolvo. Éramos del mismo carro y solíamos ir juntos a la cantina. En cuanto Bonneau empezaba a divagar, Pradé se encogía de hombros, lo miraba y se callaba. Y Bonneau tartamudeaba y notaba que tenía ante sí una raza diferente, la que nunca sueña.

Así fue como nos encontramos delante de una botella de tinto, tras una charla a la que nos habían mandado, de cuatro en cuatro, para que un cordial teniente nos explicara la necesidad de hacer pedazos Alemania. Pradé, tan poco comunicativo como un asiático, y con esa misma cara chata y esos mis-

mos ojos achinados, dijo sin mirarme, con su acento del este
de Francia y su calmosa forma de hablar:

—Pues de eso que les ha preguntado usted a los muchachos: que qué les parece lo que nos contó el joven de las cintas, pues lo que dice Pradé es que a él le parece que una cosa es
hablarles a unos soldados, y otra, hablarles a unos ciudadanos
franceses. A mí, como soldado, ya me pueden contar de todo,
que bastante llevo oído. Pero, si me hablan como ciudadano,
la cosa cambia. ¡La cosa cambia! —Cada vez que abría la boca
era como si refutara con rabia a un invisible mentiroso—. Y, si
va de eso, no me gusta nada que me quieran hacer pensar a la
fuerza. Ni que me cuenten gilipolleces. ¡De *fritzs* sé un rato!
Cuando llegaron a mi pueblo, en el año 15, todo el mundo se
metió en los sótanos. Y ellos pegaban en las puertas con las culatas. Yo era un chaval y me mandaron abrir. Temblaba de
miedo... Y unos nos dieron sopapos y otros nos dieron pan.
En todas partes cuecen habas. —Y repitió, sacando la desdentada mandíbula, sin que se le pasara la indignación contra el
imaginario mentiroso—: ¡En todas partes cuecen habas!
—Y con el mismo tono—: ¡Y estos ni se molestan en acordarse de los ciudadanos! Todo lo que dicen son muy buenas palabras para que uno haga cosas que están muy mal.

—¿Qué cosas?

—A saber. Pero luego cae uno en la cuenta, luego cae uno
en la cuenta...

A menudo me parecía que los soldados con quienes con-
vivía eran de otra época. Era como si, al escuchar a Pradé,
estuviera oyendo la antigua dignidad republicana, una voz
que casi no había cambiado desde hacía un siglo. Se había
hecho amigo mío y me había contado que uno de sus hermanos, que era muy exaltado, había vuelto de las brigadas de
España.

«Y cuando se vuelve de un sitio así, se lo dice Pradé, ya se puede uno volver loco buscando trabajo...».

Pero un día vino a buscarme, y con la misma voz pausada, con aquel acento que parecía que lo recalcaba todo a puñetazos:

—El ordenanza del capitán se larga. Ser ordenanza no es mala cosa, en el ejército...

Dejé que siguiera. Cuando venía a buscarme así y empezaba con alguna afirmación de carácter general, era porque me iba a pedir ayuda o consejo. Añadió:

—Los oficiales son de lo peor que hay...

—Y entonces ¿por qué te vas a poner a tiro de ellos y a hacerles de criado?

—¿Y quién no es criado de alguien aquí? Yo digo que, si eres ordenanza, tratas más con la mujer que con el fulano. Un hombre serio, que haga bien el trabajo, que haga bien el trabajo he dicho, pues a ese hombre lo dejan en paz. Con un oficial, y con todos los que hay por medio, nunca estamos en paz. En cambio, una mujer no deja de ser eso: una mujer. ¡Además los galones no los lleva ella!

Yo no quería sacar a colación la palabra «dignidad» y me andaba con perífrasis. Pero él la nombró enseguida:

—Si un hombre tiene dignidad, la tiene en todas partes. Y, si no la tiene, no la tiene nunca, digo yo.

La única dosis de vida absoluta que le había correspondido en esa humillante y taciturna aventura que es la existencia era su hijo. Cuando me preguntó si yo creía que la guerra iba a durar mucho, no fue para saber el tiempo que iba a tener que pasar en el ejército.

—El chico tiene once años; algo mayor que yo cuando la otra guerra. Por eso no pude tener estudios. Se acordaron de mandarme a la catequesis, eso sí, pero no se acordaron de man-

darme a la escuela... Y es listo, el chaval, es listo... Y le habrían
dado una beca... Dónde andarán las becas, con esta guerra...
Para que siga estudiando, tendría yo que estar trabajando. Y en
todo lo que trabajo es en hacer el primo con un fusil. Si pierde
dos años, ya no habrá nada que hacer, será tarde... ¡Era el primero de la familia que habría podido tener estudios! Digan lo
que digan, a un chaval a esa edad hay que ayudarlo... Yo ahora
todavía podría. Después del examen de ingreso del bachillerato, ya nada; pero ahora todavía podría, menos en ortografía.
Las cuentas, me las he estado estudiando precisamente para
eso... Yo sí puedo ayudarlo. Pero mi mujer... ¿qué va a hacer?
Viene de una familia de muchos hijos...

   Y con aquel tono tajante que solía tener, aunque teñido
esta vez de melancolía:

   —No es lista...

El carro lo pilotaba él. Y como en nuestros carros, aunque
eran recientes, no funcionaban las señales entre el comandante y el piloto, íbamos unidos por dos cordeles, que él se ataba
a ambos brazos y que yo sujetaba en la mano.

   Pese al estrépito de las cadenas, nos pareció de repente que
volvía el silencio: los carros acababan de salir de la carretera.
Como la barca que se zafa de la arena, como el avión que despega, entrábamos en nuestro elemento. Se nos relajaron los
músculos, que habían crispado la vibración de las chapas de
blindaje y el traqueteo sin fin de las cadenas en la carretera, y se nos pusieron a tono con la paz del claro de luna...

   Avanzamos así por espacio de un minuto, libres, cruzando huertos de árboles frutales en flor y bancos de neblina. Yo
sujetaba, nervioso, los cordeles, entre el olor a aceite de ricino
y a caucho recalentado, listo para mandar detener el carro y

disparar, pues, incluso en aquellos campos aparentemente llanos, cabeceaba el carro demasiado para poder apuntar en marcha. Desde que habíamos salido de la carretera y los pocos bultos que intuíamos podían convertirse en blancos, notábamos más aquel cabeceo de galera de esquinadas aristas. Las nubes tapaban la luna. Estábamos adentrándonos en un trigal.

Era el instante en que empieza la guerra.

No existe palabra alguna que pueda nombrar la sensación de ir al encuentro del enemigo; no obstante, se trata de una sensación tan concreta y tan fuerte como el deseo sexual o la angustia. El universo se torna una indiferente amenaza. Avanzábamos guiándonos por la brújula y solo divisábamos los objetos que se recortaban contra el cielo: postes de telégrafos, tejados, cimas de árboles. Ya no se veían los huertos de árboles frutales, apenas más claros que la neblina; las tinieblas parecían haberse apiñado a ras de los campos, que nos mecían o nos zarandeaban; si se rompía una cadena, nos matarían o nos harían prisioneros. Sabía con qué intensa fijeza llevaba clavados Pradé los achinados ojos en el panel de mandos y notaba en la mano el cosquilleo del cordel, segundo tras segundo, como si fuera a avisarme tirando de uno de los cabos... Y aún no habíamos establecido contacto. La guerra nos estaba esperando algo más allá, quizá detrás de aquellas lomas erizadas de postes de telégrafos cuyo hormigón fosforescía a la luz de la luna, que acababa de asomar de entre las nubes.

Los largos y confusos perfiles de la llanura nocturna y los bancos de neblina, que habían vuelto a aparecer, blanquísimos, subían y bajaban al albur de la marcha del carro. Llevábamos el cuerpo encogido, como se encoge en un coche en el preciso instante del accidente, para defendernos del balanceo

seco, tan penoso, y de las frenéticas vibraciones que notábamos en cuanto el carro tocaba suelo duro entre el trigo. Me sujetaba a la torreta más con los músculos de la espalda que con
las manos. Si aquellas frenéticas vibraciones llegaban a agrie-
tar alguno de los conductos de la gasolina, el carro se quedaría
esperando los proyectiles de los obuses dando vueltas sobre sí
mismo, como un gato epiléptico. Pero las cadenas seguían
martilleando los campos y las piedras, y por las mirillas de la
torreta, más allá de unos retazos de breves espigas, de neblina
y huertos, veía yo cómo subía y bajaba en el cielo nocturno un
horizonte que aún no rayaba el fuego de ningún cañón.

Ante nosotros se hallaban las posiciones alemanas; de
frente nuestros carros solo podían sufrir daños serios en la
mira telescópica y en la careta del cañón. Teníamos total confianza en el blindaje. El peligro no eran los alemanes, sino una
cadena rota, una mina o un pozo.

Sobre todo un pozo. Con la mina pasaba lo que con la
muerte: no merecía la pena ni mencionarlo. Volabas o no volabas, y no había más que hablar. Pero del pozo sí que había
mucho que decir; nos habían contado historias de la guerra
anterior, y durante el periodo de instrucción habíamos visto
pozos modernos, con aquel fondo en pendiente para que el
carro no pudiese enderezar la proa y aquellos cuatro cañones
anticarro que se disparaban con la caída. Todos nos habíamos
imaginado a veces lo que debía de ser verse atrapado entre
cuatro cañones anticarro de fuego cruzado en el preciso instante en que van a empezar a disparar. Y el universo de los pozos daba mucho de sí: abarcaba desde esa fulminante liquida-
ción hasta las zanjas tapadas deprisa y corriendo en las que la
caída se limitaba a hacer funcionar una señal, que avisaba a una
pieza de artillería pesada que apuntaba desde lejos; y también
había simples hoyos.

Nada quedaba ya del antiguo y armonioso pacto entre el hombre y la tierra: esos trigales por los que íbamos dando tumbos en la oscuridad no eran ya trigales, sino lugares donde ocultarse. No había ya tierras para segar, solo tierras para cavar pozos, tierras para enterrar minas; y era como si el carro fuese reptando por voluntad propia hacia una emboscada que estuviese allí, agazapada, como si las especies del futuro estuvieran iniciando aquella noche su propio combate, más allá de la aventura humana...

En una colina de escasa altura aparecieron al fin brevísimas llamas malva: la artillería pesada alemana. ¿Se habían fundido sus cortas llamaradas con el claro de luna o acababan de empezar a disparar? Las veíamos sobre todo de derecha a izquierda, y en todo el horizonte que nos permitía recorrer con la vista el balanceo de las torretas, como si hubieran rascado una cerilla en el cielo. Pero cerca de nosotros no se oía ni una explosión. Nuestros motores ahogaban cualquier otro ruido: debíamos de haber salido del trigal, porque volvíamos a notar el golpeteo de la rabiosa fragua de las cadenas. Mandé parar un instante.

De aquel silencio, que me caló hasta lo más hondo, se alzó el cañoneo, cuyos altibajos se llevaba el viento. Y ese mismo viento, pese a las explosiones de algunos proyectiles de mortero a nuestra espalda y el precipitado martilleo de las cadenas, me llevaba hasta los oídos, en los que aún retumbaba en sordina nuestro propio estrépito, un hondo rumor de bosque, un temblor de largas cortinas de chopos: el avance de los invisibles carros franceses, que llegaba desde lo más hondo de la oscuridad...

Cesaron los disparos. Unos cuantos obuses nos explotaron detrás; luego delante; tras haberse desvanecido su fulgor granate, se alzó un silencio expectante, que se llenaba con el paso de nuestros carros.

Arrancamos de nuevo, forzando la marcha para alcanzar a nuestro invisible grupo. Se había reanudado el traqueteo de las cadenas, y otra vez nos habíamos quedado sordos. Pradé y yo íbamos de nuevo pegados al blindaje y a los mandos; nos dolían los ojos de tanto acechar un surtidor de piedras y tierra remontándose sobre una explosión roja que no oiríamos. El viento empujaba hacia las líneas alemanas, entre pesadas nubes, una deriva de charcos de estrellas.

Nada es más lento que ir hacia el combate. A mano izquierda, entre la neblina de mayo, avanzaban los otros dos carros de nuestro grupo; a mayor distancia, los demás grupos; más lejos aún, y a nuestra espalda, todas las secciones se ponían en marcha bajo la luz de la luna. Lo sabían Léonard y Bonneau, ciegos dentro del blindaje, como también lo sabíamos Pradé, que no se despegaba del periscopio, y yo, que no me despegaba de las mirillas. Notaba, incluso en el cuerpo, con la misma intensidad que la adherencia de las cadenas a la viscosa tierra, el paralelo impulso de los carros en la noche. Enfrente, otros carros avanzaban contra nosotros en la misma noche clara, con otros hombres igual de crispados, igual de distraídos. A mi izquierda, nuestras borrosas proas subían y bajaban sobre el telón de fondo, menos oscuro, de las espigas. Detrás, venían los carros ligeros y la prieta multitud de la infantería francesa... Todos los campesinos a los que a primeros de septiembre había visto recorrer en silencio, rumbo al ejército, las carreteras de Francia confluían en aquel siniestro y deslizante caminar de nuestro escuadrón por la llanura flamenca... ¡Ojalá la victoria elija a quienes han combatido sin amar el combate!

De pronto desaparecieron todas las formas que teníamos cerca, a excepción de las cimas de los árboles; nada a ras del suelo; las tinieblas rompieron contra los carros que nos acompañaban. Una nube debía de haber tapado la luna, que ahora estaba demasiado alta en el cielo para que yo pudiera verla por las mirillas. Otra vez pensábamos en las minas hacia las que nos conducía, cruzando por las flexibles espigas, aquel avance de engranajes bien aceitados; y las fraternales sombras se habían desvanecido. Nos hallábamos aislados de todo cuanto no fuéramos nosotros mismos: Pradé, Léonard, Bonneau y yo, una tripulación, solos.

La mano de Léonard, el radiotelegrafista, pasó entre mi cadera y la torreta, y dejó un papel al lado de la brújula. Di la luz y acabé por conseguir deletrear, con los ojos deslumbrados y entre soles rojos: «Carro B-21 encontrado pozo».

Pradé apagó. Por los desgarrones de las nubes, la luz de la luna recorría la llanura una y otra vez... Nuestros carros aparecieron algo más atrás: los habíamos adelantado. Luego, a cien metros por delante de nosotros, subió el cinematográfico disparo de un obús, que hizo vibrar las planchas de nuestro blindaje. El humo, que había parecido rojo por un momento, se inclinó bajo el soplo del viento, de un negro mate bajo la luna...

Más explosiones. Pocas. No era siquiera un fuego de barrera. Nuestra escuadra fue avanzando más deprisa, aunque sin desarrollar aún la velocidad máxima. ¿Cuál sería la razón de aquel goteo de proyectiles dispersos? ¿Andarían los alemanes escasos de artillería? Volví la mirada hacia la brújula, que lucía apenas con un suave resplandor. Tiré de uno de los cordeles para que Pradé modificara la dirección: el carro se desvió por un suelo que ahora era desigual y duro... De pronto empezamos a resbalar, y la tierra y el pánico se nos tragaron a un tiempo.

¡No es cierto que volvamos a ver nuestra vida en el momento de la muerte!

Por debajo de mí alguien lanzó un alarido:

—¡Bonneau!

Léonard, aferrado a mis piernas, voceó:

—¡Pradé, Pradé!

Me llegaban, entre los muslos, sus agudos chillidos, como aves que piaran en el silencio del cataclismo que se nos había venido encima en cuanto Pradé, al notar la caída, pisó a fondo el freno.

¡El pozo!

El ruido del motor, que había vuelto a arrancar, cubría las voces.

Pradé intentaba que el carro siguiese avanzando, aunque torcido.

—¡Atrás! ¡Atrás!

Tiré con todas mis fuerzas del cordel derecho, que se rompió. Los proyectiles que había visto caer de vez en cuando eran los que explotaban en los pozos localizados. Retumbaba la tierra con el ruido de los carros libres que pasaban en torno a nuestra muerte...

Lo que había hecho Pradé había sido tomar impulso; ya estaba dando marcha atrás. ¿Cuántos segundos faltaban para el proyectil? Metimos la cabeza entre los hombros con todas nuestras fuerzas. El carro, rabiosamente apoyado en la parte delantera, con la trasera enhiesta como un pez japonés, retrocedió, hincó de lado la parte de atrás en la pared del pozo y se estremeció de arriba abajo, como se estremece un hacha clavada en un tronco. Patinó y se hundió más. ¿Era sangre o sudor lo que me corría nariz abajo? Habíamos caído atravesados. Bonneau, que seguía lanzando alaridos, intentó abrir el portillo lateral, lo consiguió y lo volvió a cerrar. Ahora daba casi por completo al espacio que había debajo del carro. Una de las cadenas rodaba en vacío. Pradé arrancó el carro apoyándose en la otra, y este cayó en vertical, como si se hubiera estrellado en el fondo de un segundo pozo. Resonó el casco cuando pegué con él en la torreta, y me pareció que la cabeza se me iba hinchando cada vez más, aunque la expectativa del proyectil me la seguía hundiendo entre los hombros como si fuera un clavo. Si el fondo del pozo era blando, nos quedaríamos atascados y el proyectil podría tomárselo con calma... No, el carro avanzó, retrocedió, echó a andar. El fondo de los pozos modernos inmoviliza los carros, y, si había cañones anticarro de fuego cruzado, tendrían que haberse disparado ya. Así que no habíamos caído más que en un pozo localizado. Si la pared de delante era perpendicular o tenía pendiente, a lo mejor conseguíamos salir (a menos que antes el proyectil...); si estábamos en un embudo, no saldríamos nunca... saldríamos nunca... saldríamos nunca. Debíamos de tener muy cerca la invisible pared. Bonneau, que había perdido la cabeza, abría y cerraba continuamente el portillo, con todas sus fuerzas, y las planchas del blindaje, pese al estruendo que hacía el motor en aquel agujero, sonaban como una campana. ¿Por qué no llegaba de una vez el proyectil? Léonard me soltó las piernas y empezó a molérmelas a patadas. Quería abrir el portillo de la torreta, en la que estaba yo. El proyectil estallará dentro del pozo, es imposible salir de un pozo, salir corriendo del carro es una necedad aún mayor que quedarse paralizado dentro, entre un demente que intenta romperte las piernas y otro, trastornado por el miedo a salir y el miedo a quedarse, que toca con precipitados portazos el siniestro tam-tam del delirio. Me deslicé fuera de la torreta y me agaché para acercarme a Pradé, que de pronto encendió la luz. No llegaría el proyectil; nadie mata a plena luz, solo se mata en la oscuridad...

Al moverme yo para meterme en el puesto del piloto, Léonard se coló en la torreta, en el lugar que yo ocupaba. Al fin consiguió abrir el otro portillo y se quedó quieto, con la boca abierta; no saltó, se encogió de repente y se volvió hacia mí sin decir nada; el terror le inmovilizaba la cabeza, pero le estremecía los hombros contra el negro telón de fondo del portillo abierto, que daba al pozo. Las cadenas patinaban. Estábamos en un embudo. Fui a gatas y a toda prisa hacia Pradé, dando un empujón a Bonneau, que seguía pegándole trompicones al portillo lateral sin dejar de dar alaridos. Vociferé al pasar:

—¡Cállate de una puta vez!

—¿Yo? Pero ¡si no digo nada! —contestó con una voz repentinamente normal, que reconocí pese al estruendo del motor.

Me miraba con esos ojos huidizos y ese temblor de todo el rostro de los niños que esperan un par de bofetadas; se puso de pie, el casco pegó con fuerza en el techo del puesto del piloto y él cayó de rodillas. Su jeta de matón de cine adquiría ante la muerte cierta espantosa inocencia.

—Si no digo nada —repitió (y al tiempo, lo mismo que yo, lo mismo que nosotros, aguzaba el oído en espera del proyectil).

No dejaba el portillo en paz; acabó por mirarme a los ojos; el casco, con la abolladura, parecía un sombrero. Se tambaleaba separando las manos entre las sacudidas de las cadenas que patinaban; y gritaba más y más sin dejar de mirarme.

Llegué hasta Pradé y conseguí incorporarme un poco. Estábamos en la parte delantera, cuya proa miraba hacia arriba, y mi cuerpo iba subiendo despacio como si aquel carro, iluminado dentro del pozo, se lo estuviera brindando a la muerte, igual que si se tratase de una víctima propiciatoria.

¿Volveríamos a resbalar hacia atrás? Al fin había conseguido afianzarme. Las cadenas seguían patinando, y yo arañaba el aire con las manos llenas de aceite y sangre, como escarba un animal que huye, como si yo fuera el carro...

¡Las cadenas agarran!

¿Una zanja camuflada? En un pozo las cadenas no agarrarían. ¿Conseguiríamos salir antes del proyectil? Mis tres compañeros se habían convertido en mis más viejos amigos. Un portillo seguía dando golpes, como una explosión. Era posible que los artilleros alemanes no hubieran visto la señal de la caída porque hubiera coincidido con un relevo, o porque el vigía se hubiera quedado frito, o porque... ¡Valientes majaderías! ¡Pero más majadería aún era esperar que hubiese pozos sin cañones apuntándolos! Las cadenas seguían agarrando.

Pradé apagó el motor.

—¿Qué coño haces?

Pese a mi impaciencia por salir de allí, escuchaba el silencio, que nos rodeaba como una coraza: mientras no oyéramos ningún silbido, seguiríamos vivos unos segundos más. ¡A ver si dejaba de pegar golpes el portillo aquel! Escuchaba con la misma atención demente con que había estado mirando hasta entonces, y no oía, repercutiendo en el pozo y en el blindaje, tapado por el gong del portillo, más que el rugido de nuestras oleadas de carros, que pasaban y se alejaban... Pegué el casco al de Pradé y le voceé en el hueco de las orejeras: «¡Sube!». Pradé, con las piernas colgando, sujeto por el asiento en el carro quieto y enderezado, se volvió para mirarme: también su cara de viejo, como la de Bonneau, se había tornado inocente, pese al casco; le brillaban los ojos y sus tres dientes esbozaron una indulgente sonrisa de agonizante:

—Me parece a mí que esta vez mi hijo lo tiene jodido... Otra vez patinan las cadenas...

Yo intentaba oír, tras el ruido de sus palabras, el imperceptible comienzo del silbido de un proyectil.

—Si seguimos insistiendo, acabaremos bocabajo...

El silbido... Ya ni teníamos cuello. Pradé apartó las piernas de los pedales como una rana, protegiéndose el vientre. El proyectil no llegó a alcanzarnos, pero estalló muy cerca.

¡Luces fuera! Nos acurrucamos esperando el siguiente proyectil, no ya el silbido ni la explosión, sino el lejano disparo, la voz de la mismísima muerte. Y la cara de chino de Pradé asomó un poco de la oscuridad, fue tornándose visible con la plomiza solemnidad del rostro de los muertos; una claridad misteriosa, turbia y muy leve inundó el carro. Como si la muerte nos estuviese llamando. Cada vez salía más de las tinieblas el rostro quieto de Pradé, increíblemente ensimismado, absorto en el terror y distraído de cuanto supusiera estar vivo... Yo había dejado de aguzar el oído: la muerte estaba ya en el carro. Pradé volvió hacia mí la cara, me vio y echó hacia atrás el acosado cuello, que su espanto sobrenatural redimía incluso del proyectil. Dio con fuerza con la cabeza en el blindaje. Y el campanazo del casco ahuyentó la horrible presencia y me hizo al fin fijarme en el espejo del periscopio: el carro, enderezado, miraba al cielo, en el que la luna acababa de asomar de entre las nubes, y lo que nos iluminaba así los rostros, donde se nos había agostado la vida, era el espejo, que reflejaba el cielo lunar, inmensamente grande, otra vez cuajado de estrellas...

El portillo dio otro golpe. Se me aferró una mano a la espalda. Quise apartarla, pero estaba colgado en el aire.

—¡Podemos salir, chicos! ¡Podemos salir! —chilló la voz infantil de Léonard.

Era él quien me estaba zarandeando por la espalda. Había salido del carro durante la maniobra. Trepó por el puesto del

piloto, que ahora estaba en posición vertical, como por un an-
damio.

—¡Hay desprendimientos! ¡Parece una zanja! ¡Tiene lo
menos veinte o treinta metros! ¡Y hay desprendimientos!

Pradé dio marcha atrás en el acto. Léonard y yo rodamos
por el suelo, boca abajo. El carro recuperó la posición horizontal. Me puse de pie y salí de un brinco por el portillo lateral, que Léonard había dejado abierto, mientras el carro, que
seguía retrocediendo, se detenía a mi izquierda. La única luz
que brillaba en la oscuridad, en la que se confundían el carro y
el pozo, era el rectángulo de la puerta abierta: Pradé había podido dar la luz otra vez.

Arriba, en la superficie de la tierra, nuestra formación acorazada seguía pasando, y el ruido que hacía era más débil que
el que oíamos nosotros desde dentro del blindaje... Daba la
impresión de que los obuses arrancaban despacio y aceleraban
luego para venírsenos encima; y todos los silbidos parecían
apuntar a nuestro pozo. Explotó un proyectil muy cerca, sin
llegar a alcanzarnos; había caído en el mismo sitio del primero. Su destello me permitió ver que la pared por la que habíamos intentado subir tenía pendiente... ¡Que no nos matasen
antes de haber podido salir! No me atrevía a encender la linterna. Además, me la había dejado en el carro.

—Podemos intentarlo —dijo Pradé, muy cerca de mí, en
la oscuridad.

También él estaba pegado a la pared: fuera de las chapas
del blindaje nos sentíamos desnudos. De la pared arcillosa subía un olor a setas, colmado de infancia... Pradé encendió una
cerilla, que solo nos permitió ver a dos metros. Llegó a toda
velocidad otro silbido, agudo al principio, grave según se iba
acercando: hundiendo el hombro en el barro, fascinados por
el agujero de cielo, que iba a ser enseguida un destello rojo, es-

peramos una vez más. El hombre no se acostumbra a morir. La cerilla estaba pasmosamente quieta y la llama jadeaba. ¡Qué vulnerable y blando es el cuerpo humano! Estábamos pegados a la pared de nuestra fosa común: yo, Léonard, Bonneau, Pradé, bastaría con una sola cruz para los cuatro. Desapareció nuestro trozo de cielo, se apagó, y unos terrones nos cayeron en los cascos y los hombros.

Arriba seguían pasando oleadas de carros, pero en sentido inverso. ¿Una retirada? Cuando saliéramos, ¿nos daríamos de bruces con las columnas blindadas alemanas?

Ya estaba convencido de que íbamos a salir...

Bonneau sacó la linterna. Había dejado de dar alaridos. Avanzamos los cuatro, sin despegarnos de la arcilla de la pared. Había un recoveco en mi corazón que nada distraía, que nada podía distraer del acecho del proyectil. El camuflaje tenía una extensión bastante mayor que la del agujero que había hecho el carro al caer: la pendiente de una de las paredes, desplomada, era casi suave. Subimos por ella hasta darnos con los troncos que cubrían el pozo.

Nunca conseguiríamos alcanzar el agujero; los presos no se escapan por el tejado. Había que apartar las dos vigas más cercanas. Nos metimos debajo, agachados, para tentarlas con los hombros, y cada explosión nos petrificaba en la postura de las momias peruanas; pero, ahora que era posible intentar algo, el miedo se había convertido en acción. Si no podíamos con las vigas, a lo mejor el carro conseguía sacarlas de su sitio. Estaba a nuestra espalda, silencioso, más negro que el pozo; por la rendija del entreabierto portillo salía una raya de luz en la que volaba un insecto nocturno.

Echamos a correr hacia él sin protegernos, y, al volver a entrar, nos pareció una fortaleza. Pradé maniobró para encararlo con la pared desplomada. La tierra blanda formaba un montón. Allá arriba, las oleadas seguían refluyendo hacia las líneas francesas... Nosotros empezábamos a hundirnos. Pradé metió debajo de las cadenas la viga de recuperación; el carro se enderezó, avanzó como si tanteara: las cadenas se aferraron a ella como si fueran manos. El carro siguió avanzando cuesta arriba, se bloqueó, volvió a patinar, metido, encajado en el tejado de vigas. Si no cedía, nuestro propio esfuerzo nos hundiría cada vez más; antes de dos minutos todo el chasis del carro estaría pegado al suelo, y las cadenas rodarían en vacío.

Ya no servía para nada la viga de recuperación.

—¡Vamos a buscar piedras!

Pradé no contestó.

La mole de acero, con el motor al máximo, se empotró en los troncos; como el toro moribundo que se incorpora rabiosamente, el carro me lanzó contra la torreta, en medio del retumbante estruendo de una lluvia de troncos sobre el blindaje; un grito, en la parte de atrás, el repiqueteo de un casco, y de pronto empezamos a deslizarnos como una barca... Me puse de pie y de un golpe le aparté a Pradé la cabeza del periscopio. Apagué la luz: en el espejo, hasta el infinito, la despejada llanura...

Avanzábamos a la velocidad máxima entre las explosiones pensando solo en los siguientes pozos, cada cual hecho un ovillo en su puesto. No obstante, aquella oscuridad que no era ya la tumba del pozo, aquella oscuridad viva se me aparecía como un don prodigioso, como una gigantesca germinación...

Cuando llegamos al pueblo, los alemanes lo habían evacuado. Bajamos del carro. Todo andaba manga por hombro. Caminábamos con un curioso bamboleo que ya empezaba a resultarme familiar, el paso del cansancio extremo, cuando los soldados andan echando la cabeza hacia delante, con la boca abierta y la mirada turbia. Camuflamos el carro de mala ma-

nera (como todos los demás) y nos desplomamos en un pajar.
A la luz de la linterna, que encendí un momento, vi cómo Pradé, echado en la paja, la cogía a puñados y la apretaba con las
manos como si estuviera apretando en ellas la vida.

—Aún no nos había llegado la hora... —le dije.

Debía de estar pensando que a su chico aún le quedaba alguna oportunidad.

—¡Todavía no se ha acabado la guerra! —dijo con su ren-
corosa sonrisa.

Soltó la paja y cerró los ojos.

La mañana era tan limpia como si no existiese la guerra. Estaba acabando de amanecer. Me despertó Pradé al levantarse;
siempre era el primero en levantarse.

—¡Ya tendré tiempo de estar tumbado cuando me muera!

Salí a buscar una bomba de agua. El agua fría me despertó
no solo del sueño de la noche, sino también del sueño de tumba del pozo. A unos metros de distancia, Pradé tenía la mirada perdida. Movió la cabeza.

—Si me hubieran dicho que alguna vez me iba a poner a
mirar gallinas y me iba a parecer un mundo, no me lo habría
creído...

Andaban sin rumbo por allí unas gallinas que aún no había robado nadie; parecían no saber nada de la guerra, pero los
redondos ojillos nos seguían con solapada prudencia. Pradé
las miraba; me puse también yo a observar su mecánico pico-
teo, aquel golpe seco de la cabeza, como si se les disparara un
resorte, y me parecía que su calor me colmaba las manos,
como si las hubiese tenido cogidas, el calor de los huevos recién puestos; el calor de la vida: había animales vivos en esta
tierra tan rara... Echamos a andar por aquella mañana sin la-

briegos. Patos de Berbería, urracas, mosquitos... Me encontré dos regaderas, con esas alcachofas con las que me gustaba jugar cuando era pequeño; y me dio la impresión de que el hombre no había progresado desde la noche de los tiempos más que para inventar las regaderas. Más allá de los itinerarios reposados o furtivos de las aves de corral sueltas, un conejo ruso, al que le pesaba demasiado el trasero, intentaba escapar como si buscase una madriguera por el monte; los almiares relucían a la luz de la mañana; resplandecía el rocío en las telarañas; un poco atontado, estuve mirando mucho rato una estrafalaria flor que había nacido del hombre de la misma forma que habían nacido de la tierra las pisoteadas flores que la rodeaban: una escoba... Ante la carrera brusca y flexible de un gato que salió huyendo, me asombré de la existencia de aquel convulso pelaje. (Todos los gatos salían siempre huyendo, por cierto, mientras que los gozquecillos no se movían del sitio, como tampoco debían de haberse movido al llegar nuestros carros). ¿Por qué me maravillaba tanto en mi fuero interno al ver que en esta tierra tan bien organizada los perros se portan siempre como perros y los gatos como gatos? Alzaron el vuelo unas palomas grises, y dejaron en pos de sí al morrongo, aferrado al límite de un inútil brinco; describieron un silencioso arco en el cielo de luz marina, lo quebraron y reanudaron el vuelo, blancas de pronto, con un rumbo nuevo. No me habría extrañado verlas regresar para espantar a la carrera al gato, que echaría entonces a volar. Los tiempos en que los animales hablaban, la equívoca poesía de los cuentos más viejos, tal es el botín con el que siempre volvemos desde la otra cara de la vida...

Como en mi primer contacto con Asia, oía retumbar, como el bordón de un órgano, los siglos que se perdían en tinieblas casi tan hondas como las de la noche anterior: aquellos pajares, repletos de grano y paja; aquellos pajares de cuyas vigas colgaban, tapándolas, racimos de vainas, repletos de gradas, de cañas, de lanzas de carro, de carruajes de madera; aquellos pajares en que todo era de madera, de paja o de cuero (habían requisado cuantos objetos metálicos podía haber en ellos) y se alzaban en el centro de las apagadas hogueras de los refugiados y de la tropa, pertenecían a una casa de labor de la época gótica; nuestros carros, al final de la calle, cogían agua como monstruos que hincasen las rodillas ante los pozos bíblicos... ¡Ay, vida, qué vieja eres!

¡Y qué tenaz! En el corral de todas las casas de labor había pilas de leña para el invierno. Los soldados se abastecían en ellas para sus primeros fuegos. Se veían por doquier bancales de hortalizas, bien ordenados... Nada había en aquel lugar que no llevase la impronta del hombre. Las pinzas de madera bailaban al viento en los alambres, como golondrinas. Aún no estaba seca la ropa tendida: medias lacias, guantes de felpa, monos de campesino; entre tanto abandono, entre tanto desastre, las servilletas tenían iniciales bordadas...

Nosotros, y los alemanes de enfrente, solo servíamos ya para atender a nuestras máquinas asesinas; pero yo tenía la sensación de que la antigua raza de los hombres, que habíamos expulsado y había dejado aquí sus herramientas, su ropa y sus iniciales en las servilletas, había cruzado por todos los milenios de tinieblas con que nos habíamos topado aquella noche, despacio, llevando con avaricia a cuestas todos aquellos pecios que acababa de abandonar al huir de nosotros, las carretillas y las gradas, los arados bíblicos, las casetas de los perros y las jaulas de los conejos, los fogones vacíos...

Mis piernas conservaban la memoria de la presión de los brazos de Léonard. ¿Sabía ya cuanto había que saber de la cara de niño de Pradé, del estupefacto rostro de Bonneau, que había dejado de vociferar para decir: «Pero ¡si no digo nada!»? No se deslizaban esos fantasmas por delante de los graneros, ni del sol, que temblaba en la punta de las ramas jóvenes, más que para prestarles mayor esplendor.

Es posible que sea siempre la angustia la que prevalezca; es posible que esté emponzoñada ya desde el manantial esa dicha que le fue dada al único animal que sabe que no es eterno. Pero yo, aquella mañana, no era sino un puro nacimiento. Llevaba aún conmigo la irrupción de la noche terrestre al salir del pozo, aquella germinación entre tinieblas que ahondaban aún más en el cielo las constelaciones que asomaban por los desgarrones de nubes a la deriva; y, de la misma forma que había visto brotar del pozo de la muerte aquella noche retumbante y plena, ahora estaba amaneciendo, alzándose de la noche la milagrosa revelación de la luz del día.

El mundo habría podido ser tan sencillo como el cielo y el mar. Y al mirar aquellas formas que tenía delante y que no eran sino las de un pueblo abandonado, condenado; al mirar aquellos graneros del paraíso, y aquellas pinzas de la ropa; aquellas hogueras apagadas y aquellos pozos; aquellos desperdigados rosales silvestres, aquellas zarzas voraces, que quizá se lo habrían tragado todo dentro de un año; aquellos animales, aquellos árboles, aquellas casas, me parecía hallarme ante un regalo inexplicable, una aparición. Todo habría podido ser de otra manera. ¡Qué bien entonaban con la tierra todas aquellas formas únicas! Existían otros mundos, los de las cristalizaciones, los de las profundidades submarinas... Con sus árboles, ramificados como venas, el universo era una entidad plena y misteriosa, como un cuerpo joven. Pasé delante de una casa de labor cuya puerta habían dejado abierta los labriegos al huir; vi de refilón una habitación saqueada a medias. No, los pastores de Israel no le trajeron regalos al Niño; solo le dijeron que, en aquella noche en la que él venía al mundo, había un vaivén de puertas que se abrían a esa vida de la que aquella mañana recibía yo por vez primera una revelación tan fuerte como las tinieblas y tan fuerte como la muerte...

En un banco estaba sentada una pareja de campesinos de avanzada edad; aún llevaba el hombre en la chaqueta las telarañas del sótano. Pradé se les acercó; sonreía enseñando los tres dientes:

—¿Qué, abuelo? ¿Tomando el sol?

El anciano notó, por el acento, que también el otro era un campesino. Lo miró con una simpatía ausente, como si al mismo tiempo mirara algo en la lejanía. La mujer llevaba el pelo recogido en raquíticas trencitas grises, que le colgaban, muy prietas. Fue ella quien respondió:

—¡Qué otra cosa vamos a hacer! Vosotros sois mozos, pero los viejos ya solo servimos para irnos consumiendo...

Tan cósmica como una piedra... Sonrió, no obstante, con una sonrisa lenta, que tardaba en brotarle, que le nacía del pensamiento: más allá de las torretas de los carros, relucientes de rocío como los arbustos que los ocultaban, parecía estar clavando, a lo lejos, en la muerte, una mirada indulgente e incluso —¡ay, qué misterioso guiño, qué aguda zona de sombra en la comisura de los párpados!— irónica...

Puertas a medio cerrar, ropa, graneros, señales de los hombres, alba bíblica en la que se atropellaban los siglos; ¡cómo se hacía más hondo todo aquel deslumbrante misterio de la mañana al incluirse en el que afloraba a aquellos labios ajados! Una humilde y desconocida sonrisa sacaba una vez más a flote el misterio del hombre, y acto seguido la resurrección de la tierra no era ya sino un estremecido decorado.

Ahora sabía yo lo que quieren decir esos mitos antiguos de los seres a los que alguien consigue rescatar del reino de los

muertos. Ya apenas si me acordaba de la muerte; lo que llevaba en mí era el descubrimiento de un secreto muy sencillo, de
imposible transmisión y sagrado.

Así fue quizá como miró Dios al primer hombre...

¿Por qué aquella mañana de 1940, con sus dalias que habían
aplastado los carros?

Era un regreso a la tierra, como el que ya había conocido
tras la refriega del avión de Saba contra el huracán; pero la noche anterior no me había acordado ni por asomo de aquel
avión. El insólito carácter de las ciudades, sus tiendas, con un
perro tumbado en los abrigos de una peletería, y aquella muestra, grandísima y roja, de un guantero alzándose sobre Bona
como la mano de una divinidad desconocida no poseían la intensidad de la vida campesina, que se acoplaba a la muerte de
la misma forma que el día se acopla a la noche.

¿De qué se me quedaba prendida la memoria: de la mañana o de la noche? ¿Por qué de este combate, entre tantos
otros? Era el único en que no había luchado codo con codo
con voluntarios. La lucha de los voluntarios parece una ema-
nación de su propia vida, mientras que esperar un obús en un
pozo para carros parece un grito que dice que la vida no tiene
sentido. A menos que la fatalidad de la guerra se convierta en
fraternidad.

Al día siguiente supimos cómo habíamos conseguido salvarnos. No todos los cañones alemanes, bastante alejados,
que apuntaban a la línea de pozos localizados con que se habían topado nuestros carros estaban en el ángulo de tiro correcto. Los proyectiles que nos lanzaron, al errar el blanco y
explotar fuera del pozo, provocaron que una de las paredes se
desplomara.

El intenso murmullo de alivio que se alza de las ciudades tropicales cuando cae la noche llegaba desde Bombay, cruzando el golfo. Cuanto había sabido, o presentido, de la vida de Pradé, de Bonneau, de Léonard, era cuanto ignoraba de los hombres que me rodeaban en la India. ¿Habría significado para los novios de Madurai el visir extranjero con el que se habían encontrado lo mismo que la artista de *music-hall* en la vida de Léonard? Aquella mañana cuajada de rocío, tras aquella siniestra noche (de haber muerto, lo habría hecho en la tierra flamenca de la que es oriunda mi familia...), y luego, poco después, las llamas de Dunkerque, aquella concatenación de sangre, renacimiento y muerte, era la misma de Vishnú y de Shiva. Aunque ¿cómo sería un Pradé hindú? Pero aunque no pudiera haber comparación, aunque el único equivalente de cuanto de romántico y novelesco pudiera haberle ocurrido en la vida a Léonard, de cuanto pudiera ocurrir en todas las películas, el único equivalente de las fotos de mujeres que pasaban de mano en mano en los breves redondeles de luz de las linternas, fueran los sueños del Ramayana, la auténtica correspondencia no se daría entre el Bhagavad Gita y el Evangelio, ni entre Elefanta y Chartres, sino entre la *Majestad*, sumida en las sombras de la gruta, y el rostro de Pradé, teñido de fosforescente azul, transfigurado por la luna que se reflejaba en el periscopio y parecía la luz de la muerte; y entre las civilizaciones, que le encuentran un sentido a la muerte, y los hombres, que no le encuentran sentido alguno a la vida.

Y todo ello pese a los sentimientos más primarios... «Es listo, el chico; igual podía hacer algo», decía Pradé; y al día siguiente del combate: «Por esta vez mi chico se ha librado...». El asceta Narada gritaba, en el viento que se iba alejando,

«¡Hijos míos!», antes de que Vishnu le dijera: «Llevo más de media hora esperando el agua».

Pero cuán débiles eran aquellos sentimientos comparados con la unidad del mundo cuando se regresaba del infierno, ante la certidumbre de que el mundo —en mucho mayor grado que los hombres— no puede ser de otro modo. Tal convicción la imponía en aquella tierra esa religión ebria de irrealidad, pero cuya maya prisionera jamás traerá, en sus eternos ciclos, sino los mismos hombres, los mismos sueños y los mismos dioses.

Como decía la canción de Madurai, el buen dios elefante Ganesha «volverá a pasearse subido en su rata, y volverá a reír la luna entre las nubes», de la misma forma que reía sobre mi avión, en España; y sobre mi carro, en 1940; y sobre la nieve de Alsacia, en 1944; y sobre tantos serenos paisajes, desde que existe la eternidad... «Estas son las sagradas aguas del Ganges, que santifican la boca entreabierta de los muertos»; esta es la luna, sobre nuestras campiñas flamencas, sobre Stalingrado, sobre Verdún, sobre los tristes campos de batalla anónimos con sus Pradé corroídos y negros como tizones, la luna sobre los campos del hambre o sobre los árboles a la deriva en la inmensidad de los ríos desbordados. La plegaria de la India seguirá implorando aún por muchos siglos: «Llévanos de lo irreal a lo real, de la oscuridad a la luz, de la muerte a la inmortalidad», mientras en un Occidente, donde el perdón no es ya sino rencor u olvido, se alzará la salmodia: «Perdónanos nuestras deudas, así como nosotros perdonamos a nuestros deudores». Y la plegaria de la India seguirá diciendo: «Porque te complaces, Shiva, en el Lugar de la incineración, / he hecho de mi corazón un lugar de incineración, / para que en él dances tu danza eterna». Pero no danzaba dios alguno en el corazón de mis compañeros de carro.

Me acordaba de otros combates y de otros dormitorios, del monje republicano español del que hablé en *La esperanza*. Yo había oído cómo contaba por las noches a milicianos y soldados de las Brigadas Internacionales, con la agreste elocuencia de quienes improvisan para el pueblo, la reciente encarnación de Cristo en la región más pobre de España: las Hurdes.

«Y el ángel eligió a la mujer que le pareció mejor de entre todas las de la comarca, y luego se le apareció. Y ella le contestó: "¡No te molestes! El niño sería prematuro, porque no sé yo qué iba a poder comer. En toda mi calle no hay más que un campesino que haya comido carne en los últimos cuatro meses; mató al gato".

»Entonces el ángel se le apareció a otra mujer. Cuando nació Cristo, alrededor de la cuna no había más que ratas. Poca cosa para poder calentar al niño; triste cosa por lo que se refiere a la amistad.

»Los descendientes de los Reyes Magos no vinieron, porque ahora eran funcionarios. Y entonces, por primera vez en la tierra, desde todos los países, desde los que caían cerca y desde los que estaban en el quinto infierno, desde los países en que hacía calor y desde los países en que siempre estaba helado, todos los hombres valientes y pobres se pusieron en marcha *armados con fusiles*.

»Y comprendieron con el corazón que Cristo vivía entre los pobres y los humillados de nuestra tierra. Y desde todos los países, con sus fusiles, cuando los tenían, y cuando no los tenían, con sus manos hechas para los fusiles, vinieron a tenderse, unos tras otros, en la tierra de España...

»Hablaban todas las lenguas, porque había entre ellos hasta vendedores chinos de cordones para los zapatos.

»Y cuando todos hubieron matado demasiado y cuando la última fila de pobres se puso en marcha...

»... una estrella que nunca había visto nadie se alzó sobre sus cabezas».

Me acordaba también de un amanecer en Corrèze, en un cementerio rodeado de bosques blancos de escarcha. Los alemanes habían fusilado a unos maquis, y los vecinos tenían que enterrarlos por la mañana. Una compañía ocupaba el cementerio, con las metralletas en ristre. En esa comarca las mujeres no caminan detrás del coche de muerto, sino que lo esperan en la sepultura de su familia. Cuando se hizo de día, en todas y cada una de las sepulturas, escalonadas en la falda de la colina como las desunidas piedras de los anfiteatros antiguos, había, de pie, una mujer enlutada y que no estaba rezando.

¿Habría ido a un cementerio como ese Léonard? Sí. ¿Se habría unido a los maquis? Es posible. ¿Y Pradé? ¿En qué creía, a no ser en su chico? En sus deseos, y muy poco, porque casi no tenía. ¡Cuántos Pradé había conocido yo, refugiados en su antro, donde no había sino el vacío de la nada! Ateos de todo, incluso quizá de sí mismos. Y era el silencio de sus pétreas muchedumbres el que respondía a la *Majestad* colosal. ¿Qué quedaba de la misteriosa metamorfosis de lo sacro en piedad, que tan hondamente había sentido yo en la gruta, si la comparábamos con la metamorfosis de lo sacro en la nada? Aquellas gentes duras y que no le veían sentido a la vida —pues poco les importaban la ciencia, o la verdad, o cualesquiera otras patochadas: nunca se habían creído esos cuentos chinos— habían desaparecido de la tierra ya desde los tiempos del Imperio romano... La Rusia que había resucitado de su noche prehistórica, el comunismo elemental e implacable que se alzaba, lento como un uro, allende el Tíbet era el heredero de las fraternidades milenarias y nada tenía que ver con aquella lúgubre soledad. «Y todas las criaturas están en mí / como un gran viento que se mueve sin cesar por el espacio. / Yo soy el Ser y el no Ser, la inmortalidad y la muerte», susurraba el gigantesco perfil hundido en el granito; la campesina flamenca de trenzas grises había respondido: «Los viejos ya solo servimos para irnos consumiendo», y bajo la luna, que había iluminado nuestro carro como una lámpara funeraria, la hierática cara de chino de Pradé, con sus tres dientes, no había respondido nada, bajo esa luz que había conducido a los monos hasta el cuerpo del anciano rey ciego, en el campo del Bhagavad Gita.

1948-1965

Nehru no residía en el Capitolio. Creo que habían puesto a su disposición hacía poco la casa en que vivía, que parecía una mansión de la Costa Azul. Aquí y allá, algunos obsequios, dos enormes colmillos de elefante, una Virgen románica, regalo de Francia. El encanto lo ponían su hija y él. Nehru pasaba entre esos muebles provisionales como un gato siamés. Pero también como pasa la historia por los periódicos, pues pertenecía hasta tal punto a la historia que no podía por menos de parecerle a cualquiera que el lugar que le correspondía era el Capitolio y no aquella mansión.

Antes del almuerzo me referí a un discurso que había pronunciado él la víspera, ante un auditorio de cuatro o cinco mil personas. Me contestó con una alusión a Gandhi. Pero a Europa, tras haber conocido a los oradores de los regímenes totalitarios, le había costado entender cómo había podido convencer Gandhi a las muchedumbres sin alzar la voz. A mí me parecía que se había comportado más como un gran predicador que como un orador político; era imposible que la mayor parte de las personas que escuchaban a san Bernardo en la terraza de Vézelay hubieran podido oírlo. Y, no obstante, habían tomado la Cruz.

—Aquí —me respondió Nehru—, las muchedumbres acuden para ver a un gurú, incluso aunque no vaya a predicar. Esperan recibir de él algo así como una bendición. Acudían a ver a Gandhi. Sabían, hasta cierto punto, qué les iba a decir: las muchedumbres suelen saber qué les van a decir. Pero él les hacía ver lo que ya llevaban dentro de sí. Y sobre todo lo que podían *hacer*. Me ha mencionado usted una cruzada. La lucha por la liberación, tal y como él la concibió y la dirigió, tiene cierto parecido con una cruzada; eso fue precisamente la Marcha hacia el Mar, en los tiempos de la lucha contra la gabela. Para ir dándole forma al futuro, Gandhi echaba mano de sentimientos muy antiguos. Y además poseía un talento especial para los símbolos: la rueca, la sal. Las cosas que él afirmaba resultaban de sorprendente evidencia.

—Hacer patente la evidencia es uno de los indicios por los que conocemos a los profetas...

—Mucho antes de que se hiciera famoso, ya había dicho de él Gokhale: «Puede sacar héroes de criaturas desvalidas». Conseguía que todos empezaran a confiar en sí mismos y decía: «Cada cual se convierte en aquello que admira». Es indudable que quienes lo escuchaban se convertían en voluntarios de la independencia, pero también... en algo más... La desobediencia civil y la lucha por que dejara de haber intocables tenían un mismo origen. Él decía que era un origen religioso. Y por eso resultaba desconcertante su actividad política... No olvide que él consideraba que el trabajo parlamentario era la labor menos importante de una nación. Y además, si bien es cierto que hacía ver a las muchedumbres lo que llevaban dentro de sí, también lo es que solo les decía lo que ellas esperaban que les dijera. Fue un individuo inconformista; pero tampoco fue conformista como hindú, ni como nacionalista, ni como pacifista, ni como revolucionario...

—¿Lo mató un enemigo y lo lloró todo el mundo?

—Todavía tienen en demasiadas casas la foto de su asesino. Todavía quedan reaccionarios.

Me había dicho Nehru en el Parlamento: «Los tanques y los aviones para los chatrias, las leyes y la administración para los brahmanes». Y añadió: «Y además hay muchos otros que...».

Cogió un libro que tenía detrás de él y me lo alargó. Era el *Gandhi* del sobrino comunista de Tagore.

—Lea la dedicatoria.

Yo la conocía ya: «A las muchedumbres de la India, para que acaben con el gandhismo que los hace esclavos de las intrigas de los sacerdotes, de la autocracia feudal y del capitalismo indígena y que los engaña para que permanezcan bajo el yugo del imperialismo británico».

Nehru citó con tristeza la frase de Vivekananda acerca de su maestro: «Se contentaba con vivir esta espléndida vida y dejaba que otros se dedicasen a buscarle una explicación».

Algunos discursos de Nehru, sobre todo aquellos en los que pugnaba por algo, eran, por el enfoque de la persuasión, por la forma de elocuencia, discursos de orador, en el sentido más tradicional de la palabra. Pero muchos de los discursos que dirigía a las masas parecían largos monólogos, y los pronunciaba casi como si estuviera conversando con ellas.

—Cuando se me cruza la mirada con esos miles de miradas —dijo—, es como si nos reconociéramos... A veces voy en contra de sentimientos que están muy enraizados en esas muchedumbres. Y me aceptan. Pero ¿a quién están aceptando en realidad bajo las apariencias de mi nombre, de mi foto, de mi silueta?

»Sin embargo, no me queda más remedio que conseguir que la gente me siga...

Había dicho la última frase con sonrisa cansada. Pensé que no se me olvidaría nunca —y, en efecto, no se me ha olvidado— aquel salón tan corriente, con la Virgen románica encima de una mesa baja.

—¡Qué lejos va quedando la lucha por la independencia...! —dijo.

Mientras estaba en la cárcel, condenaron a una pena de latigazos a un muchacho de quince años que se llamaba Azad; y este, tras cada ensangrentado trallazo, gritaba: «¡Viva Gandhi!», hasta que se desmayó. (No me quedó claro si Nehru había presenciado el suplicio o si alguien se lo había contado). Unos años después, Azad, que había llegado a ser uno de los líderes del terrorismo en las provincias del norte, acudió a preguntarle si, en caso de que se llegara a un acuerdo con los ingleses, el Congreso retiraría todo apoyo a los terroristas. Había dejado de creer en la eficacia del terrorismo, pero le parecía inevitable combatir. Quince días después lo acorraló la policía en un parque de Allahabad —la ciudad de Nehru—, durante las conversaciones de Gandhi con el virrey, y luchó hasta que lo mataron.

—Incluso prescindiendo del terrorismo, la destrucción, la agitación, la no cooperación no son actividades normales... Antes creía que serían nuestros hijos los que podrían dedicarse a la tarea de construir. Quizá nuestros nietos...

Parecía no acordarse de que el terrorismo había cambiado de blanco y de que, desde la muerte de Gandhi, ese blanco era él.

—Tampoco la resistencia fue una actividad normal —dije—, y muchos de los supervivientes más jóvenes están empezando a pagarlo caro.

Se quedó pensativo.

—A la guerra siempre le cuesta convertirse en paz. Pero a los hombres de mi generación les va a pasar algo peor. Hemos vivido contra la violencia. Pero tarde o temprano acabaremos por tener un enfrentamiento con China; y el pueblo no va a seguir aceptando la no violencia...

Una de las fotos que estaban encima de la mesa baja, al lado de la Virgen, era de un Buda de Ceilán, sin duda el mismo del que había escrito Nehru tiempo atrás que le daba ánimos en su celda. Me acordé del discurso en que había llamado al Buda «hijo predilecto de la India». Nos acababan de avisar de que la cena estaba servida.

—Me pareció que el discurso que pronunció usted durante las grandes conmemoraciones búdicas se apartaba bastante de lo que tiene escrito sobre cuestiones religiosas.

—Siempre me ha impresionado la personalidad del Buda. Y también la de Cristo. Pero sobre todo la del Buda. ¿Ha evolucionado mi sentido de la religión? Me he vuelto más sensible en lo tocante a esa confusa necesidad que siente la naturaleza humana y a la que aporta una respuesta la religión...

En su *Autobiografía* había afirmado que el espectáculo de la religión casi siempre lo había horrorizado; la palabra «religión» equivalía para él a creencia ciega, superstición, un universo comprometido con la defensa de los intereses creados. El cristianismo no se había opuesto a la esclavitud. Añadía Nehru que, tanto en la India como en Occidente, la religión había perdido casi por completo su dimensión espiritual, incluso la religión protestante, que era sin duda la única que seguía viva. Tal afirmación me había desconcertado.

Pero siguió diciendo:

—Fíjese en nuestros vínculos con los animales. Ya sabe usted que no existen vacas sagradas: todas las vacas son sagradas.

¡Y ya ha visto usted cómo las tratan...! ¡Por no hablar de los monos...!

»¡Ojalá pudieran irse todos a China una noche! Son una carga mucho mayor para la India que la pobreza para Inglaterra... ¡Ya ha visto el Templo de los Monos de Benarés!

Lo había visto tiempo atrás y no lo había podido olvidar. Los monos vivos trepaban por los monos de arenisca y rodeaban a un brahmán que, al hallarse solo allí, parecía tener el cometido de oficiar para ellos. Nunca me habían parecido más inquietantes esas existencias en las lindes de lo humano que en aquel templo, donde podían verse representados por todas las paredes —como si se hubiesen retratado a sí mismos...—, y me dio la impresión de que mi llegada había interrumpido su culto en el preciso instante en que estaban a punto de fundirse con lo Absoluto por mediación del dios de los monos.

—Había demasiados —siguió diciendo Nehru—. Los brahmanes decidieron librarse de ellos. Se enteraron de que nuestros monos tienen miedo a los monos negros de Egipto. Vuelva al templo. No verá usted bajo las galerías más que unos diez monos negros; los demás se han vuelto a la selva...

Lo contaba como si fuera un cuento, pero no había ironía en su tono. Yo pensaba en los monos negros, dueños y señores de la soledad del templo, semejantes a demonios con forma de mono mezclados con los dioses-monos de piedra. Le recordé a Nehru el relato que refieren los historiadores de Alejandro.

Llega un día a Khaybar, ese paso cosmogónico salpicado de mirtos y zarzamoras, el ejército macedonio, victorioso de Oriente, victorioso del mundo entero. Aquí vienen los cuatro jefes con mantos blancos y Alejandro con manto rojo. Ni las enseñas de Roma, enarboladas contra los dioses, ni los jabalíes de bronce de los bárbaros, ni los estandartes del islam que aso-

man de los desfiladeros entre desbandadas de jerbos e indiferentes águilas: un ejército del que no conozco sino a estos cuatro jinetes blancos y a este jinete rojo ante el que se prosterna
un guía. Transitan los soldados entre laderas verticales; vaci-
la una, casi a punto de desplomarse sobre ellos. Alejandro ordena con el gesto al guía que se incorpore y le indica con el dedo
la montaña estremecida: «¡No es nada! —responde el indígena—. Son los monos...». Alejandro alza la vista hacia la amenazadora cresta, que recorren unos brincos furtivos. Y el ejército reanuda la marcha.

—En la selva —dice Nehru— los oía lanzarse sobre las ramas, y a veces veía a alguno enganchado por la cola. Al amanecer, se iba multiplicando un grito de valle en valle y acababa
por llenar la selva, como la desesperación del ejército de los
monos al morir su rey Hanuman. Así lo explicaban los budistas: «El Buda les prometió que, si se portaban bien, una mañana amanecerían convertidos en hombres. Y por eso todas las
noches abrigan esa esperanza y todas las mañanas lloran».

El discurso que Nehru había dedicado hacía poco al Buda
me había recordado el párrafo en el que alude a una de nuestras antiguas conversaciones: «Hace ocho o nueve años, estando yo en París, me hizo André Malraux una curiosa pregunta:
"¿Cómo pudo el hinduismo, hace más de mil años, expulsar
de la India, sin conflicto alguno, a un budismo bien organizado? ¿Cómo consiguió el hinduismo absorber, por decirlo así,
una importantísima religión popular ampliamente extendida
sin caer en las usuales guerras de religión?". Estaba claro que
para Malraux no se trataba de un mero formulismo. Me lo
preguntó en cuanto nos encontramos. Era una de mis preguntas soñadas, o más bien la clase de pregunta que me hacía yo a
mí mismo con frecuencia. Pero no podía dar a Malraux, ni
darme a mí, ninguna respuesta satisfactoria. Pues existen mu-

chas respuestas y explicaciones, pero se me podría decir que no llegan hasta el fondo del problema».

Con aquel discurso había respondido de forma indirecta a esa misma pregunta.

Había sido un discurso-charla, de tono muy sencillo, que empezaba diciendo: «Sabido es que me entrego con cierta asiduidad a la política...», pero que no tardaba en afirmar que la mejor política es la que intenta oponerse a la destrucción que la ciencia trae consigo y a la violencia que la humanidad lleva en sí. Ahora bien, «¡hemos fracasado durante tantos años y tantas generaciones! Tiene que existir una vía diferente a esta en la que trabajamos los hombres de mi clase y profesión».

—... Se reúnen unas cuantas personas de buena voluntad, hablan de un mundo nuevo y bueno, de un mundo unido y bueno, o de que todas las naciones se conviertan en una sola, o de cooperación y amistad. Y esta buena voluntad no sirve para nada, porque no tiene nada que ver con la acción real que debería resolver los problemas reales. No es posible pensar remontándose en las alas del viento. Por otra parte, si bien resulta esencial que conservemos los pies en el suelo, también lo es que las cabezas no permanezcan a ese mismo nivel.

Y estas palabras no dejaban de tener gran importancia en boca del jefe del idealismo político más eficaz que haya conocido el mundo.

—La humanidad carece de algo esencial. De algo parecido a un elemento espiritual que sofrene el poder científico del hombre moderno. Ya ha quedado claro en nuestros días que la ciencia no es capaz de dar un orden a la vida. Son los valores los que proporcionan orden a la vida. A nuestra vida, pero también a la de las naciones y posiblemente a la de la humanidad. Creo que recordará usted el discurso del general Bradley en 1948: «Hemos arrebatado su secreto al átomo y echado al olvido el Sermón de la Montaña: conocemos el arte de matar, no el arte de vivir». En este terreno vuelvo a sentirme hindú; cuando era joven, hablaba de espiritualizar la política... ¿Cuál es hoy, en su opinión, el valor más elevado de Occidente?

—Creo que habría que hablar de valores, en plural. Los de usted tienden a defender cada vez más la vida y cada vez menos al Gobierno. No sé en qué punto están las repúblicas comunistas. En los estados capitalistas, o mundo libre, que cada cual lo llame como quiera, el papel de valor supremo lo desempeña la libertad individual.

—Pero, si en una calle de París preguntase usted a un transeúnte que fuera capaz de responderle qué es lo que más desea, ¿qué le respondería?

—¿El poder? —dijo el embajador.

—¿La felicidad? —dije yo—. Pero son cosas que se desean, no valores supremos. Creo que la civilización de las máquinas es la primera civilización en la que la mayoría de los hombres no tiene un valor supremo. Quedan restos de antiguos valores, muchos restos... Pero lo característico de una civilización de la acción es seguramente que la acción se ha adueñado de todos... Acción *versus* contemplación; lo que dura una vida humana, y a veces solo lo que dura un instante, opuesto a la eternidad... Queda por saber si una civilización puede limitarse a ser únicamente la civilización de la duda o la del instante, y si puede basar durante mucho tiempo sus valores en algo que no sea una religión...

—Sigo sin saber cómo murió el budismo —dijo Nehru—, pero creo que presiento el porqué. El genio del Buda reside en que es un hombre. Uno de los pensamientos más hondos que en la humanidad se han dado, una mente inflexible y la más noble de las compasiones; un acusador, frente al tropel de los dioses. Cuando se divinizó, se diluyó en ese tropel, y este lo absorbió.

Pero lo que acababa de decir no lo había dicho en el discurso... Tampoco había narrado la vida legendaria, al dar por hecho que sus oyentes la conocían ya. Yo me acordaba de la patética lucha del rey (que casi todas las transcripciones occidentales han suprimido) para garantizar la felicidad a su hijo. Cada uno de los cuatro «encuentros» corresponde a un cariño cada vez más desesperado. «El rey, para mantener al príncipe en la ignorancia del dolor y del mal, mandó construir alrededor del palacio una muralla en la que no había sino una sola puerta de pesados barrotes». Cuando quiso el príncipe Siddharta cruzar la ciudad por vez primera para ir a ver los jardines, el rey «hizo que regaran las calles con agua perfumada: "¡Poned farolillos de colores a la orilla de las avenidas y dispuso en las encrucijadas vasijas de agua cristalina!"». No obstante, el príncipe descubre la vejez y, en la segunda salida, la enfermedad. Pero el rey convierte el palacio en un lugar encantado «donde placeres y distracciones se suceden noche y día, y la mejor cantante entona para él el Canto de la Selva». Y entonces sale Siddharta por tercera vez, encuentra un cuerpo inmóvil, y su escudero le responde: «Príncipe, es lo que llaman un muerto».

Cité la frase, y Nehru me contestó con la que dice el rey, que acaba de enterarse de que Siddharta quiere retirarse del mundo tras el encuentro con el asceta: «Renuncia a esa idea, hijo mío, pues yo debo abandonar ya pronto mi reino para retirarme a la soledad de la selva, y a ti te corresponde sucederme».

Yo recordaba lo que sucedía a continuación y daba por seguro que Nehru no lo había olvidado: tras ponerse la túnica del color ocre de la tierra, el príncipe se va a la selva y responde al enviado de su padre: «Una casa dorada que se consume en llamas, tal es la realeza».

Nehru había citado la frase: «... y a ti te corresponde sucederme».

Y había dicho un día a Ostrorog, con el mismo tono de voz seguramente: «Gandhi tenía un sucesor...».

—Los dos admiramos al Buda —dije—, pero no le rezamos. No creemos en su divinidad. En resumidas cuentas, es como si nuestro valor supremo fuera la Verdad. Y sin embargo...

Le hablé de Villefranche-de-Rouergue y de cómo había vuelto a leer en vano a san Juan.

—Es posible que la Verdad sea mi valor supremo —me respondió—. No lo sé. Pero no puedo vivir sin ella...

—¿Recuerda que Dostoievski dijo lo contrario en una enigmática frase? «Si tuviese que escoger entre la verdad y Cristo, elegiría a Cristo».

—También recuerdo la frase de Gandhi: «Dije que Dios era Verdad, y ahora digo que la Verdad *es* Dios».

—¿Qué entendía por Dios al decir tal cosa? ¿El *rta* védico?

—Dijo más o menos: «Dios no es una persona: Dios es la ley». Dijo: «La ley inmutable».

—Seguimos en la afirmación de Einstein: «Lo más extraordinario es que, en realidad, el mundo debe de tener sentido». Queda por saber por qué ese sentido iba a tener en cuenta a los hombres...

—Por supuesto. Gandhi aseguraba también: «Solo puedo encontrar a Dios en el corazón de la humanidad». Y además: «Soy un buscador de Verdad». En la India consideramos una evidencia la identidad entre el sentido del mundo y el del hombre (entre lo que ustedes llamarían el alma del mundo y el alma del hombre). Me parece que la cristiandad tiene una conciencia semejante de la esencia del alma y de su supervivencia... Pero ¿sabía usted que Narayana, que no murió hasta 1925 aproximadamente, había mandado que en los altares de los sacrificios se sustituyeran las imágenes de los dioses por espejos?

Yo ignoraba aquel símbolo, del mismo rango que la Danza de la Muerte o la marcha de Gandhi hacia el océano. Aún tenía presentes en la memoria los altares de los sacrificios, medio empotrados en la pared, con sus ídolos casi ocultos tras los nardos. El carácter divino de las estatuas de Madurai, como el de las estatuas de nuestras catedrales, procedía desde luego de su incorporación al templo, por el que transcurría el flujo de los hombres efímeros. Me imaginaba a mis recién casados ante el altar de Shiva, asombrándose al contemplar, en lo hondo de la sacra penumbra, más arriba de las amontonadas flores, su doble imagen incorporada a la danza de los dioses.

«Te adoro, oh, Dios mío, que no eres sino yo mismo...».

Aunque este jefe de Estado de melancólica sonrisa, más *gentleman* que británico, no formaba un todo con la India, como le había sucedido a Gandhi, era sin embargo la India; aunque entre la India y él siguiera existiendo una enigmática distancia, aunque no creyese en la divinidad del Ganges, llevaba el Ganges en el corazón. Tenía reputación de intelectual, y lo era, porque había escrito mucho. Pero sus discursos pertenecían al ámbito de la acción; sus recuerdos, con la excepción de algunos de familia, lo eran de una actividad tenaz. Gustaba de la originalidad en el pensamiento y solía dedicarle una sonrisa cuando se topaba con ella, de la misma forma que un aficionado a la pintura habría sonreído ante un buen cuadro. Pero a los intelectuales les agrada esa originalidad por sí misma, mientras que creo que a Nehru solo le agradaba cuando pasaba a la acción.

—Me parece que no me interesa de forma esencial la religión. Más bien me interesa su relación con la ética.

—La India ha sido el único país —dije citando una tesis que estaba de moda por entonces— que ha convertido la filosofía de la religión en la base esencial e inteligible de su cultura popular y de su gobierno nacional.

—Es cierto que la India de Gandhi se asienta en una ética; quizá en mayor grado, en ciertos aspectos, de lo que se asienta Occidente en la moral cristiana. Pero acuérdese de una curiosa frase del *mahatma*: «Es necesario que la India posea por fin una religión auténtica».

Occidente era el individualismo, un individualismo que aunaba el crucifijo y el reactor atómico. Yo había visto, hacía tiempo, el malestar que despertaba en los budistas el crucifijo, y les había oído preguntar: «¿Por qué adoran a un ajusticiado?»; me había dado cuenta también de la ambivalente postura de la India en lo referente a las máquinas: las ruecas de Gandhi giraban en casas que se alzaban frente por frente de unos reactores que parecían la más reciente encarnación de Shiva. La India acepta de buen grado a Cristo, como también a los demás dioses, y está dispuesta a considerarlo un avatar («*avatar*» quiere decir descenso, encarnación...). No era Cristo quien adquiría aquí un sobrecogedor matiz. Podemos ver en el pecado original el comienzo de una maya universal y en la herencia un karma que transmite al hombre de Occidente el legado de las enfermedades de sus padres, de la misma forma que el hindú sufre las consecuencias de sus vidas anteriores; pero la transmigración es siempre un juicio aplazado, mientras que el cristiano se juega su destino de una vez por todas. Y el ateo también. Europa ha asimilado la transmigración india a las circunstancias que hacen de un cristiano un elegido o un condenado; pero el condenado de la transmigración ni siquiera sabe que ha sido hombre. A pesar del pecado, del demonio, de lo absurdo, del inconsciente, el europeo se ve a sí mismo como un ser que ejerce su actividad en un universo en el que el cambio es un valor positivo y el progreso equivale a una conquista, en el que el destino se hace historia. El hindú se concibe como un ser que realiza acciones que él no escoge en un universo de conmemoraciones. Occidente ve realidad en aquello en que el hindú ve apariencia (pues, si bien es cierto que en los siglos de cristiandad se consideraba la vida humana un periodo de prueba, también lo es que se la consideraba sin duda alguna algo real, y no una ilusión); y el occidental puede atribuir la categoría de valor supremo al conocimiento de las leyes del universo, mientras que el hindú considera que el valor supremo consiste en alcanzar el Absoluto de la divinidad. Pero la oposición más honda se basa en que la evidencia esencial para el Occidente cristiano o ateo es la muerte, independientemente del sentido que le dé, mientras que la evidencia esencial de la India es que la vida es infinita y transcurre dentro de un tiempo infinito: «¿Quién podría matar la inmortalidad?».

Encima de una estantería había un dibujo de gran tamaño de Le Corbusier: el palacio de Chandigarh, que remata la gigantesca Mano de la Paz, a medias símbolo y a medias veleta enorme; había también un modelo en bronce de la Mano, de unos cincuenta centímetros. A Le Corbusier le gustaba mucho; a Nehru, algo menos. Le Corbusier me había hecho recorrer las calles de Chandigarh pasando por delante de los edificios aún en obras en los que eran responsabilidad suya incluso las tapicerías. En la plaza, hileras de hombres y mujeres subían por las rampas como los arqueros de Persépolis, llevando en la cabeza cestas con cemento. «¡Aquí, el Parlamento! —me dijo en tono rotundo, señalando el Pamir lejano, ante el que pasaba una solitaria cabra—. ¡Y aquí (e indicaba el tejado del Palacio de Justicia), la Mano de la Paz!».

Yo me acordaba de la muestra, en el rótulo del guantero, que había visto en Bona, aquella enorme mano roja que velaba por la ciudad y me había parecido el símbolo de la vida recuperada; y miraba la mano de bronce, con sus líneas de la suerte, donde quizá estaba escrito el destino de la India.

Antes de mi partida, Nehru vino a cenar a nuestra embajada. Francia estaba a punto de crear un Ministerio de Cultura, y él tenía en estudio una institución semejante y deseaba saber qué teníamos nosotros en preparación, y ante todo cómo enfocábamos las cuestiones que se ocultan tras esa palabra tan ambigua, «cultura», pues a él le parecían cuestiones muy diferentes «según se refirieran a Shakespeare o al Ramayana». Ostrorog era el único embajador capaz de dar en Delhi una cena gastronómica. Me acuerdo de un paté rodeado de hibiscos, de una charla acerca de Japón, y de Nehru, que decía: «Japón tiene muy buenas razones para estar triste, y allí casi no saben cómo son los elefantes, aunque no sé muy bien por qué. Así que, para ver a los japoneses sonreír como antes, quería haberme llevado un elefante. Pero no me dejaron...

»Pero ¿hay alguien que pueda hacer lo que quiere? Tagore me dijo un día, con cara de desconsuelo: "Mi criado se ha llevado un susto tremendo porque ha venido un tigre a pedirle un trozo de jabón: estaba harto de ser siempre a rayas"».

Al acabar la cena, Nehru, el embajador y yo nos sentamos bajo un tapiz de Isfahán que cubría la pared. Sacamos a relucir unas cuantas trivialidades. Yo conté que me habían reído mucho la gracia en el consejo de ministros cuando dije que era el único ministro que no sabía en qué consistía la cultura. Añadí que Akbar, e incluso un faraón, habrían podido conversar acerca del Estado con Napoleón, pero no con el presidente Eisenhower: los reyes de tiempos de Napoleón regían aún una civilización agraria muy extensa.

—Hasta cierto punto —dijo Nehru—, el colonialismo nació cuando el armamento moderno permitió que unos reducidos cuerpos expedicionarios europeos barriesen los ejércitos de los imperios con mayor población del mundo, y murió cuando esos imperios dieron con su propio armamento, que no se componía solo de cañones.

—Y, mientras tanto (en el tiempo que abarca nuestra vida...), Occidente ha pasado de los ómnibus de mi infancia a los aviones a reacción. Y en ese espacio de tiempo la política, la política digna de tal nombre, ha desempeñado un papel que no había desempeñado, ni pensado desempeñar, más que durante los cortos años de la Revolución francesa: el comunismo tiene mucha más importancia que un cambio de dinastía. Parece como si los sueños de justicia acabasen por poner al hombre bajo el imperio de la máquina en el mismo grado que lo hacen los sueños de poder; véase el fascismo tras el comunismo...

—Me temo que la fuerza de la rueca es menor que la de la máquina —dijo Nehru con tono melancólico.

—Pero ¿opina usted que la oposición entre la civilización de las máquinas y las civilizaciones agrarias es una oposición entre un materialismo y unos espiritualismos, o entre la acción y la trascendencia? Lo que llaman acción en Occidente, y sobre todo en Estados Unidos, es al tiempo *un impulso creador* y una fragmentación de la vida que posiblemente nunca se ha dado antes; el estímulo reflejo de los estadounidenses, la creación humana poniendo en marcha al hombre.

—Es el equivalente de la zanahoria que pone en marcha al burro, que nunca consigue comérsela —dijo el embajador.

—El hombre sí consigue comerse la zanahoria; pero le abre más el apetito —contesté.

—El burro o Sísifo... Es curioso que Estados Unidos y Rusia entraran a un tiempo en la historia, en el siglo XVIII... Por cierto, señor primer ministro, en su discurso sobre el Buda planteó usted la cuestión desde esta misma perspectiva.

—¿Quién? ¿Yo?

Lo dijo con la sonrisa adecuada. El embajador mandó que le trajeran el discurso.

—Es cierto —dijo Nehru.

Y se lo devolvió señalándole el párrafo: «En realidad, vivimos dos vidas diferentes: una, a la que la gente llama la vida práctica o dedicada a los asuntos prácticos; otra, que reservamos para nuestros momentos de soledad, en la intimidad. Y así es como desarrollamos una doble personalidad, tanto como individuos cuanto como comunidades o naciones».

—La vida ajena a toda religión me parece prácticamente contemporánea de la era de las máquinas... —seguí diciendo—. En el siglo XVII la vejez era una preparación para la vida eterna. Saint-Simon hacía todos los años un retiro en la Trapa. En resumidas cuentas, la nueva circunstancia es que la acción legitima la vida, o, para ser exactos, que existe una intoxicación que permite que la acción dé de lado cualquier legitimación de la vida. No es que haya cambiado la respuesta, es que la pregunta se ha esfumado...

—¿Por cuánto tiempo? —preguntó Nehru.

—Y existe otro elemento del que Occidente no habla porque se ha quedado sin él: la comunión con el mundo. El cristiano se sentía vinculado a las estaciones, a los árboles, a los animales, porque estaba vinculado a todas las creaciones de

Dios. El hombre de la civilización ciudadana está aislado, y a ello se debe quizá el que pueda adquirir tanto sentido la pregunta: «¿Qué haces en la tierra?».

—Tuvo mucho sentido, a su manera, en el budismo primitivo —dijo Nehru.

—Aunque ha cambiado en muchas ocasiones y ha tenido diferentes matices, no cabe duda de que es tan antigua como la conciencia... Pero mucho menos racional de lo que parece, porque es indudable que la matizan la muerte, la vejez y el destino... Y el dolor, y el Mal, con mayúscula. Así que lo que hay que averiguar es si la intoxicación de la acción puede acallar la pregunta que la muerte hace al hombre.

—Y, si no lo consigue, ¿cree usted que puede conseguirlo el arte?

—Desgraciadamente, no. Pero, para que el arte desempeñe el papel que hoy en día le concedemos, la pregunta tiene que carecer de respuesta.

»No olvidemos que la cultura es, antes que nada, una amplísima resurrección. Es posible enseñar el lugar que ocupó Beethoven en la historia de la música, pero es imposible enseñar a disfrutar con su música o enseñar a resucitarlo. Para hacer que otro disfrute con una obra maestra hay que prestar a esta la propia voz y tornarla presente, bien interpretándola, bien con otros medios.

—Concibo que pueda interpretarse a Mozart o representarse a Molière —dijo el embajador—. Pero ¿no es acaso una enseñanza la interpretación de Ellora?

—Creo que la interpretación de Ellora consiste en hacer comprender que las esculturas de Ellora no son copia de criatura alguna y no se refieren al mundo de las criaturas, sino a un mundo diferente: nosotros las referimos al mundo de la escultura, y la India, sin duda, al mundo de lo divino, y es posible que todos las refiramos a ambos mundos a la vez. Y eso solo puede explicitarse mediante el diálogo de las esculturas o de las fotos de Ellora con esculturas o fotos de otras artes sacras: románico, sumerio, egipcio, qué sé yo... Dar vida a las esculturas de Ellora no es, por supuesto, hacer que se muevan como marionetas, sino liberarlas del mundo de la imitación, que pertenece al ámbito de la apariencia, para situarlas en el mundo del arte o en el mundo de lo sacro.

También me acordaba de Egipto, que, contemplado desde Ellora, parecía una India austera y geométrica. Seguí diciendo:

—Y esto debería saltarle a todo el mundo a la vista si Europa no hubiera confundido durante tanto tiempo el arte con la belleza; es posible que la belleza parezca algo sencillo porque usamos la misma palabra para nombrar la de las estatuas y la de las mujeres. El mundo del arte nació con nosotros, de la multiplicidad de las civilizaciones que hemos ido descubriendo. Y eso lo hace bastante enigmático. Y además la belleza parecía llevar en sí misma su poder de supervivencia. En pocas palabras, justificaba la inmortalidad. Pero esa belleza desapareció durante mil años.

—Aquí siempre ha sido cosa de los productos de importación —respondió Nehru—. Si exceptuamos la literatura quizá; pero ¿puede decirse que se trate de la misma belleza?

—Nombrar la belleza al hablar de Shakespeare es cuando menos tan legítimo como hacerlo al hablar de Fidias, pero no resulta igual de evidente. De forma que no sería excesivamente paradójico decir que en nuestros días la belleza es aquello que ha sobrevivido. La India sigue envuelta en un pasado muy profundo, que le proporciona una continuidad de selva; pero casi todos los objetos que sobreviven en Occidente lo hacen únicamente en el campo del conocimiento. Los sílex tallados nos instruyen, pero no nos conmueven, o lo hacen solo como testimonios de la inteligencia humana. Ahora bien, nuestras esculturas románicas y las de las grutas sagradas de la India no pertenecen solo al campo del conocimiento. Pertenecen a su época, por supuesto: podemos ponerles fecha; pero son supervivientes. De la misma forma que el santo al que rezamos pertenece a la época de su biografía y a la vez al presente de quien lo implora. Por eso he escrito que «el ámbito de la cultura infundía vida a lo que debería pertenecer ya a la muerte».

Ignoraba hasta dónde llegaba la sensibilidad artística de Nehru. Era buen conocedor de la literatura de la India y de la inglesa, pero pocas veces aludía a ellas. Solo lo había oído citar a Gandhi y algunos textos sagrados. ¿Le gustaban las artes plásticas? Las valiosísimas obras que nos rodeaban (Ostrorog las coleccionaba) me recordaban que no había visto auténticas obras de arte en la mansión del primer ministro. ¿Lo que admiraba en Ellora eran las esculturas o la plasmación de la India? No le era ajena la música, pues viene dada con la cultura hindú, de la misma forma que la literatura viene dada con la nuestra. Y le gustaba la danza. Le recordé la velada del Capitolio y añadí que Stalin me había dicho: «En arte, solo me gustan Shakespeare y la danza».

Nehru sonrió:

—Es posible que no se refiriese al mismo tipo de danza...

»Debo decirle que en Europa la danza de épocas pasadas parece histórica: los tutús siempre me han intrigado. Mientras que la nuestra, hasta cierto punto, parece ajena al tiempo. En ciertos aspectos, la muerte no es absolutamente dueña de nada en este país... Pero también es cierto en nuestro caso lo que usted dice acerca de la puesta en entredicho de las artes plásticas. Las de Europa pusieron en entredicho las de Asia; no obstante, nosotros nunca las aceptamos por completo. Desde el final del colonialismo, aquellas se han convertido en un arte entre otros muchos. Pero Europa inventó los museos, y los museos conquistaron Asia...

El gato del embajador, de largas patas, cruzó el salón, y Nehru le hizo un ademán amistoso, como si le acariciase el lomo desde lejos.

—En Egipto —dijo pensativo— me pregunté por qué en el arte griego no existen representaciones de gatos... ¿Cuál es el animal de Grecia, en opinión de ustedes?

—Los fogosos corceles — respondí citando a Homero.

—¿Y el de la India?

—El elefante —dijo el embajador.

Yo había pensado en el mono o en la vaca. Pero Nehru volvió al pasado.

—Cuando llegué a Inglaterra, me interesó mucho el concepto occidental de la belleza. Me parecía que pretendía apresar las cosas, mientras que el nuestro quería librarnos de ellas. Más adelante conocí un arte plástica que pretendía *estar en armonía* con el mundo, como también lo pretende nuestra música: la pintura china. Pero, dígame, si la belleza ha dejado de ser el punto de referencia de esa resurrección que ha mencionado usted, ¿cuál es ese punto ahora?

—Creo que no existe ninguno. Esa resurrección se limita a ser un hecho. El arte consiste en las obras resucitadas; uno de los temas de la cultura son esas resurrecciones tomadas en su conjunto. No obstante, permítame formular una reserva de primerísima importancia: lo que resucita no es lo mismo que estuvo vivo. Se le parece. Es hermano suyo. Las esculturas de sus grutas o las de nuestras catedrales no representan ya lo mismo que representaron para quienes las esculpieron; Grecia no representa para nosotros lo mismo que supuso para sí misma, por descontado. Lo que resulta menos evidente es que la metamorfosis mediante la cual llegan esas obras hasta nosotros, y también el espíritu de las civilizaciones muertas, no es un hecho accidental, sino la propia ley de esta civilización que ha comenzado con nosotros. El pasado del mundo lo constituyen las culturas diferentes de la nuestra, que además son heterogéneas. Al metamorfosearse, coinciden por vez primera en el seno de la nuestra.

—En la Unión Soviética he visto formarse un pasado comunista, y más adelante nacional... ¿En qué medida asume Occidente un pasado capitalista?

—Yo diría más bien un pasado religioso. Casi todas nuestras resurrecciones son religiosas, pero sus obras no resurgen en beneficio de una determinada religión... Asistimos a la resurrección de mayor envergadura que haya conocido el mundo. Y va de consuno con el cine, la televisión y todas las formas de difusión de lo imaginario. Al asimilar el racionalismo a las máquinas, Occidente opuso todo ello a ese fenómeno que llamaba los sueños. Mientras que nuestra época, tanto en Moscú como en Chicago, en Río o en París, es precisamente la de la industrialización del sueño.

—Hace un siglo —dijo el embajador—, sumando los asistentes de todos los espectáculos de París no se llegaba a contabilizar tres mil personas por noche. El público que ve la televisión en París y sus alrededores es posible que llegue a tres millones.

—Nuestra civilización engendra tantos sueños cada semana como máquinas cada año. Ha creado algunas de las artes menos fáciles de abordar que ha conocido la humanidad; pero es también la civilización en la que Chaplin o Garbo nos han revelado que un artista puede hacer reír o llorar al universo.

—¿Opinan ustedes —preguntó Nehru— que el mundo imaginario de Occidente está más desarrollado que el del Ramayana?

—Me gustaría saberlo... A fin de cuentas, la familia reunida ante la televisión ha sustituido a las ocupaciones familiares posteriores a la cena... Pero me parece que el universo imaginario del Ramayana, como el de nuestra Leyenda Dorada, tiene una orientación muy concreta: sus valores son los valores supremos de la India. Esta afirmación es ya menos cierta en lo tocante a *Las mil y una noches*, pese a las constantes referencias a Alá. Y ya no coincide en absoluto con los universos imaginarios actuales por los que transitan las masas en Occidente.

»Hay que fijarse bien en que no se trata ya de una ficción novelesca enfrentada con otra, como pueden enfrentarse entre sí la Leyenda Dorada y la Fábula. Da la impresión de que tras un ciclo de la Tabla Redonda o de *Las mil y una noches* viene un ciclo de la sangre, el sexo, el sentimentalismo, la política o la muerte. (Las fronteras de los sueños suelen ser siempre bastante estrechas). Pero en el ámbito occidental de lo imaginario del que estamos hablando no existen ciclos, sino instintos. Los dueños de las fábricas de sueños lo saben muy bien. Y no están en este mundo para ayudar a los hombres, sino para ganar dinero.

—El diablo se jubila y se hace director general —dijo Ostrorog—. Y sus productos siempre se venden bien...

—Sin embargo, los directores de la mayor fábrica de sueños del mundo somos nosotros —dijo Nehru a media voz y como al margen de la conversación.

Pensé que, efectivamente, su papel de gurú de todo un pueblo no podía prescindir de la radio. Pero me miró como si me rogase que continuara hablando e hiciera caso omiso de lo que acababa de decir.

—No se debe sin duda a la casualidad —seguí diciendo— el que esta civilización, que está saciando los instintos como nunca se han podido saciar antes, sea al tiempo la de las resu-

rrecciones. Pues las obras resucitadas, lo que habrían llamado antaño imágenes inmortales, son las únicas que parecen tener suficiente fuerza para oponerse a los poderes del sexo y de
la muerte. ¿Qué sucedería si las naciones no recurriesen a esas
obras, y no ya solo con el conocimiento, sino también con la
emoción? En un plazo de cincuenta años nuestra civilización,
que se cree la civilización de la ciencia, que está convencida de
serlo (y que lo es en efecto), se convertiría en una de las civilizaciones más sometidas a los instintos y a los sueños primitivos que se haya dado nunca en el mundo. Y creo que es desde
esta perspectiva desde la que se nos presenta de forma impe-
riosa el problema de la cultura.

—Eso creo —dijo Nehru—. O al menos... ¿no se lo han
planteado los gobiernos occidentales en función del ocio?

—En Francia, el primer Ministerio de Deportes y Tiempo
Libre lo creó el Frente Popular; hace, pues, de ello unos veinte años. Pero, si no hay cultura sin tiempo de ocio, sí que hay
tiempo de ocio sin cultura, como demuestra precisamente el
deporte, en primerísimo lugar. Sin embargo, si dejamos de
lado el deporte y el juego, ¿qué quiere decir distraerse durante el tiempo libre sino vivir en el mundo de lo imaginario?

»Y en este terreno nuestros dioses están muertos y nuestros demonios vivitos y coleando. Es evidente que la cultura
no puede sustituir a los dioses, pero puede aportarnos el legado de todo lo noble que en el mundo ha habido...

Volvía a ver al filósofo Alain y su recia y tozuda cabeza
de blanco cabello treinta años atrás; en el automóvil del que
le impedía bajarse la enfermedad que padecía, me decía, con
una especie de sorpresa: «En resumidas cuentas, lo que prevalece, por la vía de la piedad y la admiración, es el aspecto
más puro y noble del hombre. Y eso es algo que no ha existido nunca».

—¿Qué opina usted, señor primer ministro? —preguntó el embajador.

Nehru había cruzado las manos. Por las puertas vidriera abiertas entraba la noche de un hermoso jardín, donde se veían las manchas de sombra de algunas flores de buen tamaño. Era la misma noche de la desierta terraza donde había oído yo la música para las divinidades nocturnas, la noche de los palacios, de la miseria y de los dioses.

—Estoy un tanto desconcertado. Nuestros problemas se plantean de forma diferente... Tenemos el analfabetismo; y, bien pensado, una de las cosas que más me satisfacen cuando recorro la India es ver por todas partes escuelas recién construidas y llenas de niños...

Me acordé del general De Gaulle: «Si antes de morirme pudiera volver a ver una juventud francesa...». Por el camino de regreso de Delhi acababa de presenciar un desordenado desfile de las Juventudes del Partido del Congreso con la misma angustia con que había visto desfilar a las del Frente Popular cuando crucé Francia para ir a Royan a ver a Trotski. Le había preguntado a Nehru qué opinión le merecían sus juventudes; y su respuesta me había dejado estupefacto: «No cabe duda de que solo los estados totalitarios pueden organizar políticamente a la juventud». Ni Gran Bretaña ni Estados Unidos habían fundado Juventudes.

—Y además —añadió un tanto desdeñoso— el mito occidental de la Juventud nos resulta muy ajeno...

»La India es un país subdesarrollado solo hasta cierto punto, puesto que está construyendo reactores atómicos... ¿Qué es lo que debemos mantener o resucitar de su pasado para garantizarle el mejor futuro posible? Nuestras conquistas fueron las de la mente más que las de la espada; y entre nosotros incluso el hombre erudito ha gozado siempre de mayor respeto que el hombre acaudalado. Ha corrido mucha tinta acerca del conflicto entre nuestra cultura y el cristianismo. El conflicto auténtico empezó, en el momento de la independencia, entre el hinduismo y la civilización de las máquinas. Occidente acabará por ser más fuerte porque la ciencia acabará por vencer al hambre. Un europeo no sabe lo que es el hambre, no lo sabe bien, vamos... Occidente aporta también el socialismo, la cooperación puesta al servicio de la comunidad, que son ideas que no distan mucho del antiguo ideal brahmánico del "servicio"...

»Nos dirigimos, pues, hacia una especie de matrimonio con Occidente. Es más fácil llevarlo a cabo siendo independientes que bajo la dominación inglesa. Es posible que la ciencia no se oponga a la metafísica de la religión, y los investigadores viven con frecuencia como ascetas. Pero ¿cómo conseguir que se armonice una civilización de la máquina con lo que fue antaño una civilización del alma? ¿Qué es lo que arrastra a Europa hacia ese frenesí mecánico? ¿Por qué íbamos a tener nosotros la misma prisa, si vivimos en ese Tiempo sin fin que sigue siendo el de este país? Y además, mientras lo estaba escuchando a usted, pensaba que el hombre consiste en todo cuanto ha dicho. Incluso en los demonios y los dioses que ha mencionado: es la muerte la que le presta tanta intensidad a la civilización occidental. Aquí el universo es una aventura cósmica, y la muerte no presta intensidad alguna a la vida. Por eso nos cuesta tanto impedir que la gente se deje morir... La India cree, y a veces también lo creo yo, que es posible que lo divino more en el hombre, pero que el hombre debería morar en lo divino... Dijo uno de nuestros gurús: "Dios está en todos los hombres, pero todos los hombres no están en Dios", y por eso sufren...

—¿No dijo también Ramakrishna —preguntó el embajador—: «Ya que buscáis a Dios, buscadlo en el hombre»?

—Cada vez que lo he buscado de verdad en el hombre —dije—, lo que he hallado ha sido la desdicha...

Nehru volvió a ponerse las manos en las rodillas y me miró atentamente.

—Fue un discípulo de Ramakrishna —dijo— quien afirmó que la mitad de los hombres nacieron para ir en pos del dolor...

Entraba, junto con la oscuridad, el aroma de la India. Callamos. Habló de nuevo, como si quisiera volver al principio de la conversación:

—En este país resulta difícil hablar de arte de forma general. Nuestro pueblo sigue teniendo, a su modo, un temperamento esencialmente artístico, aunque no lo sepa. Pero no la burguesía; ni las ciudades. Ya las ha visto usted. «Las aldeas son la India auténtica, la India para la que vivo», decía Gandhi.

—Señor primer ministro —dijo el embajador—, sus ciudades no son peores que los arrabales de Tokio o de París. Sin embargo, los japoneses y mis compatriotas tienen fama de ser pueblos de artistas...

—Cuando estaba en la cárcel, me prometí que algún día la India libre acabaría con los cromos y con las pianolas. Pues bien, la India es libre y sigue habiendo pianolas... Me parece que tiene usted razón cuando habla de la interdependencia entre la acción cultural del Estado y lo que usted llama fábricas de sueños. Pero no hay que olvidar que aquí coexisten el siglo XII y el siglo XX de ustedes. Lo que está sugiriendo, en resumidas cuentas, es que pongamos en presente el pasado de la India de la forma más digna que podamos y para la mayor cantidad posible de indios. No es fácil, pero tampoco hay obstáculos infranqueables. Es muy posible que me resultase grato remontarme, junto con la India, al pasado del mundo, pero querría tener la seguridad de no perderla por el camino. Y nuestras ciudades no me alientan nada a ello.

—La Unión Soviética ha creado su propio pasado del mundo. Con fanático brío. Europa entera cambió de pasado para convertirse en la cristiandad.

—Desde luego. Y mi país posee una gran capacidad de anexión... ¿Recuerda la frase de Tagore? «Por desdicha, la India no es sino un nombre, un nombre-ídolo: no existe». Para mí existe, y mucho. Pero hablamos siempre de ella como de una reina del Ramayana, cuando es una mendiga, como todas esas madres a las que ha visto usted a la orilla de los caminos...

¿Por qué lo iba a distanciar de Sankara su agnosticismo si el mío no me distanciaba de san Agustín? Pero esas mujeres de la orilla de los caminos ¿eran la India o la eterna *Pietà*, las hermanas de mis mujeres de luto en el amanecer del cementerio de Corrèze, las campesinas anticlericales que se santiguaban ante el goteo de mi sangre por la carretera...? Nehru añadió, con la misma sonrisa que cuando había mencionado, durante la cena, el elefante que quería llevarse a Japón:

—Quizá todos los ministros deberían comportarse como europeos y morir como hindúes... Y además, un recuerdo que me ha tenido obsesionado durante mucho tiempo hace que me resulte bastante... difícil armonizar la religión y el arte. Ya saben que Gandhi recibía a todos los que acudían a él en busca de ayuda. Y muchos de ellos eran un tanto pintorescos. Un día llegó un hombre de las montañas que nos dijo (pero a quien se dirigía era a Gandhi): «Los dioses van a morirse». «¿Por qué?». «Solo viven mientras están guapos. Y para estar guapos necesitan una pluma de loro rojo». Se sacó del taparrabos un humilde dios rústico que lucía una diadema de cortas plumas; la del centro era roja. «Hace mucho que no quedan aves así en nuestras selvas. Las traían de Brasil. Pero Brasil ha prohibido

la venta al extranjero... Los dioses van a morirse...». Todos estábamos a la expectativa. «Pero nos han dicho que si *usted* se
lo pide a nuestro embajador, él le mandará las plumas rojas».

—Ya ve lo útil que resulta la valija diplomática... —dijo
Ostrorog—. ¿Qué hizo Gandhi?

—Hizo que enviaran las plumas.

Nehru se fue tarde. Mientras volvía yo al Capitolio por las anchas avenidas desiertas en las que los faros del automóvil no
despertaban a las vacas tendidas en el suelo, iba pensando otra
vez en el general De Gaulle: «Durante toda mi vida he tenido
una determinada imagen de Francia...». ¡Desde Hitler hasta
Mao Zedong, cuántas vocaciones nacionales en este siglo que
debería haber sido el de la Internacional! Venía conmigo el
embajador. Iba a ver a dos anticuarios, pues Delhi es una ciudad en la que enseñan las esculturas confidenciales pasada la
medianoche.

—¿Ha cambiado mucho Nehru? —me preguntó.

—Bastante.

—¿Los años?

—No, la indulgencia.

—Cuando llegué aquí, todavía era un revolucionario, un
liberador. Usted ha escrito en algún sitio que la acción es ma-
niquea. Al convertirse en árbitro, o al acudir a él las fuerzas
antagonistas, ha descubierto algo que en nuestro negociado es
parte de la profesión: que los puntos de vista opuestos son todos legítimos. Hoy en día sería un excelente embajador... Pero
no deje usted que los árboles le tapen el bosque: no cederá ni
un ápice en el asunto de Cachemira.

»Llevo años preguntándome por sus relaciones con el hinduismo. Gandhi era un hindú de verdad. No un *gentleman*

como Nehru. Los Renunciantes de antaño debieron de tener también esa misma cara envejecida y dulce que apetece acariciar y tener apoyada en el hombro... Me dijo un día: «Lo interesante no es lo que se consigue, sino la lucha para conseguirlo». Ni sus compañeros ni él se daban cuenta de que esa frase era una transposición del *Gita*.

—Sin embargo, lo había traducido.

—Sabía lo que sentían las muchedumbres porque era lo mismo que sentía él. Me dijo: «Si nadie hiciera sacrificios, el mundo se vendría abajo». Defendió a los intocables, pero estos no existían en las tradiciones de más solera.

El automóvil estaba entrando en las amplias avenidas del barrio de las embajadas. Ostrorog siguió diciendo:

—La profundidad de pensamiento de Gandhi y de Tagore se compaginaba con cierta dosis de infancia y de desconcertante autosugestión. Ya habrá leído usted lo que escribió Gandhi tras la muerte de su mujer: «Se murió echada en mis rodillas. Soy más feliz de lo que podría expresar». ¡Era mentira! Basta con leer el texto completo para convencerse. ¡Estaba desesperado! Si parecía invulnerable era porque se ocultaba para ceder a la debilidad, como los animales se ocultan para morir, y porque esa debilidad nunca condicionaba su actividad pública. Einstein me dijo hace tiempo: «Lo siguen enormes muchedumbres porque les brinda el irresistible ejemplo de una forma de vivir moralmente superior». Ese ejemplo no va a resultar siempre irresistible. Gandhi lo supo y Nehru lo sabe. Hay que valorar que, pese a que en estos países anda siempre todo manga por hombro, poseen una perseverancia comparable a la tenacidad de los ingleses. Cuando operaron en caliente a Gandhi de apendicitis, la intervención era de tal urgencia que el médico inglés no quiso esperar al día siguiente. Lo operó a las doce de la noche. Era en la cárcel de Puna. Se fue la luz debido a un huracán. Siguieron operando con la linterna de la enfermera. La pila estaba casi agotada y se apagó. Siguieron adelante con una lámpara de petróleo.

»Nehru le ha dicho que todos y todo están pendientes y dependen de lo que él diga; es cierto. Le ha dicho que el Estado no existe; es casi cierto. Nehru lo ha recibido a usted como lo ha hecho porque sabe que usted admira lo que la India significa y también porque no está demasiado seguro de la victoria. Quiere que las fuerzas que nacieron de la independencia se orienten hacia el desarrollo de este desventurado país de hambrientos. En general lo está consiguiendo. Pero si Nehru y Gandhi aceptaron la partición fue únicamente porque era el precio que había que pagar por la independencia. Sabían que sería un cáncer. Gandhi dijo confidencialmente a Nehru: «Nunca me había invadido la desesperación, ni siquiera en la época de los asesinatos de Chowri. Ahora sé que no he conseguido convencer a la India. La violencia impera por todas partes y nos tiene rodeados. Soy como una bala perdida...». La India actual sigue adelante con sus cincuenta millones de musulmanes; la India unida habría seguido adelante con todos sus musulmanes. No parece muy probable, pero ellos creen que sí. Y si Nehru declara una guerra, por muy legítima que sea, lo hará con malísima conciencia. La fuerza de la no violencia residía en el hecho de que el adversario fuera un imperio colonial. Queda por saber lo que sucederá si tiene enfrente a un adversario asiático. Y el adversario asiático está a la espera.

Me acordaba de las fotos de aquellos acontecimientos que recibieron el púdico nombre de movimientos de población, en los tiempos en que los carritos de equipajes iban cargados de cadáveres. Los hombres sostenían a las mujeres embarazadas, los niños mayores llevaban en brazos a los más pequeños; me acordaba de los colchones cargados en las cabezas y de aquella sesgada hilera de ochenta kilómetros, con bueyes y carretas de gigantescas ruedas, y otras carretas, diminutas, en el horizonte; me acordaba del errabundo cortejo de la muerte, al que se habían sumado el hambre, el paludismo y el agotamiento; de los campamentos sorprendidos por las riadas; de los hospitales para enfermos del cólera, con los suelos sembrados de cadáveres, como las ruinas de un bombardeo; de los intocables que disputaban a los buitres los harapos de los muertos; del desmesurado reguero de la desmesurada columna; de las sepulturas de los niños y de los rostros que parecían sumidos en hondos pensamientos —y que no pensaban en nada, como les sucede a todos los que tienen hambre—; de los agonizantes demasiado jóvenes o demasiado viejos; del inacabable cortejo bajo las higueras y el cielo.

—Ya sabe usted —siguió diciendo Ostrorog— lo que se siente en Japón al ver esas aldeas que sus habitantes han vuelto a construir tras el terremoto y que parecen estar esperando el próximo. Pues todo cuanto ve usted aquí, todo cuanto le dijo Nehru el primer día, porque esta noche estaba de vacaciones, está al acecho. Todo el mundo espera los primeros crujidos del cataclismo.

—¿La guerra?

—Poner en entredicho la no violencia puede ser un cataclismo que haga muy poco ruido... Nehru es más vulnerable que Gandhi, porque este *pandit* es agnóstico...

—¿Le parece a usted más compleja su relación con el hinduismo que la de un hombre como Renan con el cristianismo?

—Si pienso en él como hindú, me llama mucho la atención su alma inglesa, y más que cualquier otra cosa su socialismo, que no es ni por asomo un cúmulo de conocimientos postizos, ni un disfraz. Existe un Nehru inglés. Pero también existe el otro Nehru.

—¿No sucede lo mismo con la mayor parte de los jefes de Estado de la comunidad francesa?

(Uno de ellos me había dicho una vez: «Que no se le olvide que muchos de mis colegas, protestantes, masones o católicos, son también sumos sacerdotes animistas; en caso contrario, no estarían en el poder»).

—Es también el caso de la mayoría de los soberanos musulmanes. En el mundo helenístico debió de haber también situaciones similares.

—Remóntese a Cleopatra —dije—. Griega y encarnación de Isis, y con amantes romanos... Pero creo que nunca hasta ahora los dirigentes de medio mundo habían sido conciencias bilingües...

—La descolonización ha cambiado los puntos de vista de Europa, e incluso los de Estados Unidos, mucho menos de lo que suele creerse: Occidente civiliza las razas de color, les lleva la democracia, las máquinas y las medicinas; y estas salen de su Edad Media, que se esfuma por completo, y se vuelven como nosotros, pero menos. Occidentales de segunda. No existe más que una civilización. Y todo el pasado ha ido convergiendo hacia ella, sin saberlo. Lea usted los periódicos estadounidenses.

—También opinan así los rusos, aunque lo expresen de otro modo.

»Pero, incluso aunque Nehru sea una conciencia bilingüe, ¿puede llegar a serlo la India?

—Es lo que me pregunto desde que me destinaron aquí. También se lo preguntaba mi consejero, que acaba de tomar posesión en la embajada de Kabul. Es cierto que es una cuestión que el islam me plantea desde la infancia.

Me acordé de que la familia de Ostrorog tenía un palacio a orillas del Bósforo.

—Claudel, que aborrecía la forma de pensar hindú —añadió—, me dijo cuando me nombraron embajador: «¡No tiene
el menor interés! ¡Los hombres son siempre iguales en todas
partes!».

—También a mí me lo dijo.

—Sin embargo, le gustaba el Japón antiguo, e incluso la
China antigua.

—Se entretenía escribiendo haikus en francés. Pero también se entretenía regalando a sus amigos huevos en cuya cás-
cara escribía: «Homenaje del autor». Y firmaba: «*Gallina*».

—¡En eso consisten las pequeñas satisfacciones del cuerpo diplomático, querido ministro! Pero creo que, si afirmaba
tal cosa, era en parte porque compartía lo que podemos llamar
el punto de vista del Ministerio de Asuntos Exteriores. Nuestro cometido nos pasea de punta a punta del mundo. Y es posible que notemos una profunda diferencia entre una aguada
zen y un Cézanne, pero no entre nuestros colegas. El cuerpo
diplomático es una internacional; ya sabe usted cómo son sus
cócteles. Si dejamos de lado unos cuantos convencionalismos,
la diplomacia es igual en todas partes. Y no cabe duda de que
con Stalin, y desde luego con Hitler, habría tenido que respetar más convencionalismos que aquí. Ahora bien, nuestra experiencia puede aplicarse sin duda a toda forma de acción.
A los ingleses les costó muy poco organizar el ejército de la
India. En los tiempos en que los comerciantes europeos se
mantenían aislados en las sucursales comerciales instaladas en
China, decían que los chinos eran personajes misteriosos,
mientras que los bancos europeos de Hong-Kong funcionan
con la misma normalidad que los de Casablanca.

Pero, en la ancha avenida por la que acababa de internarse
el automóvil, una migración de intocables dormía en el césped
o se sentaba alrededor de tímidas hogueras.

—Aunque Claudel afirmaba las cosas como si fuera un martillo pilón —dije—, y cito palabras que escribió André Gide, no creía ni por asomo que él fuera «igual» que un pagano. Y eso mismo pensaban los cristianos en los tiempos de la cristiandad: san Luis no opinaba que él era «igual» que Saladino. Fue el Renacimiento quien decidió que todas las grandes mentes de Grecia y Roma eran hermanas de las grandes mentes cristianas. Occidente no cree que los hombres hayan sido siempre iguales; lo que cree es que llegarán a serlo, porque confunde su civilización con sus medios de acción, que no tienen precedente.

»¿Qué tienen en común los hombres en los tiempos históricos? Unos cuantos instintos, la fisiología... ¿El amor? No. Los pecados capitales...

—¿Sería posible que las civilizaciones se pareciesen en sus vicios y se diferenciasen por sus virtudes?

—¿O será que las aproxima entre sí lo que saben y las separa lo que creen? Las creencias no son únicamente de orden religioso... Pero hay otra cosa para la que no consigo encontrar nombre. Los conquistadores son los personajes más importantes de la historia y también poderosas figuras del reino de la imaginación. Los hay en todas partes, sus medios de acción se parecen, dentro de un orden, y han contribuido notablemente a la creencia de que existe una naturaleza humana constante. Sería de gran interés escribir, para oponerla a las *Vidas paralelas*, una historia de todo aquello que ha perdido la humanidad, siempre y cuando eso que ha perdido haya dejado huella de sí.

—Y empezaría usted por la historia de los dioses...

—No me convencen mucho las teorías que no ven en nuestra civilización sino la etapa final de una cultura como tantas otras. Einstein decía, y creo que Oppenheimer también lo dice, que existe en la actualidad una cantidad mayor de investigadores vivos que en toda la historia anterior de la humanidad. Incluso aunque estemos viviendo el final de una cultura romano-cristiana, o fáustica, como dice Spengler, también estamos viviendo el comienzo de la mayor aventura de la humanidad desde que nacieron las culturas históricas, que tienen unos seis milenios, lo que supone un periodo de tiempo bastante corto si lo comparamos con la prehistoria del hombre. Todas fueron civilizaciones con creencias religiosas, si llamamos religión a mantener un vínculo con los dioses y también con los muertos; menos la nuestra, que no tiene aún ni tres siglos, ni la de Roma, durante un periodo de tiempo bastante poco concreto. (El paganismo de César debió de parecerse al cristianismo de Napoleón). Y no son civilizaciones ateas. No cabe duda de que el presidente Eisenhower se tiene por protestante; es posible que César creyera en los arúspices y sin duda alguna creía en sus antepasados. Pero nuestra civilización no se *basa* en una religión, ni siquiera está organizada en función de una trascendencia. Los dirigentes de los dos países más grandes del mundo no son ni elegidos del Señor ni Grandes Pontífices, ni Hijos del Cielo.

Pasaban, contra el telón de fondo del cielo nocturno, las cúpulas y minaretes de la Gran Mezquita.

—El islam es una ciudad apiñada en torno a una mezquita; la cristiandad, un pueblo apiñado en torno a una catedral; Benarés, una ciudad a orillas de un río purificador. Pero el núcleo de Bombay es un puerto, no una iglesia; en Nueva York hay que buscar las iglesias entre los rascacielos como cangrejos entre las rocas. Lo que noto desde aquí, con muchísima fuerza, es que eso que llamábamos el alma parece estar muriendo en el mundo entero.

»Incluso entre los creyentes. Salvo si viven en monasterios o en selvas, en lugares a los que no haya llegado la civilización moderna. Debería haberle dicho a Nehru hace un rato que ya desde fines del siglo XIX la palabra «materialismo» quería decir que lo que iba a sustituir al alma no era la materia, sino la mente. Y ahora no son las «luces» las que se oponen al templo, sino los reactores atómicos.

—Habría estado de acuerdo. Quizá de mala gana. Sin embargo, la India podría tener la bomba atómica si él quisiera, y no quiere.

—Mao sí querrá. Occidente irá dando, antes o después, a todas y cada una de las grandes culturas asiáticas y africanas a las que ha llegado su espíritu una forma nueva que por supuesto no coincidirá con la que nosotros vemos en él. De Mao a Stalin va mucho; e iba mucho de Stalin a Marx.

—Noté algo parecido cuando estaba destinado en Moscú. Aquí, ya se trate de musulmanes o de hindúes, el pensamiento no tiene sino una meta suprema: Dios. Fíjese en los peores enemigos de los musulmanes, los sijs. Comprenden perfectamente el islam. Pero no consiguen entender Occidente. Les parecemos lo mismo que les parecen a nuestros campesinos del centro de Francia los estadounidenses de las películas de gángsteres: codiciosos y frenéticos. El mismo Nehru me dijo que, cuando llegó a Inglaterra, se quedaba pasmado al oír que reprochaban a la India los sacrificios de animales a los dioses, pues quienes censuraban dicha costumbre mataban animales a diario para comérselos. Mis amigos hindúes dicen que nosotros buscamos a Dios, sin saberlo, por callejones sin salida. Me imagino que los brahmanes de la universidad sánscrita de Benarés deben de opinar lo mismo...

—Nuestra investigación de las leyes del universo les parece inútil —dije tras un momento de reflexión—. Para ellos, la Ley auténtica es de naturaleza diferente. No comprenden la epopeya de la investigación occidental, la de la lucha del hombre contra la tierra, que es el alma no solo de la Unión Soviética, sino también de Estados Unidos. Y diré más: la tienen por enemiga. Dicen que ningún progreso *de la mente* podrá responder a las cuestiones que plantea el alma.

—Lo que Occidente intenta no es tanto responder a esas cuestiones cuanto suprimirlas...

—No podrá suprimir ni el sufrimiento, ni la vejez, ni la agonía. ¿Recuerda el texto búdico? «Príncipe, es lo que llaman un muerto».

—Soy de la opinión de que a una civilización la definen a la vez las cuestiones fundamentales que plantea y las que no plantea...

—Es cierto que la India lleva mucho tiempo casada con la Muerte. Sigue siendo una civilización del alma. Pero, cuando se deja de lado el alma, ¿qué sale a relucir: la acción o la muerte que pone en entredicho la vida?

El automóvil se detenía bajo unos árboles solemnes.

—Quizá la acción primero y la muerte a continuación...

Dejé a Ostrorog ante un rectángulo de luz al fondo del cual parecía esperarlo un dios tibetano de tamaño natural. En algún recodo de aquella oscuridad dormía el anticuario. Seguí hacia el Capitolio. Había menos vacas sagradas, y el chófer apagó los faros. El automóvil circulaba sin ruido y me parecía que iba remontando los siglos, no por las calles mogolas de Delhi, sino por las de Kapilavastu, doscientos años antes de que llegase Alejandro. La noche de la Gran Partida es la envoltura del budismo, igual que la noche de la Natividad lo es del cristianismo: es la noche en que abandona el Buda el palacio, y a las mujeres, y «los dispersos instrumentos de música, los florecidos nardos»; abandona el amor (y besa con tal suavidad el pie de la princesa que ella no se despierta); abandona a su hijo. Los genios que bajan del cielo vendan los cascos del caballo que va a montar el príncipe por vez postrera, para que nadie oiga cómo se aleja cruzando el hondo silencio. Regresa agotado un mendigo a alguna covacha; al pie de altas murallas sin ventanas arde ante un dios un cabo de vela rodeado de unas cuantas flores. El caballo cruza la ciudad sorteando las vacas dormidas. «Un genio de la ciudad lo esperaba y le abrió por arte de magia la puerta del Este. Alzó el príncipe los ojos hacia el estrellado cielo: era la hora en que la estrella Kvei entra en conjunción con la luna; acudían todos los genios a acompañarlo en su partida, y cubrían el camino con invisibles flores».

Pasé en silencio, como el Buda, al pie de las altas murallas, entre las escuálidas vacas dormidas, por delante de los dioses rojos y negros junto a los que ardían lamparillas; unas sombras furtivas se perdían por la oscuridad. Las garitas del Capitolio, excavadas en la roca, se parecían a las grutas sagradas, y los soldados con turbante, que ante esos huecos mal iluminados presentaban armas al pasar nosotros, parecían aguardar que el genio de la ciudad abriese una puerta en una muralla desde la que se podían observar los astros... Cuando entré en mi *suite*, las ventanas del dormitorio estaban abiertas. Allende los jardines, una cinta de luces, parecida a la de los campos de aviación, marcaba los límites de la ciudad. Pero de esta no llegaban ni las luces ni el rumor que se alza de las ciudades europeas. Delhi, sumida en el sueño, colmaba la habitación de un inmenso reposo. Era como si aquella noche se extendiera, como dueña y señora, sobre el tiempo de las nieves; sobre los jardines de los palacios de Babilonia, semejantes a los que tenía yo ante la vista; sobre la oscuridad de obsidiana que rodeaba a los soldados de Cortés mientras escuchaban los gritos de sus compañeros, a quienes les estaban arrancando el corazón al ritmo del latir de los gongs aztecas. Y sobre la milenaria noche china de desaparecidas ciudades: lotos de Hangzhou, que azuleaban a la luz de la luna, en los años en que los últimos emperadores peinaban las plumas de sus últimos halcones, y puertas tártaras cuyo tono rojo oscuro se descomponía como un incendio que se apaga. Y sobre los jinetes tendidos en el suelo junto a sus caballos la víspera de Arbelas o la de Austerlitz. Y sobre la noche sin descanso de la Revolución francesa y la noche polar de la Revolución rusa. La humanidad diurna llevaba cincuenta siglos soportando las sacudidas de sus convulsas batallas; pero el recinto cuadrangular de Pekín dormía a los pies de su Torre del Tambor, que había anunciado el día, y de su Torre de la Campana, que había anunciado la noche, como dormía Delhi ante mis ojos; las piras de Benarés se reflejaban en el río de la misma forma que se reflejaban en el Hudson helado las luces cuadradas de una Nueva York vertical bajo las ráfagas de la nieve. Alzándose por encima de las selvas africanas, se erguían hacia las estrellas los gigantescos árboles de las reinas. Ese mismo silencio, donde naufragaban los ruidos aislados, llevaba cincuenta siglos cubriendo a los hombres, que el sueño acoplaba con la tierra nocturna, tendidos como los muertos.

Al filo del horizonte comenzaba a extenderse un alargado fulgor gris: el alba, con su reflejo lunar en las nubes muy altas del cenit, como si fuera a amanecer en medio del cielo. Mi alba primera había sido la del 4 de agosto de 1914, que mostró, en la campiña de las Ardenas, un ganado que dormía de pie y que un torbellino de lanceros espantó de golpe. Luego vinieron las esferas iluminadas de los relojes de las estaciones, como enormes rodajas de limón contra el cielo de un gris sucio; y tantos aeródromos cuya hierba acamaba el viento del amanecer; y en los tiempos de la aviación española, tras el tétrico despegue nocturno en los campos que balizaba la llama azulada de las hogueras de naranjas secas, nuestros prismáticos apuntando al suelo, donde el alba iba a mostrarnos las líneas enemigas... Incluso aquí se oponía la multiplicidad de la luz del día a la envolvente unidad de la noche. No obstante, era una mañana de la India, cuyo amanecer traía consigo la revelación de un día nuevo, como la que me había traído a mí al alzarse sobre nuestros carros de combate en una aldea de Flandes... No tardarían en recorrer las antorchas el patio de los templos, los sacerdotes cortarían las flores nocturnas para las ofrendas y empezarían a tintinear las primeras campanillas. Yo pensaba en ese destino del que había hablado a Nehru hacía un rato como si se tratara del itinerario de la vida hacia la muerte; el imperceptible frescor del alba tropical me bañaba el rostro, mezclado con la eterna resurrección hindú en que se enlazan la vida y la muerte de la misma forma que se enlazan la noche y el día: «El hombre es todo cuanto usted ha dicho...». Pero no existe alba para la muerte del hombre.

Las relaciones entre la India y Francia iban a cambiar. La señora Pandit, hermana de Nehru, embajadora en Londres, regresaba a la India pasando por París. Vino al Elíseo en compañía del embajador de la India en Francia, el serdar Panikkar, un indio con perilla y monóculo, hostil a Europa, rebosante de ideas astutas o quiméricas, que recordaba a Lenin o a Tartarín de Tarascón. Tras las palabras de bienvenida, el general De Gaulle preguntó a su visitante qué opinión le merecía la política exterior de China. Panikkar había ocupado el cargo de embajador de la India en Pekín. La señora Pandit, que es la cortesía en persona (y a quien quizá no disgustara disponer de unos minutos para observar), le indicó con la mirada que respondiera él primero. Panikkar se engolfó en una conferencia acerca de China que no aportaba nada nuevo. Iba pasando el tiempo. De China pasó a establecer un paralelismo entre los miembros del Sinn Fein y los guerrilleros argelinos. El tiempo seguía pasando. Cuando un ayudante de campo entró para anunciar al embajador de Estados Unidos, ni la señora Pandit ni el general De Gaulle habían podido pronunciar una palabra.

Acompañé a la señora Pandit hasta la salida, pues Panikkar se había entretenido en el salón de los ayudantes de campo.

«Ya lo ha visto usted...», me dijo con encantadora sonrisa.

No tardó Panikkar en regresar a la India. Se rumoreaba que Nehru había prescindido de él de muy buen grado. Pero, como ahora sentía mayor interés por la embajada de París, nombró a un embajador amigo de Francia, que abandonó la carrera diplomática unos años más tarde para hacerse cargo, demostrando así un gran valor, de la universidad más peligrosa de la India, donde lo hirieron gravemente; se reincorporó a su puesto cuando aún no estaba curado del todo. La embajadora de ojos gris claro se parecía a las protagonistas de los cuentos indios y resultaba fácil creer que la mujer que inspiró el Taj Mahal tenía aquella misma silueta de gacela de Cachemira. Nehru vino a París en 1960; inauguramos juntos, en el Petit Palais, la exposición de los Tesoros de la India. La gente lo aplaudía al pasar, cosa que lo sorprendió. Fue huésped oficial de Francia en 1962. Almorzábamos juntos en el aeropuerto de Orly cuando iba a Londres para asistir a las reuniones de la Commonwealth. «Cuanto más viejo me hago, más juzgo a las personas por su forma de ser y menos por sus opiniones». Pero a partir del conflicto con China ya no volvió.

Han pasado siete años y heme una vez más en Delhi. China ya atacó y la amenaza paquistaní va concretándose. Esta mañana he ido, como manda la tradición, a colocar flores sobre la lápida funeraria de Gandhi. El pueblo hindú lo considera ya un avatar de Vishnu. He llevado otro ramo para depositarlo sobre la lápida de Nehru. Aún no la han colocado: un espacio cuadrado cubierto de hierba marca el emplazamiento. Se trata de lápidas simbólicas, puesto que debajo no hay cuerpo alguno. El hombre que, la última vez que vine a Delhi, tenía a la India en sus manos de frioleros ademanes es ahora un cuadro de hierbas en el que ondulan al viento, ya caliente, cortas espigas entre las flores cortadas que algunas manos, juntas como para una plegaria, han arrojado allí.

He cruzado el amplio salón con techo de cuento persa para almorzar con Radhakrishnan, que preside ahora la República. Está vacío, como lo están a esta hora todos los salones de recepción del Capitolio.

También la India lo está.

Han convertido la casa de Nehru en Casa del Recuerdo, y depende del Gran Museo, que aún no conozco, y donde voy a buscar a la conservadora, una inglesa ya madura que habla de sus colecciones con competencia y de Nehru con afecto. Iremos a la Casa del Recuerdo en cuanto cierren, para no encontrarnos con nadie.

Comenzamos la visita del museo con las colecciones de arte popular. Me acuerdo del acuario de Singapur, donde se cruzan peces de todo tipo, con pinchos, de tonos metálicos o de vivos colores. La mayoría de las imágenes populares tienen algo de castañola y de rescaza: tañedoras divinas cubiertas de escamas y sirenas mil, sinuosas como hipocampos. En el agobiante calor de la tarde india me acuerdo de la niebla de Flandes, que horadan a intervalos regulares las llamadas de las sirenas de los barcos. Es cierto que la palabra «sirena» me ha traído un recuerdo, pero no se refiere a las bocinas de niebla. Me veo en el despacho de James Ensor, en Ostende. Encima del piano, la estridente genialidad de la *Entrada de Cristo en Bruselas* despliega en la pared las muecas de los orfeones que rodean a Jesús. Y sobre el piano, una sirena disecada. La mirada de Ensor va en pos de la mía.

—Las he visto en China —digo.

—¿Vivas? —pregunta con el mismo sentido del humor que vemos en sus grabados.

—Las fabrican con el torso de un monito pequeño y un pez descabezado.

—Sin embargo, *existen* sirenas... —Y alzando el índice, con tono de docto desconsuelo—: Pero no son así.

Treinta años después he vuelto a ver el cuadro, con los colores ajados, en la exposición *Orígenes del siglo XX*; la pintura se estaba desescamando de forma irremediable, y por las mañanas las mujeres de la limpieza barrían un polvillo de obra maestra.

¿Qué habrá sido de los dioses con diadema de plumas cuya vida preservaba Gandhi recurriendo a la valija diplomática? También las pinchudas sirenas de Delhi han perdido sus resplandecientes colores, igual que ese ingenuo y áspero tropel de figuras de un Ramayana de guiñol que las rodea y son al arte de la India lo que las supersticiones a la fe.

Y hablando de fe, aquí la tenemos, en el piso inferior: las grandes esculturas de piedra, entre las cuales hay unas cuantas obras maestras. Después de la visita a Elefanta, es la primera vez que veo un museo indio. Estas esculturas tuvieron vida, pero no están muertas, sino que se han reencarnado. Me acuerdo de El Cairo; pero el *Shiva* de Elefanta se diferencia de cualquiera de los colosos de Tebas porque a él le siguen dirigiendo plegarias. Pregunto si acude aquí la gente, como en Camboya y en México, para depositar flores ante los dioses. No. Pero en estos templos, empezando por el extravagante conjunto de estatuas de Madurai, que rodean a su diosa de ojos de pez, y concluyendo por las *Madres*, el *Beso* o la *Danza de la Muerte* de Ellora, o la *Majestad* de Elefanta, nunca he visto ni una sola imagen que no conduzca al hombre hacia la ignota divinidad.

Vuelve a apoderarse de mí esa sensación occidental que provocan las imágenes de los dioses cuando ya se han convertido en obras de arte. Es una transmigración en sentido inverso a la de los hombres: estas estatuas, y también la erizada proliferación de humildes dioses populares, no han cambiado de cuerpo, pero han cambiado de alma.

Es hora de irnos. Aún no es de noche, pero el día se acaba. Circula el automóvil entre los olores del Asia moderna: incienso indio, camellos y polvo islámicos, gasolina occidental. Me acuerdo de las honras fúnebres de Nehru. Recuerdo los noticiarios cinematográficos. Las ramas de los árboles cargadas de hombres, una muchedumbre tan grande como la India, de la que asomaban los paraguas abiertos para protegerse del sol, esa muchedumbre a la que le había dicho en el Fuerte Rojo: «Hacía mucho que habíamos fijado una cita con el destino...». El cortejo de elefantes y lanceros pasando por debajo de un puente donde había un anuncio de Coca-Cola enorme. Y luego la pequeña pira vertical cuyo humo transparente y negro se mezclaba con las densas aguas que dibujaba el polvo en suspensión en la recalentada atmósfera de Delhi; y los primeros planos de campesinas que sollozaban. «La India no es una reina del Ramayana; es una mendiga como todas esas madres a las que ha visto usted a la orilla de los caminos».

Hemos llegado a la casa. Doy por hecho que no se trata de la mansión a la que me invitó hace tiempo, pero se le parece, tanto más cuanto que reconozco los muebles, un colmillo de elefante de gran tamaño que le habían regalado, la Virgen románica, obsequio de Francia... Pero no veo ni el dibujo grande de Chandigarh ni el bronce de la Mano de la Paz.

Se exponen ahora abundantes fotos. Es el álbum de familia, siempre tan inútil, si exceptuamos unas cuantas imágenes: el niño (parece su propio nieto...), la foto después del primer ataque, con la mirada perdida en un rostro de expresión fulminada, la digna foto de la muerte, con esa cara extrañamente blanca que me trae a la memoria la muerte de Ramakrishna: «Todos creíamos que había alcanzado el éxtasis... Y sus discípulos gritaban: ¡Victoria!». Esta casa no es la morada de un vivo, ni tampoco una casa abandonada; es un decorado para el cine de la historia. Sin embargo, el jardín, que creo no haber visto nunca, está embrujado. No evoca en modo alguno una familiar presencia; es el perfecto jardín de la muerte. Pero estos árboles fueron sus árboles, estas flores fueron suyas, y aquí cantaron pájaros semejantes a los que cantan en este comienzo de atardecer. Me acuerdo de Shalimar, con sus calveros anchos e inesperados entre la inmensidad de los árboles. Y también de una de las imágenes más antiguas de la India: las aguas, siempre diferentes, del Ganges siempre igual, y que Nehru nombra en varios discursos y en su testamento:

«Nada tiene que ver con la religión el hecho de que desee que arrojen al Ganges, a su paso por Allahabad, un puñado de mis cenizas. Desde que era niño siempre he sentido cariño por el Ganges y el Yamuna, que pasan por Allahabad, y este amor ha ido creciendo con los años.

»Es el Ganges el amado río del pueblo indio, que ha trenzado con él su historia, sus esperanzas y sus temores, sus cantos de victoria, sus triunfos y sus derrotas. Ha sido símbolo de la cultura y de la civilización milenaria de la India, con sus aguas que cambian y fluyen sin cesar y son, empero, siempre las mismas. Me recuerda las nevadas cimas y los hondos valles del Himalaya que tanto he querido, y las fértiles y dilatadas llanuras que se extienden a sus pies, donde mi vida y mi obra tomaron forma.

»No es mi deseo romper por completo con el pasado. Me siento orgulloso de este noble legado que nos perteneció y nos sigue perteneciendo, y soy consciente de que también yo soy, como lo somos todos, un eslabón de esa ininterrumpida cadena que hunde sus raíces, desde los primeros albores de la historia, en nuestro pasado inmemorial. No deseo quebrar esta cadena, pues siento amor por ella y en ella está la fuente de mi inspiración. Y para dejar testimonio de esta voluntad y, en último término, de nuestro legado, pido que arrojen un puñado de mis cenizas al Ganges, a su paso por Allahabad, de forma tal que bajen por el río hasta el ancho océano que rompe en las playas de la India.

»Y, en lo tocante al resto de mis cenizas, que un avión las esparza sobre los campos donde tan duramente trabajan los campesinos indios, para que se mezclen con nuestro polvo y nuestra tierra, y nada las distinga de ellos».

Ya llega el temblor del rojizo atardecer, el mismo que se extendía sobre la llanura, hasta donde podía abarcar la vista, al salir de las grutas de Ellora. Van a callar los pájaros y a abrirse las flores nocturnas, como hace tiempo las de los jardines del Capitolio, que amparaban algún farol que otro y a un guarda nocturno amodorrado, y sobre las que pasaban algunos gritos sueltos. Aquí, el guardián, muy pendiente de todo, permanece junto a una pequeña placa conmemorativa. Bajo esta higuera trabajaba Nehru, en este jardín de la memoria, sin muerte y sin sepultura; de su biografía privada solo queda el cariño que sentía por sus familiares y amigos, y que se funde con el que sentía por la India. Cae la noche. Recuerdo lo que me contaba de los animales y de las plantas: el diminuto patio de la cárcel donde descubrió las hormigas, la celda donde convivió con cientos de avispas y avispones «en un ambiente de mutua estima»; las lagartijas que salían de las vigas al caer el sol y se perseguían unas a otras, moviendo el rabo; los murciélagos y, más altos en el cielo del crepúsculo, los zorros voladores; el pájaro de la fiebre cerebral, que repetía en el tejado de la cárcel su obsesivo canto, cuya monotonía alteraba alguna serpiente que otra; las mangostas que criaban los presos; el mono de gran tamaño, que vino a buscar a su cría al patio de la cárcel, embistió a quince guardias armados y posiblemente despertó su admiración; los monos negros que habían expulsado a los monos grises del templo de Benarés; el elefante que quería llevar de viaje consigo para devolver la sonrisa a los japoneses. Recuerdo su voz, que decía con firme acento: «Construir un Estado justo con medios justos», y con cierta ironía: «No volveré a ver el Kailash...». El crepúsculo estival ha pasado del rojo al verde, como en el cielo de la Acrópolis, y comienza a difuminar las hojas. En la cárcel del Himalaya la primavera hacía brotar capullos en las desnudas ramas... «Allí descubrí que las hojas jóvenes del mango tienen el mismo color que las montañas de Cachemira en otoño». Duermen las avispas. Pasa un murciélago por el fondo del jardín. Ya no habrá mangostas, ni aquellas ardillas que hacían un ovillo con sus crías, ni monos, ni zorros voladores. Cae la noche, como una melodía fúnebre, sobre la inscripción, que casi no se puede leer: «Este hombre amó la India y al pueblo indio con toda el alma y todo el corazón. Y a cambio este pueblo fue indulgente con él y lo amó más allá de todo límite y de toda razón».

Han callado las bocinas de Delhi. Cuando salgo de la casa, los pies descalzos de unos niños mendigos que pasan van hollando suavemente el silencio. El grito de los cuervos llega desde las profundidades de la India. Hasta las orillas de los dos grandes océanos, en torno a los árboles sagrados, que no los resguardan ya del sol, los hombres inmóviles forman dilatados anillos, como otros hombres alrededor de la lumbre de las piras de Benarés y como, antaño, al norte de Estrasburgo, los brotes jóvenes y las nueces secas del invierno...

IV

1

Singapur

Y yo que creía que ya no había naufragios... Está amaneciendo cuando un rayo horizontal hace que se estremezca el Cambodge como una bola de billar en la tronera. Todo se viene al
suelo. El barco no se detiene. Miro por la portilla del camarote. Un petrolero con la proa abollada se aparta despacio del
costado de nuestro barco. No hay peligro alguno, a menos
que nos vayamos a pique: estamos en los estrechos y veo la
costa. El casco tiene un agujero de treinta metros, pero los pasajeros que ya se habían levantado y estaban en el puente vieron venir el petrolero y corrieron a popa.

Los hombres rana y las bombas de achique nos permiten
llegar a un desembarcadero improvisado. Me traen un telegrama del embajador francés en Vietnam, que me sugiere que no
baje a tierra en Saigón (ahora ya da lo mismo, puesto que el
barco no va a seguir camino). Y otro telegrama de París que
descarta mi viaje a Japón y vuelve a encomendarme la visita
anteriormente prevista a Mao Zedong.

Durante la espera me alojo en el consulado general de
Francia.

Pese a sus dos millones de habitantes, Singapur ha dejado de ser ya una ciudad china. Pero en ella ha buscado refugio la agonía de la China anterior. A no mucho tardar, en las calles que construyó el gobernador Raffles en los tiempos en que las flotillas de juncos llenaban los hoy cegados puertos, cuando en Macao tintineaban las monedas de oro de las casas de juego, y en la lejana China se entrechocaban las fichas de dominó con símbolos de flores y vientos, solo habrá esos edificios de pisos de protección oficial cuya fachada erizan las varas donde tienden la ropa los vecinos en vez de ponerla a secar en los balcones... Hoy, 14 de julio: recepción, como todos los años, para los franceses, nuestros amigos malayos y chinos, los belgas, los suizos y los francófonos. Indios de Puducherry. Llega un hombre bajito y gesticulante al que reconozco antes de que lo anuncien, aunque hace treinta años que no lo veo: es uno de los modelos que utilicé para el barón de Clappique, un personaje de *La condición humana*; los demás ya fallecieron. Ahora no lleva un parche en el ojo, sino un monóculo oscuro. Aunque se ha quedado calvo, sigue teniendo el mismo perfil simpático de hurón. Hace años se habría abalanzado hacia mí con los brazos dando vueltas como alas de molino: «¡Usted aquí! ¡Chitón! ¡Tierra, trágatelo!». Tras los primeros saludos me dice:

—He venido porque me he enterado por los periódicos de que estaba aquí. Me gustaría charlar con usted. En parte por los viejos tiempos; pero sobre todo porque estoy escribiendo un corto sobre un individuo que le interesaba cuando estaba escribiendo *La Vía Real*: Mayrena, el rey de los sédang. He encontrado por ahí bastantes documentos que seguro le interesarán.

Su presencia, sin más, ya bastaría para interesarme.

—¿Recibió unos sellos del reino sédang? —me preguntó—. Pensé que le gustarían.

Me preguntaba quién me habría mandado hacía unos años aquellos extraños sellos. Me cuenta que se aloja en el hotel Raffles, donde me alojé yo en otros tiempos. Ha vuelto a trabajar en Hollywood y ejerce de anfitrión de la mayoría de los equipos cinematográficos que vienen a filmar exteriores a Malasia. El cónsul y su mujer sienten por él la misma simpatía que siempre ha sentido todo el mundo. Al acabar la ceremonia, se sienta, con el vaso de coñac con sifón en la mano izquierda, como hace treinta años, y, aunque lleva bebido ya lo suyo, tan lúcido como hace treinta años.

—¡Ya no quedan aventureros!

A la izquierda, la India; al norte, Siam; a la derecha, China e Indonesia...

—Todos los excéntricos de verdad que quedan están ahora en Hong Kong, pero se está extinguiendo la raza...

—La raza de los europeos... —dice el cónsul—. Aunque en el Raffles, en la habitación contigua a la suya, hay unos cuantos periodistas que han sufrido heridas muy serias en la guerrilla de Borneo. Pero no deben de faltar excéntricos, como usted dice, ni entre los comunistas, que aspiran a conquistar Bali, ni entre los anticomunistas, que pretenden fusilarlos. Singapur va a declararse independiente un día de estos. Al presidente Sukarno todavía le quedan muchos enemigos de quienes defenderse, y Tailandia aún tendrá que habérselas con China. Vietnam no anda muy tranquilo que digamos, y hay guerrillas en Sumatra... ¿Le parece poco?

—¡Tierra, trágatelo! ¡Bali! ¡Y esas chicas tan preciosas con los pechos al aire, miembros del partido comunista! ¡Qué bien! ¡Chitón! A Sukarno le van a dar para el pelo, cosa que, por cierto, no tiene mayor interés. La independencia nos importa un pimiento. ¡Quedan Tailandia y Vietnam, claro! Pero eso ya no es aventura, sino lo que los infelices llaman historia. Carros, aviones y vaya usted a saber qué más. ¡Los aventureros no son generales en jefe! ¡A este paso acabarán de embajadores!

—¡Sí señor! —responde el embajador francés en Malasia, que ha venido para la recepción del 14 de julio—. Pero Brooke se proclamó rajá en nombre de Gran Bretaña. No habría podido acabar con los piratas si solo hubiera contado con los barcos de su sultán; tuvo que echar mano de la flota inglesa. En Sarawak no queda de su palacio más que un hotelito de color de rosa, rodeado de bungalows con orangutanes pequeños y loros parlanchines. Es posible que los aventureros que lo han conseguido...

—¿El qué? ¡No me cuente cuentos!

—... que no los vencieran, por supuesto. Es posible, digo, que los aventureros que lo han conseguido tuvieran algo que ver con alguna potencia. El aventurero al que usted se refiere, el de Conrad, el de Kipling, es producto de un Asia adormecida.

—¿Conoció usted a Joseph Conrad? —me pregunta el embajador.

Con ese bigote de cepillo, rubio aún, se parece a un amigo mío. Pero ¿a cuál? No, no es a un amigo, sino al prototipo de coronel del último ejército de la India.

—No. Valéry le preguntó cómo explicaba la superioridad casi constante de la flota inglesa sobre la flota francesa, ya que la insularidad no le parecía explicación suficiente, pero no respondió nada que merezca la pena repetir.

»Aunque tuve una charla curiosa acerca de él con Gide, que me preguntó bajo las enramadas de Pontigny: "¿Qué opina usted de Proust?". A la sazón, la cosa andaba por *Sodoma y Gomorra* más o menos... "Si el libro sigue hasta el final como vamos viendo hasta ahora —dije—, creo que Proust se convertirá en uno de los mejores novelistas de este siglo; en caso contrario, se quedará en una obra muy interesante. En su 'tiempo recuperado' puede darse la transfiguración de eso que Claudel llama con desdén su panda de ociosos y paniaguados. ¿Se imagina usted a Lord Jim en el salón de los Guermantes?".

»Por aquel entonces Conrad era el único escritor no francés cuya muerte había honrado *La Nouvelle Revue Française* con un número extraordinario.

»"De todas formas", me respondió Gide, "ese argumento de usted no es del todo válido...".

»"Conrad es un gran novelista de ambientes, pese a su ritmo a lo Flaubert; pero lo que yo admiro no es tanto lo que usted ha traducido de él, sino una obsesión que su vida no me parece justificar, por más vueltas que le doy: la obsesión por lo irremediable".

»"¡Qué curiiioso...! Pues yo creo que algo hay que sí la justifica...".

»Paseábamos bajo la enramada desde la que se divisa la abadía borgoñona y le lancé una mirada interrogante. Me cogió del brazo y sacó el tono viperino:

»"¿Conoció usted a la señora Conrad?".

Cenamos. El cónsul general y su mujer, el embajador, el inspector de cargos consulares (puesto que ocupó en su día Giraudoux), Clappique y yo. El inspector me tiene intrigado. Posee los rasgos de siux de esos norteamericanos de los que volvió a apropiarse la tierra norteamericana, aunque ellos no tienen esa tez oscura ni ese pelo pegado y con raya en medio que hacen que no me quede más remedio que llamar Ala de Cuervo, en mi fuero interno, a este piel roja negro cuyo apellido no he entendido. Su hieratismo forma el contraste soñado con la frenética forma de ser de Clappique; pero por debajo anida cierto sentido del humor. Se abre la ventana a impulsos de una brisa marina que no hemos oído llegar y deja que entre el bochorno ecuatorial.

—Ya no queda nadie como Lord Jim —contesta el embajador—, porque todo el mundo tiene fusiles. Si «el hombre que pudo reinar» hubiera sido traficante de armas, el cuento de Kipling habría sido diferente. Ya no nos quedan sino aventureros residuales; y tampoco estoy muy seguro.

—¡Lord Jim y Almayer son una misma cosa! —exclama Clappique—. Los dos piensan que los han dejado al margen. Pero ¡eso no quiere decir nada! ¿Por qué se da esa raza aquí y no en Europa? Esa es la cuestión. ¡Tararí-pompón!

—¿De dónde demonios ha sacado usted la exclamación de madame de Pompadour? —le pregunto.

—¡Ah! ¿Ella también lo decía? No me extraña. ¡Qué encanto de mujer! ¡Me había presentido!

—No andamos mal de aventureros en Europa —dice el cónsul—. Pero ese aspecto tan novelesco de la aventura, el telón de fondo exótico, no existía antes. A Marco Polo lo dejó sorprendido China igual que puede sorprender Estados Unidos a un europeo: ni más ni menos. Asia no se convirtió en un universo fascinante hasta que la conquistamos.

—Y hasta que nos distanciaron de ella nuestros medios para conquistarla; las armas de fuego y las máquinas —digo—. La guerra del opio habría sido inconcebible doscientos años antes. Aunque también es muy cierto que los españoles llamaron moros a los mexicanos cuando descubrieron México.

—Es indudable que el exotismo tiene mucho que ver —contesta el embajador—. Pero en una sola dirección; el aventurero, monarca o residuo, es un europeo en Asia, pero no un asiático en Europa.

—¡Tierra, trágatelo! ¡*Las mil y una noches* están llenas de aventureros!

—La mayoría de los aventureros residuales tienen algo en común: andan errantes —digo—. Los aventureros monarcas fueron sedentarios; los otros casi nunca lo fueron. Almayer es una excepción.

—¿No les parece —pregunta el embajador— que en el siglo XVIII, y en Europa, el aventurero fue un usurpador de lo sobrenatural? ¿Un Cagliostro?

—La aventura tiene su parte de influencia, pero me parece que Asia también la tiene. Tras los cuentos de hadas se pusieron de moda *Las mil y una noches*: y tras *Las mil y una noches*, las películas del Oeste. Cada época tiene sus sueños favoritos...

—Y mucho antes, señor ministro, existieron los aventureros a su pesar. La humilde prostituta del puente parisino de le Change con la que se encontraron aquellos enviados del papa que, al llegar al Karakoram, se enteraron de que había muerto Gengis Kan...

—¿No era acaso la madre de Saladino una princesa cristiana hecha cautiva en Austria? —digo—. La infeliz buscona se había salvado porque las princesas nestorianas no querían tener camareras budistas. Pero ¿qué me dicen del orfebre francés al que los enviados encontraron con ella? Había sobrevivido por cincelar figuras de plata que echaban hidromiel por la boca...

—Y no hablemos de Marco Polo, que también fue ministro. Pero insisto en que el aventurero de la literatura inglesa del siglo XIX tiene que ver con un Asia adormecida. ¿Qué les ha quedado de ese sopor a los indígenas de Oceanía que presenciaron los combates de los estadounidenses y los australianos contra los japoneses?

El embajador había sido alto comisario de Francia en las Nuevas Hébridas. Con aquella cara de ministro de Asuntos

Exteriores británico, habría estado más en su lugar en el puesto de alto comisario inglés... Daba el tipo perfecto, lo daría incluso en una película.

—¡Viva el despertar de Oceanía! —dice Clappique—. Consiste en fabricar radios de mentira y, ¡pom!, ¡pom!, pegar en ellas como en un tambor para que vengan aviones mágicos. ¡Qué vida tan regalada! ¡Me apunto!

—Es cierto que la situación de Nueva Guinea es pintoresca —me explica el cónsul—. Los *liberty-ships* estadounidenses trajeron consigo la abundancia. Y a continuación llegaron los aviones de transporte y aterrizaron en los aeródromos militares, con los que mantenían contacto telegráfico. Los indígenas empezaron a abrir calveros y a golpear en los bidones para llamar a los aviones de la abundancia que tenían que mandar los estadounidenses. O los antepasados, más blancos que los hombres blancos. O Jesús, que hizo lo que pudo; pero los judíos lo crucificaron en el cielo de Sídney hace tres generaciones. El primer barco, el arca, iba al mando de Noé, un capitán blanco que no era australiano. Resultan muy interesantes, por cierto, las transformaciones del cristianismo. Enviaron a Brisbane a un profeta papú, y allí oyó hablar del transformismo. Descubrió asombrado que no todos los blancos tenían el mismo dios. Hoy en día en las aldeas cuentan que hay dos razas de blancos, una que cree en el tótem Jesús y otra que cree en el tótem Monki-Monkey, el mono...

—¿Le causaría menos extrañeza a alguno de los apóstoles regresar a una aldea de Europa? —replica el embajador—. Cierto que todo esto es muy pintoresco. Pero no tan absurdo, señor ministro, por lo que me cuenta un funcionario que está escribiendo una tesis sobre el tema. No cree que el culto a los cargueros proceda de los *liberty-ships*, señor de Clappique, sino quizá del barco del primer blanco que fijó su residencia en Nueva Guinea: un ruso al que los indígenas convirtieron en dios. El funcionario del que le hablo opina que el mito ya existía. Los barcos sagrados los envían los antepasados. Lo cual no puede resultar asombroso en un país donde la rueda y el cuchillo llegaron a bordo de un barco. Las leyendas se van mezclando. Dios les quita el carguero a Adán y Eva. Y se lo devuelve a Noé, efectivamente, y a sus dos hijos, Sem y Jafet. Y se lo niega al otro hijo, Cam, a quien destierra a Nueva Guinea. Pero piensen que, en realidad, los cargueros sagrados *solo* llegaron durante la guerra. Y ahora han dejado de llegar. ¿Quién se lo impide? En primer lugar, unos espíritus enemigos de los antepasados. Pero los misioneros les habían explicado que también los antepasados impedían que llegasen los barcos porque eran Satanes. Los indígenas entregaron los Satanes a los misioneros y rezaron a Dios y a Jesús. La crucifixión en el cielo de Sídney es algo que llama la atención, desde luego. Un jefe papú va a Australia, igual que su profeta, querido amigo; lo llevan a visitar un museo etnográfico y se queda espantado: allí están presos los dioses y los antepasados. Los misioneros son unos mentirosos y no los habían quemado. ¡Por eso no llegan los cargueros! En Sídney, Jesús había enseñado a los Satanes a construir cargueros. Pero ¡lo crucificaron y los Satanes están presos...! No se apartaron del todo de los misioneros, aunque volvieron a rezar a los antepasados. Y vuelta a empezar. Ese funcionario insiste mucho en que el mito no es el confuso recuerdo de un desembarco; existía hacía muchísimo tiempo, y los desembarcos le prestaron mayor entidad...

»Es desde luego posible escribir novelas acerca de la devoción por los cargueros y los aviones mágicos. Pero, si se presentase en Nueva Guinea otro Brooke, tendría que tener radios y no bidones, y aviones de verdad, y cargueros de verdad.

Y por lo tanto tendría que mantener relaciones con un poder de verdad. El mito de Rimbaud está en retroceso.

—Pero, mi querido Pierre —dice el inspector—, cuando estabas en las Nuevas Hébridas, aún debían de andar por allí unos cuantos chiflados.

El inspector hace ademán de llevarse a los labios una invisible pipa de *sachem* y no añade nada más.

—¡Jacques Viot, un anticuario de lo más estrambótico —dice Clappique—, consiguió un cargamento de fetiches, tejidos de corteza de morera y otros chismes por el estilo haciéndose pasar por brujo! ¡Unos cuantos juegos de manos y el truco ese para hacer creer que te has arrancado un trozo de pulgar! ¡No me cuenten cuentos!

Y alza las manos para hacernos el truco.

—¿Sería fácil definir eso que llamamos la aventura? —replica el inspector—. Giraudoux consiguió que crearan este puesto que ahora ocupo yo para poder andar por ahí danzando. Y yo me las he ingeniado para heredarlo. ¿Y por qué? ¿Para poder viajar? No. ¿Por algo parecido a la poesía? ¿Por extravagancia? ¿Por la pasión que aún me inspiran los lugares que se llaman avenida de Poquitacosa o calle de la Chuchería?

—¿En Haití?

—Sí. Estuve en la isla Tortuga, donde cuenta la tradición que están enterrados los tesoros de los grandes bucaneros. No le di mayor importancia al pintoresquismo local, aunque me agradaban esos niños que respondían, cuando les preguntaban: «¿Qué vas a ser de mayor?». «Algo que no canse mucho». Pero visité las cuevas de los filibusteros.

Y cuenta historias de filibusterismo con gran lentitud, pero con una precisión digna de la de Clappique. Los alguaciles sacaban de las cárceles a tropeles de prostitutas, ladronas o asesinas: «Os mandan a las islas, y allí os casaréis con caballe-

ros que andan faltos de mujeres blancas». Ellas se lo creían
hasta cierto punto. A la llegada, el cabecilla de los filibusteros
les soltaba la tradicional arenga: «No pensamos preguntaros
por el pasado. Y, en lo que al futuro se refiere, esta es mi cara-
bina, y como la mujer que yo elija no ande derecha, el disparo
sí que le irá derecho al corazón». Unos caballeros muy galantes, ataviados como Robinsón, con lonas de vela y pellejos de
cabra, las escogían y se las llevaban. Primera cueva. Segunda
cueva, bodega y arañas. Ellas echaban de menos la cárcel. Tercera cueva: atavíos de corte y vajillas de oro. Mesas de piedra
llenas a rebosar de candelabros de plata; por las aberturas entraban largas lianas, y más arriba de los espléndidos tapices,
colgados por las patas como si fueran peras, dormían los murciélagos. Los filibusteros nunca habían podido vender ninguno de los valiosos objetos robados. ¿A quién se los iban a vender? Así que amontonaban los tesoros en las cuevas, y los
tapices tejidos con hilo de oro esperaban, mientras les corrían
por encima las arañas, a que llegasen las busconas de la cárcel
de Saint-Lazare.

—¡Ay, lo que me gustaría leer las memorias de una de esas
damas! —dice Clappique—. ¡Me apunto! ¡Manon Lescaut a
su lado, una birria!

—No tiene usted ninguna probabilidad, amigo mío. Hay
muchos textos sobre los filibusteros, empezando por los del
bravo Oexmelin. Pero nada de esas mujeres. No debían de saber escribir y...

—¡Habrían podido contarlo!

—... y casi ninguna regresó a Francia. ¡Por supuesto que se
me hace la boca agua pensando en una película que fuese la
vida de un Robinsón y una mujer de vida alegre rodeados de
tesoros! Pero también me da mucho que pensar la circunstancia, infinitamente más vulgar, de que no solo debieron de con-

vivir con hombres... ¿Qué tal se llevarían una buscona de Saint-Lazare y una esclava de la isla Tortuga?

Deja meticulosamente los cubiertos y vuelve a los ademanes de *sachem*. Pero, en esta ocasión, en vez la pipa de la paz alza un dedo irónicamente erudito con el que subraya lo que va diciendo:

—Me agradó mucho uno de los funcionarios a los que inspeccioné en Sumatra. Andaba tirando los tejos a una mocita de la localidad. ¡Hablaba su lengua, pero como si nada! Así que, mi querido amigo, un día se le ocurrió la genial idea de acordarse de los cuentos de Perrault. La joven conocía el folclore de Sumatra y muchas leyendas indias. Pero la magia reside en lo exótico, es decir, para ella, en Europa. Y esta joven contó luego *El gato con botas* a la chiquillería local. Ya recordarán ustedes que el molinero les dejó a sus tres hijos su molino, su burro y su gato. Pero resulta que en Sumatra no hay molinos, así que este se convirtió en una casa de los muertos, con las alas triangulares de las águilas rodeando ese remate delantero del tejado que tiene forma de proa, porque la palabra alas solo puede referirse a las aves.

Por lo demás, los molinos son unos objetos muy curiosos. Vuelvo a ver los del desierto de Lut, en Persia, como patíbulos contra el sol poniente.

—¿Y qué me dice del burro, amigo mío? Un caballo peludo con unas orejas tremendas, algo que no habían visto prácticamente nunca.

—¡Hay que venerar a los burros! —dice Clappique—. Un día soñé con unos bichos muy raros, algo así como conejillos de Indias. ¿Se hacen una idea? Y les pregunté: «¿Qué demonios estáis haciendo ahí?». Y me contestaron: «Somos conejos *de los de antes* de las orejas».

El inspector Ala de Cuervo, que había vuelto a coger los cubiertos, los deja otra vez y alza de nuevo el índice-pipa de la paz.

—¿Por qué lleva botas el gato? ¿Porque son mágicas o para poder andar a dos patas atusándose los bigotes?

Y el cuento sigue. En vez del rey, el Amo del Petróleo; en vez de casaca dorada, un uniforme holandés. Los labriegos dicen, como en el cuento de Perrault, que su señor es el gran jefe de Kaabah (el marqués de Carabás) porque temen a un gato que habla. El ogro es europeo y vive en un ascensor, vayan ustedes a saber por qué. Dispensa una buena acogida al gato porque saluda mejor que las personas, pasándose la pata por detrás de la oreja. Como en el cuento de Perrault, el ogro acepta el desafío, se convierte en ratón, y el gato se lo come; sale del ascensor y penetra en una amplia sala donde se encuentra preparado un banquete de torreznos de jabalí y jarras de vino de arroz. Y, en torno a los manjares, un cúmulo de cajas de retratos y trampas para la voz, es decir, de cámaras fotográficas y de fonógrafos. El Amo del Petróleo concede, por descontado, la mano de su hija al gran jefe, que es dueño (como explica el gato, con la cola enhiesta) de un precioso ascensor y de un altísimo rascacielos donde siempre hay banquetes preparados. El final coincide con el de Perrault: el gato entró en posesión de muchas plantas del petróleo con sus correspondientes bichitos voladores (las torres de perforación y los helicópteros), se compró una casa dorada, con retratos de los gatos de su familia en las paredes, y «no persiguió ya más a los ratones a no ser para distraerse».

—Lo más admirable, mi querido cónsul, es que nuestro amigo nunca pudo saber con certeza qué cosas creía la joven que pertenecían al cuento de hadas y cuáles a Occidente, pues profesaba la creencia de que los occidentales regamos las torres de perforación para que crezcan. Pero ¿es acaso más pasmoso un gato con botas que un avión? Le preguntó a su pretendiente: «¿El gato hablaba tan bien como los loros? Deberías llevarme a tu tierra. Pasaría miedo... pero ya me acostumbraría. Aquí la gente come y come, duerme y se muere».

—¡Qué hacha! ¿Se la folló? En mi película Mayrena cuenta algo por el estilo.

—¿Has visto tú algún gato en Sumatra? —pregunta el embajador al inspector.

—Solo he visto gatos en Venecia y debajo del puente de Gálata, donde está la lonja del pescado. Ello no obsta, como diría el señor de Clappique, para que te conteste, si no me lo tomas a mal, que, si no hubiera gatos en Sumatra, esta historia sería aún más estupenda. Te estás aburguesando.

—¿Y por qué no iba a haberlos? —dice el cónsul—. En Borneo hay los famosos gatos verdes, que no son sino gatos con piel de liebre, como los de Abisinia... ¿Saben ustedes lo que más me llamó la atención allí? Los juguetes que llevan a los dioses. Imagínense muñecas ante el altar de la Virgen María, animales de cuerda ante el Niño Jesús. ¿Y qué podríamos poner a los pies de la cruz?

—¡Venga, vamos a poner conejos de cuerda a los pies del Niño! ¡Y que salten!

—Pero esos conejos suyos, señor de Clappique, resultan simpáticos porque están condenados. Anecdóticos juegos de aborígenes... Mientras que Yakarta y Bangkok son hoy en día grandes capitales.

Hacia 1925 Bangkok era aún una de las ciudades más irreales del mundo, la hermana de Isfahán y de Pekín. Ni rascacielos ni puentes. En la orilla izquierda, los templos, recubiertos de cascos de loza de la Compañía de las Indias, que brillaban a la luz de la mañana mientras el viento hacía tintinear las campanillas. Flores de porcelana, prietas como un ramo de novia, coronando las puertas de los palacios, y curvos tejados erizando un Asia de biombo. Nunca he vuelto a Bangkok. Mi último recuerdo de Tailandia es la estancia en Francia de sus soberanos. En el automóvil que nos llevaba a Versalles el rey me dijo: «Ya le he comentado a Balduino que solo los reyes podemos aún ser demócratas».* Después del almuerzo visitamos el palacio. La reina Sirikit fue, de todas las invitadas que tuvo que recibir, la que más agradó al general De Gaulle. Unía a la belleza ese grácil encanto que presta el budismo a las mujeres: parecen estar siempre componiendo ramos de flores. En el dormitorio de María Antonieta está, colocado en un caballete, ese estremecedor retrato iniciado en tiempos venturosos, concluido en la prisión del Temple y recuperado tiempo después con más de un orificio debido a las picas revolucionarias. La reina Sirikit me preguntó el porqué de esos orificios, y se lo expliqué. Olvidando que yo tenía algunos conocimientos de su religión, les hizo con los dedos, antes de irse, el gesto de bendición budista...

El inspector apoya de plano las manos en el mantel y prosigue, con su hieratismo de piel roja:

—Borneo sigue resultando sorprendente. Seria es una ciudad petrolífera rodeada de aldeas que viven en la edad de piedra. Trescientas torres de perforación en el mar, amigo mío, con sus plataformas para los helicópteros. Y bungalows, por supuesto. Todas las ciudades petrolíferas son iguales.

Me acuerdo de Abadán, al fondo del golfo Pérsico; con bungalows, efectivamente, al pie de las fábricas verticales como pilones de templos egipcios. Me acuerdo también de la procesión de selenitas de las torres de perforación cruzando el desierto de Mesopotamia.

—En las aldeas, mi querido Pierre, perros que aúllan y no saben ladrar, gallos de pelea que cantan toda la noche, niños

* El rey de Bélgica.

con cascabeles para que sus madres puedan localizarlos en la oscuridad de las casas comunitarias. Y animales voladores: ardillas, monos e incluso lagartos. Todos los indígenas llevan relojes de pulsera que no andan. Los japoneses trajeron camiones de relojes, pero ninguno aguantó el clima. Y no sabes, amigo mío, lo intranquilizador que resulta un sitio donde hay relojes por todas partes pero no hay forma de saber la hora...

»Los leprosos salen a gatas de sus cabañas a la luz de las rojizas antorchas del petróleo, que arden a veinte kilómetros. En las "casas largas" de los antiguos cazadores de cabezas quedan calaveras de japoneses que murieron en la jungla durante la guerra y aún llevan puestas las gafas.

La anécdota entusiasma tanto a Clappique que se pone de pie; vuelve a sentarse mientras Ala de Cuervo lo mira con plácida sonrisa y tira al suelo una de las máscaras que cuelgan de la pared que tiene inmediatamente detrás.

Hay en todas las paredes, pintadas de color crema, objetos populares: marionetas, máscaras (sabiamente escogidas) de Siam, de Java, de Sumatra, de las islas de Nueva Guinea. Por la tarde, en el museo, entre todas las máscaras que, en tres mil kilómetros a la redonda, sirven a los sueños o mandan en ellos, me embargaba la misma sensación que había notado tiempo atrás, en el puerto, entre los juncos, los paquebotes franceses y los praos malayos: la de estar en una ciudad en que todo se mezcla, donde Siam está más o menos cerca de las Célebes, donde una población china se afana entre la India y Australia. Acabo de recobrar la India, voy a recobrar China: la poderosa unidad de unos continentes. ¿Qué unidad puede hallarse aquí, desde Rangún hasta Nueva Guinea? Y, sin embargo, este variopinto conjunto constituye también un mundo, un mundo que no se limita al universo británico en el que se fundían los conquistados océanos. Singapur es una estrella de mar.

Pero ya ha dejado de ser el imperio; ya han ocupado los *jets* y las avionetas el lugar de los paquebotes y los praos. En ella se unen la internacional de modestos rascacielos con la internacional de los salvajes mansos y los cazadores de cabezas que hace tiempo conquistó el Ramayana; y una vez más oigo la voz que me dice: escucha el remoto ruido de la ciudad de Ys al hundirse en las aguas, el de Bizancio al desplomarse despacio; escucha cómo se va extinguiendo lo que fue Singapur en el año 1965 de la era cristiana...

Hace tiempo que me es familiar esta sensación solemne y lúgubre. Nada tiene ya que ver con el paso del tiempo, que nos lleva consigo y reconquista el pensamiento o la obra de arte, sino con el águila heráldica cuya sombra pasa sobre mí como el viento tibio del océano, con el Tiempo asesino que conduce hacia el anonadamiento las historias y la historia. ¿Puede el recuerdo transfigurado reconquistar la juventud perdida? ¿Puede la mente recuperar el paso del tiempo? Oigo el murmullo, ya exhausto: «Atiende, fíjate bien en las preces que alzo por la agonía de eso que llamaban Europa; pronto nadie recordará ya sino mi susurro...».

El embajador le está preguntando al inspector:

—¿Qué opinas del comunismo de Borneo? Los periodistas estadounidenses que se alojan en el Raffles se han visto en más de un aprieto.

—Las flechas envenenadas de las cerbatanas no son nada recomendables para la salud. Y, en lo tocante al comunismo, puedo decirte que llegas a Brunei y no hay nada de nada en las tiendas. Pero en las aceras te encuentras con un revoltillo de máquinas de escribir, sostenes, sombreros, cohetes de feria y qué sé yo cuántas cosas más, y te cruzas con indígenas que se asustan de los coches y llevan en las orejas cepillos de dientes, en vez de los colmillos de tigre que proclamaban que aquel que los lucía había llevado a su aldea una cabeza de ese animal. Quieren poseer las cosas que ven en las aceras y creen que los blancos no les dejan conseguirlas. El comunismo les permitirá por fin hacerse con los sombreros y los cohetes.

—¿Y en la zona de las torres de perforación?

—En Seria los obreros no se consideran proletarios, sino miembros de la alta burguesía. No hay comunismo ni ahí ni en la selva, donde los indígenas son muy hospitalarios. Con lo único que hay que tener cuidado es con las fotos: si haces una foto a alguien y ese alguien se muere a la mañana siguiente, eso quiere decir que le has robado el alma con tu caja de un solo ojo. Y te matan, lo cual no deja de resultar molesto.

»La joven de Sumatra no solo me resultó simpática por su versión de *El gato con botas*, sino que además me convenció; su padre no había tenido en cuenta el parecer de la muchacha. En Borneo enamorarse es un pecado. Todos se acuestan con todos, pero es el jefe, y no los individuos, quien decide las uniones.

—Esos nativos de los que habla usted, que viven entre lagartos voladores —dije—, conciben el matrimonio como lo concebía Saint-Simon: «Señor duque, deseo contraer matrimonio con su hija mayor». «Lo siento, señor duque, pero ya está comprometida». «Pero tiene usted otra, ¿no es cierto?».

—Poco más o menos. Es un mundo muy curioso. Estuve charlando con un jefe que me decía, muy razonador: «Si fuéramos cristianos, sería un fastidio, pero no tendríamos que esperar los presagios de las águilas pescadoras para comenzar la siembra. Y podríamos cortarles la cabeza a los invitados. Conozco la ciudad: he estado en la cárcel. Allí fue donde aprendí a coser a máquina. La cárcel es menos absurda que la ciudad. Es como la selva: no cuesta dinero comer. En donde yo vivo caían del cielo durante la guerra paraguas blancos muy grandes».

Paracaídas de colores en la noche de Corrèze; fuegos de posición que debían de parecerse a las hogueras de las aldeas de los dayaks; livianas setas que caían, hace veinte años, desde Bretaña hasta Nueva Guinea y Japón...

—«Hice taparrabos para toda la tribu», decía el jefe. «Quisieron enseñarnos a disparar, pero a nosotros nos gustan más las cerbatanas. Los japoneses pagaban quinientas rupias por una cabeza de australiano; pero había pocas. Luego hubo muchas cabezas de japoneses, pero los australianos no pagaban nada por ellas. Y al final prohibieron cazarlas. Los blancos no saben lo que quieren».

El embajador dijo:

—¿Saben ustedes quién era embajador de Suecia cuando Rimbaud dejó el circo y pidió que lo repatriaran? Gobineau.

Clappique le alarga —en vano— su monóculo oscuro, que indudablemente entona más con el rostro del embajador que con el suyo.

—¡Gobineau! ¡Muy digno! ¡Estupendo efecto! ¡Está bien eso del circo! Rimbaud no debería haberlo dejado. ¡Qué pobre hombre! ¡Qué burgués! ¡Tierra, trágatelo! ¡Ay, aquellos tiempos en que la flota del rey del opio estaba ante las costas de Shanghái...! ¿Qué se puede hacer hoy en día? ¿El payaso? ¡Querida tierra! La aventura más pasmosa debió de ser la de la nieta de Tamerlán. En la película que estoy escribiendo hago que Mayrena la cuente una noche, a bordo del barco que va siguiendo las costas del Anam (1888, ¡chitón!), en compañía de unos cretinos vestidos de blanco y unas cretinas de las de aquellos tiempos. «Llámeme Alphonsine, señor barón... Cuente, cuente: también a las señoras nos interesan esas historias...».

Clappique hace dengues. En cuanto se entusiasma, la entrecortada voz se le convierte en la voz profunda y exaltada de un actor romántico de altos vuelos: Frédérick Lemaître a caballo entre Ruy Blas y César de Bazán. Vuelve a ponerse con firmeza el monóculo oscuro.

—Era tan nieta de Tamerlán, señores, como lo fue de Enrique IV aquella adorable sinvergüenza de Lavallière. Pero ella al menos consiguió casarse. ¡A lo musulmán! La capturaron las tropas del emir junto con una caravana persa y se la vendieron como esclava al nieto del emperador, que era un alfeñique con unos hábitos... en fin, ya me entienden ustedes... y que solo pensaba en escribir poemas mientras los caballos imperiales pisoteaban las Puertas de Hierro.

Se mete el monóculo en el bolsillo, echa hacia atrás con noble ademán la cabeza y se acaricia despacio una barba digna del Olimpo. Nada queda ya de su aspecto de comadreja: como todos los grandes mimos, es capaz de crear la ilusión de otra apariencia cualquiera.

—... Pero las tropas de Bayaceto mataron de un sablazo al príncipe heredero, que capitaneaba la caballería de la guardia durante la batalla de Angora, y por desdicha el príncipe de nuestra historia se convirtió en el heredero del imperio. ¡El anciano Tamerlán, agobiado de pena, contemplaba aquellos hombros que no podían con la lanza y sobre los que iba a echar él el imperio más dilatado del mundo! Lo primero que se le ocurrió fue mandar detener a la muchacha, pues debía de opinar, señores, que en determinados casos un imperio puede sobrevivir a la necedad de un hombre, pero nunca a las bajezas de una mujer.

»Ya saben que la agonía de Tamerlán comenzó al llegar a China. Murió pocos días después, y los generales ordenaron la retirada. Pero era tal el miedo que le tenían todos que nadie se atrevió a decir que había muerto: regresaban los lanceros, con las colas de zorro en la punta de las lanzas, y la guardia escoltaba la litera cerrada donde se iba descomponiendo el pavoroso cadáver, como si, pese al hedor, el emir hubiera podido despertar aún para mandarles cortar la cabeza a unos cuantos indiscretos.

Es posible que el número esté preparado; pero Clappique improvisa, en alas de la imitación propiamente dicha y de una elocuencia de narrador oriental de cuentos que exalta aún más el alcohol, aunque no haya evidencia de que el barón esté borracho. Me parece que sobre todo se ha apoderado de él ese delirio con el que sin duda presta vida a un personaje, pero que le exige un interminable monólogo.

—Como la mujer estaba segura de que la iban a condenar a muerte, fue a postrarse ante la emperatriz y afirmó que estaba encinta. ¡Qué suerte tiene el más encantador y sufrido de los sexos, señores! ¿Con qué medios habría contado un hombre para ganar siete meses? Tamerlán fallece, y del anunciado niño, ni rastro. Pero el príncipe se convierte en emperador. ¡Totalmente incapaz de llevar con mano de gentilhombre las riendas del imperio! Los correos imperiales recorrieron todas las provincias voceando la orden de enviar a Samarkanda cuantos tesoros tuviesen. Y allí fueron todos a parar, y también los músicos persas con sus violas y sus instrumentos de alargado astil.

»Todas las noches la exesclava se sentaba en uno de los tronos que había delante de la gran alberca de mosaicos color turquesa donde nadaban los ciprinos sagrados de Tamerlán. ¡Los músicos tocaban bajo estas mismas estrellas de Asia que brillan, señores, sobre nuestras cabezas! Los servidores traían a la princesa, quieta en su trono, los tesoros del imperio. ¡Y ella se los iba echando a puñados a los peces!

»El ejército regresó a marchas forzadas. Los generales tomaron el poder. ¡Depusieron al príncipe y tuvieron a su subli-

me bribona en la picota dos días, durante los cuales el popula-
cho acudió a escupir en aquellos embrujadores ojos que
habían desdeñado los tesoros...! —Clappique baja la cabeza,
se acaricia sobre el pecho la imaginaria barba y hace un amplio
ademán desengañado—: No murió hasta pasados veinte años,
en una casa de los arrabales donde trabajaba de lavandera...
—Se saca luego el pañuelo del bolsillo superior de la chaqueta, se seca el sudor que le chorrea por la frente y vuelve a la voz
de falsete—: ¡Esta historia sí que merece la pena! ¡Tierra, trá-
gate a este señor y a su Rimbaud birrioso! ¡Cuarenta mil francos de oro guardados en el cinturón! ¡Y vuelve para casarse!
¡Los aventureros no se casan!

　　—Su colega ruso —le digo al embajador— me contó que
cuando sacaron a Tamerlán de su sepulcro de Samarkanda, no
sé ya muy bien a santo de qué, descubrieron que era pelirrojo.
La inscripción rezaba: «Maldito sea quien abra este sepulcro».
Dos días después Hitler invadió la Unión Soviética.

　　—¿Qué pasa con Java? —pregunta el embajador al *sachem*.

　　—Me habría gustado encontrar documentos que tuvieran
que ver con los franceses de la República Bátava allá por 1795.
¡Nada de nada, mi querido amigo! La isla sigue siendo extraordinaria, si pensamos que está tan cerca. Al atardecer, las
cometas por el cielo de Yakarta...

　　Me acuerdo de las batallas de cometas con espolones de
navío, hace tiempo, en el cielo de Bangkok. Y de los duelos
de peces luchadores de Siam en las peceras, cuya agua se te-
ñía de sangre al tiempo que un pequeño pez cambiaba de color mientras subía a morir a la superficie del agua...

　　El inspector está hablando del colosal obelisco y de su
museo Grévin, de los veleros de Surabaya, de los árboles pelados de cuyas ramas cuelgan, en vez de hojas, zorros voladores que despliegan las alas transparentes y echan a volar;

de la división de élite que marcha tras un jefe vestido con una piel de tigre; del brujo que acompaña al presidente; de la propaganda política, que corre a cargo de los teatros de sombras...

—¿Se hacen una idea? —dice Clappique—. El protagonista derrota por completo al ejército de monos y empieza a vociferar: ¡Viva el partido comunista indonesio!

—¡Qué va! ¡Mucho mejor, señor de Clappique! El hombre que maneja los títeres repite la frase secular: «Ahora los árboles se convertirán en fantasmas, y el mundo de los antepasados infundirá vida al mísero mundo de los vivos». Y en ese momento habla Indonesia por la voz de los antepasados. Sucede lo mismo con Sukarno: como todos lo consideran el padre de la independencia, es también el delegado de los antepasados. ¿Lo conoce usted, señor ministro?

—Algo. Es el único jefe de Estado jovial con el que me he topado. En Orly me hablaba de mis libros mientras iba del avión a la sala de autoridades; al llegar allí, estrechó la mano del comité oficial de recepción; tiró de la barba, al pasar, a unas cuantas autoridades indonesias y se esfumó con una última carcajada...

—En Malasia —dice el embajador— afirman que estallará la insurrección comunista antes de fin de año.

—E inmediatamente después la guerra civil, mi querido Pierre...

—Hay cinco millones de comunistas. Y su partido es más antiguo que el Partido Comunista de Vietnam.

—Y tienen noventa y cinco millones de enemigos, querido amigo. Los comunistas tomarán el poder, pero no podrán conservarlo. Los odian, y esa mezcla de nacionalismo, creencias religiosas y tradiciones tiene mucha fuerza.

—¿Y los chinos?

—No son ni chinos de Mao ni chinos de Chiang Kai-shek. Se parapetan con prudencia tras el retrato de Sun Yat-sen y son chinos de Java.

—Esa es también mi impresión —dice el embajador rascándose el británico bigote—. Y, en lo referente a esas creencias y tradiciones que has mencionado, la religión ortodoxa no era ninguna tontería en Rusia cuando Lenin tomó el poder.

—Pero, sin la guerra, ¿habría podido más el comunismo que la religión ortodoxa? —pregunto.

—Ya verán —dice el inspector—: matarán a unos cuantos miles de chinos a diestra y siniestra, pero el juego andará entre indonesios. Y en el terreno religioso. La última Constitución de Sukarno instituye un dios único. No le va a faltar tarea. Si la insurrección comunista no triunfa en un plazo muy breve, amigo mío, se volverá sacrílega. Y en tal caso, según las tradiciones más afincadas, una noche todos se pondrán a degollarse entre sí. Los cris cuestan ahora el doble. Los degollamientos empezarán primero en tu territorio, Pierre, por la zona de Macasar. Para no variar.

¿Cuándo había estado yo en Macasar? ¿Hace treinta años? Juncos por el ancho río; una puerta negra, como los pórticos de nuestras iglesias de Auvernia, erigida, si no recuerdo mal, para honrar el sepulcro de Albuquerque; los portugueses, los holandeses, los estrambóticos franceses de 1795, el reino de Srivijaya, en Sumatra, con el que quiere rivalizar el de Sukarno, igual de extenso y sin duda igual de frágil. Sukarno me dijo en el Elíseo: «Tenemos cien millones de habitantes», y sentí deseos de preguntarle: «¿Por cuánto tiempo?». No se me habría ocurrido preguntar a Stalin: «¿Cuántos años seguirán teniendo tantos miles de habitantes?», ni tampoco a Nehru. Creo que Insulindia es una realidad; pero no de orden político. En este país se han trenzado las místicas de la misma forma que en otros se ha conseguido conciliar los dogmas. Siempre me ha hecho soñar la expresión: la era de los grandes descubrimientos. ¿Y si los navíos de Srivijaya, dueños y señores de los mares de Asia, hubieran «descubierto», en su día, nuestros míseros puertos merovingios?

Nos sirven de postre *gula malacca*, un flan de arroz con leche de coco y caramelo. Lo tomé en el hotel Raffles hacia 1923... La mujer más guapa de cuantas he visto en mi vida salía en ese momento del comedor; entre el océano Índico y el mar de China, se estaba poniendo el sol sobre el Imperio británico...

Tras la cena, vuelvo al hotel con Clappique. Quiere leerme su proyecto de película y, de paso, enseñarme la calle de la Muerte, que nunca he visto.

El automóvil en el que vamos deja el bulevar. Y Clappique me pregunta, como si la oscuridad lo retrotrajese a la conversación de la cena:

—¿Qué aventurero lo ha interesado más?

—Depende de los días... Esta noche me inclino por Renaud de Châtillon.

—¿Rey de Siria?

—Señor de los territorios de allende el Jordán. Me he acordado de él porque acabo de seguir las costas de Arabia a bordo del infeliz Cambodge. Renaud es el anticaballero: Jaufré Rudel se dirige a Trípoli en busca de la reina Melisenda porque la ama sin haberla visto nunca; y Renaud, porque sabe que es viuda y quiere casarse con ella. Lo más grande es que se sale con la suya, mientras que el pobre príncipe poeta muere antes de llegar a Trípoli. Renaud consigue que lo nombren jefe de la guardia de mercenarios...

—¿Los matones locales que hacían por entonces de guar-
daespaldas?

—Efectivamente. Se casa con la reina. Esta muere y ya lo
tenemos de rey. Hace un pacto con Saladino para que las caravanas que van a La Meca puedan cruzar por su reino. Pero
transporta una flota cristiana desmontada desde Trípoli hasta
sus tierras del Mar Rojo y creo recordar que toma Medina. La
ciudad era santa aunque pobre. Así que saquea la más suntuo-
sa de las caravanas islámicas que se aventura por sus feudos...

Clappique alza un dedo recordatorio y cita:

—«"¿Vio pasar", dijo ella, "a mi niño querido?" / Y el ogro,
bla-bla-bla, dice: "Me lo he comido". / Y fue una torpeza...».

»Y tenía razón Victor Hugo: fue una torpeza.

—Saladino conquista los territorios de allende el Jordán y
conduce a Renaud a El Cairo, atado a lomos de un camello
(y coloca al prisionero mirando hacia la cola del camello, señal de sumo desprecio); le echa la cabeza hacia atrás, tirándo-
le de los blancos cabellos, le reprocha su traición y lo degüe-
lla. ¿Le ha gustado?

—¡Ese rufián de altos vuelos me ha encantado, querido!

El automóvil da la vuelta a la esquina de un mercado ruti-
lante de luces de neón y colmado del alboroto de los discos
chinos; cruza un bulevar a oscuras y se detiene a la entrada de
una calle. No pueden pasar los coches y hay tenderetes en la
calzada. Unas sombras convergen hacia una luz de antaño que
interrumpen varias callejuelas donde, en lo más profundo de
la China eterna, palpita el tembloroso resplandor de unos cabos de vela. A medida que se interna en ella el último vendedor, con la caña de bambú al hombro, se va apagando el ruido
de sus tablillas. Todos los discos del vecino mercado sonaban
como berridos; pero aquí la música es de voces auténticas y
de instrumentos de verdad: la música de la muerte. Coronas

de flores blancas, que, a no ser por su gran tamaño, recorda-
rían los ramos de bienvenida de la India, hechos de nardos y
flores de amancayo; familias que están comenzando los ágapes
funerarios ante cajas de muerto cuya curvada línea recuerda la
de un barco; a su lado, un artesano, cuyo torno, con el que fabrica curiosos servilleteros, parece cantar como si lo tañera
con un arco. La calle de la Muerte ha comenzado su sonámbula existencia.

—Entre otros oficios —me dice Clappique—, soy corres-
ponsal de la agencia de prensa francesa. Forain contó en una
ocasión una historia preciosa a uno de los prójimos que saco
de paseo de vez en cuando.

»Iba, un día que estaba nevando, a visitar a Nina de Callias, la *Mujer de los abanicos* de Manet.

—¿La misma que tenía las alfombras llenas de agujeros
porque, durante el sitio de París, su canguro se había comido
las hojas verdes de los dibujos tejidos en ellas?

—¡Se las sabe usted todas! ¡Enhorabuena! Y ve a dos individuos que discuten acaloradamente, sin gabán, con las manos
metidas en los bolsillos, los sombreros de copa abollados y los
picos de los cuellos vueltos hacia arriba (¿Se hace una idea?
Caballeros mendigos de Daumier debajo de un farol de gas):
«¡Las escalas medían noventa pies de alto, caballero!». «¡Ochenta y cuatro, caballero!». «¡Uno de mis antepasados lo vio con
sus propios ojos, caballero!». «¿Vio a los cruzados tomar Bizancio? ¡Ajajá! ¡Pues uno de los míos también lo presenció!».
«¿Cómo se llama usted?». «Auguste de Châtillon». «Yo soy
Villiers de L'Isle-Adam».

»Y, borrachos perdidos, se besaron bajo la nevada y se fueron a casa de Nina haciendo eses.

—Auguste de Châtillon —digo— fue el autor de *La Le-
vrette en pal'tot...*

—Sí. Y el amante de Adèle Hugo, por lo que publicaba a la sazón el *Canard enchaîné*. ¡El himno sédang de Mayrena lo compuso, con letra de Mac Nab, que interpretaba sus canciones en Le Chat Noir, el cuñado de Verlaine, Charles de Sivry! ¡Si no le gusta, no les agüe la fiesta a los demás!

Tararea el himno, que cubren los ruidos callejeros. Nina de Callias, Villiers de L'Isle-Adam, Verlaine, Manet, el canguro, la extravagancia y la genialidad del barrio de Les Batignolles... Vamos siguiendo una hilera de hoteles chinos que parecen fumaderos o entrepuentes de Julio Verne; de las literas superpuestas cuelgan brazos de campo de concentración. En los cafés chinos esperan, en torno a mesas redondas, algunos hombres desplomados; alrededor de las mesas cuadradas que hay en la calle algunos ancianos que no tardarán en ir a tenderse en sus tétricas literas; se agolpan allí miles de agonías de hombres que son carne de asilo, que aguardan con paciencia, en esa luz, entre la fúnebre música que procede de las capitales enterradas, Singan-fu, Luoyang, en las que el emperador plantaba las primeras semillas...

Pasa un perro. Clappique lo llama: «¡Chucho! ¡A mis brazos!». El perro echa a correr. Clappique sigue hablando:

—Un día, los estadounidenses me mandaron a un fulano alemán, un exayudante de la gran Leni Riefenstahl. ¡Tierra, trágatelo! ¡Estaba preparando una película sobre Hitler! Nunca se ha vuelto a saber de la tal película. Pero el fulano aquel de los bigotes había sacado el partido que había podido a sus recuerdos, a los de su jefa, a los de los demás e incluso a Nuremberg. Contaba anécdotas de periodista y también, ¡chitón!, de Shakespeare. ¿Le suena Shakespeare? ¡Guillermo, como el káiser de marras! Y como Apollinaire, que se estaba muriendo mientras la gente voceaba en su calle: «¡Muera Guillermo!». El mundo es un pañuelo.

»El fulano ese te contaba de entrada una historieta que quedaba muy de cine: después de irse Hitler, llegan las cámaras del noticiario a la cancillería: alfombras enrolladas y un sombrero olvidado encima de una silla, un sombrero con una monada de plumita tirolesa, bien tiesa, ¡arriba los muertos!, que hace temblar cada bomba rusa que cae. Los operadores no se atrevieron a rodarlo. ¡Una pena!

»Y luego te salía con un recuerdo que le había contado Speer. Están Speer y Hitler juntos y a solas en vaya usted a saber qué granja de Francia. Las doce menos cinco de la noche. Hitler manda apagar todas las luces de la casa de labor y del pueblo, y se hace un ovillo en un sillón de madera para oír el clarín del armisticio. El fulano de los bigotes explicaba muy bien aquel silencio, el olor del campo, los ruidos que hacían los animales, y Hitler allí esperando.

»Y luego la insensata esperanza de los últimos días: los exaltados que, en el antiguo salón de Bismarck, en Berlín, le dicen a voces a Göring: "¡Los rayos de la muerte! ¡Al fin hemos descubierto los rayos de la muerte!", aunque Göring sabe perfectamente que nadie ha descubierto nada.

Me acuerdo de la visita de los Windsor a Göring, antes de la guerra. El duque envía a Karinhall un tren eléctrico para los niños. Después del almuerzo, sube con Göring para ver cómo juegan con él. Pasa un cuarto de hora y no vuelven; media hora; tres cuartos de hora. La mariscala se preocupa, sube con la duquesa, y se encuentran al exrey de Inglaterra y a Göring, a gatas y fascinados ambos por el maravilloso juguete que los niños, ya hartos, miran sin gran interés.

De la misma forma que miran la muerte los chinos que nos rodean.

Me acuerdo también de la amante inglesa de Hitler, a quien le decía Gaston Palewski: «¿Cómo fuiste capaz de acostarte con ese gorila?*». «¡Huy! Es el amante con el que más me he divertido. ¡Nunca me lo había pasado tan bien como jugando al escondite en Berchtesgaden!».

Clappique prosigue:

—«¡Hitler», seguía vociferando el fulano aquel, muy indignado, «Hitler quiso convertir Alemania en tierra quemada y casi nadie obedeció! ¡Quiso destruir París y ahí siguen ustedes teniendo París! ¡*Wunderbar*, pero no acabo de dar con las imágenes!». ¡Qué desgracia! ¡No acababa de dar con las imágenes! *Horréibol*, cada vez más *horréibol*, como decía Shakespeare (Guillermo). ¡Hitler cornudo! ¡Chitón! ¡Me apunto!

»¡A veces, ya lo creo que daba con las imágenes el tipo aquel! Eva Braun, una mecanógrafa encanijada, ¡encanijada le digo a usted!, llega al búnker, y los más duros de todos los duros le dicen que se largue, y ella los manda a la mierda. El fulano de los bigotes contaba: "Y ya no se atrevían a decirle nada más porque daba la impresión de que la muerte venía con ella". ¿Le ha gustado? ¡Y encima era verdad! Ya había dicho Hitler tiempo atrás: "Un día no me quedarán ya más que dos amigos: la señorita Braun y el perro". Cuanto peor iban las cosas, más se apegaba al perro. Un pastor alemán, Blondi creo que se llamaba. Nada de gatos. Hacía bien en querer a los animales. Los últimos días los aviones alemanes tiraban de cualquier manera los víveres para el búnker. ¡A ver qué vida! El individuo que iba a recogerlos era un guardián del Tiergarten. Me encanta.

No hay bajeza alguna en esta imagen del guardián de los animales, o de las fieras, alimentando a Hitler... Me acuerdo del último invierno de la guerra; la brigada Alsacia-Lorena se enfrentaba casi sola en Estrasburgo a los carros de Rundstedt. El general De Lattre me había dicho: «Si no vuelven los estadounidenses, tienen que estar ustedes ahí a pie firme y no de-

jar que los cojan prisioneros». «Por supuesto». Los estadounidenses volvieron. Pero tardaron. Al fin quedó rota la
ofensiva alemana. Una noche salíamos del comedor de oficiales. La nieve resplandecía a la luz de la luna llena. Uno de nosotros dijo: «Es la última luna que verá el Tercer Reich». Hoy
el calor de la noche de Singapur arropa el melancólico chirrido de la voz de Clappique:

—Al fulano lo tenía entusiasmado la penúltima secuencia
de su película: Hitler pegado a la pared del búnker, con un ataque de tortícolis, llamando cariñosamente al perro para desce-
rrajarle una bala en la cabeza. También podría haber sido la última. ¿Por qué lo traje aquí? ¡Pregunto y medito! Conclusión
precipitada: sería seguramente porque me dijo que lo trajera.
¿O no? Llevaba bigote, pero era de carácter tenebroso y alber-
gaba la esperanza de que esta calle le proporcionara temas te-
nebrosos. ¿Por qué no?

Clappique abarca la calle de la Muerte con un ademán
vago y algo temblón. Se duerme el pelado dragón milenario,
que se ha tendido para morir entre su pueblo de tinieblas, perdido ya todo el esplendor de sus imperios, con sus escamas de
cáñamo, de sacos y de andrajos. Vámonos hacia la electricidad
de la ciudad europea.

El Raffles ha cambiado mucho; pero, como en otros tiempos, los
conductores de los carricoches juegan en la acera a las cartas chinas. No tiran ya de los *rickshaws* con varas, sino montados en
una bicicleta. La primera vez que vine aún no había cumplido
los veinticinco. Tenía por delante Asia; y mi destino. ¿Qué esperaba de él? Ya ni me acuerdo. Ahora doy la espalda al destino. Y compruebo una vez más hasta qué punto rechazo mi pasado, hasta qué punto me resulta ajeno todo el espacio de vida

que, en esta misma acera de Singapur, separa a los ciclistas chinos de los que tiraban de los *rickshaws* de 1923. (¿Fue en 1923...?).

Aún existe el pequeño patio rodeado de puertas de media celosía; las mismas puertas de vaivén del hotel de Gramat, donde estuve tendido en las baldosas, frente a los alemanes. En el centro del jardincillo, las mesas del bar. Clappique me acomoda debajo de una palmera de tronco recto, pide coñacs con sifón, desaparece, vuelve con un manuscrito (¡muy grueso!) debajo del brazo. En la mesa de al lado, ante una consumición, un periodista estadounidense herido en Borneo y con el brazo en cabestrillo.

—Méry vendrá dentro de un rato a tomar una copa —dice Clappique—. Vive aquí.

—¿Por qué no estaba en la recepción? El cónsul general es muy agradable y su mujer también.

—Lo horrorizan las recepciones. Tiene ya más de setenta y cinco años. El cónsul no se lo tiene en cuenta. Está convencido de que Méry no va a durar ni un mes. ¿Lo sabrá por el médico? Es posible...

Méry había desempeñado en Indochina un cargo equivalente al de un ministro de Instrucción Pública.

—¿Qué hace en Singapur?

—Espera la muerte. Tierra, tráganos...

—¿Está al tanto del diagnóstico?

—Pues, según parece, depende de los días. Comercia con mariposas. Habla de maravilla de las mariposas. Escribe acerca de la Indochina de los tiempos de usted y tiene muchas ganas de verlo. Vivía con una bacterióloga vietnamita.

—¿Comunista?

—¿La bacterióloga? Seguro que sí. Él no. Le importa un pimiento. Ella murió hace poco. Desde entonces vive solo con un chaval camboyano que habían adoptado y por el que siente adoración. Me imagino que, de no ser por él, le daría casi igual morirse. Dicho lo cual, si prefiere usted no verlo, puede escurrir el bulto.

—No.

—¡Estupendo! ¡Ven aquí, Limpiaplumas! ¡Cada cual tiene su gato con botas!

Un dócil gato negro baja de un brinco de un sillón de mimbre y viene a arrellanarse en las rodillas de Clappique.

—Antes aquí había baile... —comento—. Y tantos mosquitos que, cuando me quitaba los zapatos, se me notaba la marca en blanco en los pies morados de ronchones.

—Los mosquitos están muertos. ¡Y no solo ellos!

»Así que Limpiaplumas y yo hemos escrito, a la chita callando, una pequeña obra maestra sobre la cual me gustaría tener su opinión. Se llama *El reinado del Maligno*. No hay peores pelmas que los literatos. Ello no obsta para que hace ya tiempo sintiese usted un interés bastante asiduo por el rey de los sédang. ¿O no?

Por supuesto que no me había olvidado de David de Mayrena, cuya leyenda, de gran actualidad en la Indochina de 1920, es una de las fuentes de mi *Vía Real*. Pero solo me proporcionó un telón de fondo. Los indochinos de antes habían fabricado aquella leyenda con sus sueños y le añadían los detalles de su mediocridad. Al menos pude ver las fotos: un Júpiter de dentadura demasiado aparatosa que lucía un dolmán.

—Menos mal que no sabemos casi nada de la conquista. Ello no obsta para que me encandile el rey. ¿El rey? ¡No! La época; eso que hemos llamado durante la cena el Asia adormecida.

Sé a qué se refiere: la hora verde en la terraza del Continental, la noche cayendo sobre los algarrobos, los cascos del sargento Bobillot, las fichas del *mahjong* que suenan más que los maullidos de la música de Cholon, las victorias y sus cascabeles por la calle de Catinat, el breve y febril golpeteo de bi-

llar de los ábacos chinos, el toque de queda en los cuarteles de
los batallones de cazadores senegaleses...

—Estoy satisfecho de la primera secuencia. Mayrena y su
amigo Mercurol (Pernod, lagartijas en el techo, montones de
efímeras en el quinqué) oyen llamar a la puerta, ven a un tipo
de uniforme y creen que va a detenerlos. ¡Chitón! ¡A lo que va
es a avisar a Mayrena de parte del gobernador; y este lo pone
al frente de la misión en territorio sédang porque ha leído sus
artículos! ¡Al principio Mayrena no sabía nada de la confede-
ración sédang! Lo que le interesaba era el oro.

—Bien empieza la cosa.

—¡Otra secuencia que me pone más frenético que un vi-
brión! Mayrena está cenando en casa del residente del último
reducto francés antes de internarse en territorio sédang. Y la
señora del residente «escribe». ¿Se hace una idea? El pelo color zanahoria, los ojos tiznados de carbón, pintada como un
payaso. Mayrena, que es un mitómano, le cuenta que ha conocido a Victor Hugo y le recita las dos estrofas de «Olympio»:

> *¡Contesta, puro valle! ¡Ay, soledad, contesta!*
> *¡Y tú, naturaleza, retraída en la hermosura*
> *de este desierto! ¿Acaso, cuando en esa postura*
> *que a los absortos muertos el sepulcro les presta*
>
> *durmamos ya los dos, seréis tan despiadados*
> *que no suspenderéis la vida placentera*
> *aunque en la tumba yazca amor a nuestra vera,*
> *ni dejaréis la risa y el canto alborozados?*

»La cordillera del Anam. Las lagartijas en torno a la lámpara, el canto de las ranas. ¡Nuestra Asia, vamos! Y luego un
fundido encadenado y un primer plano de la poetisa, en plan

Loca de Chaillot, que le responde con los últimos versos de «Recuerdo», que es una respuesta a Hugo, no a Dante, como asegura ese embustero de Musset:

> *Por mucho que cayera del rayo fulminado,*
> *no hay fuerza que el recuerdo arrebatarme pueda.*
> *Como el marino exhausto que el temporal doblega,*
> *a él estoy aferrado.*

> *No hay nada que me importe, ni los fecundos suelos,*
> *ni la suerte que pueda correr la especie humana,*
> *ni si lo que hoy sepulta la capa de los cielos*
> *lo alumbrará mañana.*

—Y de telón de fondo una discusión indígena en la oscuridad de la noche...

—Hace falta una actriz que recite muy bien. Oí una vez a Moreno, que tenía pinta de celestina de capa caída, recitar «El balcón» con las manos a la espalda. ¡Extraordinaria! ¡Que no me cuenten cuentos! ¡El operador va a tener que echar el resto! ¡Qué chico tan mayor! ¡Las caras tienen que ser como de títeres de guiñol, pero el texto no debe resultar caricaturesco sino todo lo contrario! Tiene el mismo papel que la música, ¿se hace una idea? Y la importancia de los títeres debe ser menor que la de la noche. Me gustaría reconstruir nuestra Indochina de antes: sucedía, sucede, sucederá... ¡Asia! Los grandes árboles, las lianas, las ranas...

—El mugido de los sapos de caña proporciona esa impresión que anda usted buscando: callan si se acerca alguien y parecen venir siempre desde muy lejos...

Repite a media voz: «... ni la suerte que pueda correr la especie humana...», y apoya las manos en el manuscrito. En la tibieza de la noche los clientes del Raffles vuelven del cine sin que por ello se interrumpa el fascinado vuelo de las efímeras.

—También hay que tener mucho cuidado con la selva. ¡Problema! Un ambiente asfixiante; calveros en la espesura; mil metros más abajo: el Anam. ¡Y por allí tiene que pulular de todo! ¡Aldeas como chinches silvestres! ¡Sanguijuelas, ranas transparentes! Un esqueleto de búfalo limpio pero lleno de hormigas. ¿Se hace una idea?

—Divinamente. Para mí las selvas consisten en insectos y telas de araña.

—Y, al caer la tarde, los árboles empiezan a charlar entre sí... Los culis se escabullen; la caravana es cada vez más corta... Al pisar territorio sédang, un muerto, con una flecha clavada en el ojo. Los salvajes con sus largas lanzas. En los collares, mezcladas con los dientes de tigre, pepitas de oro. ¡Mayrena lleva un dolmán azul pálido, muy discreto él! El recibimiento de los padres (o no, todavía no estoy seguro). Cerdos negros. Aves de corral. Chozas repletas de huesos: los animales de los sacrificios. Afiladas púas de bambú clavadas en los caminos. Una mujer que llora porque se le acaba de morir el hijo. En las chozas de los jefes, calaveras de animales. Buitres. Mercurol da cuerda a unos autómatas. Reparto de quinina; y a continuación llegan unos cuantos individuos a pedir a Mayrena que les haga recobrar un brazo, un ojo, una pierna...

»Aquí me gustaría una escena de brujería. Hubo algunas portentosas, con los brujos ciegos que hacían hablar a los muertos. Tengo las traducciones.

Se decide por fin a hojear el manuscrito:

—«¡Eh, muchachos, id a desenterrar al pie del lilo el bálsamo que vuelve invencible!

»"¿Por qué iba a dejarte ahora que estás ya herido, ahora que tienes el muslo quebrado, ahora que tu sangre inunda la aldea?". "Dejaré abandonada aquí fuera, para que vengan las hormigas grandes y las hormigas pequeñas, tu quijada, jefe feroz que me arrebataste a mi mujer y me arrancaste el corazón del vientre. ¡Eh, niños, niños! ¡Clavad su cabeza en lo más alto de la puerta! ¡Aves, venid conmigo por miles, tórtolas tornasoladas, mis servidoras!".

»¡Ups! ¡Ascensor de subida! ¡Pero ello no obsta para que en el idioma de la película, francés o inglés, quede de pena! ¡Le digo que de pena! Y si lo traduce alguien (uno de los sacerdotes, o algo así) ¡el efecto se va al garete! ¡Pensemos, Limpiaplumas! ¡Pensemos, amigo mío!

»Sí que veo claras algunas cosas: por ejemplo, los bancos de bruma por los que crucé en aquellas tierras, las bandadas de mariposas tan grandes como nubes. Lo pintoresco, sí: las balas huecas y rellenas de sangre, para que sangre el árbol al que le da la bala. A ese truco ya recurrió usted, pero ¡me da igual!

—Lo usaba Robert Houdin contra los morabitos. Mayrena podría haber estado enterado. Pero ¿qué tratamiento pretende usted dar a la parte seria? A menos que opte sencillamente por hacer de Mayrena un agente francés (¡y eso también tendría sus peros!), tendrá que explicar la conquista. Con los padres no basta. Ni con el duelo con el Rey del Fuego. Derrotar en un duelo a un rey brujo tiene su importancia. Pero ¡ojo con *Los tres mosqueteros*...!

—¡Tierra, trágatelo! En el ejército, Mayrena había sido capitán preboste y debía de usar el sable de caballería, que es mucho más largo que el asiático... ¡Será una lástima, pero el caso es que me importa un pimiento! ¡La parte seria, la parte seria...! ¡Deprimente! ¡Consternante! —Hunde la cabeza en ambas manos como si sollozase—. ¡No querrá que parezca una historieta de Tintín! ¡Limpiaplumas, por mucho que pre-

tendas lo contrario, hablas a la ligera! ¡No piensas! ¡Pensemos! ¡Pensemos!

—¿Y si le añadiera al duelo unos cuantos pájaros y unos
monos? Y, en lo que se refiere a la lucha entre las tribus, podría
utilizar mi procedimiento de *La Vía Real*: los fuegos enemigos que se alejan en la oscuridad como una llama que fuera
consumiendo el filo de un papel...

—¡Portentosa idea! Pero tiene usted razón: habría que explicar por qué el Gobierno decide abandonar a Mayrena. Sin
Gobierno, se acabaron los padres; sin padres, se acabó Mayrena. No sabía hablar los dialectos.

»Me gustaría una especie de reportaje muy raro. Un paisaje de lo más soso, algo así como el de Picardía, sin ningún gan-
cho, del que surgieran cosas de pesadilla que pareciesen tan
naturales como nuestros cementerios, y en el contracampo,
unos cuantos buenos labriegos más o menos en cueros, apoyando las manos cruzadas en la coa, igual que las apoyan los
franceses en la laya.

»Y tiene que quedar claro que esos individuos son campesinos. Pero me importa un pimiento. A mí solo me interesa
Mayrena cuando regresa a Francia, con su trasfondo de rey
salvaje. ¿Se hace una idea?

—No creo que sea posible hacer una película de alusiones.
¿Y por qué regresa Mayrena a Francia?

—¿Para negociar y volver allá con el apoyo de las autoridades? No tiene ni pies ni cabeza, pero tampoco es imposible.
¿Para cualquier otra negociación? ¿Las minas de oro? ¡La bolsa se lo habría tomado con una alegría! ¿O para sacar partido
a su leyenda tal y como la veía él? ¿Por qué no? Cualquier me-
diquillo que se las diera de listo nos diría que era un paranoi-
co. ¡Los periodistas lo admiraban como si se tratase de un individuo portentoso! ¡El amante de una célebre actriz! Y él

debió de creérselo, ya que en el Congreso tuvieron que expulsarlo de la tribuna del cuerpo diplomático. ¡Al sótano por la trampilla!

»Y por fin llego a la secuencia del Rat Mort. Todo lo que he escrito sirve solo para justificar dos secuencias: esta y la de la agonía. Muy difícil de rodar, porque es algo así como un monólogo, igual que la vida de la nieta de Tamerlán. Todo depende del actor.

»Así que decíamos que terrazas, noctámbulos, aspas del Moulin Rouge dando vueltas, con sus lucecitas, local con gente bailando, zíngaros. Rodean a Mayrena, de frac y luciendo el gran cordón de la Real Orden del Valor, hombres elegantes y también vagabundos que han dejado en el vestuario las chisteras abolladas. Están de pie, con los vasos en la mano. Algo más allá, en los asientos corridos de terciopelo, mujeres de párpados malva y guantes largos. Querría haber podido meter antes un cancán del Moulin Rouge que se parase, ¡*stop*!, cuando entra Mayrena; y unas bailarinas, de esas que enseñan las nalgas, se abalanzarían hacia él para llevarle flores. Y así fue como sucedió, dicho sea de paso. ¡Olé! Ello no obsta para que tal y como yo he escrito la secuencia, cuando esta empieza, Mayrena está hablando. Se va agotando la noche. Saca el reloj:

»"A estas horas está amaneciendo sobre mi reino. A mi amigo, el coronel Mercurol, duque de Kong Tum, lo han condecorado por la captura del protagonista más sangriento de la guerra, el De Tham. ¡Los franceses han entrado en su campamento cruzando entre los soldados crucificados a pleno sol en gigantescos troncos, señores!

»"¡Los infelices que opinan que soy un intruso en la tribuna diplomática creen que tienen potestad para conceder sus condecoraciones al duque de Kong Tum!".

»Me deslumbró la forma en que este jefe de nuestras Bandas Negras, *condotiero* pese a su pinta apolillada, modernizaba en Toulouse los cuentos de Perrault para contárselos al mocoso de su hijo.

Clappique vuelve a su voz auténtica:

—Es la historia a la que aludí cuando contó el inspector su *Gato con botas*. Los psicoanalistas tienen sus teorías. Pero a mí me gustan los cuentos que encandilaron al angelito de Mercurol, a la joven de Sumatra, a personas de todo tipo que ya han muerto, ¡tierra, trágatelos!, y a usted, y a mí. Aunque sospecho que a usted lo que más lo encandila es el gato. ¡Qué le vamos a hacer, qué le vamos a hacer! ¡Abajo los gatos capitalistas! En fin, sigamos: el lobo acaba de merendarse a la niñita.

»Y entonces pasó por allí tu papá, que volvía del ejército colonial. Los de caballería te dirán que un jefe de escuadrón es más que un comandante, pero acuérdate de que no debes creértelo. Así que vio que había luz en casa de la abuelita, se coló de rondón y, como es natural, se dio cuenta de todo...

Este pasmoso imitador no imita al personaje del que está hablando; sigue imitando a Mayrena. Como lo hizo mientras cenábamos; pero la mímica falla ahora, porque apenas si consigo verlo. Hace un rato la mímica —el monóculo imperioso, la mano que acariciaba la imaginaria barba— era, y pretendía ser, graciosa. Mientras que ahora, en la oscuridad, parece como si los muertos hablaran por su boca.

—Y el lobo le dijo: «¿Así que es usted el sargento, quiero decir, el capitán que detuvo al De Tham?». El De Tham es un lobo grandísimo y peor que todos los demás lobos. Y tu papá le contestó, con mucha modestia: «Yo soy». Y entonces el lobo se hizo un ovillo en el suelo y se puso a ladrar. Tu papá lo puso patas arriba y le abrió la tripa con ese sable tan grande que tiene y que se había traído de Tonkín; sacó a la abuela y a

Caperucita Roja y les dijo: «Pero ¡a quién se le ocurre!». Se las llevó a la plaza del Capitole para comprar caramelos de violeta a la niña, y castañas asadas a la abuela, que decía que había pasado frío en la tripa del lobo.

Pese a todo, noto que cuando vuelve a ser Mayrena, tiene un tono de voz más grave y habla mucho más despacio:

—«Me preguntaban ustedes, señores, qué es lo más asombroso de la selva. Los maullidos de cornetín que da el tigre. Nunca lo llegamos a ver. Tampoco se ven las sierras de los rosales de espinas que abren las gargantas. Solo se ven manchas de sangre en el suelo en el lugar donde se han enfrentado el tigre y el elefante.

»"¡Y nuestros caballos enanos de pelo largo! ¡Unos bribones y unos cabezotas! ¡Bah! ¡En Mayrena, los niños de mi familia montaban a caballo en cuanto salían de la pila del bautismo! ¡Un gentilhombre empezaba a montar nada más bautizarse!

»"¡Y las telas de araña de una altura de dos pisos! Matan a un porteador y lo llevan a la aldea más cercana para enterrarlo, con una flecha de ballesta clavada en el vientre. ¡Diez porteadores huyen, y por la noche sale a su encuentro, señores, la caravana con los elefantes de los padres, entre una algarabía de boda pueblerina!".

Mientras habla Mayrena, van bajando algunos bohemios que vienen a buscar a unos amigos. Cada vez que entra un nuevo comensal, Mayrena hace el mismo ademán: «Tome asiento», y prosigue su relato. Se han ido acercando maestresalas y camareros con el plastrón cada vez más combado.

—«¡Porque no hay que olvidarse de los elefantes, vive Dios! Los elefantes salvajes se cazan con lanza y con un arco gigantesco que manejan dos hombres. ¡Para recompensar a esos cazadores instituí la orden sédang, que representa la hue-

lla de una pata de elefante, que es lo que ve todo cazador vencido poco antes de morir! ¡Y no existe orden alguna, posterior
a la de Napoleón, que haya premiado el valor de forma tan exclusiva!».

Se saca del bolsillo del chaleco y arroja sobre la mesa una
medalla de caballero que va pasando de mano en mano.

—¡En lo que a mí se refiere, ya está bien de champán!
¡A ver ese servicio! ¡Que me traigan una absenta!

Clappique no ha pasado ni una página, así que no está leyendo. ¿Se sabe el texto de memoria? Creo más bien que está im-
provisando, como improvisó durante la cena, con la ayuda del
alcohol, de la embriaguez que le proporciona la imitación, del
guion que recuerda con más o menos vaguedad. Improvisa-
ción muy parecida, sin duda alguna, a la de los actores de la
commedia dell'arte. Scaramouche. Hace tiempo escuché a los
narradores persas de cuentos. Pero Clappique apenas si narra.
Esta frenética forma de inventar, deslumbradora y conchaba-
da con una guasa de chófer parisino, solo se la había visto a
otra persona: a Louis-Ferdinand Céline, allá por el año 1935.
La voz que oigo ahora, que no es la voz de un actor y pertenece exclusivamente a un personaje ya desaparecido, se torna
casi lúgubre:

—¡Ser rey! Sí, ser rey, ¿y qué? Cuando concluyen las negociaciones, vuelve la vida cotidiana. Los combatientes que
esperan que el rey les proporcione sementeras mágicas. Y los
animales. ¡Los mirlos domesticados en los tendederos de taparrabos! ¡Las trombas de mosquitos volando por encima del
ganado que se revuelca en el barro! Hay que proteger las
cosechas de arroz contra los pavos reales, las bandadas de co-
torras, prietas como bancos de peces, y los monos. ¡Los del

bosque se refugian en las aldeas cuando los hostigan los leopardos, a esa hora en que, como decían los padres, las tórtolas silvestres zurean sus plegarias vespertinas!

»¡Yo he visto a los aedas, envueltos en sus mantas y extendiendo un brazo de ciego para llamar a los muertos! ¡He oído ese repicar de agudo gong de guerra que ellos dicen que es la voz de la rana de agua! ¡He oído, en la oscuridad de la noche, cómo les suenan las tripas, algo alucinante, señores, a los elefantes trabados! He presenciado los sangrientos sacrificios tras los cuales los mois recuperan su aspecto de apacibles campesinos y he visto las antorchas de las Casas de los Muertos. Al principio la labor de los padres se retrasó un año porque un fulano decía que los barbudos traían mala suerte. ¡Las Casas de los Muertos! Un pollito en una jaula, un cadáver tendido en el suelo, con las rodillas envueltas en algodón y collares de cobre. ¡El pollito es el alma de ese monarca bárbaro!

»¡He visto a las brujas, envueltas en vendas, como momias, y dando gritos de manicomio! ¡He escuchado lo que decían los árboles, los tigres, los muertos! ¡He oído cómo los mois que habían asistido al suplicio del búfalo o del esclavo recitaban su *Canción de Roldán*: "Id a desenterrar al pie del lilo / el bálsamo que vuelve invencible".

»¿Por qué hay que ayudar a Brazza? ¿Aporta cuatrocientos o quinientos mil hombres? Yo aporto algo más. Los guerreros de Makoko no sirven para nada; yo tengo diez mil guerreros bravos como sijs; y, si es menester, tendré cien mil dentro de cinco años. ¿Hay que tratar con menos miramientos a toda la teutonería de las orillas del Congo que a la de las orillas del Mekong? Savorgnan consiguió tratados de sometimiento o de alianza, y yo también. ¡Si combatí bajo un estandarte con mis armas, fue porque me prohibieron enarbolar la bandera tricolor! ¡He tenido que detener con mis propias manos a los yarai, los más peligros combatientes de la península indochina! ¡Estaba a punto de acabar con la esclavitud! ¡En vez de entregar todo el dinero que tenemos a los rusos o al señor Eiffel para que construya esa torre ridícula, podríamos destinar unos cuantos luises al imperio! ¡El imperio, que bien podría tener mayor peso el día de la revancha que el general Boulanger! Estamos en el centenario de la Revolución; ayer vi salir de los depósitos de Javel a esa Libertad a la que todos han prostituido y que parte rumbo a Estados Unidos, y le dije: "¡Antes de alzar tu antorcha sobre el Nuevo Mundo, mira lo que han hecho de ti!".

»¡Otra absenta!

Mayrena no ha subido casi la voz. Se le acerca una anciana que vende violetas y le tiende las flores. Él toma un ramillete y le da una moneda.

—Gracias, señora.

—¿Me ha llamado señora? ¡Hay que ver! ¡Usted tiene que ser un príncipe! ¿O un artista?

—Soy un rey, señora —responde él, distraído.

Se apoya de codos en la mesa y sigue hablando:

—No soy ni el pobre Raousset-Boulbon, que dejaron fusilar tan ricamente, ni Aurelio I, rey de Araucania de vacaciones, que vale mucho más que todos ellos, ¡vive Dios! Yo puedo hacer que exploradores o soldados vayan desde Siam hasta el Anam: ¿quién puede decir lo mismo? ¡Me encargaron que detuviera una expedición siamesa (digamos que siamesa...) con unos recursos de miseria! ¿Lo hice? ¿Me habían dado una escolta o no me la habían dado? ¿Fui a Qui Nhon con el gobernador Constans? ¿Fui a reunirme con los misioneros llevando instrucciones del obispo? ¿Hemos honrado esa bandera que no nos dejan enarbolar? Dupleix muere, abandonado, con la cabeza en una almohada atiborrada de títulos de la Sociedad de las Indias, ¡y el Estado lo procesaba! ¡Abandonarán a Brazza por Stanley, como me han abandonado a mí! Traigo caucho y café. ¡Mis árboles van de la palmera al pino! ¡El oro! ¿Con qué se creen que he acuñado las medallas de mis órdenes? Cuando comenzó la fiebre del oro en el Transvaal, hace cinco años, habían encontrado allí una cantidad de oro cinco veces menor a la que he encontrado yo en mis tierras. ¡Y resulta que el presidente de su Congreso, menudo insolente, se atreve a decir que no me corresponde sentarme en la tribuna diplomática! ¡Estaba en la de la Exposición! ¡Esos fantoches con cara de ahorcados me han faltado al respeto y estoy deseando darles una lección que haga época! ¿Qué estaban haciendo ellos, les pregunto a ustedes, cuando rezongaba, entre la niebla de la cumbre de las montañas, el tambor de guerra? ¿Acaso creen que pueden hacer caso omiso impunemente de un destino sobre el que he caminado como sobre la hoja de un sable?

Los bohemios se han ido acercando, aunque no se han sentado. También se han aproximado quienes aún estaban bailando, y todos se agolpan alrededor de su mesa, menos los músicos, que no se han atrevido a salir del foso de la orquesta, pero que también atienden. Él habla sin gestos.

—¿Había una reina? —pregunta candorosamente un bohemio.

—¡Pues sí, joven, había una reina! ¡Y no se lo tome a broma, que se puede llevar una buena tunda! Con más de un adversario he entrado en campo, como todo el mundo. ¡Pero al Rey del Fuego lo derroté en combate singular para liberar a los pueblos sometidos! ¡He oído cómo golpeaban las lanzas en los escudos entre la niebla! ¡He ido al frente de los míos contra el enemigo y me he alzado con la victoria! ¡Y están dispuestos a entregar mi reino a los prusianos, a quien lo quiera, con tal de no entregármelo a mí! Pero ¿quién podrá expulsarme de los sueños de los hombres? ¡Los burgueses pueden reírse cuando el conde de Villiers de L'Isle-Adam refresca las memorias sobre sus derechos al trono de Grecia, pero nosotros no!

»¡Así que había una reina! Habría vuelto loco a cualquiera con su diadema de coral. La última descendiente de los reyes sham; y los sédang fueron vasallos de los sham. Me acompañó y nunca tuvo miedo. ¡Aunque hubo días muy duros! Quiso que la atendiesen las brujas, y lo más probable es que nosotros no hubiéramos podido atenderla. Reuní a los guerreros, y los elefantes la llevaron, cruzando las montañas, hasta las ruinas grandes. ¡Las nubes de mariposas se nos venían encima como espinos albares! ¡Y, cuando habían acabado de pasar, mis acompañantes eran Pierrots y nuestros elefantes, ja, ja, elefantes blancos! Enterramos a la reina bajo los escombros de los templos de su raza. Una sacerdotisa entonó los cantos de las honras fúnebres; los guerreros inclinaban las antorchas hacia el suelo. Hacía quinientos años que no habían enterrado a una princesa sham bajo las torres de Mi-Son. Eso es todo.

Mientras habla, la verdad en la pantalla: el solitario entierro con una cruz hecha de ramas.

Y luego las botellas de champán vacías y los platillos de las copas de absenta encima de la mesa del Rat Mort.

—¡A ver, ese servicio! ¡La cuenta!

La cuenta sube más de lo que le queda. Se quita de un tirón la placa de oro del Valor, que lleva colgada del gran cordón, y mira la huella de la pata de elefante. Se convierte en la huella de un elefante que ataca, con la pata alzada y los colmi-

llos y la trompa recortándose contra el cielo. Mayrena deja la
condecoración de oro encima de la cuenta, dice al maestresa-
la: «¡Que la cambien al peso!», y se pone de pie.

Los bohemios se van, cada cual por su lado; los invitados
de Mayrena van a buscar los gabanes. Le traen la vuelta. Da
una propina al botones de gorro rojo que le dice con timidez:
«Me gustaría volver allí con usted».

—Y por fin —dice Clappique— la última secuencia. El administrador de Singapur (que ha debido de pasar con frecuencia por allí) acude a la choza de Mayrena, que se ha refugiado
en Malasia. Lleva un telegrama: GUILLERMO EMPERADOR
BERLÍN · STOP. ÚLTIMAS VOLUNTADES · STOP. LEGA A USTED
PROTECTORADO REINO SÉDANG · STOP. SU PRIMO · STOP.
MARIE.

»Mayrena, allí tendido, con una picadura de serpiente, estará muerto dentro de una hora:

»"¿No tiene un perro? Querría acariciar un animal suave... Le voy a hacer un regalo, ya que se ha tomado la molestia
de venir a verme. Dentro de unos años será una rareza. La hoja
que hay en esa caja es la de los sellos que emitió mi reino. Espero que sea usted aficionado a la filatelia. Le repito las gracias. Adiós".

Delante del hotel bocinas airadas llenan la oscuridad de la
noche. Clappique calla y luego sigue hablando. Con una voz
diferente: ahora se ha vuelto a poner el monóculo y lee:

> Mayrena llega a la orilla de una caleta; el mar rompe con-
> tra las plantas que llegan hasta el agua. Se desploma, jadeante,
> sobre el mantillo. Musgo a la altura de los ojos. Insectos. Tras
> el ruido de la caída, silencio; luego, el latido del mar.

El canto de un pájaro: tres notas. Se repiten, primero aisladas; luego combinadas; luego cantadas: «Tu reino...».

Los musgos empiezan a cuchichear: «Tu reino», con voz de niña.

La hierba y los matorrales. «Cuando rezongaba, entre la niebla, el tambor de guerra...».

Una palmera pequeña. «Me gustaría irme con usted...».

Los troncos, las lianas. «Tu reino». Voces de hombres que se alejan. El cielo vacío. Silencio.

Sordas voces de mujeres: «Id a desenterrar al pie del lilo / el bálsamo que vuelve invencible».

Mayrena se ha incorporado apoyándose en los codos. Las olas se deshacen contra las rocas bramando: «¡Tu rei-no!».

El reflujo.

«Querría acariciar un animal suave...».

El Rey del Fuego.

Entre la niebla, los guerreros condecorados.

Una calavera de búfalo por la que pasean los insectos.

Los que escuchan a Mayrena en el Rat Mort.

Vuelve la ola.

Un mono quieto en un árbol.

Las olas braman: «¡Tu rei-no!», y se retiran mientras va aumentando de tamaño el rostro de Mayrena hasta que ya solo se le ven los ojos. La cámara sigue el movimiento de los párpados (el ojo humano se cierra de abajo arriba) y se queda clavada en las inmóviles nubes del ecuador.

—Fin de *El reinado del Maligno*.

»¿Qué le ha parecido? ¿Y a ti, Limpiaplumas?

Como si algún electricista hubiera estado aguardando a que callara, se apagan la mayor parte de las bombillas y vuelve a verse el cielo espolvoreado de estrellas. Clappique se saca el pañuelo del bolsillo superior de la chaqueta y vuelve a secarse el sudor del rostro. Aún resulta agobiante el calor, pese a la brisa que viene del mar. En la oscuridad veo aletear el pañuelo blanco en torno a la calva reluciente como una mariposa nocturna de gran tamaño. «... las inmóviles nubes del ecuador». Me acuerdo de los serenos cúmulos blancos, más arriba del plomizo nubarrón que cubría Varsovia en llamas; y más arriba también de los gigantescos jirones de humo que, durante la retirada de 1940, subían despacio de los depósitos incendiados; y por encima de otros jirones oblicuos, iguales, que subían de los pueblos de Francia que iba incendiando la división acorazada alemana en cuya ambulancia viajaba yo.

—El monólogo y las imágenes me parecen espléndidos, pero la película está aún por hacer.

—Por supuesto. *Down!* ¡Ascensor de bajada! ¿Es un sueño? ¿Y por qué no? ¡Soy una completa calamidad!

—¿Nunca le ha apetecido hacer teatro?

—No como autor. ¿Actor? Sternberg me prometía una brillante carrera cinematográfica: ¡Charlot! No tengo talento. Puedo improvisar, pero no sé interpretar. ¡De pena!

Lo que estoy descubriendo desde que acabó la cena es que la aventura que tanto me interesó antaño no es ya para mí sino una vivienda abandonada. Así fue como algunos de mis amigos rompieron con el comunismo, y no a causa de los procesos de Moscú ni del pacto germano-soviético, ni de algún conflicto irremediable. Las olas se han retirado. Ya no es Mayrena quien despierta en mí un interés ferviente, sino Clappique, que me divierte.

—¡No puede estar más claro! La aventura, incluso para mí: un decorado, el Châtelet, la vieja guardia, morriones. ¡Morriones, le digo! ¿Sabes, Limpiaplumas, que estuve en un tris de llamarte Escobillón? Pero, anda, pregúntale a este ministro por qué siente interés, puesto que ya no lo siente por los aventureros. ¿Espero que no sea por los políticos?

—Por los hombres de la historia. Y también, durante la guerra, por el encuentro con la bestialidad humana...

—¡Por no mencionar nuestros preciosos campos de confinamiento para sus amigos españoles ni unos cuantos interrogatorios cariñosos en Argelia!

—Pero los hombres que han destruido en mí la fuerza poética de la aventura, que tanto tiraba de mí en la juventud, son los hombres de la historia. Déjese de políticos. Churchill no es un diputado inglés. El general De Gaulle no es un colega de Herriot; e incluso es el general De Gaulle porque no es un colega de Herriot.

—¡Chitón! ¡De acuerdo! Pero ¿por qué se interesa por esos hombres a los que llama usted hombres de la historia? ¡La historia no es más que una aventura portentosa! Alejandro Dumas lo entendió muy bien. ¡Lea otra vez *Los tres mosqueteros* y no me cuente cuentos!

—¿Que por qué me acuerdo de César? ¿Que por qué me interesan Nehru y Mao? Pues porque una de las mejores cualidades del hombre, puesto que no es un animal, es la capacidad de admiración. No tengo nada que objetar si prefiere usted admirar a Gandhi en vez de a Nehru. Pero no voy a hacerle perder el tiempo explicándole mi relación con los hombres de la historia. Digamos sin más que, para mí, esos hombres, igual que los grandes artistas, igual que, en otro orden de cosas, los aventureros de antaño, son hombres del antidestino. Usted me entiende, puesto que me ha leído.

Un *rickshaw*-bicicleta deja a una clienta a la entrada del hotel.

—¿Le importa prestarme la secuencia del Rat Mort? Me gustaría leerla.

—¿No se fía usted de mis payasadas? ¡Yo tampoco, por desgracia! ¡Tierra, tráganos!

Separa del resto del manuscrito las dos últimas secuencias y alza la cabeza:

—Aquí está Méry.

2

—¿No soy inoportuno?

—Estoy encantado de volverlo a ver. Me ha dicho nuestro común amigo que está usted escribiendo otra vez.

Pese a la escasa iluminación, puedo intuir a contraluz la silueta, muy alta y encorvada.

Vuelvo a encontrarme con un amigo y casi no consigo verlo. ¿Habrá cambiado mucho? No me queda más remedio que evocar con la imaginación aquel rostro de viejo pirata que no he olvidado. Lleva de la mano a un niño de cinco o seis años cuya frente cruza un mechón de pelo negro; a él es a quien me permiten ver con mayor nitidez estas luces orientadas hacia el suelo. Contemplo la alta y desfallecida silueta de Méry y pienso: es demasiado alto para el cuerpo que tiene. Me contesta:

—¿Escribir...? Bueno, sí, hago como que escribo, ya sabe... Ahora, ya sabe, estoy en el moridero...

Esta expresión, «*le mouroir*», para nombrar el lugar de la muerte es bretona, creo. Méry no es bretón. No pasará del mes, me ha dicho Clappique. El cansancio de su voz no evoca amenaza alguna. Tiene un tono peculiar, diferente del que yo le conocía; pero ¿en qué? Se sienta despacio y va saliendo de la oscuridad; pide un whisky. El reflejo de una bombilla le tiembla en el pelo peinado hacia atrás, tan blanco como la gorra colonial que llevaba antes.

—He vivido suficiente tiempo en contacto con el budismo para aceptar la muerte, desde luego. He recorrido dos civilizaciones asiáticas...

Era el único funcionario francés de alto rango que, gracias en parte al asiduo trato con las nativas, hablaba bien el anamita y el camboyano.

—... que ya se están yendo, ¿me comprende? Phnom Penh, tal y como la conoció usted, con los franceses vestidos de hilo blanco y las francesas de muselina estampada... en los jardines del Pnom, con la banda de música camboyana interpretando a Verdi... Lo que yo pueda escribir no tiene ya gran importancia, ya sabe...

—¡Nuestras obritas de poca monta! —dice melancólicamente Clappique, cuya voz parece salir del sótano.

Incluso sentado, no le llega a Méry ni al hombro.

—A veces siento la necesidad de recuperar *lo que vi con mis propios ojos*, fíjese. A ti, Clappique, te gustan Mayrena, los cascos coloniales, el bulevar Charner, por donde no pasa un alma al mediodía...

—¿Lo habían hecho ya? ¡El palacio del gobierno seguro que no! ¡Tierra, trágatelo!

—Primero tuvimos la «colonia», ¿verdad?: los franceses en el poder, los chinos en el comercio, los indios de Puducherry o los antillanos en la administración, los *chettys* de usureros, y los batallones indígenas negros... Luego vino la guerra de 1940. A continuación, la guerra de Indochina... Ahora, los estadounidenses...

—¡Ilusiones! ¡Quimeras! ¡Tararí-pompón! Ahora es a mí a quien se va a tragar la tierra; es decir, que me voy a la cama.

Los dejo con Limpiaplumas. Me doy cuenta de que le parecen ustedes un tanto flojos. ¡Tiene razón!

Clappique se esfuma por la oscuridad del patio.

—Mire —dice Méry—, estoy estudiando un poco la época en que tuvo usted la esperanza de que Indochina se uniera a Francia. ¿Por qué? Pues porque yo quería a Francia y quería a Indochina, y me habría gustado casarlas, valga la palabra. Habría podido salir bien, como en Senegal...

—Sabe usted muy bien —digo— que está planteando una cuestión grotesca y fascinante: ¿cómo pudieron unos hombres que, en lo referente al individuo, profesaban una ideología por la que habían muerto muchos de sus amigos, y por la que ellos sin duda también estaban dispuestos a morir, olvidarse de ella (¡y la palabra «olvido» se queda corta!) cuando les tocó enfrentarse a una civilización diferente? Los franceses de Indochina, que eran los herederos de la Revolución; los ingleses de la India, herederos del individuo, por no mencionar los derechos del hombre de Estados Unidos y de Francia; los holandeses de aquí, herederos de los Mendigos del Mar con sus zapatos de punteras cuadradas. ¿Será que adoptan la ideología de los Amos cuando les toca ser amos? ¿Le parece que con eso queda zanjada la cuestión?

—He pensado mucho en estas cosas. Aunque eso de pensar... a mi edad... en fin, bien está... Las románticas y novelescas ideas de mi juventud... sí, sí que creo que han muerto. Pero no en provecho de sus contrarias. Si dejé de desear el matrimonio entre Indochina y Francia no fue para rendir culto al señor Diem, ni a ese amigo de ustedes, si me permite la expresión: el presidente Kennedy... Usted escribió: «Me desposé con Francia». Creo comprender que el enemigo le simplificó mucho las cosas... Mejor para usted. Ese general suyo no tiene punto de comparación con sus adversarios, por supuesto...

Pero a mí, a estas alturas, los discursos proféticos... Tiene usted suficiente inteligencia para comprender que hay partidas que se pierden. Bueno, pues, en lo que a mí respecta, ya no creo en nada de lo que le dio sentido a mi juventud. Y tampoco creo en lo contrario. Soy una partida perdida, fíjese. Dejémoslo estar. Y, además, ¿quién sabe?

Dice: «¡bien está!», y «ese amigo de ustedes: el presidente Kennedy», y «ese general suyo», pero con una voz que parece pedir disculpas. Pese a la oscuridad, sé que cuando habla de las partidas perdidas sonríe melancólicamente. La voz, curiosamente dulce, parece encorvársele como se le encorva el cuerpo. Sigue hablando:

—¿Qué quiere decir «el pasado»? Un día fui joven; y eso ya se acabó. Bien está... Se extendía ante mí un mundo desconocido, imprevisible... ¿Acontecimientos? ¿Mujeres? ¿Cosas que he hecho? No he hecho gran cosa... ¿Cosas que he visto? Sí; y ahora ya han desaparecido o han cambiado mucho: este hotel, por ejemplo... El día en que se enfrente con la muerte, ¿le apetecerá a usted reengancharse? A mí no...

»Mire usted, cuando me digo, como dicen otros: «Yo estaba allí y me sucedió tal cosa», me contesto: «¡Qué va!». ¿Son realmente acontecimientos de la historia o de mi humilde vida? Lo que se ha agostado en mí no es ni una opinión... ni una relación con la vida. Me cuesta explicarme con claridad, y sin embargo... He perdido ese intangible reino del que esperaba con tanta confianza que me diese la vida. ¿Me comprende? Usted escribió: Los hombres solo mueren por lo que no existe. También viven solo por lo que no existe, ya sabe. Es posible que vivir sea un tanto ridículo... No más ridículo que morir...

»Y además, qué caramba, el hombre no está hecho para vivir solo...

—No obstante, sus amigos budistas descartan la pareja. Y no solo ellos. Santa Teresa no estaba casada, y san Agustín tampoco...

—Ya sabe que la vida contemplativa es otro tipo de vida. No es para mí. Hay tantas cosas que no son para mí...

Cuando medita, se estira el labio inferior con los dedos, como si hiciera un mohín, o más bien un puchero infantil. Es el mismo gesto, frecuente en Drieu, que movió a este a dar el nombre de Gilles al personaje de su autobiografía, pues efectivamente le prestaba la misma expresión de sorpresa que tiene el actor del cuadro de Watteau. En cambio, convierte el rostro de centurión de Méry en un rostro perplejo.

—Me gustaría poder explicárselo. En política, no creo que tengan una ideología coherente más que los hombres de acción y los imbéciles. Yo tengo sentimientos bastante contradictorios. Estoy de parte de Vietnam. Estoy en contra del colonialismo. Pero también estaba con Leclerc, con las personas de bien que lo rodeaban y que no eran ni colonos ni mercenarios. Los colonialistas de pura cepa pensaban de mí, y de usted también, que estaba vendido a los rojos. En realidad, soy un liberal. Como las tres cuartas partes de los intelectuales europeos, e incluso occidentales. ¡Como las dos terceras partes de los europeos y los estadounidenses, fíjese! Pero, desde que el liberalismo es la actitud más extendida en nuestra época, se ha convertido en algo inconfesable. Los partidos liberales se extinguen en todas partes. A mí me importan un bledo los partidos políticos, por supuesto; pero sí me importa el símbolo. ¿Cree usted que dentro de doscientos años podrá haber un solo historiador que consiga saber la verdad? Mi colega de entonces consultará el montón de textos llenos de faroles, tanto de izquierdas como de derechas, que hayan llegado hasta él. Y sacará la conclusión de que yo no he existido. En lo cual cometerá un error. Es posible que también nosotros demos la misma interpretación errónea al pasado. No tiene mayor importancia, por supuesto...

»Así que los del sur me recibieron bien. Pero a mí la familia Diem no me interesaba. Una lástima. Conoció usted al general Jacquot, ¿verdad?

—Fue jefe de Estado Mayor de la brigada Alsacia-Lorena.

La voz de Méry cambia por completo y vuelve a ser la de antes. Hasta ahora estaba recordando, como en sueños. Ahora está contando algo.

—En Saigón ocupó el puesto del general De Lattre. Durante la evacuación... Tenía un ayudante de campo muy guapo. Una de las damas más encopetadas del régimen «convoca» al general, que se queda muy sorprendido. Acude solo. «¿Está enfermo su ayudante de campo, general?». «No, señora». «¡Pues entonces ya puede usted marcharse!». Era la misma individua que, después del suicidio del bonzo que se quemó vivo, dijo: «No me gustan los chistes de barbacoas». Y también dijo al general De Lattre, que le estaba hablando de los enemigos de la familia Diem: «General, debería usted comunicar a nuestros enemigos que cualquier edad es buena para morir».

»Era la época del Bonzo loco que fundó la secta de los Hoa Hao...

Vuelve a hablar con la voz del recuerdo.

—Pero no puedo interesarme en serio por la política. Hay hombres que matan por defender sus ideas, bien está. En el año 14 participé en ataques a la bayoneta: con una vez ya basta. Cuántas pasiones imbéciles, cuando podemos mirar las palmas de este jardincito, que se alzan sobre nuestras cabezas...

Adivino que se encoge de hombros y no me está mirando.

—Sin embargo, me arrepiento de no haberme unido a usted y a Monin... Claro que habría tenido que presentar mi renuncia...

—¿Es verdad que Paul Monin murió en Saigón?

Paul Monin había fundado conmigo Joven Anam y fue el primer abogado de la Cochinchina en darse de baja del Colegio porque «en sus tiempos el armiño era blanco».

—Sé que regresó de Cantón —dice Méry— para morir en el hospital de Saigón, muy pobre y... muy irascible... Son cosas que pasan... El médico que dirigía el hospital lo apreciaba mucho.

Así acabó, pues, en parte el Joven Anam. Se me viene a la memoria todo lo demás.

—¿Qué hizo Ho Chi Minh?

—Me parece que ya había empezado la guerra... ¿Qué andaba yo haciendo por entonces? No me acuerdo... Monin no estaba en buenas relaciones con los comunistas, y me imagino que la cosa no fue a mejor cuando salió de Cantón. Es posible que coincidiese allí con Ho Chi Minh. Ho era consejero de Borodin a principios de 1925. Lo conoció usted hace años, ¿no?

—Solo tuve que ver con Nguyen Ai Quoc[*] de forma accidental, así que ni siquiera estoy seguro de haber coincidido con él en alguna ocasión. El delegado del Partido Comunista era Pham Van Truong. Un jovial mandarín de una de las categorías menores, que rondaba los cincuenta años, un retocador fotográfico (había sido socio de Nguyen Ai Quoc en París) que hacía monerías con el abanico y me predicaba un marxismo rudimentario. Nosotros pedíamos para Indochina un es-

---

[*] Así se llamaba por entonces Ho Chi Minh.

tatuto de dominio. Y el periódico clandestino de Nguyen Ai Quoc era por entonces *más moderado que nosotros*; los marxistas decían que Truong era un protocomunista... Me dejó muy intrigado la tozudez con la que me expuso que teníamos que «acabar con los métodos aventureristas del heroísmo individual». Se refería al terrorismo. Ya recordará usted que entonces casi no existía terrorismo... No comprendo por qué un programa liberal no podía coincidir con el nuestro, incluso aunque hubiera que modificarlo más adelante y aunque Truong me considerase un futuro Kerenski. ¿El proletariado de un país sin industrializar? De treinta mil a cuarenta mil obreros en total, según las estadísticas de 1928. ¿El campesinado? ¡Por entonces no pasaba de ser una palabra! Y eso que Nguyen Ai Quoc presintió su importancia, como también presintió la de la nación... No en vano Ai Quoc quiere decir: el patriota... A nadie le sonaba el nombre de Mao... A mí me daba la impresión de que perdía el tiempo en charlas inútiles. Lo que nos impresionó a Monin y a mí fue la teoría de las dos ventosas;* recordará usted que Nguyen Ai Quoc la formuló en 1924. Nosotros opinábamos que, si se convertía en una consigna, acabaría siendo una quimera y que en aquella época las dos únicas consignas posibles eran: Tribunal Supremo de París y dominio. Pero, en resumidas cuentas, aquella teoría nos parecía de capital importancia, sin punto de comparación con las cosas que nos contaba Truong. En 1925 no existía el Partido Comunista indochino. Pero yo defendía —como lo hice en el caso de Argelia cuando regresó el general De Gau-

---

* «El capitalismo es una sanguijuela que le aplica una ventosa al proletariado de la metrópolis y otra al proletariado de las colonias. Para matar al animal, hay que cortarle ambas ventosas a la vez. Si solo se le corta una, la otra seguirá chupándole la sangre al proletariado, el animal seguirá vivo, y la otra ventosa se reproducirá» (Ho Chi Minh, 1924).

lle— el reparto de las tierras. Truong de ninguna manera quería que se hiciera en colaboración con Francia.

—¿Qué riesgo corría Truong? Con el general De Gaulle nunca se sabe, pero ¿qué gobierno francés habría aceptado un reparto de tierras en 1925?

No es tanto una pregunta como su sueño, que sigue su curso.

Enciende un cigarrillo. El resplandor hace emerger de la oscuridad el rostro de centurión, deja en la sombra el casco de pelo blanco, se extingue tras haber circundado una sonrisa afectuosa y desengañada.

—¿Qué oportunidades tenía entonces Nehru? —digo—. Todos teníamos esperanzas puestas en el futuro. Si Indochina hubiese conseguido la independencia al mismo tiempo que la India, o incluso a través de la comunidad francesa, le habría costado menos muertes. Yo le decía a Truong lo mismo que dije en Francia en un mitin en el local de las Sociedades Científicas, que recuerdo que presidía Léon Werth, allá por 1930: nuestra acción no tiene más objetivo que ir pidiendo fecha. La Revolución rusa no la hizo Marx. Las independencias asiáticas nacerán de la próxima guerra europea.

—Ya lo había usted escrito en *La Vía Real*...

Siempre me quedo sorprendido cuando mis interlocutores se acuerdan de mis libros pasados.

—No pretendo que me consideren un profeta: creía que nacerían del esfuerzo bélico común, como sucedió con la de la India, y no de una derrota que ni se me había pasado por la cabeza.

Los tiempos que estamos evocando esta noche, sentados entre el periodista herido en Borneo y unos cuantos turistas, no van unidos en mi mente a lo que yo pensaba entonces, sino a miríadas de parpadeantes luciérnagas volando sobre un arrozal de la Cochinchina, mientras los sapos de caña lanzan a intervalos regulares ese mugido ronco como el de las trompas tibetanas; y a un cielo matutino azul pálido por encima de los lotos y las arecas de Camboya; y a los delegados del Kuomintang de Cholon (que estaban convencidos de que el Joven Anam iba a tomar el poder un día), que vinieron en fila a invitarnos a un banquete chino; y a la calle de Catinat, tras el copioso chaparrón de la hora de la cena, cuando yo miraba, al pasar, si iban bajando de nivel los montones de ejemplares de *L'Indochine*, el periódico del Joven Anam, en las tiendecillas de los comerciantes indios; y a los chinos que, a eso de la medianoche, sacaban virutas a bloques de hielo para echárselas a los cocos decapitados con machete y vendían plátanos de color rosa; y a los nho, con su breve flequillo negro, que celebraban la llegada del monzón golpeando cacerolas como si fueran gongs sagrados; y al ruido de ventosa que hacían los pies descalzos en las baldosas de la veranda durante la estación de las lluvias; y a la llanura de la que se alzaba una humareda de vaho y desde la que remontaban el vuelo las aves zancudas, con las patas colgando; y al aroma de la fruta demasiado madura; y a los bonzos, que arrojaban granos de arroz al aire para las almas errabundas; y a los cuartos de baño por donde se paseaban cucarachas mayores que abejorros; y a la algarabía que llegaba a mi cuarto desde la plaza del teatro de Saigón, tras concluir la representación y comenzar el atasco, un día en que los terroristas mataron al gobernador...

—Al principio —digo— nuestras actividades no eran propiamente políticas. Ni el Joven Anam ni el Partido Comunista indochino contaban con dirigentes. Eran los tiempos en que Nguyen Ai Quoc escribía: «Francia es un gran país liberal que no exporta su liberalismo». Y lo que todos pretendíamos

¿no era acaso conseguir que los indochinos tuviesen los mismos derechos que los franceses? Lo primero que queríamos era llevar a cabo un 1789 bien hecho en un país donde no lo había habido. Igual que Sun Yat-sen.

—Y por eso estaba yo de parte de ustedes... Habría preferido un acuerdo entre Vietnam y Francia, pero la independencia no me parece mal, fíjese. Había cosas que estaban muy claras: la forma en que el director de la cárcel de Saigón llamaba, con tono bonachón, «bribonzuelo» a un chiquillo anamita condenado a muerte y le daba palmaditas en la mejilla... Con eso, mire usted, ya es bastante... Las opiniones no me interesan demasiado. Pero sí las cosas. Hay cosas que no deben ocurrir. Y, si le parezco ingenuo, qué se le va a hacer...

El tono de voz se le vuelve más grave, pero no dramático. Y, aunque se pusiera dramático, creo que, pese a todo, parecería una vez más que está pidiendo disculpas. Habla sencillamente con tono algo más desengañado. El niño, que hasta aquel momento había permanecido sin moverse en la silla que está al lado de Méry, se pone a Limpiaplumas en las rodillas. Yo contesto:

—No cabe duda de que el sentimiento de injusticia, sea o no de origen cristiano, está más enraizado y es más irracional de lo que suele pensarse. ¿Qué sería de un marxismo que no tuviera en cuenta la justicia social? No acabo de saber lo que es la libertad, pero sé muy bien lo que es la liberación.

—Cuando aún no lo conocía, escribió usted dos cosas que me impresionaron. La primera era algo así como: «Indochina cae muy lejos, y ello nos permite no oír los gritos que allí se alzan». Y en la otra oponía los servicios que le prestábamos a Indochina al poder político.

Lo que yo había escrito era: «Los que pretenden justificar la colonización con el argumento de la justicia se olvidan de que el misionero de las leproserías solo es digno de admiración en la medida en que no constituye una justificación para el traficante. Y que al anamita le resultaría muy fácil contestar: cuando los franceses construyen en Indochina carreteras o puentes, que les retribuyan el trabajo como cuando dirigen alguna obra en Siam».

Pienso en el Joven Anam como en los árboles secos. Lo que me perturba no es el nacimiento o el renacimiento de las naciones que me rodean esta noche —¿hubo alguna vez, desde la India hasta China, alguna amorfa extensión de tierra más o menos colonizada que no se haya convertido a la postre en nación?—, sino el hecho de recordar pasiones que desempeñaron un papel tan predominante en mi vida de la misma forma en que recuerdo esas que la historia sepulta incluso cuando cree ser su vehículo de transmisión; y recordar el Joven Anam como si se tratara de las Cruzadas o de la revolución de Akenatón; y el sentir cómo se me va hundiendo la juventud en lo más remoto de los siglos...

—Las colonias —sigue diciendo Méry— eran por aquel entonces la solución más sencilla. Acepté esa sencillez y desperdicié la vida... Estaba hecho para ser un alto funcionario en Persia, en Abisinia, en un país de esos. Opio, trabajo y ningún problema. En Indochina, en cambio, me sentía útil, fíjese. ¡Qué desgracia!

La invisible y desconsolada sonrisa se esfuma de la voz.

—¿Y si tomáramos otra copa?

Llama al *boy* y me mira:

—¿No se arrepintió de no haberse quedado?

—Regresé a Francia para trabajar por el Joven Anam. Y lo hice. Pero la impotencia socialista convertía mi idea de dominio en una quimera. Intenté conseguir nuestro primer objetivo: que se creara en París un Tribunal Supremo independiente del Ministerio de las Colonias. Cuanto más evidente se hacía nuestro fracaso, más crecía el nacionalismo anamita. Así que estaba claro que no iba a haber ningún acuerdo con Francia. Ya sabe que en ese terreno siempre he preferido a Nietzsche en vez de a Marx: «El siglo XX será el siglo de las guerras nacionales». ¿Y qué pintaba un francés en un movimiento nacional indochino?

—Creo recordar que había muchos extranjeros en Cantón...

—Pero el enemigo de Cantón no era Francia. Yo podía creer en una Indochina dentro de la unión francesa y podía creer en un Vietnam independiente. Pero en lo que no podía creer era en una Indochina internacional. Tiempo después, estaba en Moscú cuando *Pravda* publicó el artículo atribuido a Stalin: «Nuestra patria socialista». Era la primera vez que aparecía esa palabra en la prensa soviética. En el hotel Nacional alguien lo leyó frase a frase, entre un Radek indignado y un Ehrenburg perplejo. Yo sabía que ante mis ojos estaba pasando el destino. Eran las once de la mañana y hacía un día precioso.

»Habría regresado con gusto en 1946, si el general De Gaulle no se hubiera ido.

—Ese general suyo no era muy partidario de la independencia...

No se trata de una objeción, sino de algo semejante a una queja.

—¿Lo era en un principio de la de Argelia? Opinaba que Francia haría lo que le fuera dado hacer... ¿Habría sido yo capaz de entablar con Ho Chi Minh las conversaciones que entabló Mountbatten con Nehru? La idea del dominio había dejado de ser un absurdo. Y, a fin de cuentas, ha sido ese general mío, como usted dice, quien ha creado la comunidad. En Vietnam ya está desapareciendo el odio a Francia...

—Bien está... Creo que no me habría disgustado quedarme con el tío Ho, incluso bajo los bombardeos. Pero después
de que se hubiese retirado Francia. Ya es bastante estúpido el
hecho de combatir para encima combatir entre franceses.
¿Qué quiere usted? Me habría entristecido que perdiera Giap
en Dien Bien Phu y me entristeció nuestra derrota. Ya me da
igual tener razón o no tenerla, ¿sabe? Eso no quita para que
hubiera demasiadas pegas que me impedían quedarme en el
norte. No soy comunista. Ni vietnamita. ¡Si por lo menos no
fuera tan alto! Y en el norte no se fían de los opiómanos. Y además les parecía que me estaba haciendo viejo... En todas partes hay imbéciles.

El *boy* trae los whiskies, no acierta a ponerlos en la mesa y
enciende una lamparita: Méry, inclinado sobre la mesa y con
la cabeza entre las manos, no parece ya tan alto, pero tampoco tan frágil, pues no se encorva. ¡Qué mal casa con esa voz,
que sigue expresando desánimo, el rostro de legionario romano que va a tragarse otra vez la oscuridad! Sigue diciendo, despacio:

—Ahora, los colaboradores del tío Ho, allá en el norte, lo
llaman el Viejo. Con mucho respeto, eso sí...

—Cuando conocí a Trotski lo llamaban así sus allegados.
Era como si lo llamaran, en cierto modo: el Viejo de la Montaña.

—¿Acaso se hace uno viejo? Quizá pensaban también que
me había puesto en contra de ellos. Pasé algunas temporadas
con nuestras tropas en el sur, como consejero, por decirlo así;
en fin, vistiendo un uniforme que no bastaba para que pudiera disparar a los demás, pero sí para que los demás me pudiesen
disparar a mí.

Su voz ha recuperado el afectuoso tono de disculpa. ¿De
qué quiere disculparse? Sé que es un hombre valiente. Parece

como si se disculpara de su vida, de la vida. De nuevo tiene el rostro perdido en la oscuridad de la noche. Nos queda la amistad, una comunidad de admiraciones, en la que se mezclan los genios, los elegidos (desde Michelet hasta Stendhal, pasando por la *Nouvelle Revue Française* y los poetas de tiempos de Luis XIII) y una constelación que reúne, como en una sociedad secreta, a los intelectuales de cada generación. En el presente caso, Rimbaud-Nietzsche-Dostoievski-Apollinaire. Y, en consecuencia, el recuerdo de conversaciones cómplices en un mundo en que eran una costumbre casi inexistente. Poco es, comparado con las amistades de los combatientes. Pero es más de lo que podría suponerse cuando solo se le pide a un hombre, durante unas cuantas horas de una noche en que el calor parece materializarse en niebla, que posea una mente libre. Dice:

—Eran los tiempos de las torres de vigilancia, de las camionetas erizadas de fusiles...

Como en las películas de la Revolución de octubre, como durante la guerra de España y el final de la Resistencia. ¿Será nuestro siglo, para los hombres del siglo XXI, el de las camionetas erizadas de fusiles?

—... Y también de las barreras de cañas que protegían los bares de las granadas...

Sé de qué mundo me habla. Casi todos los oficiales de la brigada Alsacia-Lorena que permanecieron en el ejército combatieron en Indochina: árboles pelados; queridas que jugueteaban con los dedos de su amante; flores que los camioneros iban a buscar a Dalat —a veces regresaban y a veces no—; apacibles arcos de las balas trazadoras en el cielo nocturno, por encima de las arecas; filas de autoametralladoras cruzando por las cosechas que van camino del granero; niños muertos en cestas; pollitos en torno a cadáveres muy aseados o a cuerpos destrozados; individuos a los que un miedo pasajero pega al suelo; hojas aún vivas en los refugios del enemigo; ballet de los aviones tras el lanzamiento de los paracaidistas; durante los ataques nocturnos del Viet Minh, aquellas antorchas que semejaban las de una retreta que se hubiera vuelto loca...

—¿Cómo recuerda usted el cuerpo expedicionario, Méry?

—¡Huy! Un conglomerado informe. Desde la raza más pura hasta los que parecían chimpancés...

El altavoz que tenemos a la espalda deja de perorar y comienza a emitir música de baile con evocaciones de whisky y cigarrillos rubios...

—Radio Singapur —dice Méry—. Tiene mucho alcance. En las autoametralladoras, después de las emboscadas, oíamos: «¡Llamando, Pantera! (o Prímula, o vaya usted a saber qué). ¿Me oís? Han matado al capitán. ¿Recibido?». Nadie contestaba. El tipo de turno hurgaba en los botones y escuchábamos lo mismo que está usted escuchando ahora. Lo cual quería decir que en algún lugar remoto había gente bailando... sí, bailando, como en la cubierta de un barco... Luego oíamos un chirrido de sierra del que salía: «Aquí Pantera. Recibido», y así una y otra vez. Cuando ya no quedaba nadie vivo, nos tocaba recuperar una autoametralladora en la que la radio seguía emitiendo música ella solita... Podría haberme contagiado de la camaradería del combate. Pero, pasados tres meses, estaba de corazón con los del otro lado, fíjese. Y harto, pero lo que se dice harto, de ese ruido del cerrojo del fusil al cargarlo. Hay en la guerra algo que sobrecoge, por decirlo así; pero también es una imbecilidad. Sobre todo después. Sí, sobre todo después.

Clappique me ha dicho que Méry había vivido con una vietnamita. Pero no me ha dicho cuánto tiempo. Le pregunto:

—¿Hace mucho que no ve usted a Ho Chi Minh?

—Lo vi el año pasado. Me pareció que estaba más joven. Es un venerable letrado con guerrera caqui y sandalias de goma de neumático... En las fotos no se le notan ni las mejillas sonrosadas ni la risa de cascabel. Es frágil e invulnerable, mire usted. Supongo que se va pareciendo a su padre, que era un mandarín de poca categoría. Los franceses lo expulsaron, y él se hizo ensalmador y narrador ambulante.

»El tío Ho se cuela en el despacho del primer ministro por la rendija de la puerta. Te da un abrazo y te obliga a acompañarlo. Sigue con la misma forma de hablar pausada, tan diferente del ladrido asiático. Y, cuando habla en vietnamita, conserva ese acento suyo tan marcado del centro del país, casi como un campesino. Me gusta mucho la forma tan ingeniosa que tiene de decir *xo-viet* en vez de sóviet: da la impresión de que Lenin tenía algo de vietnamita, fíjese... Sigue tan bondadoso. No me dijo nada importante. Los refranes chinos que ya utilizaba antes en contra de los franceses: «Hoy somos los saltamontes que luchamos contra el elefante. Mañana el elefante arrastrará las tripas». Y esa risita suya. El aire del ventilador le mueve el copete gris. Te lleva a la casita del jardinero, detrás del palacio, para enseñarte los tomates que cultiva con sus propias manos. Dice de los estadounidenses: «La Conferencia de Ginebra prohibió cualquier otra intervención extranjera. ¿Y por qué iba a suponer para ellos un desprestigio? Nosotros estamos dispuestos a sacar la alfombra roja para que se vayan». Y añada usted a esas palabras la esperada sonrisa. Dice también: «Aseguran que nunca pisaré la Cochinchina. Soy un hombre mayor. Si no vivo para ver la reunificación, ya la verán mis amigos. ¡Eso y otras muchas cosas! ¿Acaso creía a los treinta años que iba a ver cómo se iban los franceses? ¿Que el Vietcong no sobrevivirá a Ho Chi Minh? Seguro: ni la Unión

Soviética a Lenin, ¡seguro, seguro! Somos pacientes, somos pacientes. Los grandes bombardeos empezaron en febrero: de tanto tener que superarse, nuestro pueblo se ha acostumbrado a vivir bajo las bombas, y ya está».

Es cierto: ese Tonkín del Lago, de los *rickshaws* entre la tibia bruma, de los vendedores de estampas que pintaban tigres blancos y negros como si fueran gatos, ese Tonkín de los cascos coloniales y de la hora verde, lleva empeñado en una guerra tras otra desde hace veinticinco años, y unos cuantos meses viviendo bajo las bombas. Pero Ho Chi Minh sabe que cada fogonazo de esas bombas le devuelve un poco de la gloria que estaba empezando a perder.

—Me sorprende —sigue diciendo Méry— que no recurra, por así decirlo, a ninguna jerigonza marxista. Y es algo que me agrada, mire usted.

—La jerigonza estalinista no existía en los tiempos en que él se formaba.

Me sigo acordando de Hanói. No ya de mis recuerdos del Lago, aunque son muy nítidos, ni de las bombas, sino de una echadora de cartas indígena a cuya casa acompañé a Aurousseau, que dirigía entonces la escuela francesa. «La predicción que tengo que hacerle —le dijo—carece por completo de interés: va usted a matarse». Y se mató. En un acuario, una tortuga marina cuya concha habían disuelto ondulaba, blanca y fofa, como una raya.

—Cuando era joven —responde Méry—, Ho sentía entusiasmo por Michelet, fíjese. Igual que yo. Y también igual que usted. Hoy en día sigue citando a Jaurès: «Las naciones son las depositarias de la cultura de los hombres». A buen entendedor... Pero está usted en lo cierto: se formó en un ambiente en el que aún se daba el novelesco romanticismo comunista de largas melenas, el de su amigo Vaillant-Couturier, por así decirlo. El tío Ho estudió a Marx, y sobre todo a Lenin, tiempo después. A Lenin antes que a Marx. Y ahora tiene una forma de hablar... nacional-confucianista. La palabra clave es: «superación». Y se la aplica a cosas sorprendentes. Lo llaman el tío Ho, pero este hombrecillo sentimental de delgada voz es más fuerte que Giap, más fuerte que cualquiera. En 1946 fue capaz de enfrentarse con las inmensas muchedumbres de Hanói. ¿Cree de verdad que se ha hecho viejo? Su primer discurso de Estado, en el 45, iba dirigido a los niños: «Es la fiesta de mediados de otoño. Vuestros padres han comprado farolillos, petardos, flores y juguetes. Vuestro tío Ho está tan contento como vosotros. El año pasado, en el día de esta misma fiesta, erais esclavos pequeñitos. Este año os habéis convertido en los amos pequeñitos de una nación libre. ¡Divertíos mucho! Espero que mañana os pongáis a estudiar con mucha aplicación». Se trata de una cita más o menos libre, ya me comprende. Pero con los franceses no utiliza esa... sensibilidad, digamos.

—Debe de acordarse de que cuando le dijo a Thierry d'Argenlieu, superior de los carmelitas y también alto comisario de Francia: «Usted que es cristiano...», el almirante le respondió: «Dejémonos de tonterías».

—Lo llama el Gran Inquisidor.

Las antipatías suelen ser recíprocas, y el almirante lo aborrecía. Tras la primera conversación dijo: «No dejaré que me engañe ese simulador. ¿Cómo puede haber quien se trague su fingida bonachonería? Pero ¡si lleva mucho siendo enemigo de Francia, si ha llegado a lo que ha llegado, si ha mandado matar a casi todos sus enemigos y ha tratado como ha tratado a los cristianos del norte! Ahora no puede dárselas de maestro de escuela anciano y enternecido. Estoy dispuesto a considerarlo un patriota. Pero su trayectoria, que ha sido muy larga, es la de un comunista. Conozco a los comunistas, y no se les da demasiado bien eso del enternecimiento. ¿Por qué íbamos a entregarle Indochina? ¡Indochina no es comunista ni tiene ninguna gana de serlo! Ya se imaginarán que estoy al tanto de lo que ha dicho Leclerc refiriéndose a mí: "¡Ese monje lo engaña, mi general!". Reconocer a Ho Chi Minh sí que sería un peligroso engaño, y en poco tiempo ese adversario implacable nos habría dejado sin nada. Bastante ha jugado ya a ser Gandhi con su rueca: Gandhi era Gandhi, y Stalin es Stalin. Hoy en día la unción sacerdotal es patrimonio de la GPU. Como aquel candoroso cura de aldea que me dijo: "Cada vez que yo le mate un hombre, usted me matará diez; sí, sí; pero al final ganaré yo, pese a todo". ¡Vamos! ¡Dejémonos de tonterías! No permitiremos que el comunismo se instale aquí. Poco me importa que se encarne en la jovialidad de ese patriarca guasón o en la agresividad de su amigo Giap».

—El tío Ho —añade Méry— dice que le gustaba Leclerc. Es posible...

—Leclerc lo consideraba un nacionalista. Y el almirante, un comunista. Y él lo sabía. De todas formas, los generales que más deben de gustarle son los generales vencidos... Pero, en fin, Leclerc tenía encanto y se llevaba bien con Giap.

Christian Fouchet, que recibió a Ho en Calcuta, dijo con mucha calma: «Que decidan quién le va a entregar nuestros telegramas de Indochina; pero desde luego no seré yo, porque lo están engañando». Aunque es cierto que su hermano era oficial adjunto de Leclerc. Pero Giap no era santo de su devoción.

Giap es la batalla de Dien Bien Phu. «Nuestra gente debería andarse con cuidado con él», me dijo De Lattre. Cuando regresó de Hanói, aún francesa, era evidente que se estaba muriendo, e iba de luto riguroso por su hijo. Me dijo confidencialmente: «He instado a este gobierno a que saque partido a mis victorias, a toda costa y sin perder tiempo. Es la última oportunidad: la guerra está perdida. Pero no me harán ningún caso». Vuelvo a ver el acto que se celebró en el Arco del Triunfo después de Dien Bien Phu: el enorme gentío, el enorme silencio. Diez años ya, y la noche tropical.

Méry enciende otro cigarrillo. A lo lejos, los petardos de una boda china. En este lugar del mundo cuesta diferenciar el estallido de los petardos del de las granadas...

—Hacia 1930 —dice— Nguyen Ai Quoc estaba al frente de los comunistas de esta ciudad inglesa como delegado de la Tercera Internacional para los «Mares del Sur». Bien está. Debió de tener bastante que hacer...

—La policía inglesa no se andaba con bromas. Cuando volví a Indochina, me dejó limpio. Y, como no tenía más que lo que llevaba en la cartera, me supuso un buen golpe.

—¿A qué se debió?

—Ahora pienso que si me procesaron fue porque la policía francesa me tomó por un agente político. No hace mucho me llegó una carta del juez al que habían entregado a la vez mi expediente y mi condena. Devolvió el expediente. No costó mucho dar con un juez más complaciente.

—En realidad, ¿qué era usted por entonces en el terreno político?

La voz parece pedir disculpas por la pregunta.

—Nada. Eso que llamaba usted hace un rato un liberal. Para mí el marxismo era una filosofía; y, pese a Lenin, una filosofía un tanto utópica. Fueron los lazos que los anamitas establecieron conmigo los que me hicieron sentirme vinculado a ellos. Me impliqué en la acción revolucionaria por agradecimiento.

—Por cierto, ¿ha visto usted esta mañana al primer ministro?

—Creo que anda metido hasta el cuello en conflictos electorales. Pero el ministro que me ha recibido me ha hablado de asuntos no tan electorales: de la política que podría seguir (de la política que va a seguir) un Singapur independiente.

El Singapur de ayer, altivamente erguido como los leones de Venecia, con esos acorazados británicos, dueños y señores de los océanos de Asia, a los que, a muy poca distancia de aquí, herían en pleno corazón los pilotos suicidas japoneses... Se tiende sobre la isla el mismo cielo espolvoreado de estrellas que sobre Hanói, y sobre Da Nang, que fue Tourane (hace tiempo, en las lindes de la selva, el primer museo de arte sham del mundo, sin guardianes, con las esculturas selladas en las paredes), y donde llevan seis semanas desembarcando marines.

—Ho Chi Minh sabe, por supuesto, lo que está sucediendo en Da Nang —digo.

—Ya se ha visto en otras. Más de uno ha pronunciado ya su oración fúnebre. En la cárcel murió, pegado a él, el condenado al que lo habían encadenado. Ha estado siete años en las guerrillas. En el 44 la primera brigada que tuvo Giap bajo su mando, en Tonkín, era de treinta y cinco combatientes. Sí, treinta y cinco... En cuestiones de táctica el tío Ho solo cree en las circunstancias. En el 45 salió del coma para decir: ¡Al fin son favorables las circunstancias! Y volvió a entrar en coma... Asegura que, al llegar él al Gobierno, la epidemia de hambre acabó con dos millones de personas. Aunque lo dejemos en quinientos mil, ya era bastante para poner difíciles las cosas. Antes de las negociaciones de Fontainebleau tuvo que esperar en Biarritz que formase gobierno Bidault. Tiempo después tuvieron detenido en Saigón su mensaje a Léon Blum y no lo enviaron hasta que ya se había consumado lo irreparable. El Viet Minh nació en una cabaña, con los fundadores sentados en troncos. El tío sabe tan bien como nosotros que, si el norte no cuenta con el arroz del sur, está abocado a la miseria; y acepta la miseria, ¿me comprende? Cuando llevó a cabo, en el 55, esa reforma agraria (por decirlo de alguna forma) que a usted tanto le gusta, su provincia natal se amotinó. Era la histórica provincia del Levantamiento de los Letrados, de la que salió la expedición contra los chinos del rey guerrillero Le Loi durante la guerra de Liberación. En Moscú tuvo que habérselas con la hostilidad de Roy, el responsable principal de los asuntos de Asia, que lo consideraba un cretino, fíjese. Desde 1961, y hasta el año pasado, los han tenido apartados a él y a Giap por sospechosos de jrushchovismo. Supongo que debía de llevarse bien con Jrushchov: tenían en común el aire cándido y la afición por los refranes militares. Nikita debía de parecerse también al valiente soldado Svejk...

Me acuerdo de la relación cordialmente tirante de Jrushchov con el general De Gaulle: «Tras la rendición de Stalingrado, el mariscal Von Paulus me entregó su revólver». «¡Anda!», responde el general con expresión seráfica. «¿Y no se lo volvió a pedir más adelante?».

—Hasta principios de este año —prosigue Méry— no se ha dado cuenta Vietnam de que todavía necesitaba al tío Ho. No olvide que ordenó reprimir el levantamiento de Nghe An: varias decenas de miles de muertos. Me gustaría saber cuántos hombres llevan perdidos los estadounidenses en toda la guerra. Pero desde lo de Da Nang el tío Ho tiene más fuerza que nunca... Sin embargo, que un país sin aviones combata contra la aviación más poderosa del mundo no es ninguna broma. En fin, como dijo él: somos pacientes... ¿Conoce sus versos?

Para que se alce a gritos la injusticia
dentro del corazón del prisionero
basta con que el aroma de una rosa
vaya por los pasillos de una cárcel.

»Aunque es un hombre modesto, algunos de sus versos son bellamente altaneros: "Se turnan mis guardianes para servirme de escolta". A mí me parece precioso.

—¿Se refiere a las cárceles chinas?

—Me parece que nunca lo tuvieron preso los franceses. Y, en lo tocante a los ingleses, siembre lo trataron con guante blanco, por unas cosas o por otras. Hace como que no se acuerda de las cárceles. Bien está. A todos nos pasa lo mismo, aunque no a diario. Pero sí con frecuencia... ¿Piensa usted verlo?

—No creo. Y lo siento mucho.

—Le creo. Se da en él una mezcla de verdad y artificio o, para ser exactos, interpreta un papel que escogió cuando tenía unos cincuenta años; y el resultado es... en fin, es como es... Fingió molestarse con Sainteny cuando Sainteny se las apañó para que los diplomáticos húngaros pudieran huir en los barriles de gasolina, en los tiempos del asunto de Budapest. ¡Qué risa! Giap daba cursillos a los guerrilleros. Ho asistió a alguno, fíjese. Y uno de los jefes de la guerrilla preguntó a Giap: «¿Sabe usted quién puede ser ese viejecito tan gracioso que aún siente interés por la política?». Durante los bombardeos su última frase era: «¡Y ahora pongamos un alegre punto final a nuestra charla!». Tras llegar al poder, pronunció una proclama muy digna y la cerró con sabios consejos: «Hay que respetar el altar de los antepasados y nunca tocar música dentro de las casas». Un anciano virtuoso y rebosante de experiencia...

»Pero se atrevió a disolver el Partido Comunista indochino. ¿Una treta? Quizá; pero se necesitaba una firmeza tremenda, ya sabe... En dos ocasiones lo llamaron traidor por todas las calles de Hanói. Si fuera usted a verlo y le hablase de Da Nang, y también si le hablase de las bombas, que probablemente caerían mientras conversaban, le contaría, con esa risita ácida tan suya, un recuerdo que le entusiasma: "Nuestra provincia era tan pobre que muchas veces teníamos que tomar el arroz a palo seco, sin pescado. Todos teníamos un pececito de madera y, cuando comíamos en público, lo metíamos en el arroz. Las apariencias son importantísimas". Y añadiría jovialmente: "Cuando estaba en el Hôtel du Palais de Biarritz esperando que se constituyera el nuevo Gobierno francés, dijeron en *L'Humanité* que me estaban dando un trato indigno. Vinieron a verme unos periodistas y les dije, '¡Huy! Sabrán que las he visto peores...'". Y soltaría otra risita.

—Los desembarcos de Da Nang no son precisamente el Hôtel du Palais...

—Cuando viene a cuento, saca a relucir otras historias menos chistosas. Los estadounidenses toman una aldea tras destruirla su aviación. Los niños muertos llevan prendido en el pecho algo parecido a un poema: «Si hubierais mandado juguetes por avión durante el primer bombardeo, habríamos podido jugar con ellos durante quince días». No es la primera vez que se enfrenta con los estadounidenses: afirma que, tras la derrota de Japón, Estados Unidos estaba decidido a entregar Tonkín a Chiang Kai-shek. Interpreta una comedia; pero tras ella hay una vena dolorosa. Y tiene un concepto muy amargo de la vida. Queda muy claro en sus poemas de la cárcel: «Por conseguir grilletes es por lo que luchamos: / los que llevan grilletes tienen donde dormir». Y también: «Para llegar a hombres, tenemos que dejarnos tronzar por la desdicha». Si nuestra gente hubiera mandado traducir menos textos políticos y más poemas, habría comprendido mejor al tío Ho, fíjese. Cuando el almirante D'Argenlieu decía que a él no lo engañaba cuando fingía ser Gandhi con su rueca, no andaba descaminado, por decirlo así. Pero en muchos aspectos la acusación de duplicidad se basa en el simple hecho de que ese «hombrecito tan gracioso» es una de las erguidas rocas de la bahía de Along, por así decirlo...

Los cambios que ha sufrido Asia me desconsuelan tanto como los de un rostro querido; nunca volveré a ver Indochina, el país que mejor conocí antaño, cuya independencia fue para mí la más deseada. El novelesco romanticismo colonial, Mayrena, los personajes de Clappique, la piastra, los automóviles sustituyendo a las calesas, los algarrobos de la calle de Catinat, el bulevar de Charner, sin un alma a las doce del mediodía, bajo el imperturbable sol, los cascos del sargento Bobillot, la guerra... En los países del gran sopor bullen las liberaciones, entre la oscuridad más honda, como bullen las invasiones de dioses en las rocas rojas en que las esculpe la India. Méry prosigue:

—No siempre es tan campechano cuando quiere dejar algo claro. Cuando el emperador del Anam, que se había convertido en «consejero» suyo, andaba por Hong Kong de picos pardos, le escribió, y con razón: «Tenga la bondad de no olvidar que somos representantes del pueblo y nos debemos a sus sufrimientos».

En Crans-sur-Sierre, antes del regreso del general De Gaulle, coincidí con la melancólica emperatriz, que vestía la estrecha túnica negra anamita y hablaba de las ceremonias del palacio imperial y de sus mandarines, tan parecidos a escarabajos, como si se refiriese a la corte de Versalles... Su esbelto fantasma parece acompañar las palabras de Méry:

—Decíamos en otros tiempos que el Viet Minh nunca podría formar un ejército; que en Indochina solo eran valientes los pueblos de las montañas... Y desde entonces han sido capaces de soportar el napalm... ¿Qué fuerzas se enfrentan, en su opinión, si tenemos en cuenta las seis semanas que llevamos de desembarcos estadounidenses?

—El año pasado, el sur tenía enfrente tres mil soldados del norte y ciento veinte mil guerrilleros. Y en el otro bando, quinientos mil soldados y veinticinco mil consejeros estadounidenses.

—Sin embargo, el tío Ho salió adelante... Y además no le da mayor importancia. Entre 1961 y 1964 las cosas le fueron mal con los suyos. Esperó. Y seguirá esperando, fíjese. Escribió hace tiempo: «Se demora la noche en lo hondo de la cárcel». En Vietnam se celebran de toda la vida los aniversarios de las muertes, no los de los nacimientos. Todo cambió para el tío cuando llegó Mao a Yunnan. Vietnam halló en él al aliado (y la esperanza) que el FLN halló en Marruecos y Túnez. ¿Y ciertos resquemores también? Por supuesto. Un diez por ciento de resquemores y un noventa por ciento de esperanza.

—Si dejamos de lado las anécdotas pintorescas, ¿cuál es el balance de sus logros históricos?

—La victoria, por decirlo así, y la libertad del norte. No es un ideólogo; bien está. E incluso tengo la impresión de que no se fía mucho de las teorías. Ha elaborado sus doctrinas según han ido transcurriendo los acontecimientos, ¿me comprende? No me queda más remedio que acordarme de Mao Zedong; pero él se une al coloso poniendo cara de pasmo...

—Y con el viento de Dien Bien Phu en la barbita, igual que Polonia con Rusia. Me parece que lo que tienen en común es el hecho de haber decidido en el momento oportuno que no creían en la revolución obrera. Y el resultado fue, en el caso de Mao, la lucha campesina, y en el caso de Ho, un Frente Popular mucho antes de que Dimitrov inventara los frentes populares.

—En 1925 Stalin quería aliarse con el Kuomintang (ya sabe usted el resultado), y Trotski no quería. Pero el invento de Mao y el tío, *en contra* de toda la ideología de los rusos, fue el poner el destino de la revolución en manos de la lucha campesina.

—Por cierto, ¿sabe usted qué ha sido de Borodin?

—Me han dicho que lo han puesto fuera de combate. La última vez que me lo mencionaron dirigía el periódico inglés de Moscú. Así que ha caído en desgracia. Koltzov, el redactor jefe de *Pravda*, me dijo (y desde entonces lo han fusilado, claro): «Es simpático el viejo. Me ha preguntado si podríamos hacer algo para que le dieran una vivienda con calefacción».

La nieta de Tamerlán murió lavandera, por lo que cuenta Clappique... Yo estaba presente cuando Trotski (bajo nombre supuesto, desde luego) pidió al alcalde radical del pueblo donde se había refugiado, cerca de Royan, que le explicase en qué consistían las elecciones. «¡Mire usted, señor Sedov, es imposible que un extranjero comprenda la política francesa!» Al pie del prado en cuesta pasaba un tren eléctrico pequeño, coronado de chispas. Es posible que Trotski recordara la noche prehistórica que envolvía los combates de Kazán. Cuando se marchó el alcalde y nos acabamos la botella de tinto, dimos un paseo por aquel prado de suburbio hablando del hijo de Chiang Kai-shek, que acababa de pronunciar en Moscú un discurso en el que afirmaba que su padre era un perro. «¡Cada quien tiene los hijos que se merece!», dijo Trotski. Los suyos se habían suicidado o los habían asesinado.

—¿Qué era Borodin cuando «iba de paisano»? Quiero decir: fuera del partido —pregunta Méry.

—Creo que periodista. El general Blücher (el Gallen de Cantón), que se le anticipó en la creación del ejército chino, tomó Shanghái y, hasta el día en que Stalin lo mandó matar, siguió siendo fontanero. Muchos hombres se descubrieron a sí mismos gracias al partido. Igual sucede con la Iglesia. Da que pensar. Antes de la Revolución, Robespierre escribió en Arras un poema al estornudo. A lo mejor, si hubiese seguido por ese camino...

—¿No cree usted que Gallen era fontanero igual que Bonaparte era alférez y Mao bibliotecario?

—Vencido Borodin y tras haber acabado Chiang Kai-shek con el PC chino, tanto Ho como Mao no se planteaban ya sino una única cuestión: *¿quién* iba a hacer la revolución? ¿Un Frente Campesino o un Frente Popular? Y la nación, por descontado. Un largo camino entre Moscú y Hanói, sin romper los vasos por el camino.

—Es la encarnación de Vietnam, creo, y punto...

—Sí, pero punto y seguido. Habría mucho que hablar del nacionalcomunismo, mi querido Méry.

—Y del curioso bicho estadounidense que se le enfrenta bajo el nombre de democracia...

—¿Ha visto usted a los estadounidenses que han llegado a la Cochinchina?

—Ya lo creo...

Se pierde en la oscuridad su ademán amplio e inconcreto.

—¿Y qué?

—Los nuestros los aborrecen. ¿A santo de qué? ¿Los estadounidenses no pintan nada ahí? Bien está. ¿Y qué pintábamos nosotros? ¿Qué se creen? ¿Que están defendiendo la democracia contra el comunismo? Pues ¿qué defendíamos nosotros? El imperio en nombre del MRP. No es que resultara muy convincente... Decidir que el anticomunismo consiste en apoyar a la familia Diem es de risa. Pero ¡bien está! ¿Que la cruzada anticomunista estadounidense no hay quien se la crea? ¿Y qué pasaba con nuestra expedición colonial? Porque, bien pensado, ¿qué otra cosa era lo nuestro? Los estadounidenses de Saigón son, por así decirlo, tejanos vestidos de colores chillones que hablan a voces y no carecen de valor. Pero, vamos a ver, ¿nuestros pierrots y sus trajes de hilo blanco, que les planchaban impecablemente los *boys*, justificaban la ocupación de Indochina? Desde que han llegado los estadounidenses, los camareros vietnamitas, a los que siempre habíamos visto pegar ladridos, se han quedado mudos. Los estadounidenses están haciendo a conciencia una guerra en la que ya no creen: incluso el GI más estúpido comprende que no se decide el destino del mundo con escaramuzas en la llanura de los Juncos. Miran cómo pasan sus superfortalezas volantes y se quedan pasmados de que la potencia que destruyó la Alemania hitleriana no pueda con un ejército de pordioseros descalzos a los que nunca consiguen ver. Lo más curioso es lo que está pasando con los franceses, fíjese. Nuestra guerra, que tampoco es de hace tanto, se ha convertido en algo así como una guerra civil. Si les enseñas una documentación francesa, los del Viet Minh te dejan pasar. Por otra parte, van sintiendo menos hostilidad hacia los estadounidenses porque ya han dejado de creer que pueden ganar una guerra que nosotros perdimos...

—¿Está usted al tanto de la postura de Francia? —pregunté.

—Su general no siempre ha andado acertado en lo que se refería a Indochina. Ahora sí lo está, de momento. Ho está

emulando la Larga Marcha con otra Larga Marcha quieta, por
así decirlo, mientras fuma sin parar cigarrillos americanos y
recorre el norte con su bufanda y su máquina de escribir por-
tátil. ¿Está a la espera de otro Dien Bien Phu? Cree en la victoria final del comunismo, digámoslo así. Pero en lo que cree
sobre todo es en que a partir de ahora sus hombres se aferra-
rán a su tierra y que ya nadie podrá dominarlos, ni siquiera los
chinos. ¡Si los estadounidenses tienen que tomar Hanói, que
lo tomen! ¡También tomó Pekín Chiang Kai-shek! ¡Bien está!
¡Y luego lo perdió!

»El tío Ho irá a ver a Mao Zedong a finales de año. Y cuenta con la India.

—¿Qué poder tiene en esto la India?

Nehru me dijo: «Entre una potencia colonial y una nación
que combate por su independencia, siempre me quedaré con
la segunda». Sin embargo, no ando descaminado cuando pregunto qué poder puede tener en esto. Añado:

—¿Se acuerda de la conversación que mantuvo Ho Chi
Minh con Kiyoshi Komatsu hace cuarenta años?

—No. Komatsu es un apellido japonés. ¡Esos, por mí
como si revientan!

¿Estuvo Méry en los campos japoneses? En la calle de la
Muerte me acordé de nuestros cementerios bretones, rebo-
santes de flores azules a los pies del calado campanario. Para
Méry, Japón consiste seguramente en carceleros (¿y qué otra
cosa fueron los franceses de los campos de confinamiento
para mis amigos españoles?). Para mí, consiste en Nara, la civilización más refinada del mundo, sin duda alguna; en las
pinturas de Takanobu; en el jardín de arena de las Quince
Piedras; en una única flor, con un trozo de bambú por flore-
ro, en la celda de un monje zen. Para Méry, Komatsu es un
«apellido japonés»; para mí, se trata de mi traductor y mi

amigo samurái que murió en su ermita de las colinas, a cuya entrada había dibujado dos caracteres chinos: «Lavad vuestros corazones». Para el almirante D'Argenteuil, Ho Chi Minh era «ese patriarca guasón»; para Leclerc, el hombre con el que tenía que negociar Francia. Ni el almirante ni el general viven ya.

Recibí en Fontainebleau al presidente Lübke. Ningún presidente alemán había visitado Francia después de la guerra. Tenía fama de melómano. Durante el almuerzo, Rampal y su orquesta tocaron en la tribuna real, y yo había solicitado que la última pieza fuera de música alemana. Al acabar dicha pieza, el presidente pronunció un cordial brindis. ¿Qué mosca me picó? Yo tenía que contestar diciendo que las democracias... etc. «Señor presidente de la República alemana» (desasosiego de los asistentes: ¿a qué viene eso de alemana?), «una vez estuve ingresado en un hospital donde había también muchos soldados compatriotas suyos. Un día se acalló nuestro runrún de heridos: la radio empezaba a emitir la *Novena sinfonía...* Y en recuerdo de aquel día, en este salón de nuestros reyes donde acaban de apagarse los ecos de la música de Bach y donde recibió Francisco I al emperador Carlos V, alzo mi copa para brindar por el genio alemán». Todo el mundo se quedó encantado —olor de multitudes, como diría Clappique—, y durante unos minutos (o unos segundos, solo unos segundos) Verdún se esfumó en medio de una sorprendida anuencia...

Un blando viento trae los olores nocturnos de Singapur, que se apoderan del patio: automóviles, pimienta y opio de la antigua China, selvas quizá. La señora Lübke me había contado, mientras Rampal interpretaba a Bach, que cuando era una joven militante socialista había coincidido en la región de Borinage con la señora Vandervelde. Esta le había preguntado a la mujer de un minero: «¿Qué le parece a usted la reina Astrid?». «Pues es muy simpática, desde luego, pero demasiado arribista». Lo que quería decir, supongo, que pretendía ganarse a la gente, o ganar afectos para la monarquía.

Me acuerdo de Vandervelde.

Se parecía a Mazarino y fue, tras la muerte de Jaurès, el mejor orador socialista. «Los hombres son seres muy peculiares, ¿sabe? Cuando era presidente de la Cámara, hubo una vez un alboroto tremendo. Todos furiosos, las mesas abatibles cerrándose de golpe... Amonesto a los diputados: como si nada. Suspendo la sesión. Al reanudarla, anuncio que, antes de proseguir con el debate, la Cámara tiene que discutir la ley de palomas mensajeras. Casi todos los diputados eran aficionados a la colombofilia. Votaron la ley por unanimidad y no volvieron ya a enzarzarse». Correspondo al comentario de Méry sobre Japón con la anécdota de las palomas.

—En Fontainebleau —me dice— el tío Ho lamentó ante los periodistas no haber tenido «ocasión» de verlo a usted...

—A Bidault no le parecía muy necesario que digamos ese encuentro. Era lógico.

—¿Conoce usted el museo asiático que tenía en el palacio la emperatriz Eugenia?

—Para eso me pagan.

—Un guardián negro echando una cabezada entre tesoros de pacotilla, fruto del saqueo del Palacio de Verano, un palanquín del rey de Camboya, ni un mal visitante... ¿Sigue existiendo el museo?

—Sí, y sigue sin ir un alma. Siento mucho que entre los objetos que robaron los zuavos del Palacio de Verano no estuviesen los autómatas. Al parecer, dejamos que se quedaran con ellos...

—De niño me deslumbraba ese museo. Y tuvo mucho que ver con que yo viniera a Asia, fíjese. Clappique habla del novelesco romanticismo de la historia; en el pasado conocí un novelesco romanticismo geográfico... por así decirlo. Se precisaban veintisiete días de barco para llegar a Saigón, y cincuenta y dos para ir de Saigón a Luang Prabang, ya sabe...

Un asmático barco de mala muerte navegaba el Mekong aguas arriba. El capitán (que no llevaba segundo oficial) tenía unos bigotes merovingios, y, cuando contaba alguna historia, se ponía de pie; y volvía a meter las narices en el plato al acabarla. Para Méry, el vínculo entre aquella Indochina y Vietnam es el tío Ho. El tío Ho, retozón y triunfante, apaga, como si fueran la llama de velas, los fulgores de los papúes convertidos a la religión de los cargueros fantasma, de las prostitutas de la isla Tortuga, del gato con botas de Sumatra («Y no persiguió ya más a los ratones a no ser para distraerse...»), de la reina Sirikit de Tailandia, cuya belleza seducía al general De Gaulle, de los relojes parados de Borneo, del comunismo que promete sombreros y fuegos artificiales, de Tamerlán y su nieta, de la calle de la Muerte, de Renaud de Châtillon, de Mayrena y de la película de Clappique. Méry habla de Ho Chi Minh como Clappique de Mayrena, y no obstante, si yo fuera a Hanói, podría ir visitarlo, como acabo de visitar a Nehru. En lo hondo de la noche, la gigantesca Asia y todo su calmoso pasado, ya desaparecido, cuya leyenda está barriendo la revolución. Hace años oí a los cochinchinos hablar de Mayrena a la hora de la absenta; la semana que viene oiré hablar a Mao Zedong. Todo en una sola vida.

—La primera vez que vi a Valéry —digo—, me preguntó: «¿Por qué siente usted interés por China?».

—Escribió que los paisajes son iguales en todas partes, cosa que me parece falsa desde el momento en que hay casas en ellos. Y que los hombres son iguales en todas partes.

—Por una vez en la vida coincido con Claudel, que le llevaba la ventaja de haber visto unos cuantos continentes...
—contesto.

Nos hemos quedado solos en el patio.

3

—Me parece —dice Méry— que, en casos así, «en todas partes» significa también «siempre». La geografía y la historia se confunden, por así decirlo... ¿El amor materno siempre? ¿Siempre el adulterio? Bien está. Pero no siempre son iguales. ¿Siempre la muerte? Bien está. Pero ¿es siempre igual en todas partes? ¿Siempre? Ya me ha dicho Clappique que han pasado ustedes por su calle. No se parece gran cosa a nuestros cementerios. Por supuesto que no opino que todas las formas de vida tengan que parecerse. Pero la diferencia entre un anamita, un camboyano y un francés, entre un hombre y una mujer, y para empezar entre mi yo y mi yo del pasado, me resulta tan perturbadora como la vida en sí, ¿verdad?

—Yo también he sentido con mucha fuerza esa sensación de la que me habla —digo—. Y fue quizá la que me dio el primer impulso para venir a Asia: el otro mundo. Durante cuarenta años nunca se me ha ocurrido crear un auténtico personaje de mujer o de niño... Estoy llegando a la edad en que comienzan a publicarse las memorias de los hombres a los que hemos conocido. Y me quedo tan desconcertado como usted al ver cómo... imantaban esas vidas razones para existir tan diversas: la acción, el arte, las mujeres, la ambición, la fe...

—Por desgracia, o no tan por desgracia, siento todo esto exactamente igual que usted. Hay, efectivamente, razones para existir. Pero además hay otra cosa. ¿La vida en el tiempo? Goethe me sigue pareciendo de mucha envergadura. *Wilhelm Meister* me parece ahora anecdótico: no puedo considerar mi vida como una continuidad, por así decirlo, una continuidad en la que... No doy con la expresión...

—¿En la que el accidente se convierte en experiencia?

El gesto de Méry para asirse con los dedos el labio inferior cuando medita lo obliga a inclinarse hacia adelante y a entrar en la zona de luz; de forma que la desengañada silueta, que tantos recuerdos parece hallar en la sombra, no muestra, al sacarlo de la oscuridad, sino un rostro angustiado.

—Eso es. La continuidad de las vidas tradicionales, de las vidas que han concluido en una cama conocida, ¡bien está...! Pero, en fin, no he vivido mi vida ni peor ni mejor que otro cualquiera. Bien; pues cada vez que me he topado con las cosas más hondas no he podido con ellas. Comprendo perfectamente el concepto goethiano de la existencia humana. Lo comprendo tanto más cuanto que, en el fondo, está claro que es un concepto de naturalista: influimos en las cosas, que a su vez influyen en nosotros. Pero, en fin, me acuerdo muy bien de que fui un adolescente presumido, rabiosamente ambicioso, estúpido con las chicas, ¿qué sé yo? Y luego me hice relativamente generoso (todavía me escriben mis sucesores en Tonkín), dejó de interesarme la ambición, el dinero y todas esas las cosas. Y no me parece que haya ido ascendiendo por una escalera, ni que haya jugado un partido de tenis con los acontecimientos, ¿me comprende? Las teorías psicoanalíticas plantean la cuestión de forma más dramática...

—Porque son la expresión de destinos. No en vano anda de por medio Edipo...

—... pero tampoco me convencen. No tengo la impresión de estar básicamente sometido a eso que llama usted un destino, fíjese. (En algunas situaciones sí. Pero no en conjunto). Y la vida no me ha «formado»... No. Es posible que algunos... datos, muy poco estudiados, influyan tanto en nuestra mente como en nuestro cuerpo: el paso de los años, por ejemplo, que no es decadencia, como se viene creyendo desde hace tanto tiempo, sino indiferencia, con todo lo que la indiferencia nos impone...

—Mi querido Méry: pregunté a Alain, clavado por la artritis en su automóvil, qué significado tenía, en su opinión, el paso de los años. Y se enfadó. No obstante, creo que tiene usted razón. Aunque introducir el factor de la edad me parece una racionalización, cosa que no me agrada. La cuestión es: ¿cómo nos convertimos en lo que somos? Ese es sin duda alguna el problema psicológico más importante de nuestros tiempos. El que le hace la competencia al problema del amor. Pero la mitad de la literatura mundial se refiere al amor, mientras que, como bien dice usted, este aspecto del que me habla apenas si está estudiado. El amor ayuda a vivir, mientras que es muy posible que comprender cómo nos hemos ido formando no ayudaría siquiera a morir...

»Pero ¿no le parece que está usted planteando dos cuestiones que no llegan a confundirse del todo? La primera sería: ¿cómo consigue escapar la adolescencia de su concepto carnívoro de la vida? Dicho con palabras técnicas, mi querido profesor: ¿cómo se somete el hombre a unos valores supremos? Y la segunda, la auténtica, sería, poco más o menos: ¿qué significa nuestra vida?

—¡No tan profesor, no tan profesor...! Sea como fuere, lo que opino ahora es que, pese a nuestras ínfulas, al hombre se le escapa el sentido de su vida de la mismísima forma en que se les escapa a los animales...

—Pero nosotros hemos ideado las sepulturas. Y los leones no.

—Bien está. Me gustaría escribir el libro de memorias que habrían debido escribir los budistas y nunca han escrito: alrededor de diez capítulos, y en cada uno de ellos yo no tendría nada que ver con mi yo del capítulo anterior, ¿me comprende? ¿No será que nuestra conciencia de la unidad es, sin más, la conciencia de nuestro cuerpo?

He estado a punto de responderle: y quizá la de la muerte de nuestro cuerpo, pues todo hombre se siente a un tiempo mortal e inmortal. Pero hago un quiebro a tiempo porque Clappique me ha dicho que a Méry le queda poco tiempo de vida.

—El budismo es sin duda la más radical puesta en entredicho del individuo que se haya formulado nunca. La cuestión que usted me plantea es básicamente occidental: el Buda diría que ni siquiera se plantea. Y llegó a decirlo, por cierto. Una religión atea... tiene mucho mérito.

Me acuerdo de Nehru ante el Buda de su mesa baja; y del discurso que dedicó al «hijo predilecto de la India»: «Para ayudar a los hombres a vivir, tiene que existir una vía diferente a esta en la que trabajamos los hombres de mi clase y profesión». Recuerdo su cita: «Conocemos el arte de matar, no el arte de vivir». Y me acuerdo también del Buda y de su escudero, ante un cuerpo inmóvil que era evidente que no dormía: «Príncipe, es lo que llaman un muerto».

—No soy budista —responde Méry—, pero estoy impregnado de budismo. No tiene nada de particular: soy de Normandía, y allí muchas personas no son practicantes, ni siquiera creyentes, pero están impregnadas de cristianismo...

—¡Gide, otro normando, habría leído su libro con auténtica pasión, y seguramente con auténtica ira! Pero no anda usted descaminado cuando sugiere que todo individualismo supone la permanencia de una particularidad esencial... En este aspecto, el pensamiento búdico no ha llegado todavía a Europa...

—Ya se imagina que nunca escribiré ese libro, pero... En fin, por decirlo de alguna manera: me recuerdo a mí mismo: el niño, el adolescente de la capucha, el hombre de Indochina, y ahora el hombre de Singapur, en el umbral de la muerte; y me concibo y me siento de una forma tan honda, tan fundamental (¡y tan vana!) que la comparto, mire usted, con los perros sin sepultura. Visto desde aquí, el concepto cristiano de la evolución del ser humano es prácticamente incomprensible. Asia está pasando del budismo al marxismo sin tenerla en cuenta... Y, además, ¿existe acaso? El cristianismo no concede mucha mayor importancia a lo que somos que a lo que fuimos.

—Antes sí se la concedía. En las épocas de fe habría dicho: el ser humano se forma luchando contra el Mal, por mediación de la Gracia y recurriendo a la oración.

—¡Queda muy lejos, ya sabe!

—Sí. En parte porque su concepto de la adolescencia es el de una adolescencia al acecho. Cosa que no rebato, pero que nuestros grandes santos no habrían aceptado... Ellos veían el tren encarrilado... Pero el problema que usted plantea sigue sin resolver. Antes de que pasen cinco años, el drama de la juventud, tal y como lo estamos viendo en Holanda, en California, en Japón, habrá llegado a la mayoría de las universidades; y está claro que es la otra cara de la misma moneda. En pocas palabras, lo que usted pretende es comprender cómo el hombre llega a convertirse en el Hombre que lleva dentro, y deja de ser el renacuajo agresivo y persistente que también lleva dentro.

El murmullo de la ciudad nos rodea y se asemeja al que haría una uña rascando en alguna superficie. Creo que algo sé de budismo. Pero no he olvidado la conversación que tuve con Nehru, ni la pensativa afirmación que me hizo: «Es posible que la Verdad sea mi valor supremo, pero de lo que estoy seguro es de que no puedo vivir sin ella». Méry me contesta por fin:

—No sé si tengo razón o no, pero antes de morir me gustaría comprender qué ha sido mi vida... Una serie de acontecimientos: no. ¿Una permanente presencia? Para los demás, por así decirlo. Pero ¿para mí? ¿En qué soy el adolescente de la capucha si no escojo serlo? ¿Y qué tengo que ver con él? Usted escribió que no siente solidaridad alguna con su juventud. Y yo, ¿con qué me siento solidario? ¿Con mis paseos por la calle de la Muerte antes de que desaparezca ella o desaparezca yo? También escribió: la forma de ser de cada memoria resulta determinante para las personas; aquellos a quienes les proporciona recuerdos dichosos y aquellos a quienes les impone recuerdos penosos son casi tan diferentes entre sí como lo son los hombres y las mujeres. ¿Viene a ser eso?

—Viene a ser eso, mi querido Méry.

—Los que tienen ángeles y los que tienen demonios, por así decirlo. Yo más bien tengo demonios. Ya sabe, no me gusta hacerme preguntas. Creo que las preguntas de verdad se hacen ellas solas. Pero es imposible pasar impunemente cincuenta años en estas tierras. Mis amigos, o los que me hacen las veces de amigos, dicen que se siguen sintiendo iguales a sí mismos. Dicen que la vida de los demás la vemos como un sueño. Bien está. Pero yo me veo también a mí mismo como un sueño. Los textos originales del budismo no dicen, como dice el texto griego: «Nadie se baña dos veces en el mismo río». Ni nos bañamos ni miramos correr el agua: estamos *dentro* del río, fíjese.

—Nunca he sido capaz de poner en claro todas estas cosas en relación conmigo mismo. Es cierto que, por una parte, el budismo impone al hombre algo así como una... discontinuidad. Por otra, toda religión que cree en la reencarnación impone un mundo terrenal eterno o, si lo interpretamos de forma más cotidiana y menos metafísica, una especie humana eterna. Y es precisamente de esa eternidad de la que quiere zafarse el Buda, mi querido Méry. El conflicto más hondo del pensamiento es quizá el que opone las reencarnaciones a la auténtica muerte: las reencarnaciones implican una eternidad de la condición de criatura que nada tiene que ver con el Cielo o el Infierno, los Campos Elíseos o el seol de los judíos... ¡Qué asombroso día ese en que el hombre empezó a creer que era eterno!

»Un problema hasta cierto punto similar nos lo plantea la obra de un gran artista en cuanto nos percatamos de que el arte no es una imitación de la vida. Rembrandt no sabía a los veinte años qué cuadros iba a pintar a los sesenta, de la misma forma que el muchacho no sabe cómo será cuando llegue a hombre... Pero, apurando el ejemplo, el arte va tachando cosas, y la vida no...

—Ahora tengo la impresión de que me horroriza... eso que llamó usted la condición humana, fíjese.

—Sí. Lo ha expresado muy bien... No basta con ello.

—Vivo de opio; y cuando no tengo opio, de whisky, curiosa compensación, porque el alcohol, ya sabe, tiene efectos contrarios. En fin, así es como nos vamos arreglando, yo y mucha más gente, desde que resulta difícil conseguir opio. Ya no soporto la vida, pero no creo que vaya a matarme. ¿Comprende, Malraux?

»Mi budismo y mi Asia giran en torno a este hecho tan sencillo, de la misma forma que estos malditos insectos giran alrededor de las bombillas. Y así están las cosas.

Ahora habla más despacio y me parece que con dolorosa tristeza. Desde que hemos empezado a charlar intento encontrar una palabra para definir su voz. Y de pronto caigo en la cuenta: es una voz *brindada*. Le pregunto con cierto remordimiento:

—¿Prefiere que cambiemos de tema?

—No, no. Suelo mantener muchas charlas imaginarias. Y hago mal. Me gusta la conversación que estamos teniendo; quizá no vuelva a presentárseme otra oportunidad. Y eso que...

Señala con vacilante ademán las breves olas que forma el viento caliente en el pilón del patio.

—¿Se acuerda de lo que dice el hinduismo? Cada ola refleja la luna según su forma de ola; de la misma manera, cada hombre es un reflejo del Ser...

La relación que yo mantengo con el mundo es precisamente la opuesta. No concibo al hombre como un reflejo del Ser; ni siquiera concibo que lo una a Dios algún vínculo, como el que estableció Cristo, por ejemplo. Tengo una vehemente conciencia del diálogo que mantiene el hombre con aquello que nada tiene que ver con él, con los astros que siguen su destino más arriba de los campos de exterminio y del dolor...

—No consigo comprender qué pienso del Ser —dice Méry—. Hay veces en que desearía no morirme antes de saber qué he pensado de la vida. Y otras, no morirme antes de haberme librado de todos los pensamientos. Pero ¿cómo no pensar?

—Sin embargo, sigue usted escribiendo.

Me acuerdo de su excelente libro acerca de Indochina, en el que afloraba ese malestar que tantas veces he visto, y no solo entre los escritores: el de los artistas que tienen suficiente talento para que su arte pueda intoxicarlos, y no el suficiente para que pueda saciarlos.

—La escritura se lleva mucho mejor con el opio que con el alcohol. (¡Este whisky no está tan bueno como el anterior!). Y con unas cosas y con otras me voy acercando a la muerte sin prisa, pero sin pausa, de línea en párrafo, de pipa en pipa, de conversación en conversación (la presencia de un amigo también es una droga), de mariposa en mariposa... Vi cómo Asia pasaba de largo; ahora veo cómo voy pasando yo, y quiero que Asia me acompañe... He llegado a la edad que tengo sin fijarme mucho en lo que hacía, ya sabe. Apenas si queda una pregunta que me interese: ¿qué hay que hacer para no pensar en la vida? Una mezcla vulgar de simplezas y vanidad resuelve el problema. ¿Por qué la vanidad y la muerte tendrán la misma fuerza, Malraux?

Hace años era una costumbre muy suya esta forma de interpelar a sus interlocutores. Ya no me acordaba de ella. La ha recuperado cuando nuestra charla se ha hecho más íntima. No se trata de un formulismo inconsciente, como el «señor mío» de Proust o el «querido amigo» de tantos otros, sino de algo así como una llamada. Sigue hablando:

—Aunque eso no debe de ser cierto en presencia de la tumba; lo que sí debe de serlo es que las cuestiones fundamentales vuelven a plantearse en presencia de la muerte, y sobre todo del sufrimiento... Cuando era joven, pensaba que ya pensaría más adelante en las cosas esenciales, fíjese. Era un pánfilo, ya sabe. Ahora sé que no quiero pensar en absoluto en lo esencial. Ahora que me enfrento a la muerte, me dedico a charlar. Y ella me plantea cada día nuevas preguntas, ¿me comprende? Había creído que le respondería... o que era yo quien le iba a hacer las preguntas. Había creído que me dedicaría a pensar. Y ahora la esperanza que tengo es la de morirme antes de que me haya dado tiempo a pensar: las cosas esenciales se piensan solas, y yo me esfuerzo por espantarlas... Una conversación auténtica es algo importante; pero ya se irá usted dando cuenta: nos parece que estamos hablando entre dos, y siempre son tres los que hablan...

»¡He pasado tantos años entre personas con las que no podía hablar de nada! Desempeñaba un cargo de cierta importancia, por así decirlo. Pero conversar con el papa de los bonzos de Camboya tenía sentido, ¿me comprende?, mientras que las conversaciones con los miembros de la administración francesa eran o vanas o técnicas...

Se encoge de hombros en la oscuridad, no por menosprecio, sino por cansancio, e intuyo que está sonriendo.

—Me dan ganas de decirle a la muerte, que me anda rondando de cerca: ¡qué suerte tiene la humanidad al no entender ya nada de nada!

La muerte que ya ronda de cerca... ¿Sabe que la tiene ahí mismo o dice esa frase como la podría decir yo? Escucho lo que dice esta sombra en la oscuridad... El gato se revuelve.

—Vete a jugar —dice Méry al niño. Y el niño se interna con Limpiaplumas entre las sombras.

»¿Cuál ha sido mi obsesión todos estos años? Las mujeres. Y, cuando pienso en aquellas a las que he querido (muchas viven aún), es como si pensara en un cementerio, Malraux. No me acuerdo ni de la mitad. Cuando me di cuenta, el frío de la muerte me puso de punta el vello de los brazos... Hice lo que Stendhal: dibujé en la arena las iniciales de mis examantes, fíjese. ¿Qué fue de ellas? A unas las trastornó el odio; a otras, el dinero. Dios atinaría el día del Juicio Final si me devolviera en tal día a todas las mujeres a las que he querido, en la hora de su muerte y de la mía. Tracé una cruz al lado de las iniciales de las que habían terminado mal. Todas tenían cruces. Las otras estaban muertas.

Esta voz sumisa hace que cruce la noche el milenario cortejo del escarnio. ¿Qué pasaría si una mujer de carne y hueso contestase: «Te espero el día de la Resurrección de la carne, cuando también nosotras sepamos ya lo que ha sido de los hombres a los que quisimos...?». «Dios atinaría el día del Juicio Final si...», dice Méry. ¡Cuántas calamidades resucita, bajo las estrellas que en la penumbra vuelven a espolvorear el cielo, esta imprecación que atenúan los años...! «El amor no es una pasión honorable», me dijo hace tiempo Colette. ¿El amor o lo que viene luego?

Si Méry me habla con tanta confianza, no es en recuerdo de nuestra amistad, sino porque ya no me conoce. No solo los borrachos hacen confidencias a los desconocidos. Llevo mucho tiempo coincidiendo con hombres que parecen formar un todo con la función que desempeñan. Y a veces, en otros sitios, con seres singulares. Méry habla como si hablase de otra persona. De un hombre. Solo otra vez me pasó algo semejante, aunque en circunstancias muy diferentes. El avión que habían puesto a mi disposición en Rusia tuvo que hacer un aterrizaje forzoso. Pasamos la noche en el koljós más próximo y estuvimos charlando hasta las doce de la noche con los viejos del lugar; no sé dónde se habían metido los responsables comunistas. No hablamos sino de eso que Méry llama la existencia. Un campesino que parecía salido de un icono me comentó —y lo mismo me dijo tiempo después uno de mis compañeros de 1940—: «Las mujeres siempre acaban por llevarse bien con los animales». Nunca más volvimos a vernos. Diálogos de los muertos. Es posible que nunca vuelva a ver a Méry. Pero nadie puede ocupar su puesto. Ho Chi Minh es la historia, y lo seguirá siendo incluso el día en que se lo traguen las sombras. Aunque Méry no sea la historia, se halla vinculado a ella. Lo vinculan su amistad con los vietnamitas y con el tío Ho, y la guerra. Y también todo ese destino suyo —no he dicho el sino—, que no habría podido darse en el siglo XIX y es ajeno al siglo XXI: ni el clarín de los cuarteles senegaleses en el crepúsculo anamita ni la siguiente generación de rascacielos. Una vida humana en el tiempo, como las biografías históricas; a veces impersonal, personal otras, como la mayoría. Esta calidez insólita y fraternal es la intimidad de la vida. Sus mujeres, sí, y el afecto que siente por el niño, y su forma de jugar con el gato, y su diálogo con la vejez... ¡Cuántas amigas maduras me han dicho las mismas cosas, aunque de forma menos rigurosa! Oigo lo que habría podido decir su padre, de quien no he visto ni una foto; y lo que podría decir su hijo, si Méry tuviera un hijo. Un destino sutil y resignado que pasa de largo, mientras que el Imperio británico cae del lado del mundo de las sombras.

—Podríamos imaginar una procesión diferente —digo—: la de las mujeres con las que hemos roto, en el caso de que hubieran muerto cuando aún las queríamos...

Pese a la oscuridad, noto que me está mirando. Hace un ademán cuyo sentido no llego a comprender. Unos cuantos hombres y algunas mujeres con traje de noche, que vuelven de una recepción, cruzan por el charco de luz que hay delante de nuestra zona de sombra y desaparecen en el vestíbulo como desaparecerán el día de mañana en el pudridero de la metamorfosis, de la traición o del olvido.

—Renée —dice Méry—: vivimos treinta años juntos... Pero cuando pienso en el... transcurrir de mi existencia, nunca me acuerdo de ella... Las mujeres no son jalones en mi vida. No tengo jalón alguno en mi vida, Malraux. Y, sin embargo, a veces llegué a pensar, de ella o de otras: quizá esté ya muerta el año que viene... Esas cosas lo hacen a uno ejemplar, por así decirlo, y para nada...

La quejumbrosa voz parecía adquirir un tono neutro: sin inflexiones, o más bien sin más inflexiones que las del recuerdo.

—¿Y Binh? —pregunto.

Se trata de la vietnamita de la que me ha hablado Clappique y que Méry ha querido infinitamente más que a su mujer.

—Cuando murió, tuve intención de matarme. No en el acto. Dos o tres meses después. No me maté. ¿El opio o el budismo? Hice mal. Sócrates acepta la muerte con serenidad. Sin más. Me extraña que ninguno de los romanos importantes haya legitimado el suicidio; suicidándose, claro. Ni ningún gran hombre de ninguna civilización.

—Está Dostoievski: «Si me mato, me convierto en zar», dice Kirilov.

—Me gustaría que alguien dijera: ¡ya basta!, con sencillez (lo que sería muy propio de un romano) y que no me dieran la lata con los zares, ¿me comprende? Ya la palabra «suicidio» en sí me molesta. Me asombra que ningún hombre se haya matado porque así lo había decidido. Que no haya existido nunca una civilización en la que los hombres decidieran morir, por así decirlo. No decidimos vivir; creo que ya es suficiente. No me cuesta imaginar la respuesta: si la vida es una imbecilidad, ¿por qué iba a ser la muerte un acto de inteligencia? Es posible que, al decir «¿Qué importa?», estemos dando rienda suelta a un sentimiento tan arraigado como la esperanza; e incluso a sentimientos más superficiales, pero más violentos, como la ambición... Ya sabe que su amigo Lawrence de Arabia mandó grabar en griego, en la puerta de su casa de campo de Clouds Hill: «¿Qué importa?».

Acaba de volver el rostro hacia mí.

—Lawrence no era amigo mío —digo—. Solo lo vi una vez.

—Sea como fuere, no parece haber sabido lo que es la muerte de una mujer amada.... Es... como un rayo, Malraux. Bien está. Pero estábamos hablando de la vida.

»Nuestra época pretende hacernos creer que no sabe qué es la muerte. En realidad, anda jugando al escondite.

—Roma parecía no hacerle mucho caso a la muerte aunque, como dice usted, nunca la escogiera.

—No hay cincuenta mil preguntas serias, ya sabe, solo hay una: «¿Qué sentido tiene nuestra vida?». Me las voy ingeniando para no tener que planteármela. Antes habría andado dándomelas de seductor... Hoy no paro de charlar... Tengo muchos recuerdos de un mundo que ya no existe, fíjese. Y recurriendo al whisky y los somníferos, consigo conciliar por un rato el sueño. Con frecuencia lo único importante es ingeniárselas para *no pensar*: la cama, la lectura... Los poemas ayudan a dormir, ¿no se ha fijado? Se recitan solos:

Duerme, abriendo ese lecho cual la fosa desierto,
como duerme el vencido, como duermen los muertos.

»¿Dónde estaría la diferencia si yo fuera un vencedor? ¿Me toparía menos con ese "¿Qué importa?", que es como una lechuza clavada en la puerta de un pajar? Es posible que no tenga razón, por así decirlo, pero ¿en relación con qué? Ya sabe, "qué importa" es una enfermedad que todavía no tiene tratamiento...

»A veces pienso que la muerte es lo poco que me importaban las balas de la guerra. Y, a veces, que es el verso de Victor Hugo: "Noto estrellas lejanas que pueblan mi honda noche". Y a veces pienso que es la muerte, sin más. ¡Ojalá sepa la muerte escoger un día propicio!

»¿No le parece curioso que a menudo tenga tan poco que ver con el valor físico?

—Ese valor suele enfrentarnos casi siempre a otros hombres; la muerte, no. Pero ¿por qué el valor (¿será únicamente el valor?) tiene tanto peso como lo absurdo? ¿Por qué tiene tanta importancia el sacrificio, mi querido Méry? ¿Por qué podemos decir eso que llevo tantos años diciendo: que en un mundo en el que nada puede servir de compensación al sufrimiento de un niño inocente (ya sabe que estoy citando a Dostoievski), cualquier acto trágico fruto del heroísmo o del amor es el misterioso rival del sufrimiento de ese niño inocente? Últimamente me dedico a poner por escrito recuerdos, o algo por el estilo. Cuando me detuvieron los carros alemanes, estaba tendido en las baldosas de la oficina de un hotel mientras me interrogaban; la dueña, una señor de pelo blanco, entró contestando que no a los alemanes, que chillaban: «¿Tiene usted de esto? ¿Tiene usted de lo otro?». Traía una bandeja con un tazón de cacao humeante; se arrodilló encima del charco de mi sangre (cuesta arrodillarse con una bandeja en la mano), y les dijo tan tranquila a los que me estaban interrogando: «Es para el oficial francés prisionero», y se fue. Pensé que, si me fusilaban unas horas después (era de madrugada), no tendría importancia alguna.

—¿No me está usted hablando de una simple emoción?

—En parte. Cuando liberamos a las mujeres de los campos de exterminio (¡y en qué estado las liberamos!), hallamos, mezcladas con los combatientes, a mujeres, ancianas con frecuencia, que estaban allí porque un sobrino o un hijo les había pedido que escondiesen en casa un aparato emisor. Desde el año 44 sabían a lo que se arriesgaban. Pero ni se les ocurría decir que no. No pudieron hacer gala siquiera de la serena agresividad de la dueña del hotel, con su bandeja de cacao. No habían hecho nada. Así eran las cosas. Y empezamos a darnos cuenta de que habíamos luchado para liberar a aquellas mujeres, o al menos a las supervivientes... No es que tenga mucho sentido si lo comparamos con las nebulosas espirales, pero...

—Sí, sí que lo tiene —me contesta—. Comprendo lo que me está diciendo. En el terreno intelectual, no tengo nada que objetar. Ni usted tampoco. Pero lo comprendo. Y me parece que se trata de una conciencia más arraigada que la conciencia cristiana. Aunque... ¿habría pensado lo mismo un romano?

—«Caminante, ve a decir a Esparta que hemos muerto aquí por obedecer sus leyes». Las Termópilas son también una mujer mayor con una bandeja, y de lo que estamos hablando seguramente es de la ley no escrita de la que hablaba Antígona.

—Bien está... De un lado, tenemos todo lo que el tiempo se va llevando: la sensación de ser unas criaturas, por así decirlo. De otro, la buena mujer que sabe que su tazón de cacao puede hacerla acabar en Ravensbrück. Tiene usted razón. Pero a mí me afecta cada vez más lo que ya se ha borrado, lo que se está borrando. Veo cada vez más las grandes pasiones colectivas como si fueran nubes. ¿Veo así a esa anciana, a la dueña del hotel? No, creo que no. Pero el comunismo sí. De cuanto he querido, no son solo las mujeres las que ya no están... En los tiempos en que escribí ese humilde libro que, gracias a usted, editó hace años Gallimard (¡yo estaba como loco de alegría!), escribía para publicar, fíjese. No lo he vuelto a leer. ¿El Asia de antaño?

—Esperando la guerra —digo.

—Esperando la guerra. Habrá batallas en los templos de Bali; habrá batallas en las inmediaciones del Barabudur y de Angkor Vat. Pero ¿qué opinaban de la vida los súbditos de Jayavarman VII cuando miraban pasar la procesión del rey pintado de oro? ¿Y qué opinan los milicianos de Sihanuk? No da la impresión de que unos pensaran desde perspectivas budistas y otros desde perspectivas comunistas. Enfermaron de budismo, de comunismo, de nacionalismo, como habrían podido enfermar de paludismo.

—En lo que a las grandes religiones se refiere, e incluso en lo tocante al comunismo ruso o chino, millones de hombres han nacido en el seno de esas ideologías. No han tenido que enfermar de nada.

—Bien está: hay enfermedades hereditarias, ¿me comprende? La humanidad padece epidemias, por así decirlo. Dentro de cien años unos amigos estarán en este mismo sitio, tomando unas copas y hablando del comunismo y del nacionalismo de la misma forma que nosotros hablamos ahora del día en que el Buda se fue del palacio de su padre...

—En su día vi la plaza de la Concordia cubierta de banderas con la cruz gamada. Ya han desaparecido, y la plaza ha vuelto a su ser. Pero nunca más podremos volver a ver el Puerto de los Juncos, nunca más oiremos cómo llenan la noche las sirenas desde alta mar; nunca volverá a ser Singapur lo que era cuando la vimos por primera vez. Ni Asia tampoco. Pertenecía, igual que los aventureros que tanto les gustan a Clappique y al cónsul, a aquel mundo en que Napoleón habría podido conversar con Sesostris. Al mundo de la calle de la Muerte. Antes pronunció usted la palabra «metamorfosis». La mariposa nunca vuelve a ser oruga.

La calle de la Muerte me recuerda las cosas que Clappique cuenta de Hitler. La granja del departamento de Aisne, o de Oise, la oscuridad, los animales perennes, los campos, casi tan perennes como ellos, y Hitler, hecho un ovillo en el sillón de madera, acechando el clarín de la historia antes de tener que escuchar el pesado paso de los carros rusos por encima del búnker de Berlín. Del búnker donde llamaba a su perro fiel para matarlo...

Desde que Méry ha mencionado el tiempo, me han vuelto las sensaciones que me embargaron en casa del cónsul al mirar sus máscaras secretamente fraternales. Las manos de Méry emergen de la oscuridad, y él las coloca juntas encima de la mesa, en ademán de oración.

—¿El sentimiento de las cosas que nunca volverán? Bien está. Hace cincuenta años vine a este hotel por vez primera con una sueca, campeona ya ni me acuerdo de qué, fíjese. Nos dieron una habitación del primer piso. Por aquel entonces, en vez de puertas había medias celosías, como esas que hay alrededor del patio. Paso delante de una habitación y oigo unas bofetadas. Paso delante de otra: más bofetadas. El Raffles se había convertido en el refugio de las broncas de todas las parejas de Singapur. En cuanto nos metimos en la cama, me di cuenta de lo que pasaba.

—¿Eran autobofetadas contra los mosquitos de los que estuvimos hablando con Clappique?

—¡Justo! Ahora ya se dará usted cuenta de que no hay mosquitos. ¿Y qué le voy a decir de las mariposas...? No es que las coleccionase y las vendiera luego para completar la pensión de jubilado. Ni, como creen muchos, porque tenga aficiones de florista. Y además eso de la jubilación... Ahora soy un jubilado de la vida, Malraux...

Mira con expresión distraída una de las grandes lámparas que iluminan las galerías del patio: se van amontonando en el globo, como semillas, las efímeras muertas; y por encima de ellas zumban las efímeras que van a morir. Méry prosigue:

—Cuando dejé el puesto, empecé a interesarme por... la naturaleza, por así decirlo. Tengo la impresión de que no comenzamos a conversar con ella hasta que empezamos a hacerlo con la muerte. Es posible que esté generalizando... Además, incluso desde mi punto de vista, hay veces en que la naturaleza hace caso omiso de nuestras agitadas existencias; y otras en que obra en consecuencia, por así decirlo. Las gigantescas colecciones del general Dejean las cazaron los soldados de las guerras napoleónicas...

»Suelo cruzar el estrecho y adentrarme en la selva para buscar mariposas. Ya sabe que a los animales no se los ve casi... Me quedo a solas con las plantas, ¿me comprende? Eso es a lo que yo llamo la naturaleza: más que a la vida animal, más que a la vida de las piedras, que me infunde el sentimiento de la muerte, más que al cielo cuajado de estrellas, que no me importa nada de nada. Las plantas viven, como yo. ¿Más despacio? Un plátano solo vive de trescientos a cuatrocientos años, pese a todo... ¿Sabe que en media Asia, aunque los suelos y los climas sean tan diferentes, hay años buenos y años malos para el bambú? Las estaciones son las que más armonía crean entre la naturaleza y los hombres. Pero la naturaleza pertenece a su propio mundo, a un mundo que me rodea y para el que no existo. No consigo expresarlo bien, pero usted me comprende. Existen las plantas que se fecundan a sí mismas y las que no pueden reproducirse más que si llega hasta ellas un polen que procede de Siam o de Java, fíjese. Debería haber sido botánico. Las plantas me interesan más que los perros o los gatos. Los insectos me habrían apasionado: esas formas fantásticas, esa vida hundida en la tierra, debajo de las cortezas y del musgo...

Me acuerdo de aquella mariposa que veía, con la imaginación, en la nariz de la reina de Saba.

—Pero me daban asco demasiados insectos. Las mariposas son bonitas casi todas. Y también se apoderó de mí la manía del coleccionismo, por así decirlo. Ya conoce la historia del consejero áulico que roba un insecto difícil de conseguir a un modesto coleccionista. Este se da cuenta nada más irse el visitante y corre tras él por la escalera: ¿lo mandará el consejero a freír monas con tono insolente? ¡Pues fíjese que el muy insensato lo llevaba prendido en el sombrero! Yo, al principio, no era maniático. No me puse a estudiar los lepidópteros por su especial interés: hoy en día es imposible estudiar toda la naturaleza, ¿me comprende? Así que cada cual tiene que escoger la gatera por la que quiere meterse. Los antepasados de las mariposas tienen doscientos sesenta millones de años; la vida media de una mariposa no llega a los dos meses. Han ido siguiendo, por toda la superficie terrestre, los trayectos de las plantas que dan flor. Bien está. La mayoría son sedentarias. Pero existen importantes especies migratorias (deberíamos decir viajeras, porque no regresan al punto de partida) que cubren de pronto un barco entero, o se posan en el océano. A Napoleón lo molestaban las esfinges de Santa Helena. Encontramos mariposas desde el Ecuador hasta el cabo Norte...

Yo había visto salir volando pequeñas mariposas, sobre un telón de fondo de icebergs, del cobertizo casi en ruinas de las Spitzberg donde Nobile puso a cubierto su dirigible.

—Las hay incluso muy cerca de la cumbre del Himalaya. Solo ven a un metro de distancia; localizan a las hembras por el aroma que estas desprenden. Solo cuentan con armas defensivas: la primera, por supuesto, el mimetismo. En estas tierras la kallima resulta más asombrosa que el camaleón; las orugas de la *Hypsa monicha* se adhieren unas a otras como rajitas pequeñas de melón para fingir falsas bayas carnosas, fíjese. Las mariposas venenosas se vuelven de tonos deslumbradores en cuanto se presenta un ave. Se defienden diciéndole: «¡A ver si no te cuelas, majadera!». Encienden los faros, por así decirlo. Hay mariposas extravagantes: el *Attacus* (que es la mariposa de cierto tipo de gusanos de seda) muere estrellándose contra los escaparates de los Campos Elíseos, pero nunca contra una lámpara; y en esta comarca hay mariposas a las que les chifla el tabaco y que andarán aleteando alrededor de su puro, si es que pasea usted de noche, porque no soportan la luz eléctrica. Y el gran problema es, por supuesto, el instinto. Ya sabe que las orugas van en fila, de una en una, luego de dos en dos, y de tres en tres, etc. Si coge usted a la oruga guía, otra ocupa su lugar y la procesión sigue avanzando. En el paciente estudio de cualquier vida que no sea la nuestra hay algo que hipnotiza y que nunca se agota. ¿Por qué se comportan así las mariposas? ¿Por qué los insectos que son dorados en esta comarca se vuelven blancos en el desierto del Gobi? ¿Por qué las mantis, que son pardas en África, se vuelven verdes a orillas del Mediterráneo? Aquí el cálao se alimenta con los frutos del *Strychnos*, el árbol que da la estricnina. Los huesos de sus frutos contienen uno de los venenos más letales del mundo. El ave se come la pulpa, pero nunca el hueso. La adaptación es un hecho infinitamente más misterioso que la supervivencia de los más aptos. ¿A qué obedece, pues, esta naturaleza que parece un gigantesco camaleón? Usted conoce la selva: es imposible que los hombres hayan sobrevivido de forma empírica, comprobando que podían comer esto y que se morían si comían aquello. Los rodeaban venenos por todas partes, ¿me comprende? Ha tenido que intervenir determinado instinto, Malraux...

—En el simposio de 1958 —digo—, uno de los especialistas más ilustres, no sé si Haldane u otro, interrumpió el intercambio de opiniones: «¿De qué estamos hablando? ¡Si estamos hablando de Dios, díganlo de una vez!». Está claro que este problema solo es de capital importancia para el agnóstico.

—Casi todos los biólogos son agnósticos. Yo también, por así decirlo...

Noto que me está mirando. Le contesto:

—Haldane tenía razón. Pero en la palabra «Dios», como en casi todas las palabras esenciales, se superponen varios significados: Creador, Juez, Amor... Decir, como Einstein, que el mundo tiene un sentido es decir que existe un orden del mundo. Lo cual ya es decir bastante. Pero ¿por qué no iba a formar parte de ese mismo orden (¡y hasta qué punto!) la muerte irremediable del individuo, la de los animales y las plantas? ¿Por qué iba a servir una ley cósmica de piedra de toque para la virtud? Dejémoslo estar... Cuando nos hallamos en la selva, el problema del instinto adquiere capital importancia, porque efectivamente se convierte para los agnósticos en una de las formas del problema de Dios. Frente a él, ¿qué peso pueden tener la historia o los hombres? ¿Qué importancia puede tener Alejandro de Macedonia ante el simple hecho de que los hombres comieron lo que tenían que comer para sobrevivir? ¿O ante el hecho de que hay semillas que cuentan con pequeños paracaídas que las llevan aquí o allá? ¿Conoce la semilla, por leyes naturales, el arte del paracaidismo? Respecto a todos estos hechos, somos sencillamente mariposas algo más engreídas que respecto a las divinidades...

—No espero que mis trabajos, si es que se les puede dar ese nombre, me aporten respuesta alguna. No lo esperaría ni aunque fuera más joven, fíjese. No la hay. Intento, por así decirlo, profundizar en una pregunta. No en una pregunta que hago yo, sino en una que me hacen, ¿me entiende?

—En el terreno de la metafísica, mi querido Méry, es posible que el pensamiento sea básicamente un interrogante. Se pueden construir escaleras para subir a la punta de las pirámides o para alcanzar las profundidades de la tierra. Es evidente que el interrogante puede tener diferentes grados. Y cualquier pensamiento que se refiera a Dios (circunstancia que abarca unos cuantos milenios...) es en parte un interrogante, de forma consciente o inconsciente. Pero en el ámbito en que se mueve la religión, y quizá en el que se mueve usted, creo que de ese interrogante nace algo así como una comunión.

—Cuando observamos la naturaleza, nos sentimos unidos a ella. Cuando los monjes piensan en Dios, se sienten unidos a Dios...

—¿Ha influido ese diálogo en su relación con el arte?

—Ya no pienso mucho en las obras de arte.

»Intenté plantearme lo que usted ha mencionado y no llegué ni al interrogante, ni a la comunión, ni al arte, sino a una especie de diálogo que me parece de primordial importancia, pero cuyo sentido no acabo de comprender. Me han dicho que estoy a punto de morir y me he preguntado qué cambio suponía para mí: ninguno.

Le invade la voz un invencible cansancio.

—¡En fin! Cuando me meta en la cama, serán por lo menos las tres... Dentro de poco será de día otra vez... otra vez...

Estoy pendiente de sus palabras, pero lo que lo convierte en mi interlocutor es un contacto más intenso que el de la palabra. Sigue diciendo, con tono diferente, como si de pronto hubiera recuperado el hilo de sus pensamientos:

—Leo el periódico a diario. Ya sabe usted cuál. Ni la ciudad ni los *Straits Settlements* de antes pueden darle mucho juego. Así que publica noticias de Birmania, de Tailandia, de Sumatra, de Borneo, de Java, e incluso de países lejanos, porque aquí hay muchos chinos y muchos indios. Y son con frecuencia noticias de guerra. Mientras leo los titulares, se me viene a la mente mi colección de lepidópteros. Sobre todo, por supuesto, las mariposas de Malasia, de Birmania, de Tailandia, de Sumatra, de Borneo, de Java, de todos los lugares que menciona el periódico. El otro mundo, por así decirlo; o más bien el otro sentido del mundo. Noto una sensación semejante cuando pienso en las mujeres, en tiempos de guerra. Todos

esos hombres que llevan tanto tiempo combatiendo y todas esas mujeres que desde hace tanto tiempo siguen con sus
vidas de mujeres. Pero las mariposas me impresionan mucho
más, por descontado. A veces nos salen al encuentro: las lluvias de sangre de la Edad Media eran las miríadas de gotas rojas que sueltan las mariposas Vanessa... Mis mariposas tienen
sus islas, como nosotros tenemos nuestras naciones. Una vida
que no es nuestra vida, pero que también es vida y convierte la
nuestra en algo así como un azar. Cuando me miro frente a
Asia, siento que soy un ser singular; cuando me miro frente
a las mariposas, siento que la humanidad es insólita: ¡tierra,
trágatela!, como diría Clappique. Una aventura, Malraux.
¿Me entiende?

Me acuerdo sobre todo de la frase: Méry no dura ya ni un
mes. Vuelve Limpiaplumas, con el niño pisándole los talones, y se sube de un salto a la mesa iluminada. Contesto:

—Yo también lo he pensado a veces, pero no en presencia
de los animales, sino de la muerte. O, para ser exactos, cuando
la muerte se alejaba de mí. Después de que el avión en que yo
viajaba cruzara un ciclón, y alguna vez que otra durante la
guerra. Aunque no después de que me hirieran. Ni después
del simulacro de ejecución de Gramat (los alemanes me llevaron al paredón). Pero creo que se trata de una forma de pensar
diferente de la de usted. A mí lo que me parece más importante es la pregunta: ¿qué sentido tiene el mundo? Se trata, pues,
de un pensamiento profundamente relacionado con la conciencia. Dentro de ciertos límites, pues toda metafísica aspira
a abarcarlo todo. Digamos que el problema que me planteo es
el del mundo, incluyendo el Ser, y el que se plantea usted es el
de la vida. Existe en la India un texto sagrado en el que las mariposas de grandes alas acuden a posarse sobre los guerreros
muertos y los vencedores dormidos...

Un perro ladra cerca de donde estamos. Desde que salí de la India no había oído ladrar un perro. Por la calle no he visto ni un solo animal. Le contestan otros perros. El relente de la noche, en el que flota un leve perfume, se vuelve tan palpable como la niebla.

—Sobre los guerreros muertos y sobre los vencedores dormidos... —repite Méry como un eco—. ¡Admirable texto! Estoy casi seguro de que el tío Ho no lo conoce, pero escribió una respuesta para él: «Si los prisioneros no despertasen, ¿quién podría distinguir a los buenos de los malos?». El sueño no es la vida, pero (¡anda!, se han callado los perros) me parece que llamo naturaleza a esa vida que seguiría adelante aunque ya no quedasen hombres.

No respondo. Vuelvo a acordarme de Clappique, del cineasta alemán, de Hitler y de su perro, sobre cuyas cabezas pasaba el traqueteo de los carros rusos, y de las mariposas milenarias. Solo siguen vivos los reflejos de luna en el pilón. «Cada ola refleja la luna según su propia forma, como el hombre es el reflejo del Ser...».

—Lo que sí me gustaría, pese a todo —dice Méry—, sería volver a ver la nieve antes de morir, fíjese...

Mientras regreso al consulado, pienso en los indígenas de Oceanía que dan golpes en bidones para que vengan los aviones de los dioses: las mariposas acuden seguramente a posarse en los relucientes bidones, igual que acudirán otras cuando los dejen abandonados en los calveros...

Antes de acostarme, echo una ojeada a las secuencias de Clappique. La última me la había leído él en voz alta. ¿Sonaron, una tras otra, las proclamas y las penas del quimérico rey en el patio del hotel cuando Mayrena se sentaba allí, ante una mesa de mimbre? El gobernador Raffles es de una época muy anterior... Pero, por escrito, el monólogo del Rat Mort es vul-

gar: nada queda en él del brujo que llamaba al rey de los sédang en la noche malaya. Clappique improvisó constante-
mente al prestar su voz a Mayrena. Bien pensado, ¿es esta
commedia dell'arte más misteriosa que la elocuencia?

En el aeródromo están posados los pequeños aviones que van
a las islas, agrupados como se agrupaban antaño en el puerto
los barcos de cabotaje. Nunca volverá el capitán Conrad. Pero
parece como si todas las islas que hay hasta Tailandia y las Célebes, e incluso, de forma más confusa, hasta la India y China,
gravitasen aún alrededor de Singapur...

Despega hacia Hong Kong nuestro avión de línea. El Pacífico. Allá abajo hay, en algún sitio, una isla que se llama
Bale Kambang y que me regaló Eddy du Perron cuando le
dediqué *La condición humana*. Murió cuando entraron los
alemanes en Holanda. Consideraba que nunca había aconte-
cido nada en política, ni tampoco en la historia, creo. Era mi
mejor amigo. Me han dicho que ahora los holandeses lo consideran uno de sus mejores escritores. ¿Qué habrá sido de las
plantaciones de su familia? ¿Y de su *Carta al Liberador*, que
dirigió a Shariar? No creía en la política, pero creía en la justicia... ¿Qué habrá sido de mi isla? ¿Podré ir a verla, antes de
morir, con la bendición de Sukarno? Creo que está cubierta
de cocoteros. Debería haberle preguntado a Méry si la conocía. También debería haberle preguntado a Sukarno si seguía
siendo mía.

Eddy du Perron decía que *La Vía Real* no valía nada y
solo tendría una razón de ser si llegaba a convertirse en el fantástico prólogo de los libros que vinieran detrás (y que fueron, a la postre, *La condición humana*). En el avión vuelvo a
leer la escena en mi novela. Clappique está en lo cierto cuando

opina que en muchos aspectos mi personaje de Perken nació de Mayrena. O más exactamente de los vínculos entre Mayrena y un tipo de aventurero que ya no existe. En 1929 nadie sabía nada de su faceta estrambótica. Se lo confundía con Brooke, que llegó a ser rajá de Sumatra, y con algunos hombres que, como Mercurol, se atrevieron a entrar sin armas en el territorio de los rebeldes.

El libro y el personaje nacieron de una meditación acerca de qué puede el hombre contra la muerte. Y de ahí ese héroe sin causa, dispuesto a enfrentarse con la tortura únicamente por fidelidad a la idea que de sí mismo tiene, y quizá por algo parecido a un cegador barrunto de su destino, porque piensa que solo el riesgo de la tortura puede vencer a la muerte.

Desde entonces la tortura ha perdido su novelesco romanticismo. Ahora nos sobran los héroes sin causa. En 1965, mientras sobrevuelo el Pacífico, me acuerdo del muchacho que en 1928 paseaba arriba y abajo por la cubierta de un carguero que navegaba por el estrecho de Mesina, uno de los paisajes más hermosos del mundo, mientras inventaba, en una radiante mañana de Italia, a aquel personaje, o, mejor dicho, aquel holocausto.

La azafata nos trae el periódico. Es el *Straits* del que me hablaba Méry. Pasan volando por encima de mí todas las mariposas y también, sin duda alguna, las extensas y palpitantes bandadas blancas que vi hace mucho en la cima de las colinas de Camboya. Abajo yacen soldados muertos, con la boca abierta, atravesados en las calles de las aldeas vietnamitas. Cruzan por detrás de nuestro avión las superfortalezas que vienen de la isla de Guam. Sobrevuelo la jungla, tan enmarañada como en el siglo pasado. Expulsaron al administrador que se había dedicado a los mois y no lo sustituyó ningún vietnamita. Las tropas francesas volvieron a ocupar —¿a santo de

qué?— las «elevadas y agrestes mesetas». Y luego se fueron.
Cruzamos la cordillera anamita. Aquí vienen las mesetas, y el
fantasma de Mayrena.

Y, algo más allá, Da Nang, que fue Tourane; alrededor del
puerto, la flota de guerra estadounidense, inmóvil.

V

1

Hong Kong

Estoy solo en el salón del consulado general. En las ventanas, el golfo entero. El caluroso vaho envuelve las avanzadillas de rascacielos, que desbaratan el «frente de agua» imperial de la época de *Los conquistadores*, rodean el monte, lo van invadiendo y, bajo un desmelenado cielo, convierte en siluetas grises los barcos y los juncos. Pasé por Hong Kong en 1958, camino de Japón, cuando regresaba de la India de Nehru. Cascadas de carnosas plantas resbalaban, como antaño, desde las barandillas caladas de Queen's Road y caían sobre las mil pequeñas porcelanas de los anticuarios. Me acuerdo de un día de 1925 o 1926. No había nubes sobre el golfo, y el aire azul se estremecía. Eran los tiempos del expolio de Bac Lieu, y la administración colonial había conseguido impedir que se imprimiese en cualquiera de las imprentas de Saigón el periódico del Joven Anam, *L'Indochine*. Los militares habían puesto en funcionamiento viejas prensas, y yo había ido a comprar tipos de imprenta al único fundidor que existía desde Ceilán hasta Shanghái: la misión de Hong Kong. Volví a Saigón con tipos ingleses, sin acentos. No podíamos imprimir. Un día se pre-

sentó un obrero anamita y se sacó del bolsillo un pañuelo anu-
dado como un hatillo, con los picos enhiestos como las orejas
de un conejo: «Traigo un montón de *e*. Las hay con acentos
agudos, con acentos graves y también con circunflejos. Las
diéresis serán más difíciles. A ver si conseguís apañaros sin
ellas. Mañana vendrán más obreros a traer todos los acentos
que puedan». Vació encima de un mármol los tipos, enredados
entre sí como un juego de palillos, los puso en fila con maña
de cajista y se marchó. Luego fueron llegando sus compañeros. Todos sabían que, si los cogían, los condenarían, no por
revolucionarios, sino por ladrones.

Hace de esto cuarenta años. A mis pies, los tejados de la
misión...

Aún más abajo, y hasta el mar, están desmontando a toda
prisa los gigantescos andamiajes de bambú, porque los tifones
se los llevan; y un tifón anda rondando la isla. He vuelto a ver
a las chinas, con sus bordadas túnicas, rectas y estrechas, como
se llevaban antes en Nankín, y a las ancianas vendedoras con
pies como muñones. Aquí sí hay aventureros como esos a los
que Clappique echaba de menos en Singapur: son chinos.
Y acaban de contarme unas cuantas historias que me han recordado las que oí en Shanghái antes de 1930. Los ciegos que
llegan en barco al convento de las monjas, tras haberse evadido de Cantón, y cuya evasión es muy probable que haya organizado la policía para librarse de ellos. Los jóvenes chinos de
Borneo que acuden para participar en la construcción de la
nueva China, y buscan refugio en la misión, asqueados y sin
un céntimo: los misioneros les proporcionan trabajo en las fábricas de petardos, y ellos roban los petardos para jugar. Y los
juncos, cargados de pasajeros clandestinos, que el capitán echa
a pique (el fondo del junco se abre) si se presenta una inspec-
ción de la policía popular o de la policía inglesa...

Ante mí, del otro lado de la bahía y hasta la línea negra que cierra el horizonte, se extienden los «nuevos territorios»: la China comunista, cuya presencia imponen en la ciudad el discreto control que ejerce sobre todos los sindicatos y los espectaculares almacenes que acaba de inaugurar. Algo así como, en un Montecarlo repleto de chucherías, los grandes almacenes de una Europa comunista. La China roja vende lo que fabrica. Poca cosa; pero cada artículo proclama: «De esto ya tenemos». Como telón de fondo, la bomba atómica; en primer plano, la espartana sonrisa de las vendedoras. Hasta los juguetes son austeros, y el equipo de la perfecta ama de casa comunista parece una ofrenda depositada ante los retratos de Mao y los cromos de la Larga Marcha.

Al pie de los omnipresentes y mitológicos cromos, ese cúmulo de maletas de fibra y de termos, esa especie de Bazar del Hôtel de Ville del que siempre se enorgullecen las democracias populares. Las maletas y los muebles de los capitalistas serán más finos, sí, pero ¿quiénes cruzaron los ríos y las nieves tibetanas? Transcurrido un cuarto de hora, los artículos a la venta se esfuman tras los sueños. Tanto más cuanto que el fiel miliciano y la heroica miliciana pertenecen al realismo socialista, pero casi todos los cromos de la Larga Marcha son de estilo chino. Para los millones de hombres que se agolpan en la isla de Hong Kong, el gigantesco territorio que se extiende tras la línea negra del horizonte no es el país de las comunas populares, de los altos hornos individuales ni de las gigantescas fábricas, ni siquiera el de la bomba atómica, sino el país de la Larga Marcha y de su líder, de la misma forma que Rusia, allende el arco de triunfo de Niegoreloie, no era el país de los koljós, sino el de Lenin y el de la Revolución de octubre.

No más Singapur, con sus tentáculos, sus islas y su Tailandia. No más Vietnam, con su felina guerra; no más Ho Chi

Minh. Aquí empieza el gran juego, que salió de la nada y reconstruyó el mayor imperio del mundo. Lo que se plasma en estos cromos es de mayor envergadura que la India, y de tanta como la Unión Soviética o Estados Unidos: Roma.

No quedan ya veinte mil supervivientes de la Larga Marcha: ochocientos «responsables», por lo que dicen. Desde la otra orilla de la bahía, es el centro de todos los sueños, como lo es aún el Ramayana en la India, como lo fue antaño el Olimpo en Grecia.

Todo empezó de forma triunfal.

En el otoño de 1928 el VI Congreso de Moscú otorgó por fin el lugar que correspondía a la lucha de los campesinos.

Ha concluido el primer cisma y nacen ejércitos rojos: surge un motín tras otro en las tropas del Kuomintang, y los amotinados van a unirse a Mao en los montes Sinkiang. Pero no cuentan con abastecimientos para alimentar a un ejército.

En enero de 1929 el general más importante de Mao, Chu Teh, rompe el bloqueo y establece contacto con otros ejércitos rojos. En diciembre conquistan todo el sur de Jiangxi y se constituye el primer Gobierno provincial soviético.

El Kuomintang, que ahora gobierna en Nankín, lanza contra los cuarenta mil hombres de Mao a los cien mil hombres de la Primera Campaña de Exterminio. Las maniobras tácticas del grueso de las fuerzas rojas, que solo se enfrentan con columnas aisladas a las que Mao permite adentrarse en su territorio, junto con la complicidad de la población, permiten dispersar en el plazo de dos meses el ejército de Nankín.

Cuatro meses después la Segunda Campaña pone en pie de guerra a doscientos mil hombres en siete frentes. Idéntica táctica e idénticos resultados.

Transcurre un mes y Chiang Kai-shek se pone en persona al mando de trescientos mil hombres. Las fuerzas de Mao atacan a cinco columnas en cinco días, se apoderan de grandes cantidades de material, y en octubre Chiang Kai-shek ordena la retirada de las tropas de la Tercera Campaña de Exterminio.

Se constituye el Gobierno soviético de China bajo la presidencia de Mao.

En diciembre de 1931 se le unen doscientos mil soldados de Nankín. Ahora le toca realizar ofensivas al Ejército Rojo. En 1933 Nankín pone en marcha la Cuarta Campaña de Exterminio, pierde trece mil hombres en un solo combate y su mejor división queda destruida.

Pero los consejeros de Chiang Kai-shek (entre los que se cuentan Von Falkenhausen y Von Seekt, exjefe del Estado Mayor General del ejército alemán) han participado en la campaña y aprendido unas cuantas lecciones. Con vistas a la Quinta Campaña de Exterminio, Nankín apresta a casi un millón de hombres, carros y cuatrocientos aviones. Mao dispone de ciento ochenta mil soldados, de unos doscientos mil milicianos —¡armados con picas!— y de cuatro aviones de Nankín, que han capturado. Ni gasolina, ni bombas, ni artillería; las municiones escasean. Chiang Kai-shek no se interna ya en territorio sovietizado, sino que lo rodea de blocaos, de una Muralla China que va avanzando. El Ejército Rojo se da cuenta de que ha caído en una trampa.

¿Piensa entonces Mao en Yan'an? Japón ha declarado la guerra a China, y Mao quiere convertirse en el símbolo de la defensa del pueblo chino, pues Nankín dedica un esfuerzo mucho mayor a la lucha contra los comunistas que a la lucha contra Japón. Habría que conseguir llegar al norte, donde transcurre la guerra. Pero el Ejército Rojo pone primero rumbo hacia el Tíbet, caminando miles de kilómetros... Pese a los obstáculos, pese a los clanes que lo enemistan con determinadas aldeas, Mao lleva mucho tiempos afirmando que toda la

China campesina está de su parte; pero hay que hacérselo comprender. En algún lugar tiene que haber alguna comarca donde pueda establecerse un Gobierno comunista, de la misma forma que pudo establecerse en Jiangxi. Es innegable que hay en la Larga Marcha cierta dosis de aventura, de expedición de Alejandro, que no resulta ajena a la forma de ser de Mao. Pero antes que nada *hay que salir de allí.* El Ejército Rojo sufre constantes bombardeos y ha perdido ya, en este gigantesco asedio, a sesenta mil soldados.

Noventa mil hombres, mujeres y niños van a intentar romper el bloqueo, como Chu Teh rompió el de los montes Sinkiang. Poco a poco los guerrilleros sustituyen a las fuerzas de primera línea. El 16 de octubre de 1934 el ejército, que se ha concentrado en el sur, toma por asalto las fortificaciones enemigas y gira hacia el oeste. Ha empezado la Larga Marcha.

Las mulas van cargadas de ametralladoras y de máquinas de coser. Miles de civiles acompañan al ejército. ¿Cuántos quedan en las aldeas... o en los cementerios? En los arsenales ya no hay armas, y las máquinas, desmontadas, se han ido a lomo de burro. ¿Volverán a aparecer sus piezas algún día, enterradas a lo largo de los diez mil kilómetros de pistas? Los partisanos resistirán aún mucho tiempo —algunos, tres años— con sus picas de borlas rojas y tocados con matorrales que ondean como plumas. Las tropas de Nankín acaban con ellos, el ejército de Mao se aleja.

En el plazo de un mes, mientras lo hostiga la aviación, combate en nueve batallas, cruza cuatro líneas de blocaos y ciento diez regimientos. Pierde la tercera parte de sus hombres; solo le quedan ya el material de guerra y algunas imprentas de campaña; deja de avanzar hacia el noroeste (maniobra que desorienta al enemigo pero que retrasa mucho la marcha). Chiang Kai-shek ha concentrado a sus tropas en la otra orilla del Yangtsé y ha destruido los puentes. Pero cien mil hombres, con su correspondiente artillería, esperan a Mao ante el río Kuei-cheu. Los rojos destruyen cinco divisiones, celebran una reunión del comité central en el palacio del gobernador, enrolan a quince mil desertores y organizan a los dirigentes de sus juventudes. Pero aún no han cruzado «el río de las arenas de oro» de los poemas. Mao se dirige hacia el sur; llega en cuatro días a veinte kilómetros de Yunnan, donde está Chiang Kai-shek, y este se traslada a Indochina. Se trata de una maniobra de diversión, ya que el grueso del ejército camina hacia el norte para cruzar por allí el río.

Se trata del río Dadu; las dificultades a las que hay que enfrentarse para cruzarlo no son menores que las del Yangtsé. En sus orillas exterminaron tiempo ha al último ejército de los T'ai-p'ing. Y no solo eso, sino que para llegar hasta él hay que adentrarse en el gigantesco bosque de los lolos, donde nunca ha penetrado ejército chino alguno. Pero algunos oficiales rojos, que sirvieron en Szechuan, liberaron hace años a algunos jefes lolos, y Mao negocia con las tribus rebeldes de la misma forma que lo ha hecho con las aldeas por las que han tenido que cruzar los soldados. «El ejército del Gobierno es el enemigo común». Y las tribus responden pidiendo armas. Mao y Chu Teh deciden proporcionárselas, y entonces los lolos guían a los rojos a través de sus bosques, donde la aviación de Nankín no puede seguirles el rastro, hasta las barcazas del Dadu, de las que se apoderan, todos juntos, por sorpresa.

El ejército tardaría semanas en cruzar el río en esas barcazas. La aviación de Chiang Kai-shek, que estaba vigilando el río, localiza a las columnas. Sus tropas han rodeado el bosque y no van a tardar en reanudar el combate. Estamos en los tiempos en que Nankín hablaba de la marcha fúnebre del Ejército Rojo.

No existe más que un puente, mucho más allá, que, entre abruptos acantilados, cruza sobre una rápida corriente. A marchas forzadas avanza el ejército, bajo las bombas y entre la tormenta, siguiendo la orilla del río, que en la oscuridad refleja los miles de antorchas que los soldados llevan atadas a la espalda. Cuando la vanguardia llega al puente, descubre que ha ardido la mitad del tablero.

Frente a ellos, las ametralladoras enemigas.

Todos saben en China cuán quiméricas son las gargantas por las que fluyen sus grandes ríos, con qué furia corre el agua, encarrilada entre cumbres que horadan las nubes bajas y pesadas, mientras el eco repite el grito de las rapaces. Y desde entonces nunca han dejado de evocar el espectáculo de aquel ejército de antorchas en la noche, llamas de los muertos brindados en sacrificio a los dioses del río; ni el de aquellas cadenas colosales, tendidas a través del vacío, como si fueran las de las puertas del Infierno. Porque el puente de Luding consta de nueve cadenas que sostienen el tablero y, a cada lado, de dos cadenas de anclaje. Tras haber ardido el tablero, quedan trece cadenas de pesadilla; no es ya un puente, sino su esqueleto, que se hunde en la oscuridad por encima del bronco bramido del río. Con los prismáticos es posible intuir el tramo intacto del tablero y un pabellón, con tejado de curvos picos, tras el que empiezan a crepitar las ametralladoras.

Entran también en acción las ametralladoras de los rojos. Bajo la sibilante red de balas comienzan a avanzar los voluntarios, colgados de las heladas cadenas, pasando de un gigantesco eslabón a otro —gorras y correajes blancos entre la niebla—, columpiando el cuerpo para propulsarlo hacia delante. Van cayendo uno tras otro al rugiente río; pero las filas de hombres colgados en el aire, balanceándose a impulsos de su propio esfuerzo y del viento del barranco, avanzan inexorablemente hacia el tramo intacto del tablero. Las ametralladoras no tardan en ir desgranando a los que se aferran a las cadenas de anclaje, pero la curva de las nueve cadenas sirve de protección a los que van agarrados a ellas, con las granadas en el cinturón. El momento de mayor peligro será aquel en que, al alcanzar los tablones que aún siguen en su sitio, se icen hasta ellos a pulso, ya que, en el mejor de los casos, solo podrán hacerlo de nueve en nueve. Los prisioneros habían de declarar más adelante que, al ver a los hombres en las cadenas del centro del río, se paralizó la defensa; es posible que la mayoría de los mercenarios, acostumbrados a luchar con «bandidos» tibetanos armados con fusiles de chispa, no sintiesen deseo alguno de enfrentarse cuerpo a cuerpo con combatientes que habían llevado a cabo en su presencia tan legendaria hazaña. A los primeros voluntarios que suben al tablero les da tiempo a destruir con granadas los nidos de ametralladoras, cuyos servidores disparan a bulto. Los oficiales enemigos ordenan que derramen barriles de parafina sobre los últimos tablones y les prendan fuego. Demasiado tarde: los asaltantes cruzan la cortina de fuego; enmudecen las ametralladoras en ambas orillas, y el enemigo se retira hacia el bosque. El ejército cruza el río bajo las poco eficaces bombas de los aviones...

Es esta la más célebre imagen de la China roja. En los grandes almacenes comunistas vi primero los que representaban el éxodo, desperdigado por leguas y leguas de camino: el ejército campesino y, detrás de él, los civiles, caminando con la oblicua inclinación de una hilera de sirgadores; una muchedumbre tan encorvada como la de la partición de la India, pero dispuesta a ignotos combates. Un recorrido de cinco mil kilómetros, liberando al pasar las aldeas por unos cuantos días o por unos cuantos años. Esos cuerpos inclinados, que parecían alzarse del sepulcro de China y, más allá de los barrancos, esas cadenas que cruzan la historia. En todas partes han pertenecido siempre las cadenas al nocturno reino de la imaginación. Fueron cadenas de calabozo, y aún lo eran en China no hace mucho, y es su perfil un ideograma de la esclavitud. China entera, aún mísera, cree estar viendo todavía cómo, tras dejar las balas inútil un brazo a aquellos desventurados, se les aflojaba la otra mano, mientras colgaban sobre el bramido de un abismo intemporal. Otros iban detrás, y a ellos no se les aflojaron las manos. En la memoria de todos los chinos es como si aquel tropel de hombres colgados en el aire, propulsándose hacia la liberación, enarbolasen, alzándolas hacia el cielo, las cadenas que aferran...

Tan ilustre episodio le costó, no obstante, al ejército menos hombres que otros que habían de venir a continuación. Entró en una comarca donde escaseaban aún los blocaos de Nankín y recuperó la iniciativa de los combates. Pero había que franquear las Altas Montañas de Nieve. En las tierras bajas de China había hecho calor en junio; pero hacía frío a cinco mil metros de altura, y los hombres del sur, vestidos con ropa de algodón, empezaron a morir. No existían senderos; el ejército tuvo que construir su propia pista. Uno de los cuerpos del ejército perdió a las dos terceras partes de sus animales. Montañas y más montañas; y, a no mucho tardar, muertos y más muertos: es posible seguir el itinerario de la Larga Marcha por la pista de esqueletos caídos bajo las mochilas vacías; y por las pistas que trazaron los que cayeron para siempre ante el pico de la Pluma de los Sueños, y los que rodearon el Gran Tambor (para los chinos, el tambor es el tambor de bronce), cuyas verticales paredes se yerguen en un descomunal desgarrón de la montaña. Los dioses de las nieves tibetanas se ocultaban tras las nubes asesinas. Por fin llegó el ejército de bigotes de escarcha a los campos de Naojong. Allá abajo todavía era verano...

Quedaban cuarenta y cinco mil hombres.

El IV ejército y las no muy definidas autoridades soviéticas del Song-pan estaban esperando a Mao. Las fuerzas rojas agruparon entonces a cien mil soldados. Pero, tras un desacuerdo que dio pie a que resultara victoriosa una ofensiva de Nankín, Mao reanudó la marcha hacia la Gran Pradera con treinta mil hombres. Chu Teh se quedó en Szechuan.

La Gran Pradera era también el bosque, las fuentes de diez grandes ríos y, más que nada, las Grandes Ciénagas, donde vivían tribus independientes. La reina de los mantze ordenó que cociesen vivo en agua hirviendo a cualquiera que tuviera trato con los chinos. Con los rojos y con los que no eran rojos. Mao no consiguió negociar. Viviendas vacías, ganado desaparecido, desfiladeros en los que se desplomaban los peñascos. «Un cordero cuesta la vida de un hombre». Quedaban campos de trigo verde y gigantescos nabos, cada uno de los cuales, por lo que dijo Mao, podía alimentar a quince hombres. Y las Grandes Ciénagas.

El ejército avanzaba; lo guiaban los indígenas que habían caído prisioneros. Si alguien se salía de la pista, desaparecía. Llovía sin tregua sobre la inmensidad de las hierbas empapadas y de las aguas estancadas, bajo la niebla blanca o el cielo lívido. No quedaba leña, no quedaban árboles, y el ejército no tenía tiendas. Llevaban sombreros grandes para protegerse de la lluvia, como los que se usan para el sol, en vez de gorras blancas. Las nubes corrían, errabundas, a ras del pantano, y los caballos se hundían en el cieno sin fondo. Al llegar la noche, los soldados dormían de pie, atados unos a otros como haces de leña. Tardaron diez días en llegar a Gansu. Las tropas de Nankín habían dejado de perseguirlos, o se las había tragado el pantano. Mao solo estaba ya al frente de veinticinco mil hombres. Pero se reanudaron las representaciones teatrales para un público de soldados que ahora vestía pieles de animales con el pelo hacia dentro. Y el andrajoso ejército avanzó por fin, cruzando entre rocas, con sus rojas banderas, tan raídas como las de nuestros maquis.

Se habían concentrado nuevas fuerzas de Nankín, que contaban con el apoyo de la caballería musulmana china, para «acabar de una vez con los rojos». Pero no había ejército mercenario que pudiera derrotar, pese a lo agotados que estaban, a aquellos voluntarios a los que solo separaba ya de las bases rojas de Shaanxi un último enemigo. Los caballos que arrebataron a los tártaros de las estepas chinas fueron más adelante la caballería de Yan'an. El 20 de octubre de 1935 los jinetes con sombreros de hojas, que cabalgaban en caballos enanos de largo pelo como los de las pinturas prehistóricas, se reunieron a los pies de la Gran Muralla con los tres ejércitos soviéticos de Shaanxi, a cuyo frente se puso Mao. Le quedaban veinte mil hombres, siete mil de los cuales lo seguían desde el sur. Habían recorrido diez mil kilómetros. Casi todas las mujeres habían muerto; a los niños los habían ido abandonando por el camino.

La Larga Marcha había concluido.

Cuando entramos en los grandes almacenes comunistas, cuando miramos las montañas de allende los Nuevos Territorios, la China popular es la Larga Marcha. Y no podemos concebir a Mao sin ella. De la nación solo quedaba la vergüenza; de la tierra, solo el hambre. Pero otros habían ocupado los puestos de las decenas de millares de muertos o de desertores; y otras decenas de millares de camaradas ausentes ni habían muerto ni habían desertado. Se habían quedado donde estaban porque formaban el tercer estado de la Liberación campesina. En más de una comarca la guerrilla que había permanecido en ella tras pasar por allí la Larga Marcha duró dos años y mantuvo inmovilizadas a divisiones enemigas y a veces a ejércitos enteros. La represión de Jiangxi —un millón de víctimas— había dejado a los campesinos sin voz, pero no sin odio. La Larga Marcha acababa de traer la esperanza a doscientos millones de chinos, y la esperanza no había desaparecido al desaparecer el último combatiente. Aquella falange de desharrapados, tras la que caminaban sus últimos vagabundos, había desempeñado el papel de los jinetes de Alá; nada más llegar a la Gran Muralla declaró la guerra a Japón. La retirada militar concluía como una conquista política. Por todos los lugares por los que había pasado el Ejército Rojo se había convertido para los campesinos chinos en el ejército que defendía a los campesinos y a China.

Ya se han apagado los rascacielos, a las once de la noche, y recorro el puerto en un sampán, como en tiempos de la primera huelga. Aún quedan encendidos los «barcos de las flores», cuyo perfil trazan en la bahía unas bombillas; algunos resplandores en los callejones chinos; y la línea de puntos de las luces de la carretera del monte. Flotando en el agua, la ciudad de los juncos prosigue su agonizante vida. Es como si no supiese que existe la tierra, y los viajeros han descrito en múltiples ocasiones su antiguo bullicio. Esta noche apenas si se deslizan unas cuantas sombras de un junco a otro. Se van sucediendo las proas esculpidas, que interrumpen las callejuelas de sampanes. Se apagan y se encienden algunos cabos de vela. Pasan en barca mercaderes que llevan un farol, como pasaban antes los mercaderes por los lagos de los emperadores. Y las altas proas decoradas que ya no volverán a surcar los mares parecen ahogar sus llamadas casi secretas bajo las últimas velas de alas de dragón, cuyos jirones cubre la noche y que fueron un día las de la flota mayor del mundo. Al alba, mientras se va despertando a lo lejos la gigantesca China, los rascacielos reanudarán su estruendoso asalto al monte; como todos los días, los anticuarios colgarán sobre sus devaluados tesoros la foto de Chiang Kai-shek, que lleva al dorso la de Mao y a la que tienen pensado dar la vuelta cuando sea preciso. Solo me rodean ya la palpitante línea de puntos de las luces de la carretera, que sube, como antes, hasta perderse en las estrellas, el pregón de un vendedor, la noche y el silencio.

Cantón

«Declarada en Cantón la huelga general».

1925... Era la primera huelga general, y la primera frase de mi primera novela.

Nada queda ya de los chinos de la Compañía de las Indias, del barrio de los cambistas, ni del tintineo de sus martillitos, a la orilla del río, cuando golpeaban las monedas, ni del informe bazar que atestaba aún el centro de la ciudad en vísperas de la revolución. Nada queda ya de la propia revolución, solo sus museos... Me dicen que han derribado la Escuela de Cadetes y la casa de Borodin, etc. Calles asfaltadas con casas bajas, todas iguales, amplios parques «culturales». Pese a los plataneros, pese al calor, reconozco esa afición rusa a lo inmenso. Un hotel de interminables escaleras, de interminables pasillos, que emparentan con Rusia el tamaño, la alfombra color amaranto y una soledad onírica que difiere de la de Occidente, pero que tampoco he visto en Rusia. Shameen, que fue la isla de los consulados, está intacta, como el cuerpo de un hombre asesinado. Van perdiendo el revoco las casas, que rodean la pequeña plaza ajardinada de prietas flores y han dejado de parecerse a las de la ciudad; juncos sin motor, con remiendos color rosa de bengala y gris humo en las velas, doblan la punta de la isla como quimeras disfrazadas de arlequines; en el atardecer la flota de Marco Polo está aparejando rumbo al río de las Perlas, frente a las viejas dársenas y los astilleros nuevos que se alzan entre solares de desolación siberiana. Este es el puente contra el que disparaban las ametralladoras del coronel Chiang Kai-shek...

Han instalado el Museo de la Revolución en la rotonda del monumento a Sun Yat-sen. Muy cerca, el mausoleo de los mártires políticos, semejante a los de los emperadores de los más remotos tiempos de China (todo el parque parece ser su bosque sagrado), ante el que acuden a prestar juramento los pioneros comunistas.

En el museo, las fotos de los dirigentes de la huelga de 1925, la primera huelga en contra de Hong Kong; todos han muerto ya. Bajo un lazo que lleva la fecha de 4 de mayo de 1919, la verja de la cárcel, como una red de cruces negras tras la que se intuyen borrosos rostros. En el suelo, los grilletes medievales que llevaron los condenados, tras haberse reprimido la comuna de Cantón. Todo está ya fuera del tiempo: una aldea de guerrilleros que resistió diez meses ante las tropas del Kuomintang; las unidades de mujeres, en que luchaban codo con codo las amas de casa y las mecanógrafas; las ejecuciones de Shanghái durante la represión que narra *La condición hu-*

mana: los condenados, de rodillas, llevan los ojos vendados con una tira de tela negra que cuelga como una capucha de fraile vuelta del revés; una maqueta de la toma de Hainan por el ejército de los juncos (¿dónde andaban metidos los barcos de guerra del Kuomintang?); y todas las fotos habidas y por haber del movimiento campesino, del que nadie decía ni palabra en 1925. Y las picas de cortas borlas rojas, porque las borlas largas eran las de Yan'an; y los sombreros «tonquineses». (Uno de mis abuelos trajo a Francia uno así, que se llamaba el sombrero del Pabellón Negro...).

Pertenecen estas fotos y estos objetos, como sucede también en la Unión Soviética, al folclore de la revolución. Este pueblo, que no contaba con un Ministerio de Justicia, sino con un Ministerio de Penados, reúne en los museos las mismas fotos que pueden verse en Moscú o, de forma menos evidente, las mismas imágenes que pueblan las catedrales. Deberían ser testimonio y enseñanza de la revolución, pero lo son del martirio. Los T'ai-p'ing gobernaron durante diez años y los exterminaron ante este mismo río que cruzó Mao. Por supuesto que el genio político de este lo diferencia de ellos; pero casi todo lo que hay en este museo lo vincula a ellos.

Igual que en Moscú, lo que aquí vemos no pretende tanto hacernos comprender el desarrollo de la revolución cuanto inventar un pasado sometido a los actuales vencedores. ¡Infinitamente más eficaz que esta propaganda sería un museo que explicase de forma clara la compleja acción de Mao a estos jóvenes que me rodean y la presienten con veneración imprecisa!

Solo me saltan a la vista los rostros que pretenden ocultarnos. Lenin no aparece nunca sino en compañía de Stalin; Trotski no existió. Ni Borodin tampoco. Ni Chiang Kai-shek. En las fotos de la Escuela de Cadetes solo aparece Zhou Enlai, comisario político. En una foto de un grupo de cincuenta oficiales reconozco a Gallen, el futuro mariscal Blücher, y se lo indico al embajador de Francia, que me acompaña. El intérprete, que parecía haberse desentendido de nosotros, se acerca como si viniera patinando sobre ruedas. «¿Quién de ellos es?», pregunta con los ojos como platos. Gallen no vuelve a aparecer en ninguna otra foto. No había rusos en Cantón en 1925...

Al día siguiente

Ayer por la noche, en el mausoleo de Sun Yat-sen, una sala con aforo para cinco mil personas, representaban *Oriente es rojo*. Contábamos ya con que el comienzo se demorase tres cuartos de hora, porque estaba lloviendo y durante la estación de las lluvias... Como en Rusia, en China se mezcla, de forma imprevisible, un tiempo sin relojes (teatros, aviones) con la puntualidad más estricta (ferrocarriles, ejército). Los trescientos cantantes de los coros —pantalón azul y camisa blanca— esperaban ya en sus puestos, a ambos lados del escenario; y, como se hallaban en filas escalonadas, solo se veía una enorme tela blanca salpicada de cabezas.

Al fin comenzó a hablar el locutor. Vestía la guerrera de los «dirigentes», pero de color gris perla y entallada. El coro entero lo acompañó, y fue toda una muchedumbre la que gritó la primera frase de la obra: «En tiempos de Mao Zedong...».

Iban sucediéndose los cuadros, muy logrados cuando no aspiraban a ser sino cuadros. El argumento era la leyenda de la Liberación, con un tratamiento simultáneo de ballet y de ópera de Pekín. Los eslóganes eran el equivalente de los letreros del cine mudo. La palabra no encaja en esta exigente estilización que la convierte en canto. El decorado fingía el puerto de Shanghái mediante la roda de un paquebote, el *Presidente Wil-*

son, amarrado al muelle por colosales cadenas que tenían cierta vida propia, como las del río Tatu. En el muelle, un occidental vestido de azul pálido y con botas blandas, un ruso de tiempos de Pedro el Grande o un coronel inglés de 1820 representaba al imperialismo. Salió huyendo ante un grupo de soldados chinos que llevaban en el casco las coronas de ramas del camuflaje y se parecían al bufón coronado de hojas al que Lorca llama Figura de Pámpanos.

—¿Qué ejército simbolizan esos soldados?

—La universidad... —me contesta el intérprete.

En cuanto aumenta el número de actores, entra en funciones la estilización. Estas estampas populares revolucionarias, que pretenden representar la creación del partido comunista chino, no reflejan los obstáculos que tuvo que vencer. Todos los ballets son ingenuos, y esta ingenuidad estaba ayer al servicio de la China milenaria, que afloraba en las escenas de abanicos, en las que un único aleteo recorría toda la fila de actores; en las danzas, en las que ondulantes telas semejantes a las de bailarinas funerarias de los Tang prolongaban las mangas; e incluso en la súbita inmovilidad que petrificaba a la convulsa muchedumbre de actores... Y era soporte para todo ello una música que yo nunca había oído, en la que se mezclaban nuestras escalas con los maullidos y gritos de la ópera china antigua. Pero aquellos coros y aquellas admirables voces eran a la música china lo que el jazz a la música africana. De la revolución, han quedado museos y óperas...

Dentro de una hora, el avión para Pekín.

Desde la ventana veo fábricas y edificios propios de una Siberia tropical, hasta un horizonte de chimeneas en el que si-

gue destacando la antigua pagoda. Los bananeros están cho-
rreando, aunque aún no ha empezado a llover. Ante mis ojos,
los tejados de color cochinilla, cuyo tono bermellón se ha comido el sol y que ha teñido de verdín la lluvia; los hiende una
viscosa callejuela por donde corren sin prisa niños casi desnudos: ¿la postrera manzana de casas del Cantón de antes, de los
tiempos en que aún quedaban restos de la muralla bajo la hierba? Un viento de estufa golpea contra la pared las varillas del
rollo alargado que representa una escena militar y presta al al-
bornoz color salmón, que cuelga de una percha, los ondulantes gestos del teatro chino. Tantas muertes, tantas esperanzas
y tanta sangre, todo cuanto vi en Cantón, todo cuanto soñé de
Cantón, desemboca y concluye en este fantasma mío, irónicamente sonrosado, que se mueve al lado de la ventana sobre el
telón de fondo de una lívida nube de tormenta...

Pekín

Hace tiempo, determinaba la disposición de la ciudad el cruce de dos vías sin aceras entre cuyo polvo tártaro se vislum-
braban, como a través de la lluvia, las murallas de la ciudade-
la y las curvadas esquinas de los baluartes de las puertas.
Pasaban filas de desdeñosos camellos del Gobi, y los trenes
las escoltaban, sin prisas. Han desaparecido el polvo, las caravanas y también una de las murallas laterales. Quedan las
puertas, en la mañana azul pálido. Alrededor de la ciudad, las
interminables avenidas, flanqueadas de amazacotados edificios, me recuerdan, lo mismo que las calles principales de
Cantón, la inmensidad de Siberia, pero no hace aquí ese calor de estufa. El automóvil va siguiendo altísimos andamiajes de bambú, más altos que los sauces diminutos; luego, acacias rosa que no son acacias; lo acompaña la curvada hoz del

vuelo de los vencejos. Al pararse el motor, el silencio se llena de una algarabía de grillos.

Los corredores del palacio de Asuntos Exteriores son tan desconsoladamente inmensos como los del hotel de Cantón. Tras muchas estancias, vacías en apariencia, el despacho del mariscal y ministro Chen Yi: sillones de mimbre, aguadas chinas, viceministros, intérpretes. El mariscal es un hombre risueño de rostro sin arrugas (los chinos envejecen de repente, en pocos meses) y sonoras y cortantes carcajadas. Lleva el uniforme de «dirigente», casi estaliniano, y, como les sucedía antes a los dirigentes soviéticos, parece no quedar en él ni rastro de sus orígenes (es hijo de un magistrado); es como si careciera de orígenes. Comenzó su trayectoria como hombre de confianza de un señor de la guerra de Szechuan. Pasó por la Academia Militar, se unió a Chu Teh en los tiempos difíciles, y luego estuvo al mando de la retaguardia, que sufrió incesantes ataques durante la Larga Marcha. Venció a los japoneses, fue jefe del IV ejército y luego del Ejército Popular de Liberación de China oriental, y a él se deben la toma de Nankín y la de Shanghái en 1949.

—¿Cómo sigue el general De Gaulle?

—Ya está bien del todo, muchas gracias. ¿Y el presidente Mao?

—Perfectamente.

Tras concluir con los rendibús, me doy cuenta de que se me ha olvidado preguntar por Liu Shaoqi, el presidente de la República. El mariscal, que está haciendo una exposición de principios, no parece excesivamente afectado por ello. Su intérprete va traduciendo; y el nuestro le echa una mano de vez en cuando:

—En lo que a política interior se refiere, el Gobierno popular quiere librar a la población de la indigencia y de la ignorancia, conseguir que todos y cada uno de los chinos tengan la vida asegurada y que se produzca un desarrollo general basado en el sistema socialista. El capitalismo posee facetas interesantes, sobre todo en el ámbito técnico; pero hay que rechazarlo como sistema, pues no debe ser el director de una empresa quien decida en solitario el destino de un millón de hombres. El señor Malraux, que es un estudioso excepcional del marxismo, comprenderá que incluso el capitalismo habría podido conseguir aquí algunos logros menores, pero que únicamente el comunismo podía acometer la edificación del conjunto del país.

Muy cierto. En lo tocante al marxismo, mientras nos hacíamos zalemas nos hemos elogiado mutuamente las respectivas creaciones literarias. El mariscal es poeta, igual que Mao, y está casado con una famosa actriz que trabaja en la actualidad (¿como propagandista?) en una comuna popular.

—En pocas palabras —subraya—, el Gobierno chino quiere construir China, en unas cuantas décadas, con sus propios recursos.

Para quien haya conocido la China de hace unos años, esta frase, incluso dicha con tono jovial, adquiere una grandeza histórica.

—En el ámbito de la política exterior, el Gobierno chino aspira a una política de paz. Desea que exista un mundo pacífico en el que los pueblos elijan por sí mismos sus sistemas políticos. Sobre China, que se ha enfrentado reiteradamente a la explotación colonialista e imperialista, recae la responsabilidad de apoyar por doquier a los movimientos de emancipación. Entre 1840 y 1911 tuvo que soportar las vejaciones del imperialismo británico, luego las del imperialismo japonés, y ahora las del imperialismo estadounidense. Sato es un satélite de Estados Unidos y no puede hacer nada sin pasar antes por Washington. Francia se fue de China después de la Segunda Guerra Mundial, con lo cual hizo gala de realismo político. En el terreno europeo, así como en muchos otros, se atiene a una política de defensa frente a Estados Unidos...

—De independencia, señor mariscal...

Perteneció, junto con Zhou Enlai, a los «estudiantes obreros» que fundaron en Billancourt una de las primeras agrupaciones del partido comunista chino. Lo expulsaron en 1921. Cuarenta años después, siendo ministro, fue el representante de China en Ginebra. ¿Habrá vuelto alguna vez a París?

No cabe duda de que lo que me está diciendo se lo ha dicho ya a cientos de periodistas de izquierdas y a todos los embajadores a los que ha recibido. Conozco lo suficientemente bien la Unión Soviética como para que no me pille de sorpresa que me coloquen el disco. Pero, cada vez que el mariscal abre la boca, tengo cierta esperanza de que diga algo de su propia cosecha. Me sentía más próximo a él durante los bombos mutuos sobre nuestra obra literaria. Sin embargo, pone en sus palabras una cordialidad que les presta vida...

Se va entusiasmando según habla:

—Las informaciones sobre Vietnam son contradictorias —dice—. ¡A lo que ha ido en realidad el señor Harriman a Moscú ha sido a hablar de Vietnam! ¡Los periódicos estadounidenses deberían ponerse de acuerdo!

—¿No cree usted que se trata de algo mucho más serio que una falta de coordinación de la prensa? También en Francia hablamos de la política de Estados Unidos como si no hubiera más que una; pero las fuerzas estadounidenses que están en juego en la guerra de Vietnam deben de ser bastante divergentes...

Abre un abanico pequeño, se da aire sin dejar de sonreír, esboza un ademán que parece querer decir «puede que tenga usted razón», y pregunta con bonachona brusquedad:

—¿Son ustedes partidarios de la neutralización del país?

—Para empezar.

—Nuestros amigos vietnamitas temen que desemboque en una división definitiva e impuesta. Desde que los estadounidenses se han implicado directamente en el conflicto, la palabra neutralización ha quedado vacía de sentido. No hay más que una solución: que se retiren las fuerzas estadounidenses.

Visto desde aquí, Vietnam parece una cordial abstracción. El mariscal hace deliberadamente caso omiso de cuanto separa Hanói de Pekín. Bien está, como diría Méry. Me acuerdo del retrato que me hizo este de Ho Chi Minh, de todo cuanto me contó de Vietnam; y visto desde Singapur, Vietnam sí era la guerra. Y la guerra nos ronda también aquí, pero disfrazada de paz. Parece un fenómeno importante pero pasajero, colonial podríamos decir. En esta China saneada, que va a alcanzar los mil millones de habitantes, se miente mucho más que bajo el vuelo de los aviones estadounidenses que están deshaciendo Hanói. Pero lo que está en juego es el destino del mundo.

—Las condiciones son cada vez más favorables. Esa guerra está madurando. La escalada va multiplicando los obstáculos; el pueblo vietnamita posee cada vez mayor firmeza y acabará por obligar a los estadounidenses a salir del país.

—¿Le parece a usted imposible que un Estado poderoso mantenga ciento cincuenta mil hombres en un teatro de operaciones durante diez años?

—¡Ah! ¿Ya son ciento cincuenta mil?

Lo sabe tan bien como yo. Mejor que yo, seguramente.

—Pronto serán más —digo.

—Los estadounidenses han impuesto la guerra al pueblo vietnamita. Y nosotros lo apoyamos. Si se van, seguirán siendo una potencia mundial. Si no retiran sus fuerzas, cada vez se desprestigiarán más. Para la nación vietnamita no se trata de

una cuestión de prestigio, sino de vida o muerte. Los estadounidenses la están bombardeando intensamente.

—Opinan que se juegan en esto toda su política asiática...

—Que se pierda una ficha de mahjong no compromete el
juego de quien la extravía. Y Estados Unidos no podrá mantener tropas en el extranjero de forma indefinida. Antes o después tendrán que evacuar Taiwán y Berlín Oeste.

—Si salieran de Formosa,* ¿obligaría ello a Rusia, desde el
punto de vista de China, a salir de Siberia? Quedan más comarcas libres en el norte que en el sureste asiático.

El mariscal se echa a reír. La expresión «una sonrisa de
oreja a oreja» le cuadra de maravilla.

—No tiene punto de comparación —responde—. ¡Taiwán
no es parte integrante de Estados Unidos, pero Siberia sí lo es
de la Unión Soviética y nunca ha sido china!

Démoslo por bueno... Al referirme a Bandung, utilizo la
expresión: la política mundial de China.

—China tiene que recuperarse de un sensible atraso en todos los terrenos —me responde—, y aún le queda por hacer un
tremendo esfuerzo si pretende llevar a cabo una política mundial. Pero, en tanto, ya sabe de parte de que quién está y de
parte de quién no está. Sigue siendo cierto lo que le dije a su
embajador el 14 de julio. A los vietnamitas no les queda más
remedio que seguir luchando. Si Estados Unidos siente el sin-
cero deseo de negociar, ¿por qué habla de enviar a Vietnam a
doscientos mil hombres, a un millón de hombres? Se han
acostumbrado a amenazar. Ho Chi Minh y Pham Van Dong
afirmaron en mayo y en junio que en 1960 no estaban seguros
de cómo iba a acabar la guerra, pero que ahora sí lo están.
Nuestra propia experiencia nos proporciona esa misma certi-

---

* Taiwán es el nombre chino de Formosa.

dumbre. Las fuerzas estadounidenses están repartidas por el mundo entero... Consulte un mapa: están en Formosa, apoyando al dictador Chiang Kai-shek; en Vietnam, con el dictador Ky, tras haber sostenido al dictador Diem; en Corea, con el dictador Rhee y otros cuantos más; en Pakistán, con el dictador Ayub Kan; en Laos, con Phoumi; en Tailandia, con el rey. ¿Nos hemos metido nosotros en Hawái, en México y en Canadá?

No estoy pensando ahora en las «fuerzas estadounidenses»: nunca se me hizo tan patente el poder de Estados Unidos —ni siquiera en 1944, cuando vi los primeros carros estadounidenses—, como en aquel crepúsculo de invierno durante el cual caía la tarde sobre la flota retirada de servicio que estaba anclada en el Hudson, a unos cien kilómetros de Nueva York. El presidente Kennedy me había dicho: «¡Tiene que verlo!». Una impecable carretera corría a un nivel más alto que el del río, y los faros de los automóviles se cruzaban por encima de aquella necrópolis de barcos de guerra. Había una silueta en el puente de cada acorazado, que lo recorría balanceando un farol cuya luz apenas si conseguía atravesar la niebla que subía del río al llegar la noche. ¿Qué fue de la flota de Nelson? Los historiadores de la Antigüedad nos refieren que los mercenarios cayeron en la cuenta del poder de Cartago cuando descubrieron que mandaba crucificar a los leones. Yo caí en la cuenta del poder de Estados Unidos cuando vi que había tirado a la basura la flota de guerra más poderosa del mundo.

—Hemos aprendido de nuestra experiencia con Chiang Kai-shek —sigue diciendo el mariscal— que hay que ir alternando los periodos de lucha y los de negociación. En Corea había combates y negociaciones simultáneas, de forma tal que a veces el runrún de las voces tapaba los cañonazos... Los vietnamitas son sagaces y conscientes. Eran ya marxistas cuando nosotros no lo éramos aún. Tenemos confianza en ellos. El día 20 el presidente Ho Chi Minh declaró que estaban resueltos a seguir luchando durante cinco años, o diez, o veinte, hasta que el último estadounidense hubiese salido de Vietnam y se hubiese llevado a cabo la reunificación.

Los dirigentes chinos consideran la escalada como la Larga Marcha de Vietnam.

—Siempre pasa lo mismo —sigue diciendo el mariscal—; fíjese en la guerra de Corea, en la intervención de la VII flota en el estrecho de Taiwán, en la ocupación de Taiwán. Y en la ONU, acudiendo a toda prisa para apoyar la agresión capitalista contra el Congo. Cuando Estados Unidos atacó Corea del Norte, lo que pretendía era amenazar nuestra seguridad. No nos quedó más remedio que intervenir en defensa propia. Luego dejamos en libertad a los prisioneros estadounidenses. Pero no hubo reciprocidad. Después de la guerra de Corea, Estados Unidos provocó cada vez más a Vietnam, donde la situación es bastante parecida.

—Pero más favorable para ustedes.

—Si Estados Unidos no extiende el campo de sus agresiones, China no se verá en la obligación de intervenir en las operaciones; pero si lo hacen, China intervendrá.

—¿En territorio chino?

—Y quizá también en territorio vietnamita.

Una pausa.

Lo dudo. Mao siempre ha hecho suya la frase de Lenin acerca de la táctica *defensiva* de los ejércitos revolucionarios enfrentados a países extranjeros; y siempre ha insistido en el hecho de que Stalin no luchó sino para defender a Rusia. Lenin dijo: «Los que creen que una revolución puede iniciarse por encargo en un país extranjero son o unos locos o unos provocadores». Pero Vietnam no está ya en la fase inicial de una revolución: el mariscal habla como si se considerase responsable de la guerra de Vietnam. Semejante responsabilidad redunda a mayor gloria suya, como habrían dicho en el siglo XVII. Pero ¿cuál es la verdad? Ya le echó en su día Francia la culpa de Dien Bien Phu a la artillería china, que no tuvo ni arte ni parte. ¿Proporciona China armas a las guerrillas del Vietcong? En parte sí, probablemente. Pero también les ha proporcionado bastantes armas la URSS; y cuentan con las que arrebataron a los franceses, y con las que han arrebatado a Estados Unidos, de la misma forma que el Ejército Rojo chino tenía armas que había arrebatado a Chiang Kai-shek. A Mao le deben la ideología, la seguridad en sí mismos y la táctica; y también la presencia de unos cuantos organizadores y oficiales de enlace. Pero aquí nadie me ha preguntado: «¿Cree usted que las guerrillas del sur las organizan o al menos las dirigen las tropas del norte, que son satélites de las tropas chinas?». Eso es lo que le gustaría al mariscal que yo creyera. Pero es un hecho que Vietnam no consigue formar un gobierno nacional, que los estadounidenses han tenido que intervenir directamente en la guerra, que los prisioneros no son chinos. «Los occidentales tienen la obsesión —me dijo Nehru— de que las guerras de liberación nacional las organizan desde el extranjero». Sé por experiencia cuán poco se puede ayudar a las guerrillas, qué pocos «consejos» pueden recibir. No creo que la escalada pueda salvar al Gobierno de Saigón, que se parece al de Chiang Kai-shek, pero que es todavía peor, ni aun llegando hasta las puertas de Pekín (a menos que recurra a la guerra nuclear).

—Los estadounidenses —sigue diciendo el mariscal— invaden continuamente nuestro espacio aéreo. ¿Acaso vuelan aviones espía por encima de Estados Unidos? Han dicho que no puede haber *sanctuary*, como durante la guerra de Corea:

perfectamente. So pretexto de apoyar a Vietnam del Sur, bombardean el del Norte. ¿Quién nos asegura que el día de mañana no tomarán como pretexto un apoyo de China a Vietnam del Norte para bombardearnos? Creen que pueden hacer cuanto les venga en gana. Hay que prever las consecuencias de los acontecimientos en un futuro próximo. Y al final ganaremos, igual que ganamos a los japoneses, igual que ganamos a Chiang Kai-shek.

»Fíjese en lo que están haciendo los estadounidenses en la República Dominicana. Y en el Congo. Por todas partes fomentan disturbios, cosa que no hacen ni Francia ni Gran Bretaña. Hay que oponerse a ellos. Ahora que el colonialismo europeo se estaba yendo de Asia, llega el estadounidense y ocupa su lugar. Los vietnamitas también están combatiendo por China y por el mundo entero, y se merecen que este los respete.

Cuando conocí a Gide, a quien conocí fue al autor de *Los alimentos terrenales*, no al hombre que me esperaba en la terraza del Vieux-Colombier hincándole el diente al copete de una *brioche*. Cuando conocí a Einstein, conocí al matemático, no al desgreñado violinista que me recibió en Princeton. Sé de sobra que el mariscal no es Mao. Pero es el ministro de Asuntos Exteriores de China popular, uno de los personajes a quienes ronda la historia: estuvo al mando de la retaguardia de la Larga Marcha, hostigada de continuo. El escritor afloraba enseguida en Gide, y el investigador en Einstein.

¿En qué aflora en Chen Yi el conquistador de Shanghái? Colocar el disco es algo muy propio de China, como también lo es el ceremonioso protocolo; y, por muy locuaz y confiado que aparente ser el mariscal, está claro que está representando un papel. Valéry decía, hablando del general De Gaulle: «Sería conveniente saber qué facetas suyas corresponden al hombre, cuáles al político y cuáles al militar». En el mariscal todo es puramente convencional, y la traducción acentúa ese convencionalismo. No consigo entablar con él un diálogo digno de tal nombre. Y está claro que no puedo decirle: «Señor mariscal, lo único que hace que Estados Unidos domine la situación son sus aviones. Y los que se enfrentan a esos aviones no son los chinos, sino los rusos». Lo único que me resulta patente es su mezcla de firmeza, prudencia y compromisos casi alusivos: los peculiares límites que pone, de forma explícita o tácita, al conflicto entre China y Estados Unidos. No le he oído una opinión realmente personal más que cuando me ha dicho: «Y en territorio vietnamita». ¿Será ahora este el prototipo de las autoridades chinas, tan diferente del que yo conocía? El embajador de China en París, que es también una de las autoridades de la Larga Marcha —y la ha plasmado en un libro de dibujos casi humorísticos—, hace igualmente gala de esta invulnerable jovialidad. Conozco muy bien a la internacional de los Asuntos Exteriores. Y no pertenece a ella porque, en vez de mostrarse reservado, hace gala de una cordialidad militar.

—El general De Gaulle hace muy bien al resistir en Europa ante Estados Unidos. No son omnipotentes, pero se han aprovechado de las dos guerras. Durante la Primera Guerra Mundial perdieron a cien mil hombres; y a cuatrocientos mil durante la Segunda. En Corea perdieron a trescientos mil hombres y sacaron muy poco en limpio; eso demuestra que se equivocaron en sus cálculos. Y ahora están volviendo a hacer cálculos en Vietnam.

—Nehru pensaba que el colonialismo comienza a morir cuando a una expedición occidental no le queda más remedio que retroceder ante el avance de un ejército asiático. Y estoy de acuerdo con él.

Pero ¿por qué no tendrá en cuenta el mariscal la hipótesis de que los estadounidenses podrían recurrir a la bomba atómica si entrasen en conflicto con China?

—Abrigamos la esperanza de que Francia haga uso de su influencia para que Estados Unidos se retire. Hay que enfrentarse con los estadounidenses para obligarlos a salir del país. El pueblo estadounidense es valioso y en dos siglos ha llevado a cabo notables logros; pero la política de sus dirigentes de estos últimos tiempos ha ido en contra de sus aspiraciones profundas. China no busca una guerra generalizada, sino que quiere que las potencias colaboren para obligar a Estados Unidos a abandonar su política agresiva, cosa que, a la postre, no puede sino favorecer al mundo entero y al propio Estados Unidos.

Es este un solícito afán que debería llegar al alma a Estados Unidos. Nuestro embajador está al acecho de mi reacción. Todo esto me resulta familiar. Y prosigue el monólogo maniqueo, que parece continuamente pensado para las «masas». Este hombre inteligente, campeón de ajedrez, en la cima de una espléndida trayectoria, no habla para convencerme. Está cumpliendo con un rito.

Le respondo, como le había dicho ya a Nehru, que Estados Unidos me parece la única nación que ha llegado a ser la más poderosa del mundo sin proponérselo, mientras que el poderío de Alejandro, de César, de Napoleón, de los grandes emperadores chinos, fue consecuencia de deliberadas conquistas militares. Y que en estos momentos no veo ninguna política estadounidense de ámbito mundial que pueda compararse con lo que fue la de la Gran Bretaña imperial, o con el plan Marshall, o con las pretensiones del presidente Kennedy. Y que me parece que lo que está haciendo en estos momentos Estados Unidos es volver a caer en errores que los franceses conocemos demasiado bien, pues también los cometió antes que ellos nuestra IV República. Y añado:

—En lo que se refiere a la influencia que podamos tener sobre Estados Unidos, creo que debe de ser del mismo orden que la que puedan ejercer ustedes sobre la Unión Soviética...

—China va adaptando su modo de sentir a los hechos. Después de la Revolución de octubre, en tiempos de Lenin y de Stalin, la URSS sentía simpatía por el pueblo chino, y nosotros también por ella. Tras la derrota de Japón, nos hicimos a la idea de que la URSS estaba exhausta después del conflicto y no quería ya tener nada que ver con los asuntos de Extremo Oriente. Renunciamos, pues, a esperar su ayuda. La edificación socialista de China no puede basarse, bajo ningún concepto, en la ayuda de la URSS. Cada cual debe contar antes que nada consigo mismo. Los rusos nos ayudaron a emprender el camino, pero podemos seguir adelante sin ellos. Desde 1964 no les debemos nada. Y Jrushchov intentó asfixiarnos...

Calla un momento y luego sigue diciendo:

—... Desde tiempos de Jrushchov, los dirigentes soviéticos aspiran a que dos potencias dominen el mundo. ¡Y eso es algo impensable, porque todos los países, los grandes y los pequeños, forman parte del mundo!

No me sorprenden estas afirmaciones, sino la poca altura de la conversación. Como me sorprendía en la Unión Soviética que unos marxistas que en privado eran rigurosos o sutiles se pusieran en público al nivel de *L'Humanité*. ¿Cree el mariscal en este maniqueísmo de que hace gala? A fin de cuentas, el maniqueísmo muestra su debilidad cuando se plasma en palabras, no cuando actúa. Y Estados Unidos no es para él la nación que salvó dos veces la libertad de Europa, sino la que apoyaba a Chiang Kai-shek...

—El general De Gaulle nunca ha sido partidario de una doble hegemonía...

Se echa a reír.

—Pero nosotros tampoco somos partidarios de una hegemonía compartida entre cinco naciones...

(Seguramente está pensando en Estados Unidos, la Unión Soviética, Inglaterra, Francia y China).

—... ¡y con la India llamando a la puerta!

—Las cosas están claras entre dos. Tres son multitud...

—En fin, nunca habrá bastantes aliados en favor de la paz...

—Si nos propusiéramos unir nuestros esfuerzos para restablecer la paz, ¿se avendría China a negociar en el caso de que las tropas estadounidenses se comprometiesen a retirarse o se retirasen de hecho?

El mariscal reflexiona.

—Habría que estudiarlo. Quizá esté en condiciones de darle una respuesta dentro de unos días. La decisión corresponde a Ho Chi Minh y a Pham Van Dong. Que yo sepa, consideran previa la cuestión de la retirada. ¿Trae usted alguna propuesta, señor ministro?

—Ninguna, señor mariscal.

¿Acaso esperaba una para rechazarla? Aunque sin duda lo que pretendía también era enterarse de qué tipo de entrevista voy a mantener con Zhou Enlai, con el presidente de la República y, llegado el caso, con Mao, para tener tiempo de prepararla...

La puerta por la que salimos el embajador de Francia y yo da a la antigua Ciudad Prohibida. Los palacios de siberiana desolación (Palacio del Pueblo, Museo de la Revolución) quedan a nuestra espalda y vuelvo a ver la ciudad imperial de antaño, que se alzaba por encima de un hormiguero de casas bajas con tejados color pizarra y picos vueltos hacia arriba, ya que no estaba permitido que mirada alguna pudiese contemplar sus patios. Ahora se la domina desde el horizontal rascacielos del que estoy saliendo. No hay nadie en sus admirables patios: son las doce del mediodía. Crece la hierba ante los sacros jarrones de bronce. En las estancias: el museo, un revoltijo de objetos y algunas piezas únicas. Al fondo, los aposentos de la última emperatriz, habitaciones pequeñas y abrigadas que apetecería visitar mientras fuera cae la nieve, con sus farolillos de chamarilero y ese mal gusto que el estilo victoriano y el del segundo imperio difundieron por toda Asia. Me acuerdo del museo chino de la emperatriz Eugenia del que me habló Méry en Singapur, de su baratillo oriental fruto del saqueo del Palacio de Verano y de la conquista de Camboya, donde el único que poseía unos cuantos lingotes de plata era el rey. ¿Quién se acuerda ya del museo chino de Fontainebleau? La Ciudad Prohibida, en cambio, no ha caído en el abandono. En su salón principal fue donde halló Loti los restos de los alimentos destinados a los manes, que se comieron los soldados europeos el primer día de la conquista; y los instrumentos de música que había colocado allí la emperatriz para uso de los fantasmas. Antes de huir, depositó ante su Kuan-yin favorita un ramo de flores y le puso al cuello uno de sus collares de perlas. La Kuan-yin sigue en su sitio. Amontonaron, todos revueltos, a los dioses en los patios para que los soldados pudiesen dormir encima de los altares; en el templo de Confucio, un banderín desplegado rezaba: «La literatura del mañana será la literatura de la piedad». Eran los tiempos en que ya empezaban a dar el nombre de potencias extranjeras a los bárbaros rebeldes, aunque aún era común creencia que los cristianos mataban a los niños y los devoraban durante sus cruentos sacrificios, que se llamaban misas.

Presencié hace tiempo el fin de la antigua China y cómo huían las sombras de los zorros, cruzando entre los asteres morados de las murallas, a cuyos pies pasaban las procesiones de camellos del Gobi cubiertos de blanca escarcha. Me acuerdo de las velas que ardían dentro de vejigas de cerdo pintadas con caracteres chinos y servían de muestra a las fondas que regentaban, en los andenes de la estación de Kalgan, posaderos rusos a quienes solo podían vérseles en la oscuridad las barbas iluminadas desde abajo; y daba la impresión de que, entre la nieve y las sombras, solo permanecían despiertos aquellos farolillos, dignos del Bosco, velando la agonía de la Rusia blanca a la espera de que, en la mesa donde comían los escasos huéspedes, sonase *Bajo las murallas de Manchuria* en un fonógrafo, cuya bocina tenía la misma forma que las campanillas de las enredaderas. Presencié cómo se abrían, como si fueran las puertas de los corrales del oeste, las empalizadas de rollizos de las aldeas mogolas para que salieran al galope, a lomos de sus desmelenados caballos enanos, los jinetes de Gengis Kan; llevaban la parte delantera de la cabeza afeitada de oreja a oreja, y, bajo el lívido cielo, la melena gris, tan larga como la de las mujeres, les flotaba, horizontal, al viento de las estepas. Vi a las ancianas princesas de las nieves, semejantes a reinas de África marcadas ya por el cabalgar de la muerte: Mongolia, las estribaciones del Tíbet, tocados visigodos y, dominando las pútridas aldeas, los conventos perfumados de cera en cuyas tarimas se reflejaban los lamas amarillos y el Himalaya azul. Y el gran mausoleo de Sun Yat-sen; y los soldados de los señores de la guerra, con sus paraguas. Y por último presencié la resurrección del ejército chino. He tomado tierra cerca de los altos hornos de Han-yang, en el mismo lugar por donde vi pasar hace años, entre la riada y los cadáveres a la deriva, la barca del verdugo vestido de rojo en cuyo corto sable se reflejaba un risueño cielo lavado por la lluvia...

Cuando, tras salir de los majestuosos patios, nos volvemos para mirarlos, tienen tal fuerza arquitectónica esos tejados naranja, cuyos picos apenas si se curvan sobre las paredes color sangre de buey, que los gigantescos caracteres que cantan las alabanzas de la República popular parecen llevar ahí toda la eternidad, y da la impresión de que se edificó esa terraza para que desde ella pronunciara Mao sus discursos.

Mientras esperamos a que Zhou Enlai regrese a Pekín, nos proponen visitar Longmen, lo que nos permitiría pasar por Luoyang y Xi'an, cosa que no se suele permitir a los forasteros.

Luoyang era la ciudad de los palacios bajo cuyas tejas moradas se albergaban los más exquisitos refinamientos del mundo cuando en Francia reinaba Carlomagno. Soñaban con ella incluso en Bizancio. Y también en China entera, ya que la cantaron los poetas y fue la Isfahán china. Aquí es donde encontraron los cuerpos de los favoritos de la emperatriz clavados en la pared con flechas que, en vez de barbas, llevaban colas de zorro. De ella solo queda la soñolienta campiña que se divisa desde las puertas redondas.

Una comuna popular, limpia como los chorros del oro y que no sabe qué es el hambre. Me enseñan el tractor para que lo admire y no se dan cuenta de que a quienes admiro es a ellos...

Seguimos camino para ir a las cuevas búdicas de Longmen. Las han protegido con cristales, y las esculturas parecen metidas en un escaparate. En el anfiteatro, que no cuenta con protección alguna y se halla en el nivel superior al que ocupan las esculturas, que se han quedado sin cabeza («Los estadounidenses», dice el guía), se apelotona el gentío, a los pies del Gran Buda, pasmosamente indo-helenístico, peculiaridad que no comparte con las esculturas de las grutas Wei. A ambos lados, los gigantes tutelares, que simbolizan los puntos cardinales: uno de ellos aplasta bajo la bota medieval a un infeliz y acongojado enano. Un visitante ha dejado allí cerca un zapato, y es como si se le hubiera caído al enano. Esculpieron las tallas en la propia montaña, como en la India. Pero nunca se me había hecho tan patente como aquí hasta qué punto se quedan sin alma las imágenes divinas cuando las contempla una muchedumbre indiferente. El buda colosal lo encargó la emperatriz de los amantes asaeteados. Los cacareos de las gallinas compiten con el canto de los grillos, y la radio de una fonda trenza y destrenza las melodías de Pekín en torno a las sagradas rocas.

Salimos para Xi'an.

El museo, falso y auténtico a un tiempo, da a una plaza de antaño, del color de la arcilla. Es un maravilloso conjunto de pabellones clásicos con tejados color ceniza, naranja o turquesa, y puertas redondas que se abren al campo o a jardines a medio hacer, pero que rebosan de hibiscos, de gladiolos, de enormes lilas sin aroma. Al pasar, nos había dicho el intérprete señalando unos parques casi silvestres: «Aquí se alzaba un quiosco del emperador T'ai-tsung...». Hay en el primer pabellón del museo un bosque de estelas, y de pronto me doy cuenta de que no estoy en una ciudad de un millón de habitantes, con su rascacielos de oficinas, su Torre de la Campana y su museo, más irreal que el Palacio de Verano, sino en Singan-fu, que fue once veces capital de China...

Aquí están los animales de piedra que conducían a la tumba de T'ai-tsung, el Carlomagno chino. Aquí está el rinoceronte. Se le sientan los niños en el lomo mientras los padres le acarician el cuerno y un amigo hace una foto a la familia. En la sala principal, los cuatro bajorrelieves de la tumba del emperador, que, por lo que dicen, representan a sus cuatro caballos preferidos. La tumba permaneció abandonada varios siglos. Dos de los bajorrelieves se los llevaron a Estados Unidos y los sustituyen dos fotos de tamaño natural sobre las que campea un letrero: «Robado por los estadounidenses».

La propaganda antiestadounidense es minuciosa y no conoce límites. Inspira los carteles populares que cubren las paredes de las ciudades, aunque al leal miliciano y a la heroica miliciana, que tienen más que ver con el cine estadounidense que con el realismo socialista, se los representa siempre sin enemigos. Incluso en las comunas populares más modestas —casas de planta baja, gallinas correteando por el suelo bien barrido y, a lo lejos, segadores en los campos— puede verse, dibujado con tizas de colores en una pizarra grande, para ponerlo al alcance de los analfabetos, al intrépido pionero infantil que atraviesa con la lanza al gigantesco tigre de papel.

Mañana regresa Zhou Enlai a Pekín.

Pekín

Los mismos pasillos interminables que para llegar al despacho del mariscal (estamos en el mismo edificio, con las mismas estancias vacías en ringlera y, en el despacho del primer ministro, los mismos sillones de mimbre con los mismos pañitos, unas aguadas muy parecidas y los mismos fotógrafos cuando nos damos la mano). El intérprete —en este caso la intérprete— habla francés sin el menor acento (debe de ser una china de Tonkín) y maneja con soltura los términos políticos. El primer ministro se muestra amistosamente distante; ella, casi hostil.

Zhou Enlai ha cambiado poco, pues ha envejecido como no podía por menos de envejecer: tiene la cara más chupada. Va vestido como el mariscal, pero está delgado; no resulta fácil intuir los orígenes de la mayoría de los dirigentes chinos, aunque está claro que este es un intelectual. Nieto de mandarín. Fue comisario político en la Academia de Cadetes de Cantón, en los tiempos en que la dirigía Chiang Kai-shek. De los sucesivos cargos que ha desempeñado —incluido el de primer ministro— el que más le agradaba era el de ministro de Asuntos Exteriores. Me acuerdo de un diplomático que me recibió en Moscú alrededor de 1929; llevaba monóculo en una ciudad en que la mujer de Lenin llevaba gorra de visera. Hace mucho que sé que los ministerios de Asuntos Exteriores son una secta, a la que no pertenece el mariscal Chen Yi, pero sí Zhou Enlai, que fue el segundo de Mao durante la Larga Marcha.

Ni truculento ni jovial: «distinguidísimo».

Y más cauteloso que un gato.

—Me ha llamado mucho la atención la censura del general De Gaulle, en su última conferencia de prensa, ante las pretensiones de hegemonía mundial de la URSS y Estados Unidos. Y también la frase: «El Pacífico, donde se va a decidir el destino del mundo».

Las dos guerras de Vietnam tienen bastante que ver con la Larga Marcha. ¡Y sin embargo, qué lejos queda Da Nang! Los marines siguen desembarcando, y ese desembarco no debe de parecerle inocuo a Zhou Enlai. Pero sí secundario. El destino de Asia está en Pekín, y nada más que en Pekín. ¿Y la India?

Una pausa. Respondo:

—Lenin dijo: «Siempre se puede tomar en consideración una acción común con la condición de no mezclar ni las consignas ni las banderas».

Y Zhou Enlai dice, como distraído:

—Recordamos muy bien que es usted un buen conocedor del marxismo y de China... Asimismo recordamos que también lo persiguieron a usted en los tiempos en que perseguían a Nguyen Ai Quoc...* Usted quería que se creara un dominio indochino: los franceses habrían debido hacerle caso...

—Le agradezco que no lo haya olvidado. Tanto más cuanto que el otro fundador del Joven Anam, Paul Monin, ha fallecido en Cantón.

—¿Ha vuelto usted a ver a Chiang Kai-shek?

—Nunca. Una lástima.

—¡Bah...!

Un ademán evasivo. Me gustaría contestarle: «¿Y usted?». Porque nadie sabe qué pasó durante el «incidente de Singanfu»; y ese es uno de los motivos, y no de los menores, de que mi interlocutor me inspire sentimientos tan complejos.

En diciembre de 1936 Chiang Kai-shek acudió a inspeccionar el frente anticomunista del norte y lo detuvo el jefe de las tropas manchúes, el «joven mariscal» Zhang Xueliang. Todos pensaban que lo mandaría ejecutar; pero un enviado (¿de los rusos?) entabló negociaciones, y el generalísimo recobró la libertad a cambio de la promesa de empezar por fin a combatir en contra de los japoneses, no en contra de las tropas de Mao. Regresó a Nankín y cumplió la promesa, dejando pasmado a todo el mundo, y más que a nadie a los estadounidenses. ¿Qué compromiso había podido adquirir que lo atara hasta ese punto?

Ahora bien, el enviado era Zhou Enlai.

He visto en Xi'an el Baño de la Favorita, donde se alojaba Chiang Kai-shek cuando vinieron a buscarlo. Se refugió, más

* Ho Chi Minh.

arriba de estos pabellones y de este junco de mármol, en ese bosque que parece un bosque sagrado. Y allí lo detuvieron.

«Yo estaba ya aquí —me dice el guardián—. Esta era su cama (un catre de tijera europeo). Cuando entré con el capitán y los soldados, no había nadie, pero se había dejado la dentadura postiza encima de la repisa del cuarto de baño. Y también estaba en el puente grande que cruza el río cuando aquella estudiante se cruzó ante el auto de Zhang Xueliang gritando: "¡No permitáis que los japoneses vuelvan a aplastar China! ¡Va a correr la sangre! ¡Que corra nuestra sangre para que dejen de humillarnos!". Estaba llorando; y todos los que la oían lloraban; y el joven mariscal se echó a llorar también...».

Este palacio es copia del de la favorita de un gran emperador y parece, como todas las imitaciones del siglo XIX (empezando por el Palacio de Verano), un decorado para un espectáculo de sabor oriental. Pero en las terracitas, que se alzan sobre las copas de los sauces llorones, las estivales mimosas sonrosadas son como las del siglo VIII... Existía antes allí una pagoda en la que un general de farándula se había convertido en dios del Regadío. Y a lo lejos, la colina funeraria del emperador que fundó la ciudad...

El generalísimo prisionero había contestado, de entrada, a Zhang Xueliang, al llamarlo este «mi general»: «¡Si soy su general, empiece por obedecerme!». Luego llegó Zhou Enlai...

—Una de las frases del presidente Mao que ha tenido mucho éxito en Francia, aunque ha intrigado a los franceses, ha sido: Estados Unidos es un tigre de papel.

—Estados Unidos es un tigre de carne y hueso, y lo ha demostrado. Pero, si ese tigre llegara hasta aquí, se volvería un tigre de papel. Porque el ejército más poderoso del mundo nada puede contra una guerrilla generalizada. Casi todos nuestros fusiles, nuestros carros y nuestros aviones son estadounidenses. Se los quitamos a Chiang Kai-shek. Cuantos más le daban los estadounidenses, más le quitábamos nosotros. Los soldados de Chiang no eran malos soldados, ¿sabe? ¿Que los estadounidenses lo son mejores? Da lo mismo. Todos los chinos saben que el único que garantiza el reparto de las tierras es el Ejército Popular. Y la guerra se desarrollará aquí.

Será continuación y consecuencia de las guerras contra Japón y contra Chiang Kai-shek, y de las de los estadounidenses en Corea, en Taiwán y en Vietnam. Aunque el ministro opina que en lo tocante a Vietnam no cabe ni plantearse la negociación, especifica que en ella Ho Chi Minh no podría limitarse a representar a los combatientes del norte.

—Hay que negociar con todos los combatientes, es decir, con el Frente Nacional de Liberación y con Hanói. Pero con el Frente en primer lugar.

Yo ya había visto cómo el partido comunista francés intentaba una operación similar en 1944: al no ser posible controlar todas las guerrillas, se nombran delegados a dirigentes guerrilleros simpatizantes de China para que controlen a Ho Chi Minh...

Me habla también de la ONU; piensa que China no debe ingresar antes de que expulsen a Formosa. Y parece vacilar entre crear una organización afroasiática a cuyo frente se halle China en mayor o menor medida o trasladar la ONU de Nueva York a Ginebra. Le pregunto:

—¿Cree que la actual política de Japón puede seguir adelante ahora que tienen ustedes la bomba?

Me mira atentamente:

—No lo creo...

Sabe, como también lo sé yo, que en Estados Unidos opinan que lo tomé de modelo para uno de los personajes de *La condición humana*. Me acuerdo de la foto del museo de Cantón en que está rodeado de cadetes; es el único que sigue vivo de entre todos los rostros conocidos que lo acompañan y se han esfumado ya como las sombras del Hades, rostros que en su día fueron Borodin, Gallen, Chiang Kai-shek...

—El general De Gaulle —digo— opina que los contactos que se han ido estableciendo a través de nuestros respectivos embajadores están en punto muerto...

Las pobladas cejas, que se van afilando hacia las sienes como las de los personajes del teatro chino, le siguen prestando la misma expresión de gato aplicado. Se ensimisma en una curiosa, vana y reflexiva ensoñación.

—Estamos de acuerdo —contesta— en lo tocante a los textos que permiten nuestra coexistencia pacífica... Queremos ser independientes y *no* queremos la doble hegemonía... Le ha preguntado usted al ministro de Asuntos Exteriores si aceptaríamos la negociación sobre Vietnam antes de que se retiren las tropas estadounidenses. No negociaremos ni sobre Vietnam ni sobre ningún otro asunto hasta que los estadounidenses se hayan vuelto a su país. No es que tengan que irse de Saigón, es que tienen que desmantelar las bases de Santo Domingo, de Cuba, del Congo, de Laos y de Tailandia; y también las rampas de lanzamiento de Pakistán y todas las demás. El mundo podría vivir en paz. Y, si no puede, es por culpa de las fechorías de los estadounidenses, que se meten en todas partes y provocan conflictos en todas partes. En Tailandia, en Corea, en Taiwán, en Vietnam, en Pakistán (y podría seguir con la lista) están subvencionando o armando, en contra de nosotros, a un millón setecientos mil hombres. Se están convirtiendo en los gendarmes del mundo. ¿Y para qué? Que se vuelvan a su tierra, y el mundo recobrará la paz. ¡Y, antes que nada, que empiecen por respetar los acuerdos de Ginebra!

Abre los brazos, con las manos abiertas, viva imagen de la inocencia que pone por testigo la buena fe del universo.

—¿Cómo negociar con gente que no respeta los acuerdos?

Desconsolado ante tamaña perfidia, interpreta a las mil maravillas el papel de sabio confuciano que presencia la lamentable barbarie de quienes no observan los ritos. Es una inesperada careta sobre su rostro de samurái. Como me había sucedido ya con Nehru, me doy cuenta de que cuando un político de cínica lucidez invoca la virtud recurre a los tradicionales rasgos de sus antepasados: los comunistas se disfrazan de ortodoxos para mentir; los franceses, de miembros de la Convención; y los anglosajones, de puritanos.

Me sugiere que Francia podría aconsejar a su aliada, Gran Bretaña, de la misma forma que podría sugerírselo China a su aliada, la URSS, una postura común en contra de la política de agresión y de la existencia en el extranjero de bases militares de Estados Unidos.

No obstante, es uno de los mejores diplomáticos de nuestro tiempo. Me pregunto, como lo hice mientras me hablaba el mariscal, qué pretende al decirme esto. Ni Gran Bretaña ni Estados Unidos le piden consejos a Francia, y la posición de mi país es bien conocida. Zhou Enlai comienza a alabar la ayuda que presta China a los países subdesarrollados, y le hago notar que el porcentaje de nuestra ayuda a África es el más alto del mundo. Pero la única ayuda desinteresada es la de China. ¿Qué interés tiene Francia en ayudar a Argelia?

—El petróleo —me responde.

Sus palabras crean una curiosa distancia, muy diferente de la que establece el general De Gaulle. Pienso que es algo así como el ensimismamiento de un hombre sobre el que ha caído una desgracia. Su mujer, una de las mejores oradoras del partido, está gravemente enferma. Cuando expresa ideas convencionales, parece que coloca el disco para no tener que pensar. Y ello pese a su exquisita cortesía. Da la impresión de que le cansa mantener esta conversación; pero también le atrae, como si temiera volver a quedarse solo.

—Ha sido usted muchos años ministro de Asuntos Exteriores —digo—, y sabe mejor que yo que algunas veces se adoptan posturas para debatirlas, y otras, para mantenerlas. No creo que Estados Unidos esté dispuesto a debatir la de China...

Hace un ademán que significa: da lo mismo, y responde:

—¿Cree usted en la amenaza atómica? Tenemos asegurada la autonomía de las comunas populares. China sobreviviría aunque murieran cien millones de hombres. Y los estadounidenses tendrían que irse de aquí, antes o después... China nunca aceptará que regrese Chiang Kai-shek. Ha descubierto la libertad. No es la libertad estadounidense, eso es todo.

Me acuerdo de la conferencia que pronunció Sun Yat-sen un año antes de morir: «Si habláramos de la libertad al hombre de la calle... es muy probable que no nos comprendiese. Si de hecho los chinos no conceden ninguna importancia a la libertad, es porque la propia palabra que sirve para nombrarla es una importación muy reciente en este país». La revolución ha liberado a la mujer del marido; al hijo, del padre; al labriego, del señor. Pero en beneficio de una colectividad. El concepto europeo del individualismo no tiene tradición entre las masas chinas. En cambio, la esperanza de poder cambiar es un sentimiento muy arraigado. Un hombre tiene que dejar de pegar a su mujer *para* convertirse en otro hombre, en un miembro del partido; o sencillamente de su comuna popular; o quizá en uno de los que deben su liberación al ejército: «Los dioses son cosa de ricos; los pobres tienen al 8.º Ejército».

Zhou Enlai sigue hablando:

—Uno de sus generales de la guerra de 1914 dijo: «Es un error olvidarse de que los tiros matan». Al presidente Mao no se le ha olvidado. Pero los tiros no matan lo que no está a la vista. Nuestros ejércitos no se enfrentarán a los ejércitos invasores más que en el momento y en el lugar oportunos.

—Como hizo Kutúzov.

—Y, antes de llegar a eso, tampoco se nos olvidará que un ejército de invasión tiene menos fuerza que el pueblo invadido si este está decidido a luchar. Los europeos ya no mandan en Asia. Y los estadounidenses dejarán de mandar.

¿Cree en la guerra o no cree en ella? Lo que me intriga es que ni él ni el mariscal parecen prever ni por lo más remoto una guerra en la que Estados Unidos —incluso sin recurrir a la guerra atómica— se contentase con destruir los diez centros industriales chinos más importantes, retrasando de esta forma en cincuenta años la construcción de la nueva China, y se volviesen luego por donde habían venido sin imponerles a ningún Chiang Kai-shek.

Su forma de pensar se basa en una teoría de Mao a la que me extraña que no se haya referido nadie aún. El imperialismo cuenta con seiscientos millones de personas; los países subdesarrollados, socialistas y comunistas, suman dos mil millones. Es inevitable su victoria. Tienen rodeado al último imperialismo, el de Estados Unidos, de la misma forma que el proletariado tiene rodeado al capitalismo, de la misma forma que China tenía rodeados a los ejércitos de Chiang Kai-shek. «Al final es siempre el hombre quien gana», dice Mao.

Yan'an

La recepción de las autoridades militares de Birmania y la de un presidente somalí han sacado de sus casillas a las oficinas del ministerio de Asuntos Exteriores. Nadie sabe si el presidente Mao estará ya en condiciones de venir a Pekín o si se celebrará la audiencia en su casa de campo de Hangzhou. ¿Cuándo? Dentro de poco. ¿A saber? Tres o cuatro días, menos quizá...

Me gustaría ir a ver a las monjas, pero no quieren tener contacto con ningún europeo. ¿Por miedo? «No lo creo», dice el embajador. Uno de nuestros interlocutores ha coincidido en una ocasión con el obispo chino de Shanghái, que es rabiosamente maoísta. «Un títere del poder». Sin embargo, se comenta que cumple con mucha entrega con sus obligaciones caritativas y tiene en su haber muchas conversiones. Me acuerdo de un amigo sacerdote de París: «Cuando nos ordenaron, nos sentíamos muy dichosos, mientras que nuestros compañeros chinos no manifestaban ningún entusiasmo. Les envidiábamos su apostolado. ¡Predicar en China! Al final, acabamos por preguntarles por qué tenían esas caras de funeral. "Todas las iglesias católicas se construyeron al amparo de las troneras de Occidente, y Cristo no mora en iglesias así. Hay que empezar por derribarlas todas. Entonces será cuando exista una China cristiana que tenga algo que ver con China. Como el Niño en el portal en las estampas piadosas chinas. Y, cuando suene la voz del Señor en nuestra tierra, entonces se darán todos cuenta de que lo que dice no son palabrerías griegas y romanas". Nos quedamos mirándolos, pasmados al pensar en el derribo de aquellas misiones que tanto había costado alzar, y en aquella gigantesca tarea, admirable y taimada. "Nunca podréis llegar a ver algo así en el curso de una vida", dijo en voz baja uno de nosotros. "Ya lo sé. Esperaremos"».

Al saber que me gustaría ir a Yan'an, me proporcionan un avión.

Ya estamos, pues, en Esparta. La verdad, la leyenda y la ignota fuerza que prolongan, en forma de epopeya, los combates pasados, todo ello se da cita en estas montañas horadadas. A sus pies, el Museo de la Revolución.

Casi todo lo que en él se muestra o se insinúa sucedió aquí mismo, hace treinta años. Es un tiempo que ya se fue. Aquí está la caballería negra internándose en los despeñaderos; los soldados corriendo por la Gran Muralla; los cañones fabricados con troncos de árbol y abrazaderas de alambre de espino; los sombreros camuflados con hojas, como si fueran cascos, y junto a ellos las picas medievales de los partisanos, con su borla roja, mucho mayor que la que llevaban las milicias del sur, y los fusiles de madera que usaban para la instrucción. Aquí están las granadas artesanales. Aquí están las cortezas de abedul que hacían las veces de papel, las ruecas con las que cada cual hiló su uniforme. Pero Gandhi queda muy lejos. Aquí está la prensa para imprimir billetes de banco: billetes humildes, una prensa humilde que enviaron, desmontada, los obreros de las provincias que ocupaba el enemigo. En los tiempos anteriores a Mao todos estos objetos formaban los seculares pertrechos de los vencidos. He visto en Siberia recuerdos de una guerrilla igualmente primitiva; pero los partisanos de Siberia no luchaban en una proporción de uno contra cien, y sus herramientas no dejaban adivinar esta revuelta campesina transformada en revolución que todo proclama aquí. Hay museos chinos en los que se exponen las coronas de

hierro con que se tocaban los jefes t'ai-p'ing antes de la derrota: son las bárbaras coronas que llevaban también los jefes de
los labriegos medievales sublevados y que los ejércitos del rey
trocaban, cuando los cogían, por coronas de hierro al rojo
vivo. Aquí, bajo la cueva del único hombre que la haya conducido a la victoria, se halla, aprehendida en el preciso instante
en que está a punto de alzarse para conquistar China, la milenaria clase campesina china, la clase campesina de todas las naciones en tiempos de los campesinos. En las vitrinas, tras las
picas, vienen los fusiles y las ametralladoras arrebatadas a
los japoneses y a los soldados de Chiang Kai-shek. Comenta
la visita una guía que parece un ratoncito y se peina con las
delgadas trenzas tradicionales. Va contando la epopeya con
voz chillona hasta que llegamos a la última sala, donde se halla, disecado, el valiente caballo que montó Mao durante la
Larga Marcha...

Es algo así como si uno de los veteranos del ejército imperial contase la historia de Napoleón a los campesinos analfabetos que tomó Balzac de Henri Monnier cuando quiso
escribir *El médico rural*; es *Orlando furioso* en boca de los tititireros sicilianos. Pero, tras ese pedante fetichismo, que no
se limita al caballo y al tintero de Mao, brota una emoción que
nos permite palpar la Liberación auténtica. Estos fusiles de
madera, estas picas no pertenecen a la misma clase de testimonios que los mosquetes y las alabardas de nuestros museos,
sino que son las mismísimas armas de la revolución, de la misma forma que la cueva es la mismísima cueva de Mao. ¿Podría
parecerles a unos franceses que las bayonetas de Fleurus o de
Austerlitz son simples armas «de muestra»? En el Museo de la
Resistencia de París nos habla con voz propia el poste de las
ejecuciones, astillado por las balas, de la misma forma que hablaban a los pieles rojas sus grandes tótems, cuyo extremo su

perior se hundía en las nubes bajas. A esta China que tan escasa mentalidad religiosa posee, pero que estuvo antaño tan
hondamente unida a su tierra, a sus ríos, a sus montañas y a sus
muertos, la une a su resurrección un nuevo culto de los antepasados, cuyo evangelio es la historia de la liberación, en el
que Mao es el Hijo, en el mismo sentido en que el emperador
era Hijo del Cielo. Aquí, y en todas las ciudades, puede verse
un cartel donde un muchacho leal de blanca dentadura enarbola gozosamente un fusil, al tiempo que ciñe con el brazo izquierdo a una miliciana que lleva una metralleta. No se miran
el uno al otro, por descontado, sino que miran ambos hacia el
porvenir. Y en ese cromo del realismo soviético, idealizado
por tanto, se plasman los sueños de millones de chinos. No
hay gran distancia entre los dos jóvenes y Marte y Venus. Esta
pareja nada tiene que ver ya con el disco chillón del ratoncito
de delgadas trenzas: la forman un dios antiguo y su diosa.

En ningún otro lugar presenta este particular talante la fuerza
mitológica del comunismo chino. Yan'an es una ciudad pequeña, y las fábricas, el puente, la electricidad no les hacen
sombra a los orificios de la montaña donde se forjó el destino
de China (Mao gobernaba a cien millones de hombres cuando
se fue de aquí) ni a la pagoda cuya aparición saludaban con un
grito los que llegaban a Yan'an, de la misma forma que saludaban nuestros peregrinos las torres de Jerusalén. La tierra es
amarilla por doquier, y por doquier sube el polvo de las estepas al asalto de los campos de cultivo, que se aferran al río; los
antiguos cuarteles generales son de tierra apisonada, tan pul-
cra como la roca: soportales de patios de escuela o de cárcel.
No hay nadie en ellos: «No es época de visitas en grupo».
Aquí están, reconstruidas tras los bombardeos, la sala, digna

de una subprefectura de provincias, donde pronunció Mao su discurso sobre la literatura, y la sala del Estado Mayor del Ejército Rojo, con sus bancos y su techo de troncos; los despachos de los jefes, en cuevas que cerraban en invierno con tabiques de cristal y madera, son como tabancos inmaculados. La palabra «cueva» no describe con acierto estas viviendas trogloditas, excavadas en la roca, como las de nuestros viñadores del Loira. El refugio de Mao, al lado del museo, parece una cámara funeraria egipcia; pero las otras cuevas son, en su mayoría, lugares de trabajo que solo sorprenden por su austeridad. Cuando el ejército se instaló aquí, acababa de recorrer diez mil kilómetros. Mao perdió Yan'an y volvió a conquistarla. Y el lugar proporciona cumplida información del diálogo que mantuvieron el ejército y el partido, del carácter militar de toda esta conquista política, del legado de los conquistadores de las estepas, que no poseyeron ni alfombras y pieles. Aquí, encima de un paupérrimo mantel de fieltro rojo, chisporroteaban las velas del comité central... El ejército iba de paso; aquí se demoró algo más. Hasta la toma de Pekín, el jefe supremo del ejército campesino fue un jefe nómada.

Proyectan en mi honor unos cuantos documentales antiguos. Yan'an desierto al acercarse el ejército de Chiang Kaishek; y el éxodo, seguramente hacia otras cuevas bastante cercanas, porque los campesinos se llevaban las mesas a lomo de burro. Luego el regreso del Ejército de Liberación y su entrada en todas las ciudades de China, desde el muelle de Shanghái hasta los bamboleantes soportales de madera de Yunnan, y hasta Lhasa, donde, ante el palacio del dalái lama, unas muchachas interpretan, con posturas de estatuillas Tang, una danza tibetana de cintas que tapa, al pasar, un desfile de soldados con la bayoneta calada, como en los desfiles soviéticos.

Uno de mis acompañantes, que ocupa en el partido un cargo bastante inconcreto de responsable, me cuenta que presenció la entrada en Yan'an de los supervivientes de la Larga Marcha.

—¿Cuándo vio a usted a Mao por primera vez?

—Cuando nos llamó a luchar contra Japón. Me quedé asombrado porque parecía muy sencillo. Iba vestido de azul, como nosotros, pero llevaba calcetines marrones. Yo me puse atrás; había llegado de los primeros, pero solo tenía diecisiete años. Mao hablaba bien y nos pareció enseguida que tenía razón...

Estamos al pie de la montaña, horadada hasta el infinito. Me acuerdo de Longmen.

—Todavía no teníamos luz eléctrica. No vivíamos en la ciudad porque los aviones la bombardeaban sin parar. De noche había luces en todas las cuevas.

Pekín, agosto de 1965

Ya estoy de regreso. Ayer por la noche llamaron por teléfono para rogarme que no me moviera de la embajada. A la una de la tarde otro telefonazo: me esperan a las tres. En principio, para una audiencia con el presidente de la República, Liu Shaoqi; pero el plural hace suponer al embajador que Mao estará presente.

Las tres. El frontón del Palacio del Pueblo descansa sobre robustas columnas egipcias con capiteles de flores de loto pintadas de rojo. Un corredor de más de cien metros. Al fondo, de espaldas al sol, alrededor de veinte personas (supongo que en un salón). Dos grupos simétricos. No, solo uno, pero parece dividido en dos porque las personas que están de frente han dejado un trecho vacío a espaldas de la que se halla en el centro, muy probablemente Mao Zedong. Al entrar en el salón, consigo ver las caras. Me dirijo hacia Liu Shaoqi, puesto que mi credencial va dirigida al presidente de la República. Nadie se mueve.

—Señor presidente, tengo el honor de entregarle esta carta del presidente de la República francesa, en la que el general De Gaulle delega en mí para que me entreviste en su nombre con el presidente Mao Zedong y con usted.

Al pronunciar la frase que se refiere a Mao, me dirijo a él, y, una vez entregada la credencial, nos encontramos cara a cara en el preciso instante en que la intérprete concluye la traducción de mis palabras. Me acoge con cordialidad y con una curiosa llaneza, como si fuera a decirme: «¡Al diablo con la política!». Pero lo que me dice es:

—Acaba usted de volver de Yan'an, ¿no? ¿Qué le ha parecido?

—Estoy muy impresionado. Es un museo de lo invisible...

La intérprete —la misma de Zhou Enlai— traduce impertérrita, pero se nota que espera una aclaración.

—Esperaba encontrar en el museo de Yan'an fotos de la Larga Marcha, de los lolos, de las montañas, de las ciénagas... Sin embargo, la expedición ocupa un segundo plano. Y en primer plano están las picas, los cañones fabricados con troncos de árbol y alambres de telégrafo: el museo de la indigencia revolucionaria. Y, al salir de él e ir a visitar las cuevas donde vivieron usted y sus colaboradores, la impresión es la misma, sobre todo si recordamos el lujo de que disfrutaban sus adversarios. Me acordé del cuarto de Robespierre en casa del carpintero Duplay. Pero una montaña impresiona más que un taller, y el refugio de usted, que está encima del actual museo, recuerda las tumbas egipcias...

—Las salas de reunión del partido no.

—No. Sobre todo porque se cierran con cristales. Pero parecen de una pobreza deliberada y monástica. Y es esa pobreza la que da una sensación de fuerza invisible, como sucede en nuestros grandes claustros.

Nos hemos sentado todos en sillones de mimbre con pañitos blancos en los brazos. La sala de espera de una estación de los trópicos... Fuera, colándose por las persianas, el tórrido sol de agosto. Todas las caras muestran una expresión afable y circunspecta; un amable interés que, no obstante, no parece tomar en consideración a la persona en quien se centra. Forma parte de un rito. En la persona del emperador coincidían el pueblo y el cosmos. Hay un arte geomántica detrás de estas ciudades; y un orden establecido detrás de estos ademanes. El emperador ya ha muerto, pero el fantasma del orden que en él se encarnaba sigue recorriendo China. Y de ahí se deriva este activo sometimiento con cuyo equivalente no me he topado nunca, ni siquiera en Rusia. Veo ahora a Mao a contraluz. El mismo rostro sin arrugas, juvenil, del mariscal. Inesperadamente sereno, pues tiene fama de ser de carácter violento. A su lado, la cara caballuna del presidente de la República. A espaldas de ambos, una enfermera vestida de blanco.

—Cuando los pobres están decididos a luchar —dice Mao—, siempre pueden más que los ricos: fíjese en la Revolución francesa.

Se me viene a la cabeza la frase que repiten en todas nuestras academias del ejército: las milicias nunca han podido triunfar por mucho tiempo sobre un ejército regular. ¡Y cuántos levantamientos campesinos para una única revolución! Aunque lo que quizá quiere decir es que en un país como China, donde los ejércitos eran algo así como nuestras poderosas partidas de la Edad Media, cuando hay algo que posee bastante fuerza para hacer que nazcan tropas de voluntarios, esa fuerza es también suficiente para darles la victoria: combaten mejor los que quieren sobrevivir que los que pretenden conservar algo. Cuando Chiang Kai-shek aplastó a los comunistas en Shangái y en Hankou, en 1927, Mao organizó las milicias campesinas. Ahora bien, en principio *todos* los rusos que se declaraban marxistas-leninistas y todos los chinos que dependían directamente de ellos daban por sentado que es imposible que la clase campesina se alce sola con la victoria. Y coincidían en ello tanto los trotskistas como los estalinistas. Pero Mao estaba seguro de que los campesinos podían tomar el poder, y esa certidumbre lo cambió todo. ¿Cómo nació en él? ¿Fue al enfrentar con el tropel de campesinos armados de lanzas a todos los marxistas de filiación rusa, es decir, al Komintern?

—No me fui convenciendo gradualmente. Siempre lo había creído.

Me acuerdo del dicho del general De Gaulle: «¿Cuándo pensó usted que iba a recuperar el poder?». «Siempre».

—Pero, pese a todo, sí le puedo dar una respuesta concreta. Tras triunfar Chiang Kai-shek en Shangái, nos dispersamos. Ya sabe que yo tomé la decisión de regresar a mi aldea. Había visto antes la gran hambruna de Changsha y las cabezas de los rebeldes clavadas en estacas, pero ya no me acordaba. A tres kilómetros de mi aldea, los troncos de algunos árboles estaban sin corteza hasta una altura de cuatro metros: se la habían comido los hambrientos. A hombres que tenían que comer cortezas podíamos convertirlos en combatientes mejores que los chóferes de Shangái; mejores incluso que los culis. Pero Borodin no entendía nada de campesinos.

—Gorki me dijo un día, en presencia de Stalin: los campesinos son iguales en todas partes...

—Ni Gorki, que fue un gran poeta errante, ni Stalin... sabían nada de campesinos. No tiene sentido pensar que son iguales los kulaks y los indigentes de los países subdesarrollados. No existe un marxismo abstracto, sino un marxismo concreto, adaptado a las realidades concretas de China, a los árboles tan desnudos como las personas, porque las personas se los están comiendo.

Al pronunciar el nombre de Stalin ha titubeado. ¿Qué iba a llamarlo? ¿Seminarista? ¿Qué opina de él en la actualidad? Hasta que Mao entró en Pekín, Stalin siguió creyendo en Chiang Kai-shek, el hombre que iba a aplastar a aquel partido transitorio, que ni siquiera era estalinista, como ya lo había hecho en Shanghái en 1927. En la sesión secreta del XX congreso del partido, en 1956, Jrushchov aseguró que Stalin había estado dispuesto a romper con los comunistas chinos. No tocó las fábricas de Corea del Norte, pero destruyó las de las regiones que iba a ocupar Mao. Envió a Mao un trabajo acerca de las guerrillas, y Mao se lo dio a Liu Shaoqi: «Lee esto si quieres enterarte de lo que deberíamos haber hecho... para estar todos muertos». Si no quedaba más remedio que creer en un comunista, Stalin prefería creer en Li Li-san, que se había formado en Moscú. No cabe duda de que a Mao no le importaban en exceso las purgas, bastante menos que el rechazo de las críticas y el desdén por las masas campesinas. Y no cabe duda de que siente respeto por los inmensos servicios que la supresión de los kulaks, la lucha contra el aislamiento mundial y la forma de llevar la guerra prestaron al comunismo. Cuatro retratos cuelgan encima de mi cabeza, como en todos los demás salones oficiales: Marx, Engels, Lenin... y Stalin.

Aunque Mao formaba parte del grupo de jóvenes chinos que tenían que ir a Francia, tras haber aprendido unas cuantas palabras en francés, para trabajar en una fábrica durante el tiempo necesario para adquirir una formación revolucionaria (Zhou Enlai fundó el PC chino en Billancourt), nunca salió de China; y nunca ha dejado de desconfiar de la mayor parte de los revolucionarios que regresaban del extranjero, y también de los enviados del Komintern.

—Hacia 1919 fui responsable de los estudiantes del Hunan. Lo que pretendíamos, en primer lugar, era la autonomía de la provincia. Luchamos contra el señor de la guerra Chao Heng-ki. Al año siguiente se enfrentó con nosotros y nos destruyó. Comprendí que las únicas que podían acabar con los señores de la guerra eran las masas. Por entonces estaba leyendo el *Manifiesto comunista* y participaba en la organización de los obreros. Pero sabía cómo era el ejército, porque había sido soldado durante unos meses en 1911. Sabía que con los obreros no bastaría.

—En Francia, los soldados de la Revolución, muchos de ellos hijos de campesinos, se convirtieron en soldados de Napoleón. Estamos más o menos enterados de cómo sucedió. Pero ¿cómo se formó el Ejército Popular? ¿Y cómo se reformó? Porque, de los veinte mil combatientes que llegaron a Yan'an, solo siete mil procedían del sur. Se habla de propaganda. Pero la propaganda convierte a los hombres en afiliados, no en soldados...

—Al principio hubo núcleos. En el ejército revolucionario había más obreros de lo que suele decirse. Contábamos con mucha gente en el Jiangxi y escogimos a los mejores. Y para la Larga Marcha se escogieron ellos solos... Los que se quedaron cometieron un error. Chiang Kai-shek mandó exterminar a más de un millón.

»Nuestro pueblo odiaba, despreciaba y temía a los soldados. Supo enseguida que el Ejército Rojo era su ejército. Lo recibió con los brazos abiertos casi en todas partes. Echaba una mano a los campesinos, sobre todo en la época de la cosecha. Y estos se dieron cuenta de que entre nosotros no existía una clase privilegiada. Vieron que comíamos todos lo mismo y que llevábamos la misma ropa. Los soldados tenían libertad de reunión y de palabra. Podían controlar las cuentas de sus compañías. Y sobre todo los oficiales no podían golpear a los hombres ni insultarlos.

»Habíamos estudiado las relaciones entre las clases. Cuando estaba allí el ejército, resultaba muy fácil darse cuenta de qué estábamos defendiendo. Los campesinos no son ciegos. El enemigo tenía muchas más tropas que nosotros y contaba con la ayuda de los estadounidenses. Sin embargo, ganamos muchas batallas, y los campesinos sabían que las ganábamos para ellos. Hay que aprender a guerrear, pero la guerra es más sencilla que la política: lo que hay que hacer es tener más hombres en el lugar del combate o ser más valientes. Es inevitable sufrir alguna derrota de vez en cuando; pero lo que hay que hacer es conseguir más victorias que derrotas...

—Sacaron ustedes mucho partido a sus derrotas.

—Más de lo que habíamos previsto. Hasta cierto punto, la Larga Marcha fue una retirada. Sin embargo, dio el mismo resultado que una conquista, porque por todos los lugares por donde pasábamos... («Diez mil kilómetros...», dice entre paréntesis la intérprete) ... los campesinos comprendieron que estábamos de su parte. Y a los que no estaban seguros los convenció el comportamiento de los soldados del Kuomintang. Por no mencionar la represión...

La de Chiang Kai-shek. Pero también podría hablar de lo eficaz que fue la suya: el Ejército de Liberación no se limitó a expropiar los latifundios; exterminó también a los grandes terratenientes y anuló las deudas. Los aforismos guerreros de Mao se convirtieron en una canción popular: «Si el enemigo avanza, nos retiramos. Si acampa, lo hostigamos. Si nos rehúye, lo atacamos. Si se retira, lo perseguimos». Sé que esa primera persona del plural abarca a un tiempo al ejército, al partido, a los trabajadores de hoy y a los de la China eterna. No hay en esas frases lugar para la muerte. La civilización china ya había convertido a todos los chinos en individuos espontáneamente disciplinados. Y a cualquier campesino le parecía la vida que podía llevar en el Ejército Popular, en el que aprendía a leer y reinaba una notable camaradería, más honrosa y menos dura que la de la aldea. Que el Ejército Rojo cruzara China fue una propaganda mucho más poderosa que cuantas hubiera podido idear el partido: en todos los lugares por los que fue quedando aquel rosario de cadáveres se alzó, llegado el día, la clase campesina.

—¿Cuál fue el eje de su propaganda?

—Imagínese con todo detalle la vida de los campesinos. Siempre había sido penosísima, sobre todo cuando los ejércitos vivían sobre el terreno. Pero nunca había sido tan desastrosa como en los últimos tiempos del Kuomintang. A los sospechosos los enterraban vivos; las campesinas deseaban reencarnarse en perras para ser menos desdichadas; las brujas invocaban a sus dioses cantando, como si fuera un canto de muerte: «¡Ya llega Chiang Kai-shek!». Estos campesinos apenas sabían qué era el capitalismo: lo que tenían delante era el Estado feudal, que reforzaban las ametralladoras del Kuomintang.

»Nuestra lucha empezó como una revuelta campesina. Lo que había que hacer era liberar al labriego de su señor; no conquistar la libertad de palabra, de voto o de reunión, sino la libertad de seguir vivos. ¡No tanto conquistar la libertad cuanto recuperar la fraternidad! Los campesinos ya se habían levantado antes de llegar nosotros, o estaban a punto de hacerlo. Pero con gran frecuencia sin esperanza. Nosotros les trajimos la esperanza. En las regiones liberadas la vida era menos terrible. Las tropas de Chiang Kai-shek eran tan conscientes de ello que propalaron el rumor de que enterrábamos vivos a los prisioneros y a los campesinos que se pasaban a nuestra zona. Y por eso hubo que organizar la guerra de los pregones, enviar pregoneros para que dijesen la verdad a personas que ya los conocían. Solo podían ser pregoneros quienes no habían dejado familiares en la otra zona. Si dimos todo el desarrollo que nos fue posible a la guerrilla fue, en mucho mayor grado que para realizar expediciones de castigo, para mantener la esperanza. *Todo surgió de una situación concreta*: organizamos la revuelta de los campesinos, pero no la provocamos. La revolución es un drama pasional; no nos ganamos al pueblo con razonamientos, sino fomentando la esperanza, la confianza y la fraternidad. Cuando hay epidemias de hambre, la voluntad de ser todos iguales adquiere la fuerza de un sentimiento religioso. Y después, al luchar por el arroz, la tierra y los derechos que traía consigo la reforma agraria, los campesinos supieron con toda seguridad que estaban luchando por su vida y la de sus hijos.

»Para que un árbol crezca hace falta una semilla. Pero también hace falta tierra: si sembramos en el desierto, el árbol no crecerá. En muchos lugares la semilla fue el recuerdo del Ejército de Liberación; en muchos otros, los prisioneros. Pero en todas partes la tierra fue la situación concreta, la vida insoportable que padecían los campesinos bajo el último régimen del Kuomintang.

»Durante la Larga Marcha fuimos haciendo prisioneros, poco a poco, pero llegaron a sumar más de ciento cincuenta mil. E hicimos muchos más durante la marcha hacia Pekín. Se quedaban con nosotros cuatro o cinco días. Y se daban perfecta cuenta de la diferencia entre ellos y nuestros soldados. Y, aunque no tuvieran casi nada que comer (como nosotros), se sentían liberados. Pocos días después de haberlos capturado, reuníamos a todos los que querían irse. Y se iban, tras celebrar una ceremonia para despedirlos, como si hubieran sido de los nuestros. Después de la ceremonia muchos decidían no marcharse. Y con nosotros se volvieron valientes. Porque sabían qué estaban defendiendo.

—¿Y porque los destinaban ustedes a unidades escogidas?

—Desde luego. Las relaciones que mantiene el soldado con su compañía son tan importantes como las del ejército con la población civil. Es lo que yo llamo el pez en el agua. El Ejército de Liberación es un guiso en el que se integran los prisioneros. Y, por las mismas razones, los nuevos reclutas solo deben participar en las batallas que pueden ganar. Cuando va pasando el tiempo, ya es otra cosa. Pero siempre hemos curado a los heridos enemigos. No habríamos podido cargar con tantos prisioneros; pero no tiene importancia. Cuando marchamos sobre Pekín, los soldados derrotados sabían que no corrían ningún peligro si se rendían. Y se rindieron en masa. Y los generales también, por cierto.

No deja de ser, desde luego, una buena táctica hacer que un ejército se convenza de que lo espera la victoria. Me acuerdo de Napoleón durante la retirada de Rusia: «Majestad, dos baterías rusas están destrozando a nuestros hombres». «¡Dé orden a un escuadrón de que las aprese!».

Se lo cuento a Mao, y se echa a reír. Luego añade:

—Dese cuenta de que antes de que lo hiciéramos nosotros nadie se había dirigido ni a las mujeres ni a los jóvenes cuando hablaba a las masas. Ni, por supuesto, a los campesinos. Todos sintieron por primera vez que lo que estaba pasando *iba con ellos*.

»Cuando los occidentales hablan de sentimientos revolucionarios, nos atribuyen casi siempre una propaganda muy próxima a la rusa. Ahora bien, en el caso de que haya habido propaganda, se parece mucho más a la de la Revolución francesa, porque luchábamos por una clase campesina, igual que ustedes. Si al hablar de propaganda se está hablando de instrucción de milicias y guerrilleros, hicimos mucha propaganda. Pero si se está hablando de sermones... Ya sabe que llevo muchos años diciendo que hay que enseñar a las masas de forma rigurosa lo que hemos aprendido de ellas de forma confusa. ¿Cómo conseguimos que se fiaran de nosotros la mayor parte de las aldeas? Con los relatos amargos.

Un relato amargo es una confesión pública en la que el hombre, o la mujer, que habla se limita a confesar sus sufrimientos en presencia de toda la aldea. La mayoría de quienes escuchan se dan cuenta de que ellos han pasado por los mismos sufrimientos, y los cuentan a su vez. Muchas de estas confesiones son desgarradoras pero vulgares, la eterna queja de la eterna desdicha. Algunas son atroces. (Me han contado la de una campesina que va a preguntarle al señor de la guerra qué ha sido de su marido, al que este tiene prisionero: «Está en el jardín». La mujer encuentra en el jardín el cuerpo decapitado, con la cabeza colocada sobre el vientre. Coge la cabeza, aunque los soldados intentan arrebatársela, la acuna y la defiende con tal saña que los soldados se apartan de ella, como si la mujer sufriera una posesión sobrenatural. Se trata de una historia muy conocida, porque la mujer repitió en varias ocasiones este relato amargo, y porque, cuando juzgaron públicamente al señor de la guerra, le sacó los ojos).

—Organizamos sesiones de relatos en todas las aldeas —dice Mao—, pero la idea no se nos había ocurrido a nosotros.

—¿Cuáles fueron las primeras normas de disciplina que tuvieron que imponer?

—Para los ajustes de cuentas de ese orden no impusimos demasiada disciplina. En cuanto al ejército, los tres principios por los que se regía eran: se prohíbe toda requisa individual; todos los bienes confiscados a los terratenientes se entregan en el acto al comisario político; las órdenes se obedecen en el acto. Nunca quitamos nada a los campesinos pobres. Todo depende de los oficiales: si destinamos a un soldado a una unidad disciplinada, será disciplinado. Pero todos los militantes son disciplinados, y nuestro ejército era un ejército de militantes. Con el famoso «lavado de cerebro» conseguimos que se pasaran a nuestro bando la mayoría de los prisioneros. Pero ¿en qué consistía? En decirles: «¿Por qué lucháis contra nosotros?». Y en decir a los campesinos: «El comunismo es ante todo un seguro contra el fascismo».

Me acuerdo de los hombres que comían cortezas de árbol y de lo que me dijo Nehru del hambre. Pero sé que los lavados de cerebro no se limitaron a esas anodinas afirmaciones. Las sesiones de autocrítica fueron con frecuencia sesiones de acusación, tras las que llegaron expulsiones, encarcelamientos y ejecuciones. «¡Levántate sin vacilar contra el enemigo que tienes agazapado dentro de la cabeza!». En 1942, en Yan'an, Mao ordenó a los militantes que se volvieran como los obreros y los campesinos. (Me han enseñado el campo que cultivaba con sus propias manos en el valle). Más adelante dispuso que se «reacondicionase» a todos los chinos. Cuando los instó a que «entregaran los corazones», comenzaron los juramentos rituales de las masas, «cuyo corazón no latía sino por el partido», y desfilaron corazones rojos de gran tamaño, que a veces se convertían en cometas.

—Perdimos el sur —sigue diciendo—, e incluso tuvimos que salir de Yan'an. Pero luego la volvimos a conquistar, y volvimos a conquistar también el sur. El norte nos proporcionó la posibilidad de establecer contacto con Rusia y la seguridad de no quedar rodeados. Chiang Kai-shek contaba aún con varios millones de hombres. Pudimos crear bases sólidas, desarrollar el partido, organizar a las masas. Hasta llegar a Jinan, hasta llegar a Pekín.

—En la Unión Soviética, el creador del Ejército Rojo fue el partido. Aquí da la impresión de que con frecuencia fue el Ejército de Liberación el que hizo que el partido fuera creciendo.

—Nunca consentiremos que los fusiles manden en el partido. Pero es cierto que el 8.° Ejército de campaña proporcionó al partido una poderosa organización en el norte de China: dirigentes, escuelas, movimientos de masa. Yan'an la construyeron los fusiles. En el cañón de un fusil puede crecer de todo...

»Pero en Yan'an nos encontramos con una clase que apenas habíamos visto en el sur y en absoluto durante la Larga Marcha: la burguesía nacional y los intelectuales,* todos los que habían aceptado con sinceridad el frente único contra Japón. En Yan'an nos planteamos problemas de gobierno. Le sorprenderá lo que voy a decirle: si la ofensiva enemiga no nos hubiera obligado a ello, no habríamos atacado.

—¿El enemigo creyó que podía acabar con ustedes?

—Sí. Los generales de Chiang Kai-shek le contaron muchas mentiras; y él contó otras muchas a los estadounidenses. Creyó que entablaríamos batallas tradicionales. Pero Chu Teh y Chen Yi no las aceptaron hasta que nuestras fuerzas fueron

---

* Mao incluye en esta categoría, además de las profesiones liberales, a los estudiantes y a los profesores, a los técnicos y a los ingenieros: a todos cuantos no son ni obreros, ni campesinos, ni exproveedores de extranjeros colonialistas, ni capitalistas.

superiores a las suyas. Chiang Kai-shek inmovilizó a muchos hombres para defender las ciudades, pero nosotros no atacamos ciudades...

—Por eso los rusos los han tenido tanto tiempo... olvidados.

—Si solo se puede hacer la revolución con obreros, está claro que nosotros no podíamos hacer la revolución. A quien tenían simpatía los rusos era a Chiang Kai-shek. Cuando huyó de China, la última persona que se despidió de él fue el embajador soviético. Las ciudades fueron cayendo como fruta madura...

—Rusia se equivocó, pero cualquiera de nosotros se habría equivocado. El Asia del siglo XIX parecía sumida en una decadencia cuya única razón no podía ser el colonialismo. El primer país que se occidentalizó fue Japón. Y hubo quien profetizó que no iba a tardar en americanizarse. La verdad es que sigue siendo muy japonés en el fondo, pese a las apariencias. Ustedes están volviendo a fundar la Gran China, señor presidente. Queda patente en los cuadros y los carteles de propaganda, en los poemas que usted escribe, en la propia China, con esa faceta militar que le reprochan los turistas...

El corro de ministros aguza el oído.

—Sí —responde Mao con gran serenidad.

—¿Tiene usted esperanzas de que su agricultura... tradicional, en la que aún predomina la tracción humana, consiga integrarse en la era de las máquinas?

—Necesitaremos tiempo... Varias décadas... También necesitaremos amigos. Para empezar, necesitamos contactos. Hay diferentes clases de amigos. Francia pertenece a una de ellas. Indonesia a otra. Aidit* está en Pekín y todavía no lo he

---

* Máximo dirigente del Partido Comunista de Indonesia.

visto. China sigue teniendo puntos en común con él. Y también con Francia. Le dijo usted de forma muy... —La intérprete busca la palabra francesa— pertinente al ministro de Asuntos Exteriores que Francia no desea un mundo sometido a la doble hegemonía de Estados Unidos y de la Unión Soviética, que, por cierto, acabarán por dar un día con lo que hace dos años llamé su Santa Alianza. Francia ha demostrado que es independiente de los estadounidenses.

—Somos independientes, pero somos sus aliados.

Desde el comienzo de la entrevista Mao no ha hecho más ademán que el de llevarse el cigarrillo a la boca y dejarlo en el cenicero. Entre la inmovilidad generalizada que lo rodea, no parece un enfermo, sino un emperador de bronce. De repente alza los dos brazos al cielo y los deja caer de golpe.

—¡Nue-e-e-estros aliados! ¡Los suyos y los nuestros!

Y es como si dijera: ¡valientes aliados!

—Estados Unidos no va más allá del imperialismo estadounidense; Gran Bretaña juega con dos barajas...

El mariscal despega los labios por primera vez:

—Gran Bretaña apoya a los imperialistas estadounidenses.

Y al mismo tiempo yo respondo:

—No se olvide de Malasia.

Mao dice:

—Nos hacemos favores mutuos.

Pero baja la voz como si estuviera hablando consigo mismo:

—Hemos hecho lo que había que hacer, pero ¿quién sabe qué sucederá dentro de unas cuantas décadas?

No pienso en lo que pasará mañana, sino en lo que pasó ayer, cuando los rusos, aprovechando la construcción de gigantescas plantas siderúrgicas, movieron los postes fronterizos de las estepas del Turkestán, mientras todos los guardias chinos estaban borrachos perdidos, para quedarse con las minas de uranio; poco después los postes volvieron a su primitivo emplazamiento, tras una leal acción recíproca que sumió en profundo sueño a los guardias rusos... Pregunto:

—¿Tiene aún mucha fuerza la oposición?

—Sigue habiendo burguesía nacional, intelectuales, etc. Y ya van teniendo todos hijos mayores...

—¿Por qué los intelectuales?

—Su pensamiento es antimarxista. En tiempos de la Liberación les dimos la bienvenida, incluso si habían estado vinculados al Kuomintang, porque teníamos poquísimos intelectuales marxistas. Siguen teniendo gran influencia. Sobre todo entre la juventud...

Me doy cuenta de pronto de que las pinturas de la pared son rollos tradicionales de estilo manchú, como los del despacho del mariscal, como los del despacho de Zhou Enlai. Ni rastro de las imágenes de realismo socialista que empapelan las paredes de la ciudad.

—Sin embargo, los jóvenes a los que he conocido durante mis viajes —dice el embajador francés— son fervientes partidarios suyos, señor presidente.

Mao está al corriente de que Lucien Paye ha sido ministro de Instrucción Pública y rector en Dakar. Está enterado también de que entra en contacto, siempre que puede, con los profesores y los estudiantes. El embajador tiene ciertos conocimientos de chino mandarín, y varios funcionarios de nuestra embajada, que han nacido en China, lo hablan con soltura.

—Es una forma de ver las cosas...

No se trata de una frase cortés que pretenda descartar el tema. Mao da a la juventud la misma importancia que el general De Gaulle y que Nehru. Al parecer, piensa que se pueden tener diferentes opiniones sobre la juventud china y desea que puedan diferir de la suya. Sabe que el embajador de Francia ha estudiado la nueva pedagogía china: el sistema «mitad trabajo, mitad estudio», la posibilidad que tienen los estudiantes de utilizar durante los exámenes los libros de texto... Le pregunta, muy interesado:

—¿Cuánto tiempo lleva usted en Pekín?

—Catorce meses. Pero he ido a Cantón en tren; he visitado las comarcas meridionales del centro, y así he podido ver, en el Hunan, y me ha emocionado mucho, señor presidente, la casa en que nació usted; he visitado Szechuan y el noreste del país. Y antes de ir a Yan'an vimos Luoyang y Xi'an. Y en todos estos lugares he estado en contacto con el pueblo, aunque de forma superficial. Pero los contactos que he tenido con los profesores y los estudiantes han sido más serios, y los de Pekín, bastante prolongados. Los estudiantes miran hacia ese futuro que usted les prepara, señor presidente.

—Ha visto usted uno de los aspectos... Ha podido escapársele algún otro... que, sin embargo, está comprobado y confirmado... Una sociedad es un conjunto muy complejo... ¿Sabe cómo se llamaban los crisantemos de la última exposición de Hangzhou? La bailarina ebria, el viejo templo al sol poniente, el amante que empolva a su amada... Es posible que coexistan ambas tendencias... pero se están gestando muchos conflictos...

¡Cuán solitaria parece su voz frente al porvenir en este país donde no se habla sino de porvenir y de fraternidad! Me acuerdo de una pueril ilustración de mi primer libro de historia: Carlomagno mirando cómo navegan a lo lejos, río arriba, los primeros normandos...

—Ni la cuestión agrícola ni la cuestión industrial están resueltas. La cuestión de la juventud, aún menos. Si pretendemos que los niños y la revolución crezcan, tenemos que darles una formación...

Nunca pudo recuperar a sus hijos, que dejó encomendados a unos campesinos durante la Larga Marcha. Es posible que en alguna comuna popular haya dos muchachos que ronden los treinta; quedaron allí años atrás, junto con tantos otros, y junto con tantos cadáveres, y son los hijos anónimos de Mao Zedong.

—La juventud tiene que demostrar lo que puede dar de sí...

Nuestros interlocutores se quedan aún más quietos, presos en un aura que nada tiene que ver con la equívoca curiosidad que afloró cuando se quedaron esperando a ver qué iba a decir sobre la resurrección de China. Da la impresión de que estamos hablando de la secreta preparación de una explosión atómica. «Demostrar lo que puede dar de sí...». Me acuerdo de Nehru: «No espero nada de la juventud». Hay veinticinco millones de jóvenes comunistas, de los cuales casi cuatro millones son intelectuales; las palabras que acaba de pronunciar Mao parecen indicar, y probablemente anunciar, una nueva acción revolucionaria como la que nació de las Cien Flores y tuvo su posterior represión. ¿Qué pretende? ¿Lanzar a la juventud y al ejército contra el partido?

«¡Dejad que se abran las cien flores y que compitan cien escuelas!». Mao lanzó esa consigna, que parece una proclamación de liberalismo, en unos años en que creía que había concluido ya la «remodelación» de China. Las críticas que pedía eran críticas «constructivas», tan caras a los partidos comunistas, y tenía la intención de fundarse en ellas para las sucesivas reformas. Y se encontró con una ingente cantidad de críticas negativas, que llegaban incluso a atacar al partido. El Imperio de Esparta volvió en el acto; enviaron a los intelectuales a las comunas populares para que se «remodelasen». Los adversarios del régimen han interpretado las Cien Flores como una trampa que pretendía sacar con engaños a los opositores de sus madrigueras. Pero Mao pretendía sinceramente modificar la línea del partido; e igual de sincera y de firme fue su decisión de volver a la línea anterior en cuanto comprendió que la crítica que había provocado nada tenía de autocrítica. Se produciría hoy una situación semejante, en muchos aspectos, si se diera la consigna «dejad que florezca la juventud». ¿Cree que las juventudes comunistas podrían arrastrar a todos los jóvenes a una acción comparable al «gran salto adelante»? Por otra parte, es indudable que opina que hay que someter al partido a una nueva prueba. La represión que vino tras las Cien Flores apartó a la juventud contestataria y también a los miembros del partido que habían tolerado sus protestas: dos pájaros de un tiro. Hay que influir en todos los jóvenes, y con ello poner a prueba el partido. Ese cerco que deben poner a Occidente los países subdesarrollados, y que ha mencionado de pasada Zhou Enlai —«es decir, ha añadido Mao, el destino del mundo»—, no puede concebirse sin la juventud china. ¿Cree realmente que China podrá guiar al mundo hacia su liberación? La revolución que puedan crear los predicadores de una gran nación tiene un cariz más amplio y más estremecedor que la política de Estados Unidos, que solo se define por el deseo de frenar esa expansión. Borodin, delegado de la URSS ante Sun Yat-sen, respondió al periodista que lo entrevistaba para el *Hong Kong Times*: «Sabe usted lo que hacen los misioneros protestantes, ¿verdad? Bueno, pues entonces ya sabe usted lo que hago yo». Pero estábamos en 1925. Movilizan a dos mil bailarines y trescientos mil espectadores para el presidente de Somalia. ¿Y luego qué? Stalin creía en el Ejército Rojo, no en el Komintern; es posible que Mao no tenga mucha más fe en que los países subdesarrollados puedan hacerse con el gobierno del mundo de la que tenía Stalin en que los proletarios del mundo pudieran tomar el poder. La revolución acabará por vencer, pero mientras tanto los presidentes somalíes, la guerra de Vietnam, la propaganda bélica en todas las aldeas son la justificación de Esparta. Mao da su bendición a Hanói, a Santo Domingo, y «liquida» a sus adversarios tibetanos. La defensa de Vietnam y la conversión del Tíbet al comunismo se dan la mano, como dos hermanas gemelas en el regazo del antiguo imperio, dejando muy atrás la ayuda simbólica a las Somalias o los Congos. Cada guerrillero vietnamita que cae en la jungla, en las inmediaciones de Da Nang, legitima el agotador trabajo de los campesinos chinos. China ayudará (¿hasta dónde?) a todos los pueblos oprimidos que luchan por su liberación; pero la lucha de estos pueblos afianza sus cimientos. «Desde un punto de vista estratégico —dice Mao—, el imperialismo está condenado; y probablemente el capitalismo junto con él. Desde un punto de vista táctico, hay que luchar contra él como lucharon las tropas del Ejército de Liberación contra las de Chiang Kai-shek». Y, desde un punto de vista táctico, las batallas decisivas ocurrirán en China, porque Mao no se comprometerá de forma significativa más allá de sus fronteras. Pero la Larga Marcha se ha convertido ya en una leyenda, y los supervivientes de la guerra contra Chiang Kai-shek reciben ya el nombre de veteranos.

Mao ha dicho que la cuestión industrial no está resuelta, pero no me parece que le preocupe en exceso. Piensa que China ya ha llevado a cabo su reconversión. Ha dicho que la cuestión agrícola no está resuelta; hay quien afirma —y él el primero— que casi todas las tierras de China donde puede entrar el arado se están cultivando ya, y que su rendimiento no podrá seguir aumentando más que dentro de ciertos límites; otros hablan de un próximo aprovechamiento de las estepas y de un rendimiento duplicado. La bomba atómica y el carro de mano no pueden coexistir eternamente. Pero Mao no concibe la modernización de la agricultura ni la industrialización más que si pasan por el aro de las poderosas estructuras chinas a las que recurre el partido para representar, guiar y dar órdenes a las masas, de la misma forma que el emperador regulaba las fuerzas de la tierra. La agricultura y la industria van de la mano, y así deben seguir; la política tiene prioridad sobre la técnica. Es posible que el Estado soviético sea lo suficientemente fuerte para que a la juventud rusa deje de importarle, hasta cierto punto, una política de la que, no obstante, se siente orgullosa a más no poder. Pero el Estado chino no consiste aún sino en la victoria que consigue cada día sobre China en un combate que lo encumbra. El Estado chino, como le sucedía al Estado ruso antes de la guerra, necesita enemigos. ¿Podía considerarse austera una austeridad que traía consigo un tazón de arroz, comparada con la miseria que traía consigo el hambre? Pero la miseria se va alejando, los terratenientes de los tiempos del imperio y del Kuomintang han muerto, los japoneses y Chiang Kai-shek se han ido. ¿Qué tienen en común los analfabetos del Jiangxi, tan parecidos aún a los revolucionarios t'ai-p'ing, los siervos tibetanos, a quienes devolvió la libertad el Ejército de Liberación y se forman en la Escuela de Minorías Nacionales, y los estudiantes a los que hace preguntas Lucien Paye? Seguramente ahí reside el amago de revisionismo del que habla Mao, en mucha mayor medida que en la nostalgia de un pasado cuyos peores aspectos son los únicos que se recuerdan ya. Más de doscientos ochenta millones de chinos menores de dieciséis años no tienen ningún recuerdo anterior a la toma de Pekín.

Desde que la intérprete ha traducido la última frase, nadie ha vuelto a decir nada. Me intriga lo que los acompañantes de Mao parecen sentir por él. Lo primero que llama la atención es una deferencia casi amistosa: el comité central agrupado en torno a Lenin, no en torno a Stalin. Pero da la impresión de que, cuando me dirige la palabra, se la dirige también a un imaginario interlocutor que le estuviera llevando la contraria y al que respondiera por mediación de esos acompañantes. Es algo así como si dijera: «Y así será, pese a quien pese». Y los presentes guardan tan expectante silencio que por momentos parecen un tribunal.

—Por cierto —dice Mao sin que aparentemente venga muy a cuento—, recibí hace unos meses a una delegación parlamentaria de su país. ¿Los partidos socialista y comunista franceses creen de verdad lo que dicen?

—Depende de lo que digan... El Partido Socialista es ante todo un partido de funcionarios, cuya acción se ejerce por la vía de los sindicatos obreros, que tienen gran peso en la administración francesa. Es un partido liberal con vocabulario marxista. En el sur del país muchos dueños de explotaciones vitivinícolas votan a los socialistas.

Al oír estas verdades primeras, mis interlocutores parecen caer de las nubes.

—En cuanto al Partido Comunista, cuenta aún con la cuarta o la quinta parte de los votos. Se compone de militantes valientes y abnegados, que tienen que obedecer a un aparato que usted conoce tan bien como yo... Un partido demasiado revolucionario para que quede espacio para otro partido de combate, y demasiado débil para llevar a cabo la revolución.

—Es posible que el revisionismo de la Unión Soviética no le haga perder votos, pero le hará perder puños. Su postura oficial nos es hostil. Otro tanto les sucede a todos los demás, menos al partido comunista de Albania. Se han convertido todos en un nuevo tipo de partidos socialdemócratas...

—De entre todos los partidos comunistas de importancia, el francés fue el último en abandonar el estalinismo. Tomados de uno en uno, la mayoría de los comunistas querrían besar a China en una mejilla y a Rusia en la otra.

Mao cree que me ha entendido mal. La intérprete se lo explica. Se vuelve hacia el mariscal, el presidente y los demás ministros. Dicen que la risa de Mao es contagiosa. Y es cierto: todos rompen en carcajadas. Se pone serio otra vez y dice:

—¿Qué opina de ello el general De Gaulle?

—No le da mayor importancia. Se trata solo de casuística electoral. En estos momentos el destino de Francia es cosa suya y de los franceses.

Mao se queda pensativo.

—Los mencheviques y Plejanov fueron marxistas, incluso leninistas. Se quedaron aislados de las masas y acabaron por empuñar las armas contra los bolcheviques; en fin, lo más que consiguieron fue que los fusilaran o que los desterraran.

»Todos los comunistas tienen ahora dos caminos: el de la construcción del socialismo y el del revisionismo. Ya no hay que comer cortezas de árbol, pero solo se puede tomar un tazón de arroz al día. Aceptar el revisionismo es arrebatar a la gente el tazón de arroz. Ya le he dicho que hicimos la revolución basándonos en sublevaciones campesinas. Y luego las lanzamos contra las ciudades en las que gobernaba el Kuomintang. Pero el sucesor del Kuomintang no fue el partido comunista chino, por muy importante que fuera, sino la Nueva Democracia. Tanto la historia de la revolución como la debilidad del proletariado en las grandes ciudades obligó a los comunistas a aliarse con la pequeña burguesía. Este es otro de los motivos por los que nuestra revolución, en último término, no podrá tener más parecido con la rusa del que tuvo la Revolución rusa con la francesa... Incluso hoy en día, capas amplísimas de nuestra sociedad están tan condicionadas que su comportamiento solo puede orientarse hacia el revisionismo.

Solo pueden conseguir lo que quieren si se lo arrebatan a las masas.

Me acuerdo de Stalin: «¡No hicimos la Revolución de octubre para entregar el poder a los kulaks!».

—La corrupción, las desigualdades —sigue diciendo Mao—, la altanería de los que poseen el título de bachiller, el deseo de honrar a la familia convirtiéndose en empleado en vez de hacer un trabajo que ensucie las manos, todas esas majaderías no son más que síntomas. Tanto dentro del partido como fuera de él. La causa está en las propias condiciones históricas. Pero también en las condiciones políticas.

Conozco su teoría: se empieza por no tolerar la crítica, luego se renuncia a la autocrítica, luego viene el quedarse aislado de las masas y, como el partido no puede hallar la fuerza revolucionaria sino en ellas, el tolerar que se forme una nueva clase. Y al final se decreta, como Jrushchov, la coexistencia pacífica duradera con Estados Unidos, y los estadounidenses hacen acto de presencia en Vietnam. No se me ha olvidado la frase que dijo Mao hace tiempo: «En este país el setenta por ciento de los campesinos son pobres y nunca han tenido un sentido equivocado de la revolución». Hace un rato ha explicado cómo opina que deben ser las cosas: hay que aprender de las masas para poder instruirlas.

—Y por eso —dice— es por lo que el revisionismo soviético es una... apostasía.

La intérprete ha dado enseguida con la palabra apostasía. ¿Se habrá educado en un colegio de monjas?

—Se encamina hacia una reimplantación del capitalismo. Y eso, por supuesto, será muy del agrado de Europa.

—No creo que piense en volver a la propiedad privada de los medios de producción.

—¿Está usted tan seguro? ¡Fíjese en Yugoslavia!

No entra en mis intenciones hablar de Yugoslavia, pero se me ocurre que los rebeldes de más categoría, Mao y Tito, nunca han pertenecido a los cuadros dirigentes de la Casa Gris de Moscú; ambos fueron jefes de guerrilleros.

—Creo que Rusia quiere salir del régimen de Stalin sin regresar al capitalismo puro. Y ello obliga a ciertas dosis de liberalismo. Pero también implica una metamorfosis del poder: el estalinismo liberal no existe. Si lo que llamábamos comunismo ruso coincidía con el régimen estalinista, nos hallamos frente a un cambio de régimen. El fin del aislamiento mundial y de la prioridad que se concedía a la industria pesada, la supresión del carácter de cuarto poder de la policía política y la victoria de 1945 han supuesto para la Unión Soviética una metamorfosis tan radical al menos como el paso de Lenin a Stalin. Bréhznev es el sucesor de Jrushchov, y todos los Bréhznev que vengan detrás lo seguirán siendo. Yo conocí los tiempos en que un hombre no hablaba de política con su mujer; cuando me enteré de que se podían contar chistes del Gobierno en el metro, no pensé que se estaba «dulcificando» la situación que había conocido, sino que estaba aconteciendo una transformación radical.

—En resumidas cuentas, lo que usted opina es que no son revisionistas porque ya ni siquiera son comunistas. Es posible que tenga usted razón, sobre todo si recordamos el...

La intérprete no consigue dar con la palabra adecuada.

—Barullo —sugiere nuestro intérprete.

—... si recordamos el barullo que están armando. ¡Cuyo único propósito, por cierto, es engañar a todo el mundo! Sin embargo, la pandilla que está al frente del partido admite que están apareciendo capas de población que aún no han llegado a convertirse en clases, pero que influyen en la política comunista...

En cuanto se distancia de Esparta, Roma es una traidora. Pues no resulta fácil mantener una Esparta china al lado de una Roma que a aquella, por otra parte, le parece Capua. Sé lo que responderían los exasperados rusos: «Mao es un dogmático y un visionario. ¿Cómo mantener la pasión revolucionaria cincuenta años después de la revolución? Para volver a los días de octubre tendrían que volver a aparecer en Rusia la derrota zarista, los capitalistas, los nobles. China está pasando por lo que pasamos nosotros hace treinta años. Aún no tiene nada, nosotros ya tenemos algo y no podemos volver a quedarnos sin ello. Existe una circunstancia nueva que tiene más poder que todas las ideologías: la guerra nuclear barrerá del mapa las naciones que se impliquen en ella. Jrushchov acabó con el terror y con los campos de concentración, y creyó que era posible firmar acuerdos de desarme. Pecó de ligereza al gobernar, pero nosotros seguimos queriendo lo que él quería: que el comunismo se afinque en el mundo, pero que desaparezca el peligro de guerra». También sé lo que les contestaría Mao. Citaría las palabras de Lenin en su lecho de muerte: «A la postre, nuestra lucha triunfará porque en Rusia, en China y en la India vive la aplastante mayoría de la población del globo». Y recordaría que el partido chino tiene más experiencia que todos los demás. Y se acordaría de la frase del hombre que se sienta a su lado, Liu Shaoqi: «La genialidad de Mao ha consistido en dar forma asiática a los rasgos europeos del marxismo-leninismo». Y diría una vez más que Jrushchov fue un traidor al dejar en la estacada a China en el asunto de las islas Quemoy y Matsu, y que también fue una traición que los soviéticos apoyasen la actuación de la ONU en el Congo; que las condiciones para que se retiraran los expertos rusos no tenían más finalidad que dejar a medias las obras empezadas; que cada intervención de Estados Unidos ha hecho que las mayorías pobres y revolucionarias los fueran odiando más y más, y que en la actualidad la descomposición del mundo colonial exige actuaciones inmediatas; que Jrushchov era un pequeño burgués, que no era leninista, que pasó de temer la guerra nuclear a tener miedo a la revolución, y que el Gobierno soviético ha perdido su poder de convocatoria de masas porque las masas lo asustan.

Las estancias en las comunas populares de los ingenieros y los directores de las fábricas chinas, así como de los que viven en las ciudades, son algo tan trivialmente inevitable como lo fue en Europa el servicio militar obligatorio. Nadie discute las consignas del partido, ni siquiera cuando son tan extravagantes como las que tienen que ver con la epopeya, o como la campaña «en contra de los sentimientos burgueses, tales como el cariño entre padres e hijos o entre personas de distinto sexo cuando este cariño llega a ser excesivamente apasionado». Pero las masas solo siguen las consignas si se las mantiene movilizadas. Mao solo puede construir China con voluntarios. Quiere que China vaya haciéndose, y lo prefiere con mucho a que vaya a la guerra; asegura que Estados Unidos no empleará armamento nuclear en Vietnam, como tampoco lo empleó en Corea. Sigue creyendo en la revolución ininterrumpida; y el mayor impedimento es Rusia.

Me acuerdo de Trotski; pero no fue sino a un Trotski ya vencido a quien oí defender la revolución permanente. Y no hay en Mao la menor exaltación. Sabe lo que esperaba Jrushchov, sabe también lo que opinaba Lenin y lo que supuso la Revolución francesa. Todos los jefes de Estado piensan que la revolución desemboca en el Estado. Mao, con la fuerza que le prestan sus millones de fieles y el respeto que inspira su pasado, cree que el Estado puede convertirse en el motor permanente de la revolución. Y lo cree con el mismo sosiego ora

épico, ora risueño con el que creyó que el comunismo triun-
faría en China durante los días más negros de la Larga Marcha.

Es la tercera vez que un secretario se acerca para dar un recado a Liu Shaoqi, y la tercera vez que el presidente de la República dice algo a Mao en voz baja. Este hace un gesto de cansancio y se pone en pie apoyándose en los brazos del sillón. Se
mantiene más tieso que todos nosotros: monolítico. Sigue con
el cigarrillo entre los dedos. Me aproximo para despedirme y
me tiende una mano casi femenina, con las palmas sonrosadas,
como si las hubiera sumergido en agua hirviendo. Me sorprende que salga a despedirme. La intérprete camina entre
ambos, algo rezagada, y la enfermera le pisa los talones. Nuestros acompañantes se nos han adelantado; el embajador de
Francia va emparejado con el presidente de la República, que
no ha abierto la boca. Detrás, a bastante distancia, un grupo de
hombres más jóvenes; me imagino que se trata de funcionarios
de alto rango.

Mao avanza poco a poco, con pasitos rígidos, como si no
doblase las rodillas. Y parece más que nunca un emperador de
bronce con ese uniforme oscuro entre los uniformes claros o
blancos. Me acuerdo de Churchill cuando lo condecoraron
con la cruz de la Liberación. Tenía que pasar revista a la guardia que le rendía honores. También tenía que caminar con pasos cortos y se paraba delante de cada soldado, para fijarse en
sus medallas, antes de pasar al siguiente. Parecía por entonces
herido de muerte. Los soldados miraban cómo iba pasando
ante ellos el Anciano León acabado. Mao no parece acabado:
anda con el inestable equilibrio de la estatua del comendador,
como una figura legendaria que hubiera salido de un sepulcro
imperial. Le cito la frase que dijo Zhou Enlai hace ya años:

«En 1949 comenzamos otra Larga Marcha y aún no hemos cubierto sino la primera etapa».

—Lenin escribió: «La dictadura del proletariado es una empecinada lucha contra todas las fuerzas y tradiciones de la antigua sociedad». Empecinada. Si Jrushchov creyó en serio que ya no había contradicciones en Rusia, fue quizá porque creyó que gobernaba una Rusia resucitada...

—¿Cuál de ellas?

—La de las victorias. Puede bastar. La victoria es madre de muchas ilusiones. La última vez que estuvo aquí, volvía de Camp David y estaba convencido de que se podía llegar a cierto entendimiento con el imperialismo estadounidense. Creía que el Gobierno soviético era el de toda Rusia y que las contradicciones habían desaparecido ya casi del todo. Lo cierto es que, aunque las contradicciones que nacen de la victoria le resultan afortunadamente menos penosas al pueblo, no por ello dejan de ser igual de hondas. Si dejamos a la humanidad de la mano, no se deriva de ello la inevitable reinstauración del capitalismo (y por eso quizá está usted en lo cierto cuando dice que no volverán a la propiedad privada de los medios de producción), pero sí la desigualdad. Las fuerzas que conducen a la creación de nuevas clases son muy poderosas. Nosotros acabamos de suprimir los galones y las graduaciones; todos los «dirigentes» tienen que volver a trabajar como obreros por lo menos un día a la semana. Los trenes en que las personas que viven en las ciudades van a trabajar a las comunas populares van llenos. Jrushchov parecía creer que cuando el Partido Comunista ha tomado el poder, ya está hecha la revolución. ¡Como si estuviéramos hablando de una liberación nacional!

No alza la voz, pero su hostilidad hacia el partido comunista ruso resulta tan manifiesta como el odio de Zhou Enlai cuando habla de Estados Unidos. Sin embargo, en Luoyang o en las callejuelas de Pekín nos sonreían los chiquillos que nos tomaban por rusos (porque son los únicos blancos a los que han visto en su vida).

—Lenin sabía muy bien que es precisamente entonces cuando la revolución acaba de empezar. Las fuerzas y las tradiciones a las que aludía no se limitan a ser un legado de la burguesía. Son también nuestra fatalidad. Acaba de volver de Taiwán Li Tsong-jen, que fue en su día vicepresidente del Kuomintang. ¡Uno más! Le he dicho: «Todavía tendremos que bregar veinte o treinta años para convertir China en un país poderoso». Pero ¿vamos a realizar tamaño esfuerzo para que China sea como Taiwán? Los revisionistas confunden las causas con las consecuencias. La igualdad no tiene importancia en sí misma; es importante porque quienes no han perdido el contacto con las masas la ejercen de forma espontánea. La única forma de saber si un dirigente joven es un auténtico revolucionario es ver si es capaz de establecer auténticos lazos con las masas obreras y campesinas. Los jóvenes no nacen siendo rojos y no vivieron la revolución. Ya recuerda lo que decía Kosyguin en el XXIII Congreso: «El comunismo consiste en el aumento del nivel de vida». ¡Sí, claro! ¡Y la natación es una manera de ponerse el bañador! Stalin acabó con los kulaks. No se trata de poner a Jrushchov en el puesto del zar, ni de sustituir una burguesía por otra, ni aunque la llamemos comunista. ¡Y otro tanto pasa con las mujeres! ¡Por supuesto que lo primero que había que hacer era darles la igualdad ante la ley! Pero, una vez hecho, ¡todavía está todo por hacer! Tienen que desaparecer el pensamiento, la cultura y las costumbres que llevaron a China al punto en que nos la encontramos, y tienen que surgir el pensamiento, la cultura y las costumbres de la China proletaria, que todavía no existe. Tampoco la mujer china existe aún en el seno de las masas. Pero está empezando a querer existir... ¡Y, además, liberar a las mujeres no consiste en fabricar lavadoras! ¡Y liberar a sus maridos no es fabricar bicicletas, sino construir el metro de Moscú!

Pienso en las mujeres de Mao, o más bien en lo que de ellas cuentan. A la primera la eligieron los padres. Aún eran los tiempos del imperio; Mao vio una vez, al parecer, a la última emperatriz... El joven apartó el velo de la novia, le pareció muy fea y la dejó plantada. La segunda era hija de uno de sus profesores. Estaba enamorado de ella y, haciendo un juego de palabras con su nombre, la llama en un poema «mi álamo altivo». El Kuomintang la tomó como rehén y le cortó la cabeza. Me acuerdo de una foto en la que Mao, en Chongqing, alza la copa, frente por frente de Chiang Kai-shek, con un gesto infinitamente más frío que Stalin ante Ribbentrop. La tercera fue la heroína de la Larga Marcha: la hirieron catorce veces. Se divorció de ella (cosa muy poco frecuente en el partido chino); en la actualidad es gobernadora de una provincia. Y por último se casó con Jiang Qing, una famosa actriz de Shanghái que cruzó las líneas enemigas para llegar a Yan'an y ponerse a disposición del partido. Tenía a su cargo las representaciones teatrales para los soldados. Desde la toma de Pekín solo ha vivido para dedicarse a Mao y no ha vuelto a aparecer en público.[*]

—La China proletaria —sigue diciendo Mao— no es ni un culi ni un mandarín; el Ejército Popular no es ni una partida de guerrilleros ni un ejército de Chiang Kai-shek. El pensamiento, la cultura, las costumbres tienen que surgir de la lucha, y la lucha no puede concluir mientras exista el riesgo de retroceso. Cincuenta años no son muchos; ni siquiera lo que

---

[*] Posteriormente desempeñó un papel importante en la revolución cultural proletaria.

dura una vida... Nuestras costumbres tienen que llegar a ser tan diferentes de nuestras costumbres tradicionales como lo son hoy en día las de ustedes de las costumbres feudales. Los cimientos sobre los que hemos construido son el trabajo real de las masas, el combate real de los soldados. Quien no lo comprenda se pone al margen de la revolución, que no consiste en conseguir una victoria, sino en que pasen varias generaciones y se vayan mezclando y confundiendo las masas y los dirigentes...

Seguramente así hablaba de China en la cueva de Yan'an. Me acuerdo del poema en el que, tras mencionar a los Grandes Antepasados y a Gengis Kan, añade: «Pero mirad más bien los tiempos de ahora».

—Sin embargo, llegará a ser la China de los grandes imperios... —digo.

—No lo sé; pero lo que sí sé es que si estamos aplicando los métodos correctos —si no toleramos desviación alguna—, China volverá a hacerse ella sola.

Me dispongo a despedirme de él por segunda vez. Los automóviles esperan al pie de la escalinata. Mao añade:

—Pero estamos solos en esta lucha.

—No es la primera vez...

—Mientras dura la espera, estoy solo con las masas.

Me sorprende el tono en que lo dice y la amargura que noto en él; ironía también, quizá, y más que cualquier otra cosa orgullo. Podría pensarse que ha dicho esta frase para que la oigan quienes nos acompañaban, pero no ha empezado a expresarse con vehemencia hasta que nos hemos quedado rezagados. Aunque esté enfermo, podría haber caminado más deprisa si hubiese querido.

—Eso que solemos llamar, sin más, revisionismo es la muerte de la revolución. Hay que hacer en todos los sectores lo que acabamos de hacer en el ejército. Ya le he dicho que la revolución es también un sentimiento. Si pretendemos convertirla, como han hecho los rusos, en un sentimiento del pasado, todo se vendrá abajo. Nuestra revolución no puede limitarse a afianzar una victoria.

—El Gran Salto parece mucho más que un afianzamiento.

Los edificios que nacieron del Gran Salto nos rodean hasta perderse de vista.

—Sí; pero desde entonces... Hay cosas que se ven y cosas que no se ven... Los hombres se resisten a tener que cargar con la revolución toda la vida. Al decir: «El marxismo chino es la religión del pueblo», lo que quería decir (pero ¿sabe usted cuántos campesinos son comunistas? ¡El uno por ciento!)... así que lo que quería decir es que, para ser auténticos intérpretes del pueblo chino, los comunistas tienen que seguir siendo fieles a la labor que ha emprendido China, como si se tratase de otra Larga Marcha. Cuando decimos: «Somos los Hijos del Pueblo», China nos entiende, como también entendía la expresión: el Hijo del Cielo. Ahora los antepasados son el pueblo. El pueblo, y no el partido comunista que consiguió la victoria.

—A los mariscales siempre les ha gustado afianzar las cosas. Pero ustedes acaban de suprimir las graduaciones.

—¡No solo a los mariscales! Por otra parte, los que aún quedan de la vieja guardia se formaron en la acción revolucionaria, como nuestro Estado. Muchos son revolucionarios empíricos, resueltos, prudentes. En cambio, hay muchos jóvenes dogmáticos, y los dogmas valen menos que una boñiga de vaca. ¡Pueden llegar a ser lo que queramos que sean; pueden convertirse incluso en revisionismo! Su embajador dirá lo que quiera, pero las tendencias de esta juventud son peligrosas... Ya es hora de hacerle ver que también se pueden tener otras...

Parece estar luchando a la vez contra Estados Unidos, contra Rusia... y contra China: «Si no toleramos desviación alguna...».

Paso a paso nos vamos acercando a la escalinata. Lo miro (él está mirando al frente). ¡Cuán extraordinario poder tienen las alusiones! Estoy seguro de que algo está preparando. ¿Para la juventud? ¿Para el ejército? Ningún hombre, desde Lenin, había causado tal impacto en la historia. La Larga Marcha lo describe mejor que cualquier rasgo de su personalidad, y, cuando tome una decisión, será brutal y porfiada. Aún duda; y en esa duda hay algo épico que no sé a qué tiende. Quiso volver a construir China y lo ha hecho; pero también quiere, con la misma determinación, la revolución ininterrumpida, y necesita que la juventud la quiera también... Me acuerdo de Trotski; pero su revolución permanente tenía que ver con otro contexto, y yo solo conocí a Trotski tras la derrota (la primera noche, en Royan, a la luz de los faros del automóvil, aquel brillo de su pelo blanco y tieso; aquella sonrisa; aquellos dientes pequeños y separados)... Lo que obsesiona a este hombre que camina despacio a mi lado no es tanto la revolución ininterrumpida cuanto una idea de incalculables consecuencias que ni él ni yo hemos mencionado: los países subdesarrollados están infinitamente más poblados que los países de Occidente, y la lucha comenzó en el preciso momento en que las colonias se convirtieron en naciones. Sabe que no alcanzará a ver la revolución planetaria. Las naciones subdesarrolladas están en la misma situación en que estaba el proletariado en 1848. Pero tendrán su propio Marx (él, para empezar) y su propio Lenin. ¡Un siglo da para mucho...! No se trata de que se una un proletariado exterior al proletariado interior, ni de que la India se sume a los laboristas, o Argelia a los comunistas franceses; de lo que se trata es de las ilimitadas tierras de la desdicha alzadas contra el minúsculo cabo donde se asienta Europa, contra el odioso Estados Unidos. Los proletariados acabarán por convertirse en capitalismos, como en Rusia, como en Estados Unidos. Pero existe un país que ha hecho voto de venganza y de justicia, un país que no renunciará a las ideas antes de que llegue el enfrentamiento planetario. Ya se van esfumando trescientos años de fuerza europea; está comenzando la era china. Hace un rato me recordaba a los emperadores, y ahora me recuerda, aquí erguido, a los caparazones de jefe militar que, cubiertos de orín, bordeaban las avenidas funerarias y en la actualidad vemos abandonados en los campos de sorgo. Oculta tras toda nuestra charla se agazapaba la esperanza del crepúsculo de un mundo. Los dignatarios se han detenido en el largo corredor, sin atreverse a mirar atrás.

—Estoy solo —repite.

De repente se ríe:

—Bueno, algunos amigos me quedan, aunque estén lejos. Tenga la bondad de transmitir mis saludos al general De Gaulle. Y debe usted saber que a esos (se refiere a los rusos) la revolución, en el fondo, no les importa nada...

El automóvil arranca. Aparto las cortinillas del cristal trasero. Está aislado, como cuando llegué, pero esta vez a plena luz, con su uniforme oscuro, en el centro de un corro, algo distante, de trajes claros.

Pienso en el significado que tiene, en el que tendrá más adelante, esta vida épica que rodea un absurdo culto y que, digamos lo que digamos, tan incomprensible nos resulta, pues su ideología despierta una veneración que tiene más que ver con la que se le rinde a la Revelación del Profeta que con la que sentimos por las grandes figuras de nuestra historia. Acaba de fracasar una expedición inglesa al Himalaya, y los periódicos chinos lo comentan con regocijo. «Nuestro gran dirigente, el presidente Mao, afirma que el sistema capitalista está tan podrido y los exploradores imperialistas son tan depravados que ello explica que sus expediciones vayan de fracaso en fracaso desde hace un siglo». Al parecer, ninguno de sus admiradores se da cuenta de que la genialidad de Mao se debe a que él *es* China. ¿Qué pretende hacer con ella ahora?

Mientras el automóvil se aleja, sus acompañantes se van apartando de él. ¡Qué diferencia con Ho Chi Minh, ese felino anciano que se colaba por la rendija de la puerta! Ni por un momento me han permitido prescindir del ceremonial de la China eterna. Sin embargo, Mao llevaba esa guerrera que todo el mundo conoce ya; me ha hablado con voz espontánea e incluso cordial; estaba sentado frente a mí. Pero lo rodeaba un espacio vacío, como si lo temieran. ¿Stalin? Mao no se parece en absoluto a una fiera amodorrada. Ya no alcanzo a verle el rostro; solo la maciza silueta de emperador de bronce, inmóvil contra el vestido blanco de la enfermera. Sedosas borlas de mimosa giran en el aire como copos de nieve; más arriba pasa en línea recta un avión reluciente. Con el milenario gesto de la mano haciendo de visera, el Viejo de la Montaña lo mira alejarse, protegiéndose los ojos del sol.

Nuestro intérprete tardará unas horas en poner en limpio sus notas taquigráficas. Propongo al embajador que vayamos a visitar las tumbas de los emperadores Ming. Hace veinte años que no las veo. ¿Habrán cambiado? Me acuerdo del diálogo que mantuve con la India, tras haberme entrevistado con Nehru. Él quería ser el heredero de Ellora, y Mao quiere ser el heredero de los Grandes Antepasados. Pero las tumbas de los Ming son mausoleos versallescos; no así la de T'ai-tsong, olvidada en las estepas cubiertas de flores de cortos tallos y por la que solo velan sus caballos esculpidos en piedra.

Llegamos primero a la Gran Muralla. El dragón serpentea, como antaño, a través de las colinas. Las mismas malvarrosas, los mismos caminos de sauces; pero el pavimento de piedra, pensado para los carros de guerra, es ahora de pulcritud holandesa. ¿Habrán puesto por toda la Gran Muralla papeleras como estas, que parecen una hilera de mojones? Aquí siguen, como antes, las manadas de caballos manchúes enanos, las libélulas, las rojizas rapaces de Mongolia, y las mariposas grandes, de cálidos tonos pardos, parecidas a las que vi posarse en la cuerda del campanario de Vézelay en 1939, cuando acababa de declararse la guerra...

Todavía se llega a las tumbas por la avenida funeraria, que comienza pasados el pórtico de mármol y las columnas rostrales. La flanquean las famosas estatuas de corceles, camellos y dignatarios. Son estatuas que no poseen ni la gracilidad de las figurillas de las épocas altas ni la tensa majestad de las quimeras abandonadas en los campos de mijo de Xi'an, juguetes para la eternidad, un Père-Lachaise en versión del cartero Cheval. Bajamos del automóvil junto a una tortuga de la longevidad sobre la que cabalgan unos chiquillos; cruzamos por antiguas dependencias de las que se han enseñoreado las cigarras, los vencejos y los gorriones. Pero ya desde la entrada principal vemos, cuidado con mimo, el gran jardín que antaño conocí en estado salvaje: los parterres anaranjados y rojos, cañacoros y gladiolos, hacen que parezcan casi mates el naranja más pálido de las tejas vidriadas y el oscuro tono púrpura de las paredes. La soledad del sepulcro, erguido sobre una elevada peana de mármol —el pedestal de Angkor y de Barabudur—, es como una trampa para el montañoso paisaje que lo rodea. Delante, el oscuro verde de los pinos y el verde brillante de las encinas, retorcidas como peñascos decorativos; detrás, las oscuras frondas del bosque sagrado. No es un templo, es una de las puertas de la muerte; una tumba como las pirámides, pero que toma su eternidad de las formas de la vida. Dos niñas muy pequeñas andan trepando como gatos azules; en pos de ellas va su madre, peinada con trenzas. Tras el arco, los campos de toda la vida, los campesinos de toda la vida con los sombreros de toda la vida, atando las gavillas con esos gestos que duran más que los imperios y las revoluciones. (No obstante, al pie de las colinas se extiende ya la gran presa...).

El sol va bajando. Vamos a ver otras tumbas. Aquí está la que se alza sobre un trapezoidal pedestal bárbaro que recuerda las puertas de Pekín. Los gladiolos rojos se cuelan entre las tuyas de su bosque sagrado. Han desenterrado las salas funerarias y podemos entrar en ellas sin agacharnos, mientras que para entrar en las tumbas de los Han, en Luoyang, hay que ponerse casi de rodillas, como hay que agacharse en los corredores de las pirámides. Pero solo quedan losas: en el bosque, en un edificio muy pequeño, está la tiara de plumas de martín pescador de la emperatriz.

Los tejados apenas si se curvan hacia arriba; solo lo necesario para poder zafarse del suelo. Aquí mora una de las almas más hondas de China. No es ya el Erebo de los antepasados, con sus carros de guerra, sus estelas y sus venablos de bronce. En las pinturas de las vigas sigue trenzándose un bestiario de blancos filos. Pero estas tumbas son una proclama de suprema armonía, como lo es también el Templo del Cielo. Toda tierra es tierra de muertos, y toda armonía establece un vínculo entre los muertos y los vivos. En cada tumba queda desvelada la concordancia entre el cielo y la tierra. Reside la armonía en la presencia de esa eternidad a la que vemos que ha regresado el cuerpo del emperador; y también todos los demás cuerpos, aunque no lo veamos.

Algo más allá, una tumba en ruinas. Las ruinas chinas pertenecen al ámbito de la muerte porque, al derrumbarse el tejado, el edificio, privado de sus curvados picos, no es ya sino lienzos de muro. El bosque sagrado pone cerco a la tumba, sin atreverse a invadirla como invade la jungla los templos de la India. Por encima del pedestal de piedra y de los elevados muros de color granate se demora el crepúsculo sobre una pared de azulejos de color rosa.

Regresemos. Los forasteros no pueden pasar por los caminos que desembocan perpendicularmente en la carretera. Muchas dalias en flor, como las de junio de 1940. Yo creía que las dalias habían llegado a Europa desde México... En la tarde que va cayendo caminan largos tiros: unos caballos, enganchados detrás de dos melancólicos burros, vuelven despacio a Pekín; los adelantan los camiones de soldados que han concluido sus tareas en las comunas populares más próximas.

Paso ante los primeros templos de la ciudad. He vuelto a visitarlos casi todos, y me ha seguido intrigando tanto como antes el hecho de que estén decorados como si fueran biombos. Dejando aparte el Templo del Cielo y la Ciudad Prohibida, que planearon los geománticos y encierran el cosmos entre sus paredes sin que ello sea óbice para que, en las crestas de los tejados, alberguen toda una casa de fieras, en las pagodas de la última dinastía se conservan (mal) panteones carnavalescos, a los que podemos sumar los monstruos tibetanos y la gigantesca estatua negra del templo de los lamas, que ya no le dicen nada a nadie. Le cuesta menos a un francés pasar de las Cruzadas de la fe a las de la República que del arte de tiempos de Luis IX al rococó Luis XV; en esta China que ha vuelto a ser China, todo este arte de porcelanas, de dioses de la Agricultura y de figurillas triponas constituye, entre los grandes emperadores sin rostro y Mao, un insólito intermedio, que abarca desde el primer emperador manchú hasta la emperatriz Ts'eu-hi. Y parece como si el entreacto concluyera no con el cruento tumulto de 1900, sino con la toma del Palacio de Verano. He debido de relatar en otro sitio la noche en que los soldados ingleses andaban buscando las perlas de las concubinas de antaño, mientras los zuavos arrojaban al bosque los autómatas que los emperadores llevaban siglos coleccionando... Entre gritos de soldados, un conejito de cuerda corría por el césped tocando sus minúsculos atabales de oro, en los que se reflejaban los resplandores del incendio...

He visto, cargado de cadenas, más arriba de la Ciudad Prohibida, el árbol del que se ahorcó, al llegar los manchúes, el último emperador Ming. Pero también me he topado (¿en el Museo de la Revolución?) con la foto de las dos hermanas que encabezaron la sublevación de los bóxers con arrojo de profetisas y cayeron en manos de los europeos. Loti las vio, en Tianjin, acurrucadas en el rincón de un cuarto, como debió de acurrucarse Juana de Arco en un rincón de su último calabozo. Fueron una prefiguración de Mao. No cabe duda de que a este, por más que entone mucho más con él la tumba de T'ai-tsong, perdida en las estepas, que las de los Ming, le construirán un fabuloso sepulcro. No sintoniza con armonía alguna ni con las libaciones que derramaban los emperadores para crear un lazo entre los hombres y la tierra; y menos aún con la China de marionetas o de exquisitos refinamientos. Y muchos de sus partidarios querrían destruir todo lo pasado, de la misma forma que lo desean las revoluciones nacientes. Lo que él quiere destruir y conservar parece a veces referirse a la oposición de los dos latidos fundamentales del pulso del mundo. «Si hacemos lo que tenemos que hacer, China volverá a ser China».

Cuando cruza otra vez el automóvil por la plaza mayor de la Paz Celeste, ya ha caído la noche. Un último resplandor recorta la silueta de la Ciudad Prohibida, que se alza frente al Palacio del Pueblo, cuya informe mole se difumina entre las sombras. Pienso en el desasosiego de Mao, en la melancolía de Carlomagno al ver los barcos normandos; y, formado detrás de él, en el gigantesco pueblo de la miseria que acecha el primer fallo de los blancos. Mientras las sombras van cubriendo lo que fue Asia, pienso en el Viejo de la Montaña y me acuerdo de cómo levantó, con pesado ademán, los dos oscuros brazos, que se alzaron por encima de los quietos hombros vestidos de blanco: «¡Nuestros aliados!».

«Nuestros aliados...».

Me acuerdo también de los brazos del capellán de Les Glières alzándose hacia las estrellas de Dieulefit: «Las personas mayores no existen...».

2

Regreso a Francia «pasando por el polo».

Allá abajo, Japón. A la derecha, Kioto. Estuve en Kioto en 1929. Me acuerdo del Templo de los Zorros. Las prostitutas cuyas plegarias habían recibido cumplida satisfacción, e incluso las *geishas*, llevaban al templo estatuillas de zorros: colocaban las más grandes en el centro y las demás alrededor. Los dueños de los zorros amaestrados de carne y hueso los llevaban consigo a los cafés, que eran iguales que los de las estampas. Me han dicho que los bombardeos destruyeron el templo, pero no las estatuillas, que siguen allí, colocadas en espiral. Y también había una aldea donde no vendían más que té y racimos de caramelos de té, redondos y verdes.

Volví treinta años después, tras haber visitado a Nehru: desde el final de la guerra ningún ministro francés había ido a Japón. Otro mundo. Pregunté a un misionero que había conocido el Japón de antes qué le parecía el nuevo Japón. Me contestó con una sonrisa: «Ah, pues que el kimono era mucho más misericordioso».

Regresé después, alrededor de 1963, para asistir a la inauguración de la Casa Franco-Japonesa, que sustituía a la que fundara Claudel.

Museos, colecciones, obras maestras, amistades. Por lo visto, tengo más lectores en Japón que en Francia. No me acuerdo ya de los actos de inauguración, pero sí de una conversación que mantuve en 1960, en un jardín sobre el que vuela el avión ahora, el de «las Siete Piedras» (donde en realidad hay quince), el famoso Jardín de Piedra del templo de Ryoanji en Kioto, menhires pequeños colocados sobre una arena cabalísticamente rastrillada.

Yo había conocido, por una parte, a japoneses fanáticos de la occidentalización: «¡Siempre que nos hemos propuesto imitar algo lo hemos conseguido!». La consigna rusa de «alcanzar y dejar atrás a Estados Unidos» ellos la convertían en «situarse inmediatamente después de Estados Unidos». Enemigos de toda forma de espiritualismo y con obsesión de morfinómanos por el «construir y fabricar» del crecimiento japonés. Uno de ellos me contó que sus compatriotas habían inventado el kimono en los tiempos en que nuestros caballeros medievales no se quitaban la armadura ni en la corte, y me aseguró, mientras me agasajaba con gambas fritas, que desde el punto de vista espiritual el islam no existe en Asia. Conocí a algunos estudiantes, la juventud más destrozada del mundo. A pintores que ponían un febril empeño en no diferenciar a los mejores pintores modernos europeos de las más recientes modas de Nueva York. Y, entre los partidarios del sosiego, a algunos sacerdotes cuyas teorías podrían resumirse como sigue:

No existe una filosofía japonesa. Japón dice, como también lo dice el budismo: «Acuérdate de mí cuando mires un espejo». Desde la era Meiji se ha quedado sin alma. ¡Ojalá pudiese recuperar el corazón de la infancia! No más diferencias entre yo y mi prójimo: el amor. El corazón de la infancia es semejante al espejo y refrescante como la nada. En él se encierra el alma de Japón, y recuperaremos ambos al mismo tiempo.

Resultan tan poco convincentes, sobre el telón de fondo de los nuevos rascacielos de Tokio, como estos al lado del jardín zen de Ryoan-ji.

Consideran los especialistas que se trata de uno de los jardines más famosos del mundo. A mí me parecía el más sorprendente. Una llana extensión de arena entre tres muros de poca altura y el monasterio. Y, en aparente desorden, las célebres piedras negras, de menor tamaño que un niño. Un jardín es un lugar con plantas y árboles; únicamente los calveros de Shalimar, en la India, que interrumpen las filas de árboles frutales, nos hacen intuir ruinas vegetales. Ante la fachada opuesta del monasterio, delante de las celdas, había jardincillos de musgo por donde corría el agua. ¿Qué significado tenía este jardín? Simboliza la eternidad, decía el superior del convento al que pertenece. Las piedras y la arena lo convertían en lo contrario de la vida, del agua que corría sobre el musgo ante las celdas de la fachada opuesta del convento. No obstante, las púas del rastrillo en la arena evocaban las olas; y la arena evocaba el mar. En estas corroídas piedras, colocadas de forma tal que fuera imposible verlas todas a la vez, se reflejaba, más que la eternidad, un tiempo geológico.

Me había citado allí el padre de un amigo japonés muy querido, Takyo Matsui, que se mató, en las postrimerías de la guerra, estrellándose contra un barco estadounidense, pese a que, excepto cuando hablaba de Japón, tenía una forma de ser muy poco japonesa. Aquel joven y achaparrado samurái, tan fraterno y excéntrico, se exilió o escapó durante la represión contra los socialistas; pero regresó a Japón, aunque aquella guerra le pareciera absurda, combatió en el Pacífico y acabó por ingresar en el cuerpo de los pilotos suicidas. (En 1918 yo era pacifista, pero estaba deseando tener por fin edad suficiente para poder alistarme...). Aquel peculiar muchacho era pintor, sentía veneración por Matisse y se pasaba los domingos en el bosque de Fontainebleau recogiendo brotes tiernos de helecho: «¡No entiendo a los franceses! ¡Es un plato sabrosísimo y sale gratis!». Su padre quería verme «para hablar del arte», cuya historia enseñaba en la universidad. ¿O querría en realidad hablar de su hijo? Yo solo sabía cuánto lo hacía sufrir aquella tendencia a la «democratización y americanización»; muchos de sus alumnos no creían sino en la guerra «al peso» y estaban rabiosamente en contra del *bushido* y los kamikazes, «viles reaccionarios». Era ajeno a toda actividad política, lo obsesionaba la muerte de Japón y practicaba el zen. Sin duda por eso había elegido el Ryoan-ji para nuestra cita.

Me esperaba sentado en los escalones de madera del templo y tenía a sus pies el rastrillado jardín. Cuando me acuerdo de él, lo llamo «el Bonzo», quizá porque llevaba un kimono negro. Cabeza rapada o afeitada y un hierático rostro sin edad, en el que sin embargo se leía esa equívoca infancia que conservan los bonzos, y también nuestros hombres de Iglesia. Pero él no era monje. Aquella cara redonda casaba mal con el ascetismo del cuerpo; parecía una de esas canicas de Hokkaido en las que hay dibujados rostros humanos de rasgos tan finos como pestañas. Leía el francés y el italiano, como la mayoría de sus colegas. Y había traducido, por cierto, algunas cosas mías. Estábamos sentados en los pulimentados escalones —él a la japonesa y yo con las piernas colgando— de cara a la arena y dando la espalda al monasterio. Las sombras empezaban a crecer. Tras los corteses saludos de rigor, dijo:

—Este jardín forma un todo con los jardincitos del lado opuesto. La devoción zen da la afinada nota esencial: una única flor en un jarrón. El jardín es lo que se opone por completo a la ciudad y al campo. Quiero decir al campo amorfo. Nuestros jardines tradicionales son diferentes.

—He visto algunos.

—Son más grandes. El arte zen es la nota única, la mancha de color única. La flecha que vibra en la diana. El jardín japonés tradicional es una forma de... *ne*... de comunión...

Aunque hablaba el francés con seguridad ceremoniosa y algo eclesiástica, cuando titubeaba en busca de una palabra seguía intercalando el *ne*... japonés, en vez del *euh*... francés. Le pregunté:

—¿De comunión con el sentido de la vida?

—Sí. Hay muchos japoneses que no son pintores pero pintan aguadas, y muchos que no son poetas pero escriben haikus. Yo, por ejemplo, dentro de mi modestia. Casi siempre van juntos la aguada y el poema.

—En Francia también hay muchos pintores aficionados. Durante la guerra me alojé en casas de alcurnia, y en casi todas había cuadros de un abuelo, o de un tío, o de un primo. Nadie de la familia pensaba que pudieran hacer la competencia a Rembrandt. Me imagino que aquí sucede lo mismo: usted no mira con los mismos ojos una aguada cualquiera y una aguada de Sesshu.

—No. Aunque ignorante, sé que el arte existe. Y también su comunión con las cosas. Lo mismo sucede con la música. Conocemos, aunque de forma muy imperfecta, la música antigua de Occidente. No todas las obras son iguales; no obstante, a nosotros nos parece que desempeñan el mismo papel que nuestras aguadas más humildes. Les cuesta a ustedes menos comprenderlas de lo que nos costaba a nosotros hace tiempo comprender su pintura. Comprendemos hasta cierto punto las esculturas de sus catedrales porque tenemos esculturas budistas. Y comprendemos a sus impresionistas: el agua que fluye, la niebla, la hora del día...

—Sin embargo, las grandes aguadas japonesas no tienen hora.

—Muchas de nuestras estampas lo intentan. Y a ustedes les gustan más que a nosotros. Nuestro mejor arte no tiene hora. Lo mismo que su escultura, si me permite decirlo. Y lo mismo que un arte que a nosotros nos gusta mucho: sus pinturas prehistóricas. Me parece que comprendo bien su pintura sin sombras: sus obras primitivas, sus obras modernas. Pero no acabo de comprender sus dibujos. No tiene importancia. No hay más que una cosa importante: para qué sirve el arte. Usted lo sabe tan bien como yo; lo ha dicho usted en sus escritos. Yo también lo he dicho en los míos, dentro de mi modestia. El arte y la espiritualidad son las dos cosas más indispensables. El hombre no puede vivir solo. La pregunta es: ¿para qué sirve el arte *de ustedes*? Está por todas partes; incluso entre nosotros, ya lo sé. ¿Por qué?

No era un tono interrogativo, sino asombrado. Con aquella cara redonda, parecía una canica atónita. Contesté:

—Me parece que nuestra relación más honda con el arte gira en torno a nuestra relación con la muerte. Pero se trata de una relación secreta, de una relación que hay que descubrir. Y eso no les sucede a ustedes. Japón se plantea la armonía como rival de la muerte. En sus aguadas se plasma la armonía entre el hombre y el universo. Para nuestros artistas la lucha contra la muerte no consiste en conquistar esa armonía, sino que está en la posteridad o en la metamorfosis fruto de la supervivencia de las obras.

»Usted habla del arte cristiano, pero nuestro arte ya no es cristiano. Y desde que ha dejado de serlo ha resucitado el arte del universo... Nuestros pintores no saben mucho de las aguadas de ustedes. En realidad saben muy poco del arte de ustedes, si dejamos aparte las estampas.

—Usted ha tenido la generosidad de permitirles conocer a Takanobu y nuestra escultura. Dijo usted que el Japón de las *musmés* era tan ridículo como la Francia de... Montmartre. No somos el país de las *musmés*, sino el país del *Canto de los muertos*, del *Canto de las glicinias* y de este jardín. Usted dijo cosas muy honorables y le estamos muy agradecidos. No solo en lo que a nuestros pintores se refiere.

—He conseguido que los franceses se enteraran de que el arte japonés no era arte chino. Y no resultó muy trabajoso, porque las estampas japonesas, que es lo que mejor conocen, nada tienen que ver con las chinas. Pero admiran tanto el *Retrato de Shigemori* como *Madame Cézanne*. Sienten por sus grandes estatuas búdicas, la *Kannon de Kudara* por ejemplo, tanta admiración como por las esculturas de Chartres. Sin embargo, hay más distancia entre las obras medievales de ustedes y sus aguadas que entre estas y nuestra pintura moderna. ¡Incluso aunque la admiración que sienten por el impresionismo proceda de un malentendido (y en arte, ¿qué es un malentendido?), y la que siento yo por sus grandes obras proceda de otro! La comunión con el universo encaja a la perfección con la índole de sus jardines, incluso de este. En Francia el zen está de moda. Pero vamos a dejarlo estar. Es verdad que no me desconciertan las obras más intensas del arte zen. Pero mis lazos con el universo no están ni en esa niebla que todo lo difumina, ni en esos paisajes, que ustedes llaman, como también lo hacen los chinos, de agua y montañas, ni siquiera en algo que me parece que es la parte más esencial de su arte: convierten un paisaje, y a veces un retrato, en un ideograma. Algunas aguadas de Sesshu son como caracteres chinos; y sus detalles aún lo son más. Nombran el paisaje. En Egipto descubrí que las civilizaciones que se expresan con caracteres y las que se expresan con jeroglíficos formaban comunidades; pero también descubrí que Egipto y Sumeria comulgaban con el universo mediante los astros. Ustedes no tienen astros.

—Tengo la impresión de que también ustedes tardaron mucho en dignarse a descubrir la noche. No he estado en Mesopotamia, pero sí en Egipto. Egipto es la noche, Japón es un esbozo de día. ¿Existe en pintura una niebla nocturna? No. Ni astros diurnos. La luna existe. No es una constelación. El sol tampoco. Comprendo qué me quiere decir. Cree usted que los astros egipcios... *ne...* representaban el mundo, ¿verdad?

—Sí. Eran sus ideogramas. Ahora bien, lo que este jardín nos bosqueja son las partes de este mundo que no dependen en modo alguno del destino. La comunión del arte japonés nace de lo efímero; la de las constelaciones nacía de lo eterno.

—Opino, humildemente, que el destino no existe. A nosotros la reencarnación nos parece una creencia ingenua. El Buda nunca dijo semejantes... puerilidades.

»No sé si comprendo de verdad la escultura egipcia. Es posible que sí. Comprendo mejor la de las catedrales de ustedes. Comprendo, aunque de forma tosca, que una Virgen romántica se parece a una imagen búdica, aunque, ¿cómo dicen ustedes?, tiene más dramatismo. Es posible que llegue a comprender que el Cristo de una catedral es un Buda dramático. Aún no he comprendido el porqué de esos crucifijos tan grandes. La vida interior consiste en la búsqueda de la serenidad porque establece una armonía con la vida interior de las cosas. Pero el Dios de Occidente es un Dios dramático. Intuyo que su Rembrandt es un artista honorable. Pero no entiendo qué pretende.

El Bonzo era budista y se había casado por el rito sintoísta, como tantos japoneses. Se refería a las creencias zen respetuosamente, pero no como un adepto; no aludía tanto al ensimismamiento espiritual que libera al hombre del mundo cuanto a la comunión con el mundo. Yo me preguntaba con qué sustituíamos nosotros la comunión que insinuaba este jardín. ¿Con el orden, en Versalles? ¿Y en las catedrales? Le pregunté:

—¿No le emocionó Chartres?

—Mucho. Me emocionó la altura del techo. Nosotros no tenemos nada así. El honorable vacío.

A principios del verano de 1940, volvía yo de la catedral, sobre la que estaba cayendo la tarde. Las sombras invadían ya la estrecha calle. Solo un gato, muy interesado por el género del escaparate, destacaba a la luz de la única bombilla de una pescadería. A la mañana siguiente, en la recoleta plaza que hay delante de la catedral, los abejorros rondaban los claveles de las Indias, amarillos y negros como ellos; se mezclaba su zumbido con el sordo canto del órgano o con el acelerado estruendo de las escuadrillas que regresaban a la academia de aviación.

El Bonzo siguió diciendo:

—Me gustó mucho. Y también me gustaron mucho las vidrieras. No comprendo por qué han preferido ustedes los cuadros a las vidrieras. Cuadros que las horas del día van apagando o encendiendo. Es un tanto opuesto a lo que nosotros pedimos al arte. Sin embargo, también conocemos el instante.

—¿Cree usted que hemos preferido los cuadros a las vidrieras? Yo creo que estas murieron al morir el vínculo cósmico del cristianismo. Pues existió un vínculo cósmico del cristianismo, aunque este no estableciese vínculo alguno con el universo. En su lugar pusimos eso que nosotros llamamos la naturaleza, y que desde luego no coincide con lo que ustedes entienden por tal.

—He reflexionado humildemente sobre este tema. Conozco las teorías italianas. Cuando los primeros italianos dicen: la naturaleza, quieren decir... *ne*... lo que nuestros sentidos reconocen. Lo que no es obra de los hombres. Lo contrario de las vidrieras, de los mosaicos. La ilusión. Sí: la ilusión. Para nosotros la naturaleza no es lo opuesto a los frescos de Nara. O a las obras de Takanobu. O a la escultura búdica. La naturaleza es el secreto de las plantas, de los árboles, de los paisajes de agua y montañas.

—Es posible —dije— que mantener un diálogo con todo lo que no es el hombre, con los astros, con las briznas de hierba o con los grillos, sea una excelente manera de desentenderse de la muerte...

Cuando no sonreía, mi interlocutor tenía la misma expresión de las máscaras japonesas que representan el asombro.

—¿Me haría el favor de decirme por qué la muerte debería tener importancia? La muerte no nos interesa. Ya sé que el emperador no se hizo el harakiri. Muchos oficiales sí se lo hicieron. ¿Ha visitado usted a Su Majestad?

—Sí. La primera vez que volví a Japón.

Cuarenta y ocho horas después de haber llegado, como establece la costumbre. No habría sido correcto visitar a los ministros antes de ver al emperador. El embajador y yo decidimos ir a Nara. Encontré la ciudad prácticamente intacta; los frescos habían ardido (pero en un accidente, no en una guerra). Al regreso, en el aeródromo, me estaba esperando la prensa japonesa en pleno, sorprendida y encantada de que el enviado del general De Gaulle hubiese ido a ver la ciudad santa. Tras agotar el tema arqueológico, los periodistas me hicieron todo tipo de preguntas:

—¿Qué opina usted de los lazos entre nuestra civilización y la civilización china?

—Tienen ustedes en común la escritura —respondí—, pero no la música, ni el amor, ni la muerte; ni siquiera la geomancia, a decir verdad.

—Al volver a Japón, ¿en qué le ha parecido que se diferencia más del resto de Asia?

—En la sonrisa.

Ni palabra de temas políticos: nunca había habido una guerra. Balance de la entrevista: seis columnas en primera plana: Japón recupera su pasado ejemplar.

Al día siguiente, el emperador. Embajadores que hacían de intérpretes, chaqués, sombreros de copa. En lo que había sido la casa del servicio, porque los bombardeos habían destruido el palacio. El soberano estaba sentado en un sofá de las galerías La Fayette parecido al del Negus, es decir, muy feo. Miraba la alfombra con cara de Chaplin melancólico:

—Ha estado en Nara, ¿verdad?

No hablaba en japonés, sino en nipón imperial (como al anunciar la derrota, lo que dio pie a la tremenda equivocación del pueblo, que, al no entender lo que decía, había creído que le estaba anunciando la victoria y había gritado: «*Banzai!*»).

—Efectivamente, majestad.

—Enhorabuena. ¿Por qué le interesa el Japón de antaño?

—¿Cómo no iba a interesarme el pueblo que inventó el *bushido* al pueblo que inventó la caballería?

Una pausa. El emperador había vuelto a clavar los ojos en la alfombra.

—Claro... Es verdad que lleva usted aquí muy pocos días; pero, dígame, ¿ha visto usted, desde que llegó, una sola cosa que le haya recordado el *bushido*? Solo una.

La pregunta provocó en aquel salón de notario las mismas ondas desesperadas que provocan los guijarros en los estanques viejos, ondas que se abrían tan despacio como crecen las sombras en la rastrillada arena del Jardín de Piedra.

La pregunta del emperador me hizo recordar la que acababa de hacerme el Bonzo. Este añadió:

—Es cierto que muchos *jap'neses* se han quitado la vida. Pero no era de ellos de quien quería hablar. En Japón hay mucha valentía, si me permite decirlo. Y también en otras partes, seguramente. De lo que estaba hablando era del significado de la muerte.

»Ni la muerte tiene importancia ni la forma de morir tampoco. Ustedes llaman a esa acción harakiri (nosotros solo utilizamos esa forma popular cuando hablamos con los occidentales) y la traducen por: suicidio. Y no es un suicidio, sino un ejemplo. ¿Por qué está empeñada Europa en que la muerte signifique algo, por usar sus propias palabras? Aquí la gente del pueblo dice que los honorables espíritus se convierten en dioses cuando son los espíritus de los muertos. Ya sabe usted que la ropa de verano se estrena la Noche de los Muertos. ¿Inauguración lo llaman ustedes? En sus países todo es diferente... ¡es todo tan diferente! La muerte... en su arte cristiano me parece, si me permite decirlo, una... honorable enfermedad. Ya le he dicho que la vida interior consiste en la búsqueda de la serenidad. Y por eso entiendo su arte antiguo. Lo conocemos bien por las fotos. Es un arte decorativo. Y, sin embargo, lo entendemos.

—Pero ¿y el desnudo?

—En la época Heian, que fue el año mil de ustedes, las mujeres *jap'nesas* eran grandes escritoras. Y escribieron que el desnudo femenino es muy feo. Menos la mata de pelo. Sin embargo...

—Ya conozco la cita: una mujer desnuda es un crustáceo sin caparazón.

—Sin embargo, en aquella época el... caparazón era la ropa. En la pintura y también en la vida real. Nosotros consi-

deramos que el estilo antiguo de ustedes es un ropaje. Créame.
Sus Venus no están desnudas. No están sin... ¿concha? ¿Cómo
lo ha llamado usted? ¿Caparazón? Pese a la preocupante propaganda feminista, les es totalmente ajeno ese vicio que los estadounidenses llaman *kizu*...

—¿El beso?

—Sí, *kizu*. Tenga la bondad de recordar que en Japón el
desnudo femenino solo se encuentra en las estampas eróticas.
Es decir, no mucho. La ropa tiene que adornar a la mujer.
Piense en las *geishas*...

Yo no había vuelto a ver *geishas* más que en las cenas oficiales, pero me acordaba de 1929, cuando visité las últimas
«casas verdes» de aquellas *geishas* a las que llamaban imperiales. La dueña se arrodilló ante el pintor Kondo, una de cuyas
aguadas adornaba la entrada: «¡Cuánto honor, maestro, para
mi humilde morada!». Kondo dijo que yo sabía leer un poco
las líneas de la mano, y una *geishas* me tendió las suyas. La
miré y no dije nada, pero ella me entendió, se desabotonó un
puño, me mostró las hondas cicatrices de dos cortes de navaja
y se echó a reír; entonces le señalé la línea del suicidio.

Creo que ya no hay *geishas* imperiales. Las *geishas* corrientes tuvieron que reírse mucho para los soldados estadounidenses.

El Bonzo sigue diciendo:

—Solo Japón inventó a las mujeres. ¿Personifica la mujer
jap'nesa una sumisión exquisitamente cortés? Eso fue lo que
me dijo un estadounidense. Lo escuché muy risueño, rién-
dome de rabia...

Yo conocía ya esa expresión japonesa, la de más hondo
sentido. Hace años unos amigos me dijeron después de una
catástrofe: «Nos reímos mucho». Y una de mis mejores amigas japonesas, con la misma sonrisa que si me anunciase un na-

cimiento: «Le ruego que me disculpe por haberme retrasado un poco. He tenido mucho que hacer porque se acaba de morir mi padre».

Bajo la cabeza redonda del Bonzo, los ojos pequeños y la boca pequeña eran una pura sonrisa pequeña. Yo pensaba en mis amigos samuráis, con su aquilina nariz de budas siameses o su característica cara de campeones de lucha libre.

—¿Dónde han estado sometidas las mujeres? —dijo—. Muy astutas. Nuestras mujeres son como este jardín o como el otro de allí (me parece mejor decir que el otro, con el agua y las plantas, un jardín femenino), la comunión con las cosas. ¿Y sus mujeres? He pensado muchas veces que son como su arte. Ya le he dicho que no siempre entiendo bien su arte. ¡Sus mujeres, *ne*, sí las entiendo bien! ¡Ahora tenemos muchas estadounidenses en Japón! ¡Bigotes! ¡Motocicletas!

—Más bien suelen ser como hermosas walkirias.

—¿Wal-ki-lias? ¿Las mujeres del músico Wagner?

Se iba alargando la sombra de las piedras. El Bonzo se había quedado pensativo. Había estado pensativo desde el principio de la conversación, pero casi siempre como si fuera un juego. Por primera vez me miraba sin el menor asomo de sonrisa.

—Un hombre desnudo de su Antigüedad me resulta muy extraño —dijo—. Sus diosas no me resultan extrañas porque están vestidas. En Occidente hay muchos personajes fantásticos. Como en la India. El dios elefante, el dios mono. En el arte de ustedes, la esfinge. Las Victorias. Los ángeles. Una Venus de Grecia es como una esfinge. Las obras de «la belleza» resultan tan fantásticas como sus demonios. Tenga la bondad de fijarse en que los demonios son fantásticos en todas partes. ¿Por qué?

—Escribí hace cuarenta años que, incluso aunque lo Bello hubiese sido una idea fundamental, la belleza artística no lo era, desde luego.

Se ampliaban las sombras largas de los cortos menhires y las dentadas sombras de los peñascos de escasa altura. Me respondió:

—Leo las obras que se escriben en Occidente sobre arte y música. Confío en haber entendido bien lo que me ha dicho usted. Sin embargo, para mí el arte habla del misterio de la vida. Usted se dignaría decir que habla de él religiosamente. Tengo la impresión de que lo mismo le sucedía a su arte cristiano de tiempos de las catedrales. ¿O no? Hay una honorable diferencia, no obstante: su arte no tenía enemigos. Nosotros, los *jap'neses*, sabemos lo que pensamos, y Estados Unidos no nos va a convertir. Pero los tenemos aquí. Nunca nos habían vencido de verdad. Nunca. Los imitamos mucho. Llevamos mucho tiempo imitando muy bien. Y nos lo reprochan. Ahora tenemos algunas industrias. Y unos cuantos millonarios. Tenemos periódicos más poderosos que los de ellos: seis millones de ejemplares. Televisiones más poderosas que las de ellos. No hay más que una cosa indispensable. Nunca hemos perdido... *ne*... nunca hemos perdido nuestra alma y nunca la perderemos. Su gigantesco poderío no se basa en nada. Ser el vencedor está bien. ¿Es importante?

Soltó una carcajada y la interrumpió de golpe.

—Está empezando la era de los suicidas. Ya verá usted. Tenga paciencia. Conozco a los *jap'neses* que han vivido en Occidente y que quieren imitar a Estados Unidos. Ya no comprenden la vida en absoluto. No les parece que la comunión sea lo más indispensable. Creen que es la rivalidad. Viven para ser más que sus honorables vecinos. Y luego mueren totalmente desesperados.

»La diferencia entre los estadounidenses y nosotros es la siguiente. Estados Unidos tiene el pelo erizado, y nosotros, un pelo que se puede acariciar. Como nuestro zorro Inari. No se puede vivir sin acariciar algo. Todo el mundo quiere ronronear a gusto, como los gatos. Los estadounidenses creen que la vida es la vida de los hombres y de las mujeres. Es posible que también lo piensen los europeos. Y a lo mejor es también la vida de algunos animales. Sin embargo, los europeos no llaman «señor» a ningún animal. Nosotros, los *jap'neses*, hace mucho que sabemos que no tiene por qué haber diferencia entre un hombre, el señor zorro y una glicinia. Celebramos la fiesta de las setas...

—Nosotros celebrábamos la fiesta del muguete...

—Sin querer. En mi modesta opinión, creo que, si ustedes miraran una planta como miran un perro, nos entenderíamos mejor. No miran ustedes florecer las glicinias de la misma forma que miran cómo corre un perro.

—Más que nada porque a las glicinias no se las ve florecer.

—Ya sé que ustedes creen que ver tiene importancia. Nosotros no. Discúlpenos. Si hubiera que verlo todo, la vida sería muy poco sutil. ¿Para qué hay que ver? Para adivinar lo que no podemos ver. Es indispensable. En caso contrario, nos reiríamos mucho rato al mirar las obras de arte.

De la misma forma (aunque por otras razones) me había hablado Nehru de su cárcel, de sus animales, de su brizna de hierba. Nehru no creía en la metempsicosis, ni mi interlocutor tampoco. Pero una civilización que ha creído que el hombre puede convertirse en glicinia mira las flores con ojos diferentes a los nuestros y escribe el admirable *Canto de las glicinias*. El legado de la metempsicosis proporciona a todas las formas de la vida una insidiosa fraternidad. El Bonzo seguía diciendo:

—En la época Heian, había en la cámara imperial una calavera de rinoceronte para favorecer la fecundidad, y dos espejos para ahuyentar a los malos espíritus. El castigo de muerte por azotes se administraba debajo de un cerezo en flor. No echo de menos los azotes; pero sí echo de menos, dignamente, el cerezo. Cuando los cerezos están en flor, todo el mundo tiene que sentirse feliz; es indispensable, y a los niños se les regalan juguetes de color rojo...

Recordaba la sangre de los dos desventurados a los que la Gestapo torturaba en Toulouse mientras me interrogaban a mí, y el llameante relámpago de las carpas rojas en el río de Hangzhou en cuanto alguien les echaba comida. Pregunté:

—¿Y China?

—No tenemos nada que ver con ese bicho gigantesco y necio que solo cree ya en la acción. Fue honorable. Ha muerto. La fuerza no me impresiona. China es más débil que Estados Unidos. Mao Zedong morirá.

—Pero habrá dado de comer a los chinos.

En aquella época regresaba yo de la India pasando por Hong Kong y no había vuelto aún a China.

El Bonzo siguió diciendo:

—La guerra fue entre nosotros y Estados Unidos. La paz será entre Estados Unidos y nosotros. Porque Estados Unidos cree eficazmente en la acción. Porque Japón sabe dignamente qué es la comunión.

—También la India.

—Conozco la India porque, en una ocasión en que iba a Francia e Italia, hice escala allí. Vi los museos. Vi Elefanta, cerca de Bombay. Compré muchas fotos. Primero vino el budismo. Luego...

—¿Y luego convulsiones?

—¿Convulsiones? ¿Tiene la bondad de explicármelo?

Se lo expliqué. Me contestó:

—Sí. Y también otras cosas. Las joyas de gran tamaño. Las flores de gran tamaño. A nosotros esas cosas nos horrorizan.

¡Y mucho ruido! A nosotros nos horroriza el ruido. ¿Para qué sirve?

—¿Se pregunta usted qué acompaña a esa tremenda orquesta? Eso que usted rechaza: la sangre y la oscuridad.

—Lo lamento, con todos mis respetos.

Yo estaba menos pendiente de sus opiniones que del recuerdo de las cabezas colosales de Elefanta, que el espíritu de aquel jardín japonés negaba de forma absoluta. El Bonzo estaba diciendo:

—¿Cómo nosotros, que hemos inventado el poema más corto, el haiku, íbamos a admirar ese... *ne*... ese...?

Hizo con los brazos un discreto ademán de confusión. Me pareció que con él pretendía decir: batiburrillo.

Me acordé, de pasada, de la amplia terraza vacía del templo del Mahalinga bajo el embrujo de la música nocturna. Y sobre todo de algo que nunca vi: el templo de Narayana del que me había hablado Nehru, en el que todos los fieles se reflejaban en invisibles espejos, entre la exuberante abundancia de esculturas, como almas que alguien arrojara a los dioses. «Dioses míos, que no sois sino yo mismo...».

—¿No le interesaron las cabezas de Elefanta?

—¡Más bichos grandes! No me gusta nuestro gran Daibutsu de Kamakura, que tiene tanta fama. Eso es lo que van a ver los turistas. Lo que es demasiado grande es... *ne*... insignificante. No me gustan las... cavas..., no, ustedes dicen: cuevas. Otra vez el drama. Ustedes esculpen a su Cristo muerto; nosotros casi nunca representamos al Buda muerto. Y nunca en esculturas. Lo lamento.

—El Buda no murió por la salvación de los hombres.

—Hasta cierto punto sí. Pero, mientras ustedes esculpían el crucifijo, el budismo esculpía, con reverencia, la Iluminación.

Citó el texto original: «La paz del abismo»; y añadió:

—Ustedes dicen «la suprema comunión».

—Sin embargo, fue el cristianismo el que convirtió la comunión en sacramento.

—¿Tendría la bondad de explicarme dónde se ve la comunión en el arte cristiano? ¿En unos cuantos honorables bueyes y mulas?

—Las mulas oraban juntando las orejas, y los bueyes juntando los cuernos. Pero hago mal en tomarlo a broma: el arte cristiano fue durante mucho tiempo garante de la oración.

—Tengo que reflexionar al respecto. Nunca lo había pensado. Ya sabe que para los *jap'neses* la oración no es tan importante como la meditación. Y además Occidente siempre está mezclando a los dioses con la religión. La religión es muchísimo más indispensable que los dioses.

—O que Dios.

—En *jap'nés* no existe esa palabra. La Creación es insignificante. Y también ocurre, en la comunión de ustedes, que siempre se refiere a hombres o a mujeres, a santos, a santas, a Jesús, a María. En este jardín ante el que nos hallamos no hay hombres. Ni animales. Ni hojas. Solo piedras.

—Y las sombras de las piedras.

Tanta era la perfección con que habían rastrillado la arena que resultaba inconcebible que pudiera haber en ella huellas de pasos, ni siquiera de patas de pájaros. Pero existía una armonía entre las piedras, las hojas y los animales. De alguna de las celdas llegaba el canto de un grillo; y en japonés al grillo lo llaman el señor cri-cri.

Mi interlocutor hablaba de cosas serenas, pero lo hacía con una angustia tanto más contagiosa cuanto que todo lo que nos rodeaba parecía rechazarla.

—Deseo —me respondió despacio—, deseo muchísimo que usted lo comprenda. Este jardín va a morir. Es posible que nadie le haga daño; va a morir. Querría hablar su lengua dignamente para poder explicárselo.

»Aquí estaba la eternidad, como dicen ustedes. Y el instante, que es lo mismo. Todo va a morir con el jardín. Habrá máquinas. Y también rivalidad entre los hombres. Habrá... tantas cosas: nada. Habrá nuestra juventud. En todas partes los estudiantes creen que los... *ne*... que los estados psíquicos pueden proporcionarles lo que nos proporcionaron a nosotros los estados metafísicos: la droga en vez del zen. ¿Me explico?

—Perfectamente.

—Pues entonces ya ve usted, con todo respeto, que resulta ridículo. Su arte no es una droga. A lo mejor, al hablar de él no digo «nada». ¿Por qué está por todas partes? Sus museos están en nuestro país, en Japón. Con los cuadros de ustedes y también con nuestras obras. Exponer al mismo tiempo obras tan numerosas es matarlas todas, de una en una.

Me acordé de que en el museo de Kioto cambiaban con frecuencia los rollos que en él se exponían (lo mismo sucede, por cierto, con los cuadros del Museo de Arte Moderno de Nueva York). No obstante, en Kioto hay un museo, no una de esas ocultas colecciones de las que Japón sacaba hace tiempo una obra para cada habitación, para cada día, no una de esas celdas en que un kakemono zen cuelga, primorosamente desenrollado, encima de una terracota haniwa, ingenua y astuta como una ardilla, o de una divinidad búdica.

El Bonzo alzó una mano por primera vez.

—Los museos de ustedes rodeando el jardín, como el avión con la bomba atómica dando vueltas alrededor de Hiroshima. Todas las imágenes dan vueltas. Los hombres han inventado las imágenes con la misma falta de sutileza que pescadores de peces del mar. He visitado algunos de sus museos. He visto muchas reproducciones. El Jardín de Piedra va a morir.

Dejó caer la mano despacio, y los dedos rozaron el kimono, uno a uno, como si desgranaran una escala. Los ruidos de la ciudad atravesaban el anochecer como el lejano murmullo de un manicomio. «Todas las imágenes dan vueltas». El museo de El Cairo y sus felpas; la Esfinge, que la oscuridad iba cercando; los corredores de la Gran Pirámide, tan parecidos a los de Nuremberg; el Ramesseum rebosante de pájaros, y las sombras de los gavilanes en torno a los colosos; la diosa del Eterno Retorno y el rayo de sol vertical que llega hasta ella, en su cripta, a las doce del mediodía; las Victorias griegas de desplegadas alas; la geometría mexicana de la plaza de la Luna, hacia la que zarpan escuadras de polvo; las esculturas mayas cubiertas de agujas de pino; los bajorrelieves iraníes sobre los que velan los graznidos de las águilas; la demente arquitectura de los observatorios mogoles; el Templo de los Monos, cuyas esculturas parecen obra de los propios monos; la Durga de Madurai, de cuyo hombro se bajaba el sinuoso gato negro; la inextricable proliferación de dioses de Delhi; las catedrales subterráneas de Ellora y Elefanta; ¡y desde El Cairo hasta China, tanta arte geomántica! Y también el Buda colosal de Longmen, a cuyos pies corre la perezosa inundación de su río amarillo; y la Ciudad Prohibida; y las avenidas funerarias, cuyos animales de piedra asoman entre los campos de sorgo y marcan el camino hacia las tumbas color granate que cubren tejados naranja. Es posible que los hombres, las mujeres e incluso sus sueños sean menos diferentes que sus artes. El Jardín de Piedra era mucho más sugerente que el Museo de Tokio, mucho más que cuanto había visto yo en Extremo Oriente, más incluso que la ciudad imperial en 1929, más que Nara.

Y había calado en mí, nada más comenzar la conversación, en la misma medida en que el arte occidental había calado en mi interlocutor, que hacía un esfuerzo casi doloroso por concretar sus opiniones.

—Hubo nuestro arte. Era una forma de dirigirse a las cosas. Al universo. Lo que hacía era... *ne*... desvelar la vida de las cosas. El arte de ustedes es diferente. Lo comprendo humildemente. Aprendí su lengua y creo que también aprendí su arte. E incluso el arte europeo. Quizá. Era más honorable antaño. No destruirá este jardín. Sin embargo, ya le he dicho que este jardín va a morir. ¿Por culpa de los jardines de ustedes? No. ¿Por culpa de los jardines estadounidenses? ¿Qué jardines estadounidenses? Por culpa del museo que traen ustedes, el museo de todas las épocas, de toda la tierra. Eso es. Debería desdeñar respetuosamente todas esas fotografías. Un único instante, valiosísimo, debería permitirnos... *ne*... rechazar todos sus museos. Pero eso no ocurre. Sin embargo, sé muy bien que en todos los países a los que he ido nunca he visto un ramo de flores: solo manojos. Podían mirarse desde cualquier ángulo, así que no eran ramos. Si me permite decirlo.

Añadió muy despacio, como si fuera traduciendo lo que decía:

—No puedo preferir lo que ya prefiero. No obstante, el arte no es un conjunto de formas. ¿Verdad?

Volvió luego al tono de la conversación:

—Entiendo por qué nosotros, los *jap'neses*, tenemos que construir máquinas poderosas. Tenemos que ganar. No comprendo por qué tenemos que construir grandes museos. Los construimos por obligación. ¿Quién nos obliga? Nosotros mismos. Ya sé que las cosas tienen que morir. Aquí, en el sitio en que está el jardín, un museo, un museo muy grande: Occidente, Egipto, México, los africanos. ¿Y también nosotros? Ya no seremos los mismos.

—Tampoco nosotros somos ya los mismos, y lo sabemos. Sé en qué consiste la comunión de ustedes y se la envidio con frecuencia. Pero no se engañe: lo más trascendental que les brinda Occidente no es el dominio del mundo, sino los interrogantes. Occidente es una puesta en entredicho que se ha vuelto loca. El poder refuerza esa locura y no puede curarla.

El Bonzo miraba caer la noche entre los elevados árboles que rebasaban el muro del jardín.

—Si me lo permite, hay una gran distancia entre los europeos y nosotros...

—No siempre. Cuando los comparo a ustedes con los estadounidenses, ese budismo suyo, que va desapareciendo pero lo sigue impregnando todo, me recuerda a nuestro cristianismo...

Me miró con el rabillo del ojo, afilado en la redonda cara de figurilla popular.

—¿Está usted seguro de que es un europeo como los demás?

—No lo estoy por lo siguiente: para los europeos, para los occidentales, Japón es un decorado. Lo mismo les da *Madame Chrysanthème* que *Madame Butterfly* y, si me apura, los admirables primitivos de su pintura cortesana. Para ellos es siempre un decorado.

—Dicen con mucha seguridad que lo copiamos todo: el budismo, el arte Meiji.

—Imitaron ustedes el budismo indio y chino como copiamos nosotros el cristianismo oriental y romano, y no en mayor medida. En lo tocante al arte Meiji, hay quien dice que imitaron ustedes a Inglaterra mejor de lo que supo hacerlo Asia. Pero se olvidan de que *eligieron* hacerlo. Consciente o inconscientemente, los comparan con sus *excolonias*, que es la forma más segura de no entender nada. Eso que yo llamo el decorado es lo que tiene más peso. Creo en Japón porque creo que su decorado es algo secundario.

—¿Pues qué cree usted que es... *ne*... lo principal?

—El templo de Ise, la península de Kumano, la cascada de Nachi...

Esos lugares me habían proporcionado una experiencia sobrecogedora. El templo sintoísta no tiene pasado, porque lo reconstruyen cada veinte años. Pero no es moderno, puesto que lleva al menos quince siglos siendo una copia del anterior. En los templos búdicos Japón se recrea en su pasado. En el templo sintoísta lo vence: es la mano del hombre conquistando la eternidad, el templo prometido a las llamas, pero que existe desde el principio de los siglos, mortal como los hombres, invulnerable como lo fue antaño Japón. Lo fugaz no prevalecerá sobre lo espiritual, y el arquitecto toma la delantera a la muerte. De nada vale hacer fotos de Ise. Si se toman de cerca, solo se ve el templo. Ahora bien, pese a su desnudo perfil de hoja de sable, pese a las bárbaras vigas del tejado, ni es un templo ni tiene vida cuando queda separado de los árboles: es el santuario y el altar de su catedral de gigantescos pinos. Pero las columnas de nuestras catedrales se pierden en las sombrías bóvedas, mientras que los pinos prestan a este altar la gloria de desmesuradas ascensiones que van a hundirse en el remate de sus copas de luz: ofrendas al sol, antepasado de Japón. Los espíritus invisibles, los Kami, miran desde lejos cómo envejecen los budas inmortales. Esta inmersión en el tiempo, que en ningún otro sitio puede alcanzar tales profundidades, se iba adueñando de mí poco a poco. El olvidado arquitecto concibió este santuario para que fuera inmortal porque los japoneses nunca iban a dejar de prenderle fuego y de volverlo a levantar; el olvidado jardinero había mandado plantar arbolillos jóvenes para que, al cabo de los siglos, pudieran escuchar los hombres la ignorada salmodia de la tierra. Nuestros arquitectos soñaron sus catedrales como piedras para la eternidad. Los de Ise soñaron la suya como la más grandiosa de todas las nubes. Y esta efímera arquitectura nos habla de eternidad con mucha mayor fuerza que las catedrales y que las pirámides. Y se lo debe no a la orquesta, sino a la rigurosidad de la nota única. De eternidad nos hablan también los espíritus del bosque, y los de la cascada, que, cayendo desde cien metros de altura, parece despeñarse hacia arriba (a su lado, las cataratas del Niágara parecerían una presa); tensos pilares, tensa cascada, hoja de sable hundida en la luz. Japón.

Mi interlocutor miraba cómo crecía la sombra de la piedra más alta.

—Los militares han matado Japón —dijo.

¿Cómo podía expresar tanta emoción aquel rostro inocente y casi abierto de par en par? Era una emoción contagiosa. Siguió diciendo:

—Los que carecen de inteligencia desprecian a nuestros soldados que cayeron en la guerra. Creen en la democracia. Su democracia... No basta con que las cosas estén al alcance de cualquiera para ser ciertas, ¿verdad? Dicen que desprecian el *bushido*. Dicen que el *bushido* es un militarismo tremendamente reaccionario. Pero debo decirle que, por desgracia, nuestros militares tampoco cumplían con el *bushido*...

—Demasiadas victorias hacen perder la razón. Sus militares habían vencido en demasiadas ocasiones. Pero decían que estaban poniendo la fuerza de su parte, e hicieron lo contrario. Nadie vencerá a Vietnam. No cuenta sino con un ejército débil, pero Estados Unidos nunca ha aceptado unánimemente la guerra de Vietnam. Y tampoco habría aceptado la guerra contra Japón si los militares japoneses no hubieran atacado Pearl Harbor. Se fiaron demasiado de su fuerza y pasaron por alto la debilidad de su adversario: la opinión pública.

»Pero el Japón de Ise existía antes de Tsushima. Y seguirá existiendo después de que se vayan los estadounidenses. Desde luego que su siguiente encarnación no tendrá nada que ver con Ise, pero tampoco con la era Meiji. Ha dicho usted que no soy un europeo como los demás; los europeos creen que intuyen Japón en todos y cada uno de sus rascacielos, y a mí una ciudad como Tokio me parece un decorado tan superficial como el de *Madame Chrysanthème*. Si una *geisha* cambia diez veces de traje, pero nunca le vemos el cuerpo, no por ello dejamos de saber que tiene cuerpo. Japón tiene cuerpo.

—Japón está perdido si el pasado está condenado.

—Primero vino el budismo, luego el arte Meiji, y lo que estamos viendo hoy en día, que aún no se llama de ninguna manera. Pero volverá, una vez más, el Japón de Ise.

Se quedó callado mucho rato, inmóvil, como si lo hipnotizara la insensible vida del atardecer que iba cayendo, y susurró una frase en japonés. Volvió de nuevo hacia mí los empañados ojos mientras decía con voz más firme:

—Muchas cosas están desapareciendo... Muchas cosas muy importantes. Más importantes que el *bushido*. ¿Se ha fijado usted en ese caballero que estaba con el superior?

—Sí... Bueno, no mucho.

—Pertenece a la secta shingon. Fue superior de un gran monasterio. Ha leído los libros de la religión cristiana. Ha leído trabajos sobre las doctrinas filosóficas. Traducidos, por desgracia. Me dijo un día que los europeos siempre andaban buscando las causas: las de los sentimientos, las de las acciones. Sobre todo de las acciones.

—Stendhal escribió, citando a su maestro, Tracy: «Conocer a los hombres para poder influir en ellos».

—Eso es. Así que ese caballero, el otro superior, me preguntó: «¿Entiende usted por qué los pensadores europeos estudian esas cosas? Comprendo que estudien sus ciencias. También nosotros, los *jap'neses*, tenemos que estudiarlas. Pero ¿y eso que llaman psicología? ¿Cree que consistirá en eso que nosotros llamamos observaciones? ¿O serán cuestiones parecidas a las cuestiones de etiqueta?». De las que tienen una gran ignorancia, por lo que contaba ese superior. Si me permite decirlo.

—¿Ha leído usted a Stendhal?

—Las dos novelas y el libro sobre el amor. Con mucha atención, quizá.

—Si esos dos superiores conociesen de verdad a Nietzsche, ¿qué respuesta atribuirían al pensamiento búdico?

—Responderían: deben ustedes quitarse de encima esos problemas... que carecen de interés.

—¿Falsos?

—No. Falsos no. ¿Cómo dicen ustedes? *Ne... osiosos.*

—¿Ha leído usted a Nietzsche?

—Algo.

—¿Y el superior?

—Seguramente no. Pero puedo asegurarle que, si lo hubiera leído, opinaría exactamente lo mismo.

—¿Cuestiones de etiqueta?

—Eso es... El Buda se habría compadecido de Zaratustra. Quiere librarlo de sus problemas. «Si a tu amigo lo atraviesa una flecha, no te ocupes del arquero; arranca la flecha». Mi acompañante me hacía alcanzar la esencia de la fe búdica. Él era budista, y también sintoísta, como muchos de sus compatriotas, y debía de pensar, con mentalidad japonesa: Nietzsche aspira a la transmutación de los valores, y eso es un propósito sin interés alguno, porque los valores forman parte de las cosas fugaces, de la maya. El budismo auténtico es una puesta en entredicho de los valores en nombre de un valor supremo, que es objeto de fe, puesto que solo es posible alcanzarlo mediante un estado psíquico muy infrecuente y que no se puede transmitir a los demás: la Iluminación. Occidente considera que el nirvana es un mito (en el sentido de hipótesis que requiere una acción); el budismo y sus antecedentes asiáticos implican la fe en la existencia del Despertar, la creencia en el hecho de que el nirvana *es* Despertar.

Teoría que, para mi sorpresa, compartía el Bonzo.

—Ese caballero, el superior, se salió de su monasterio por razones... *ne*... parecidas, sí. Pero no por esas honorables objeciones europeas. Me dijo: «Me he dado cuenta de que el *satori** es también parte integrante de la Ilusión. No soy ni europeísta ni materialista, ni nada por el estilo. Habría que fundar una secta nueva. El budismo sabe que el *satori* es el Despertar, pero la verdad no consiste ya en saberlo. La verdad consiste en saber...

Se quedó en silencio un buen rato para elaborar en francés la frase que quería decir:

—... en saber que el propio nirvana forma parte de la maya... que hay que entrar en comunión con lo que está más allá del nirvana». Siento expresarme tan mal. El nirvana es la tentación más elevada. El absoluto es... *ne*... lo que está más allá.

Mi acompañante, con los ojos cerrados para concentrarse mejor, hablaba como me imagino que habrían hablado los cristianos medievales de una herejía fascinante. Con admira-

---

* La «liberación de la apariencia».

ción, pero sin contaminarse lo más mínimo. Su budismo parecía tan sereno como cuando había aceptado el matrimonio según los ritos sintoístas. Pero, en el supuesto de que se hubiera sentido trastornado, yo no habría llegado a enterarme. Abrió los ojos.

—Y entonces, ese caballero, el superior, se salió de su templo.

Volvió a cerrar los ojos con una sonrisa —esa sonrisa con que los japoneses anuncian las catástrofes—, y los labios formaron una raya diagonal en la cabeza esférica. Se sacó del kimono un objeto alargado, de unos veinte centímetros de largo, envuelto en papel de seda, y abrió los ojos como sin querer. Lo que estaba viendo dar vueltas en la oscuridad, como el avión rapaz de Hiroshima, no era nuestro arte, sino la invasión del arte milenario. Desató el fino cordel blanco y rojo que indicaba que el paquetito era un regalo, pero no me lo tendió. Desdobló el papel, lo alisó y sacó una admirable estatuilla búdica, de Nara, a lo que me pareció, salpicada de las minúsculas hojas de oro de las ofrendas. Soltó la misma carcajada extraña que cuando había dicho: «Está empezando la era de los suicidas», la interrumpió de golpe y dijo:

—Acuérdese de que el *seppuku* no es el suicidio; el *seppuku* es el sacrificio ante el altar de los antepasados. También el Jardín de Piedra es el altar de los antepasados.

Parecía estar lanzando uno de aquellos retos cortesanos del antiguo Japón que desembocaban en la muerte. «Riéndose de rabia», como habría dicho él.

Me despedí. Al llegar a la puerta del jardín, me volví para decirle adiós con la mano.

Detrás de él había unos muchachos (¿sus alumnos?). Estaba de pie y miraba arder la estatuilla, a la que había prendido fuego, y que sujetaba por los pies entre el pulgar y el índice.

«El sacrificio ante el altar de los antepasados...». Recordé mis palabras de Orleáns, en 1961, ante el gentío que se agolpaba en la inmensa plaza del Martroi durante la conmemoración de Juana de Arco: «Y la alcanzó la primera llama de la hoguera. Entonces, desde las tierras en que se había alzado el bosque de Brocelianda hasta los cementerios de Tierra Santa, los antiguos caballeros difuntos se alzaron de sus tumbas. En el silencio de la fúnebre noche, apartando las manos juntas de sus pétreas estatuas yacentes, los valientes de la Tabla Redonda y los compañeros de san Luis, los primeros combatientes caídos ante las murallas de Jerusalén y los últimos fieles del buen rey leproso, la asamblea toda de los sueños de la cristiandad contempló con sus órbitas de sombra cómo se alzaban aquellas llamas, que iban a cruzar los siglos, hasta alcanzar la silueta, por fin inmóvil, que se estaba convirtiendo en el abrasado cuerpo de la caballería». La azulada llama de la estatuilla, que simbolizaba la invencible permanencia de Japón, se alzaba, como la llama de un mechero, frente al jardín solitario, libre incluso de plantas desde hacía muchos siglos. Yo había llegado ya a los árboles bajos, cubiertos de papillotes como si estuvieran en flor: la única forma de escapar de un horóscopo desfavorable es hacer con él un papillote en la rama de un árbol sagrado. ¡Cuántos horóscopos desfavorables! Un sacerdote sintoísta no hubiera sentido sino indiferencia ante el sacrificio ritual del Bonzo; desde el punto de vista de su religión, que reconstruye periódicamente tanto a sus dioses como sus templos, la destrucción es algo de tan escasa importancia como la antigüedad. Me acordaba de la solemne columnata de los árboles de Ise, que habían llegado hasta nosotros desde lo más hondo de los siglos con su carga de luz. Y me acordaba de mi amigo Matsui, que había muerto junto con otros kamikazes.

Mis recuerdos se encaran entre sí mientras vuelo sobre grandes islas de nieve cuyos perfiles se pierden en el océano, cada
vez más oscuro. «La comunión con la tierra», decía el Bonzo
mirando las pacientes sombras de las rocas bajas. La primera
vez que vine a Japón, en los cines proyectaban *El millón*, de
René Clair, y los escritores japoneses me preguntaron: «¿Es
cierto que Francia se parece tanto a China?». Esta noche Francia es De Gaulle, y China es Mao. Todo el pasado que defendía el Bonzo estaba vivo aún en mi China de 1929, en la que
los zorros se perseguían por las murallas de Pekín, entre los
asteres morados. ¿Qué queda de todo aquello? Mao, haciéndose visera con la mano sin soltar el cigarrillo, cuyo hilillo de
humo se perdía en la luz del sol poniente... El heredero de los
emperadores de hierro ha barrido con la comunión más dilatada que hubieran conocido los hombres para poder crear la
suya; y lo sabe. La primera vez que estuve en Kioto no sabía
nada de la política japonesa; la última, vi a cantantes callejeros,
soldados amputados que vestían de uniforme, dar un solitario
concierto al final de la avenida del Templo Mayor. Hoy, al
acordarme del harakiri, me acuerdo también de Méry, de su
civilización soñada, en la que la gente elegiría para morir el
suicidio de los estoicos. Me acuerdo también de Singapur, de
la calle de la Muerte. Los chinos que allí viven, entre los fabri-
cantes de ataúdes y la música de las honras fúnebres, sintonizan con la agonía, de la misma forma que antiguamente todo
Japón sintonizaba con la vida. En el Jardín de Piedra calcula-
ba la hora que sería en Chartres. Mientras el avión se remonta
hacia la noche polar, ¿qué hora será en la calle de los ataúdes y
las flores funerarias? ¿Qué habrá sido del niño de Méry? ¿Y del
gato Limpiaplumas? ¡Qué bien habría entonado la melancolía

de Méry, que odiaba Japón, con la serenidad del Bonzo! La vida es eso que seguiría adelante aunque ya no quedasen hombres, aunque hubiesen quemado todas las obras maestras para rendir homenaje a cuanto va a morir, o a cuanto va a nacer.

Extensiones blancas. Anchorage. La primera vez que pasé por aquí, esperaba encontrarme con un puerto pesquero y unos cuantos esquimales. Me encontré con una base militar y muchas avenidas desiertas. Guirnaldas de bombillas, algunos bares de rojo resplandor (eran las tres de la madrugada) y, en medio de la nieve de la plaza mayor, elevados tótems cuyas águilas pieles rojas amparaban a un san José y a una Virgen arrodillada. Eran propiedad de la isba de imitación que hace las veces de oficina de turismo. Habían puesto un Nacimiento, luego lo habían quitado y habían dejado las imágenes en la solitaria plaza, al pie de los animales mágicos. En la avenida, un único automóvil. Era el 26 de diciembre.

Esta vez no cambiamos de avión. Y el aparato en que viajo reanuda el vuelo sobre la blanca inmensidad. Mañana, cuando llegue a Europa, seré un día más joven. Antes de volar sobre la banquisa, puedo ver aún grandes manchas de océano. No me apetece sacar mis notas del maletín. Me acuerdo del alemán que se compadecía tanto de mi pobre familia; de los indios de Chichicastenango; del paredón ante el que iban a fusilarme; del cuarto de baño de Toulouse; de Elefanta y de los carros de 1940; de los árboles de Mao cuya corteza se habían comido los campesinos; de la flota estadounidense ante las costas de Da Nang... De la misma forma que el Asia de antaño dialogaba con la que me encontré, treinta años después, dialogan entre sí mis recuerdos supervivientes; aunque es posible que de todo cuanto he vivido solo se me hayan quedado grabados los diálogos... No obstante, en esta noche polar, mientras vuelo sobre las últimas aguas primigenias, semejantes a las de la India, en las que descansa un dios-niño invisible aún, solo sé del diálogo más desgarrador lo que me han contado. No tiene una relación directa con mi vida... y eso que... Si me vuelve a la memoria durante esta larga noche, como si fuera el juez secreto de tantos recuerdos, es porque el diálogo entre el ser humano y la tortura es más profundo que el que mantiene el hombre con la muerte.

La noche de diciembre sobre París, con las heladas estrellas luciendo por encima de las siluetas de las chimeneas de Daumier. En el extremo de la isla, donde antes estuvo el depósito de cadáveres, la Cripta de los Deportados, con rastrillos de negras espadas y doscientas mil marcas, que representan a los doscientos mil desaparecidos; hay en ella tierra de los campos de concentración, ceniza de los crematorios y el cuerpo de un desconocido. En el jardincito que no protege la borrosa mole de Notre-Dame (esta noche la Muerte está bajo tierra), las delegaciones de supervivientes rodean el carro de asalto en que vamos a trasladar las cenizas de Jean Moulin al Panteón. No volverán a encenderse los faroles hasta que se haya alejado el carro con su escolta de antorchas, que llevan los cinco mil jóvenes que han enviado las organizaciones de la Resistencia. La vista se va haciendo a la neblina de luna; algunos veteranos se reconocen entre sí. Traen las cenizas en una caja de niño. El carro arranca, las delegaciones se colocan detrás. Se encienden las antorchas. La llama de las antorchas de hoy en día tiene el azulado y palpitante resplandor de las llamas de acetileno; las piernas avanzan despacio entre las sombras, las cabezas están a plena luz. La gran mayoría de los que acaban de reconocerse, y que a la luz de la luna tanto se parecían al recuerdo que de ellos tenían los demás (son sus hijos quienes llevan las antorchas...), caen en la cuenta de que tienen el pelo blanco...

Avanza el carro, al paso, en pos de los caballos de la Guardia Republicana. Muchos de los que van detrás caminan aún más despacio. Todas las luces se apagan cuando pasa. Las antorchas, que ya no iluminan más que los rostros jóvenes, sirven de marco a una muchedumbre desdibujada y muda. Me acuerdo de la batalla de Jarnac y La Châtaigneraie, tal y como la refiere Michelet: Enrique II topándose con los supervivientes de Pavía y Agnadel subidos en sus caballos, cojos desde los tiempos de las batallas de Italia, con sus uniformes de tiempos de Luis XII y sus barbas blancas... Las antorchas se reflejan en el Sena baudelairano, y el carro cruza, llevando en pos su cola de tinieblas, por delante de los cafés del bulevar Saint-Michel, que apagan las luces a su paso.

Me adelanto hasta el Panteón para comprobar que los preparativos están a punto. Del final de la calle Soufflot me llega un ruido de la infancia: el golpeteo de los cascos de los caballos, que los jinetes de la Guardia obligan a caminar al paso. Solo se ve la luz de la luna, rayando de blanco y negro los enhiestos sables, y detrás las llamas de las antorchas, que a esta distancia no permiten divisar los rostros.

El ruido del carro, que acaba de dejar el bulevar, cubre el de los cascos.

Depositan la cajita encima del catafalco. El general Koenig hace la primera guardia. La gente empieza a dispersarse; en un rincón de la plaza, que se va quedando vacía, no tardará en consumirse una fogata de antorchas, inútiles ya.

A la mañana siguiente, mientras pronuncio la oración fúnebre, el helado viento azota el micrófono con las hojas de papel, entre un rumor de resaca.

A derecha e izquierda, pero en segundo plano, los abanderados y los miembros de la orden de los Compañeros de la Liberación; en primera fila, al pie de los dos palacios, las autoridades. El general De Gaulle, que lleva el largo gabán que solo le había visto en las fotos del desembarco, se ha quedado de pie; y nadie se ha sentado. En la calle Soufflot, el gentío. La *Marcha lúgubre* de Gossec baja desde la cúpula, con el grave redoble de sus tambores de guerra. El viento silba en el micrófono y hace correr por los adoquines torbellinos de polvo helado. Plaza de los vientos, semejante a las solemnes plazas de los sueños, con esta música de ultratumba, este vacío, y los uniformes en lontananza; a mi espalda, la mole de las columnas del Panteón, y por doquier el reclamo de una atención tan viva como una presencia en la noche. Para la mayoría de los que me escuchan desde la calle Soufflot, a los que no veo desde aquí, hablo de sus propios muertos. Y de los míos.

«Son los días en que, en el campo, atendemos al ladrido de los perros, en la profunda oscuridad de la noche, para saber a qué obedece; los días en que los paracaídas de colores, cargados de armas y de cigarrillos, caen del cielo guiándose por la luz de las hogueras encendidas en los calveros o en las mesetas; el tiempo de los sótanos y de los gritos de desesperación que, con voces de niño, lanzan los torturados...

»Ha empezado la gran lucha de las tinieblas.

»El día en que, en Lyon, en Fort-Montluc, el agente de la Gestapo, tras haber mandado torturar a Jean Moulin, le tiende lápiz y papel porque este ya no puede hablar, él dibuja una caricatura de su enemigo. Para narrar las terribles cosas que sucedieron después, limitémonos a escuchar las sencillas palabras de su hermana: "Ha concluido su misión y ha comenzado su calvario. Lo vejan, le asestan salvajes golpes, la cabeza le sangra, los órganos se le revientan, y llega a los límites del sufrimiento humano sin revelar ni un solo secreto, él, que los conocía todos".

»Pero he aquí el triunfo de este silencio que tan atroz precio ha costado: el rumbo del destino cambia. Mira, tú, dirigente de la Resistencia, que sufriste martirio en esos espantosos sótanos, mira con tus ausentes ojos a todas estas enlutadas mujeres que velan a nuestros camaradas: ¡por Francia y por ti llevan luto! ¡Mira cómo pasan sin ruido bajo las encinas enanas de Quercy, con una bandera hecha con retales de muselina anudados, esos maquis con los que la Gestapo no podrá dar nunca, porque cree que solo valen para algo los árboles altos!

»Mira al prisionero que entra en un lujoso palacete y se pregunta por qué lo alojan en un cuarto de baño; todavía no ha oído hablar de la bañera».

Pese a los altavoces, la muchedumbre está tan alejada que no me queda más remedio que recitar a gritos una salmodia.

«Mira tú, pobre rey torturado de las sombras, mira a tu pueblo de sombras alzarse en la noche de junio, cuajada de torturas... Aquí llega el estruendo de los carros alemanes que van hacia Normandía, cruzando entre los prolongados gemidos del ganado, que su fragor despierta: a ti te debemos que los carros no llegasen a tiempo. Y nada más romper los Aliados el frente, mira tú, prefecto, cómo aparecen en todas las ciudades de Francia los comisarios de la República. ¡Solo faltan los que han muerto asesinados! También tú sentiste envidia, como nosotros, de los épicos vagabundos de Leclerc: mira tú, combatiente, cómo salen a gatas tus vagabundos de sus sotobosques de encinas; mira cómo detienen, con sus manos de campesinos ya hechas a los bazucas, a una de las primeras divisiones acorazadas del imperio hitleriano: la división Das Reich.

»Igual que entró Leclerc en los Inválidos con su glorioso cortejo, caminando en el nimbo del sol de África y los combates de Alsacia, entra ahora aquí tú, Jean Moulin, con tu estremecedor cortejo. Con los que, como tú, murieron en los sótanos sin haber hablado; y también, porque es aún más atroz si cabe, con los que murieron tras haber hablado; con todos los uniformes de rayas y todas las cabezas afeitadas de los campos de exterminio; con el último cuerpo titubeante de las espantosas filas de *Noche y niebla*, que se desploma al fin bajo los golpes de las culatas; con las ocho mil francesas que no regresaron de las cárceles, con la última mujer que murió en Ravensbrück por haber abierto su casa a uno de los nuestros. Entra aquí con el pueblo que nació de la sombra y que esta se llevó consigo, con nuestros hermanos de la orden de la Noche...».

Comienza a sonar *El canto de los partisanos*. Cuántas veces lo he oído tararear a boca cerrada en noches de paracaidistas tan frías como la de hoy; y un día a voz en cuello, entre la niebla de los bosques de Alsacia, donde se sumaba a los aislados balidos de las ovejas de los tabores...

«He aquí la marcha fúnebre de estas cenizas. Aquí descansarán, junto a las de Carnot y los soldados del año II; junto a las de Victor Hugo y los Miserables; junto a las de Jaurès, que vela la Justicia. Aquí descansarán junto con su dilatado cortejo de desfiguradas sombras...».

Los soldados van a empezar a desfilar. Todo está quieto, como en suspenso. No hay aplausos tras una oración fúnebre. *El canto de los partisanos* se va extendiendo en quejumbrosas ondas, como una nana para todos los que murieron en la guerra. Trasladan el cuerpo a la nave, donde el general De Gaulle va a saludar a la familia de Jean Moulin. También está tocando la banda de la Guardia, detrás de un cortinaje teatral. No hay instalación de sonido dentro del Panteón, y esta música de verdad parece el eco frágil y recogido de la gran queja con que inundan los altavoces las heladas calles. (Estuve aquí mismo en 1933: en el centro de la nave romana una niña solitaria lanzaba un globo rojo al aire...). Bajan el cuerpo a la cripta. Vuelvo a subir con Laure Moulin. Ya se han ido los músicos; la puerta monumental, que da a la plaza, está abierta y por ella entran las retumbantes pisadas de las últimas tropas, que pasan desfilando. Le digo a la señorita Moulin:

—El general me ha dicho: «Para todo lo que tenga que ver con documentos, debería usted recurrir a su hermana: es igual que él».

Veo que me ha entendido, porque no se parecen físicamente. Me contesta:

—Cuando murió, tenía cuarenta y cinco años; y yo tengo setenta y dos...

(Apenas aparenta tener sesenta).

Todavía no han abierto la plaza al público. Se marchan los miembros del cuerpo diplomático; aún no se han ido los abanderados, los hombres de la Liberación, los de los maquis, los supervivientes de los campos; aquí están, a la luz del día, los que se habían reconocido en la oscuridad de la noche...

Hoy es el día de la muerte. No de la muerte en la tortura o en la guerra, sino de la que llega por sus pasos. Diez millones de franceses han seguido la ceremonia por televisión. Pero lo que no se ha visto por televisión es que todos estos abanderados son ancianos y que no queda ni un hombre joven en la plaza. Tendrá que anochecer para que puedan reconocerse...

He dicho hace un momento: «Con Jean Moulin concluía la prehistoria de la Resistencia».

A principios de 1944 los alemanes habían conseguido localizar uno de los envíos llegados por paracaídas, por lo que fui por primera vez a pasar revista a los escondrijos de todos nuestros maquis. En algunos estaban las armas para los voluntarios que se unirían a nosotros cuando corriera la voz del desembarco. En Périgord hay muchas cuevas, y por las escalas de hierro colocadas tiempo atrás para los turistas subíamos hasta nuestro material, oculto en alveolos contiguos que parecían los palcos de un teatro magdaleniense. Pero la cueva mayor de Montignac estaba bajo tierra, y el escondrijo quedaba lejos de la entrada. Llevábamos linternas muy potentes, pues ya era de noche y cuantos se habían perdido en estas cuevas habían muerto. El pasadizo se iba estrechando tanto que solo podíamos caminar de lado, y algo más adelante daba un giro de noventa grados. En la roca que parecía cortarnos el paso se vislumbraba un dibujo de gran tamaño. Pensé que se trataba de una marca de nuestros guías y la enfoqué con la linterna. Era un enmarañado rebaño de bisontes.

En Font-de-Gaume las pinturas prehistóricas estaban muy borrosas. Pero estos bisontes tenían una nitidez tal que era como si los hubieran estampado en la roca, y resultaba tanto más singular cuanto que las paredes de la cueva eran gigantescas piedras lisas, ora cóncavas, ora convexas, que parecían los órganos de un cuerpo. Nos íbamos deslizando entre aquella petrificada casquería, pues aquella falla no se ensanchaba para formar salas, como si camináramos por las entrañas de la tierra. El bisonte no era una marca para orientarse, pero sí debía de haberlo sido unos veinte mil años atrás. Toda cueva subterránea causa angustia, porque un desprendimiento dejaría enterrados en ella a los vivos. No es la muerte, es la tumba.

Y el bisonte prestaba a aquella tumba un alma enigmática, como si hubiera brotado de la tierra intemporal para guiarnos. Era posible que estuvieran pasando sobre nuestras cabezas las patrullas alemanas; nosotros nos encaminábamos hacia nuestras armas, y los bisontes llevaban doscientos siglos galopando por la roca. La falla se ensanchó y se ramificó. Nuestras linternas no podían alumbrar aquellos abismos; sus haces de luz nos guiaban como el bastón al ciego. De las paredes de piedra que nos rodeaban solo veíamos ya algunos trozos claros y brillantes. Tras cada una de las fallas, las linternas sacaban otra de entre las sombras, y así hasta el corazón de la tierra. Aquella oscuridad no tenía nada que ver con la de la noche, pues procedía no del cielo abierto, sino de grietas clausuradas que se sucedían hasta el infinito. Y que resultaban cada vez más angustiosas, porque parecían de piedra labrada. Mis compañeros ya no hablaban, sino que cuchicheaban. Tuvimos que agacharnos para seguir por el pasadizo, que parecía aún más estrecho al limitarlo nuestros redondeles de luz, y desembocó al fin en una hendidura de unos treinta metros de largo por diez de ancho. Los guías se detuvieron, y los rayos de todas las linternas enfocaron el mismo punto: encima de unos paracaídas rojos y azules, extendidos, había cajas y más cajas. Las custodiaban, parecidas a dos animales del futuro, dos ametralladoras con sus trípodes, que parecían gatos egipcios apoyados en las patas delanteras. Y en la bóveda, que aquí era una superficie uniforme, gigantescos animales con cuernos.

Seguramente este lugar había sido sagrado; aún lo era, no solo por ese alma que hay en las cavernas, sino también porque un incomprensible lazo establecía un vínculo entre los bisontes, los toros, los caballos (y había muchos más, que la luz no abarcaba) y aquellas cajas, que parecían haber nacido por generación espontánea y estaban bajo la custodia de las ametralladoras que nos apuntaban. Por la bóveda, que cubría algo semejante al salitre, corrían, como símbolos fugitivos, los animales oscuros y espléndidos al ritmo que les marcaban nuestros redondeles de luz. El hombre que estaba a mi lado alzó la tapa de una caja llena de municiones; al dejar la linterna en el suelo, cruzó por la bóveda su desmesurada sombra. Así debían de ser las sombras de los cazadores de bisontes, como las de gigantes cuando las proyectaba la llama de las antorchas de resina...

Bajamos a un pozo no muy hondo por una cuerda de nudos. En la pared, una tosca forma humana con cabeza de pájaro. Con insólito tintineo, que fue a perderse en las tinieblas, se desplomó una pila de bazucas; luego volvió el silencio, más vacío y amenazador que antes.

Según regresábamos hacia la salida, la roca iba insinuando aquí y allá animales amputados, como se insinúan formas humanas en las paredes viejas. Volvimos a ver los árboles jóvenes de la colina blanca de escarcha, el Vézère, la oscuridad de la guerra sobre el borroso bulto de Montignac, las estrellas, la transparencia de la oscuridad terrestre.

«¿Le interesan las pinturas? —me preguntó el guía—. Las encontraron unos chiquillos cuando se metieron para ir a buscar a su perrito, en septiembre de 1940. Son muy antiguas. Vinieron unos investigadores. Pero en 1940 ya se puede usted figurar...».

Estábamos en Lascaux.

Tropas, autoridades, policía, todos se han ido.

Me acuerdo de aquel rayo de luz eléctrica perdido en el centro de la tierra, de aquella milenaria huida por encima de dos ametralladoras, que parecían dos perros de muestra, y de un perro de carne y hueso que aullaba a orillas del Vézère. ¿Fue al salir de allí, bajo un cielo como el de esa noche, cuando aquel ser que parecía un gorila, que cazaba como las fieras y pintaba como los hombres, comprendió por vez primera que antes o después tendría que morir?

La vida ha reanudado su curso, sin combates ni funerales, en la plaza del Panteón, por la que vuelven a pasar los transeúntes. «Lo vejan, le asestan golpes salvajes, los órganos se le revientan...». Durante estas honras fúnebres, que no hubieran sido por supuesto iguales si Jean Moulin, en vez de morir como un mártir, hubiera muerto siendo ministro o mariscal, ha pasado despacio por encima del Panteón esa sombra que es más poderosa que la de la muerte, la del Mal sempiterno con el que se han ido enfrentando, una tras otra, las religiones, y con el que se enfrentaba en esos momentos aquella caja de niño y su invisible guardia de espectros caídos en la noche báltica; y también su guardia de supervivientes, que no se habían reconocido sino antes de poder verse con claridad, y que era posible que no se volvieran a ver nunca más.

Recuerdo los párpados caídos de Bernanos el día en que le dije: «Con los campos, Satanás ha vuelto al mundo bajo apariencia tangible».

Me he acordado de Bernanos porque estoy pasando por delante de Saint-Sulpice. No había vuelto desde su funeral. La iglesia estaba llena de gente, pero entre ella no había escritores. Yo estaba al lado de la delegación de republicanos españoles. Era un día de marzo; había en el cielo las mismas nubes bajas y deshilachadas que en las escenas más hermosas de sus novelas y repentinos desgarrones de sol. Unos días antes me había dicho en el Hospital Estadounidense: «Ahora es Él quien tiene que decidir qué quiera que haga». Aludía a un posible libro sobre la vida de Cristo, y opinaba que debería escribirlo si no se moría; que si se curaba esa sería la señal de que lo tenía que escribir. Me había dicho también: «Sonrío, ya ve usted, aunque no tengo ganas de sonreír. Pero seguiré haciéndolo hasta que me muera. Creo que los hombres queremos nuestra muerte como Él quiso la suya. Vuelve a morir en cada hombre agonizante. Además, no nos libramos de la puerilidad del pecado sino a la hora de la muerte; no volvemos a nuestro ser sino a la hora de la muerte. Y ahí es donde Él nos está esperando». El padre Pezeril había llegado a ese punto de su oración fúnebre en el que recuerda que, al administrarle los últimos sacramentos, Bernanos le había dicho bajito, refiriéndose sin duda alguna a Dios: «Ahora vamos a vernos las caras».

En ese preciso instante asomó el sol, y un rayo recto como un barrote vino a posarse sobre el ataúd.

Voy a asistir a una reunión del comité que tiene a su cargo la construcción de un monumento a Jean Moulin. Lo forman los delegados de las organizaciones de resistentes, deportados y supervivientes de los campos de exterminio.

Llevo veinte años acordándome de los campos. El espanto y la tortura recorrieron de cabo a rabo casi todos mis libros en unos tiempos en que solo sabíamos aún del presidio. Mi experiencia personal no posee prácticamente valor alguno, aunque no haya olvidado a aquel miembro de la Gestapo, joven y rizoso; ni a los torturados de Toulouse, a los que vi por las puertas abiertas; ni a la mujer de las cucharadas de té. No estoy pensando en la experiencia, sino en ese único diálogo más profundo que el que mantiene el hombre con la muerte.

Como a todos los escritores de mi generación, me había llamado mucho la atención el párrafo de *Los hermanos Karamazov* en el que dice Iván: «Si la voluntad divina exige que un niño inocente sufra a manos de un hombre brutal, conmigo que no cuenten». En su día presté los *Karamazov* al capellán de Les Glières y, al devolvérmelo, me escribió: «Me ha parecido estupendo, pero plantea el eterno problema del Mal. Y para mí el Mal no es un problema, sino un misterio».

Dostoievski, Cervantes, Daniel Defoe, Villon: los hombres del presidio, de los baños, de la picota, de la cárcel... Mientras voy desde el Panteón hacia el Sena, pues el comité tiene su sede en la cripta de los Deportados, me acuerdo del jardín de Crimea donde Gorki me dijo: «Le pregunté a un konsomol, hacia 1925, qué le parecía *Crimen y castigo*, y me contestó: "¡Cuántas historias solo por una vieja!"».

¿Murió el konsomol en un presidio ruso o en un campo alemán? ¿O sencillamente se ha enterado de muchas cosas desde entonces?

Dostoievski poseía una invencible capacidad de esperanza que no aflora en sus obras sino de tarde en tarde. Meyerhold, tras haberme llevado en San Petersburgo a visitar el viejo barrio de *Crimen y castigo* (interminables escaleras de hierro se perdían en la sombra poblada de fantasmas de los canales), me llevó en Moscú a la casa donde vivió el escritor en la adolescencia, la de su padre, médico de la Academia Militar. En la pared del despacho, enmarcada en felpa, la enorme ampliación de una foto desvaída. Me resultaban ya familiares esos hombros que encorvaron todas las categorías de la desesperación, esa cara de calavera con la que tan bien casaba la barba rala; pero en la solitaria penumbra tomaban el cariz de un aparecido, como si la decoloración del bromuro nos impusiera la evidencia del pasado de forma mucho más convincente que cualquier atuendo. Era, en efecto, esa misma imagen que roba el alma a los vivos y a la que tanto miedo tenían hace años los asiáticos; allí estaba, pinchada en la pared, con su doliente mirada y su color de insecto. Pero era también una resurrección tanto más sobrecogedora cuanto que aquella imagen de tamaño natural pertenecía sin duda al reino de la muerte, puesto que era ese Lázaro que Dostoievski había recobrado antaño no para consolar a los asesinos y a las prostitutas, sino para socavar los cimientos de las columnas sobre las que se asienta el enigma del mundo; rebasando incluso las prédicas del amor, los nubarrones de lo irremediable y del sufrimiento, el supremo enigma de la pregunta: «¿Qué haces en esta tierra donde reina el dolor?». La pregunta más acuciante desde la de Shakespeare exhalaba su trágico jadeo en aquella portería. La portera sacó un libro del escritorio y nos lo tendió: «Es la Biblia que trajo del presidio». Estaba anotada de arriba abajo: siempre la misma palabra: «*niet*». Para saber el futuro, los rusos abrían la Biblia nada más despertarse: el primer párrafo de la página de la izquierda era la predicción de lo que iba a suceder. Así que, tras haber leído durante semanas, o días, en cualquiera de los Evangelios: «Y ve María Magdalena la piedra quitada del sepulcro», el presidiario, siempre con la misma letra, había escrito al lado, una y otra vez, tristemente: «*no*».

Al salir de la calle Saint-Jacques, me acuerdo de aquel retrato, colgado entre las dos ventanas por las que se veía el patio del cuartel, con sus tristones adoquines; y del soñoliento barrendero, entre la niebla; y de la portera comunista, cuyo pelo blanco cubría la toquilla negra de la vieja Rusia, esperando a que Meyerhold le devolviera el libro. Me acuerdo, Dostoievski, de tus bufones ebrios de alcohol y fraternidad en el atardecer de San Petersburgo, de tus santos y de tus fanáticos, de tus inverosímiles teorías políticas y de tu alma de profeta. Te contemplo aquí, cuando la revelación del patíbulo ya te había librado de tus traducciones de Balzac y de tus novelas a lo Dickens. Aún no sé que dentro de diez años me enfrentaré con un simulacro de ejecución y que es posible que los patíbulos falsos no resulten más creíbles que los fusiles que empiezan a apuntarnos. Te contemplo aquí, ortodoxo y zarista, y veo en ti eso que hace que tus personajes se abalancen con los brazos abiertos en cruz hacia el cieno de las confesiones públicas; pero veo también el terrible silencio de ese rostro descolorido sobre el que cae la tarde, de esos labios que no necesitan hablar para que oigamos esas frases que llenaron el siglo, la única respuesta, desde el Sermón de la Montaña, a la sacra barbarie del libro de Job: «Si el precio que hay que pagar por el orden del universo es el sufrimiento de un niño inocente...».

No inventaste el misterio del Mal, aunque es muy posible que le devolvieras su lenguaje más desgarrador. No es tu angustia, profeta, la que colma esta mísera habitación, por más que sea la angustia de nuestro tiempo: toda vida se torna un misterio cuando el dolor la interroga. Lo que la colma es este Lázaro contra el que no prevalecen ni la miseria ni la muerte; y también la invencible respuesta de Antígona o de Juana de Arco ante los tribunales de este mundo: «No nací para compartir el odio, sino para compartir el amor»; y esa eternidad a la que cantó el salmista y que mil años después recuperó Shakespeare ante las hechizadas estrellas de Venecia: «En una noche como esta, Jessica...»; y esos amantes que notan cómo cruza por la oscuridad de la noche la resurrección de los amantes muertos; y esos presidios de los se alzan los mismos gritos que se alzaron hacia las constelaciones asirias. Me acuerdo de cómo me apuntaban los fusiles alemanes. En un día como este, Dostoievski, fue cuando subiste a ese patíbulo que parecía unas barras de atletismo y del que he visto un tosco dibujo...

Me recuerda ese patíbulo al de Nuremberg. A los deportados les pasaban la soga al cuello y los dejaban de pie, de puntillas, para que, al sucumbir al agotamiento, se ahorcasen ellos solos. En el campo, vacío, he visto esa armazón de tubos sin cadáveres ni sogas: parecía uno de los andamiajes metálicos por los que trepan los bomberos cuando se entrenan.

He leído cuanto se puede leer acerca de la deportación, sobre todo los relatos de los supervivientes de los campos donde murieron mis hermanos. He preguntado a todos los amigos que se salvaron. Los relatos orales profundizan menos que los escritos, pero poseen esa densa verdad que no siempre hallamos en nuestra interminable crónica de lo inhumano. ¿Qué recuerdos se van mezclando en mí? El primero, *El canto de los partisanos*:

> *Amigo, ¿oyes*
> *el siniestro volar de los cuervos en nuestras llanuras?*
> *Amigo, ¿oyes*
> *cómo gime el país al que encadenan?...*

quizá porque acabo de oírlo tocar; y el *Canto de los pantanos*, legado de los comunistas a los que detuvieron en 1933:

> *Llegan hasta allá lejos*
> *los pantanosos prados.*
> *En los árboles viejos*
> *no canta ningún pájaro.*
> *Oh, tierra de pesar*
> *donde hay sin cesar*
> *que cavar...*

Las llagas, la nieve, el hambre, los piojos, la sed; y luego la sed, el hambre, los piojos, la nieve, las enfermedades y las llagas. Y los muertos: «Podéis escoger entre trabajar en los terraplenes o sacar las cenizas del crematorio». Las alucinaciones, durante las que las cachiporras asesinas de los *kapos* parecen barritas de chocolate; el trocito de madera que muchos chupan continuamente; el cuerpo, que no es ya sino hambre; la sed, que tras cuatro días con sus noches en vagones como ataúdes llevaba a aquellos desventurados a pretender beber del balde de los excrementos. Y sobre todo el envilecimiento organizado. El hambre fue la cotidiana compañera de los deportados hasta que alcanzaron las fronteras de la muerte. Las obsesivas competiciones de banquetes imaginarios, en los que los participantes se reían, aunque la procesión fuera por dentro, acababan en: «Y, además, a mí qué. ¡Donde estén una buena botella de tinto y un filete con patatas!», y las remataban disputas y golpes. Edmond Michelet me contó la agonía de un sacerdote en la hambruna de Dachau: «A Fulano le das las peladillas y las pastillas de café con leche; a Mengano, la leche condensada...». Nunca había tenido ni peladillas, ni caramelos de café con leche, ni leche condensada. A Michelet no le sonaba el nombre de ninguno de los destinatarios. El sacerdote no murió, y más adelante le explicó: «Eran mis compañeros de séptimo, de cuando estudiaba el bachillerato». Las fantasías sexuales y el deseo hace mucho que se han desvanecido para ceder el sitio a las dos furias más elementales.

Se va destruyendo el tiempo, y convierte la tortura a cámara lenta en la mismísima condición humana; el propio cuerpo llega a ser el más insidioso enemigo; los tremendos despertares hacen que la desdicha sea siempre nueva; desaparece toda individualidad; ya no quedan sino miserables mendigos y golpes continuos en un mundo que clama por la muerte. Y de vez en cuando un recuerdo de aquel mundo donde la mujer había sido un ser deseable y el hombre tenía corazón, donde el odio había alimentado la esperanza de quedar saciado algún día, pues el hombre que ha perdido toda esperanza está más allá del odio.

El telón de fondo del infierno, en los relatos que recuerdo, no es la mina, ni la cantera, ni el campo: es la demencia. La calle principal se llamaba la calle de la Libertad; y también se llamaba así el surco que la maquinilla iba dejando en la cabeza, desde la frente hasta la nuca. Alrededor de las viviendas de los alemanes había «jardincitos coquetones», según cuentan los supervivientes, donde jugaban gatitos entre gritos de prisioneros a los que estaban matando a palos; y había también conventuales ramos de flores en el centro de dormitorios colectivos en cuyos catres pululaban los piojos. Y extravagancias, como las palizas encomendadas a presos *políticos* alemanes medio locos. Un mundo en que lo imposible era siempre posible, y la pesadilla muy concreta: una incoherencia de la que no podía zafarse el que la estaba soñando, un caos *organizado* en un mundo en que organizar quería decir hurtar al enemigo; los terrones de azúcar robados para dárselos a los moribundos eran «terrones organizados». La recogida de las muelas de oro y del pelo de aquellos a quienes afeitaban la cabeza; las separaciones inexplicables (pero las SS sabían que los detenidos eran más débiles si los separaban); en los barracones de las mujeres, la ladrona alemana del triángulo negro que fregaba el suelo con el café que había sobrado para no dárselo a las francesas; las peticiones de voluntarias para Burdeos, que los SS confundían con burdel; la pregunta: «¿Sabe tocar el piano?», que hacían a las prisioneras que mandaban a terraplenar; los detenidos exangües que tiraban, de siete en siete o de ocho en ocho, de rodillos dignos de un bajorrelieve mesopotámico. Y en los barracones de los hombres y de las mujeres, los altavoces por los que sonaba *Schön ist das Leben* («La vida es bella»); los que robaban las gafas —¿para quién?— y las rodajas de salchichón, de extraña fosforescencia. Los que se ataban el calzado al cuello con los cordones y casi morían estrangulados al pretender arrebatárselo los ladrones. El certificado médico de aptitud para recibir palizas. La buenaventura a cambio del pan. Las mujeres que no lloraban ni con los golpes más dolorosos, pero lloraban cuando perdían la partida de cartas clandestina. Las «malas bestias» que durante los bombardeos pedían a las prisioneras a las que habían molido a golpes que rezasen también por ellas. Había castigos —¡siniestro y portentoso hallazgo!— «por reírse en la fila». Y la *schwester* con la que amenazaban a las parturientas para que no gritasen; la compartida pasión de los regocijados guardias por los combates de boxeo entre prisioneros que aún sangraban tras las palizas de los SS. Y las funciones de teatro (¡*Romeo y Julieta* en Treblinka!), y las orquestas con uniformes de rayas que tocaban mientras las excavadoras sacaban de las fosas racimos de presos a medio morir para arrojarlos a la hoguera, que jadeaba como un gigantesco soplete.

Y algunas escenas que apunté tras oírselas contar a los supervivientes. Caigo en la cuenta de que en tres de ellas alguien pronuncia un discurso.

La primera es la de la cuarentena.

Prisioneros que aún no se han incorporado al trabajo miran pasar a desdichados apoyados en muletas, con uniforme de presidiario y la cabeza afeitada, o cómo regresan batallones de presos esqueléticos. Todos refieren anécdotas (ajenas a las circunstancias personales) que poco a poco van perdiendo interés. Está el tema de los oficios pintorescos: un domador consigue un gran éxito de público al explicar que a los animales pequeños hay que domarlos fingiendo que se les tiene miedo. Unos individuos se ponen a jugar a la doma del conejo mientras, del otro lado de las alambradas de la cuarentena, prometedores SS muelen a paletazos a un prisionero. Diez días después se va instalando el silencio. En los jergones crepusculares están echados tres miembros del grupo al que los demás llaman cariñosamente el de los Intelectuales Delirantes. Uno de ellos, que recibió una paliza de muerte durante un interrogatorio en la avenida Foch, acaba de entrar en la agonía y mezcla su estertor con los berridos germánicos que llegan del exterior. Algo más allá, los que saben canciones las cantan. Hablan del hogar o del sueño. A coro y muy despacio, «Le P'tit Quinquin» se convierte en una nana interminable. Otro cuenta el argumento de *Macbeth*. Los que saben poemas los recitan. Los Intelectuales Delirantes saben muchos. A uno de ellos no se le ve, pero se le oye recitar fragmentos de Péguy.

La densa humareda del crematorio se pierde entre las nubes bajas que llegan desde los bosques de Baviera y los montes de Bohemia. Los franceses escuchan pasmados. Los demás sienten que pasa una marejada y callan. Otro Intelectual Delirante toma el relevo con rabioso entusiasmo. A él sí se le puede ver: se ha subido a algún sitio. Está en calzoncillos, le asoman mechones de pelo por encima de las orejas y tiene una cara terrible de payaso loco:

Aquí nos tenéis pues. Somos la oscura gente
de a pie que, paso a paso, andamos el camino.
Pero aprendieron ya nuestro llano destino
veinte siglos de pueblo, de reyes otros veinte.

Y saben su secuela, su atuendo palatino,
y saben sus lacayos, sabe su pupilaje,
que se puede avanzar con humilde coraje
hacia el cuadro postrero de un frente vespertino.

Fuera han cesado las voces de mando; canta un gallo. Un prisionero saca un trozo de espejo, y todos quieren mirarse. Lo que llaman aburrimiento no es tanto el no tener nada que hacer cuanto la amenaza pendiente: ¿y qué va a ser de nosotros ahora? Algunos bulos —¿de dónde habrán salido?— van pasando de boca en boca de vez en cuando, como pequeños animales.

El 25 de diciembre, en el campo de las mujeres, es Navidad. En el hospital de hombres predican los sacerdotes miembros de la Resistencia. Disentería, tifus, tuberculosis, llagas, brazos y piernas rotos durante el trabajo o por golpes de los *kapos*. Solo hay un termómetro y no quedan medicinas. De los harapos a rayas asoman esqueletos de piel apergaminada. El infierno y un silencio casi absoluto. Solo se oyen los curiosos gritos del hambre, o cuando pasan campesinos enlutados por el camino, del otro lado de las alambradas, las voces de un herido que tiene una pierna rota: «¡Vosotros estáis libres! ¡Libres!». Los contenedores de envíos en paracaídas que interceptaron los alemanes hacen las veces de baldes para los excrementos... Esta mañana el médico alemán ha preguntado al prisionero que está a mi lado y que escupe sangre a fuerza de golpes: «¿Ha habido tuberculosos en su familia?».

«No importa —dice el harapiento sacerdote, al que le han dado unos andrajos en vez de un uniforme a rayas—, no importa. Esta noche, en Francia, las familias están reunidas en torno a las mesas. Hay un asiento vacío: el nuestro. Y en la tierra, una inmensa familia: los que están en los campos, los que han muerto en ellos, los que van a morir en ellos, los que verán la Liberación».

Cuenta el Evangelio del Nacimiento; reúne en él a los pastores de Lucas y a los magos de Mateo, e incluye la mula y el buey en el texto sagrado: es el evangelio de los tiempos en que sus oyentes eran niños...

«Y así fue como vino, para que lo condenaran a muerte y no tuviéramos que morir solos.

»Le pusieron la cruz a cuestas. Y esté donde esté, podéis estar seguros de que cuanto estamos soportando es para Él una pesada cruz.

»Ya sabéis que al principio se cayó una vez.

»Un hombre llamado Simón lo ayudó a llevar la cruz. Todos hemos conocido a otros Simones. Una compasiva mujer le limpió el rostro. En la estación del Este, a primeros de mayo, no había mucha gente, pero, cuando las vendedoras de muguete se acercaron a regalarnos ramitos, la gente que estaba allí les compró enseguida todos los que les quedaban.

»Ya sabemos que se cayó otra vez. Consoló a las mujeres de Jerusalén, que iban en pos de él; en Fresnes, y aquí, muchos se han arriesgado para confortar a los nuevos a través de las paredes. ¡Que Dios nos conceda a todos la gracia de poder consolar a nuestro prójimo!

»Por tercera vez se cayó. Lo despojaron de la túnica. Lo clavaron en la cruz y murió en ella.

»Se lo pusieron a su madre en los brazos. ¡Es una inestimable gracia que nuestras madres no estén aquí!».

No siempre sucede así: en los campos a menudo hay madres e hijas juntas, porque las han detenido juntas.

«Lo bajaron al sepulcro...».

Enfrente están construyendo otro crematorio.

«¡Una bicicleta! ¡Quién tuviera una bicicleta!», grita el herido de la pierna amputada.

Un enfermo que está en los huesos se incorpora dando alaridos: acaba de morir su compañero de jergón y los piojos acuden a él.

«Estamos recorriendo el Vía Crucis. Cuando me sacaron de Fresnes, el capellán alemán (que era buena persona) me dijo: "Lo importante es no caer nunca en la desesperación y no perder nunca la confianza en Dios".

»Y es muy posible que allí resulte muy difícil...

»Sí, resulta muy difícil. Pero más adelante lo comprenderemos todo. Por eso hay que recibir la muerte como si lo comprendiéramos ya. Y recibirla bien.

»Cuando era niño, cantábamos un villancico que... Es Dios quien canta...».

Había bajado la voz, pero ahora vuelve a alzarla para entonar, con una música parecida a la de «*Había una vez un barquito*»: «Tengo que hacer un corto viaje».

Al parecer, el corto viaje es el misterio de la Encarnación.

Algunos opinan que con ellos nadie tuvo nunca tantas consideraciones. Y otros no dicen nada.

«Ya podría hacer huelga por Navidad el crematorio», exclama una voz.

Ravensbrück. Han reunido a las prisioneras para que oigan al comandante: un micrófono conectado con un altavoz y un individuo que parece un actor interpretando un papel de SS. La traducción corre a cargo de unas cuantas prisioneras.

«Al dejaros con vida, el Gran Reich ha hecho gala de excepcional benevolencia. Las asociales sois una lepra en el cuerpo de Alemania. Las políticas habéis participado en cobardes asesinatos de soldados alemanes. Os han dejado con vida. Es una lástima. Pero acato la decisión. Tomad ejemplo de mí. Puedo aseguraros que las que intenten oponerse a la disciplina de este campo vendrán de rodillas a suplicarme que se la aplique. La disciplina de las SS es un rodillo apisonador, y por donde pasa no vuelve a crecer la hierba. ¡Rompan filas!».

Las prisioneras lo apodaron en el acto Atilaminador.

Habla luego, solo para las francesas —es probable que a cada categoría de prisioneras les toque presenciar ahora, por separado, una segunda función de títeres—, un SS sin galones. Va destocado, sin la gorra de la calavera: tiene la cabeza afeitada, la nuca rígida y la cara de aplicado perro danés de Eric von Stroheim. Traduce sus palabras una alsaciana que seguramente no pesa más de cuarenta kilos. Él está de pie, con las piernas muy abiertas, y se balancea hacia delante y hacia atrás.

«¡Panda de putas! ¡Ibais disfrazadas, pintarrajeadas, os hacíais pasar por mujeres! ¡Hablabais en contra de Alemania! ¡Como ha dicho el comandante, habéis intentado asesinarnos cobardemente! ¿Qué sois ahora? Miraos bien: una mierda. ¡Se acabaron los disfraces! ¡De aquí solo saldréis por la chimenea! ¡Las vais a pasar canutas! ¡Como si fuerais todas judías! ¡Por la chimenea!».

Se balancea cada vez más. ¿Se caerá? Está en la etapa final de una borrachera que va aumentando con el discurso.

«¡Se acabaron los disfraces! ¡Por la chimenea! ¡Y, para empezar, estáis muy gordas! ¡No pararemos hasta que se os claven los huesos al acostaros! ¡A pastar, que es bueno para la salud!».

La alsaciana traduce con voz neutra y sin mirar a nadie: «Dice que somos una basura y que no saldremos vivas de aquí».

El SS da unos pasos, sin cerrar las piernas, aunque no parece que se vaya a caer, y llega hasta la primera fila de las prisioneras. Las de atrás ya no lo ven; solo lo oyen.

«*Ach!* ¡Ya os enseñaré yo a poneros guapas, francesitas monas, so guarras!».

Traducción. Se aleja entre dos chicas de gris de las SS. De espaldas se le nota más la borrachera, pero es una borrachera que nada tiene que ver con la de los vodeviles. La pesada y amenazadora embriaguez nórdica. No es un borrachín, sino un loco. Se apoya en el hombro de ambas SS, les hace dar media vuelta y se encara otra vez con las prisioneras:

«¡La primera que rechiste, a la celda de las locas!».

Una pausa.

«¡En el barro y por la chimenea! ¡Ya os enseñaré yo a poneros guapas!».

Nadie traduce. Se aleja, ahora levemente encorvado, pero tieso como si llevase un corsé, apoyado en los hombros de las SS como un innoble rey Lear en sus dos hijas del odio. La plaza de la concentración está ejemplarmente limpia. A una prisionera le da un ataque de risa nerviosa. Las demás, irritadas pero comprensivas, la rodean y la ocultan. El SS no se vuelve; se aleja, con pesados andares, bajo el humo del crematorio.

La SS a cuyo mando está el campo pasa en bicicleta por delante de una columna de detenidas que se dirigen al trabajo. Se baja, se acerca a una prisionera que seguramente está algo fuera de la fila y la abofetea. Esta, responsable de grupo en la Resistencia, le devuelve la bofetada con todas sus fuerzas, perfectamente consciente de lo que hace. A toda la columna se le corta la respiración. Los SS, hombres y mujeres, la golpean frenéticamente con las fustas. Sueltan a los perros y los azuzan contra la prisionera. Pero, como le corre la sangre hasta los pies, los perros, en vez de morderla, la lamen, como en las leyendas de la cristiandad. Los SS no se andan con tantos sentimentalismos; ahuyentan a los perros y la golpean hasta matarla. Por el rostro de las detenidas, en posición de firmes, corren en silencio las lágrimas.

Cuando hace tiempo anoté lo que acabo de referir, anoté también los casos de detenidas sentadas en la nieve, encima de los cadáveres de sus compañeras; de mujeres cuya antigua vida se detenía a las diez y media, hora del reloj de Fresnes; y anoté el chasquido sin palabras (estaba prohibido hablar) de los besos que colmaban la sala grande antes de las grandes separaciones; la obsesión por el baile; la llegada, de noche, en la oscuridad salpicada de puntos luminosos que eran las linternas de los SS; los tabiques que estremece la fiebre. Y me acordaba de Pasternak cuando recitaba sus poemas en ruso ante los subyugados estudiantes de la Mutualité; y de los hombres que cantaban en nuestros dormitorios colectivos; y del campo de prisioneros de 1940; y de los frescos de los presidiarios de Guayana; y del presidiario «que anunciaba con tanta clase» a los invitados en la recepción del prefecto; y de Talía recibiendo la visita de Mayrena y respondiéndole, bajo un techo repleto de amistosas lagartijas: «No hay nada que me importe, ni los fecundos suelos — ni la suerte que pueda correr la especie humana»; y de Ehrenburg, comisario de los animales de circo bajo el mando supremo de Meyerhold, aterrado porque los espectadores robaban las rodajas de zanahoria a los conejos; y de mi sacerdote español y republicano: «Y cuando la última fila de pobres se puso en marcha — una estrella que nunca había visto nadie se alzó sobre sus cabezas». Pero hace siglos que existe la tortura; y también los hombres que cantaron durante el tormento. Lo que aún no había existido nunca es este envilecimiento organizado.

El infierno no es el horror; es el envilecimiento hasta la muerte, ya llegue esta o ya pase de largo; la espantosa abyección de la víctima, la misteriosa abyección del verdugo. Satán es el Degradador. Y la degradación empezaba por la incoherencia en el escarnio; por el cartel que ponían al cuello a los que se habían evadido y habían vuelto a detener: «Ya he vuelto»; por el otro cartel que hacían llevar a los que robaban pan, además de mandar a los demás presos que los abofetearan tras haberles escupido a la cara (y al final un *kapo* los golpeaba hasta dejarlos inconscientes). No era ya el escarnio de aquellos torturados que pasaban ante los guardias de la Gestapo que jugaban a la pídola, sino el que padeció Cristo. Hubo pocas conversiones, pero casi todos los prisioneros ateos asistían a las ceremonias religiosas, que eran medio clandestinas, porque, cuando el sacerdote hablaba de la Pasión, les estaba hablando de sí mismos. Y no cabe duda de que los campos rayaron en la perfección en Dachau cuando los SS ordenaron a los sacerdotes alemanes prisioneros que expulsasen de la capilla a todos los extranjeros laicos que acudían a rezar. (Delante de aquella capilla de chapa ondulada había un cartel en letra gótica: «Aquí Dios es Adolf Hitler»).

Fusilaron a los que se negaron a acatar la orden, pero los prisioneros se siguieron arrodillando en las inmediaciones de la capilla. Ha sido objeto de muchos estudios el sistema que ponía a los prisioneros políticos bajo las órdenes de los comunes: ladrones y asesinos; y prostitutas en los campos de mujeres. Pero se ha descuidado el estudio de esa amalgama, que fue variando mucho a medida que avanzaba la guerra. La procedencia de los prisioneros la marcaban triángulos de tela que llevaban cosidos a la ropa, para que al miembro de la Resistencia no le cupiese la menor duda de que tenía que obedecer a un asesino o a un chulo; y también para que todos los alemanes, tanto los SS como los presos, supiesen quiénes eran «terroristas». Pero no todos los que llevaban el triángulo rojo de los presos políticos eran combatientes de la Resistencia; había también muchos campesinos que se habían negado a hacer denuncias, jóvenes que habían dibujado cruces de Lorena en las paredes, maestros que habían mandado cantar «La Marsellesa» a sus alumnos, rehenes... Había incluso pueblos enteros de polacos y de rusos. Los que llevaban el triángulo negro de los «asociales» eran a veces medio locos, pero en muchas ocasiones sencillamente gitanos. Y nada podía superar el asombro de aquellos hombres al sentirse inevitablemente diferentes e inevitablemente iguales en aquella patria del dolor, la misma para todos. Además los héroes pueden dejar de ser héroes, y las putas también pueden dejar de serlo: más de una se pasó al bando de la Resistencia. Habría habido otros medios para acabar con todos aquellos desventurados un poco antes o un poco después. Pero existía un propósito soterrado, que no se le había ocurrido antes a la humanidad, pues antaño la finalidad de las torturas era arrancar confesiones, castigar alguna herejía religiosa o política. Aquí el propósito supremo era que los prisioneros perdiesen, incluso ante sí mismos, la condición de hombres. Y por eso les tiraban al suelo la sopa, para que los más hambrientos la lamieran a cuatro patas; y les tiraban colillas en los vómitos de los perros; y encerraban a los presos con los locos; y los infinitamente más insidiosos «experimentos» y las esterilizaciones, con sus cuerpos de pinzas y sus caras de escalpelo. (Las detenidas llamaban con agria ternura «conejillos» a las muchachas seleccionadas para los experimentos). La meta soñada era que los resistentes se ahorcasen o se arrojasen contra las alambradas eléctricas. No obstante, cuando sucedía, a los SS les parecía que les habían robado algo.

Todo ello perdía su satánica eficacia porque el tormento más doloroso o la humillación más abyecta no solían padecerlas los miembros de la Resistencia, sino los prisioneros que respondían a los golpes de los guardianes, con frecuencia campesinas o campesinos deportados desde Polonia al pasarse al maquis parte de los habitantes de sus aldeas. Se prolongaba de año en año la obstinada lucha, y la primera en quedar derrotada fue la Muerte. La pegajosa humareda de los crematorios imponía constante y físicamente su presencia. Ahora bien, el principal adversario del rabioso empeño por sobrevivir que daba fuerzas a la mayoría de los resistentes no era la Muerte, pues habían comprendido que en el hombre existe algo de más honda importancia. «La capacidad para recibir bien a la Muerte», habría dicho el sacerdote del sermón del día de Navidad. Pero eso solo era cierto para los que la recibían en Dios. No era en este terreno donde transcurría el combate. Los prisioneros se lo planteaban como la necesidad de pasar por todo cuanto les obligaban a soportar de la misma forma que si hubiesen tenido un cáncer, pero sin tomar nunca parte activa en ello. «No importa», en el sentido de «no tiene nada que ver conmigo, no está pasando», fueron sin duda alguna las palabras que más se repitieron a sí mismos los prisioneros. «La bofetada adopta la forma del que la recibe, no del que la da», decía Alain acordándose de Cristo. Tenían que sobrevivir. Vivir en el instante presente. Permanecer impasibles ante los tormentos, el espanto, la pasajera sonrisa de los *kapos*. Hacer sabotaje. No lamer la sopa del suelo. La muerte era un elemento más entre tantos otros. Los que salieron de allí cuentan que la voluntad de supervivencia es quizá la pasión más poderosa del hombre; pero que solo sobrevivían «los que no se rendían». En este universo, cuya demencia se debía tanto a un deliberado propósito cuanto al azar, existía un elemento tan intensamente absurdo como el campo en sí, y que *protegía* a las víctimas: los verdugos. El repulsivo horror cotidiano legitimaba la Resistencia. El sacerdote había ingresado en uno de los grupos de resistentes al enterarse de que había campos donde las SS no dejaban desplazarse a las prisioneras más que a cuatro patas.

No cabe duda de que la partida más trascendental se jugó entre dos formas de sacrilegio. Nada tenía que hacer la mente entre cadáveres y basura. Hitler había organizado su barbarie de la misma forma que organizan los presidios todos los Estados. Pero ningún Estado se habría atrevido a pronunciar la frase en la que se basaba el funcionamiento de los campos: «Si tratáis a los hombres como si fueran basura, acabarán convirtiéndose en basura». Y así era como había que tratar a los hombres que, bien con su comportamiento, bien por el solo hecho de existir, negaban al ídolo nazi. Y tanto los guardianes SS como los ladrones o asesinos alemanes no se cansaban de vengar al ídolo de aquel sacrilegio para el que no había expiación posible.

Pero incluso a los prisioneros que agonizaban les quedaba suficiente conciencia de su condición de hombres para darse cuenta de que la voluntad de vivir no era un reflejo animal, sino algo misteriosamente sagrado. Se desvelaba allí el misterio de la condición humana con mucha mayor claridad que en el seno de la cósmica marejada que antes o después acabaría por arrollar y arrastrar consigo hacia la muerte a torturados y torturadores. La abyección de los detenidos que hacían de soplones con una sonrisa animal, en el supuesto de que los animales sonrían, se unía a la del SS de la cachiporra, al que un prisionero le había dicho que la traducción de *Schnell* (rápido) era: «¡Tómatelo con calma!», y que mataba a palos a los detenidos diciéndoles a voces que no corrieran. Aquellos míseros fantasmas, que se llamaban a sí mismos «troncos con patas», porque siempre llevaban la cabeza encogida entre los hombros para protegerse de los continuos golpes, no habían perdido su capacidad de desprecio, es decir, un inconcreto pero arraigado concepto de la esencia del hombre. Por esa esencia habían luchado, y cada vez se iban dando cuenta con mayor claridad de que el hombre consistía precisamente en eso que querían arrebatarles.

La condición humana es esa condición de criatura que impone el destino del hombre, de la misma forma que la enfermedad mortal impone el destino del individuo. Acabar con esta condición es acabar con la vida: matar. Pero los campos de exterminio, al intentar convertir al hombre en bestia, le proporcionaron el presentimiento de que para ser hombre es necesario algo más que el simple hecho de estar vivo.

Cuando entro en la cripta de los Deportados, tras cruzar los muros exteriores y esas verjas que son a medias alambradas y a medias garabatos de carnicero, está a punto de concluir la reunión del comité. Participan en ella varios presidentes de asociaciones de resistentes o de deportados, así como Edmond Michelet, unas cuantas mujeres, unos cuantos militares y un dominico. Me hacen un resumen de lo que ya sé y de lo que no sé todavía:

Vamos a colocar un monumento en memoria de Jean Moulin cerca del lugar donde este cayó tras tirarse en paracaídas. Los gastos corren a cuenta de tres ministerios, del departamento de Bouches-du-Rhône y del Ayuntamiento del pueblo: mucha gente, muchos antagonismos. Un capitán al que detuvo la Gestapo porque pertenecía a la Resistencia y que ocultó que era oficial para que no lo separasen de sus camaradas mantiene un agrio enfrentamiento con el dominico, que es el sacerdote que predicaba el día de Navidad en Dachau. Podríamos describir a este último diciendo que tiene el rostro demacrado si no fuera porque ese adjetivo se suele aplicar a las caras alargadas, mientras que la suya, redonda y de ojos oscuros, parece una calavera por la que anduviese flotando la sonrisa de la espiritualidad. Los demás intentan aplacarlos. Me acuerdo, a mi pesar, de la mesa del Prix des Vikings, en la que Fernand Fleuret decía a dos miembros del jurado, que andaban ya a la greña nada más servirse los entremeses, las proféticas palabras: «¡Tengan un poco de paciencia! Para qué se van a molestar en ponerse ahora de vuelta y media si saben muy bien que empezarán a darse abrazos en cuanto estén algo más borrachos...». La presente desavenencia no se puede achacar a una borrachera. El padre quiere que se dé el visto bueno al monumento, relativamente abstracto, que propone la señorita Moulin; el capitán exige que se saque a concurso. No sabe que la decisión del jurado oficial la determinarán las respectivas amistades de sus miembros, pues los artistas importantes no pierden el tiempo en presentarse a concursos de este tipo. Pero el padre, que al principio solo pensaba en honrar el recuerdo de Jean Moulin, empieza a amoscarse. No ignora cómo funcionan los concursos. Y, en su condición de especialista en arte románico, tampoco ignora la gran distancia que hay entre el retrato y el arte moderno, sobre todo en el terreno del «monumento heroico». No quiere un soldadito de plomo. Los demás miembros del comité solo aspiran a que se haga el monumento; los dos adversarios se cruzan compromisos de Estado y truncados textos.

Me acuerdo del capitán, con su uniforme a rayas. En Stuttgart, el día en que el general De Lattre invitó a cenar al hijo de Rommel —el mariscal se había suicidado—, un general francés de paisano, al que habíamos liberado en su momento, me dijo con tono desdeñoso: «Claro que a nosotros no nos pusieron con los de los uniformes a rayas...». ¡Lástima de bofetada! El mejor desprecio...

También me acuerdo del uniforme a rayas del padre: «Tengo que hacer un corto viaje...». Ahora viste el blanco hábito de los dominicos, sobre el que desde hace ya tantos años luce la cruz y no la espada, y fuma en una pipa corta. Le gustaría que el monumento lo hiciera Alberto Giacometti. He coincidido con él en otros comités por el estilo y me acuerdo de haberle oído decir: «Cuánto se alegraría Dios si en las vidas de los cristianos se dieran los méritos que se dan en las obras de Cézanne y de otros como él...». Me acuerdo sobre todo de Jean Moulin tachando la ese de moulins en la hoja que le dio uno de los torturadores. Me costará imaginarme un monumento a la Deportación porque tengo demasiado presente el poste de ejecuciones que expusieron en los Inválidos: un tronco con la parte de abajo tallada a escuadra, pero en el que, a la altura del vientre de las víctima, las balas de los fusilamientos habían labrado una informe escultura.

Sigue la discusión. Dachau, Ravensbrück, Auschwitz... Me levanto para tomarme una medicina porque el agua mineral está en otra mesa. Siempre resulta curioso mirar desde fuera la reunión en la que estábamos participando pocos minutos antes. Me doy cuenta de ello todas las semanas durante el consejo de ministros. Cuando estoy sentado, veo a todos mis compañeros alrededor de la mesa y a mi mismo nivel; si me pongo de pie y me aparto, veo un grupo que sigue charlando como si esa charla tuviese existencia propia y no fuese a acabar nunca. «Sacarlo a concurso es actuar con justicia; adjudicárselo a alguien es una arbitrariedad». ¿Cómo no se me ocurrió en su día sacar a concurso el techo de la Ópera en lugar de encargárselo a Chagall? «¡Lázaro, levántate y anda!». El cotidiano escarnio de la vida ocupa ahora el lugar del siniestro escarnio de la muerte. Ni la voz que pudo más que el infierno de Dachau, ni la voz del hombre que se ofreció como voluntario para acompañar a sus camaradas al infierno consiguen acallar las susceptibilidades. «¡Mi querido amigo —dice el capitán—, más valdría que no se metiera usted en camisa de once varas!».

Y el padre contesta con melancólica voz: «Pese a todo lo que tuvimos que soportar, doy gracias a Dios porque usted y yo nos metimos hace tiempo en camisa de once varas».

Firmamos el acta. El capitán ha incluido en ella «el interés de todos los amigos de Jean Moulin por que exista un parecido físico» en el monumento dedicado a su memoria. ¿Conseguirá su soldadito de plomo? ¿Por qué me choca tanto esta inesperada y absurda controversia? Un pueril motivo de discordia enfrenta a dos hombres que deberían sentirse fraternalmente unidos. Nunca pretendieron comportarse como héroes o como santos. Lo que me angustia es ver a Lázaro regresar de entre los muertos para discutir, irritado, cómo tienen que ser las tumbas.

¿Habré creído alguna vez que la prueba más terrible fuese garantía de la más profunda sensatez? En 1936 fui a ver, junto con Marcel Arland, a Arthur Koestler, que acababa de salir de la cárcel franquista donde había pasado meses metido en una celda y condenado a muerte. «Siempre pasa lo mismo —me dijo Arland cuando nos fuimos—. Nos creemos que hombres así van a ser los mensajeros de algo parecido a una revelación, y luego hablan como si no les hubiera pasado nada». Me acuerdo también de un compañero de guerra de mi padre que vino a verlo en 1920. Llegó con su mujer, y mientras tomaban el té no se interrumpió ni por un momento la larvada bronca matrimonial en que andaban enzarzados. «Sin embargo —me dijo mi padre tras salir a despedirlos—, es un hombre bueno y un buen soldado, uno de los oficiales más valientes que he conocido». Ahora bien, el valor había sido cosa corriente en las unidades de carros de 1918. Uno de mis tíos, suboficial de lanzallamas, se casó al volver de la guerra con una mujer que llevaba veinte años esperándolo, y semana tras semana lo vi más contento que unas pascuas con su vaso de Byrrh de los domingos. Después de la guerra de 1914 muchos combatientes heroicos se desnudaron del hombre que habían sido al tiempo que se quitaban el uniforme; muchos jefes de partidas de francotiradores volvieron a sus tiendas de ultramarinos o a sus tabernas. ¿Sería porque el valor se les había dado por añadidura? El coraje vale lo que valga el hombre, siempre y cuando no echemos al olvido lo que le aporta; el sacrificio es siempre noble. Todos aquellos hombres quedaron desposeídos de la experiencia que les había aportado la muerte, pero también de la que les había proporcionado la vida...

El enredo del monumento hace que suba desde lo más hondo de mí mismo una red cuyas capturas desconozco. Lo que me obsesiona no es el recuerdo de la desdicha o la valentía, sino el insidioso poder de la vida, que tiene la capacidad de borrarlo todo —salvo quizá en el caso de las deportadas para quienes el recuerdo del campo reverdece la Pasión— cuando el cuerpo deja de ser exclusivamente algo que sirve para sufrir. La paz impuso a los aburguesados héroes de la guerra la inutilidad del coraje físico, la dispersión de los amigos, el regreso junto a las mujeres y los hijos, la vida social en sustitución de la irresponsabilidad del soldado. La vida cayó sobre los supervivientes como la tierra sobre los muertos. El ochenta por ciento de los deportados políticos —hombres y mujeres— murieron en los campos; casi todos los demás mostraron antes o después un coraje ejemplar, por pasivo que fuera. Pero no se me plantean estas obsesiones en términos de guerra. La sombra de Satán cubrió el mundo de forma real y tangible durante varios años, e incluso aquellos a los que alcanzó esa sombra parecen haberla olvidado. ¿Será que no pueden volver a vivir más que en la medida en que se va apoderando de ellos el olvido...? Yo creía que la experiencia del campo de exterminio era más honda que la de la amenaza de muerte. Pero es menos evidente la huella del dolor supremo que la de la más trivial herida...

Ya quedamos solo Brigitte, que está aquí en representación de su campo y de un grupo de Ravensbrück (a ella fue a quien le entró el peligroso ataque de risa después del discurso del SS borracho); Edmond Michelet; un republicano español en representación de Dachau, el padre, y yo.

¿Cómo regresaron a la vida? ¿Qué trajeron con ellos del infierno? Muchos deportados de toda Europa han escrito sus recuerdos; ninguno habla de cómo volvió a formar parte de la humanidad. A un buceador no le resulta fácil sacar del fondo de las aguas lo que ha encontrado cuando no sabe de qué se trata...

Y de palabra cuentan aún menos que cuando escriben.

—Lo mío fue muy jodido —dice Brigitte—, porque volví en mayo. Era la única deportada de mi tren. Los demás eran del STO[13] y cosas de esas. El individuo del Lutetia* no se creyó, de entrada, nada de lo que le conté. Y encima, cuando fui a cobrar mi paga militar de deportada, el tipo va y me dice que solo tenía derecho a la paga base «porque los alemanes me ha-

13. *Service du travail obligatoire* (Servicio de trabajo obligatorio): servicio impuesto en Francia por la Alemania nazi durante la ocupación con el fin trasladar a miles de obreros franceses a Alemania y compensar la falta de mano de obra nacional obligándolos a trabajar en diversas industrias. *(N. de las T.)*

* Uno de los oficiales ante los que se presentaban los deportados en el hotel Lutetia.

bían proporcionado alojamiento, comida y ropa». Me puse
como una fiera. Y luego, otro que tal baila: me meto en el Cré-
dit Lyonnais y me pongo en la cola para cambiar los primeros
billetes de mil francos. Noto que me estoy poniendo mala.
Una señora caritativa me sostiene. Le explico que no es nada,
que acabo de volver de un campo de deportados. La señora
pide que me dejen pasar, llama al agente que está de servicio.
Me colocan en primera fila (están a punto de abrir las ventanillas). Un cincuentón muy puesto protesta. ¿A santo de qué me
voy a colar por delante de él? Se lo explican. «¡Pues ya se podía haber quedado en el campo ese!».

»Conseguí quitarme de encima antes los recuerdos que los
sueños. Por la noche volvía al campo, y al caer la tarde, bajo
los castaños de la avenida Henri-Martin, estaba segura de que
me iba a despertar en Ravensbrück. Lloraba en sueños, y eso
que en el campo no lloraba nunca. Y además ya conocen ustedes el poema de Nelly Sachs:

> *Dejad que reaprendamos la vida poco a poco...*
> *No nos pongáis aún ante un perro que muerda...*

»Pero esto me pasó en París. En la frontera, me limité a
sentir un miedo espantoso...

—¿De qué?

—De lo que me iba a encontrar, de lo que era yo ahora...
No sé...

—A las primeras deportadas que volvieron, De Gaulle fue
a esperarlas a la estación —dice Edmond Michelet.

—Pues ya se podía haber quedado allí, como decía el otro
imbécil...

—Para recibirnos a nosotros, la gente hizo banderas y pasamos por debajo de no sé qué chismes.

—Porque volvió usted mucho antes que yo. En Ravens-brück, el 14 de julio de 1944, nos hicimos vestidos con recortes de papel, y una consiguió vestirse de azul, otra de blanco y otra de rojo. Todas las mujeres cantaron «La Marsellesa» a boca cerrada. Era más bien arriesgado, y hoy se me hace raro cuando me acuerdo. No tiene nada que ver con lo que pasaba en el campo.

—¿Hay algo que tenga que ver con lo que pasaba en el campo? —pregunta el padre.

—La cárcel en la que yo estuve —digo— pudo haber sido mucho peor. No me torturaron, pero vi torturar. Todo eso tiene que ver con el regreso del campo, el regreso del presidio. Pero hubo algo más: intentaron obligar al ser humano a que se despreciase a sí mismo. Eso es lo que yo llamo el infierno. Sabemos lo que pasó en los demás sitios. En Nuremberg y en el proceso Masuy oí a los tan traídos y llevados expertos internacionales: «Todos los servicios de contraespionaje han echado siempre mano de métodos de parecida eficacia para impedir que se colocaran bombas de tiempo en los cafés y luchar contra todo cuanto suele designarse con el nombre de terrorismo». Tan florido lenguaje está nombrando, por supuesto, la tortura. Pero ustedes pasaron por algo que no existió ni en Rusia, ni en Argelia, ni en Italia, algo que me parece inherente a la mismísima esencia del nazismo. Intentaron hacerles perder el alma, en el mismo sentido en que se dice: perder la razón. (¿Qué significa la palabra «alma»?). A primera vista, es como si hubiesen ustedes vuelto a tierra firme, como me pasó a mí cuando simularon que iban a fusilarme o cuando conseguimos salir de un pozo para carros. Pero lo que todos ustedes dan a entender, sin llegar a decirlo del todo (¿será porque no hay forma de decirlo?), es otra cosa. Cuando me salvé por los pelos en Bona (el avión se metió en un huracán de granizo), me quedé asombrado al ver que las mujeres seguían planchando la ropa, que había animalitos domésticos, y sobre todo al ver la muestra roja, enorme, en el rótulo de una tienda de guantes. La tierra era algo insólito. Y para ustedes lo insólito no fue la tierra, sino los hombres, los sentimientos humanos, de los que los obligaron a permanecer tan aislados como lo estaba yo del suelo cuando mi aparato giraba como una peonza en medio del huracán. Me doy cuenta de cómo regresaron ustedes al mundo; como yo, a fin de cuentas, pero de forma más dolorosa. Pero lo que no sé es cómo regresaron a la vida...

—De entrada, mi querido amigo —dice Edmond Michelet—, que no se le olvide que todo nos vino junto y revuelto. ¿Somos jubilados del infierno? ¡Nunca olvidaré a los sacerdotes alemanes a los que mandaron que nos expulsaran de la iglesia! Pero, al regresar, lo que pensábamos más que nada era: una propinilla de vida. Lo que estaba claro era que lo lógico habría sido estar muertos; lo demás era todo una mescolanza...

»Otra cosa. Para mí, que aterrizo siempre en todo como un hurón (¡un hurón de la tribu de los hurones, no se confundan!), ese absurdo satánico, o metafísico, o como quiera usted llamarlo, anduvo siempre mezclado con una imbecilidad cotidiana que le quitaba virulencia al asunto, aunque parezca mentira: ¡la imbecilidad que supone machacar a lo tonto la mano de obra de la que se dispone! Nos dábamos cuenta de ello a diario; y todo lo demás era por el estilo...

También en mi caso la paciente marea de la vida lo había mezclado todo, de la misma forma que el Mar Rojo borraba de la arena de la playa el plano de la ciudad de Saba... ¿Qué me queda hoy del país de la muerte? Una gastada sorpresa que ni siquiera me protegería del riesgo de implicarme también yo en la controversia del monumento. He estudiado las civilizaciones desaparecidas, he contemplado las civilizaciones ajenas, incluso la mía, como contemplaba las sombras que bajaban en silencio la escalera del museo de El Cairo. De esa misma forma estudiaban los intelectuales del Altenburg las barbaries de la historia, como si se tratase de civilizaciones peculiares; estudiaban las barbaries, pero no los presidios. La auténtica barbarie es Dachau; la auténtica civilización es, antes que nada, esa parte del hombre que los campos quisieron destruir. El cristiano puede brindar en ofrenda sus sufrimientos, y el asceta puede negarlos, siempre y cuando no tarden mucho en morir... Las civilizaciones van dando vueltas, como gigantescas mariposas, alrededor de esta combustión. Lo que, entre la luz transparente y helada que cruza los barrotes de las ventanas, que parecen garabatos, responde como un eco a las atroces imágenes de Dachau es un espectáculo que me describió Czapski, ayudante de campo del general Anders y uno de los escasos supervivientes de Katyn. En los campos de concentración rusos de 1941, en lo más hondo de los bosques, a veces permitían a las mujeres de los oficiales polacos que los visitasen y dejaban a la pareja a solas. El hambre acaba con toda sensualidad... Las mujeres se cubrían el cuerpo con un ancho cinturón de harina; los prisioneros se lo arrancaban con las uñas y así conseguían sobrevivir. Cuando los hombres eran altos, se ponían de rodillas; y se me ha quedado grabada la imagen de esas walkirias, inmóviles en la penumbra de las celdas, con la misma precisión que la de las mujeres enlutadas del cementerio de Corrèze. Si alguien las hubiera denunciado, las habrían fusilado o matado de una paliza. Se confunden, en mi fuero interno y en el marco de un mismo misterio, con los moradores de la nieve y la noche, con sus rayados uniformes; pues si bien es cierto que, para una mentalidad de creyente, los campos son el supremo enigma, como también lo es el sufrimiento de un niño a manos de un hombre brutal, no lo es menos que a una mentalidad agnóstica le plantea el mismo enigma el primer acto de compasión, heroísmo o amor que presencia.

—Yo también lo tengo todo muy revuelto —dice Brigitte—. Al principio (me imagino que a usted le pasó lo mismo, Michelet) estábamos seguras de que no íbamos a sobrevivir. El simpático matasanos del Lutetia me hizo unas radiografías y me dijo: «En cualquier caso, antes de diez años estarán todas ustedes criando malvas». ¡A algunos no les gusta que los pacientes se hagan ilusiones! Nos había tocado la propinilla esa que decía usted antes, incluso en el sentido más elemental de la palabra. Y además yo no debía de haber vuelto del todo, porque, cada vez que notaba el aroma de los castaños y de los adoquines mojados de la avenida Henri-Martin, me parecía que me iba a despertar en el campo y me daba de bofetadas para asegurarme de que no estaba soñando. ¡Si hasta enternecía a los transeúntes! Las sensaciones que han mencionado ustedes las notaba yo de una forma extraña: la gente me parecía pueril. No los funcionarios con los que tuve que tratar al regreso: esos me parecían idiotas sin más. Como tardé tanto en volver, todo el mundo pensaba que me había muerto. Mi padre llevaba dos meses sin abrir la boca... Sin embargo, a mí me parecía que mis padres se habían vuelto unos chiquillos. No mentaban el campo por delicadeza; mi padre habló poco en los primeros días, pero también su silencio me parecía pueril. ¿Dónde estaba la realidad? ¿Era la de antes de la guerra? ¿Era la del campo? ¿Era la de aquellos momentos? Al final se me pasó. Tengo un recuerdo muy concreto, y no sé a santo de qué: un día volví a descubrir que las camisas de caballero llevaban gemelos... Allí nos parecía que, si hubiéramos sido hombres, habríamos contado al menos con la esperanza de rebelarnos...

—No hay quien se rebele cuando pesa menos de cincuenta kilos —dice Michelet.

Pregunto:

—¿Tuvo éxito alguna otra rebelión además de la de los judíos de Treblinka?

Nadie lo sabe.

—Y no hay que olvidarse de las chicas que no volvieron —dice Brigitte—. Yo, en el fondo, no sé cuándo me reconcilié con el género humano.

Los deportados no consiguen saberlo nunca. ¿Será que la conciencia no es capaz de soportar ese examen de paso de curso? Me acuerdo de Möllberg: «Si las civilizaciones solo pueden sobrevivir mediante metamorfosis, entonces el mundo está hecho de olvido». ¿Y si nuestros amigos no *pudieran* recordar cómo regresaron entre los hombres?

—En la gran parábola búdica —digo—, los que se hallan a bordo de la barca de la Liberación no pueden divisar la otra orilla del río hasta que han perdido de vista la tierra.

—Un israelita de Varsovia —dice el padre— me contó que cuando lo arrestaron pasó por todo el gueto vacío, con las puertas abiertas y la comida encima de la mesa, como si no estuviera abandonado, como si la vida se hubiera quedado en suspenso... Y que, cuando lo liberaron los estadounidenses, sintió algo parecido, algo así como si la vida fuera hasta cierto punto independiente...

Cuando me evadí, en 1940, me metí en el primer cine con que me topé para poder descalzarme y descansar del suplicio de los zapatos, que me iban pequeños. Estaban poniendo un documental alemán sobre el bombardeo de Varsovia. Eran vistas aéreas: los negros penachos de la gasolina y una humareda apocalíptica sobre la barrera de casas incendiadas. El avión proseguía su vuelo, y, al ir subiendo, aquel cielo de Gólgota y de matanza se convertía en un inmaculado mar de nubes...

—¿Y qué pasaba en España? —pregunta Michelet.

—No conocí a ningún preso.

—Lo normal era que los fascistas los ejecutaran —dice el español.

—Podía haber conocido a los nuestros... Pero en la aviación no se hacen prisioneros.

No es el infierno lo que España me trae a la memoria. No he olvidado la larguísima procesión de campesinos en pos de las parihuelas de los aviadores, en Teruel. Pero tampoco he olvidado una imagen bien diferente. Amanece; al amanecer es cuando solemos volar sobre las líneas enemigas. Vengo del castillo de piedra blanca y hierro forjado negro donde duermen los pilotos y voy bordeando el enorme huerto de naranjos al que vengo tantas veces, por la mañana, a comer mandarinas espolvoreadas de escarcha. A la derecha, unos altos sicomoros me tapan un avión de caza cuya carlinga de aluminio reluce al sol naciente. Cerca de la cola lo cubre un transparente rocío, que se va volviendo rosa, y luego rojo, según me acerco al asiento del piloto. El avión de un camarada al que mataron ayer y cuya sangre manchó la carlinga. La noche la ha lavado, y la sangre del combate está ahora cubierta por las mismas perlas de rocío que cubren todos los campos de España de aquí a los Pirineos.

—Y hay más cosas, serias y estrafalarias al tiempo —dice Brigitte—. En el campo vivíamos en un estado de indignación perpetuo. Una indignación garantizada y constante. Que alguien pudiera tratar así a seres humanos era escandalosamente increíble. Y, al volver, se nos quedó la indignación inútil. Como si lo que nos hubiéramos traído hubieran sido las palas. Nunca creímos gran cosa en los juicios a los criminales de guerra. Y además, a partir de cierto momento, también la venganza se va gastando... La tortura no habrá sido menos real porque maten a los verdugos...

»Se habla sobre todo de los hechos dramáticos porque es posible referirlos. Hay cosas en las que no se cae en la cuenta sino pasado un tiempo y que ni siquiera tienen nombre. Por ejemplo, el no saber qué iba a ser de nosotras, ni qué había sido de nuestras amigas o de la familia que habíamos dejado en Francia, ni qué pasaba con la guerra... Era una angustia permanente; sin embargo, vivíamos en el colmo de la irresponsabilidad. Volver a la vida supuso una cama, un baño, un mantel, unos cubiertos, lo que todo el mundo da por hecho. Y el silencio. ¡El silencio! Todo el día nos pegaban gritos, como dicen muy atinadamente las que saben que esa expresión puede tener un sentido literal. ¡Qué complicado era todo! Tanto, que el infierno acaba por parecer sencillo. Allí, algunos días miraba los árboles como si los fuera a besar; era una forma de evadirme con la mente. Tardé por lo menos ocho días simplemente en poder mirar un árbol libre...

Me acuerdo de los árboles y de los animalitos de Nehru.

—Yo creo —dice el padre— que lo peor era que para nosotros la vida no consistía en el recuerdo de los tiempos en que estábamos vivos, sino el recuerdo de esos tiempos vistos desde el campo. Desde el campo, que lo hace todo mucho más irreal que la cárcel. Era imposible que la vida de verdad coincidiera con ese recuerdo...

—Eso es válido para la vida corporal —dice Brigitte—; pero en el campo nunca pensé en la vida moral de las demás, de las que no estaban detenidas.

—Cuando acabamos de escapar a la muerte —digo—, la evidencia de la vida resulta sorprendente. Pero no en el ámbito moral, si es que podemos llamar así a lo que sienten las personas, a la relación que mantienen con la vida... El tiempo que se pasa del lado de la muerte debe de tener su importancia...

—No olvide que no teníamos ninguna idea previa en que basarnos —contesta Brigitte—. Era una experiencia, ¿comprende? Una experiencia muy larga. Catorce meses de concubinato con la muerte; algunas, mucho más. Llevábamos siempre la muerte por dentro, porque siempre estábamos amenazadas de muerte; y la teníamos siempre presente, porque nunca dejamos de verla. Llegamos hasta el fondo. Éramos completamente conscientes de nuestra lucha. Pero luchábamos apoyándonos en algo: en la fe, en el patriotismo o en la solidaridad, llámenlo como quieran: amistad en muchas ocasiones, responsabilidad...

—Es cierto —dice Michelet—. Yo me preguntaba por qué habíamos sobrevivido tantos responsables, puesto que no disfrutábamos de ningún trato de favor. Nos sostenía la responsabilidad.

—Y la humillación no destruye el orgullo... —dice el padre.

—Pero el orgullo que consigue sobrevivir sí destruye la humillación —dice el español—. Y no hablo por experiencia propia: yo era tornero y salí del paso haciendo juguetes a los niños de los *kapos*. Pero eso no quita que sea cierto lo que he dicho.

—Cuando caímos de la luna —sigue diciendo Brigitte—, ya no había campo. ¡Vivan las sábanas y el agua de colonia! Pero la autodefensa que nos había protegido no tenía ya razón de ser. Volvimos pensando que esa autodefensa iba a tener que estar a la orden del día en el mundo con el que nos encontráramos. ¡Y no fue precisamente así! Habíamos recorrido las catorce estaciones, nos habían crucificado y la historia acababa en la cama de María Magdalena.

Miro al padre. No muestra irritación alguna, aunque hace diez minutos el monumento lo sacaba de quicio. Su melancólica sonrisa parece decir: ¡mi pobre niña!

—¡No acababa en la Resurrección! Y además, no nos engañemos, había en todo ello mucha aceptación por nuestra parte. Eso era lo peor de todo. Todo cuanto habría debido salvarnos, sentimientos y recuerdos, no valía ya para nada. Ya no había infierno; ni había nada contra el infierno. Habíamos vivido el peor de los horrores y regresábamos a un mundo para el que ese horror no existía. ¿Cómo podía ser que la gente anduviera entretenida con bobadas? Pues para no descubrir una evidencia que nosotros llevábamos bien dentro, metida debajo de la piel. Aquello era el regreso de Dante al limbo de los negligentes. Y sucedió algo curioso. Al volver, todas parecíamos cadáveres ambulantes. Tras una temporada bastante breve, que en general pasamos en la relativa soledad de nuestras camas, podía parecer que nos habíamos... recuperado. Y los nuestros creían que moralmente también éramos otra vez como ellos. Pero no teníamos más semejantes que nuestras compañeras, y solo ellas. La familia era como la cama: cálida y ajena.

—¿Están ustedes de acuerdo? —pregunto.

Incluso el padre asiente con melancolía.

—Pensé mucho por anticipado en cómo íbamos a volver —añade Brigitte—, y así no necesité pensarlo después. Hubo sábanas y tenedores, y también hubo el loco afán por no estarse quietos de los deportados, las juergas sin risas y las salas de fiesta. Y todo eso duró poco, porque no era divertido y porque Capua nos atraía, pero también nos daba asco. Pero todas acabamos por caer bastante pronto en la cuenta de algo, ¿sabe? ¿Qué había que hacer para seguir viviendo? Ser ciegas. Así que volvimos a la ceguera. Unas tardaron algo menos, y otras, algo más.

—No del todo —dice el padre.

—No; pero lo suficiente... En su caso es diferente, porque la fe es la esencia misma de su vida, en el campo o en cualquier otro lugar...

—La angustia siempre se las apaña para cobrar cuerpo... Con frecuencia me he topado con el miedo a perder la fe, cosa que a mí me resulta incomprensible. Es muy posible que nunca más volvamos a encontrarnos con el Mal bajo una apariencia tan satánica. Pero el Mal no puede nada contra la fe. La respuesta estaba ya en la Biblia, en el Libro de Job...

Me acuerdo del capellán de Les Glières, que decía que para él el Mal no era un problema, sino un misterio.

—¿Cómo estaban los nuestros cuando murieron?

—Mi querido amigo —dice Michelet—, el reverendo padre asistió casi exclusivamente a los que eran creyentes. Y *esos* eran de los que se arrepentían. Cuando les preguntaba: «¿Perdonáis a todos vuestros enemigos?» (¡y Dios sabe lo que eso suponía!), le respondían en presencia de Dios.

—¿Ha conocido usted a un solo hombre que haya muerto odiando? —le pregunta el padre.

Michelet se queda pensativo y se dirige a mí:

—Amigo mío, el padre tiene razón... Es muy probable que, en mi condición de responsable de los franceses de Dachau, haya visto morir a más hombres que él. ¡No de la misma forma, por supuesto! Yo no tenía ni que confesarlos ni que perdonarlos. ¡Eso no impide que tuvieran motivos para decir unas cuantas cositas de los *fritzs*! Pues nunca dijeron ninguna. Estaban más allá. Las últimas palabras eran siempre para los suyos: «Cuando vuelvas, ve a decirle a mi mujer que cave al pie del tercer peral, a mano izquierda...». O: «Diles a mis chicos que hice lo que pude...».

—¿La muerte perdona o desdeña?

—Perdona —dice el padre—. Por lo menos en el caso de los que eran más o menos cristianos. Lo que yo tenía delante era la Gracia.

—No había mucha ocasión de pecar que digamos...

—¡De robar y asesinar nada más! —dice Brigitte.

—¿Y los que no eran cristianos?

—Pues me imagino que las cosas no cambiaban tanto —dice el padre—; solo que ellos no lo sabían...

—Yo también tuve que asistir a los agonizantes —dice el español—. A un agonizante no se le puede decir gran cosa. Usted tiene sus propias palabras, padre, pero no creo que los míos hubieran querido oírlas.

—Es posible que no haya nada que decir cuando la muerte no es... un desembocar en Dios. Pero creo que siempre hay un lugar para la caridad... ¡Para ser ateo no basta con quererlo!

—En nuestro campo —dice Brigitte—, aunque la vida transcurría en común, la muerte era algo personal, como en la vida civil.

—En la vida civil no es tan personal como usted cree... —contesta con suavidad el padre—. Pocas veces he visto que el odio persistiera al acercarse la Santa Agonía... En el campo la muerte se iba gastando... Aquí no; y la proximidad de la muerte no se parece a nada que no sea ella. Pero allí Satán tenía en una mano el espanto, y en la otra el perdón...

Vuelvo a acordarme de España. De la leyenda que cuentan sobre la muerte del presidente Azaña, en Andorra, creo, diciendo: «¿Cómo se llama ese país... sí, ya saben, ese país del que yo era presidente de la República?».

Detrás de los barrotes pasa la muchedumbre como en una peregrinación.

—Hay una loca —dice Michelet— que se pasa todas las mañanas las horas muertas rondando por las obras que ha mandado usted hacer en el Louvre. Se volvió loca en un campo de deportadas. Venía aquí para aferrarse con las dos manos a los barrotes de la verja. Desde que ha mandado usted poner balaustradas en el lugar de la verja, no para de dar vueltas...

Los que han venido a honrar las cenizas de Jean Moulin en recuerdo de las cenizas de los suyos pasan despacio sobre el telón de fondo de este cielo de muerte, como en las ciudades de Egipto y de Mesopotamia en el año 1965 antes de Cristo. No se puede regresar de la muerte, ni tampoco del infierno.

He vuelto a Lascaux. Desde que los hombres empezaron a entrar y salir a su gusto, la cueva está condenada: proliferan en ella minúsculos hongos que van descascarillando los bisontes y los caballos magdalenienses. Veinte mil años de supervivencia sin los hombres, quince años con ellos, y la destrucción. (Se han precisado ciento cincuenta millones de francos antiguos para detenerla). Lascaux está a salvo siempre y cuando los hombres dejen de entrar en la cueva cuando les venga en gana. El espectáculo resulta casi tan sorprendente —aunque de otra manera— como durante la guerra. Las fallas de esas rocas de tan curiosa tersura ya no parecen misteriosas, porque los invisibles reflectores, que iluminan las pinturas como lamparillas de iconos, permiten vislumbrar con más o menos claridad sus límites. Al pozo se baja por una escala metálica, y el personaje con cabeza de pájaro no tiene ya armas por las que velar. Giran lentamente los ventiladores de cuatro palas, conectados con diversos aparatos, y es como si concedieran a los bisontes una insólita protección, de la misma forma que los protegían hace años, como perros guardianes, nuestras ametralladoras. Le pregunto al guía, que es un hombre muy agradable e inteligente:

—¿Qué fue de los chiquillos que querían rescatar a su perrito?

—Yo soy uno de ellos.

Ronda los cuarenta años...

—El pobre cachorro no fue más que un pretexto, ¿sabe? Lo que queríamos mis amigos y yo era correr aventuras...

—¿Y sus amigos?

—Uno murió en la Resistencia; el otro es maestro de obras.

Salimos. Los árboles jóvenes de la colina han crecido, Montignac también, y la carretera llega hasta la cueva.

—Cuando ocurrió el accidente...

(El accidente es la proliferación de hongos).

—... había domingos en que venían hasta quinientas personas.

Al lado de la entrada se alzan dos largos barracones de chapa.

—¿Los barracones de los expertos?

—No; esos solo vienen de tarde en tarde. Son para los objetores de conciencia. Los han puesto a cargo de los trabajos de protección...

Cronología de la vida de André Malraux

La siguiente cronología se nutre ampliamente de la preparada por François Trécourt para el volumen III de las *Œuvres complètes* de André Malraux, publicado por Gallimard en su Bibliothèque de la Pléiade, bajo la dirección de Marius-François Guyard. Se ha consultado también la breve biografía de Jean Lescure que acompaña el *Album Malraux* publicado asimismo por Gallimard en su Bibliothèque de la Pléiade, en 1986, y que incluye abundante material iconográfico. Algunas dudas se han resuelto a la luz de las dos biografías más divulgadas de Malraux: la de Jean Lacouture, *André Malraux. Une vie dans le siècle* (1973; traducción al castellano de Pierrette Salas: *André Malraux. Una vida en el siglo*, Valencia, Edicions Alfons el Magnànim, 1992), y la de Olivier Todd, *André Malraux, une vie* (2001; traducción al castellano de Encarna Castejón: *André Malraux, una vida*, Barcelona, Tusquets, 2002). La cronología atiende con más detalle a las etapas y episodios de la vida de Malraux a los que se alude en el texto las *Antimemorias*. En los márgenes se destacan los lugares del texto en el que se discurre sobre el episodio en cuestión. El número romano indica la parte correspondiente del libro, y el arábigo, el capítulo.

1901
El 3 de noviembre nace en París Georges André Malraux.

1905
Sus padres, Fernand Malraux y Berthe Lamy, se separan. Fernand se casará por segunda vez y tendrá dos hijos: Roland y Claude.

1906
Malraux empieza a ir a la escuela en Bindy.

1909
I, 1   Se suicida su abuelo, Alphonse Malraux.

1917
III, 2   Fernand Malraux, que hace la guerra como subteniente en un carro de combate, vive la experiencia de la fosa-trampa que su hijo recreará en las *Antimemorias*.

1918
Habiéndosele denegado el acceso al liceo Condorcet, renuncia a aprobar el bachillerato y a proseguir los estudios. En lugar de eso, se dedica a leer apasionadamente y a frecuentar los museos, los teatros y las salas de cine. En la biblioteca del museo Guimet descubre y estudia los grandes textos de la cultura india, que determinan el interés por Oriente que conservará toda su vida. Comienza a leer a Nietzsche.

1919
Trabaja en la librería-editorial René-Louis Doyon, especializada en textos raros y eróticos. Comienza a frecuentar los círculos literarios y artísticos de la capital, estableciendo la-

zos de amistad con sus integrantes, entre ellos Max Jacob, Jean Cocteau, Raymond Raguidet, Pascal Pia, etc.

1920

Publica su primer artículo, «Orígenes del pensamiento cubista», en la revista *La Connaissance*. En lo sucesivo no dejará de publicar artículos y ensayos sobre arte y literatura en la prensa cultural francesa. Se convierte en director literario del sello editorial Simon Kra.

1921

Publica su primer libro, *Lunas de papel*.
Se casa con Clara Goldschmidt.
Viaja con Clara a Italia, Austria y Alemania.

1923

El 13 de octubre Malraux y Clara embarcan en el Angkor rumbo a Indochina. En Saigón se reúnen con su amigo Louis Chevasson. Una vez allí emprenden una expedición al templo de Banteai-Srey, en la actual Camboya, por entonces recién descubierto. A su regreso, las esculturas de piedra que traen consigo son requisadas y Malraux y Chevasson son inculpados por el robo de piezas de arte pertenecientes al patrimonio nacional. Malraux es condenado a tres años de prisión, pero recurre la sentencia.

1924

IV, 2 Gracias a que Clara ha podido regresar a París, numerosos intelectuales y artistas franceses (entre ellos Louis Aragon, André Breton, François Mauriac, André Gide y Max Jacob) interceden en favor de Malraux. En octubre, el tribunal de apelaciones de Saigón rebaja la condena a un año, exonerándolo de ingresar la cárcel. Durante el tiempo que Malraux ha permanecido retenido en Phom Penh, ha frecuentado la pequeña comunidad francesa del lugar y ha hecho amistad con Bernard Bourotte, autor de numerosos escritos de carácter histórico, filosófico y etnológico que firma bajo el seudónimo de Jacques Méry, del que Malraux se apropiará para trazar una especie de contrafigura suya en las *Antimemorias*.

El 1 de noviembre Malraux y Chevasson embarcan en el Chantilly de regreso a Francia.

1925

En febrero Malraux y Clara se embarcan de nuevo rumbo a Saigón con el propósito de combatir las injusticias del sistema colonial, de las que han cobrado conciencia durante su estancia en el país. Al poco de llegar organizan con Nguyen Pho el movimiento Joven Aman.

En julio fundan con el joven abogado Paul Monin el diario *L'Indochine*. Pese a la buena difusión que obtiene el diario, deben cerrarlo por presiones de la administración.

V, 1   En noviembre refundan el diario bajo la cabecera *L'Indochine Enchaînée* ('Indochina encadenada'). Para sortear los sabotajes de las imprentas que alienta la administración colonial, Malraux y Clara viajan Hong Kong para comprar los viejos caracteres de imprenta que usaban los jesuitas. Dado que se trata de caracteres ingleses, no tienen la «e» acentuada, pero las consiguen furtivamente gracias a la ayuda de trabajadores anamitas que corren el riesgo de robarlas. En Hong Kong asiste Malraux a algunas reuniones del Kuomintang.

L'Indochine Enchaînée no tarda en decaer. Arruinado y con problemas de salud, Malraux cobra conciencia de que la aventura está destinada al fracaso. Entretanto, Paul Monin se compromete con la revolución China, y los dos amigos discuten.

1926

A comienzo de año Malraux regresa a Francia con Clara. La experiencia en Indochina va a nutrir su obra literaria y ensayística durante los siguientes años, comenzando por *La tentación de Occidente*, diario epistolar entre un francés y un chino que se publica el mes de agosto.

Se dedica a la edición de libros de lujo y se hace director del sello À la Sphère, donde publica obras de Gide, Mauriac, Giraudoux.

1927

Se incorpora al comité de lectura de la editorial Gallimard, sello editorial al que permanecerá ligado durante todo el resto de su vida y que publicará la mayor parte de su obra. Se ocupa sobre todo de las ediciones de arte.

En la galería de arte de Gallimard, organiza diferentes exposiciones de arte de Extremo Oriente y contemporáneo.

1928

Publica *Los conquistadores* y *Le Royaume farfelu* ('El reino estrambótico'). Asiste por primera vez a las célebres «Décadas de Pontigny», en la abadía del mismo nombre, fundadas en 1910 por Paul Desjardins y centro de encuentro anual de lo más granado de la intelectualidad francesa y europea. Allí se codea y establece intensas complicidades con el circulo de *La Nouvelle Revue Française*, con André Gide a la cabeza.

1929

II, 1 Viaja con Clara a Persia y Afganistán, pasando por Constantinopla, el Mar Negro y el Mar Caspio. De regreso, visitan Irak y Siria. De todos estos países importa semiclandestinamente objetos de arte para su exposición y venta en Europa.

1930

Publica *La Vía Real*, que presenta como primer volumen de *Las potencias del desierto* (sin continuidad).

Viaja con Clara a Ispahán y desde allí a Afganistán. Regresan a Europa en barco, a través de océano Índico y el Mar Rojo. El 20 de diciembre, su padre, Fernand Malraux, se suicida.

1931

III, 1   Emprende con Clara un viaje a Afganistán e Irán que se trans-
V, 2   forma sobre la marcha en una vuelta al mundo. Visitan la India, China, Japón y Estados Unidos.
Polémica con Trotsky a propósito de *Los conquistadores*.

1932

El 22 de marzo muere Berthe Lamy, su madre.

1933

IV, 2   Encuentro con Trotsky en Saint-Palais, cerca de Royan. Publica *La condición humana*, que recibe el Premio Goncourt. Uno de los personajes principales de la novela es el barón de Clappique, antiguo marchante francés de arte, de carácter burlón y mitómano, que Malraux retomará en las *Antimemorias*.

Nace su hija Florence. Empieza una relación sentimental con la novelista Josette Clotis, a la que había conocido en los pasillos de Gallimard.

Participa en la primera manifestación pública de la AEAR (Asociación de Escritores y Artistas Revolucionarios).

1934

Viaja a Berlín con André Gide para reclamar la liberación de Dimitrov, encarcelado por los nazis como presunto autor del incendio del Reichstag.

I, 3   Con el aviador Édouard Corniglion-Molinier sobrevuela el desierto de Yemen en busca de las ruinas de la antigua capital de Saba. Hacen escala en El Cairo, donde Malraux visita el museo de la ciudad y establece contactos con los jóvenes intelectuales egipcios. De regreso a Europa vía Trípoli, el avión en que viajan Malraux y Corniglion-Molinier atraviesa una fortísima tormenta que a punto está de poner fin a sus vidas.

De junio a septiembre André y Clara Malraux viajan a la URSS en compañía de Ilya Ehrenburg y su mujer. En agosto interviene en Moscú en el I Congreso de Escritores Soviéticos, del que dará cuenta en París. Participa en la fundación de la Liga Mundial contra el Antisemitismo. Encuentros con Eisenstein, Gorki, Pasternak y Stalin. Participa en numerosos mítines contra el fascismo.

1935

En marzo se publica *El tiempo del desprecio*.

El 13 de mayo fallece T. E. Lawrence, por quien Malraux profesaba una gran admiración que lo impulsaría a escribir su biografía, que permanecería inédita. Se publicaría póstumamente bajo el título de *El dominio del absoluto*.

En junio interviene en el Congreso Internacional de Escritores en Defensa de la Cultura (AIEDC).

1936

En marzo viaja de nuevo a la URSS en compañía de su hermano Roland y se reúne con Serguéi Eisenstein, que proyecta adaptar al cine *La condición humana*.

El 21 de junio pronuncia en Londres un discurso en el secretariado de la AIEDC.

Se compromete con el bando republicano español y crea la

Escuadrilla España, con la que participa en numerosas bata-
llas aéreas durante los primeros meses de la Guerra Civil.
Sus relaciones con Clara se deterioran.
Primer encuentro con Nehru.

1937
Viaja a Estados Unidos para recolectar fondos para los repu-
blicanos españoles.
Publica *La esperanza*.

1938
En abril regresa a España para rodar *Sierra de Teruel*. Colaboración y amistad con Max Aub.

1939
Al declararse la guerra entre Francia y Alemania, trata de en-
rolarse en la aviación pero, al no ser admitido, lo hace en el
cuerpo de carros de combate. No será llamado al servicio hasta meses después, en Provins.

1940
PL
III, 2   En junio, la unidad a la que pertenece Malraux es capturada
por la Wehrmacht y llevada a Sens, donde Malraux y sus
compañeros son encerrados de entrada en la nave de la catedral. Poco después es destinado al pequeño pueblo de Colle-
miers para dar clases a los niños. Logra evadirse de allí y, en
noviembre, atraviesa la línea de demarcación cerca de Bour-
ges. El día 3 llega a Avignon en compañía de su hermano Roland. Allí lo espera Josette Clotis.
El 5 de noviembre nace en Neuilly-sur-Seine el primer hijo de
Josette Clotis y Malraux: Pierre-Gauthier.

1941

Se instala en el Midi francés. Se embarca en la redacción de una trilogía novelística, *La lucha contra el ángel*; de *El demonio del absoluto*, la biografía de T. E. Lawrence, que permanecerá inacabada, y de *Psicología del arte*.

II, 2 El 19 de marzo, durante una comida organizada por el American Ressue Committee, Malraux hace entrega a Théodora Bénédite, secretaria de Varian Fry, de un mensaje para el general De Gaulle. Bénédite, sin embargo, es arrestada poco después y destruye el mensaje, que nunca llega a su destino.

1942

Durante una estancia en la casa de Germaine y Louis Chevasson establece un primer contacto con un oficial británico de la red de inteligencia y operaciones especiales creada por el luego coronel Maurice James Buckmaster, aliado con De Gaulle.

1943

Publica *Los nogales de Altenburg*, primera parte de *La lucha contra el ángel* (y la única que concluiría).

Ingresa en la Resistencia con grado de coronel y adoptando el nombre de «Berger».

III, 2 En noviembre asiste al entierro de dieciocho maquis ejecutados por los nazis en Donzneac, en Corrèze. La imagen de las campesinas de luto velando sus tumbas será recurrente en la obra de Malraux, también en las *Antimemorias*.

1944

El 11 de marzo nace Vincent, su segundo hijo.

II, 6 El 22 de julio, el auto en que viaja sufre una emboscada a la entrada de Gramat y Malraux, herido, es hecho prisionero por los alemanes, que lo someten a un simulacro de fusilamiento. El día siguiente, trasladado en una ambulancia al hospital Juana de Arco de Figeac, pide a una religiosa que le lea el Nuevo Testamento. Poco después es internado en la prisión de Saint-Michel de Toulouse. El 19 de agosto, los alemanes huyen precipitadamente y los prisioneros quedan en libertad. Malraux va a París, donde se celebra la liberación de la ciudad.

Se entera de que sus hermanos Roland y Claude, incorporados a la Resistencia desde el comienzo de la guerra, han sido capturados y han muerto a manos de los alemanes.

Crea la brigada Alsacia-Lorena, cuyo mando le es confiado, asumiendo el grado de coronel (coronel Berger).

El 10 de noviembre, fallece Josette Clotis en la estación de Saint-Chamant, atropellada por un tren.

1945

II, 1   El 25 de enero interviene en París en el congreso del Movimiento de Liberación Nacional, donde pronuncia un discurso en contra de la fusión con el Frente Nacional comunista.

A comienzos de diciembre, el mariscal Von Runstedt desencadena la que se conoce como «la última jugada de Hitler», cuyo objetivo es reconquistar Estrasburgo. Pese a la decisión de Eisenhower de evacuar la ciudad, De Gaulle confía al general De Lattre su defensa. La brigada Alsacia-Lorena desempeña un papel decisivo. Tras la retirada de Von Runstedt, penetra en Alemania y participa en la reconquista de Colmar y entra en Wurtemberg.

En marzo, en una ceremonia celebrada en Stuttgart, el general De Lattre impone a Malraux y sus compañeros una condecoración.

El 15 de mayo visita a Picasso en su taller de la rue des Grands-Augustins. Los dos mantienen una larga conversación, recreada mucho más tarde por Malraux en *La cabeza de obsidiana*, luego incorporada a *La soga y los ratones*, continuación de las *Antimemorias.*

II, 2 El 6 de agosto se entrevista con el general De Gaulle, de quien se convierte en asesor técnico en materia de cultura. El 21 de noviembre es nombrado ministro de Información. Interviene en la Asamblea Nacional Constituyente el 29 de diciembre.

1946
A comienzos de año, De Gaulle renuncia a la jefatura del Gobierno y Malraux abandona el ministerio.
El 4 de noviembre, con ocasión del nacimiento de la UNESCO, pronuncia en la Sorbona un discurso sobre «El hombre y la cultura».

1947
De Gaulle crea el RPF (Reagrupamiento del Pueblo Francés) y Malraux se convierte en director de propaganda, pronunciando varios discursos en su favor.
Publica *El Museo Imaginario.*

1948
El 21 de febrero aparece el primer número de *Rassemblement*, órgano del RPF. Malraux escribe el editorial, titulado «A los compañeros de la Resistencia».
Se casa con su cuñada Madeleine, viuda de su hermano Roland, con quien esta había tenido un hijo: Alain, que Malraux adopta.

V, 3 El 8 de julio asiste a las exequias de Georges Bernanos en Saint-Séverin.

1949

Impulsa la revista *Libertad de Espíritu*, ligada al RPF y que dirigirá Claude Mauriac. Allí publica por entregas «¿No era más que esto?», capítulo XXV de *El demonio del absoluto*.

1950

Crea en la Pléiade la colección «La Galerie de la Pléiade», que dirigirá hasta 1957 y en la que se publicarán un buen número de sus ensayos sobre arte. El primer volumen de la colección es *Saturno*, su ensayo sobre Goya.

Intensa actividad como articulista y orador. Pasa el verano gravemente enfermo de unas fiebres tifoideas.

1951

Participa activamente en la campaña del RPF para las elecciones legislativas del 17 de junio, en cuyo marco pronuncia, entre otros, el discurso «Somos la república». El resultado de las elecciones arroja un notable retroceso del partido de De Gaulle.

Publica *Las voces del silencio*, refactura de *La psicología del arte*. Trabaja intensamente en nuevos ensayos sobre arte.

1952

Publica el primer tomo de *El Museo Imaginario de la escultura*.

Durante el verano viaja con Madeleine a Grecia, Egipto e Irán.

1953

De Gaulle pone fin a la aventura del RPF.

Durante el verano, hallándose en Lucerna con Madeleine y su hija, concibe el proyecto de dar continuidad a *Las voces del silencio* con un nuevo libro que terminará siendo *La metamorfosis de los dioses.*

1954

Publica varios ensayos sobre arte.

Viaja con Madeleine a Nueva York, donde asiste al Congreso Internacional de Historia del Arte y de Museología e imparte numerosas conferencias. En el acto de inauguración de nuevas salas del Metropolitan Museum of Art pronuncia el discurso «El problema fundamental del museo».

Pasa el verano con Madeleine y sus hijos en Italia. Juntos recorren la Toscana y viajan luego a Venecia.

La conducta del díscolo y conflictivo Vincent enturbia las relaciones familiares.

Publica los tomos II y III de *El Museo Imaginario de la escultura mundial,* dedicados a los bajorrelieves de las grutas sagradas y al mundo cristiano.

Se crea el FLN (Frente de Liberación Nacional) y comienza la guerra de Argelia.

1955

Viaja con Madeleine a Egipto.

Crea en Gallimard la colección «El Universo de las Formas», cuyo primer volumen no aparecerá hasta 1960. Se consagra de lleno a la escritura de *La metamorfosis de los dioses.*

1956

Durante la primavera viaja en compañía de Madeleine a Sicilia.

1957

Con Madeleine y sus hijos pasa las vacaciones en San Juan de Luz, en el País Vasco francés.

Se publica el primer volumen de *La metamorfosis de los dioses*.

1958

Tras el secuestro del libro de Henri Alleg *La Question*, en el que denunciaba las torturas en Argelia, Malraux firma, junto a Roger Martin du Gard, François Mauriac y Jean-Paul Sartre, una «Llamada solemne al presidente de la República» en la que conminan a los poderes públicos a condenarlas.

II, 3   Regreso del general De Gaulle a la jefatura del Estado tras los graves sucesos del 13 de mayo en Argelia. El 1 de junio Malraux es nombrado ministro delegado de la presidencia del Consejo, encargado de la Información. Combinará este cargo con el de responsable de la expansión internacional de la cultura francesa.

El 24 de agosto, discurso con motivo del XIV aniversario de la liberación de París.

El 4 de septiembre, nuevo discurso en apoyo del proyecto de Constitución que iba a ser sometido a referéndum el 24 de ese mismo mes.

II, 4   Del 11 al 16 de septiembre viaja a Guadalupe, a la Martinica y a la Guayana francesa. El 19 llega a Cayena, donde medio centenar de manifestantes del partido progresista provocan disturbios durante la reunión pública que él preside.

II, 5
III, 1
III, 3   Durante los meses de noviembre y diciembre viaja a Irán, la India y Japón comisionado por De Gaulle. El 28 de noviembre se entrevista con Nehru en Nueva Delhi. El 1 de diciembre se traslada a Bombay y de allí a Elefanta y Ellora. En su recorrido por la India, visitan Chandigarh, la capital de Pendjab, diseñada por Le Corbusier. Firma un importante acuerdo cultural entre la India y Francia. En Japón se reúne con el emperador Hirohito y visita Kioto y Nara.

1959

El 9 de enero es nombrado ministro de Estado encargado de los asuntos culturales. En adelante, viajará por todo el mundo como embajador cultural de Francia, al tiempo que desarrolla importantes planes destinados a renovar y reimpulsar la cultura francesa y su patrimonio artístico.

Por iniciativa de Malraux, el Consejo de Ministros aprueba el 8 de abril la reorganización de los teatros nacionales franceses.

A finales de abril viaja al Sahara.

En mayo, durante una estancia en Atenas, pronuncia su «Homenaje a Grecia» con motivo de la iluminación de la Acrópolis.

Del 23 de agosto al 13 de septiembre realiza con Madeleine una gira por varios países sudamericanos, durante la cual le toca defender la política francesa en Argelia. Visitan Brasil, Perú, Chile, Argentina y Uruguay. En todos estos países se entrevista con representantes políticos y culturales del más alto nivel.

El 2 de octubre inaugura la Primera Bienal de París en el Museo de Arte Moderno de la ciudad.

El 17 de noviembre y el 8 de diciembre defiende ante la Asamblea Nacional y ante el Senado el presupuesto de asuntos culturales. Deberá hacer lo mismo todos los años que ejerce como ministro.

El 22 de diciembre nombra a Gaëtan Picon director general de Artes y Letras.

1960

Malraux impulsa la limpieza de los monumentos de París.

El 22 de febrero, inaugura en Tokio la Maison Franco-Japonaise.

El 8 de marzo, por petición del director general de la UNESCO, pronuncia un discurso en favor de la salvaguarda de los monumentos del Alto Egipto, amenazados por la construcción de la presa de Asuán.

El 2 de abril, durante la visita de Jrushchov y su mujer a París, les enseña el palacio de Versalles.

El 4 de abril inaugura, con la presencia de De Gaulle, la exposición *Tesoros del arte de la India*, en el Petit Palais. El catálogo lleva un prólogo de Nehru.

Del 3 al 15 de abril viaja a México con Madeleine, en visita oficial.

El 8 de mayo recibe en el aeropuerto a Nehru, en visita oficial para visitar la exposición *Tesoros del arte de la India*.

El 23 de junio pronuncia en París un discurso con motivo de la inauguración de la estatua al general San Martín, liberador de buena parte de Sudamérica.

Del 10 al 19 de agosto, recorre varias capitales del África negra para participar en las ceremonias que jalonan su acceso a la independencia. En el Chad, lee un mensaje del general De Gaulle en la Asamblea Nacional. En Lambaréné visita al doctor Schweitzer.

A finales de septiembre, su hija Florence firma el Manifiesto de los 121, que promueve la insumisión de los contingentes destinados a Argelia. Padre e hija dejarán de hablarse durante siete años.

1961

El 23 de abril, golpe de los generales favorables a una Argelia francesa. Malraux hace un llamamiento a los franceses para que constituyan grupos de voluntarios que respondan a un eventual ataque de los paracaidistas.

En mayo viaja a Bamako, Mali, para reunirse con Modibo

Keita, jefe de Estado, y normalizar las relaciones entre ambos países.

El 14 de mayo pronuncia un discurso durante el acto de inauguración de la plaza de la Brigada de Alsacia-Lorena.

La tarde del 23 de mayo, sus dos hijos, Pierre-Gauthier y Vincent, fallecen en un accidente de automóvil.

Del 31 de mayo al 2 de junio John Kennedy y su mujer, Jacqueline, visitan París. Malraux los atiende y actúa como cicerone en algunos de sus paseos turísticos.

Malraux y Madeleine pasan el verano en Dolder, cerca de Zúrich.

Por iniciativa de Malraux, el pintor Balthus es nombrado director de la Academia de Francia en Roma.

El 13 de octubre inaugura en el Petit Palais la exposición *Siete mil años de arte en Irán*, con la presencia del sah de Persia, su mujer y el general De Gaulle.

El 14 de diciembre interviene en la Asamblea Nacional para defender el proyecto de ley del programa relativo a la restauración de los grandes monumentos históricos.

1962

Encarga a Marc Chagall pintar el techo de la Ópera de Paris.

II, 2   El 7 de febrero la OAS perpetra un atentado con bomba en su domicilio. La explosión hiere gravemente a la hija de los propietarios del edificio, de cuatro años y medio.

Del 10 al 16 de mayo viaja con Madeleine a Estados Unidos, donde se reúnen de nuevo con John Kennedy y Jackeline.

El 13 de junio inaugura con De Gaulle la exposición *Obras maestras del arte mexicano*.

El 5 de julio acompaña al canciller alemán Konrad Adenauer en su visita al Louvre.

Malraux y su mujer se instalan en La Lanterne, un pabellón dependiente del palacio de Versalles, destinado a alojar a altos cargos, que el nuevo primer ministro francés, Georges Pompidou, ha puesto gentilmente a su disposición.

El 30 de octubre lee un discurso en el Palais Chaillot con motivo del lanzamiento de la Asociación por la V República, preparatorio de la campaña para las elecciones legislativas convocadas el 25 de noviembre.

1963

En enero viaja de nuevo a Estados Unidos, donde se expone *La Gioconda* de Leonardo, cedida en préstamo a la National Gallery of Arts. Estrecha sus buenas relaciones con el matrimonio Kennedy.

Pasa el verano en Bürgenstock, Suiza.

El 3 de septiembre pronuncia la oración fúnebre de Georges Braque en el Louvre.

En septiembre viaja a Helsinki.

Del 13 al 18 de octubre, estancia en Montreal, donde prodiga sus contactos culturales y pronuncia varios discursos.

Encarga a André Masson pintar el techo del Teatro del Odéon.

1964

Hace instalar en los jardines de Carrousel las dieciocho esculturas de bronce de Aristides Maillol legadas al Estado por la modelo del escultor, Dina Verny.

Durante la Pascua, estancia con Madeleine en la Villa d'Este de Cernobbio, cerca del lago de Como.

Por iniciativa de Malraux, los meses de abril y mayo la Venus de Milo es expuesta primero en Tokio, en el Museo de Arte Occidental, y luego en Kioto, en el Museo Municipal.

El 31 de mayo pronuncia un discurso en Ruán en conmemoración de la muerte de Juana de Arco.

Durante el verano, nueva estancia con Madeleine en la Villa d'Este de Cernobbio.

El 23 de septiembre se inaugura el plafón pintado por Chagall en la Ópera de París.

V, 4 El 19 de diciembre, con la presencia de De Gaulle, pronuncia la oración fúnebre en memoria de Jean Moulin, con motivo del traslado de sus cenizas al Panteón de Hombres Ilustres de Francia.

1965

Pasa los primeros meses del año enfermo, recluido en su domicilio.

Durante las Pascuas, viaja a Venecia con Madeleine. En las semanas siguientes, las tensiones y conflictos entre ambos se agudizan. Malraux padece una fuerte depresión que intensifica su adicción al alcohol.

Por recomendación de sus más directos allegados, emprende un viaje a Oriente, acompañado por Albert Beuret, jefe de su gabinete.

PL El 22 de junio, Malraux y Beuret embarcan en Marsella en el Cambodge, con rumbo a Hong Kong.

I, 2 El 26 de junio, durante una escala en Port-Said, visita Egipto, su museo y las pirámides. Concibe el proyecto de las *Antimemorias*, en el que empezará a trabajar inmediatamente.

I, 3 30 de junio: escala en Aden. Visita el museo de la ciudad.

III, 1 4, 6 y 8 de julio: escalas en Karachi, Bombay y Colombo.

IV, 1 El 13 de julio, a la entrada del puerto de Singapur, un petrolero holandés colisiona con el Cambodge, que deberá permanecer inmovilizado, mientras se repara, durante un mes. Malraux y Beruet se trasladan en avión a Hong Kong, allí recibe

Malraux una invitación oficial de las autoridades chinas para visitar Pekín. Malraux viajará a la capital china desde Cantón, adonde vuela el 19 de julio y donde visita el Museo de la Revolución. Siempre acompañado por Beruet, se traslada a Pekín el 21.

El 22 de julio se entrevista en Pekín con el mariscal Chen Yi, ministro de Asuntos Exteriores.

V, 1   Del 23 de julio al 1 de agosto Beruet y Malraux recorren Henan y Shaanxi, donde visitan las capitales históricas de China, Luoyang, Xi'an y Yan'an.

V, 1   El 3 de agosto se entrevista en Pekín con Mao Zedong.

III, 3   Del 8 al 12 de agosto, ya de regreso a Europa, hace escala en la India, donde vista el Museo Nacional y la casa de Nehru, y donde es nombrado doctor *honoris causa* por la Universidad de Benarés.

Del 13 al 14 de agosto, escala en Teherán.

El 18 de agosto, ya en París, rinde cuentas en el Consejo de Ministros de su conversación con Mao Zedong.

El 1 de septiembre pronuncia un discurso en el Louvre por los funerales de Le Corbusier.

El 1 de octubre firma un acuerdo cultural con China, consecuencia de su visita a ese país.

El 15 de diciembre participa en la campaña de las elecciones presidenciales pronunciando un discurso en el Palacio de los Deportes. Las elecciones, celebradas el 19 de diciembre, darán la victoria a De Gaulle.

1966

Dedica la mayor parte del año a la redacción de las *Antimemorias*.

El 30 de marzo viaja a Dakar, donde pronuncia un discurso en la sesión de apertura del coloquio organizado con ocasión del I Festival Mundial de Artes Negras, que inaugura con el presidente Léopold Sédar Senghor. Desde allí viaja a Casamance.

En abril se estrena *Paravents* ('Biombos'), de Jean Genet, en el Théâtre de France. El 29 estallan violentos incidentes por los rechazos que provoca la representación, que el 12 de mayo deberá interrumpirse. Malraux deberá hacer frente a las interpelaciones de varios diputados de la Asamblea Nacional, que objetan que una obra como de esta naturaleza —una feroz crítica a la dominación francesa en Argelia— haya sido producida por un teatro público subvencionado. La obra se repondrá en septiembre y Malraux asistirá a la última representación, el 6 de noviembre.

En primavera, se separa de Madeleine. Vive en total soledad en el pabellón de La Lanterne. Comienza a tratarse psiquiátricamente. El general De Gaulle pone a su disposición el pabellón de Marly-le-Roi.

En mayo viaja a Egipto.

El 18 de noviembre se inaugura una gran exposición retrospectiva de Pablo Picasso titulada *Homenaje a Picasso* en el Grand Palais (donde se exponen las pinturas) y en el Petit Palais (esculturas y cerámicas).

El 13 de diciembre inaugura con De Gaulle, en el museo del Louvre, la exposición *Tesoros de la pintura japonesa de los siglos XII a XVII*.

1967

Durante los primeros meses del año sigue trabajando intensamente en las *Antimemorias*.

El 13 de enero inaugura la exposición *Pierre Bonnard* en el Museo de la Orangerie.

El 31 de enero toma parte en la campaña para las elecciones

generales del 5 y 12 de marzo pronunciando un discurso en el Palacio de los Deportes.

El 16 de febrero inaugura la exposición *Los tesoros de Tutankamón* en el Petit Palais.

El 10 de marzo pronuncia en la UNESCO el discurso de inauguración de la exposición *Nehru y la nueva India*.

V, 3   El 12 de marzo visita las cuevas de Lascaux, que inspiran las últimas páginas de las *Antimemorias*.

En abril se reencuentra con Louise de Vilmorin, con quien había mantenido una relación sentimental en 1933.

El 10 de mayo inaugura la exposición *Obras maestras de las colecciones suizas de Monet y Picasso* en el Museo de la Orangerie.

En junio se funda la Orquesta de París, cuya dirección Malraux confía a Charles Munch.

A mediados de septiembre aparecen las *Antimemorias* en Gallimard. El libro obtiene una calurosa acogida en los medios y da ocasión a numerosas entrevistas a su autor.

El 20 de octubre inaugura la exposición *El arte ruso de los escitas a la actualidad* en el Gran Palais.

En octubre crea el Centro Nacional de Arte Contemporáneo.

En noviembre pasa unos días en Oxford, donde es investido doctor *honoris causa*.

Adquiere un dúplex en la rue de Montpensier, con vistas a los jardines del Palais-Royal, cuya decoración confía a Louise de Valmorin. Trabaja en la continuación de las *Antimemorias*.

1968

Del 3 al 7 de marzo viaja a la Unión Soviética y recorre varias ciudades.

El 2 de abril pronuncia un discurso con motivo de la inauguración en el Louvre de la exposición *La Europa gótica*.

El 30 de mayo figura en los Campos Elíseos en la primera fila de la gran manifestación de apoyo a De Gaulle, cuya posición se tambalea tras las revueltas estudiantiles y las huelgas que las respaldaron. La manifestación tiene por lema «En defensa de la República» y reúne a cerca de trescientos mil participantes. El 20 de junio pronuncia en el Parc des Expositions un discurso en el marco de la campaña para las elecciones legislativas de los días 23 y 30 de junio.

Se reconcilia con su hija Florence.

1969

El 23 de abril, en el marco de la campaña del referéndum promovido por De Gaulle, pronuncia en el Palacio de los Deportes el que será su último discurso político.

El 28 de abril dimite De Gaulle.

A mediados de junio, Malraux cesa en sus funciones ministeriales y abandona el pabellón de La Lanterne para instalarse en el *château* de la familia de Vilmorin en Verrières-le-Buisson.

El 26 de diciembre muere Louise Vilmorin.

1970

Publica *El triángulo negro*, que reúne, con un prefacio redactado para la ocasión, los ensayos dedicados a Choderlos de Laclos (1939), Goya (1947) y Saint-Just (1954). El 9 de noviembre fallece De Gaulle.

El 12 de noviembre asiste, en Colombey-les-Deus-Églises, a las exequias de De Gaulle, fallecido tres días antes. Enseguida emprende la redacción de *La hoguera de las encinas*.

1971

En marzo se publica *La hoguera de las encinas*.

En mayo publica *Oraciones fúnebres*, que reúne sus principales discursos.

Del 13 al 31 de julio realiza un crucero por Escocia, Islandia y Noruega en compañía de Sophie de Vilmorine, hermana de Louise, con la que inicia una nueva relación sentimental. Los acompaña Catherine Polya.

Se ofrece como mediador para el violento conflicto desatado entre Bangladesh y Pakistán.

Del 8 al 21 de octubre, hace un nuevo crucero, esta vez por Grecia y Turquía, en compañía de Sophie de Vilmorin y Catherine Polya.

El 8 de noviembre, encuentro en la embajada india con la primera ministra Indira Gandhi, que lo disuade de sus planes de mediación en Pakistán. Apenas un mes después la India invadirá Pakistán oriental.

1972

En febrero viaja a Washington, a petición del presidente Richard Nixon, para asesorarlo con vistas a su inminente encuentro con Mao Zedong.

En marzo realiza, en compañía de Sophie de Vilmorin, un nuevo crucero que lo lleva de Le Havre a Cannes, y de allí a Marruecos y Sicilia. Malraux rehúsa pisar suelo español durante una escala en Cádiz, expresando de este modo su condena de la dictadura franquista (a pesar de la visita que De Gaulle hizo a Franco en 1970).

En abril se publica una nueva edición revisada y aumentada de las *Antimemorias*. Trabaja en *Huéspedes de paso*, libro que, como *La hoguera de las encinas*, terminará integrándose en *La soga y los ratones*, continuación de las *Antimemorias*.

El 29 de abril se emite por televisión el primer episodio de la serie *La leyenda del siglo*, serie de nueve capítulos dedicada a su vida y su obra.

El 13 de mayo pronuncia un discurso en Durestal, en la Dordoña, en memoria de los maquis.

Nuevo crucero en compañía de Sophie de Vilmorin, otra vez por Islandia.

Del 19 de octubre al 16 de noviembre permanece ingresado en el hospital de La Salpêtrière por un problema del sistema nervioso. De esta experiencia surgirá el libro *Lázaro*.

1973

Obligado a dejar el alcohol, se sumerge en la redacción de *Lo irreal*, continuación de *La metamorfosis de los dioses*, abandonada en 1958.

Del 14 al 30 de abril compañía de Sophie Vilmorin, viaja a la India y Bangladesh. En nueva Delhi, es recibido por el presidente Giri e Indira Gandhi. En Dacca lo reciben el presidente Chaudhury y el primer ministro Mujibur Rahman. Es investido doctor *honoris causa* por la universidad de Rajsahi. Visita Katmandú y Benarés.

El 24 de mayo viaja a Mougins para asesorar a Jacqueline Picasso, viuda del pintor, fallecido un mes antes, sobre su legado. Tras la visita, Malraux suspende temporalmente la escritura de *Lázaro* para emprender la de *La cabeza de obsidiana*, sobre el arte de Picasso y sus conversaciones con él.

El 13 de julio pronuncia un discurso en la fundación Maeght de Saint-Paul-de-Vence, donde se inaugura la exposición *El Museo Imaginario de André Malraux*.

El 14 de julio visita de nuevo a Jacqueline Picasso en Mougins y en Vauvenargues. A finales de mes visita, en compañía de Sophie de Vilmorin, la exposición dedicada a obras de Picasso en el Palacio de los Papas de Avignon.

El 2 de septiembre pronuncia un discurso con motivo de la

inauguración del monumento nacional a la Resistencia de Emil Gilioli, en Glières.

El 12 de octubre testifica a favor de Jean Kay en el juicio que se le hace por haber desviado un avión pakistaní con el fin de obtener medicamentos para los refugiados de Bengala.

1974

En marzo se publica *La cabeza de obsidiana*, que se integrará en *La soga y los ratones*.

El 6 de abril asiste a los funerales del presidente Georges Pompidou, fallecido el día 2, y expresa su apoyo, en las elecciones presidenciales, a la candidatura de Jacques-Chaban Delmas.

Del 13 de mayo al 1 de junio viaja a Japón en compañía de Sophie de Vilmorin. A su llegada a Tokio es recibido sucesivamente por el primer ministro Tanaka Kakuei, el emperador Hirohito y el príncipe imperial. El día 17 preside el acto de inauguración de la exposición *La Gioconda* en el Museo Nacional de Tokio. Imparte numerosas conferencias.

Durante el verano, concluida la redacción de *Lázaro*, emprende la escritura de *Lo intemporal*, tercera parte de *La metamorfosis de los dioses*.

En octubre se publica *Lázaro*, que se anuncia ya como parte integrante de la continuación de las *Antimemorias*.

Del 14 al 28 de noviembre, nuevo viaje a la India, en compañía de Sophie de Vilmorin. El presidente Ali Ahmed e Indira Gandhi conceden a Malraux el premio Jawaharlal Nehru «por la comprensión internacional». La pareja visita Udaipur y Bombay, y desde allí hacen excursiones a Elefanta, Aurangabad, Ellora y Ajanta.

1975

Trabaja intensamente en las diferentes partes que compondrán *La soga y los ratones*, prolongación de las *Antimemorias*.

V, 3 El 10 de mayo interviene en Chartres en un acto de homenaje a las mujeres supervivientes de los campos de concentración, al cumplirse el 30 aniversario de su liberación.

En octubre se publica *Huéspedes de paso*.

Junto a Claude Mauriac y Michel Foucault, se moviliza para protestar contra las últimas ejecuciones del régimen de Franco.

El 23 de noviembre pronuncia un discurso en conmemoración del quinto aniversario de la muerte de De Gaulle.

El 20 de diciembre viaja a Haití, siempre en compañía de Sophie de Vilmorin, para conocer el arte popular de los pintores *naïfs*.

1976

En marzo se le declara un cáncer cutáneo que se complica con una grave gripe.

En abril se publica, en dos volúmenes, *El espejo y el limbo*, título que comprende las *Antimemorias* y los cuatro libros posteriores reunidos en *La soga y los ratones*. Con este motivo, se publica también una edición revisada y aumentada de las *Antimemorias*.

Del 2 al 28 de agosto es hospitalizado en Neuilly, donde es operado de un tumor maligno.

En octubre se publica *Lo irreal*.

El 15 de noviembre, víctima de una congestión pulmonar, es ingresado en el hospital Henri-Mondor de Créteil.

El 23 de noviembre fallece víctima de una metástasis pulmonar. El 24 su cuerpo es inhumado en el cementerio de Verrières-le-Buisson. El 27 de noviembre se le rinde un homenaje solemne en el Salón Cuadrado del Louvre, con la asistencia del presidente de la república, Valéry Giscard d'Estaing, y del primer ministro, Raymond Barre, que pronuncia la oración fúnebre en presencia de todos los ministros del Gobierno.

1996

El 23 de noviembre, sus cenizas son trasladadas al Panteón de Hombres Ilustres de Francia. Ese mismo año se impulsa en la Bibliothèque de la Pléiade la nueva edición crítica de sus *Obras completas*, en la que *El espejo del limbo* ocupará el tercer tomo (1999).

Índice general